Por que a guerra?

Francisco Carlos Teixeira da Silva e
Karl Schurster Sousa Leão (Organizadores)

Por que a guerra?

Das batalhas gregas à ciberguerra
Uma história da violência entre os homens

1ª edição

CIVILIZAÇÃO BRASILEIRA

Rio de Janeiro
2018

Capa: Elmo Rosa

Imagem de capa: "Returning to The Trenches", Christopher Richard Wynne Nevinson, 1916, disponível em: <www.metmuseum.org/art/collection/search/371986 >, acesso em 16/7/2018. Adaptada. Essa obra está licenciada com uma licença CreativeCommons CC0 1.0 Universal (CC0 1.0) Dedicação ao Domínio Público, disponível em <www.creativecommons.org/publicdomain/zero/1.0/deed.pt >.

CIP-BRASIL. CATALOGAÇÃO NA PUBLICAÇÃO
SINDICATO NACIONAL DOS EDITORES DE LIVROS, RJ

P873 Por que a guerra?: das batalhas gregas à ciberguerra – uma história da violência entre os homens / organização Francisco Carlos Teixeira da Silva, Karl Schurster Sousa Leão. – 1ª ed. – Rio de Janeiro: Civilização Brasileira, 2018.
546 p.: il.; 23 cm.

Inclui bibliografia
ISBN 978-85-200-1182-9

1. Guerras – História. 2. História universal. 3. Guerra e civilização. I. Silva, Francisco Carlos Teixeira da. II. Leão, Karl Schurster Sousa.

CDD: 930
18-49944 CDU: 94

Meri Gleice Rodrigues de Souza – Bibliotecária CRB-7/6439

EDITORA CIVILIZAÇÃO BRASILEIRA
Um selo da
EDITORA JOSÉ OLYMPIO LTDA.
Rua Argentina, 171 – Rio de Janeiro, RJ – 20921-380 – Tel.: (21) 2585-2000.

Texto revisado segundo o novo Acordo Ortográfico da Língua Portuguesa.

Impresso no Brasil
2018

Sumário

Apresentação
Por que a guerra?

A questão colocada desde o título deste livro é multimilenária. Muito possivelmente foi a guerra ou ao menos suas consequências que geraram algumas das mais antigas narrativas da humanidade. A princípio, tradições orais, aos poucos, emergiram como nossos primeiros testemunhos escritos: a *Epopeia de Gilgamesh*, possivelmente datando do segundo milênio antes de Cristo, na antiga Suméria; o Pentateuco, composto por volta de 950 a.C.; a *Ilíada*, cuja forma literária surge por volta do século VIII a.C.; ou o *Mahabharata*, no século III a.C., são imensas narrativas épicas – em muitos momentos, trágicas – que representam e exaltam valores, e vícios, do caráter humano.

Entender as razões da guerra é, assim, uma constante no curso da história, da mesma forma que o seu contrário, a busca incessante da paz, também é um objetivo que "nobilizou" os primeiros nomes que, ao longo dos séculos, ficaram registrados como "heróis" civilizadores, deuses e deusas fecundadores da civilização, que ensinaram a plantar, a curar e a escrever. Contudo, nos grandes monumentos em Tebas e Karnak, ou Hatussas, as primeiras narrativas das relações internacionais são de guerras, e a primeira delas a ser plenamente descrita, a guerra entre egípcios e hititas, culminou na Batalha de Kadesh, em 1274 a.C., e no subsequente tratado de paz, ou seja, um ciclo completo de paz-guerra-paz. Não é de estranhar, assim, que a História, desde a Antiguidade, tenha sido por tanto tempo uma História-batalha.

A Antiguidade Clássica foi marcada profundamente por valores marciais e sua ética guerreira, por exemplo, em Esparta ou Roma, com histórias que deveriam ser edificantes e que serviam para a educação dos jovens – e até hoje assim é feito em academias militares –, com sacrifício individual em nome da pátria e mesmo da tropa. Cícero (106-43 a.C.), em *De Officiis*, desenvolveria a argumentação sobre os serviços do Estado e as virtudes cívicas, tornando esses seus escritos uma das obras mais lidas na Europa após a invenção da imprensa por Gutenberg. As façanhas heroicas dos atenienses, espartanos, tebanos, cartagineses e, claro, romanos, imortalizadas por nomes como Homero, Heródoto, Tucídides, Xenofonte, Tito Lívio, Tácito e Júlio César ecoaram fortemente na obra de William Shakespeare e influenciaram as noções de República nas revoluções de 1776, na América, e de 1789, na França.

Em contrapartida, a Antiguidade conheceu a irrupção de fortes movimentos pacifistas, nos quais a condenação à guerra esteve presente e se fez mesmo massiva. Buda (563-483 a.C. aproximadamente) e o budismo, com seus valores e cuidados de preservação de todas as formas de vida, sua reinterpretação das hierarquias sociais, valorizaram a paz e os princípios de solidariedade e comunhão, em uma sociedade claramente dominada por uma elite de guerreiros, à qual ele mesmo renunciou. O mesmo se deu com o cristianismo, em suas origens, um movimento pacifista em uma sociedade que impunha e valorizava princípios de honra e de serviço militares ligados ao Estado. Vale lembrar, nesse ponto, o Sermão da Montanha, que na sua radical rejeição às hierarquias, à riqueza e ao poder é uma das peças mais perturbadoras para toda a forma de Estado até os nossos dias.

Durante a Idade Média, uma elite de barões e cavaleiros, na ausência de outros meios ou de mais facilidades e conforme uma longa tradição trinitária da sociedade,[1] saqueava constante e mutuamente campos e vilarejos, causando pânico, mortes e sucessivas perdas nas populações vizinhas, a um ponto tal que, nas orações dominicais da Alta Idade Média, a "guerra" era, ao lado da peste e da fome – das quais não eram estranhas em sua origem –, motivo constante de pedido de intercessão: "Vor Pest, Hunger und Krieg bewahre uns, oh! Herr." [Salvai-nos da peste, da fome e da guerra, oh! Senhor.][2] Além das preces, a Igreja papal buscou, com sucesso apenas relativo, estabelecer períodos de interdição de guerras por meio das "Tréguas de Deus" ou da "Paz de Deus", além de dias e festas "santos" e de "guarda", quando as atividades bélicas eram proibidas, e seus violadores, punidos com severos interditos religiosos. Isso nem sempre surtiu os efeitos que se esperava... Mas sempre se conseguia mitigar a situação, em especial entre os grupos sociais subalternos e nos momentos especiais das atividades de colheita e plantio.[3]

Mesmo procurando evitar a guerra, ou por isso mesmo, os grandes "doutores da Igreja" não deixaram de tratar a questão do ponto de vista teológico. Foi assim com Santo Tomás de Aquino, que em sua *Suma teológica* aceita a existência de uma "guerra justa", abrindo uma disputa jurídica (então teológico-jurídica) que ainda hoje é travada. Para Tomás de Aquino, seriam, então, necessários três requisitos básicos para uma "guerra justa": I – A legitimidade do "Príncipe" que conduz a guerra; II – A natureza justa da causa; III – A intenção reta e justa daqueles que conduzem a guerra.[4]

De toda forma, em 1095, o papa Urbano II, exausto por causa das lutas internas e da destruição na Europa, convoca a primeira Cruzada, desviando contra os árabes – sob pretexto de libertação de Jerusalém – o elã guerreiro da elite feudal europeia, inaugurando um longo e trágico período de lutas entre o Ocidente e o mundo muçulmano, cujas feridas estão abertas até os nossos dias. A elaboração do conceito de "guerra", como e quando poderia ser realizada, já em curso desde o século VIII entre os muçulmanos, sofrerá, então, inúmeras mutações, para ressurgir sob a forma difusa e contraditória de *jihad* [guerra santa].

Já avançada a Modernidade, as lutas no coração da Europa tornar-se-iam, como durante a Guerra dos Trinta Anos (1618-1648), tão violentas que a fome se abateria sobre imensas regiões, antes prósperas, da Alemanha, levando a Renânia, o Wurtenberg e o Palatinado a um brutal retrocesso econômico.[5]

O conjunto de tratados que se tornou célebre sob a denominação de Paz de Westfália (*Westfälischer Friede* ou Tratados de Münster e Osnabrück), de 1648, deve sua fama e posição, como marco de uma nova ordem mundial, exatamente em decorrência de ter alcançado o término de um longo período de extrema violência, fome e destruição, o que concorreu bastante para convencer as partes em luta a selarem a paz. Algumas decisões decorrentes da Paz de Westfália, como a noção de soberania, os quadros institucionais do Estado-nação, a relação entre vida privada, religião e cidadania estabelecer-se-iam no Ocidente de forma duradoura a partir de então e acabariam pacificando o continente – e suas colônias –, em guerra desde o começo das Reformas Religiosas em 1517.

Enquanto os séculos XVI e XVII na Europa (e colônias) assistiram a uma generalização das guerras ditas "religiosas" no coração do Ocidente, emergia uma nova forma de guerra contra homens e mulheres cuja humanidade era colocada em questão. Assim, em 1538, o padre Francisco de Vitória (1483-1546), teólogo espanhol, publica sua *Relaciones del Estado, de los indios e de la guerra*, estabelecendo a licitude, para a Coroa de Espanha, da conquista do Novo Mundo e da consequente justeza da guerra contra o gentio, em nome do cristianismo e da sua conversão. Surgiram, nesse período, inúmeras variações de justificativas de "guerras de conquista", em nome do Deus cristão, embasando o extermínio dos índios – ou sua oportuna escravização –, em especial o canibalismo (ou sua mera acusação).

A escravidão negra e sua fonte permanente, o tráfico negreiro, surgem e permanecem longamente na cena histórica do Ocidente: sobrevivem em Cuba até 1886, e no Brasil, até 1888.[6]

O século XVIII, do avanço do capitalismo, da ocupação colonial do mundo e das descobertas de "outras humanidades", o chamado "século das luzes", coloca questões centrais sobre a guerra para pensadores, cientistas e filósofos. As "revoluções do século", a americana e a francesa especialmente, bradam a igualdade – e a solidariedade e a fraternidade – entre os homens. A guerra passa, então, a ter um caráter nacional, popular e de libertação. É feita em nome "das gentes", não mais em nome dos reis e das dinastias. Por isso mesmo se tornam "massivas", como prova a letra de "La Marseillaise" [A Marselhesa], e começam a ser alistados imensos exércitos, dos quais o "Grande Exército" de Napoleão Bonaparte será o modelo.

No entanto, no início de 1648, os quadros de uma Europa dividida em Estados-Nação soberanos – seguros em suas fronteiras consideradas "naturais" e governados por dinastias ditas "legítimas" – seriam duramente colocados à prova durante a Revolução Francesa, e, mais tarde, por Napoleão, quando o espírito revolucionário jacobino retomaria as noções de uma *res publica* [coisa do povo] continental. As guerras daí decorrentes, de caráter europeu, transformariam profundamente a natureza da guerra.

O impacto revolucionário do fenômeno "napoleônico" sobre a Europa – e também sobre suas colônias, estendendo-se pelas Américas, o Oriente Médio, até as Índias – levará à formação de um novo "pacto continental", dessa feita sob a forma do Congresso de Viena, de 1815.[7] Nesse contexto de guerras, queda de dinastias, derrocada de impérios, emergência de novos Estados e nações (na Europa e nas Américas) é que a questão da paz e da guerra se coloca de forma clara como uma questão de debate para a mente de filósofos e pesquisadores formados no âmbito do Iluminismo e do Racionalismo do século XVIII.

É também na esfera desse Iluminismo "tardio" que surgem as duas figuras gigantes dos debates sobre a paz e a guerra: Immanuel Kant (1724-1804) e Georg Hegel (1770-1831). De modo significativo, Kant volta-se diretamente, no seu opúsculo *À paz perpétua* (1795), para a imposição e manutenção da paz, e muito menos para as questões da guerra, que, na verdade, não o preocupam. O foco central do trabalho de Kant, de extremo rigor e simplicidade, são exatamente as consequências da Paz de Westfália. Os celebrados tratados de 1648, recebidos como marco de tranquilidade e de respeito às normas de um nascente direito internacional, são, na verdade, apontados como as origens dos conflitos do século XVIII.[8] Para Kant, as guerras – e o filósofo de Konigsberg não trata das guerras em geral, mas das guerras modernas no espaço europeu de sua época – possuem suas origens na multiplicidade das soberanias nacionais e nos egoísmos daí decorrentes. A vontade de impor sua vontade a outro Estado, um choque de soberanias, resultaria inevitavelmente em guerra. A solução proposta por Kant, uma espécie de "Tribunal das Nações", a favor do qual seria transferida a soberania de todas as nações e onde residiria o monopólio da violência, prenuncia as formas buscadas em 1919 com a Liga das Nações, e, em 1945, com as Nações Unidas.

Para Georg Hegel, bem ao contrário, a natureza de todo Estado é a "vontade de poder". A natureza do Estado é exatamente a soberania. Nessa direção, e de maneira especial em *Princípios da Filosofia do Direito*, de 1820, Hegel estabelece uma finalidade na História, um sentido que se realiza no encontro da "vontade" com o "Espírito", por meio do Estado, dotado de um *Volksgeist* [espírito de um povo ou de uma nação]: sua maior contribuição para a formação do Estado moderno. Hegel não admite forma de limitação ou controle à soberania do Estado, considerando o choque entre as nações um dado da realidade das relações que elas estabelecem entre si.[9] Idealismo e Realismo, na percepção da paz e da guerra, emergem de tais visões do final do Iluminismo.

Foi também na Alemanha, não muito distante de Hegel, que Claus von Clausewitz (1780-1831) levou o estudo dos conflitos à sua maior sofisticação teórica com *Da guerra*, conseguindo, por meio de alguns simples e permanentes teoremas e abstrações, resumir os princípios centrais da guerra. Mas, sem dúvida, para além de todos os seus "princípios" – ainda hoje de pé, malgrado seus detratores e as inúmeras, e vãs, tentativas de "ultrapassá-lo", a grande e ousada contribuição de Clausewitz foi retirar a guerra do reino do mundo mágico, das condenações, vícios e doenças da natureza humana e, exatamente como Aristóteles, trazê-la para o centro das atividades humanas: a guerra passa a ser vista como um fato político, outra forma de agir político e com a mesma racionalidade – muitas vezes falha – da política.

Assim, a ambiência política de então, o Iluminismo "tardio", com um maduro conhecimento de autores como Tucídides, Tito Lívio, Maquiavel, Thomas Hobbes e, claro, com um profundo debate entre as escolas alemãs de seguidores de Kant e Hegel, terá um impacto fundamental sobre a recepção da obra de Clausewitz.[10] Com *Da guerra* – escrito entre 1816 e 1830, publicado em 1832 –, cuja recepção será lenta, desigual e cheia de percalços, os conflitos bélicos passam, claramente, para o domínio dos "estudos superiores", merecedores de uma atenção multidisciplinar e eclética, embora abrindo outra perspectiva de debates, principalmente no meio anglo-saxão. Para os norte-americanos, grande parte da leitura de Clausewitz fez-se sob uma chave "cientificista", em que a tecnologia, a inovação massiva e os investimentos financeiros passaram a desempenhar um papel central na interpretação do seu texto – como em Alvin Toffler e, mais tarde, em Donald Rumsfeld, secretário de Defesa do presidente George W. Bush (2001-2009) e diretamente responsável pelas guerras do Afeganistão, em 2001, e do Iraque, em 2003 –, tomando os aspectos centrais da "arte" da guerra como uma ciência, com resultados que deveriam ser exatos e preestabelecidos, expostos em telas complexas de PowerPoint. Os resultados, catastróficos, são conhecidos.

A recepção por parte do mundo acadêmico britânico, por sua vez, esbarrou em uma forte resistência antirrealístista e antirracionalista da guerra, em que o conflito é visto não como a continuidade da política por outros meios, mas como a perda do controle da política por parte dos próprios políticos, resultado de uma forma de amoralismo ou de ausência de princípios morais na condução dos negócios do Estado ou, ainda, no momento em que os homens de Estado, em especial os diplomatas, acostumados a "jogar" no limite das possibilidades, "perdem a mão" e os "jogos de gabinete" se descontrolam. A noção da ausência de princípios morais e, ao mesmo tempo, da conveniência de "parlamentarizar" as relações exteriores, em um kantismo quase confessional, surge claramente na importante obra de John Keegan,[11] para quem a guerra sempre será uma questão moral.

Por sua vez, a tese de "perda momentânea da razão" surge, em obras de grande impacto, durante as comemorações do centenário da Grande Guerra de 1914, como nas obras de Max Hastings[12] e de Christopher Clark (nascido em Sydney e formado no universo acadêmico britânico).[13] O sentido geral da obra clausewitziana – a guerra pode ser feita para se alcançar um objetivo desejado a um preço calculado – é decididamente estranho a esses autores, para quem a noção moralizante de que toda guerra é uma "marcha da insensatez", conforme o título da consagrada autora Barbara Tuchman (1912-198)[14] tudo resume e tudo explica.

A recusa à presença obsedante da guerra – e seu corolário de horrores – pareceu chegar ao paroxismo no século XX, combinando a guerra convencional, agora associada a objetivos bélicos e à capacidade industrial maciça (desde as guerras da Crimeia, entre 1853 e 1856; da Secessão americana, de 1861 a 1865; e a Franco-Prussiana, de 1870-1871, podemos falar de "guerras industriais"), culminando nas grandes batalhas "inúteis" da Primeira Guerra Mundial (1914-1918), e somando-se, então, objetivos "biológicos", "racistas" e de "limpeza étnica", com os diversos genocídios do século. Assim, o século foi marcado por um "crescendo" de matanças em série: dos nativos do Congo Belga, entre 1900 e 1908; dos hereros, na Namíbia alemã, entre 1904 e 1907; dos armênios, na nascente Turquia moderna, em 1915; dos haitianos, na República Dominicana, em 1937, culminando no horror massivo do Holocausto nazista.

O tremendo morticínio e a destruição ocorridos nas duas grandes guerras mundiais do século XX – com a sombra do Holocausto pairando sobre todos – não garantiram que Clausewitz e os demais estrategistas do século XX se mantivessem mestres solitários em pensar a guerra. A Segunda Guerra Mundial trouxe uma realidade nova – além da matança sistemática e industrial do Holocausto –, a bomba atômica, que anunciava a possibilidade bastante concreta da destruição de toda humanidade por obra do homem. Por vezes, depois de Hiroshima e Nagasaki, em 1945, "crises atômicas" ameaçaram o futuro do homem, como em 1962, em Cuba, ou em 1972, em decorrência dos ataques aéreos americanos contra o Vietnã do Norte. Os teoremas de Clausewitz, nas suas complexas e elegantes abstrações, foram colocados em xeque com o desenvolvimento de arsenais massivos de armas nucleares por parte dos Estados Unidos e da então União Soviética (e, mais tarde, da Grã-Bretanha, França, China Popular, Índia, do Paquistão, de

Israel e da Coreia do Norte). A questão básica era a chamada "Inversão Clausewitziana", ou seja, o postulado básico do pensador alemão – a guerra é uma forma de agir político que obriga o adversário a aceitar "nossas razões" – não se sustentava mais, posto que, em uma guerra nuclear, o adversário seria possivelmente destruído e, em uma guerra nuclear total, todos seriam destruídos. Assim, criava-se a chamada situação "M.A.D.", um acróstico em inglês que significa "mútua destruição assegurada". Mas, de toda forma, assegurava-se o traço fundamental da obra de Clausewitz: o caráter político da guerra.

Por essa via, pensadores, alguns autointitulados "futurólogos", tais como Herman Khan (1922-1983), dedicaram-se a prever e organizar um "futuro impensável": a organização do mundo pós-apocalítico, ou seja, depois de uma guerra nuclear generalizada.

Contudo, a aderência à paz e a recusa à guerra mantiveram-se populares, muito prevalentes em razão da própria possibilidade da guerra nuclear. Durante o processo de independência da Índia, logo após a Segunda Guerra Mundial, Mahatma Ghandi (1869-1948) apresentou uma proposta, baseada na desobediência civil em massa, que seria repetida na luta pelos direitos civis das populações negras dos Estados Unidos, nos anos de 1960, com Martin Luther King (1929-1968), e na África do Sul, com Nelson Mandela (1918-2013), nos anos de 1990, momentos em que formas pacíficas e massivas de luta evitaram possíveis banhos de sangue. A paz e suas possibilidades de transformação da sociedade foram temas constantes das preocupações humanas e acabaram por se converter na motivação de uma geração inteira nos anos de 1960, marcando suas formas de expressão, sob a denominação de contracultura.[15]

Ao que indicam os fatos, quando foram dadas oportunidades à paz, por vezes os resultados foram excelentes.

Foi, sem dúvida, o horrendo balanço das guerras do século XX – um século de tantos avanços e progressos – que fez de fato a guerra tornar-se um tema "científico". Por que a guerra? Já no curto período do entreguerras, de 1919 e 1933, Albert Einstein, em 1932, encarregado da Liga das Nações – a entidade internacional que deveria ser o garante da paz mundial –, se dirige, em carta, a uma das sumidades mundiais, Sigmund Freud, em busca de respostas:

> Existe alguma forma de livrar a humanidade da ameaça de guerra? É do conhecimento geral que, com o progresso da ciência de nossos dias, esse tema adquiriu significação de assunto de vida ou morte para a civilização, tal como a conhecemos; não obstante, apesar de todo o empenho demonstrado, todas as tentativas de solucioná-lo terminaram em lamentável fracasso.[16]

A questão colocada por Einstein merece uma atenção polida e, contudo, absolutamente pessimista, como, de resto, era natural da parte de Freud. Dizendo-se incapaz de abordar a questão de forma prática, começa a fazê-lo. E em uma brilhante síntese das condições políticas contemporâneas, avança alguns pontos fundamentais que serão, sem dúvida, bastante decepcionantes para um cientista politicamente kantiano como Einstein: em uma análise política, conjuntural, bastante lúcida, atribui aos egoísmos e aos objetivos expansionistas dos Estados a probabilidade altamente concreta de novas guerras, incluindo uma guerra mundial tremendamente letal. Considera a Liga das Nações a única forma prática, imediata, de conter a ameaça, com a soberania das nações e o uso da violência transferido para aquela organização. No entanto, embora elogiando a pronta "coragem" na criação da chamada "sociedade das nações", reconhece que a decisão de não dotá-la, tal qual a ONU depois de 1945, de meios adequados para cumprir sua missão – ou seja, constituir o monopólio da força –, era condená-la à paralisia.

Feita a sua análise "política", no mais, bastante correta, Freud se propõe a falar a partir de seu ponto de vista, revelando-se, então, por paradoxo, um "pacifista pessimista". Admite, desde logo, a natureza violenta do homem, de todos os homens – e não, como indica Einstein em sua carta, a existência desse traço em alguns homens. Explica a violência humana a partir de sua Teoria dos Instintos, na qual contrapõe um Eros a um "instinto da morte", que tanto pode, em parte, se interiorizar, quanto pode, sob formas múltiplas e sublimadas, se exteriorizar. Ambos, Eros e Tânatos, entrelaçados e indispensáveis um ao outro, são partes fundamentais da natureza humana, necessários para a sobrevivência do indivíduo e realização plena de seu bem-estar. Assim, eliminar a agressividade inerente a tal natureza seria um esforço impossível e quiçá perigoso para a própria condição humana.[17]

A questão é, então, deslocada por Freud: por que o instinto de destruição prevalece tão fortemente em determinadas situações ou em determinados indivíduos (mesmo sob argumentos os mais humanitários possíveis)? Nesse ponto, dando as "pistas" que seriam seguidas por seus continuadores – como Franz Neumann, Wilhelm Reich, Theodor Adorno e Herbert Marcuse –, Freud opõe à guerra não a paz, como sempre o fez a tradição, mas a seu par psíquico, o amor. Para o autor da Teoria dos Instintos, talvez – e só talvez –, quanto mais Eros puder controlar e envolver o instinto de destruição/dominação/aniquilação, colocando-o a seu serviço, maior a probabilidade de que a força de Tânatos se direcione para conquistas mais e mais prazerosas para todos.

Particularmente Herbert Marcuse, em obras agudamente críticas ao produtivismo capitalista e à sistematicidade das guerras, parece ter entendido a relação intrínseca entre esses pares opostos e complementares, amor/guerra, tão marcantes para toda uma geração nos anos de 1960.

De toda forma, fechado o "parêntesis socialista", quando se esperou – na esteira da tese marxista de que "proletários não têm pátria", marca do *Manifesto comunista*, de 1848 – que o socialismo encerraria de vez todas as guerras, a ordem liberal global, estabelecida com o colapso da União Soviética, em 1991, tampouco foi capaz de fazê-lo. O anúncio de uma "nova ordem" pelo presidente George Bush, sênior, naquele mesmo ano, mostrou-se um imenso fiasco. Nos anos seguintes, em especial depois dos trágicos fatos inaugurados com os atentados de 11 de setembro de 2001, novas guerras – e novas formas de guerra – emergiriam, além de formas tremendamente cruéis de terrorismo, limpeza étnica e novos genocídios.[18]

Com o severo pessimismo de Sigmund Freud podemos dizer que, lamentavelmente, a guerra continuará tendo um longo futuro, mesmo após o Apocalipse.

Francisco Carlos Teixeira da Silva e
Karl Schurster Sousa Leão

Notas

1. RIVIÈRE, 1979.
2. REGESTA IMPERII. Acesso em 5/11/2017.
3. TEIXEIRA DA SILVA, 1979.
4. GOLDIM, 2003.

5. WILSON, 2009.
6. MATA, 2013.
7. GODECHOT, 1974.
8. KANT, 1989.
9. HEGEL, 2000.
10. FERRIS, 1995, pp. 1-58.
11. KEEGAN, 2011.
12. HASTINGS, 2013.
13. CLARK, 2012.
14. TUCHMAN, 1996.
15. TEIXEIRA DA SILVA, 2015.
16. EINSTEIN, Albert. Acesso em 12/12/2017.
17. FREUD, 1961.
18. FERGUSON, 2006.

Referências

CLARK, Christopher. *The Sleepwalkers: How Europe Went to War in 1914*. Londres: Allen Lane, 2012.

EINSTEIN, Albert. *Correspondência de Albert Einstein com Sigmund Freud*. <http://areas.fba.ul.pt/jpeneda/FreudEinstein.htm>. Acesso em 12/12/2017.

FERGUSON, Niall. *The War of the World*. Londres: Penguin Book, 2006.

FREUD, Sigmund. *Beyond the Pleasure Principle*. Standard Edition. Nova York: Liveright Publishing Corporation, 1961.

GODECHOT, Jacques. *Un Jury pour la Révolution*. Paris: Robert Laffont, 1974.

GOLDIM, José Roberto. *Teoria da guerra justa*. <https://www.ufrgs.br/bioetica/guerra.htm>. Acesso em 5/11/2017.

HASTINGS, Max. *Catastrophe: 1914 Europe Goes to War*. Londres: William Collins, 2013.

HEGEL, Georg W. F. *Princípios da Filosofia do Direito*. São Paulo: Martins Fontes, 2000.

FERRIS, John.; HANDEL, Michael I. *Clausewitz, Intelligence, Uncertainty and the Art of Command in Military Operations*. Intelligence and National Security, v. 10, n. 1, 1995. p. 1-58.

KANT, Immanuel. *À paz perpétua*. Porto Alegre: L&PM, 1989.

KEEGAN, John. *Uma história da guerra*. São Paulo: Companhia de Bolso, 2011.

MATA, Iacy Maia. Exemplos a não seguir: libertação tardia dos escravos no Brasil e em Cuba. <http://historiacsd.blogspot.com.br/2013/08/exemplos-nao-seguir--libertacao-tardia.html>. Acesso em 27/12/2017.

REGESTA IMPERII. <http://opac.regesta-imperii.de/lang_en/anzeige.php?aufsatz=Waldweiler+-+die+Geschichte+eines+Hochwalddorfes%3A+%22Vor+Pest%2C+Hunger+und+Krieg+bewahre+uns%2C+o+Herr...%22.&pk=555912>. Acesso em 5/11/2017.

RIVIÈRE, Jean-Claude. *Georges Dumézil à la Découverte des Indo-européens*. Paris: Copernic, 1979.

TEIXEIRA DA SILVA, Francisco C. *Sociedade feudal*. São Paulo: Brasiliense, 1979.

______ *et al. O cinema vai à guerra*. São Paulo: Elsevier, 2015.

TUCHMAN, Barbara W. *A marcha da insensatez: de Troia ao Vietnã*. Rio de Janeiro: José Olympio, 1996.

WILSON, Peter H. *Europe's Tragedy: A History of the Thirty Years War*. Londres: Allen Lane, 2009.

1. Democracia e guerra na Grécia Clássica

Guilherme Moerbeck

A guerra é uma constante na maior parte, senão em todo o Mundo Antigo; no entanto, dar conta das motivações que levavam os homens aos campos de batalha não é tarefa propriamente simples. A viagem ao Mundo Antigo requer que o leitor contemporâneo se dispa temporariamente das suas convicções para compreender a linguagem, os discursos, enfim, aquilo que os antigos concebiam sobre o seu universo cultural.

No mundo grego antigo serão encontradas as relações entre a guerra e a religião. Em uma ação supostamente militar, lá estão os deuses, mesmo que no imaginário coletivo, para sancionar, auxiliar, purificar, para se contrapor às ações humanas. Ao se pensar em uma decisão política, lá estão os sacrifícios sendo apresentados aos mesmos deuses. O fato é que a religião é um dos elementos mais englobantes do modo de viver na Grécia Antiga. Isso significa dizer que não podemos pensar o Mundo Antigo da maneira como nos acostumamos a analisar a História Contemporânea, pois o universo grego não é laico e não há separação formal entre religião, política e economia. E se dessa viagem o leitor puder compreender mais profundamente essas diferenças, certamente poderá perceber, ao olhar em seguida ao seu redor, que a lente pela qual observava o mundo e os conflitos armados de seu tempo também já haverá mudado.

Um pouco sobre a comunidade de Atenas

Os historiadores da Antiguidade, especialmente os da Grécia Antiga, sofrem de um mal. É comum que, ao mencioná-la, estejam, na verdade, falando do exemplo de apenas uma ou algumas poucas cidades. Esse é o caso aqui, abertamente declarado aos leitores. Na maior parte das vezes, salvo menções em contrário, estaremos efetivamente focando em um exemplo, o mais bem documentado no mundo heleno, o da cidade de Atenas. Isso não significa dizer que ela seja um modelo. Ao contrário, a cidade de Atenas e a democracia que nela foi instaurada a partir das reformas introduzidas por Clístenes, em 509-508 a.C., inauguraram um tipo de governo que, embora não fosse único no mundo grego, era bastante singular. Portanto, não se devem utilizar as ideias que se possa ter sobre Atenas como um modelo explicativo do mundo grego como um todo, sob o risco de incorrer em distorções e simplificações de toda ordem, o que não invalida, evidentemente, o estudo integrado das *poleis* em um sistema mediterrânico ou algo sistêmico, com as devidas precauções.[1]

Atenas era uma comunidade de cidadãos que viviam em uma região da Hélade chamada Ática, que fazia fronteira ao norte com a região da Beócia, cuja principal cidade era Tebas, e a leste, com a cidade de Mégara. A Ática possuía uma área de aproximadamente 3,8 mil quilômetros quadrados, compreendida em grande parte de regiões escarpadas e montanhosas, mas com algumas planícies, como as de Elêusis – Cephisus e Ilissus –, propícias ao plantio de vários gêneros alimentícios, em especial as videiras, o trigo e a cevada, além de verduras e de legumes adaptados ao clima mediterrânico. Ao sul da Ática, havia o monte do Láurio, de onde provinha quantidade significativa de prata, com a qual os atenienses cunharam a sua própria moeda, especialmente a partir do século V a.C., a dracma.

O fim do século VI a.C. foi marcado por uma série de lutas políticas internas, que puseram termo ao governo da família dos Pisistrátida,[2] identificados como os tiranos que governaram Atenas durante aproximadamente 55 anos. Dos desdobramentos dessas lutas internas, uma família se sobressaiu, a dos Alcmeônidas. Um de seus membros, Clístenes, promoveu ampla reforma na organização política de Atenas, que acabou por dar início àquilo que chamamos de regime democrático. A Ática, como território, também sofreu profundas transformações ligadas à participação política na cidade. Atenas era o núcleo da Ática, e onde ficavam a *ásty*, o núcleo urbano e a acrópole, a cidade alta, estabelecida a aproximadamente 150 metros acima do nível do mar e que concentrava os principais templos dos atenienses, em especial, o de sua deusa tutelar, *Atenas Partheno*,[3] o Partenon.

A comunidade dos atenienses era composta por alguns grupos sociais: os cidadãos – homens maiores de 18 anos, nascidos em Atenas, de pai e mãe atenienses, que passaram pela *efebi*.[4] Apenas eles podiam integrar o campo político ateniense, o que significa dizer a participação nas assembleias, nos conselhos e tribunais, bem como assumir os cargos públicos da cidade, os principais deles, os de arconte e estratego.[5] Percebam ainda que será esse cidadão que fará parte do exército ateniense, haja vista ser uma das obrigações centrais quanto à participação nas atividades políticas da *polis* decidir fazer a guerra alhures ou defender a sua cidade em caso de tentativas de invasão.

As filhas de atenienses eram cidadãs, mas não participavam do jogo político institucional. O campo político também estava vedado aos estrangeiros que residiam em Atenas, os metecos, bem como aos escravos. Há algumas controvérsias, suficientemente grandes para que não as possamos tratar aqui. É importante notar que, ao dizer que mulheres não participavam do campo político, não significa que não participassem de debates políticos; a mesma conclusão pode ser aplicada aos metecos. Estes, por sua vez, tinham que pagar impostos específicos, como o *metoikion*, uma taxa anual de doze dracmas para homens e de seis para mulheres. Em suma, deve ficar claro que não participar da esfera institucional não significava estar excluído do universo que compreende pensar e debater o bem comum, pensar e debater o bem para a própria comunidade. Havia espaços que não pertenciam ao campo político *stricto sensu* e que deviam fervilhar em debates de toda ordem, como o porto do Pireu e a *ágora*, o mercado de Atena.[6]

Toda a participação no campo político da cidade era disposta por meio da inscrição nas dez tribos[7] criadas por Clístenes, à época de suas reformas. Assim, a participação na Boulé, conselho com quinhentos participantes; as competições de coros ditirâmbicos por ocasião de uma grande festa na cidade, chamada de Grandes Dionísias, e mesmo a magistratura de estratego era definida por meio ou de sorteio ou de voto dentro de suas tribos. A mais importante assembleia, que concentrava poderes acima das demais instituições atenienses, era a Eclésia. Nessa, a participação era aberta a todos os cidadãos, indistintamente, pois tinham direito à voz e ao voto, considerados dois dos principais elementos que davam corpo à democracia antiga.

Era nesse universo de participação direta, mesmo restrito ao grupo de cidadãos, que se configurava um amplo espectro de possibilidades da atividade política. Notem ainda que não se deve confundir a Atenas de seus habitantes com a de seus cidadãos, pois, se levarmos em conta o número total estimado da população no século V a.C., apenas 20% do total era de cidadãos homens, portanto, aqueles aos quais a participação no campo político era consentida.

As transformações da guerra na Antiguidade

> [...] o que a maioria dos homens chama de paz é apenas uma aparência, na realidade. Todas as cidades vivem, por natureza, em permanente estado de guerra não declarada contra todas as outras cidades.
>
> Platão[8]

Endêmica, permanente, estruturante, são muitos os adjetivos que podem acompanhar e tentam dar conta do fenômeno da guerra na Antiguidade. Alguns estudos indicam que, após o início do Período Neolítico, especialmente na região do Oriente Próximo, em cidades que incluem Jericó, Kalat Jarmo, bem como na Suméria, em Ur e Uruk, houve um impulso à construção de habitações permanentes que caracterizavam uma nova etapa da história da humanidade. De maneira desigual, segundo a região observada, o fato é que as civilizações da época caminhavam para se fixar em uma dada região, pondo fim, progressivamente, ao nomadismo. Com a sedentarização, em primeiro lugar, dos povos que habitavam próximo a regiões férteis, como o vale do Rio Jordão, em alguns pontos do Rio Nilo, no Egito, e próximo à foz dos rios Tigre e Eufrates, na Mesopotâmia, surgem cidades e mesmo uma rede de cidades, para o caso da Suméria. Os indícios arqueológicos da descoberta de muralhas da Jericó de 7000 a.C. e das cidades da Suméria no quarto milênio a.C. nos levam a uma indagação elementar, da qual o leitor certamente pode deduzir a resposta. Por que construir muralhas?

A partir desse momento, na região do Oriente Próximo, portanto muito antes de chegarmos ao período de nosso interesse aqui, houve um processo de estratificação social e o surgimento de governos locais, fossem eles mais colegiados em formas de cidades-estados ou ainda como monarquias, como a faraônica, no Egito, também na terceira Dinastia de Ur, ou ainda no conhecido governo de Hamurabi, na Assíria do Império Paleobabilônico, o fato é que a sedentarização opôs duas lógicas de sobrevivência humana. Uma delas baseada na residência fixa e produção agrícola; uma seminômade, que não permanecia de forma perene em um sítio apenas; e outra ainda totalmente nômade. Em todo caso, as populações que optaram pela sedentarização acabaram por investir em produções agrícolas, geralmente trigo e cevada, que precisavam ser armazenados para períodos de entressafra. Era muito comum, igualmente, a criação de animais de pequeno porte, como cabras e porcos.[9]

Em outra oportunidade, pudemos expor a posição do antropólogo Ernest Gellner, que nos parece uma das explicações mais interessantes e, ao mesmo tempo, abrangentes para a mutação da guerra na Antiguidade. Para o autor em questão, a guerra poderia ser dividida em três modelos. O primeiro é de uma guerra que acontece apenas de maneira esporádica e eventual e se refere às sociedades pré-históricas, e o terceiro modelo é o das guerras contemporâneas, quando já existe todo um empenho, ao menos após Westfália, de evitá-la, segundo orientações diplomáticas: refere-se à guerra opcional, contraproducente e mesmo total?[10] Note-se que o segundo modelo é o que mais nos importa, por isso ter ficado por último. O que Gellner quer nos mostrar é que a guerra, na Antiguidade, era endêmica, normativa e obrigatória, por pelo menos três motivos. O primeiro é cultural, pois em boa parte delas o guerreiro é uma figura proeminente, por vezes constituindo uma espécie de casta social; o segundo motivo é econômico, pois a guerra era espoliatória, buscava-se, assim, espólios de guerra, isto é, uma série de bens materiais que se pudesse conseguir com a vitória; e, em terceiro lugar, o político, este especialmente válido para o mundo greco-romano. Havia uma concepção mais ou menos tácita de que aqueles homens que se destacavam na guerra, notadamente os de família aristocrática, ocupavam importantes cargos na administração da cidade. É verdade, também, que essa ideologia militar é mais apropriada para a Roma tardo-republicana e seu *cursus honorum* [caminho das honras] do que para a Atenas do período democrático, muito embora as honras militares estivessem presentes em ambas.[11]

A guerra e o mundo grego: controvérsias em torno da Revolução Hoplítica

Em 1972, Yvon Garlan apontava que as guerras no mundo greco-romano deveriam ser vistas como um elemento particular às próprias comunidades e cultura. Era fundamental, portanto, avaliar a guerra no Mundo Antigo segundo seus rituais, ideologias e instituições, diferenciando-o do mundo contemporâneo, em que emerge a guerra total?[12]

A guerra era um elemento natural no Período Clássico. As pequenas cidades estavam todas, de alguma forma, querendo afirmar a sua superioridade. Assim: "[...] a paz, ou na verdade as tréguas, são registradas como um tempo morto em relação à sempre renovada história de conflitos."[13] Para Vernant, de fato, a guerra faz parte de uma estrutura maior do *éthos* grego. Seria como uma força, uma gana pela competição que a tudo atravessava, o que os gregos chamavam de *ágo*.[14] É uma concepção "agonística" de homem.

A noção de Vernant deve, no entanto, ser matizada, pois há muito da influência do estruturalismo de Claude Lévi-Strauss, principalmente das obras surgidas após o período de estudos nos EUA, durante a Segunda Guerra Mundial, que marcou profundamente, em um sentido de análise oriunda da linguística, a obra do antropólogo belga. Em suas reflexões, Lévi-Strauss partiu do postulado de que a mente humana, em seu funcionamento, gera códigos e estruturas em oposições complementares binárias. No limite, devido às influências difusas da genética de seu tempo – leia-se o tempo em que formulou sua Antropologia Estrutural –, Lévi-Strauss pensava uma espécie de crença ontológica para a descoberta de como se comportava a mente humana. A noção de estrutura em Lévi-Strauss é um construto do cientista. A partir da elaboração, da comparação e análise de modelos é que se poderão desvelar as estruturas mais profundas do pensamento humano, constituídas em um sistema organizado.[15]

De toda maneira, tanto Garlan, quanto Vernant nos chamam a atenção para dois dados importantes: a guerra antiga, bem como as sociedades da Antiguidade, possui especificidades sociais que não podem ser ignoradas, além do fato de que a guerra é um elemento que se constituiu no devir temporal intrínseco à cultura grega e ao caráter pelo qual se definiam os homens daquela época.

Para seguirmos, cremos ser importante dar atenção ao problema da passagem do *modus operandi* da guerra do mundo de Homero, séculos X a VIII a.C., para a guerra do Mundo Arcaico, séculos VIII a VI a.C., já que nas cidades gregas, nas *poleis* do século V a.C., ela foi muito influenciada pelas transformações acontecidas nos modelos bélicos em uso nesses dois momentos.

Tanto Vernant quanto Moses Finley, Anthony Snodgrass e mesmo, um pouco depois, Pierre Vidal-Naquet, desenvolveram um conjunto de interpretações que compreende, no período homérico, a existência de uma elite de *basileus* [reis] que dominava amplamente os mais variados espectros da vida social.[16] Segundo essa teoria, o modelo de batalha que prevalecia, como representado em Homero, era o da preeminência desses grandes líderes, enquanto as massas desempenhavam um papel secundário. Em contraste, a falange hoplítica requeria um maior número de pessoas equipadas e envolvidas em treinamentos bélicos.

Snodgrass, nos anos de 1960, ressaltou que, entre 750 e 650 a.C., houve um conjunto de transformações nos achados arqueológicos bélicos que indicavam a formação da falange hoplítica. Essas transformações foram profundas e tinham a ver com mudanças políticas, militares, mas também mentais. Para Snodgrass, o surgimento dos novos equipamentos de batalha teve uma longa experimentação que antecedeu a formação dessa falange.[17]

Os autores em questão estão querendo chamar a atenção para o fato de que as guerras nem sempre foram conduzidas da mesma maneira na Grécia Antiga. Havia, inclusive, percepções éticas bastante distintas. Para o guerreiro do período homérico, o que havia de mais importante na mentalidade daquele momento eram as façanhas individuais, a busca da glória pessoal, o furor belicoso e a busca da bela morte, entendida como a queda no campo de batalha contra um guerreiro de grande valor. As façanhas individuais, como as de Heitor e Aquiles, seriam a marca maior da ética guerreira daquele período. Todas essas características que parecem compor um quadro cultural em bloco iriam encontrar o seu fim em uma derradeira crise, que uniria o elemento político e o militar, a chamada Revolução Hoplítica.

Uma das mais influentes versões sobre a Revolução Hoplítica surgiu da escola de Paris, com o filósofo Jean-Pierre Vernant. Publicado em 1962, o livro *Les Origines de la pensée grecque* foi um dos mais influentes nos debates sobre o surgimento da *polis*, até pelo menos a década de 1990, e, no Brasil, ainda hoje persiste nos cursos de graduação em História. As ideias de Vernant são realmente muito envolventes. Para ele, houve uma transformação global na sociedade helena entre os séculos VIII e VII a.C. O surgimento das *poleis* no período indicado ocorreu concomitantemente à valorização da palavra como instrumento de poder. Essa tornou-se um instrumento da vida política, nos meios de comando e, por excelência, nas argumentações e debates. As manifestações mais importantes da vida social, os rituais, as reuniões ganhavam ambientes e práticas abertas – até mesmo no que tange ao universo religioso. Era um conjunto de transformações que, além do mais, tocava a formulação de leis escritas, pois, desde então, as leis da *polis* passam a exigir prestação de contas e a se opor ao modo pelo qual eram decretadas as leis do monarca.[18]

Para Vernant, assim se solidificaram as relações entre política e *logos* – entendido como o conhecimento e a eficiência na política a partir do aprendizado da retórica. A segunda característica fundamental das *poleis* dos períodos Arcaico e Clássico é a preeminência do nível público sobre o privado, o que, entre outras consequências, permite ressaltar o maior acesso do *demos* [povo] ao mundo religioso. O que anteriormente era privilégio da classe sacerdotal e dos *basileus* tornou-se acessível a todos os cidadãos, por intermédio, principalmente, da criação de elementos de religiosidade cívica.[19]

As leis das *poleis* faziam com que o controle da comunidade sobre os assuntos públicos fosse muito maior, e a lenta difusão da escrita possibilitava tornar público o conhecimento. Com os *nomoi*, a criação de leis e de noções de direitos iguais, como os casos da *isonomia* [igualdade de normas] e da *isegoria* [igualdade de direitos de expressão], colocam no plano do humano o que, nos tempos de Homero, a *diké* significava, uma divisão de poderes entre deuses e homens.[20]

Certos tipos de saberes, como o caso dos religiosos, são transferidos da propriedade particular de certos *gene* para o templo da *polis*.[21] Apesar disso, a tensão entre o público e o privado não pode ser definida de maneira simplista, pois certas formas secretas de se controlar o sobrenatural continuam existindo.[22] O valor político atribuído aos cultos secretos e às figuras dos sacerdotes não é apenas reminiscência do passado, mas cumprem importante função social. O "racionalismo" e a dessacralização do mundo político grego se opõem aos antigos processos religiosos de governo, mas não a todos os tipos de manifestações religiosas que não sejam aquelas controladas pelo Estado.[23]

Para Vernant, portanto, o advento da filosofia encontra-se em uma posição ambígua. Ao mesmo tempo que se presta às iniciações do mistério, se apresenta às controvérsias da ágora,[24] entre o segredo das seitas e a publicidade do debate. Noutro nível, enquanto a filosofia afirmaria ser o único meio qualificado para se governar à cidade, por outro lado, renunciaria à vida pública, buscando estabelecer-se na contemplação e na idealização do conhecimento. À ideia de hierarquia e domínio, advirão noções como a de *isoi* [iguais], vinculando os cidadãos através do reconhecimento da semelhança, pela *philia*.[25]

As modificações ocorridas por meio da Revolução Hoplítica proporcionaram, ainda segundo Vernant, que a atuação política dos *hippei*, a aristocracia guerreira, perdesse espaço, quando os pequenos proprietários livres, como os *zeugitas*, começaram a fazer parte desse exército de cidadãos. Em suma, a democratização da função militar permitiu a mudança na própria ética do guerreiro. O furor belicoso e a honra individual davam lugar à *sophrosyne*, isto é, à disciplina comum, ao domínio de si. A vitória sobre o adversário dependia, agora, da união e do senso de conjunto desses cidadãos-soldados. A noção de que os cidadãos deveriam se manter em uma certa equanimidade chega até o controle dos funerais, para que não sejam excessivamente pomposos.[26]

Se as ideias de Vernant e, em outra medida, as de Finley e Snodgrass, acerca dessas transformações são tão coesas, e por tanto tempo predominaram nos debates e nas teses desenvolvidas, por que isso vem mudando? Um dos autores que questionaram o modelo interpretativo de Vernant foi o historiador estadunidense Kurt Raaflaub. Em primeiro lugar, ele enfatiza que, do século X ao VIII, houve um crescimento populacional significativo e aumento dos contatos com outros povos. Os assentamentos expandiram-se, ocupando terras outrora não cultivadas. A pólis começa a se cristalizar em um amálgama de muitas comunidades vizinhas. Surgem, assim, um número significativo de fronteiras, marcadas muitas das vezes por santuários rurais – começava a emergir de forma mais clara a noção de territorialidade. Assim, os cidadãos precisavam estar aptos a defender os seus campos.

> [por volta do final do século VIII] a resposta foi uma luta maciça produzida por comunidades armadas, tornada possível e necessitada por uma densidade populacional em crescimento. Aumentando e distribuindo riqueza suficiente para se dispor do equipamento necessário e da nova estrutura de organização das primeiras *poleis*. Como a luta começava a significar a existência elementar da *polis*, [...] foram buscadas maneiras de tornar o exército cidadão mais efetivo: tecnologias e mudanças táticas interagiam com mudanças econômicas e sociais para produzir, ao fim de um longo processo, a falange hoplítica.[27]

Raaflaub questiona inclusive a ideia de uma revolução, no sentido de conjunto de transformações profundas na sociedade, como colocam Vernant e uma outra autora francesa, Claude Mossé.[28] Para Raaflaub, não é aceitável que consideremos a existência da falange hoplítica antes de 650 a.C., ainda que houvesse luta com contingentes maciços.

Em síntese, para Raaflaub: 1) a cidade, a falange e a esfera política na pólis envolveram um processo interativo por um longo período de tempo; 2) os conceitos de propriedade e territorialidade eram componentes inseparáveis nesse processo; 3) as *poleis* aristocráticas dos séculos VII e VI a.C. não antecederam as falanges, mas fizeram parte de um mesmo processo de transformação. Snodgrass situou o advento da falange hoplítica, baseado em um número significativo de fontes arqueológicas, em meados do século VII a.C. A pergunta que Raaflaub faz é: trata-se do advento ou da formalização da falange hoplítica, que chegara a um ponto técnico superior?

Raaflaub não questiona, porém, o fato de o advento da falange hoplítica ter tido uma grande importância não apenas no que tange às estratégias do fazer a guerra, nem mesmo que isso tenha se tornado obrigação de parte da população camponesa proprietária de terras, que tinha condições de comprar o próprio armamento. O que o autor parece propor é que as instituições mais igualitárias que surgem no final do Período Arcaico não necessariamente têm a ver com a falange hoplítica, pois o surgimento desta é bem anterior – pelo menos 150 anos – ao advento da democracia em Atenas.

Por fim, as crises foram sendo superadas por leis escritas, consolidação de mediadores e legisladores, bem como pelo fortalecimento político dos pequenos camponeses, importante inclusive no propósito de estabilizar a cidade de Atenas durante o século VI a.C. Isso acabou sendo apoiado, por motivos diferentes, pela elite e pelo povo. Os camponeses já pertenciam à falange, isso era importante, mas não causa suficiente de sua integração à política, pois já deveriam ter a propriedade da terra e a cidadania como elementos balizadores dessa participação ampliada. Ao termo, não é a participação na falange que dá o acesso à participação política ampliada, mas a crise profunda pela qual passavam várias *poleis*, e a chance de esse grupo de proprietários e cidadãos devolverem essa estabilidade, como um novo corpo junto aos cargos nas cidades.

O que podemos depreender do que foi dito até aqui? Em síntese, a revolução ou Reforma Hoplítica implicou nova maneira de organizar as batalhas, pois, agora, dependiam de campos mais abertos para que a falange cerrada pudesse avançar sobre os inimigos. Vernant tem razão quando chama a atenção sobre o caráter "agonístico" dos gregos. As competições esportivas, teatrais e a guerra faziam parte de ritos de passagem, como espécie de iniciação tribal, "com sua função de assegurar ritualmente a transição social da primeira adolescência à idade adulta, inserindo-se os jovens e/ou a juventude na comunidade de adultos por atribuir-lhes o papel ativo e o status social esperados.[29] O que Claude Calame chamou atenção nesse trecho é que é na ida à guerra, na participação nas liturgias de suas cidades, bem como no aprendizado da música e na participação nas instituições citadinas que residiam os elementos simbólicos que fabricavam o homem, nos rituais comunitários que atingiam amplos grupos daquela sociedade. E nisso tudo está, inclusive, o papel de reprodução social que, desde a Antiguidade, está fortemente vinculado à educação.

Por outro lado, temos que ter em perspectiva que essas transformações ocorreram ao longo de pelo menos duzentos anos. Nesse sentido, Raaflaub quer chamar a atenção para a probabilidade de já haver batalhas organizadas coletivamente no período de Homero. A visão que nos foi passada pelo aedo, por meio de suas *Ilíada* e *Odisseia*, que valoriza o papel dos grandes reis e heróis, tem muito a ver com a estrutura de uma ideologia aristocrática. Lembre-se, como o fez muito bem Alexandre Moraes, em seu trabalho sobre Homero, de que o aedo era um cantor de poemas em festividades habitualmente realizadas em casas aristocráticas. Então, como não louvar os grandes feitos desses homens? Isso não significava dizer, de maneira alguma, que a sociedade na época de Homero fosse um fac-símile de seus cantos.[30] Outro autor, Pierre Vidal-Naquet, já havia mostrado, ao interpretar o canto XV da *Ilíada*, que ali havia certas ideias essenciais: o sorteio como atribuição de lotes e funções e o domínio comum (mesmo que aristocrático) dos homens sobre as terras. De todo modo, essas noções são absolutamente presentes no Período Arcaico, que antecede o surgimento da democracia em algumas *poleis* gregas.[31]

É instigante pensar, como propôs Raaflaub, que a falange hoplítica já existisse antes das crises nos séculos VII e VI a.C., que impuseram aos gregos um conjunto de migrações de colonização e a necessidade de incorporar a figura do camponês, que possuía um pequeno lote de terra, ao âmbito das decisões políticas. O que Raaflaub salienta é que esse longo processo do surgimento da falange hoplítica, da inclusão de camponeses nas fileiras de guerra e desses mesmos camponeses na política ocorreu, mas não da maneira como certos estudiosos anteriores, especialmente Vernant, tentaram interpretar. Por fim, a integração à falange veio antes da inserção política do pequeno camponês.

Por que ir à guerra? Entre a economia e a política

O que nos impele a tomar armas e destruir o outro humano? O que pode ser julgado como desumano? Humanidade, civilização, barbárie e tantas outras palavras são não apenas polissêmicas, mas o seu uso variou muito segundo o tempo e segundo a posição que ocupa o emissor de um ato de fala. Imaginem um personagem como Adolf Hitler, hoje considerado com toda razão um dos maiores terrores que a humanidade já produziu, falando, em sua época, algo acerca do "espírito da nação", direcionado ao povo germânico. Além de serem termos que vimos desde o século XIX, período esse em que o fenômeno dessas comunidades imaginadas chamadas nações ocorre na Europa, alguém conseguiria pensar o surgimento de algo similar à civilização da alta cultura europeia, em especial à *Belle Époque* francesa, caso Hitler tivesse vencido? Queremos chamar a atenção aqui, com essa digressão, para o fato de que definir civilização, barbárie, terror e humanidade depende muito da época, de quem fala, para quem se fala. Trata-se de olhar em perspectiva histórica o fenômeno da guerra em cada época, assim, podemos começar a relativizar o quanto de civilização, entendida como berço da cultura, existia na Grécia Antiga e o quanto de bárbaro se pode ter no próprio grego.[32]

Uma das questões mais debatidas entre os pesquisadores da Antiguidade, em especial por aqueles que se dedicam às questões econômicas, relaciona-se com o que poderíamos, com algum receio, chamar de "natureza" da economia antiga. Na virada do século XIX para o XX, houve, tanto na abordagem da política na Antiguidade, quanto da própria economia, uma tendência que pode ser chamada de modernização da História Antiga. Mikhail Rostovtzeff e Eduard Meyer, por exemplo, viam as trocas econômicas no Mundo Antigo como bem desenvolvidas, similares à economia da Europa Moderna. De alguma maneira, isso era condizente com a época em que esses autores produziram, com a construção de uma visão do mundo greco-romano como berço da civilização ocidental na Europa.

No século XX, o conceito de *polis* surgiu como um elemento fundamental para o reconhecimento unitário da história política da Grécia Antiga, mas o conceito em questão foi tomado, a princípio, do historiador suíço Jacob Burckhardt. Em George Grote, por exemplo, surge a noção de que as *poleis* eram Estados independentes regidos pela lei, e que funcionavam como pano de fundo para os conflitos da sociedade civil. Essas influências possivelmente tiveram origem em filósofos alemães como J. G. Herder, para quem a história de uma época de um povo, diferentemente de F. Hegel, representava não apenas a noção de *Zeitgeist* [espírito de uma época], mas, também, a divisão tripartite que diferencia Estado e sociedade civil e que é estranha às concepções encontradas nos próprios helenos. Como se pode notar, a forma de se fazer a política no Mundo Antigo também podia ser vista pelo prisma da modernização.

No entanto, essa tendência a modernizar o Mundo Antigo encontrou a sua antípoda, o chamado "primitivismo". Um dos maiores representantes do primitivismo e aquele que via a guerra como uma forma absolutamente importante de se conseguirem ganhos de caráter econômico, a riqueza obtida por meio da violência, foi Moses Finley, que citamos a seguir:

> A palavra *oikonomiké* que deu origem a Economia não pode ser traduzida para o sentido atual que damos a Economia. O *oikonomikos* de Xenofonte é um guia para o proprietário rural, para a administração da casa, da família, "não há uma única frase que exprima um princípio econômico ou proponha

> uma análise econômica, nada sobre eficiência de produção, escolha 'racional', ou comercialização das colheitas" [...] É claro que trabalhavam a terra, negociavam, fabricavam objetos, escavavam as minas, decretavam impostos, cunhavam moeda, depositavam dinheiro e faziam empréstimos, tinham lucros ou entravam em falência. E estas atividades eram discutidas nas suas conversas e nos seus escritos. O que eles não faziam, contudo, era combinar estas atividades particulares conceitualmente numa unidade ou, em termos parsonianos, num subsistema diferenciado de sociedade.[33]

Finley insiste, baseado inclusive em T. Parsons, discípulo de M. Weber, que a economia antiga carecia dos elementos-chave que são associados à economia moderna, como a racionalidade econômica, a integração de mercados e regulação de preços, inovação tecnológica e busca da produção em larga escala. Não havia, assim, a economia na Antiguidade como um subsistema independente do social em sua lógica de funcionamento.

A questão primordial para os primitivistas relaciona-se ao desempenho da economia antiga: baixa demanda, baixa produtividade, baixo investimento e comércio limitado. Isso se aplicaria amplamente às sociedades antigas, com o adendo de que a Grécia como um todo e Roma seriam mais avançadas e sofisticadas nesse sentido, embora continuassem primitivistas. Uma parte desses pesquisadores se aliou a um tipo de concepção chamada de substantivista, pois achavam que a economia de então estava incrustada no social. Isso significava dizer que a posse da terra – elemento de enorme valor em todas as sociedades antigas – não se restringia apenas a questões de ordem financeira, de lucros e de minimizar riscos, o que seria, por exemplo, pensar de maneira anacrônica a terra, como um investimento seguro no Mundo Antigo. Na verdade, a posse da terra emprestava dignidade a quem a possuía e poderia estar vinculada à cidadania, a grupos privilegiados, a castas etc.

Da influência do pensamento do antropólogo Karl Polanyi, houve um impulso em se pensar que os antigos tomavam suas decisões econômicas segundo normas que subjaziam ao funcionamento sociocultural, ao *status* e à autarquia. Não havia, como no capitalismo moderno, o ideal de maximizar os resultados. Não havia, assim, a busca da produção de um enorme excedente ou a utilização de invenções tecnológicas que pudessem substituir a humana (?).[34]

> A descoberta mais importante nas recentes pesquisas históricas e antropológicas é que a economia do homem, como regra, está submersa em suas relações sociais. Ele não age dessa forma para seu interesse individual na posse de bens materiais, ele age assim para salvaguardar sua situação social, suas exigências sociais, seu patrimônio social. Ele valoriza os bens materiais na medida em que eles servem a seus propósitos. [...] o sistema econômico [é] dirigido por motivações não econômicas [...]. De forma mais ampla, essa proposição sustenta que todos os sistemas econômicos conhecidos por nós, até o fim do feudalismo na Europa Ocidental, foram organizados segundo os princípios de reciprocidade ou redistribuição, ou domesticidade, ou alguma combinação dos três. [...] Dentro dessa estrutura, a produção ordenada e a distribuição dos bens eram asseguradas através de uma grande variedade de motivações individuais, disciplinadas por princípios gerais de comportamento. E entre essas motivações, o lucro não ocupava um lugar proeminente. Os costumes e a lei, a magia e a religião cooperavam para induzir o indivíduo a cumprir regras de comportamento, as quais, eventualmente, garantiam o seu funcionamento no sistema econômico.[35]

Aprofundando um pouco mais essas discussões conceituais que terão forte impacto na compreensão da guerra, tomemos um teórico, o alemão Reinhart Koselleck. No projeto que dirigia, *Begriffgeschichte* [história dos conceitos], notou justamente o que Finley estudou em seu *A economia antiga*. Quando Aristóteles formulou o conceito de *koinonia politiké* [sociedade política], o fez em relação à *polis* e aos cidadãos daquele momento histórico. Quando Cícero formulou a noção de *societas civilis* [sociedade civil], o quadro de experiências históricas que possibilitaram a Aristóteles formular seu conceito já havia desaparecido. Quando ocorreu a mudança do escopo da cidadania no século III d.C., muito embora o conceito permanecesse o mesmo, o conjunto de experiências ao qual designava mudou substancialmente. Portanto, até o século XVIII, o conceito de economia se aplicava ao governo da casa, ou seja, a economia era uma ciência doméstica. A partir de então, cada vez mais o conceito passou a ser aplicado ao conjunto do território. A noção de economia e a de guerra são conceitos produzidos em cada momento histórico, portanto, são únicos; mesmo que a palavra, uma casca linguística, seja a mesma.

Para nós, será impossível aqui traçar um panorama desses complexos desenvolvimentos teóricos acerca da economia antiga. Assim, declaradamente, passamos ao largo de importantes reflexões nessa área, especialmente aquelas de origem marxista. Fazemos isso para chamar a atenção a um conjunto de formulações que se colocaram a partir da década de 1980, mas ganhando forte impulso nos últimos vinte anos; trata-se de pensar o Mundo Antigo de maneira mais integrada, contrapondo-se à ideia dos primitivistas e de autarquias pretensamente existentes nas *poleis* gregas.

Esse conjunto de reflexões, que considera uma integração do Mediterrâneo Antigo, não começou na História Antiga, *stricto sensu*. Para entendê-lo um pouco mais, devemos considerar a influência da geografia, oriunda de Vidal de La Blache, na carreira e no pensamento de Fernand Braudel, que privilegia, sobretudo, a relação entre espaço e temporalidade, em *La Méditerranée et le Monde Méditerranéen à l'Époque de Philippe II*, de 1949. Do ponto de vista econômico, o elemento central para Braudel estava fora das relações de produção, e sim no terceiro nível das atividades econômicas (nas trocas), que se dava no comércio a distância.[36]

Outra origem dessas reflexões está na Teoria do Sistema-Mundo. Note-se que esta foi criada com o intuito de tentar ver como ocorria o crescimento do sistema capitalista, do centro para a periferia. Depois, autores começaram a se apropriar desse conceito para verificar como isso poderia jogar nova luz às interpretações das sociedades pré-capitalistas. Wallerstein, o principal propositor dessa teoria, acreditava existir para o Mundo Antigo em questão "impérios-mundo", e não "sistemas-mundo". Mais do que uma teoria, o sistema-mundo é um mecanismo descritivo heurístico que sugere que as mudanças na estrutura socioeconômica estavam diretamente relacionadas a mudanças na estrutura espacial. Para Wallerstein, a noção de *world-system* parte do princípio de que, nos últimos milênios, a humanidade começou a se unir em sistemas-mundo, isto é, múltiplos sistemas culturais unidos por meio de uma singular divisão do trabalho, em uma escala de longa distância.

Há, nessa proposição teórica, dois tipos de sistema-mundo, aqueles unidos politicamente, "impérios-mundo", e os unidos economicamente, as "economias-mundo". A lógica do capitalismo é especial, pois foi a primeira vez que o mundo teria se unido em uma lógica econômica singular. As noções de núcleo (centro) e periferia eram fundamentais, especialmente na maneira como se estabelecia a exploração – inclusive, na forma como eram criadas semiperiferias[37] que se exploravam mutuamente. Na definição de

Wallerstein: um sistema é sistema-mundo não porque ele engloba todo o mundo, mas sim porque ele é mais largo do que qualquer unidade política tomada individualmente. Se é assim, uma simples unidade, a *polis*, não pode ser a unidade de análise no sentido pleno, mas as interações entre *poleis* que podem ser entendidas, no âmbito de uma região, em forma de rede. Pode haver a existência simultânea de vários sistemas-mundo, tomados empiricamente.[38]

Ora, se a guerra possui fortes motivações econômicas e políticas, o que de fato estava em questão no Mundo Antigo? A guerra era feita, sobretudo, para se adquirirem cativos de guerra, que eram vendidos em mercados ou trazidos para dentro da cidade e tornados escravos; ou ainda para a conquista de terras. Estas, para o caso de Atenas, tornavam-se, geralmente, clerúquias, isto é, colônias com fins militares, que serviam, por um lado, de entreposto à navegação, mas, por outro, dava vazão à ânsia por novas terras que ecoava como um problema latente em várias *poleis*, desde o século VII a.C. Terra e escravos, eis duas das grandes motivações de caráter econômico para a guerra no Mundo Antigo.

Notem, ainda, que as possíveis similitudes entre o mundo grego e o romano não devem nos levar a pensar em termos de igualdade. As formas de apropriação das terras, do *ager publicus* [conjunto de bens imóveis pertencentes ao Estado romano, constantemente ampliado devido aos confiscos de terras dos vencidos, sobretudo depois das guerras], conquistadas pelos romanos e a maneira pela qual estabeleceram a organização jurídica dessas conquistas – em municípios, colônias e províncias – eram muito mais complexas, e mesmo de outra natureza, em relação àquelas que os gregos geralmente instauravam, fosse por meio das clerúquias ou das *apoikia*.[39] Não se trata de ser uma melhor ou pior que outra, mas do fato de que os modos de apropriação da terra e de integração das conquistas a um sistema imperial único é um fenômeno romano, até mesmo persa, mas não heleno.

Nesse sentido, é importante que tenhamos em vista a análise de Paul Millett, que, especialmente para o século IV, em Atenas, afirma que: "[...] focar nos efeitos internos do fazer a guerra na economia ateniense e política, especificamente, como os processos de empreender a guerra, com as suas implicações financeiras, serviam para consolidar o poder do *demos*.[40]

Pensando em um modelo econômico, o exemplo de Roma mostra a guerra como mais positiva para a elite, enquanto a população camponesa sofria. Em diversos níveis, o peso das campanhas, na Atenas Clássica, parece ter sido o contrário – os cidadãos mais ricos custeavam as expedições, enquanto os benefícios eram amplamente partilhados. A guerra parece ter sido um elemento que possibilitava, no caso heleno, a busca de espólios que seriam redistribuídos entre os cidadãos Como assinala Millett, virtualmente, todo o butim era destinado ao tesouro de Atenas, e apenas por votação poder-se-ia destinar parte da riqueza aos comandantes. Os estrategos eram obrigados, em seu retorno, a prestar contas dos gastos e ganhos na viagem.

As Guerras Médicas

> Rica, coroada de violetas e célebre nas canções,
> Baluarte da Grécia, gloriosa Atenas.
>
> Píndaro, F. 64

O fragmento do poeta do século V a.C., Píndaro, bem que poderia servir como síntese daquilo que acabou por se tornar o epíteto, dentro do imaginário ateniense, do que concerne ao fortalecimento da cidade de Ática nos âmbitos político e militar durante as Guerras Médicas. Também conhecidos como Guerras Pérsicas, os embates entre gregos e persas são entendidos de maneira mais fina se retornarmos algumas décadas antes de seu início no tempo.

Tomemos, pois, o reinado de Dario. Em Heródoto, data de 522 a.C., portanto, 32 anos antes da Primeira Guerra Médica. Marcado por feitos significativos, a ascensão de Dario acabou por organizar o Império Persa em satrapias, que eram espécies de províncias lideradas por um governador indicado pelo rei. As satrapias pagavam tributo anual, dispunham de grande independência e, por vezes, possuíam forças militares separadas das da capital, Susa. Esta foi ligada por meio de uma estrada a Sardes, importante cidade na satrapia da Lídia, próxima ao Mar Jônio. Heródoto mencionou a importância dessas estradas e, em especial, a grande velocidade dos mensageiros persas, pois: "não há nada no mundo que viaje mais rápido do que mensageiros persas [...] nada impede esses mensageiros de cumprir os seus percursos, no menor tempo possível – nem a neve, chuva ou escuridão.[41] As últimas grandes conquistas de Dario datam de 513 a.C., quando conquistou a Cítia e a Trácia, regiões ricas em minas de ouro. Isso ajuda a explicar, inclusive, a cunhagem do dárico, uma moeda de ouro com a efígie do rei.

Cerca de nove anos antes da Primeira Guerra Médica ocorreu um evento, conhecido como a Revolta da Jônia, e que parece ter sido, no médio prazo, a causa principal das desavenças entre os persas e os atenienses. A derrota do reino da Lídia data de período anterior ao governo de Dario, mas, de toda maneira, após esse evento, quase todo o litoral da Ásia Menor caiu em mãos persas, à exceção da cidade de Mileto.

Em 499 a.C., Mileto era governada por um tirano, de nome Aristágoras. Segundo o relato de Heródoto, tratava-se de homem ambicioso, que almejava estender o seu poder sobre a ilha de Naxos. Para isso, o tirano de Mileto buscou apoio em Artaphenes, meio-irmão de Dario. Os intuitos de Aristágoras, no entanto, malogram, e ele é derrotado. Com isso, em uma mudança de posição política, sentindo-se, possivelmente, pressionado por Artaphenes, o tirano de Mileto decide instaurar a isonomia em Mileto, e não apenas isso, mas também começa a instilar ideias em outras cidades da região no sentido de fazer o mesmo.

Como, então, Atenas se envolve em um conflito que, aparentemente, não lhe dizia respeito? As explicações são dos mais variados prismas, sendo algumas aqui delineadas. A primeira delas é de caráter religioso, e talvez a mais duvidosa. Heródoto relata que, segundo dizeres do próprio Aristágoras, Mileto havia sido fundada por habitantes de Atenas, portanto, havia uma ligação entre o fogo sagrado da cidade de Atenas, que teria, por meio de um líder de expedição, fundado Mileto. O mais aceitável, no entanto, recai sobre questões de ordem geopolítica. A primeira delas tem a ver com o fato de que os Pisistrátidas, antiga família que governou sob tirania a cidade de Atenas durante aproximadamente cinquenta anos, transmitiam informações privilegiadas aos persas, já que habitavam a satrapia da Lídia. Outra, da mesma ordem, diz respeito ao temor dos atenienses, causado pelos movimentos dos exércitos persas na região da Trácia, isto é, estariam perigosamente próximos demais para uma investida em território ático. Por fim, a perda do controle do Helesponto (Dardanelos) e, assim, a necessidade de pagar alta tributação pelo trigo oriundo do Ponto Euxino (mar Negro), não fazia dos persas exatamente bons anfitriões aos interesses dos atenienses.

Aceitas ou não as causas da intervenção ateniense, o fato é que ela ocorreu e foi devastadora para os persas. A destruição da cidade de Sardes, a tomada da ilha de Chipre e o ateamento de fogo em casas, e mesmo em templos sagrados para os persas, soava, então, como um opróbrio ao rei Dario. Este não tardou a reconquistar Chipre, bem como Sardes, e agora também Mileto. Nesta, impôs a escravidão e mortes, a tal ponto que a cidade mais importante da Ásia Menor jamais recuperasse sua antiga força. O impacto da tomada de Mileto ecoava como um alerta para os atenienses. Um de seus poetas, Frínico, ao encenar uma tragédia intitulada *A queda de Mileto*, foi multado pelos cidadãos de Atenas por ter levado o sofrimento em demasia ao Santuário de Dioniso, sítio onde foi soerguido o teatro em que tragédias e comédias eram apresentadas anualmente.

Tendo organizado as suas forças bélicas, Dario montava a sua primeira expedição contra Atenas. Em 490 a.C., começava, assim, a Primeira Guerra Médica, e, para os atenienses, a guerra contra os persas não era apenas mais uma batalha, tratava-se de enfrentar o estrangeiro, o bárbaro.[42] Era um conflito não apenas de armas, mas que expunha ao combate simbólico de difícil leitura duas diferentes culturas, dois sistemas políticos divergentes. Enfim, o conflito era igualmente cultural e isso foi exposto não apenas por Heródoto, mas também por Ésquilo, poeta ateniense presente nos campos de batalha, na tragédia chamada *Persa*.[43]

A liderança entre os gregos estava nas mãos do estratego Milcíades e do arconte-polemarca Calímacos. Atenas fez aliança com a cidade de Plateia e pediu apoio aos espartanos. Estes enviaram uma força de dois mil homens, mas, ao que tudo indica, a longa indefinição em entrar ou não no conflito fez com que chegassem logo após o término da batalha. A principal preocupação dos atenienses era com a cavalaria, ausente nos combates, e, sobretudo, com os arqueiros persas. A frota persa aportou na baía de Maratona, próximo ao promontório de Cynosura, portanto, protegida da força das ondas. Conhecendo melhor o sítio, os atenienses resolveram manter-se em posições que bloqueassem uma possível tentativa de passagem pela estrada litorânea e por um caminho que permeava uma colina, pois ambos levavam a Atenas. As forças persas teriam que marchar para a região onde estavam os atenienses para que pudessem ter acesso à cidade de Atenas, o que não contavam é serem surpreendidos pelos atenienses, em um rápido avanço que cercou pelos flancos as forças persas. Ao termo, os persas foram massacrados, alguns conseguindo fugir ao retornar às embarcações. Já não havia o que fazer pelos persas, duas *poleis* gregas, o exército hoplita havia imposto humilhante derrota ao Império dos Aquemênidas.

O número de mortos do lado persa em muito superou o do lado heleno, no entanto, ainda hoje é possível conhecer o sítio onde foram sepultados os gregos vitoriosos. Trata-se de uma batalha que uniu bem mais do que apenas os cidadãos, já que, como mostra Pausânias, escravos também estiveram presentes e receberam sepultura, o que é indício da força da mobilização dos habitantes da *polis* como um todo, em momentos de perigo iminente de invasão:

> Há uma comunidade, Maratona, equidistante da cidade dos atenienses e Karystos na Eubeia. Foi lá [em Maratona] que os bárbaros aportaram na Ática, foram derrotados em batalha e perderam alguns de seus barcos enquanto eram expulsos. Há uma sepultura para os atenienses na planície e gravados em uma estela o nome dos mortos, cada um de acordo com as suas tribos. Havia outra sepultura para os plateenses, beócios e também para os escravos – tendo sido a primeira ocasião em que escravos igualmente lutaram.[44]

O entreguerras foi marcado por expectativa e tensão. Expectativa do lado dos persas, que, após a morte de Dario, em 486 a.C., e da ascensão de seu filho Xerxes, preparavam-se para empreender uma guerra sem precedentes. No Helesponto, foram construídas pontes flutuantes para que o exército persa pudesse avançar, bem como foram criados depósitos de suprimentos de grãos e de carne salgada na Macedônia e na Trácia. Além disso, foram recrutados cavaleiros nas satrapias, assim como soldados e embarcações de guerra. Algumas cidades gregas, prevendo a devastação que viria com a chegada do exército persa, e mesmo outras porque eram inimigas históricas de Atenas, aceitaram fornecer água, comida e entretenimento à chegada do exército invasor. Foi o que fez a cidade de Tebas.

Do lado dos atenienses, houve tensão e dissensões políticas. Tensão porque não se sabia ao certo se de fato os conflitos entre atenienses e persas haviam acabado em Maratona. Era preciso se preparar para o pior ou era o momento de festejar a grandeza da cidade? Milcíades, o herói ateniense na vitória em Maratona, teve curta carreira, pois, em uma expedição desastrosa à ilha de Paros, foi derrotado e, ao retornar a Atenas, recebeu pesada multa e, ainda na prisão, faleceu.

O desdobrar dos fatos em Atenas era, por um lado, um misto de tentativas de reformas políticas, e, em uma delas, os arcontes passam a ser escolhidos dentro das três primeiras classes censitárias, o que, no longo prazo, significou, no que se refere à guerra, a primazia do colégio de estrategos sobre os arcontes. E, por outro, fortes dissensos políticos que levaram ao ostracismo[45] de três importantes figuras da cena política atenienses: Hiparco, Xantipo e Aristides.

Essas lutas políticas se polarizam ainda mais quando é descoberto um novo e rico veio nas minas de prata no Láurio, região ao sul da Ática. De um lado, estava o grupo político liderado por Aristides, o mesmo, citado acima, que recebeu o ostracismo em 482 a.C. Do outro, Temístocles, que havia sido arconte em 493 a.C. e, após a Primeira Guerra Médica, foi assumindo importante posição no campo político de Atenas. Enquanto aquele mobilizava seus aliados para que houvesse a distribuição da prata, na medida em que os ricos atenienses continuariam a prover as embarcações de guerra, as trirremes, por meio do sistema da "liturgia;[46] Temístocles, ao contrário, tentava convencer seus aliados na assembleia popular, a Eclésia, a votar pela utilização da prata na fabricação de cem novas trirremes e aumentar assim o contingente de guerra naval da cidade.

Finalmente, Aristides sai em definitivo da cena política ateniense, enquanto Temístocles se torna o principal ator na preparação contra um novo ataque dos persas. Note-se que a construção das novas trirremes traz importantes reflexos sociais. Como enfatiza Luciano Canfora, em já clássica interpretação, ao se construírem as trirremes, houve a inclusão maciça de novos remadores, geralmente da última classe censitária.[47] Todos eram pagos pela cidade e, a partir desse momento, passam a reter o capital simbólico de participar da guerra junto de outras classes que já compunham as fileiras de hoplitas. Vê-se que o alargamento da participação na guerra teve reflexos difusos também na participação política, e se reforça a ideia de que Atenas poderia se defender melhor pelo mar. Como se verá mais adiante, Atenas construirá um império cuja força maior residia no controle que exercia sobre as rotas navais.[48]

A despeito de qualquer questão, os deuses deveriam ser consultados quanto à entrada na guerra. No Mundo Antigo e, em nosso caso, na

Grécia, a relação entre política e religião é, na maioria das vezes, inextricável. Em casos particulares, a religião se tornou até mesmo a chancela para se poder ir à guerra. Nas tragédias gregas, é muito comum a figura do vidente. Tirésias, um dos mais notórios e de presença contumaz no ciclo tebano, era um dos que conseguiam perceber os sinais enviados pelos deuses, seja por meio das vísceras de um animal, do voo ou canto dos pássaros ou ainda pela forma como a fumaça dos holocaustos dedicados aos deuses subiam aos céus. Além de inúmeras libações e oferendas que tentavam persuadir os deuses a seu favor, os atenienses tinham magistrados, nada mais do que funcionários da cidade, chamados *theoproroi*. Eram os responsáveis por buscar presságios de Apolo em seu santuário, em Delfos, que pudessem iluminar os caminhos a serem trilhados nos campos de batalha. Após algumas tentativas, os atenienses conseguiram um oráculo que, se não exatamente favorável, era, ao menos, indicativo de como se poderia conduzir à guerra.[49]

Os atenienses não estavam sozinhos, na verdade, em 481 a.C., foi realizada uma espécie de congresso no Istmo de Corinto, com 31 cidades gregas. Uma ampla aliança é forjada, ficando decidida que a liderança do exército e também a coordenação-geral dos combates ficavam a cargo dos espartanos, enquanto Temístocles assumia a liderança da frota de guerra. Espiões foram enviados à Ásia e arautos foram negociar alianças com outras cidades, como Siracusa e Argos. Significativa movimentação política em que, pela primeira vez, os presentes se autodenominaram uma comunidade, em vez do fracionamento comum das cidades diante da necessidade de combater um inimigo comum e estrangeiro. Estabelecendo uma fronteira étnica muito forte, agora se identificavam como gregos, que combateriam a ameaça persa.[50]

A Segunda Guerra Médica é iniciada em 480 a.C., com o avanço persa por mar e por terra. Temístocles partiu do princípio de que só poderia derrotar o enorme exército e a frota persas em locais estreitos, pois assim o poder numérico do inimigo seria minimizado.

A primeira linha de defesa grega ficava junto ao desfiladeiro das Termópilas, na região da Beócia. Tratava-se de uma região de estreitos entre o mar e as montanhas que daria fácil acesso à Ática, não fossem os preparativos dos helenos. Aproximadamente sete mil soldados, dentre eles foceus, tebanos, tespianos e locrianos. Em especial, trezentos guerreiros espartanos, liderados todos pelo general Leônidas. O que parecia impossível foi feito, as linhas gregas resistiam em um estreito de aproximadamente um quilômetro e meio de largura, enquanto infligiam severas perdas ao exército persa. Segundo a tradição a nós legada por Heródoto, uma traição permitiu que os persas pudessem passar por um caminho pelas montanhas e cercar os trezentos espartanos que lutaram até o fim, ao lado dos tespianos, que optaram por permanecer em combate.

A segunda linha de defesa era em uma região de estreitos marítimos, na ilha Eubeia, no cabo Artemísio, próximo à entrada do golfo de Mália, região que banhava a leste as Termópilas. A ideia era dificultar as manobras da frota persa, que contava com embarcações maiores em relação às trirremes gregas. O problema aumentou para os persas, que tiveram de enfrentar três dias de tempestades em região desprotegida, próximo ao cabo Sépias. As perdas navais foram significativas. Enquanto isso, os gregos, maiores conhecedores da geografia da região, protegeram-se a sota-vento, no estreito de Euripus, entre a ilha Eubeia e o continente. Os problemas para os persas só pareciam aumentar quando tentaram contornar Eubeia, o calado de suas embarcações era demasiado profundo e chocava-se contra as rochas ao sul da ilha. Ao saber dessas perdas, os gregos decidiram pelo ataque. O resultado foi indefinido, ambas as partes perderam grande contingente e embarcações, e os gregos resolveram, após saber da derrota do exército nas Termópilas, retirar-se para próximo à Ática, em Salamina.

A derrota em terra causou pânico na cidade e restou à maior parte dos atenienses fugir para Salamina e Trezena. O gado já havia sido levado para alguns pontos da ilha Eubeia. O objetivo maior era salvar animais e pessoas não envolvidas diretamente nos combate.[51] A seguir, a Beócia é tomada, logo depois os persas chegam a Atenas, que é saqueada e tem seus templos queimados. A solução da guerra se deu em mais dois atos. Depois de longa deliberação, Temístocles monta uma estratégia para atrair a frota persa para o estreito de Salamina. O embuste de Temístocles estava baseado na mesma ideia da segunda linha de defesa, trazer as embarcações pesadas dos persas para uma batalha junto a uma região pedregosa, com pequena profundidade e pouco espaço de manobra. Ésquilo nos provê um relato dessa batalha, cheio de pormenores e lirismo, que citamos a seguir:

MENSAGEIRO PERSA [à Rainha Atossa] – Quando a claridade do sol se extinguiu e a noite sobreveio, todos os mestres dos remadores foram para bordo, assim como os comandantes dos soldados. Nos seus postos, os homens encorajavam-se uns aos outros por todo navio, e cada um destes vogava na ala que lhe fora designada [...] logo que o dia com seus brancos corcéis encheu toda a terra de uma claridade resplandecente, ecoou do lado dos gregos um ribombante clamor semelhante a um canto e cujo estrépito repercutiu pela ilha rochosa. O temor assaltou então todos os bárbaros enganados na sua espera; pois não era para fugir que os gregos entoavam aquele canto solene, mas para se lançarem ao combate, plenos de coragem e de audácia, enquanto a trombeta abrasava com os seus toques todo o exército. Pouco depois, batendo seus remos ruidosos em uníssono, ferindo as águas profundas cadenciadamente, vimo-los sair a toda a velocidade e aparecer diante de nós. A ala direita avançava à frente em boa ordem, seguida pela restante frota; de repente, e simultaneamente, ouviu-se um grande grito: Ide, filhos dos gregos, libertai a vossa pátria, libertai os vossos filhos e as vossas mulheres, os santuários dos deuses dos vossos pais e as tumbas dos vossos antepassados; é por todos os vossos bens que lutais hoje. [...]. Logo após, navio contra navio, as proas revestidas de bronze chocaram. O primeiro ataque partiu de um navio grego, que destruiu toda a armadura de uma embarcação fenícia; depois cada um por si abalroou um adversário. A torrente da armada persa avançou, porém, dado o grande número dos nossos navios e como o espaço de manobra era exíguo, em vez de auxiliarem entre si como pretendiam, chocavam e com os esporões de bronze quebravam os remos uns aos outros. Então, os navios gregos, navegando velozmente à volta dos nossos, começaram a abalroar-nos. Não tardou que muitos se virassem, e o mar depressa desapareceu sob uma amálgama de destroços e cadáveres sangrentos; os rochedos da costa encheram-se de mortos e toda a frota dos bárbaros fugiu desordenadamente à força dos remos, enquanto os gregos acabavam conosco, como se fôssemos atuns ou outros peixes presos ao anzol, quebrando-nos aos flancos com bocados de remos e fragmentos de destroços. Gemidos e soluços ouviram-se em toda a extensão do mar até a hora em que a escura face da noite os ocultou do vencedor. Levaria bem dez dias para falar em pormenor acerca do número das nossas perdas, e não o conseguiria. Nunca uma tal quantidade de homens pereceu em um só dia [v. 181-199].[52]

Tendo Ésquilo exagerado ou não nas cores de sua peça teatral, a questão é que a derrota da frota persa abalou profundamente a sua confiança, fazendo-os fugir para a ilha de Samos. Enquanto isso, liderados por Pausânias, mas já em 479 a.C., os espartanos e plateenses expulsam definitivamente os persas da parte continental do território grego. Estava vencida a segunda e última Guerra Médica.

Em suma, a guerra contra os persas acabou por ser a ponta de lança do imperialismo ateniense que veremos mais adiante. Como analisaram Catherine Peschanski e François Hartog, nos relatos que chegaram até nós, tratava-se de criar uma visão radicalmente dualista de mundo, na qual o grego se enaltece como reflexo invertido do outro. Dessa maneira, se os persas aparecem como o elemento bárbaro, incivilizado, diferente, ocorre a formação de uma ideologia pan-helênica, em que são celebrados os nexos étnico-culturais dos "gregos", a despeito da pletora de sistemas políticos existentes nas *poleis* e das diferenças regionais. Por que a guerra, então? É uma clara guerra de defesa. Se não a fizessem, perderiam tudo, os derrotados seriam submetidos ao estatuto do vencido, costume em que poderiam obter a clemência, ser escravizados ou até mortos sumariamente. Era uma guerra pela terra, por suas próprias cidades e *modus vivendi*. Se acaso os persas tivessem vencido, o que teria ocorrido? Uma história contrafactual não é nossa inspiração aqui, o fato é que, ao mesmo tempo que os gregos agora pareciam unidos em torno de uma mesma causa, surgiam novas questões, novas fissuras internas que marcaram os anos do porvir.[53]

A Liga de Delos e o imperialismo ateniense

A criação da Liga de Delos data de 478 a.C., e, ao que tudo indica, trata-se de um nome contemporâneo dado às simaquias que havia na época. O termo refere ao conjunto de cidades, lideradas por Atenas, que, em um acordo militar, uniram forças para expulsar os persas daquilo que era considerado por seus integrantes território grego. Um ataque a uma de suas cidades significava uma ofensa tomada coletivamente. Ao que se sabe, Atenas exerceu desde o início um caráter de liderança, de hegemonia. Segundo Aristóteles, que escreveu mais de cem anos após o fato, a sua criação se deu da seguinte maneira:

> No tempo em que os líderes do povo eram Aristides, filho de Lisímaco, e Temístocles, filho de Neocles. A reputação de Temístocles em suas habilidades militares, as de Aristides em sua capacidade de governar, tanto quanto sobre o fato de ser considerado o homem mais honesto de seu tempo. Por estas razões, os atenienses utilizaram o primeiro como o seu general e o segundo como o seu conselheiro. [...] Foi Aristides que impeliu os atenienses a separar os jônios de suas alianças com os espartanos [...] Da mesma maneira, foi Aristides que decidiu o valor da primeira contribuição das cidades no terceiro ano após a Batalha Naval de Salamina [487 a.C.]. [...] ele fez os juramentos aos jônios em que eles tinham os mesmos inimigos e os mesmos aliados (como os atenienses), tendo feito isso, eles também jogaram pedaços de ferro ao mar. Após isso, agora, a cidade [Atenas] se tornou confiante e acumulou muita riqueza [...] Eles [os atenienses] ergueram seu império, comportando-se de maneira tirânica em relação aos seus aliados [...] também puseram em prática um sistema em que o populacho poderia ter um confortável meio de vida.[54]

Havia, igualmente, uma distribuição de atribuições segundo a riqueza de que dispunha cada uma das cidades. Assim, as mais poderosas contribuíam com embarcações e contingentes militares, já as cidades menos representativas pagavam um tributo, o *phoros*, que era armazenado em um tesouro na ilha de Delos, daí o nome da simaquia. Houve, no entanto, um momento de mutação na relação de Atenas com as demais cidades da Liga. De uma hegemonia, protagonismo, liderança, a cidade dos atenienses passou a exercer o domínio da Liga, o governo, uma ingerência bem menos flexível e até mesmo autoritária, sobretudo a partir do advento da Guerra do Peloponeso, em 431 a.C. Em síntese, de uma posição de influência, passou-se à sujeição e estreito controle das cidades aliadas. Em boa parte, toda a discussão que vem a seguir, sobre o imperialismo ateniense, relaciona-se com essa mudança de postura de Atenas.

Entre os objetivos mais importantes da Liga de Delos estava a expulsão dos persas da rica região da Trácia, a manutenção da segurança da ilha Eubeia e de Scyros, bem como a do Helesponto, local estratégico quanto ao escoamento do trigo oriundo do Ponto Euxino. À medida que os progressos da expulsão dos persas dessas regiões foram sendo alcançados, sobretudo pela liderança do estratego Címon, o comando de Atenas foi sendo questionado. Naxos e Tasos, ainda durante a década de 460 a.C., levantaram-se contra Atenas, mas sofreram dura intervenção.

No que se refere aos intuitos e à posição de Atenas nesse jogo geopolítico, um fato foi bastante simbólico. Em 454 a.C., sob pretexto de um possível, mas improvável ataque fenício, o tesouro da Liga foi transferido de Delos para Atenas. Com a morte de Címon, em 450 a.C., e a referida transferência, outro universo de poder se configura, em um sentido, para o enriquecimento da cidade de Atenas, que ritualizava o recebimento do *phoros* em plena primavera, no teatro de Dioniso, no sopé da Acrópole; e, em outro sentido, o do aumento do poder, que a cidade investia, inclusive, em rituais conspícuos ante os integrantes da Liga. Não era por acaso que a entrega do *phoros* era feita aos atenienses por um representante estrangeiro, portanto, de outra cidade, em meio a uma das maiores festas cívicas, as Grandes Dionísias. Em outro sentido ainda, para o fortalecimento do poder do estratego Péricles, que se tornou a principal figura da política ateniense até o deflagrar da Guerra do Peloponeso.

Ao se referir à questão do imperialismo ateniense, inevitavelmente somos levados a considerar algumas questões. Uma delas, de ordem teórica, diz respeito à maneira pela qual os historiadores, geógrafos, sociólogos e antropólogos abordam essa temática, isto é, como definir o fenômeno do imperialismo e dos impérios nas civilizações antigas e modernas. Quanto a esse ponto, é preciso ter cuidado com a comparação, aparentemente fácil, entre um tipo de imperialismo – relativo ao século XIX –, portanto, aquele em que um tipo de capitalismo monopolista buscava mercados em países asiáticos e, especialmente, africanos, e um tipo de imperialismo que se distancia da lógica da economia moderna e contemporânea, como é o caso do imperialismo ateniense. Outra questão que é imposta aos historiadores mais atentos ao universo teórico tem a ver com a posição do próprio pesquisador ao se apropriar das fontes de época. Dessa maneira, os dois caminhos possíveis para uma definição de imperialismo e império são: 1) buscar na própria terminologia usada pelos autores na época estudada [*fonemic approach*]; 2) partir para maiores generalizações para aplicações em modelos abstratos [*fonetic approach*].

Finley acreditava que a utilização de determinados termos então usados pelos gregos – como *archê*, *hêgemonia* e *symmachia*,[55] exemplos relevantes neste estudo – poderia nos levar a uma fragmentação de categorias que tornaria o exercício de comparação muito complicado. Em vez disso, propõe que a dimensão analítica – isto é, de se avaliar o exercício da autoridade de um Estado sobre outro – deveria se sobrepor à dimensão apenas filológica. O próprio Finley, em um dos seus últimos livros, publicado em 1985 pela Universidade de Cambridge, e que apenas em 1994 obteve uma versão no Brasil, escreveu um capítulo chamado "Guerra e império", sobre o qual passaremos a falar um pouco.[56]

Um primeiro fator elencado por Finley são os elementos culturais. Subjazendo ao que a nós é mais aparente, o aspecto absolutamente endêmico dos conflitos bélicos no mundo grego antigo, estão os componentes ideológicos de uma guerra ligada à "virtude guerreira" – ou mesmo à religião, em que deuses como Ares eram amplamente cultuados. Ademais, no limite, pode-se mesmo dizer que os gregos consideravam a guerra uma condição natural das sociedades humanas.[57] Tomem-se por base os relatos de Tucídides, dois quais pode-se dizer que:

> [...] emerge que a guerra era, em princípio, uma opção sempre disponível, em qualquer situação; que, para formular o mesmo ponto inversamente, qualquer argumento contra a guerra tinha que ser baseado em circunstâncias concretas, não numa vaga objeção – numa questão de tática, não de princípios [...] A questão essencial é como se julga o uso da violência enquanto meio "normal" de se atingir o alvo desejado, seja ele individual ou social.[58]

Se estamos propensos a concordar com Finley no que foi exposto até aqui, a questão que permanece em debate, e que diz respeito ao ponto fundamental desta parte do trabalho, é discutir não mais a natureza dos princípios que moviam aqueles homens, e que, como a um *habitus*,[59] ou como uma ideologia conscientemente divulgada, os impelia ou não ao combate. Questiona-se, agora: quando é que a guerra se torna tão frequente, sistemática ou, *a fortiori* [por motivo de força maior], transmuta sua natureza em impulso imperialista?

A resposta de Finley – fugindo de uma possível miragem produzida pelo próprio imaginário que os atenienses concebiam ao mirar-se em seu espelho social – está, novamente, na relação entre a guerra e a economia. Mesmo que eventualmente uma guerra pudesse ser justificada noutros termos, do ponto de vista prático, as bem-sucedidas traziam para casa os lucros dos saques empreendidos, do butim – que iam desde víveres até indenizações, prisioneiros de guerra e confiscação de terras.

Finley não parece ter dúvidas nem quanto ao imperialismo ateniense nem quanto à formação desse Império, haja vista que, ao concordar com um relato de Tucídides, afirma: "é evidente que a expansão do Império estava no centro do conflito de poder que finalmente eclodiu com a Guerra do Peloponeso".[60] Um dos dados que chamam a atenção de Finley é o sistema de clerúquias do imperialismo ateniense, pois, embora não tivessem se apropriado da terra estrangeira sistematicamente, como os romanos, os homens de Atenas tomaram para si extensas propriedades de terras. Essa forma de usurpação pela guerra ora favoreceu cidadãos mais ricos, ora agiu em favor dos seus cidadãos mais pobres, o que permitiu que aproximadamente dez mil cidadãos pudessem migrar para uma classe censitária mais alta.[61] Desse modo, para Finley, são as relações entre os espólios de guerra e sua distribuição que davam a liga desse impulso imperialista ateniense, com especial atenção à formação das já mencionadas colônias para fins militares, as clerúquias.

Luciano Canfora, outro autor que corrobora a ideia da formação de um império ateniense, tentou mostrar a relação entre o fortalecimento da democracia e a participação dos remadores na frota de guerra. Assim, o impulso marítimo e a introdução de cidadãos pertencentes à mais baixa classe censitária nos esforços de guerra agiram para o alargamento da democracia.[62]

Há variações interpretativas bastante interessantes sobre o imperialismo ateniense produzidas pela historiografia brasileira, como é o caso do trabalho de Norberto Guarinello, publicado em 1991. Para ele, a lógica do imperialismo ateniense era a de "garantir para a metrópole, através do fluxo centrípeto assegurado pelo império, o suprimento de determinados bens estratégicos, no caso aqueles destinados à construção de barcos de guerra, a própria base do poder ateniense".[63] Há um caráter importador do imperialismo ateniense; importador, sobretudo, de trigo. Não há uma busca por mercados de escoamento de produtos fabricados em Atenas, embora o comércio fosse intenso no Mar Egeu. Há, no fundo, uma busca por suprimento de todo tipo para a subsistência da cidade. Ainda segundo Guarinello, deve-se fugir da ideia de uma vontade de poder e de dominação que, por vezes, pode transparecer em algumas fontes, como é o caso de Tucídides.[64]

Bem mais recente é o trabalho de Ian Morris. Publicado em 2006, organizado por Morris e Walter Scheidel, *The Dynamics of Ancient Empires:*

State Power From Assyria to Byzantium é uma tentativa *lato sensu* de analisar o fenômeno do imperialismo no Mundo Antigo. Não se trata apenas de uma coletânea de ensaios; na verdade, o livro é formado por estudos de longo escopo que tentam reavaliar a questão.

Morris dialoga sobretudo com três autores, o cientista político Michael Doyle, o sociólogo Charles Tilly e com o já mencionado historiador Moses Finley. No que se refere ao último, toma emprestado um *fonetic approach* em relação à avaliação do imperialismo na Antiguidade. Isso quer dizer que Morris vê como positiva a utilização de modelos heurísticos, bem como a estrutura hipotético-dedutiva como base para uma pesquisa do Mundo Antigo. De Doyle toma a noção de que, nos impérios, há relações em que um Estado controla a soberania política de outro, embora a forma dessa conquista possa variar muito; e, ainda mais importante, considera que um poder imperial é um Estado estrangeiro que se impõe sobre outro. De Charles Tilly, apropria-se da noção de que o Estado é uma forma de organização que exerce a coerção dentro de certos territórios, inclusive sobre outras formas de organização institucional. Na verdade, a concepção de Tilly é a de que tanto a formação de Estados quanto a de impérios podem ser vistas em uma espécie de sobreposição, pois pode haver um movimento muito análogo em ambos os processos.

Por fim, mas não menos importante, Morris insiste que há um forte sentido de *foreignness* [alteridade] entre governantes e governados nos impérios. Comparando o desenvolvimento de Atenas do século X ao V a.C., bem como o do Império Persa durante o século V a.C., tendo como parâmetro o crescimento do poder e o aumento da alteridade, Morris argumenta que a história política ateniense é muito mais marcada pela tentativa de criar e monopolizar posições de magistrado. Assim, Atenas sempre apresentou uma fraca tendência ao "movimento imperial" e ao estabelecimento de forte sentido de fronteira étnica, em um governo instalado em terra estrangeira. Em uma interpretação bastante inovadora, o nosso autor afirma que a Atenas no século V a.C. não foi um império.[65]

Ainda segundo Morris, a vitória sobre os persas, em 480 a.C., havia possibilitado que os atenienses expandissem sobremaneira o poder do seu Estado. Eles perseguiram isso de tal maneira que, em 420 a.C., o *Great Athenian State* [Grande Estado Ateniense] era muito mais poderoso do que antes das Guerras Médicas. "Atenas tinha muito pouco a mais de um

Império em 425 a.C. do que havia sido em 485 a.C.; ela continuou a governar uma organização étnica, cultural homogênea de gregos jônios."[66] Para Morris, muito mais do que um império, Atenas se tornava mais centralizada do ponto de vista do poder.

Por fim, se um dos elementos-chave em que Morris baseia a sua argumentação é a ideia de que um Império seja caracterizado por um forte senso de alteridade entre governantes e governados, o corolário objetivo é afirmar ser um engano chamar Atenas de Império. Isso, justamente pelo fraco senso de diferenciação ética e cultural em que consistia a hegemonia dos atenienses ante os demais impérios da época. Não alega, no entanto, que não houvesse esse senso de alteridade, pois os habitantes de Naxos e Chios não se sentiam atenienses de maneira alguma, mas o grau de alteridade em relação às outras civilizações é muito forte: "O grande estado ateniense foi, então, não apenas uma organização de pessoas que pertenciam a um único grupo étnico, os gregos; ele foi uma organização de pessoas que pertenciam a um único subgrupo étnico, os jônios."[67] Os elementos culturais poderiam variar, mas não na mesma medida daqueles vistos em impérios como o Egípcio, o Assírio, o Bizantino e o Persa.

Em suma, pensamos que, mesmo considerando as boas argumentações de Morris, a sua análise pode se perder em um viés que tenta adequar a forma de imperialismo surgida na Atenas do Período Clássico a modelo analítico de outros impérios que efetivamente investiam em uma dominação territorial. Embora Morris explicitamente considere os matizes sutis existentes nas formas de diferenciação cultural, noutros momentos, mostramos que estas dependem muito de empenho político, não podendo ser naturalizadas segundo critérios unicamente de nascimento, linguístico e mesmo territorial. Dessa maneira, a proposta apresentada por Guarinello ainda nos parece uma das mais adequadas para avaliar a forma muito particular de impulso imperialista surgida entre os atenienses do século V a.C.

A Guerra do Peloponeso em dois episódios

Muito poderia ser dedicado à Guerra do Peloponeso, não apenas pela enorme quantidade de trabalhos já desenvolvidos sobre essa temática, mas igualmente pela abundância de fontes. Desde aquelas que nos permitem um acesso mais indireto, como o teatro grego ou alguns dos relatos contidos em autores como Xenofonte e Aristóteles, ou ainda, de maneira mais direta, por meio dos relatos de Plutarco ou Tucídides, este tendo a nós legado a sua *História da Guerra do Peloponeso.*

Por que fazer a Guerra do Peloponeso? A resposta de Tucídides é a seguinte:

> Em minha opinião, a explicação mais correta, ainda que menos difundida, era a que os atenienses, tornando-se grandes e instilando medo nos espartanos, compeliram-nos à guerra; mas os motivos abertamente expressos pelos quais os dois lados quebraram a trégua e declararam guerra são os seguintes. [...] Os espartanos votaram que o tratado fora quebrado e que a guerra deveria ser declarada, não tanto por eles terem sido influenciados pelos discursos de seus aliados como por temerem o novo crescimento do poder ateniense, percebendo, como o fizeram, que grande parte dos helenos estava sob o controle de Atenas.[68]

A resposta de Tucídides nos encaminha a um entendimento de um conflito gerado pela formação de dois blocos de grande magnetismo, força econômica e poderio militar. De um lado, os atenienses e seus aliados, na Liga de Delos, do outro, os espartanos e seus aliados, na Liga do Peloponeso. Se, no início, não era possível prever que o poder marítimo de Atenas seria destruído, também não parecia que as fronteiras do usual *modus operandi* das guerras seriam rompidas. Desde o número de batalhas, estratégias, com direito a epidemias e vitórias acachapantes de parte a parte, ambas as cidades estiveram perto do triunfo em alguns momentos e o deixaram escorrer pelos dedos, fosse pela soberba ou pela impossibilidade de vê-lo em perspectiva. A Guerra do Peloponeso mobilizou os habitantes da cidade como um todo. Houve momentos em que cidadãos, metecos e mesmo escravos foram utilizados nesse longo jogo de enxadristas que acabou em 404 a.C., com a vitória de Esparta, quando Atenas atravessava uma segunda guerra civil.[69]

Diferentemente de nosso primeiro exemplo, a guerra entre Atenas e Esparta, que dividiu o mundo heleno, não foi uma guerra contra a ameaça estrangeira. Lá estavam apenas os próprios gregos se digladiando em uma guerra iniciada em 431 a.C. Como seria absolutamente inviável fazer uma síntese da guerra como um todo, tomemos, então, apenas dois momentos, para não nos perdermos na miríade de seus próprios eventos: o debate de Mitilene e a luta entre atenienses e tebanos, em Délio.

É sempre bom lembrar que uma das abordagens mais tradicionais e enganosas sobre a guerra na Atenas do Período Clássico é a que pode ser chamada de *grandeur and decline*, geralmente dividida em três fases, a saber: a ascensão de Atenas após a vitória nas Guerras Médicas; o apogeu da "Era de Ouro", na época de Péricles e da Liga de Delos, até a derrota final de Atenas na Guerra do Peloponeso; e, por fim, o século IV a.C., visto como um decurso de decadência que culmina com a dominação pela Macedônia. A coerência putativa que pode existir em modelo tão sintético é muito perigosa, pois raramente os autores que optam por esse tipo de abordagem são claros quanto às escolhas feitas para delimitar quando e qual é a grandeza e o declínio em questão. Desde Edward Gibbon, autor do século XVIII d.C., em sua interpretação sobre a queda do Império Romano, esse tipo de abordagem vem sendo reavivada. Não será o caso aqui, e, muito embora não tenhamos a intenção de adentrar o século IV, não seria razoável imputar-lhe a pecha de decadência de Atenas. Isso seria simplificador demais, até porque deveríamos perguntar, em primeiro lugar, onde supostamente reside o declínio.

O debate de Mitilene ocorreu em 428 a.C. Atenas ainda se recuperava de uma epidemia de febre tifoide, que havia ceifado centenas de pessoas que escaparam para dentro dos muros da cidade enquanto o general espartano, Arquídamo, invadia e devastava os campos da Ática. Há um ponto de mutação nesse momento, já que uma das vidas levadas pelo tifo foi a de Péricles, estratego que até então estava em uma posição privilegiada de poder no campo político de Atenas. Agora, duas figuras sobressaíam: de nascimento nobre temos Nícias, e de origem mercantil, Cléon. Os esforços de guerra se tornavam mais pesados, incluíam o pagamento da *eisphora* – tributo emergencial de guerra que recaía sobre os cidadãos mais ricos. A elite era pressionada por um sistema que, antes, tratava de eleger os benfeitores da *polis*, para um mais pesado, durante o século IV a.C. Tanto foi assim que criaram uma saída legal para recusar o acúmulo de obrigações litúrgicas. O comportamento de alguns membros da elite mostrava como as liturgias poderiam conceder prestígios, mas, se em excesso, poderiam representar a bancarrota.

De toda maneira, quiçá um momento de fraqueza dos atenienses, na ilha de Lesbos, quatro cidades, sob a liderança de Mitilene, iniciam uma revolta contra o domínio de Atenas na Liga de Delos. Nessa revolta, Mitilene e suas aliadas esperavam o apoio dos espartanos, apoio este que não veio. A vitória dos atenienses foi rápida e segura, com isso, abre-se o debate acerca do que deveria ser feito com os revoltosos em Mitilene.

A partir de então, são mobilizadas as instituições do campo político da Atenas democrática para decidir a questão. Tucídides nos relata que a primeira reunião da Eclésia decidiu pela morte de todos os homens de Mitilene em idade de fazer a guerra e pela escravização de todas as mulheres e crianças. De maneira não usual, a Eclésia reúne-se novamente, em seguida, para rediscutir a questão. É então que surge o debate entre Cléon, favorável à manutenção da pena anteriormente outorgada aos habitantes de Mitilene, e, do outro lado, Diódoto, argumentando que, ao contrário do que havia sido decidido, apenas os conspiradores deveriam ser efetivamente punidos.

A política em guerra entrecruza-se nos diálogos na assembleia. Cléon insiste que, caso os atenienses decidissem retroagir, seria uma demonstração de fraqueza diante de cidades que são por ela dominadas de maneira tirânica. Para Cléon, portanto, está claro que Atenas, em seu controle da Liga de Delos, exerce um tipo de *archê* de caráter tirânico. Do outro lado, Diódoto afirmava ser a punição de todos os habitantes descabida. Na verdade, para ele, dever-se-iam punir apenas os oligarcas que tramaram toda a conspiração. A estratégia discursiva de Diódoto é clara, imputar a culpa a certos atores, em Mitilene, especificamente àqueles que defendem um regime identificado com o dos inimigos principais de Atenas naquele momento, em especial, Tebas e Esparta. Ao termo, a assembleia popular de Atenas decide por revogar a decisão anterior em favor da posição de Diódoto. A mesma sorte de boa parte dos habitantes de Mitilene não foi dada aos da ilha de Melos, que, em 416 a.C., são massacrados pelos atenienses.

Se o debate de Mitilene nos chama a atenção para os discursos políticos que poderiam, a todo momento, mudar os rumos da guerra, o episódio em Délio sublinha os limites éticos da guerra entre os gregos. Délio era uma cidade na região da Beócia, limítrofe com a Ática. Era novembro de 424 a.C., inverno no hemisfério norte, quando a batalha foi levada a cabo. A questão foi iniciada próximo a um santuário de Apolo, em Délio, local onde os atenienses resolveram instalar uma fortificação. As hostilidades iniciaram quando esses retornavam para a Ática e foram atacados por forças inimigas, próximo ao santuário em questão.

Tucídides fez um relato minucioso desse evento, e o que sobressai é o debate instaurado entre os generais Hipócrates, do lado dos atenienses, e Pagondas, um general tebano. Na iminência da batalha, ambos se põem a justificar a necessidade que tornava o combate inexorável. Do lado tebano, a luta contra uma cidade escravizadora; do lado ateniense, justifica-se a luta pela glória e para impor o temor aos beócios no futuro. O caso é que, ao fim, os beócios vencem os atenienses e, então, abre-se um debate de ordem ético-religiosa.

Um arauto ateniense é enviado aos tebanos para reivindicar a remoção dos corpos dos homens de Atenas, o que se justificava, pois estavam em território estrangeiro. Segundo a resposta dos beócios, os cadáveres não seriam devolvidos, pois os atenienses haviam ferido uma lei sagrada, a de não violar os templos em tempo de guerra. Ainda segundo os beócios, os atenienses haviam utilizado a água existente no templo fora das regras rituais. Dessa maneira, os beócios exigiam a retirada dos atenienses do templo para que os corpos fossem devolvidos. Do outro lado, a justificativa dos atenienses era a de que, quando conquistaram aquele sítio, tudo que nele havia passava para os atenienses, inclusive o templo. O fato é que, apenas alguns dias depois, os beócios devolveram os homens mortos de Atenas.[70]

O que pode parecer um episódio comum, acaba por chamar a atenção para os elementos motivadores da guerra. Note-se que, nesses pequenos relatos, pudemos falar sobre a busca de cativos de guerra e da conquista de terras, bem como das construções nela existentes. No entanto, avulta-se nesse episódio a questão religiosa. É evidente, na visão de um heleno, que os atenienses poluíram o templo e que não deveriam tê-lo feito, já que ele seria inviolável, um refúgio em tempos de guerra. Não era permitido, em hipótese alguma, matar um suplicante que se refugiava em um templo e clamava por sua vida aos deuses que ali habitavam.[71] Todavia, os beócios jamais poderiam negar aos atenienses a entrega dos seus homens mortos, questão essa que é discutida desde a *Ilíada*, na passagem em que o corpo de Heitor, em princípio, não é devolvido aos troianos. Ora, ao devolver os corpos dos atenienses, os homens da Beócia retomam o equilíbrio, expresso por uma decisão justa, e evitam, assim, o castigo dos deuses por terem cometido a *hýbris* após a vitória em batalha.[72]

A ruína em uma guerra, no imaginário grego, poderia advir de um erro, de um insulto aos deuses, assim, a religião e a guerra caminhavam juntas no pensamento antigo. Se a Guerra do Peloponeso é tida como aquela que esgarçou os limites pelos quais se fazia a guerra, a atitude piedosa dos beócios mostra, porém, que esse limite foi mantido, a despeito de os atenienses terem invadido um de seus templos.

Conclusão, ou quando a derrota ajuda a explicar o porquê da guerra

O que se ganha e o que se perde com a guerra no mundo grego antigo? As vidas que se vão, o sangue derramado, as mulheres tornadas cativas, a vida desterrada em casa e as terras estrangeiras ganham as mais variadas cores, tanto na épica quanto no teatro grego. Se a paz é apenas uma miragem ou uma forma de idealização de uma vida que depende da constante guerra, pode-se aventar que essa sociedade era constituída pela guerra. O problema ocorre quando os limites pelos quais a guerra é ritualizada se esgarçam demais – ou quando a guerra contra o estrangeiro a põe noutros termos. As Guerras Médicas e a Guerra do Peloponeso são mais exceções do que a regra no mundo heleno, por isso se tornaram tão notórias, inclusive aos próprios olhos da Hélade.

Pouco falamos aqui sobre os mais profundos nexos entre a formação de uma sociedade escravista e a guerra. Novamente lembrando Finley, noutra obra ainda não mencionada, *Escravidão antiga e ideologia moderna*, veremos que a guerra é fundamental para fomentar o surgimento de uma sociedade escravista que, no entanto, já praticava a escravidão muito antes. Isso significa dizer que não foi a guerra que tornou Atenas uma sociedade escravista, dependente, em suas estruturas político-econômicas, dos cativos, mas a proliferação dos conflitos bélicos solidificava esse tipo de sociedade. Se tomarmos novamente Yvon Garlan, veremos que a escravidão-mercadoria estava muito mais ligada à formação de um comércio de longa distância do que necessariamente os motivos elencados por Finley.[73] Certa vez, o notório helenista brasileiro José Antônio Dabdab Trabulsi esclareceu que:

> [...] mais importante do que discutir se o cidadão existiria sem o escravo de um ponto de vista fisiológico – o que na minha opinião é evidente – é reconhecer que o tipo social e psicológico em que se constitui o cidadão só existe em relação ao mundo da dependência, se preferirmos falar de forma mais abrangente. Toda ética do mundo antigo se funda nisso.[74]

Sendo assim, pode-se até pensar que a existência de um tipo de liberdade econômica do trabalho direto na terra e de um tipo de participação na vida da cidade, a institucional-política, dependessem da escravidão do outro. Mesmo que pareça profundamente paradoxal aos olhos contemporâneos, a ampliação da democracia antiga de Atenas é concomitante ao fortalecimento do componente escravo naquela sociedade.

Note-se, ainda, que a mudança da posição social do camponês, durante os séculos VI a.C. e V a.C., reforçou sua posição como cidadão e também a cidadania como aspecto distintivo, que conferia um prestígio que escapava, mesmo que não totalmente, aos constrangimentos de tipo econômico. A posse de escravos não é o elemento fundamental para a participação política do pequeno camponês, como enfatiza Ellen Meiksins Wood.[75] Se o *status* cívico limitava as pressões pela extração dos excedentes, devemos lembrar que, por outro lado, mas não distante disso, a guerra, uma constante nas sociedades antigas, acabava sendo influenciada pelas necessidades do campo, pela necessidade de uma nova colheita. Ao termo, permitamo-nos imaginar que, se a um ateniense do século V a.C. fosse questionado sobre o porquê da guerra em sua sociedade, possivelmente ele responderia um pouco perplexo: por que não?

Notas

1. Um inventário sobre as *poleis*, bem como diversos estudos, inclusive sobre as cidades que compuseram a Liga de Delos, aproximadamente 330 cidades, pode ser encontrado em: HANSEN; NIELSEN, 2004.
2. Família cuja figura mais importante foi Pisístrato, tirano que governou a cidade de Atenas em parte do século VI a.C.
3. *Parthenos* é o epíteto que significa donzela, virgem.
4. Efebo era o jovem de 18 anos que ainda não tinha cumprido o serviço militar em Atenas. Efebia se refere ao período que marca a passagem para a fase adulta, durante a qual há dois anos de formação militar.
5. Arconte era o magistrado que, em Atenas, exercia várias atribuições. Arconte-polemarca dirigia as operações militares; o arconte-rei participava de importantes rituais religiosos do calendário de festivais atenienses, especialmente aqueles reservados ao deus Dioniso; e o arconte epônimo era o mais proemi-

nente dos cargos na Atenas do século VI a.C. e início do V a.C., ligado à justiça. Os estrategos compunham um colégio de dez generais, sendo o cargo mais importante entre as magistraturas atenienses, especialmente no século V a.C.

6. Para ação política e social na Atenas Clássica, é altamente recomendável a leitura do artigo de VLASSOPOULOS, 2007a, pp. 33-52.
7. Tribo é a tradução mais corrente para o grego *phylé*.
8. PLATÃO, 2010, 626a.
9. Sobre esse conjunto de temáticas, o leitor pode acessar: CARDOSO, 1994; 1986; SANTACANA, 1987.
10. A Paz de Westfália foi um acordo diplomático que pôs fim à Guerra dos Trinta Anos, em 1648, e que inaugurou alguns princípios que orientam um sistema internacional de acordos diplomáticos acerca do respeito à soberania dos Estados-Nação.
11. Sobre essa temática, podem ser consultados: BRADLEY, 1990b; OLIVEIRA, 2015.
12. "Guerra total" é vista como a guerra que visa à destruição do outro, não se tratando apenas de batalhas restritas a contingentes militares e espaços específicos onde se desenrolavam os combates. Ver, igualmente: GARLAN, 1976.
13. VERNANT, 2003.
14. *Ágon* pode ser traduzido de diferentes maneiras: arena, lugar de combate, luta, contenda, mas, geralmente, é entendido em seu sentido cultural, de sociedade agonística, isto é, aquela que privilegia diversas formas de confronto, seja retórico, em uma assembleia, seja em competições esportivas para se provar excelência e supremacia. *Ethos* é geralmente entendido como um conjunto de costumes praticados por uma determinada coletividade.
15. LÉVI-STRAUSS, 1996.
16. FINLEY, 1982.
17. SNODGRASS, 1965, pp. 110-122.
18. VERNANT, 2003, pp. 53-54.
19. *Ibidem*.
20. *Diké* geralmente evoca a justiça ligada aos deuses, e *nomos* é a lei criada por meio do consenso entre os homens.
21. *Genos/gene* são grupos aristocráticos ligados por laços de consanguinidade e que alegam uma ancestralidade comum. Em Roma, as *gentes* romanas eram os grupos que compunham os patrícios, em contraste com os plebeus.
22. Ao lado da religião políade/pública, têm-se outras formas de religião mais fechadas em grupos de iniciação, como o pitagorismo e o orfismo.

23. VERNANT, 2003, pp. 54-55.
24. Refere-se ao trânsito em que o discurso filosófico tinha na referida época, desde as reflexões sobre as origens, os elementos da natureza, até questões mais fechadas em torno do homem e da política na cidade.
25. Trata-se de um tipo de ligação que hoje diríamos fraterna, por vezes, traduzido também por "amizade".
26. VERNANT, 2003, pp. 60-61; 64-65.
27. RAAFLAUB, 1997, p. 28.
28. Traduzido para o português, temos, por exemplo: MOSSÉ, 2005.
29. CALAME, 2003, p. 149.
30. MORAES, 2012.
31. VIDAL-NAQUET, 2002, pp. 66-75.
32. Acerca do nacionalismo no século XIX, uma obra de referência é a de ANDERSON, 2008. Para a noção de *barbaric greek* [grego tornado bárbaro], ver: HALL, 1989.
33. FINLEY, 1981, pp. 22-25.
34. Não seria correto pensar que Finley inaugurou a corrente de pensamento primitivista. As primeiras grandes obras do primitivismo surgiram em publicações alemãs de Max Weber e Johannes Hasebroek, e se contrapunham às concepções modernistas da época. Para Hasebroek, o comércio da Grécia deveria ser compreendido no contexto da política das cidades. Punha ênfase no fato de que ele era deixado para os não cidadãos, que estavam excluídos da atividade política. Dessa maneira, os Estados antigos nunca promoviam o comércio, apenas garantiam o suporte adequado de gêneros alimentícios. No que diz respeito à economia entre as duas sociedades, refere-se a aspectos qualitativos e não apenas quantitativos. Weber notava que, apesar de toda a sua sofisticação, as sociedades antigas não puderam prover uma plataforma de desenvolvimento econômico. As ideias de Weber e Hasebroek foram amplamente ignoradas pelos historiadores até a obra marcante de Moses Finley – *Ancient Economy*, de 1973. Como aponta Ciro Cardoso, no capítulo 5 de *Sete olhares sobre a Antiguidade*, o cerne das divergências sobre a aplicabilidade da categoria "Economia" na Antiguidade Clássica está na conceituação proposta pelos diversos autores. Esse conceito proposto por Finley parecia, ao olhar do historiador brasileiro, demasiadamente voltado para a distribuição, ignorando o campo da produção. Cf.: GARNSEY; SALLER, 1987.
35. POLANYI, 2000, p. 65 e 75. Polanyi surgia como uma alternativa ao marxismo pós-1956. As transformações que estavam ocorrendo com o advento do capitalismo e a economia de mercado representavam uma grande fratura

social e cultural. A exploração econômica do trabalhador era um dos aspectos a serem compreendidos, mas certamente não o único. O que estava sendo destruído era a sua posição na comunidade, seu ofício, sua relação com a natureza. Assim: "Não é a exploração econômica, como muitas vezes se considera, mas a desintegração do ambiente cultural da vítima que é a causa da devastação" (*Ibidem*, p. 191).

36. Conferir uma boa abordagem acerca dessa questão em: DOSSE, 2004.
37. WALLERSTEIN, 1974, p. 15.
38. Para o caso grego, ver: VLASSOPOULOS, 2007a.
39. *Apoikias* eram colônias de assentamento, muito comuns durante o processo de colonização no mar Mediterrâneo, iniciado no século VIII a.C.
40. MILLETT, 1993, pp. 183-184, 189.
41. Herodotus. I, 1 e V, 98, *apud* BRADLEY, 1990a.
42. "Bárbaro" – originalmente, todo aquele que não fosse grego. Derivado da noção de *barbaróphonos*, isto é, aqueles que falam uma língua estrangeira. Ver: LIDDELL & SCOTT, 1889, p. 146.
43. Talvez não tenhamos o espaço aqui para discorrer sobre certos aspectos, mas cabe alertar o leitor que tiver interesse em ler a tragédia em questão que Ésquilo fala da posição dos gregos, portanto, o universo diegético criado pelo poeta marcava bem a alteridade, valorizando a posição helena.
44. PAUSÂNIAS, 1.32.3.
45. O "ostracismo" consistia em banir da cidade, por dez anos, qualquer pessoa que parecesse representar uma ameaça à democracia. A "atimia" poderia significar a perda parcial ou total da cidadania, e a *graphé paranómon* era uma ação judicial que permitia a qualquer cidadão acusar, perante a assembleia, qualquer um que houvesse proposto um decreto ou lei contrários às leis vigentes. Cf.: MOSSÉ, 2004.
46. "A liturgia grega clássica, conhecida através de um certo número de *poleis*, mas em detalhe somente em Atenas, era um dispositivo formal, institucionalizado, por meio do qual certos serviços públicos eram atribuídos, em sistema de rodízio, a membros individuais do setor mais rico da população, os quais eram diretamente responsáveis pelos custos e pela execução de tais serviços, sem ônus para o tesouro, por assim dizer. [...] Nem todos os membros da 'classe litúrgica' eram propriamente ativos, mas, com raras exceções, todos os políticos estavam na classe litúrgica. A jactância deles exemplifica um funcionamento bem-sucedido da 'afirmação ritualizada da desigualdade'." FINLEY, 1985, pp. 50-51.

47. *Thés* (*tetes*) – membros da quarta classe censitária durante as reformas de Sólon, em 594 a.C.
48. CANFORA. *In*: VERNANT (Org.), 1994, pp. 103-130.
49. Herodotus. VIII, 140-3, *apud* BRADLEY, p. 139, 1990a.
50. BARTH. *In*: POUTIGNAT; STREIFF-FENART, 1998.
51. GARLAN, 1991, p. 95.
52. AESCHYLUS, 1988, pp. 122-125.
53. HARTOG, 2001; e PESCHANSKI. *In*: CASSIN; LORAUX, PESCHANSKI, 1993, pp. 56-74.
54. ARISTÓTELES, 23.3-24.3.
55. *Archê*: palavra polissêmica, podendo significar desde origem, causa e princípio até liderança, governo e império; *hêgemonia*: liderança, supremacia, comando, hegemonia; *symmachia*: simaquia, grupo de estados que se reúne para atacar um inimigo em comum.
56. FINLEY, 1994.
57. *Ibidem*, pp. 90-91.
58. *Ibidem*, p. 92-93.
59. BOURDIEU, 1980; 2003; 2004; 2007.
60. FINLEY, 1994, p. 102.
61. *Ibidem*, p. 111.
62. CANFORA, 1994, pp. 109-110.
63. GUARINELLO, 1991, p. 24.
64. Finley, no conhecido *A política no Mundo Antigo* e, depois, na obra *História Antiga: testemunhos e modelos*, propõe a ideia de que a ausência de crises graves – aquilo que os atenienses chamavam de *stásis* [guerra civil] – fez com que não apenas Atenas, mas também Esparta e Roma, se tornassem cidades de conquista e não cidades súditas.
65. MORRIS. *In*: ______; SCHEIDEL (Orgs.), 2009, pp. 99-177.
66. *Ibidem*, p. 132.
67. *Ibidem*, p. 133.
68. THUCYDIDES. *In*: FERGUSON; CHISHOLM, 1978, p. 62.
69. Fiz uma longa avaliação da Guerra do Peloponeso em minha tese de doutorado, ainda não publicada: MOERBECK, 2013.
70. TUCÍDIDES, 4.92; 4.95; 4.97.
71. Tragédias como *Andrômaca* e *As suplicantes*, de Eurípides, mostram isso muito bem.
72. *Hýbris* – comportamento demasiadamente confiante; insolência; ultraje; insulto.

73. Finley argumenta que os motivos que levariam à formação de uma sociedade escravista são: 1) a concentração da propriedade privada da terra, de tal maneira que fosse necessário haver força de trabalho extrafamiliar; 2) o desenvolvimento de bens de produção e mercado para a venda; e 3) a inexistência de mão de obra interna disponível. Cf.: FINLEY, 1991.
74. TRABULSI, 2001, p. 134.
75. WOOD, 1989, pp. 51-63.

Referências

AESCHYLUS. *Aeschylus in Two Volumes*. Vol. I. Trad. Herbert Weir Smyth. Cambridge (Mass.) – Londres: Harvard University Press – William Heinemann, 1988.

ANDERSON, Benedict. *Comunidades imaginadas*. São Paulo: Companhia das Letras, 2008.

BARTH, Fredrik. Grupos étnicos e suas fronteiras. *In*: POUTIGNAT, Philippe; STREIFF-FENART, Jocelyne. *Teorias da etnicidade*. Seguido de *Grupos étnicos e suas fronteiras*, de Fredrik Barth. Trad. Elcio Fernandes. São Paulo: Unesp, 1998.

BOURDIEU, Pierre. L'Identité et la représentation. *Actes de la recherche en sciences sociales*, v. 35, 1980.

______. *A economia das trocas simbólicas*. Trad. Sérgio Miceli *et al*. São Paulo: Perspectiva, 2003.

______. *O poder simbólico*. Trad. Fernando Tomaz. Rio de Janeiro: Bertrand Brasil, 2004.

______. *A economia das trocas linguísticas:* o que falar quer dizer. Trad. Sérgio Miceli *et al*. São Paulo: Edusp, 2007.

BRADLEY, Pamela. *Ancient Greece: Using Evidence*. Melbourne: Edward Arnold, 1990a.

______. *Ancient Rome: Using Evidence*. Melbourne: Edward Arnold, 1990b.

CALAME, Claude. Modes rituels de la fabrication de l'homme: l'initiation tribale. *In*: AFFERGAN, Francis. *Figures de l'humain:* les représentations de l'anthropologie. Paris: EHESS, 2003.

CANFORA, Luciano. O cidadão. *In*: VERNANT, Jean-Pierre (Org.). *O homem grego*. Trad. Maria Jorge Vilar de Figueiredo. Lisboa: Editorial Presença, 1994.

______. *O mundo de Atenas*. São Paulo: Companhia das Letras, 2011.

CARDOSO, Ciro Flamarion. *Sociedades do Antigo Oriente Próximo*. São Paulo: Ática, 1986.

______. *Sete olhares sobre a Antiguidade*. Brasília: UnB, 1994.

DOSSE, François. *A história em migalhas: dos Annales à Nova História*. Bauru: USC, 2004.

FINLEY, Moses. *A economia antiga*. Porto: Edições Afrontamento, 1981.

______. *O mundo de Ulisses*. Lisboa: Editorial Presença, 1982.

______. *A política no Mundo Antigo*. Rio de Janeiro: Zahar, 1985.

______. *Escravidão antiga e ideologia moderna*. Rio de Janeiro: Graal, 1991.

______. *História antiga:* testemunhos e modelos. Trad. Valter Lellis Siqueira. São Paulo: Martins Fontes, 1994.

FOXHALL, Lyn. Farming and Fighting in Ancient Greece. *In*: RICH, John; SHIPLEY, Graham (Eds.). *War and Society in the Greek World*. Nova York: Routledge, 1993.

GARLAN, Yvon. *War in the Ancient World: A Social History*. Londres: Chatto & Windus, 1976.

______. *Guerra e Economia na Grécia Antiga*. Trad. Cláudio César Santoro. Campinas: Papirus, 1991.

GARNSEY, Peter; SALLER, Richard. *The Roman Empire: Economy, Society, Culture*, [s.l.: s.n.], 1987.

GUARINELLO, Norberto Luiz. *Imperialismo greco-romano*. 2. ed. São Paulo: Ática, 1991 (Série Princípios, 124).

______. Modelos teóricos sobre a cidade do Mediterrâneo Antigo. *In*: FLORENZANO, Maria Beatriz; HIRATA, Elaine Farias Veloso (Orgs.). *Estudos sobre a cidade antiga*. São Paulo: Edusp, 2009.

HALL, Edith. *Inventing the Barbarian: Greek Self-definition Through Tragedy*. Londres: Claredon Press; Oxford, 1989.

HANSEN, Mogens Herman; NIELSEN, Thomas Heine. *An Inventory of Archaic and Classical Poleis*. Oxford: Oxford University Press, 2004.

HARTOG, François. *Le Miroir d'Hérodote*. Paris: Folio, 2001.

LÉVI-STRAUSS, Claude. *Antropologia estrutural*. Trad.: Chaim Samuel Katz e Eginardo Pires. Rio de Janeiro: Tempo Brasileiro, 1996.

LIDDELL, Henry George; SCOTT, Robert Scott. *An Intermediate Greek-English Lexicon*. Oxford: Oxford University Press, 1889.

LORAUX, Nicole. *A tragédia de Atenas*: a política entre as trevas e a utopia. São Paulo: Loyola, 2009.

MILLETT, Paul. Warfare, Economy, and Democracy in Classical Athens. *In*: RICH, John; SHIPLEY, Graham (Eds.). *War and Society in the Greek World*. Nova York: Routledge, 1993.

MOERBECK, Guilherme. *O pensamento de Eurípides durante a Guerra do Peloponeso*. Tese (doutorado em História) – Instituto de Ciências Humanas e Filosofia, Universidade Federal Fluminense, Niterói, 2013. 242 fls.

______. *Guerra, política e tragédia na Grécia Antiga*. Jundiaí: Paco Editorial, 2014.

MORAES, Alexandre Santos de. *O ofício de Homero*. Rio de Janeiro: Mauad X, 2012.

MORLEY, Neville. *Ancient History: Key Themes and Approaches*. Nova York: Routledge, 2000.

MORRIS, Ian. The Greater Athenian State. *In*: ______; SCHEIDEL, Walter (Eds.). *The Dynamics of Ancient Empires: State Power from Assyria to Byzantium*. Oxford: Oxford University Press, 2009.

MOSSÉ, Claude. *Atenas:* a história de uma democracia. Brasília: UnB, 1997.

______. *Dicionário da civilização grega*. Rio de Janeiro: Zahar, 2004.

OLIVEIRA, José Luís Brandão Francisco de (Coord.). *História de Roma Antiga*: das origens à morte de César. Vol. I. Coimbra: Imprensa da Universidade de Coimbra, 2015.

PESCHANSKI, Catherine. Os bárbaros em confronto com o tempo: Heródoto, Tucídides e Xenofonte. *In*: CASSIN, Barbara; LORAUX, Nicole, PESCHANSKI, Catherine. *Gregos, bárbaros e estrangeiros: a cidades e seus outros*. São Paulo: Editora 34, 1993.

PLATÃO. *Leis*. São Paulo: Edipro, 2010. 626a.

POLANYI, Karl. *A grande transformação:* as origens da nossa época. Rio de Janeiro: Campus, 2000.

RAAFLAUB, Kurt A. Soldiers, Citizens and the Evolution of the Early Greek Polis. *In*: MITCHELL, Lynette G.; RHODES, P. J. (Eds.). *The Development of Polis in Archaic Greece*. Nova York: Routledge, 1997.

SANTACANA, Joan. *Las Primeras Sociedades*. Madri: Anaya, 1987.

SNODGRASS, Anthony. Hoplite Reform and History. *JHS*, v. 85, 1965.

THUCYDIDES. The Peloponnesian War. 1, 23, 6 e 1, 88. *In*: FERGUSON, John; CHISHOLM, Kitty. *Political and Social Life in the Great Age of Athens*. Londres: The Open University, 1978.

TRABULSI, José Antônio Dabdab. *Ensaio sobre a mobilização política na Grécia Antiga*. Belo Horizonte: UFMG, 2001.

VERNANT, Jean-Pierre. *As origens do pensamento grego*. Rio de Janeiro: Difel, 2003.

VIDAL-NAQUET, Pierre. *O mundo de Homero*. São Paulo: Companhia das Letras, 2002.

VLASSOPOULOS, Kostas. Identity, Experience and Democracy in Classical Athens. *Classical Quarterly*, v. 57, n. 1, 2007a.

______. *Unthinking the Ancient Polis: Ancient Greek History Beyond Eurocentrism*. Cambridge: Cambridge University Press, 2007b.

WALLERSTEIN, Immanuel. *The Modern World-system. Capitalist Agriculture and the Origins of the European World-economy in the 16th Century*. Nova York: Academic Press, 1974.

WOOD, Ellen Meiksins. *Peasant-citizen & Slave: The Foundations of Athenian Democracy*. Nova York: Verso, 1989.

2. Quando Roma vai à guerra

Norma Musco Mendes

Alguns dos capítulos deste livro nos estimulam a refletir sobre o porquê de as guerras terem sido tão frequentes nas sociedades antigas. Especificamente, no nosso caso,[1] ressaltamos o fato de que, durante toda a história da Roma Antiga, as portas do Templo de Jano[2] somente foram fechadas em duas ocasiões: época do rei lendário Numa Pompílio (inícios do século VII a.C.) e de Augusto (fins do século I a.C.).

A temática da guerra também dominou a atenção dos historiadores antigos, assim como dos tratados de filosofia, inspirando, ainda, a poesia daqueles tempos. Veremos que a guerra é concebida como um mal necessário para que se pudesse usufruir de suas vantagens, ou seja, da paz.

No tocante ao processo histórico da sociedade romana, é preciso ressaltar que a ação imperialista, mais especificamente a guerra, envolveu todos os setores da sociedade romana, desde o início do período republicano, apresentando características bastante específicas.

Na Antiguidade, como hoje, o termo "guerra" (*polemos* para os gregos e *bellum* na Roma Antiga) é usado para designar acontecimentos violentos que não envolviam simplesmente dois Estados, como, por exemplo, as guerras de Pompeu contra os piratas, as guerras civis, as Guerras dos Sócios, estas travadas entre a Roma republicana e cidades aliadas, entre 91-88 a.C. Assim, adotamos a definição de G. Shipley[3] no sentido de que a guerra é uma forma "organizada da violência societal".

Moses Finley[4] afirma que, para gregos e romanos, a guerra apresentou uma "inexorável regularidade". Certamente, a ausência de instituições internacionais que pudessem assegurar a paz acabou por forçar o desenvolvimento do militarismo e transforma a guerra em algo natural, quer dizer, uma forma normativa para resolver as sérias disputas então existentes. Ademais, a diplomacia, entendida como a relação entre Estados soberanos, não dispunha de mecanismos eficazes para ser preventiva. Os embaixadores não eram permanentes. Praticamente funcionavam apenas quando as relações já tinham alcançado limites sérios e tiveram, na maioria das vezes, um impacto negativo para manter a paz.[5]

Os Estados tinham de corresponder às exigências das configurações formadas pelas relações internacionais, caso contrário, se arriscavam a ser aniquilados. Nesse contexto, podemos entender por que a guerra, durante o período republicano, envolveu a vida dos romanos em uma escala sem precedentes.

Foge aos objetivos deste texto a análise das correntes historiográficas sobre a natureza do imperialismo romano. Possivelmente, no início da República, muitas das guerras estivessem aliadas às motivações de segurança e medo, mas, ao lermos Políbio, veremos que a aquisição de novos espaços, após a Segunda Guerra Púnica, estava relacionada à noção de hegemonia mundial. No entanto, parece-me evidente que somente no âmbito das relações interestatais é que podemos estudar as guerras que possibilitaram a conquista da Itália, a vitória sobre Cartago e sobre os reinos helenísticos – Macedônia, Síria e Egito –, pois Roma não inventou os seus inimigos.

Desde meados do período republicano se desenvolveu um "*ethos* social", fundamentado no êxito militar, o qual concedia aos "aristocratas romanos a mais alta estima dos seus concidadãos: a *laus* e a glória",[6] que justificava a posição dos que detinham o poder e a riqueza: os *nobiles*, os quais se autoperpetuavam no Senado e repartiam entre si os títulos e a posição de patronos da *res publica*: os *principes civitatis*.[7] Esse *ethos* militar acompanhou a competição política e interagiu com os processos de interação cultural entre Roma e os povos vencidos.

Isso fica explícito no ano de 211 a.C., quando Marco Claudio Marcelo exibiu peças de arte grega, retiradas de Siracusa, por ocasião da sua vitória militar. De acordo com MacDonnell,[8] essa ação de Claudio Marcelo representou um momento crucial de recepção da cultura grega em Roma. As pinturas e, principalmente, as estátuas desnudas de bronze e de mármore provocaram grande admiração. Por serem diferentes das estátuas romanas em terracota, tiveram um enorme impacto sobre a sensibilidade estética dos romanos, e a prática inaugurada por Marcelo representou um novo método para a obtenção e exibição de suporte político e de posição social.

Torna-se importante mencionar que a exibição do butim não se limitou ao espaço público. Katherine E. Welch[9] analisa que o termo *domi militiaeque* – em casa e no campo – é uma fórmula comum do latim no período republicano. Denota as duas principais esferas da psicologia romana: a paz e a guerra. Certamente estava relacionado com o significado da reputação militar para a vida política, que era estendido para a *domus*. Isso ocorre porque o conceito de *domus* tinha um amplo significado para a elite política. A palavra designava tanto o edifício físico como a família que o habitava. As casas não eram simplesmente um local privado, um refúgio do trabalho, um lugar para o lazer com os amigos, mas um espaço onde os negócios da *res publica* eram discutidos, muitos dos quais assuntos de guerra. Portanto, a partir do século III a.C., as *domi* passam a ser decoradas também com os butins de guerra. Isso nos remete a uma questão de grande complexidade: a helenização de Roma, a qual nos reportaria também às transformações sofridas, desde o início da República, pela religião romana.

As afirmações acima objetivam apenas exemplificar que a guerra, além de representar segurança pessoal e coletiva, envolveu, desde os primórdios da República, todos os setores da sociedade romana, relacionando-se com as várias transformações ocorridas nos diferentes setores dessa sociedade. No entanto, neste capítulo, nos interessa traçar algumas considerações sobre a ação imperialista, especificamente a guerra, e a formação e reprodução do sistema econômico-financeiro das elites cêntricas.

> Enormes extensões de terra passaram para as mãos romanas, e também grandes quantidades de ouro e de prata e butim de todas as espécies; milhões de pessoas foram escravizadas; os tributos afluíam por diferentes condutos; o engenho dos oficiais e homens de negócios romanos sabia tirar proveito de extensas zonas do mundo mediterrâneo. Por isso é algo paradoxal que os móveis econômicos foram importantes no imperialismo romano.[10]

Aos olhos dos romanos, a guerra funcionava como uma das atividades produtivas mais eficientes, "[...] e a máquina bélica como o melhor instrumento para a aquisição de novas riquezas do ponto de vista dos grupos dominantes, racionalidade militar e impulso aquisitivo revelavam-se perfeitamente coincidentes".[11]

Em meados da República, a guerra possibilitou um crescimento econômico ligado ao butim, à oferta de novas terras e de mão de obra escrava, rompendo com o modelo social marcado pelas pequenas propriedades agrícolas cultivadas pelos camponeses, que também eram soldados e cidadãos. Sobre esse fim utilitário das guerras, Schiavone afirma que:

> [...] para a cultura dos grupos dirigentes compartilhada pela imensa maioria da sociedade, o bom uso da guerra e dos escravos fazia parte de um cálculo militar e produtivo há muito tempo em uso. Na história de Roma, o interesse econômico havia aprendido precocemente a exprimir-se na forma da racionalidade imperial e a ocultar-se [...] a equação entre guerras vitoriosas, aquisição territorial e melhorias nas condições de vida de grupos sociais bastante amplos permeia toda a história do expansionismo romano.[12]

Logo, o estudo do desempenho econômico das distintas regiões do Império Romano deve ser entendido como uma das vertentes de análise para os processos de interação cultural que genericamente chamamos de romanização, abarcando diferentes processos de experimentação da presença romana, que, ao ser apropriada, relida e interpretada pelas comunidades conquistadas, gerou identidades discrepantes nas distintas regiões que compunham o Império Romano.[13]

Isso ocorre porque, a partir da segunda metade do século XX, as abordagens sobre a história econômica do mundo romano tiveram grande desenvolvimento, em decorrência de estudos que se distanciam dos debates entre as abordagens primitivista e modernista. Atualmente, as interpretações tendem a defender, no desempenho da economia romana, a presença de características reconhecidas em ambas as abordagens. De acordo com Mattingly,[14] hoje os debates sobre a economia romana caminham para a discussão de como esse tipo de economia híbrida foi constituída e como funcionava. Tal avanço historiográfico está aliado à valorização da interdisciplinaridade, por meio do diálogo entre a História e as demais Ciências Sociais, principalmente com a Arqueologia, a Epigrafia[15] e, ainda, as Ciências Naturais. Logo, as pesquisas apresentam um caráter intertextual, baseado em dados provenientes de documentação textual e de vestígios materiais variados, entre os quais ressaltamos: os restos de assentamentos; vestígios da existência de espaços produtivos urbanos e rurais; a presença de materiais de construção, de ossos humanos, de animais e de plantas, de naufrágios, de traços de poluição do ar preservado no gelo ou em outros tipos de sedimentos, e os distintos tipos de *instrumenta*. Torna-se importante mencionar, também, a epigrafia do *instrumentum*, ou seja, o conjunto das inscrições encontradas nos objetos da vida cotidiana e das atividades profissionais: cerâmica de mesa e de cozinha, lucernas em terracota, as ânforas e vasos, tijolos, telha, objeto de vidro ou de metal, âncoras, etiquetas de metal ou de osso. Essas inscrições têm um grande valor para a análise econômica, visto que é possível desvendar a proveniência e as fases de comercialização dos produtos.[16]

Por outro lado, essa orientação de pesquisa cria novas agendas de estudo sobre a procedência de mercadorias ou pessoas, extração mineral, bem-estar humano e sobre o contexto ecológico que interagia com o comportamento econômico das regiões mediterrâneas e da fachada atlântica[17] – questões relacionadas com a experiência de globalização e de glocalização[18] representadas pelo Império Romano e que nos afastam das visões cêntricas.

A aplicação desses conceitos não representa uma analogia entre o passado e o presente, e sim a busca de um conceito heurístico que nos ajude a abarcar em uma mesma estrutura ambos os fenômenos: um império como um todo e a experiência local, e a fazer comparações sobre temas recorrentes, tais como: transformações na velocidade do ritmo dos meios de transporte e da comunicação para as mercadorias, informações e pessoas; formação de novas redes de interação; crescimento do consumo e da economia; formação de novas identidades híbridas marcadas pela inter-relação entre padrões globais e locais. No entanto, conforme afirma Nevile Morley,[19] é preciso considerar os limites da globalização, observando os parâmetros próprios do Mundo Antigo em relação à tecnologia, à capacidade de fluxo de informações, ao desenvolvimento da contabilidade, à previsão das condições climáticas, que, sem dúvida, influenciavam nas escolhas e decisões.

Em relação aos objetivos deste capítulo, afirmamos que a conexão entre o crescimento da economia romana, a guerra, a conquista e a unificação imperial encontra valioso campo de análise na formação de uma racionalidade econômica fundamentada na vitória militar. Naturalmente, a racionalidade imperial favoreceu a tendência de concentração de riquezas, que incrementou as atividades agropecuárias, artesanais e comerciais, tendo como consequência o aumento do consumo.

Inicialmente, as riquezas eram provenientes dos butins e das indenizações de guerra, mas, a partir da segunda metade do século III a.C., teve início a exploração dos territórios conquistados, através da formação das províncias e da coleta de impostos.

A análise da documentação textual evidencia que os *publicani* [coletores de taxas arrendadas do Estado], os administradores provinciais e os *imperatores* sugaram intensamente o território provincial. Basta citar as fortunas acumuladas por César, Crasso e Pompeu, que, de acordo com os depoimentos de Cícero, Plutarco e Apiano, foram enormes.

Indubitavelmente, a escala de exploração individual em detrimento dos cofres públicos, seja por via da corrupção ou da extorsão, seja pelas altas taxas de juros cobradas nos empréstimos aos provinciais ou mesmo no arrendamento dos serviços públicos, tornou-se fundamental na formação e reprodução das elites cêntricas, conforme demonstram as figuras a seguir:

Figura 2.1
Interação das expedições militares e a cunhagem de moedas

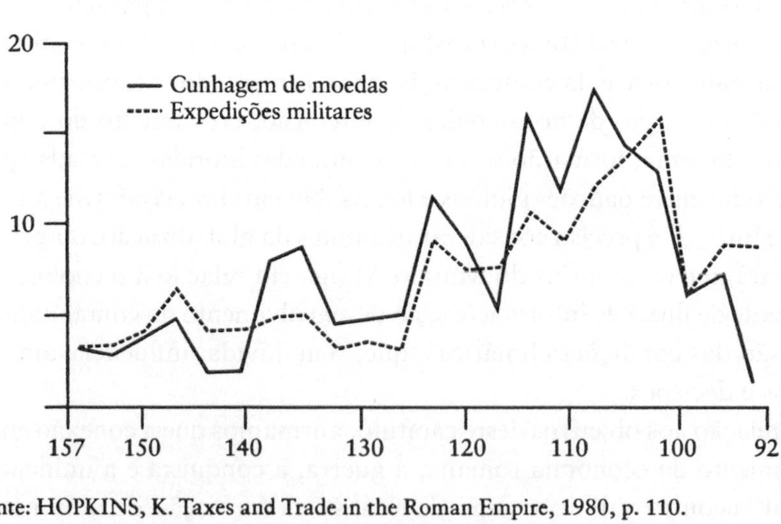

Fonte: HOPKINS, K. Taxes and Trade in the Roman Empire, 1980, p. 110.

Figura 2.2
Circulação monetária nas áreas imperiais de 157 a 50 a.C.

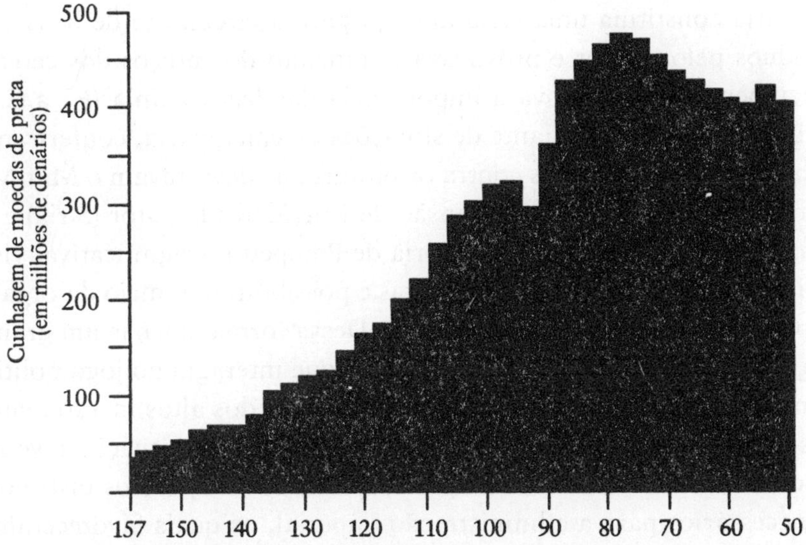

Fonte: HOPKINS, K. Taxes and Trade in the Roman Empire, 1980, p. 109.

Quadro 2.1
Estimativas de rendas arrecadadas pelo poder central

PERÍODO	ANO
Século III a.C., antes da expansão ultramarina	4 a 8 milhões de sestércios por ano
Por volta do ano 150 a.C.	50 a 60 milhões de sestércios por ano
Meados do século I a.C.	340 milhões de sestércios por ano
Final do século I a.C.	800 milhões de sestércios por ano

Fonte: HOPKINS, K. The Political Economy of the Roman Empire, p. 183.

Nesse contexto, cabe considerarmos o aumento da pirataria, que cresceu no Mar Mediterrâneo, visto como um espaço sem jurisdição e fora da autoridade de um governo.[20] Registra-se uma forte proliferação, a partir do século II a.C., que foi fruto de uma série de alterações ocorridas nos centros de poder no Mar Mediterrâneo, abrindo espaço para que bandos armados obtivessem lucros com a venda de escravos, especialmente, para romanos enriquecidos com as guerras de conquista. Por outro lado, a pirataria constituía uma séria ameaça para a circulação de bens e de indivíduos pelos mares e provocava o aumento dos preços dos cereais. A documentação comprova a importância das leis Gabínia (67 a.C.) e Manília (66 a.C.), que, diante de situações de emergência, conferiram a Pompeu poderes ilimitados contra os piratas que devastavam o Mar Mediterrâneo e para debelar a expansão de Mitrídates Eupator (Síria) e de Tígranes (Armênia) na Ásia. A vitória de Pompeu foi significativa, visto que limpou o Mediterrâneo dos piratas e possibilitou o início da organização das conquistas romanas na Ásia. Dessa forma, apenas um grande reino subsistia, o do Egito. Reino tão rico que interagiu no jogo político do final do período republicano, por intermédio dos altos investimentos feitos por seus soberanos aos políticos romanos. Essa situação teve fim com o estabelecimento do Principado, que criou os aparatos institucionais necessários para a administração imperial, os quais favoreceram o crescimento do desempenho econômico no mundo romano. Tal afirmação se baseia na proposta teórica New Institutional Economics (NIE),[21] que possibilita não somente uma revisão das tradicionais abordagens sobre a economia romana, como também permite analisar o papel das instituições e do Estado no desempenho econômico da sociedade romana, em um tipo de abordagem holística, visto que se preocupa com a interação dos fatores sociais, culturais e econômicos.[22]

É uma proposta teórica que segue a concepção marginalista de racionalidade econômica, segundo a qual o comportamento humano é instrumental, no sentido de que busca sempre os melhores meios para atingir seus objetivos, ou melhor, aceita a existência de múltiplos tipos de racionalidade econômica na história, distintas da racionalidade capitalista.

No tocante ao Mundo Antigo, esse tipo de abordagem, que valoriza o papel das instituições na economia, é muito bem representado pelos trabalhos de Neville Morley,[23] que defende o desenvolvimento de um comportamento econômico costumeiro para garantir o lucro possível pela diminuição dos riscos das incertezas, baseados, portanto, em uma racionalidade limitada.[24]

A guerra vitoriosa e, posteriormente, a prática do colonialismo que garantiam a interação das províncias com Roma foram fundamentais para a criação das condições necessárias para o crescimento da economia romana, verificado no período de 200 a.C. a 200 d.C. Refiro-me, principalmente, à formação das seguintes condições: unificação política do mundo mediterrâneo; urbanização da metade ocidental do Império; anexação de ampla área produtora agrícola do noroeste continental e atlântico e a consequente extensão das áreas cultivadas; divulgação das formas de exploração da terra e do trabalho, de práticas comerciais, de inovações e aperfeiçoamentos técnicos na utilização mais apropriada do fogo, da água, do vento; melhoria nas condições dos transportes, assim como no uso de instrumentos mais resistentes e inovações técnicas na agricultura.

Cabe mencionar a importância do fim de uma política sistemática de conquista e a consolidação da fronteira [*limes*] com a periferia germânica. Recentemente, por meio das interpretações dos arqueólogos e diante dos pressupostos dos teóricos de sistemas mundiais aplicados ao Mundo Antigo, crescem as abordagens que defendem que a ideia de fronteira no mundo romano não pode ser entendida em termos lineares, estanques. As fronteiras eram concebidas como franjas de território, local de união e integração entre aqueles que eram culturalmente diferentes.[25]

Na obra *Germânia*, Tácito comenta a preferência dos romanos pela intervenção na política tribal, estimulando a discórdia entre as tribos, mais do que pelo uso da força militar. Algo que fica evidente pelo apelo do rei da Britânia ao imperador Claudio, motivando a invasão e a criação da província do mesmo nome. Suetônio[26] nos diz que o imperador Augusto, além de fomentar uma política de alianças entre os reis aliados, tratava-os como se fossem membros e partes do Império. A concepção de um *imperium sine fine* criou um tipo de relacionamento entre romanos e estrangeiros baseado na noção de superioridade dos romanos, que se consideravam "patronos da *oikoumene*".

O tipo de relacionamento sociopolítico com as comunidades estrangeiras definiu a fixação de fronteiras, pois os romanos não se achavam constrangidos pelas diferenças entre administração direta do território anexado e transformado em província e o controle indireto dos territórios mais distantes. Logo, entendemos que as fronteiras do mundo romano devem ser explicadas por um conceito perante o qual haja a interação entre a economia, a sociedade e o Estado, para se delimitarem os limites geográficos vantajosos para a sociedade. Ou melhor, entender *limes* como caminhos determinados pelos "parâmetros de crescimento".[27]

Mesmo de forma bastante rudimentar, os imperadores romanos tiveram consciência do custo marginal da guerra, em função do qual as conquistas se restringiram às áreas nas quais os recursos econômicos e os sistemas sociopolíticos eram desenvolvidos o suficiente para justificar o alto custo das campanhas militares.[28]

A criação de novas províncias implicou a organização do território, o estabelecimento de novos tipos de relações sociopolíticas, novo sistema fiscal para a extração de excedente, e novas práticas culturais, ou seja, no desenvolvimento de um projeto de colonização.

No Principado (27 a.C. a 193 d.C.), teve início uma política de exploração sistemática da capacidade agrícola das províncias por meio do sistema tributário, pondo fim ao amadorismo existente durante o governo republicano. O imperador Augusto instaurou um sistema de taxação uniforme: o censo provincial, que pôs fim à ação dos publicanos na coleta dos impostos diretos e estabeleceu um índice fixo de taxação baseado no valor estimado da propriedade e não no seu rendimento. De acordo com as proposições que compõem o modelo taxas e rendas, formulado por K. Hopkins,[29] o sistema fiscal com base nos impostos diretos representou importante impacto na economia romana, visto que as províncias de fronteira consumiam os impostos arrecadados nas demais províncias do Império, consideradas exportadoras de impostos. Assim, com o objetivo de suprir a demanda do Estado imperial por víveres, essas províncias exportadoras de impostos foram incentivadas a aumentar a produção do excedente agrícola, forçando os camponeses (livres e escravos) a uma intensificação do trabalho e expandindo a sua participação no comércio inter-regional. Por outro lado, a ampliação do excedente agrícola estimulou o setor manufatureiro, o comércio local, regional e interprovincial, o consumo e a circulação monetária, conforme evidencia a figura a seguir.

Figura 2.3
Naufrágios ocorridos no Mar Mediterrâneo (2500 a.C. até 1500 d.C.)

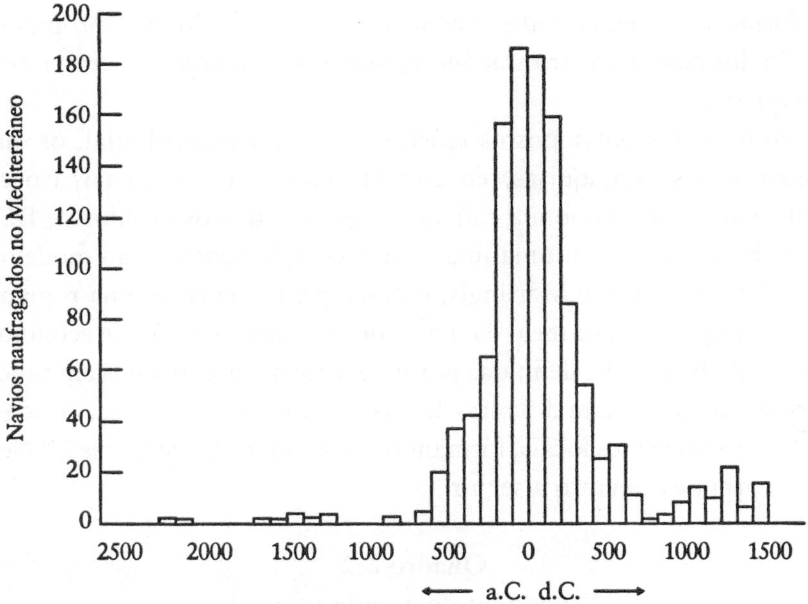

Fonte: PURCELL, N. *The Corrupting Sea*, p. 371.

O referido modelo é reconhecido pelos historiadores como de grande valor para o estudo da economia romana e, ao apresentar uma abordagem macroeconômica, fornece-nos uma visão da economia do Império, enfocando o governo central.

Seguindo esse mesmo tipo de abordagem, mas acentuando a questão institucional, os seguidores da New Institutional Economics[30] afirmam que a unificação do Império Mediterrâneo; o estabelecimento da segurança nos mares; a divulgação da ideologia da Pax Romana;[31] a expansão do direito romano, inicialmente pela Itália e depois por todas as partes do Mediterrâneo, por meio da concessão da cidadania romana aos provinciais, o que garantia o direito de propriedade,[32] proporcionaram maior segurança para a realização dos contratos e dos negócios, bem como a ampliação da rede de estradas; a construção de canais e pontes que facilitavam o movimento das tropas e do comércio; a difusão da tecnologia para a agricultura e para a mineração. É esse contexto que impulsiona a criação de uma área monetária com regras legais comuns, especialmente no campo da lei do comércio, do crédito, dos empréstimos, e permite a formação de um cenário institucional, responsável pela mudança no fluxo de informações que, ao reduzir as incertezas e dificuldades, propiciou a redução dos custos das transações, e, portanto, favoreceu o crescimento econômico.

Com base nos pressupostos teóricos da teoria pós-colonial, os quais norteiam as nossas pesquisas, tem crescido a preocupação com os aspectos globais e locais da economia romana. Julgamos que os estudos de David Mattingly[33] representam uma importante complementação ao modelo de K. Hopkins. Conforme Mattingly, o desempenho da economia romana é mais bem explicado por meio da noção de uma aglomeração de economias regionais globalizadas, definidas por uma série de mecanismos em funcionamento, que controlam discretas áreas de atividade econômica, de acordo com as especificidades locais, formando "economias discrepantes".[34] Nesse sentido, propõe o quadro a seguir:

Quadro 2.2
Economias do mundo romano

ESTRUTURA ECONÔMICA	LOCALIZAÇÃO	MECANISMOS ECONÔMICOS	EVIDÊNCIAS ARQUEOLÓGICAS
Economia imperial	Todo o império e áreas além das fronteiras.	Impostos: exploração imperial sobre a terra, o trabalho, recursos, redistribuição, donativos, compromissos salariais.	Monetarização baseada nas necessidades militares; acumulação de taxas; movimentação de longa distância de mercadorias para as províncias de fronteira ou para Roma; necessidades de suprimento para os militares.
Economias extraprovinciais	Todo o império e áreas além das fronteiras.	Economia de livre mercado que responde às oportunidades do suprimento militar e troca de presentes.	Movimento interprovincial de mercadorias para mercados locais; consumo de mercadoria importada em sítios civis.

ESTRUTURA ECONÔMICA	LOCALIZAÇÃO	MECANISMOS ECONÔMICOS	EVIDÊNCIAS ARQUEOLÓGICAS
Economias provinciais	Dentro das fronteiras provinciais e localizadas, sobretudo, ao redor das grandes cidades.	Economia de livre mercado, submetida ao sistema fiscal, monetarização.	Mercados locais de distribuição de produtos produzidos localmente, difusão da monetarização para pequenos centros comerciais.

Fonte: Elaborado pela autora.

A proposta fundamental do quadro acima é conceituar a economia romana em uma dinâmica de interdependência e complementaridade entre três entidades econômicas que, de início, podem parecer desagregadas. Isso explica por que a documentação de cultura material apresenta uma abrangência global e local.

Por razões óbvias, limitar-nos-emos a afirmar que os resultados das nossas pesquisas exemplificam a conexão entre a guerra, a ação imperialista, o projeto de colonização e o desempenho econômico, através de um estudo de caso aplicado às províncias da Lusitânia e da Tarraconense.

De início, afirmamos que é bastante pertinente a proposição de existência, no Império Romano, de distintas experiências econômicas provinciais, visto que, nas províncias em questão, devemos considerar vários tipos de orientação econômica.[35]

Destacamos, ainda, a importância para a economia dessas regiões representada pela atuação militar de César e de Augusto, as quais tiveram uma inegável preocupação com o controle da fachada atlântica.[36] Testemunhos arqueológicos (naufrágios, cepos de âncoras, ânforas, vestígios de instalações portuárias, armazéns, de faróis e dos já mencionados *instrumenta*) vinculados à navegação e ao comércio confirmam a existência de um tráfico marítimo tanto de longa distância como de cabotagem. Torna-se importante ressaltar que o processo de colonização dessas regiões, tal qual em outras partes do mundo romano, foi condicionado por fatores globais e locais (complexidade social, tradição histórica, condição geográfica, recursos naturais e diferenças institucionais), que atuaram sobre os comportamentos individuais, formando diferentes identidades econômicas ou, ecoando Mattingly, "economias discrepantes".

Importante ressaltar que a conquista dos povos cantábrios e dos astures, por Augusto, em 19 a.C., teve uma dimensão atlântica. O controle do litoral da Lusitânia e da Tarraconense abriu as portas para uma articulação conjunta de todo o Atlântico e a criação de rotas marítimas que integravam os novos territórios da Gália e Britânia com o mar Mediterrâneo, através do estreito de Gibraltar, conforme demonstra o Mapa 2.1. De acordo com vários historiadores,[37] essa nova via marítima está relacionada com o suprimento dos exércitos dos *limes* germânico e britânico, principalmente pelas exportações do azeite produzido na província da Bética. Nesse aspecto, reafirmamos a lógica de interdependência provincial da economia imperial, conforme demonstram o Quadro 2.2 e o Mapa 2.1, que destaca os principais centros e as rotas comerciais entre o mar Mediterrâneo e o Atlântico Norte.

O crescimento econômico, ao longo do domínio romano, das cidades de Lisboa, Augusta Emerita, Évora, Beja, Faro, Tavira, e na Tarraconense, de Braga, Astorga, Tarraco, entre outras, é indiscutível, conforme sugerem os vestígios arqueológicos e epigráficos relacionados ao aumento das construções nos espaços urbanos e rurais.

Podemos afirmar que, na Lusitânia e na Tarraconense, como em outras partes do mundo romano, a riqueza agregada das elites locais explica a política de construções públicas, a qual se revelou como uma arma política que também foi usada pelos notáveis locais para demonstrar a sua identificação com o poderio romano, e também como um ato de benemerência pública.

De acordo com Holcher,[38] desde o início da República, era preciso que a vitória militar e os benefícios da formação do Império fossem transformados em eventos e transmitidos para todo o mundo romano para que a população deles participasse e para que a vitória dos grandes generais ou, depois, dos imperadores, fosse concebida e veiculada através do território imperial como o fundamento da identidade e do poderio romanos.

Tal prática foi apropriada pelos provinciais, pois, por meio dos festivais e rituais promovidos por iniciativa dos agentes imperiais ou por magistrados provinciais, a população participava da celebração do poder de Roma, personalizado, muitas vezes, pelos imperadores ou por Júpiter. A construção de edifícios públicos, templos, teatros, banhos, aquedutos e estradas custeados pelos imperadores em Roma ou pelas elites provinciais demonstrava que

Mapa 2.1

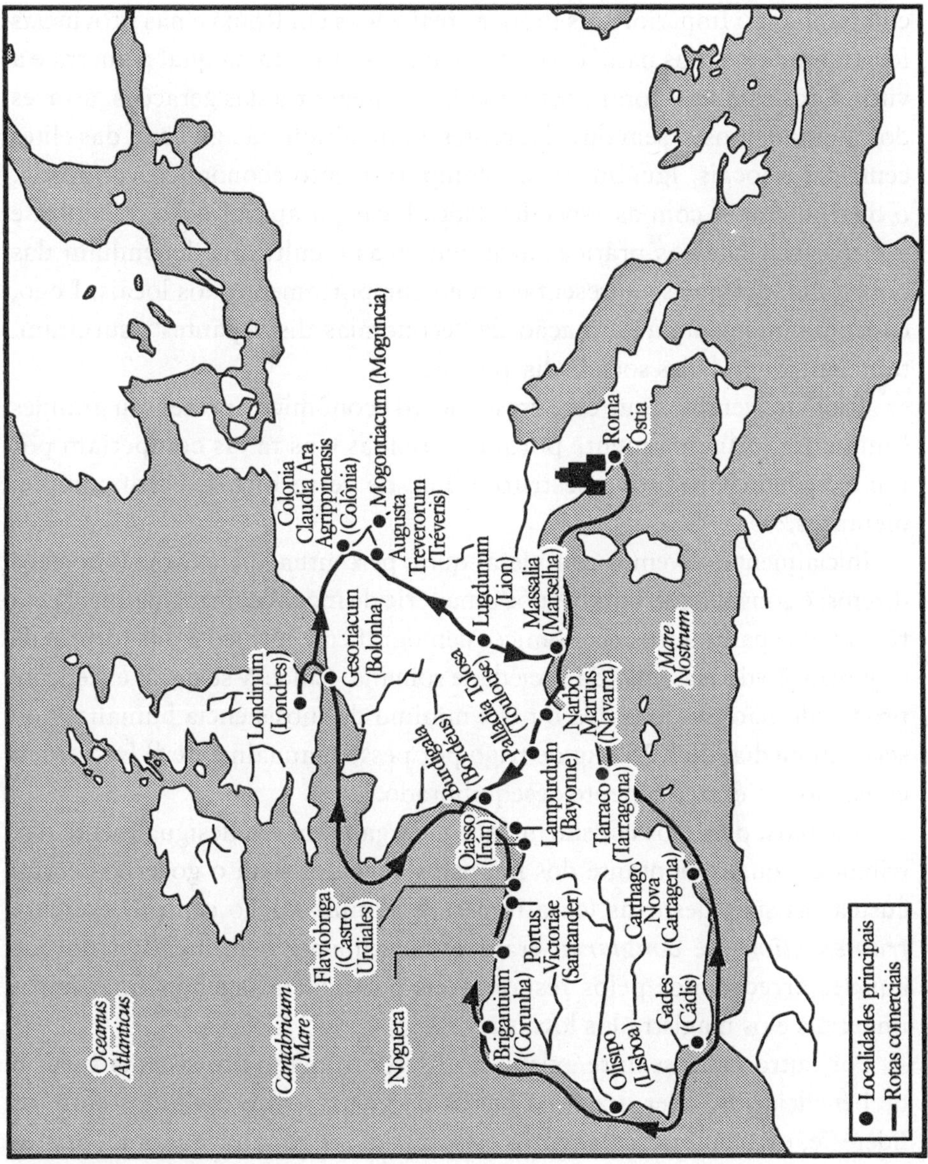

Fonte: CERDAN, 2009, p. 426.

a guerra, e, consequentemente, a vitória militar que consolidou o poderio romano revertiam em benefício público para as distintas comunidades que compunham o Império. Tais práticas realizadas em Roma e nas províncias foram fundamentais para a criação de uma atmosfera na qual a guerra e a vitória dos romanos foram perpetuadas na memória das gerações, através dos monumentos e, sem dúvida, representam a riqueza agregada das elites cêntricas e locais. Igualmente ao comportamento econômico verificado, o qual interagiu com as especificidades locais, a apropriação, releitura e interpretação dessas práticas arquitetônicas e culturais dependiam das oportunidades que se apresentavam ao comportamento dos locais. Logo, concomitantemente à formação de "economias discrepantes", surgiram, também, identidades sociais discrepantes.

Todavia, veremos que esse crescimento econômico apresentou grandes limitações, principalmente porque as rendas e as taxas competiam por um excedente produtivo restrito e que, de certa forma, eram complementares.[39]

Inicialmente, devemos considerar que o percentual da taxação (impostos diretos) é considerado baixo[40] por uma série de motivos, principalmente em função dos parâmetros econômico, demográfico e técnico e das formas de organização do trabalho da sociedade romana. Calcula-se que o excedente produzido não ultrapassava o nível mínimo de subsistência humana,[41] ou seja, em média, 200-250 kg de trigo por pessoa, anualmente.[42] Decerto, o consumo era extremamente desequilibrado.

Ademais, devemos considerar que a carga fiscal era desigualmente distribuída e que o montante dos impostos enviados para o governo central custear as suas despesas (casa imperial, administração central, exército, *frumentationes* e *congiaria*) eram provavelmente bem menores do que aqueles arrecadados pelos responsáveis pela coleta (agentes financeiros imperiais e os magistrados locais).

Por outro lado, sempre existiu no Estado romano um sistema binário de beneficiários, quer dizer, os lucros da guerra eram divididos entre os líderes e, em menor escala, entre os soldados. Assim, a riqueza da aristocracia interagia com o sustento do Estado, do qual eram os beneficiários e, consequentemente, limitava o sistema de arrecadação. Qualquer tentativa de elevação das taxas pelo governo central representaria uma ameaça aos privilégios das elites cêntricas e locais, grupos de apoio do governo, conforme ficou comprovado no Baixo Império, pela capacidade dos proprietários ricos de resistirem às tentativas de elevação dessas taxas.

O crescimento econômico sem dúvida foi impulsionado pelo sistema fiscal, como mencionamos, e se aliou a uma política de investimento de capital baseado em uma racionalidade limitada e utilitarista. Os investimentos se restringiram à ampliação das terras cultivadas e aos tipos de cultivos com boa colocação no mercado. Dessa forma, os agricultores romanos, para garantir a maximização, eram guiados por um comportamento conservador, ou seja, o lucro possível pela diminuição dos riscos das incertezas.[43] O crescimento econômico se aliou ao aumento do excedente agrícola, provavelmente na proporção de 75 a 80%,[44] ocorrido em algumas regiões pela ampliação das áreas cultivadas e da produção para mercado. Portanto, significou um aumento na produção agregada em algumas regiões do Império Romano e, em menor nível, na produção *per capita*. Esta encontrou um grande obstáculo, em decorrência da ausência de um crescimento técnico sustentado, apesar do domínio romano ter representado um avanço tecnológico nos territórios sob o seu controle, pela "generalização de sistemas técnicos que se encontravam encravados regionalmente".[45]

Por fim, o período da "anarquia militar", vivida no século III d.C., pôs fim a esse período de crescimento econômico proveitoso. Os distúrbios gerados pelas guerras civis e contra os germanos e persas, durante o século IV d.C., não significaram nenhum fluxo de riqueza pela pilhagem, nem conquista territorial, nem aumento de rendimento agrícola. Ademais, representou o início do período de estagnação da ação imperialista e a desarticulação do sistema de acumulação de recursos sustentados pela colonização.

Fica evidente, portanto, que o desempenho da economia romana, verificado ao longo do Principado, atingiu índices de crescimento não sustentado porque não apresentou nenhuma modernização que pudesse romper com os parâmetros próprios de uma economia pré-industrial.[46] Conforme afirma Carrié,[47] o Estado romano passou a adotar uma "economia de guerra", ou melhor, durante o século IV, o Império Romano do Ocidente, para se manter, consumia os próprios "recursos de capital": as rendas da terra, o campesinato e as atividades econômicas.

Notas

1. O presente estudo subsidiou a elaboração da conferência proferida no VIII Encontro Nacional de História Antiga do G. T. H. A. da A.N.P.U.H, realizado em agosto de 2014, na cidade de Natal, cujo objetivo foi refletir sobre as questões relacionadas com o crescimento da economia romana durante os séculos II a.C. e II d.C., e sua relação com o imperialismo e com o colonialismo que caracterizaram o Império Romano.
2. Abertura significava tempos de guerra; e o seu fechamento, os de paz.
3. SHIPLEY, 1993, p. 8.
4. FINLEY, 1994, p. 89.
5. MENDES, 2008, p. 148.
6. HARRIS, 1979, p. 17.
7. MENDES. *In*: FUNARI, 2009, p. 99.
8. MACDONNELL. *In*: DILLON; WELCH, 2006, p. 71.
9. DILLON; WELCH, 2006, p. 91.
10. HARRIS, 1979, p. 53.
11. SCHIAVONE, 2005, p. 116.
12. *Ibidem*, p. 125.
13. REVELL, 2009; MATTINGLY, 2011; e GARDNER, 2013.
14. MATTINGLY, 2011, p. 126.
15. ENCARNAÇÃO, 2010.
16. ANDREAU, 2010, p. 29.
17. PURCELL, 2000.
18. GARDNER, 2013.
19. MORLEY, 2007, p. 90.
20. BACKMAN. *In*: HORDEN; KINOSHITA, 2014, p. 170.
21. Criada pelos trabalhos acadêmicos do economista norte-americano, Douglass North, que recebeu o Prêmio de Ciências Econômicas em Memória de Alfred Nobel de 1993, juntamente com Robert Fogel.
22. MENDES, 2014, pp. 49-58.
23. MORLEY, 2007.
24. Um esclarecedor resumo sobre essa questão pode ser encontrado na dissertação de mestrado de KNUST, J. E. M. *Senhores de escravos, senhores da razão*. Racionalidade, ideologia e a *villa* escravista na República Romana (séculos II a.C. e I a.C.), orientação da Profa. Dra. Sonia Rebel, defendida na Universidade Federal Fluminense, em 2011.

25. WHITTAKER, 1994, p. 113.
26. SUETÔNIO, 2002.
27. WHITTAKER, 1994, p. 84.
28. TAINTER, 1988, Cap. III.
29. HOPKINS, 1980, pp. 101-125; e ______. *In*: SCHEIDEL; REDEN, 2002, pp. 190-230.
30. NORTH, 1977, pp. 703-716; e ______, 1990.
31. MENDES, 2008, p. 150.
32. KEHOE, 2007.
33. MATTINGLY, 2011, p. 127.
34. *Ibidem*, p. 145.
35. Sobre esse assunto, ver a dissertação de mestrado intitulada *Economia e romanização em Bracara Augusta, durante o Alto Império: uma reflexão comparativa*, defendida por Paulo Duprat, em 2015; e, ainda, a tese de doutoramento intitulada *A paisagem imperial nas cidades da Lusitânia, um estudo comparado das formas de integração das elites provinciais entre os séculos I a.C. e III d.C.*, defendida por Airan dos Santos Borges, em 2016. Ambas foram orientadas pela Profa. Dra. Norma Musco Mendes e defendidas no Programa de Pós-Graduação em História Comparada – I.H./UFRJ.
36. Ver o artigo de MENDES. *In*: TEIXEIRA DA SILVA; SCHURSTER; ALMEIDA, 2013.
37. Referimo-nos especificamente a REMESAL. *In*: ERDKAMP, 2002; FUNARI, 2014, pp. 19-27; FABIÃO. *In*: *Entre o mito e a realidade. Actas da VI Mesa Redonda Internacional sobre a Lusitânia Romana*, 2009; MANTAS, 2002/2003; CERDÁN. *In*: PRADOS; BERNARD; GARCÍA, 2013, pp. 397-437.
38. HOLCHER. *In*: DILLON; WELCH, 2006, pp. 27-48.
39. HOPKINS. *In*: MORRIS; SCHEIDEL, 2009, p. 184.
40. *Ibidem*, p. 183; BANG. *In*: DE BLOIS; RICH, 2002, p. 23.
41. Essa estimativa se baseia nas analogias com as pesquisas de campo dos economistas sobre a agricultura das atuais regiões do Terceiro Mundo. HOPKINS, 2002, p. 197.
42. HOPKINS, 1980; 2002; 2009; BANG, 2002, p. 19.
43. MORLEY, 2007, p. 93.
44. SALLER. *In*: SCHEIDEL; REDEN, 2002, p. 263; e CARDOSO, 2011, p. 30.
45. CARDOSO, 2011, p. 31.
46. MENDES, 2002.
47. CARRIÉ. *In*: GIARDINA, 1986, p. 470.

Referências

ANDREAU, J. *L'Économie du Monde Romain*. Paris: Ellipses, 2010.

BACKMAN, C. R. Piracy. *In*: HORDEN, P.; KINOSHITA, S. *A Companion to Mediterranean History*. Oxford: Blackwell, 2014.

BANG, P. Romans and Mughals. Economic Integration in a Tributary Empire. *In*: DE BLOIS; RICH, J. *The Transformation of Economic life Under the Roman Empire*. Amsterdam: J.C. Gieben Publisher, 2002.

CARDOSO, C. F. Existiu uma "Economia Romana". *Phoînix*, Rio de Janeiro, v. 17, n. 1, 2011.

CARRIÉ, J. M. L'Esercito: Trasformazioni Funzionali ed Economie Locali. *In*: GIARDINA, A. *Società Romana e Impero Tardoantico: Istituzioni, Ceti, Economie*. Vol. I. Roma: Laterza, 1986.

CERDÁN, Á. M. El Atlántico Norte Durante la Época Romana: de Frontera a *Via Maris*. *In*: PRADOS, Fernando; BERNARD, Gwladys; GARCÍA, Iván (Coords.). *Confines: el Extremo del Mundo Durante la Antigüedad*. Alicante: Universidad de Alicante, 2013.

DILLON, S.; WELCH, K. (Eds.). *Representation of War in Ancient Rome*. Cambridge: Cambridge University Press, 2006.

FABIÃO, C. A dimensão atlântica da Lusitânia: periferia ou charneira no Império Romano. *In*: GORGES, Jean-Gerard *et al.* (Coords.). *Entre o mito e a realidade. Actas da VI Mesa Redonda Internacional sobre a Lusitânia Romana*. Câmara Municipal de Cascais, Portugal, 2009.

FINLEY, M. *História Antiga:* testemunhos e modelos. São Paulo: Martins Fontes, 1994.

FUNARI, P. P. A. Considerações sobre a contribuição da arqueologia da Bética para o estudo da economia romana. *R. Museu Arq. Etn.* Supl., São Paulo, n. 18, 2014.

HARRIS, W. V. *War and Imperialism in Republican Rome* (327-70 B.C.). Oxford: Clarendon Press, 1979.

HOLSCHER, T. The Transformation of Victory Into Power: from Event to Structure. *In*: DILLON, S.; WELCH, K. (Eds.). *Representation of War in Ancient Rome*. Cambridge: Cambridge University Press, 2006.

HOPKINS, K. Taxes and Trade in the Roman Empire (200 B.C. – A.D. 400). *Journal of Roman Studies*, v. 70, 1980.

______. Taxes, Rents and Trade. *In*: SCHEIDEL, W.; REDEN, Sitta von (Eds.). *The Ancient Economy*. Edinburgh University Press, 2002.

______. The Political Economy of the Roman Empire. *In*: MORRIS, I.; SCHEIDEL, W. *The Dynamics of Ancient Empires*. Oxford University Press, 2009.

MACDONNELL, M. Roman Aesthetics and the Spoils of Syracuse. *In*: DILLON, S.; WELCH, K. (Eds.). *Representation of War in Ancient Rome*. Cambridge: Cambridge University Press, 2006.

MANTAS, V. G. O Atlântico e o Império Romano. *Revista Portuguesa de História*. Coimbra: Universidade de Coimbra, Tomo 36, v. 2, 2002/2003.

MATTINGLY, D. *Imperialism, Power and Identity. Experiencing the Roman Empire*. Princeton: Princeton University Press, 2011.

MENDES, N. M. *Sistema político do Império Romano do Ocidente*: um modelo de colapso. Rio de Janeiro: DP&A, 2002.

______. O conceito de Pax Romana. *In*: ZHEBIT, A. (Org.). *Ordens e Pacis*. Rio de Janeiro: Mauad, 2008.

______. Política e identidade em Roma republicana. *In*: FUNARI, P. P. (Org.). *Política e identidade no Mundo Antigo*. São Paulo: Annablume, 2009.

______. A província da Lusitânia: sistema econômico global e local. *Revista do Museu Arq. Etn.* Supl., São Paulo, n. 18, 2014. Disponível em <http://www.larp.mae.usp.br?publicacoes-publications/anais-doi-simposio-do-larp-procedings-of-the-larp-1st-symposium/>. Acesso em 2/12/2017.

MORLEY, N. *Trade in Classical Antiquity*. Cambridge: Cambridge University Press, 2007.

NORTH, D. Markets and Other Allocation Systems in History: the Challenge of Karl Polanyi. *History*, v. 6, n. 3, p. 703-716, 1977.

______. *Institutions, Institutional Change and Economic Performance*. Cambridge: Cambridge University Press, 1990.

PURCELL, N. *The Corrupting Sea: a Study of Mediterranean History*. Oxford: Oxford, Blackwell, 2000.

REMESAL, J. Baetica e Germania. Notes on the Concept of "Provincial Interdependency" in the Roman Empire. *In*: ERDKAMP, P. (Ed.). *The Roman Army and the Economy*. Amsterdã: J.C. Gieben Publisher, 2002.

SALLER, R. Framing the Debate Over Growth in the Ancient Economy. *In*: SCHEIDEL, W.; REDEN, Sitta von (Eds.). *The Ancient Economy*. Edinburgh University Press, 2002.

SCHEIDEL, W. Economy and Quality of Life in the Roman World. *PSWPC – Princeton/Stanford Working Papers in Classics*. Stanford: Stanford University, Jan. 2009.

SCHIAVONE, A. *Uma história rompida. Roma Antiga e Ocidente Moderno.* São Paulo: Edusp, 2005.

SHIPLEY, G. Introduction: The Limits of War. *In*: RICH, J.; SHIPLEY, G. *War and Society in the Greek World*. Londres: Routledge, 1993.

SUETÔNIO. *A vida dos doze Césares*. Rio de Janeiro: Prestígio, 2002.

TAINTER, J. *The Collapse of Complex Societies*. Cambridge: Cambridge University Press, 1988.

WELCH, K. *Domi Militiaeque:* Roman Domestic Aesthetics and War Booty in the Republic. *In*: DILLON, S.; WELCH, K. (Eds.). *Representation of War in Ancient Rome*. Cambridge: Cambridge University Press, 2006.

WHITTAKER, C. R. *Frontiers of the Roman Empire. A Social and Economic Study*. Londres: Johns Hopkins University Press, 1994.

3. A guerra e a Paz de Deus

Gracilda Alves

> Aqui estamos, tal como os guerreiros sob a tenda de campanha, tratando de conquistar o céu por meio da violência. A existência humana sobre a terra é idêntica à do soldado e embora prossigamos este combate afundados em nossos corpos atuais, estaremos porém peregrinando ao Senhor, isto é, à Luz.
>
> São Bernardo – Sermão XXVI sobre o Cântico dos Cânticos

Deveríamos iniciar questionando o porquê de tantas guerras e a grande dificuldade de se conseguir a paz. Vivemos e vivenciamos um cotidiano de agressividade e belicosidade. Assim, podemos inferir que a guerra é um dos fenômenos sociais mais antigos da humanidade, pois acompanha o homem desde a pré-História até os dias atuais, e forma uma parte importante da experiência humana.[1] Podemos afirmar que é uma realidade de "longa duração", como nos coloca Braudel, e que vai sofrendo diversas leituras e apropriações, ou seja, a guerra carrega uma historicidade que varia de acordo com a temporalidade, e possui um significado diferente nas diversas civilizações.[2]

Podemos afirmar que a guerra é um dos elementos de construção da identidade, da memória e da História. Assim, ocorre a cristalização da memória, que vem recheada de narrativas e feitos militares e que é construída por vários vetores, como a história, a religião e a literatura.[3] A memória pode ser oficial, isto é, aquela que sustenta os interesses do grupo dominante e que tende a ter uma forma canonizada, em que as mudanças ocorrem ao longo do tempo de forma suave.[4] Essa memória oficial é mais acentuada quando se trata de "sociedade religiosa cristã", em que, a partir dos rituais, se constrói a "unidade espiritual" e a "memória coletiva".[5] Dessa forma, temos o estabelecimento da relação entre a guerra como um dos elementos da constituição da memória coletiva[6] que foi construída a partir das imagens, dos gestos, dos ritos, das festas e das palavras.[7]

Seguindo o conceito de memória de Jacy Alves Seixas – para quem a história é a grande detentora da memória coletiva, o que torna a guerra um tema histórico[8] – inferimos que a guerra é um símbolo político e que funciona como uma prática do poder[9] e, assim, são criados os "mecanismos que asseguram e reproduzem a hegemonia ideológica",[10] que são vivificados através das ações das duas primeiras ordens da sociedade medieval. A partir da ritualização da guerra, temos a própria legitimação do poder e o estabelecimento e a confirmação das relações entre as ordens e os objetivos a serem alcançados,[11] o que se dá pela construção do "conhecimento" do que é vivido e vivenciado.[12]

A temática da guerra traz intrínsecos diversos eixos de análise, como guerra e paz, pacifismo e belicosidade, cristianismo e islamismo, Paz de Deus e Trégua de Deus, peregrinação e guerra santa, guerra justa e guerra injusta, Reconquista e Cruzada, cavalaria e ordens militares, armas defensivas e ofensivas, entre outros.

A guerra é, portanto, um tema histórico; podemos afirmar que ela é história e faz história, assim, vem impregnada de conceitos, ideias e utilizações. Normalmente, refletimos que a guerra é um dos caminhos para a construção da paz ou é a ausência da paz. Inferimos, por isso, que a paz é o fim mais desejável pelo e para o homem,[13] portanto, cabe analisar quais são as razões que levam os homens e os poderes a declararem e fazer a guerra. Segundo Monique Castilho, pelo viés antropológico, é possível afirmar que a guerra faz parte da natureza humana; ou adotar uma segunda perspectiva, a política, pela qual a guerra atende os interesses das classes governantes; há, ainda, uma terceira possibilidade, que explica que a guerra é um elemento gerador de ordem, de justiça e de valores.[14] Por todas essas visões, a guerra pode ser deflagrada pelas mais diferentes motivações, mas as que mais são elencadas são a política, a civilizatória, a econômica, bem como a militar, a psicológica, a ideológica e a religiosa, sendo importante salientar que a guerra é uma forma extrema de violência que se expressa pela política.[15]

Muitos autores discutem a questão de religiões que são pacifistas, como o cristianismo, e que promovem muito mais a guerra do que a paz, usando um discurso pelo qual assim o estão fazendo em nome de Deus.[16] Também podemos levar essa discussão para a motivação política e econômica, mascaradas, muitas vezes, também por um discurso que justifica a guerra em nome de Deus[17] e o da civilização, que promove e justifica muitas guerras, como as que ocorrem constantemente entre o Ocidente cristão e o Islã.[18]

A construção da ideia de guerra no período medieval foi elaborada a partir dos pressupostos romanos, cristãos e germânicos, que viam na guerra uma forma de juízo, no qual o enfrentamento no campo de batalha e a vitória eram uma demonstração clara de quem detinha a razão. Essa ideia foi desenvolvida por pensadores cristãos que afirmavam que Deus faria o julgamento no campo de batalha,[19] ou seja, a guerra é sacralizada, como o uso meritório das armas. Portanto, tanto para pagãos, como para os cristãos, a guerra estava na esfera do sagrado.

Verificamos que os germanos continuaram com algumas práticas romanas, como a de reduzir à escravidão uma parte dos vencidos, já que a outra parte era morta no campo de batalha ou mesmo depois. Essa prática continuou a ser realizada pelos cristãos e, portanto, considerada normal. Mas, muitos desses escravos vão ganhar uma certa liberdade ao serem transformados em servos nas diversas propriedades espalhadas pelos reinos. Outra tradição foi a divisão do butim entre os guerreiros; normalmente o espólio de guerra era reunido no centro do campo de batalha, em torno de uma bandeira, e, a partir daí, repartido entre os combatentes, sendo que uma parte era doada à Igreja.

Outra realidade que vinha sendo colocada em prática pelos germanos, tanto pagãos como cristãos, era a de controlar a violência, devastações e pilhagens, fosse em períodos de guerra, fosse na paz, como a de preservar a vida da população e dos prisioneiros. Essa prática estava assentada no medo de um castigo que poderia advir dos deuses, ou mesmo, quando cristianizados, de Deus. Verificamos assim que, desde o século IV, o cristianismo desenvolverá uma política de não violência quer em períodos de paz, quer bélicos.

A cristianização dos povos pagãos levou o cristianismo a elaborar um pensamento sobre a guerra, que foi ancorado na Bíblia, onde encontramos, no Antigo Testamento, a representação de Deus como "Deus dos exércitos", e ordenando a guerra contra os inimigos do povo eleito.[20] Já no Novo Testamento, a pregação da paz e da não violência é ressaltada, apesar de, em algumas partes, verificarmos que o uso de armas ou mesmo as guerras são consideradas normais. Assim, desde o início do cristianismo, encontramos os apóstolos e os padres da Igreja a pensarem sobre a guerra dentro de uma religião que pregava a paz e a não violência. Não pretendemos trabalhar com todos os pensadores, mas dar destaque a alguns que serão os grandes pilares desse pensamento, como Santo Atanásio, que vai defender a ideia de que a morte de um inimigo em uma guerra justa é um ato justo, e Santo Ambrósio, que irá justificar a guerra quando ela é travada em defesa dos reinos contra inimigos externos ou contra malfeitores, no intento de proteger a sociedade. De certa forma, esses pensadores estão cristianizando e sacralizando a guerra. Já Prudêncio irá fundir os conceitos de "paz romana" com o de "paz cristã", e, assim, converter a ideia de cidadão romano em cristão, ou seja, a unidade política contida na cidadania é transformada em unidade religiosa; como a primeira, ela é universalizante e geográfica, simultaneamente, inclui e exclui e, ainda, congrega a ideia de civilizado e de bárbaro. Santo Agostinho, por sua vez, irá defender a ideia de que a paz completa era algo impossível de ser alcançado na Terra, e, portanto, a guerra justa é aquela que se pratica contra o pagão, o herege ou contra qualquer outro que traga perigo. Dessa forma, não temos a condenação da guerra por esses pensadores, e, sim, a classificação em guerras justas e guerras não justas.

Inferimos que todo o saber sobre a guerra no período medieval (e em outros períodos da História) estava atrelado, em boa parte, ao cristianismo. Esse saber – que incluía as Sagradas Escrituras, os clássicos latinos da Antiguidade e os pensadores cristãos – era divulgado nas escolas, nos sermões e nas missas, e, assim, os princípios básicos do cristianismo e das ideias por ele estudadas iam sendo divulgados e assimilados por todos os cristãos, alfabetizados ou não, e, dessa forma, criava-se o sentimento de pertencimento.[21] Portanto, a partir de uma produção escrita, de cerimônias públicas, de gestos e de rituais, ia sendo construída a representação da sociedade cristã e definida uma ordem legítima que é erigida pelo poder religioso.[22] Dessa maneira, o cristianismo foi estabelecendo um conjunto de normas que iam moldando a sociedade.[23] Voltamos ao pensamento de Santo Agostinho, e esse está bem delineado em *A cidade de Deus*. Nesse livro, é defendida a ideia de que todos os seres querem a paz e mesmo os que defendem a guerra o fazem para atingir a paz, portanto, o objetivo maior de todos os seres humanos é a paz. Continua afirmando que a guerra é um mal, mas que, muitas vezes, é utilizada para evitar problemas maiores e, por meio dela, estabelecer a paz. Agostinho segue definindo como justas as guerras que combatem as injustiças, e termina afirmando que a guerra é feita para alcançar a paz e libertar os homens da injustiça, e que esse é o desejo de Deus.[24] Ou seja, temos uma lenta alteração no conceito de guerra, de algo destrutivo para um instrumento da paz e do bem.

O estudo sobre a guerra "é extraordinariamente limitado",[25] apesar de ter sido trabalhado desde a Antiguidade, como em Heráclito, que afirmou ser "a guerra a rainha e mãe de todas as coisas. Alguns ela revelou como deuses; outros, como homens; de alguns fez escravos; de outros, homens livres", ou seja, o que Heráclito está afirmando é que a guerra é um elemento natural e que ocorre entre todos os grupos humanos, e que, além disso, provoca diferentes realidades, quer entre governantes e governados, quer entre vencedores e vencidos.[26] Autores como Luigi Bonanate e José Marcello vão afirmar que a ausência de estudos sobre a história militar está ancorada na falta de interesse de se compreender o desempenho das guerras nos contextos social, político, econômico e cultural.[27]

Michel de Montaigne entende que a guerra é uma das maiores ações do homem e que ela é sempre utilizada com algum intuito.[28] Já Carl von Clausewitz vai afirmar que a guerra "é um ato de violência em que se pretende obrigar o outro a obedecer à nossa vontade",[29] mas que ela é também uma forma de se destruir politicamente o adversário, quer dizer, a guerra foi gerada pela política e é dela um instrumento,[30] sendo seu objetivo construir e obter a paz.[31] Segundo Peter Burker, a violência tem uma história cultural, ela é uma espécie de teatro,[32] enquanto Huizinga vai assegurar que a guerra tem uma função cultural, pois cria uma unidade entre os pares e uma diversidade com os opositores. Essa realidade é construída na medida em que o outro, no mundo cristão medieval, é sempre rotulado de bárbaro, pagão, herege, demoníaco, hebreu ou muçulmano. Essas leituras sinalizam um conjunto de guerras que atravessam todo o período medieval e fazem desse um momento de belicosidade interna e externa.[33]

Podemos deduzir que, desde a Antiguidade, a guerra serviu e foi utilizada na construção de projetos imperialistas, que são públicos, coletivos, geográficos, econômicos, políticos, religiosos, culturais e militares. No período medieval, a partir do cristianismo, foi construída uma unidade espiritual, apesar de encontrarmos, em solo europeu, pessoas que professavam outras crenças, como pagãos, hebreus, muçulmanos, entre outros; mas, politicamente, os reinos eram cristãos e, assim, temos a construção dessa unidade espiritual que vai também fazer a constituição de uma unidade territorial, que havia sido esfacelada a partir da queda do Império Romano e da consolidação dos diversos reinos, mas, com a constituição da unidade religiosa, temos a simbiose entre esses dois elementos e a composição de uma unidade que pode ser entendida como Europa. Portanto, a guerra medieval está muito mais restrita a movimentos dentro da cristandade. São normalmente expedições que se processam no período da primavera e do verão, e que, na maioria das vezes, são pouco mortíferas e com conquistas limitadas. Temos duas exceções, a Reconquista, que ocorre dentro do espaço da cristandade, mesmo que em sua periferia, e é de longa duração, com momentos de maior intensidade; e o movimento de Cruzadas, que sai do espaço da cristandade, dirigindo-se para o Oriente e norte da África, e com um curso temporal longo de guerra. Foi uma guerra contínua e que, no primeiro momento, trouxe grandes conquistas territoriais e materiais, além de uma mortalidade intensa[34] – quer no campo de batalha, quer por doenças e acidentes no Mediterrâneo, em rios e áreas montanhosas ou por falta de alimentos e água – e de profundas transformações no conhecimento militar, com mudanças de técnicas de combate e de armamentos.

A guerra justa é aquela que é travada para recuperar bens perdidos injustamente, defender as pessoas, a liberdade, e deve ser declarada pelo poder instituído, seja o laico, seja o eclesiástico. Esse tipo de guerra pode ser entendido como uma forma de pagar ou de resgatar os pecados. Santo Agostinho vai defender a ideia de que esse tipo de guerra deve ser praticado com menos violência e com menos crueldade, devendo ser aplicado o castigo justo e legítimo.

Verificamos que diversos historiadores se debruçam na discussão sobre a guerra justa, entre eles Georges Duby, que defende a ideia de que a guerra justa é uma forma encontrada pela Igreja para civilizar os *bellatores*, para carrear a violência interna para o exterior e introduzir a ideia de soldados de Cristo para a cavalaria e para as ordens militares, que, dessa forma, passam a dedicar as suas vidas à guerra com o objetivo de salvar a cristandade.[35] Hilário Franco Júnior vai afirmar que a Igreja pregava que a luta contra o muçulmano era uma guerra justa, e que ela deveria ser travada através de um guerreiro incansável, corajoso e temente a Deus. Mas, simultaneamente, nesse mesmo período – séculos XI e XII –, a Igreja continuou a divulgar o seu modelo de herói, que não era o guerreiro e sim o santo. Esse procura catequizar por meio da pregação e do exemplo de sua vida, além de interceder "junto a Deus pelos homens".[36]

Luigi Bonanate assinala que ocorre uma confluência entre o sagrado, o jurídico e a mentalidade coletiva, que constrói a ideia de que a origem da vitória está em Deus, e, assim, temos o desenvolvimento da concepção de guerra justa, que une, na Idade Média, o rito do guerreiro ao processual, político, econômico, cultural e religioso.[37] O referido autor continua, afirmando que as guerras justas possuem um desígnio divino e, por isso, podemos afirmar que a Reconquista e as Cruzadas estão dentro desse contexto. Podemos dizer que, aqui, a guerra justa e a guerra santa confluem, na medida em que ocorrem em defesa da religião e como forma de afirmá-la e difundi-la.[38] A questão da guerra justa cristã vem sendo discutida, debatida e pensada desde os primórdios do cristianismo. A Igreja irá desenvolver o entendimento de guerra justa a partir de certas circunstâncias, como a invasão de um território cristão pelo infiel, ou seja, era através da guerra justa que se faria o processo de recuperação de um território das mãos dos infiéis para devolvê-lo à cristandade; seria também uma forma de expansão, na medida em que uma nova área que não era cristã passaria a fazer parte da cristandade. Assim a aceitação da violência e da guerra sempre acompanhou a Igreja e vai ganhar a sua maior forma na Reconquista e nas Cruzadas. Desse modo, é justificada a violência armada dentro da Reconquista e das Cruzadas como uma guerra santa, já que havia então uma inspiração divina para, a partir do uso das armas, combater o pecado e os ímpios. Assim, o cruzado, ao tomar a Cruz, torna-se um peregrino armado e deve fazer todo o seu trajeto, quer em direção à Península Ibérica, quer à Terra Santa, com espírito de penitência, para ser digno das indulgências recebidas e, assim, obter o perdão dos seus pecados.

Constatamos que, a partir do século XI, é retomado o conceito de guerra justa, desenhado desde Santo Agostinho, e que é colocado em prática dentro da Reconquista e das Cruzadas pelos *bellatores* e pelas ordens militares, que viam na morte em campo de batalha o ideal da boa morte. Nessa noção encontramos a maior dignidade, mas, principalmente, o maior prêmio a ser alcançado e idealizado, ou seja, a salvação.

Deduzimos que a guerra contra os muçulmanos era considerada justa e perene porque eles não aceitariam a conversão, ou o resultado das conversões era insignificante, o que fez do muçulmano um "inimigo conveniente", isto é, ele desempenhou uma função fundamental no discurso da Igreja,[39] que vai sacralizando a guerra e construindo o ideário de guerra santa; e também porque o cristianismo, baseado no Novo Testamento, nos apóstolos, nos padres da Igreja e em seus pensadores, sempre pregou a paz e considerou a guerra uma exceção. Já o islamismo é uma religião que prega a *jihad* [guerra santa] e essa ideia está contida no seu livro sagrado, o Alcorão. Assim, temos duas religiões monoteístas e baseadas em livros sagrados escritos com posições diferentes, uma teoricamente mais pacifista e outra teoricamente mais belicista. Essas realidades são revisitadas constantemente e, ainda hoje, temos a guerra santa cristã × a *jihad* muçulmana em constante embate e sofrendo diversas leituras. Para esses dois grupos, elas são santas e justas, e cada lado lê que o outro é composto por infiéis que devem ser combatidos, e uma das formas para isso é o uso da violência.

Depreendemos que a guerra santa projeta sobre o espaço diversas imagens, como a salvação e o fim do mundo, mas, simultaneamente, cria um reino que garante o governo de Deus sobre a terra sagrada. Assim, a convergência das duas imagens de Jerusalém – a celeste e a terrestre – vai sendo lida e relida e replicada a partir da memória, mesmo que, muitas vezes, não seja muito bem entendida, ou no espaço ou no tempo.[40]

Muitos historiadores discutem a razão para que o cristianismo, enquanto uma religião da paz e que procurou buscá-la, tenha pregado e feito guerra. Essa é uma questão muito complexa e que nos levaria a historicizá-la desde os primórdios do cristianismo, quando muitos soldados se converteram e continuaram a exercer sua profissão. Depois, temos os padres da Igreja a definir uma guerra justa e, portanto, não condenando a guerra. No período das migrações germânicas, teremos a legitimação da guerra e do guerreiro, na medida em que a Igreja desenvolverá o ideal de guerreiro cristão, que segue no período carolíngio, em que o uso das armas é uma forma de assegurar a defesa da fé.[41]

A sociedade medieval estava consolidada em três ordens, essas eram o resultado da cultura, do poder e da religião, que estabeleceram que o mundo é hierarquizado e semelhante a um corpo, em que cada um ocupa uma posição distinta e diferenciada por suas qualidades, aqui destacadas as militares. Assim, podemos, a partir da explicação de Monique Castilho, explanar que a guerra é um elemento constituinte da estrutura da sociedade em três ordens, em que cabia à segunda ordem a defesa de todos, ou seja, a guerra fazia parte da mentalidade, dos valores e da literatura[42] daquela sociedade, por isso, podemos afirmar que a sociedade medieval foi uma sociedade militar, na medida em que boa parte das responsabilidades e atividades guerreiras recaíam sobre os cavaleiros, e era essa atividade que fazia uma diferenciação social que, de certa forma, criou uma minoria de combatentes – profissionais da guerra – que dominavam um conjunto de saberes qualificados sobre a guerra.[43] O poder dessa ordem justificava-se e fundamentava-se nas suas atividades, que eram aceitas e valorizadas pela sociedade.[44] Esses cavaleiros formavam um grupo privilegiado, porque concentravam as atividades guerreiras, políticas e econômicas.[45]

A guerra era um espetáculo não só pelos exercícios, diversões, construções, vestimentas e pela literatura, que cria o arquétipo do herói.[46] Os *bellatores* eram, desde os 7 anos, encaminhados para um aprendizado belicista e, na maioria das vezes, longe de suas famílias. Devemos ressaltar que o número de *bellatores* era de algumas dezenas, se pensamos em uma determinada área, e de alguns milhares, em relação a um reino em confronto com outro. Mas, esses guerreiros, geralmente, faziam mais exercícios que guerras, e por períodos mais curtos; normalmente se deslocavam na primavera e se exercitavam no verão. Apesar de um número relativamente pequeno e da brevidade de suas ações, causavam muitos estragos e consequências negativas.

O cavaleiro é reconhecido por todo o seu conjunto de armamento e do seu cavalo de guerra; representa um arquétipo sagrado, a guerra em que está lutando lhe confere um privilégio militar e social. O cavaleiro carrega consigo toda uma memória e uma história que é reconhecida e compartilhada socialmente. Manter-se como cavaleiro era bastante oneroso, pois pressupunha manter o cavalo de batalha; as armas defensivas e ofensivas (como a lança, espada, maça, flecha, elmo, escudo, cota de malha de ferro, armadura, entre outras); ter o pessoal de apoio, como o escudeiro; participar dos deslocamentos, treinos, torneios, entre outras atividades. Tudo muito caro. A maioria das famílias não tinha como arcar com todo esse custo para todos os filhos homens.[47] Era normal que os jovens treinados na guerra promovessem diversos distúrbios e conflitos dentro e fora de suas famílias, como também a prática de aventuras e de um vaguear em busca de torneios, de aventuras, de riquezas e/ou de casamentos; muitas vezes seguiam algum senhor em peregrinação ou em guerras contra pagãos ou contra qualquer outro inimigo.[48] Podemos entender que essa era a realidade, principalmente dos filhos mais jovens, que não herdariam os bens de família.[49]

Verificamos que a Igreja vinha, desde o século VIII, desenvolvendo uma política de controle da agressividade dentro da Europa, já que essa estava em permanente estado de guerra, a partir dos combates travados entre os *bellatores* que provocavam violência, pilhagens entre outros atos contra todos os que compunham a sociedade. Diversas são as medidas que proibiam "terminantemente aos servos de Deus que usassem armas ou combatessem ou ainda participassem em cavalgadas, em hostes";[50] o que se pretendia não era acabar com a guerra, e sim controlá-la e restringi-la a determinadas épocas, lugares e pessoas envolvidas, que só poderiam ser membros da classe de *bellatores*.

Gostaríamos de destacar que essa belicosidade medieval foi gestada a partir da vitória e da expansão do cristianismo, desde o imperador Constantino, que se utilizou de símbolos cristãos para vencer os inimigos do Império Romano e iniciar a construção de uma nova realidade, assentada em uma nova fé, em que o cidadão se tornará o cristão. Assim, a guerra vai sendo utilizada como um dos elementos de unificação e de expansão do Império e do cristianismo, concomitantemente. Muitos são os inimigos e a sua localização geográfica; podem ser heréticos, pagãos, hebreus ou, principalmente, os muçulmanos combatidos na Reconquista, no norte da África ou nas Cruzadas, como exemplos cruciais dessa construção, na medida em que colocavam em perigo toda a cristandade e ocupavam os lugares sagrados, como Jerusalém.[51] Portanto, no período medieval, a guerra estava intimamente atrelada às normas estabelecidas, ao cristianismo e ao ideário de guerreiro e da cavalaria, que continuavam como elementos gestores daquela sociedade[52] estruturada em três grandes ordens, em que a primeira era ocupada pelos membros do cristianismo, e a segunda, pelos *bellatores*, formada essencialmente pela cavalaria, que era o símbolo da guerra e dos guerreiros. A infantaria ocupava uma posição inferior e não era o símbolo da guerra nem do poder. Essas duas ordens correspondiam aos elementos civilizacionais da sociedade medieval.[53] É dentro desse contexto que a Igreja procurou estabelecer normas de controle sobre a belicosidade e sobre as guerras, como também na cerimônia de investidura do cavaleiro, que então se tornava um servo de Cristo e não apenas um guerreiro,[54] controle que se estendeu à criação de ordens militares e à ideia de que essas eram responsáveis pela salvação da cristandade.[55] Esse ideário será bem vivenciado a partir do movimento de Reconquista e das Cruzadas; só a luta contra os muçulmanos nessas duas frentes e a ideia de defesa dos peregrinos pode explicar a criação de ordens militares, que congregam duas realidades opostas, ou seja, a espiritualidade monástica e as atividades guerreiras.[56]

Devemos pensar que a guerra era um elemento inseparável da sociedade medieval, estava ligada à caça, à administração e defesa das terras, à captura de escravos, entre outras atividades.[57] A guerra era simultaneamente ofensiva, defensiva, econômica e política, sendo que, para os *bellatores*, era a parte essencial e justificável de sua existência, e para onde deslocavam boa parte dos seus rendimentos, para obter melhores equipamentos, cavalos e armas ofensivas e defensivas.[58] Dessa forma, a sociedade medieval convivia com a violência e com a legitimação da guerra, assim, verificamos que muitos pensadores dentro do cristianismo, como São Bernardo, pensavam a paz e tentavam limitar a violência ou canalizá-la, principalmente, contra os muçulmanos. Em relação a esses, podemos entender que se tratava de uma guerra ofensiva, mas também defensiva, na medida em que estava protegendo a sociedade cristã contra os infiéis. É claro que todo o discurso proferido por esse pensador era o de restabelecer a paz e da procura da não violência como o objetivo a ser alcançado.[59]

Assinalamos uma mudança na concepção de guerra entre os séculos X e XII. Durante esse período, temos o desenvolvimento de uma política de pacificação no Ocidente, promovida pela Igreja e pelo papado, com o avanço da noção de paz e de controle da cavalaria. O primeiro movimento de construção dessa política foi a Paz de Deus, que estabelecia um juramento por parte dos *bellatores* de respeitar os bens da Igreja e dos camponeses, em períodos de paz ou mesmo de guerra, ou seja, era uma forma de proteger os mais fracos e a Igreja. Esse caminho procurava controlar ou mesmo suprimir a violência cotidiana, quer na forma de depredações, violências, saques, roubos, pilhagens que se promoviam contra bens – igrejas, mosteiros, terras da Igreja – propriedades rurais e urbanas –, quer contra pessoas – religiosos, mercadores, camponeses, mulheres e peregrinos. A Paz de Deus não se aplicava às guerras decretadas pelo poder régio e ao deslocamento dos militares ou ao próprio combate. Contudo, podemos destacar que esse movimento de paz ampliou em muito a noção de imunidade em relação aos guerreiros e seus bens, ao salvo-conduto, que foi estendido não só aos guerreiros, como a religiosos, trabalhadores, mercadores, mulheres e peregrinos em tempos de guerra.

O segundo movimento em direção à construção da paz foi a Trégua de Deus, que incorporou uma proibição anterior – que vedava qualquer tipo de trabalho manual, atividades comerciais nos mercados e pleitos aos domingos, o dia santificado ao Senhor, e, portanto, devia ser guardado – e a ampliou ao determinar que toda violência devia ser interrompida desde a noite de sábado,[60] limitando as fases de conflito. Assim, a construção da paz foi expandida por ações papais que vão ampliando o raio de ação dentro da comunidade cristã e os períodos de proibições, estipulando a trégua em ciclos como o Advento, o do Nascimento de Cristo, a Quaresma, o período da Páscoa, o de Pentecostes, das diversas festas dedicadas à Virgem Maria e a santos. Podemos afirmar que essas políticas não tinham por objetivo suprimir a guerra, e sim limitá-la e delimitar, como expressava Max Weber, o "monopólio da violência". Como também em Concílios, por exemplo, o de Latrão, que proibiu os arqueiros e besteiros de usarem suas armas em guerras contra cristãos.

Pudemos apreender que o movimento de construção da paz conseguiu controlar a violência interna, dar um ideal à cavalaria, melhorar as relações entre os guerreiros e a Igreja, reequilibrar a sociedade e canalizar toda a belicosidade no movimento de Reconquista e de Cruzadas. Assim, os *bellatores* adquiriram um valor espiritual e salvador dentro da sociedade cristã, já que os guerreiros carregavam o símbolo da Cruz e, assim, tinham a missão de lutar contra os infiéis, ou contra qualquer pessoa que pudesse trazer ou provocar algum tipo de mal à cristandade. Portanto, a Reconquista e as Cruzadas carregavam a ideologia da Paz e Trégua de Deus, e assimilavam a ideia de guerra e de peregrinação, o que conjugou a concepção de guerra santa e justa e trouxe como consequência uma nova compreensão da noção de guerra.

A Paz e a Trégua de Deus são temáticas muito discutidas por historiadores como Philippe Contamine, que afirma que esses são movimentos da Igreja para restringir a violência, a desordem e reprimir a pilhagem que perturbava o cotidiano da sociedade como um todo.[61] Para Jean Flori, é um movimento político-social amplo e de profundo alcance, em que a Igreja, a partir de advertências à espiritualidade cristã, proibia os cavaleiros de atacar santuários e lugares cristãos e também religiosos e trabalhadores de uma maneira geral (mercadores, artesãos e camponeses). Era uma forma de a Igreja controlar a violência e a anarquia da sociedade e levá-la à salvação. Para esse autor, a "a Igreja não proibia a guerra", nem mesmo "promoveu a paz", na verdade ela promoveu a "moralização" da paz e da guerra a partir de um planejamento que atendia os objetivos determinados por eles.[62] Continua o autor afirmando que é determinado que "nenhum cristão mate outro cristão",[63] enquanto Voltaire Schilling trará todas as proibições determinadas pela Igreja nesse movimento pela paz, como não violar mulheres, roubar grãos e gados, não invadir igrejas, entre outras.[64]

Já para Luis Ramos, as regulações da Igreja, naquele contexto, estão dentro de um processo civilizador e de um projeto reformador da Igreja, que tinha como um dos objetivos dar a primazia ao papado no âmbito espiritual e também temporal.[65] Podemos afirmar que a Paz de Deus e a Trégua de Deus são precedentes do movimento das Cruzadas, e, como afirma Jean Flori, é "uma etapa importante na formação da ideia de cruzada".[66] Para Jacques Le Goff, tanto o papa como São Bernardo queriam transformar o estado de guerra vigente no Ocidente em uma causa justa e louvável.[67] Dessa forma, a guerra santa e o movimento de Reconquista e das Cruzadas são peças instauradas pela Igreja para atingir os seus objetivos de pacificar a Europa, domesticar a cavalaria, proteger os mais fracos, fortalecer o papado, dando indulgências e castigando os que não cumpriam suas determinações;[68] assim, as indulgências, na forma de absolvição dos pecados, foram sendo concedidas a todos os que lutavam contra aqueles que não aceitavam a primazia do papado ou contra hereges, muçulmanos, hebreus e infiéis.[69] Simultaneamente, era fortalecida a Cruz como o grande símbolo de triunfo e da fé.[70]

Devemos questionar os motivos que levarão o papa e a população a aderirem à ideia de guerra. O que levou à Reconquista e às Cruzadas? Muitas são as abordagens que podemos fazer. Seguindo os passos de Le Goff, que afirma que os elementos que fazem a Igreja e a população pegarem em armas e ir tomar parte na Reconquista e nas Cruzadas são o aumento populacional e o fato de que a Igreja não podia entrar em guerra contra os cristãos, assim, era necessário dirigir toda a belicosidade do Ocidente contra aqueles que causavam dolo à cristandade, ou seja, os muçulmanos, entre outros, o que tornava a guerra justa.[71] Destacamos que essa ideia foi tão rapidamente açambarcada por todos porque a memória coletiva na Europa medieval foi a de que ser cristão seria participar da cristandade, que era, então, a gestora da realidade.[72]

Nossa dedicação ao estudo da guerra nesse período se deve ao fato de que a Reconquista e as Cruzadas marcaram decididamente a história social, política, religiosa, econômica e militar do Ocidente medieval. Esses movimentos atraíram pessoas de todas as ordens que compunham a sociedade e das mais diversas regiões geográficas da Europa, que se dirigiram para a Península Ibérica, para a Síria, Jerusalém, Antioquia, Egito, áreas dominadas pelos turcos e pelo Império Bizantino, para lutar contra o infiel, durante o tempo compreendido entre 718 e 1492, para a Reconquista na Península Ibérica, sendo que as Cruzadas ocorreram de 1096 a 1270, mas não de forma contínua, havendo interrupções.[73] Podemos afirmar que a Reconquista e as Cruzadas criam um grande período de guerra sem tréguas e definem um grande sistema bipolar, ou seja, cristãos × muçulmanos. Desse modo, são um fato histórico e produzem história,[74] resultado do sentimento de insegurança que permitiu à Igreja propalar um discurso teológico que sacralizou a guerra e a tornou santa e justa, e lhe deu direções e objetivos.[75]

Devemos entender que a Reconquista e as Cruzadas são um produto da civilização medieval, e é dentro dessa realidade que devem ser estudadas e compreendidas[76] a partir da vivência do cristianismo no quotidiano das pessoas em todos os níveis. E, ainda, que elas são o resultado de uma reforma levada a cabo pela Igreja, em períodos anteriores ao século XI, e que ultrapassam o período cronológico dos movimentos aqui destacados. Reforma Gregoriana é um termo consagrado que congrega um conjunto de reformas e modificações que trazem a primazia do poder papal sobre todo o âmbito da Igreja, como superior às autoridades terrenas, além de garantir essa primazia sobre uma boa parte do temporal,[77] é nesse contexto que devemos entender a pregação de guerra santa e das Cruzadas. Essa pregação tinha bases em autores cristãos, como já mencionamos, a exemplo de Santo Agostinho, que justificava que, sendo a guerra necessária, ela era uma guerra justa.[78] Por esse conceito, a guerra justa pressupunha a peleja contra um inimigo, que era sempre o outro, no caso aqui tratado, o muçulmano, o herege, com o qual não era possível dialogar nem travar um entendimento.[79]

Destacamos que o homem medieval distinguia a justiça *do* guerrear da justiça *no* guerrear, ou seja, no primeiro caso, a guerra é justa, e no segundo caso, existe a consciência das normas próprias da guerra. Portanto, podemos dizer que a Reconquista e as Cruzadas estão dentro desse conceito de guerra justa e fazem parte do processo reformador que levará ao fortalecimento da posição do papa dentro e fora da Igreja.[80]

O movimento de Reconquista e de Cruzadas pode ser entendido como uma guerra de religiões: "guerra santa" para os cristãos, tendo em contrapartida a *jihad* – "guerra santa" para os muçulmanos. Ainda que todo o processo não tenha ocorrido simultaneamente, segundo a afirmação de Amin Maalouf, já que os árabes levaram quase meio século para tomar essa consciência e lançarem-se à *jihad*,[81] inferimos que ambos os lados se identificavam como o povo "civilizado", sendo o outro o povo "bárbaro". Assim, para o oriental, o civilizado era o árabe muçulmano, sendo bárbaro o cristão; inversamente, para o ocidental, o cristão era o civilizado, e o árabe, o bárbaro.[82] Dessa forma, a Reconquista e as Cruzadas criaram uma unidade contra um inimigo comum a toda a cristandade ocidental,[83] o que permitiu a transmissão de uma cultura que não está isenta de barbárie.[84] Nesse sentido, o movimento das Cruzadas participou na construção da ideia de ocidentalismo e orientalismo, sendo o primeiro civilizado, o segundo, bárbaro.[85]

As Cruzadas enfatizaram não apenas duas realidades religiosas, culturais e políticas opostas, como também técnicas militares antagônicas. Os muçulmanos possuíam uma tática militar que dava aos seus exércitos mais mobilidade, que era acentuada a partir do uso de cavalos mais ágeis e de armamentos mais leves. A esses fatores aliavam-se o conhecimento da região onde estavam sendo travadas as batalhas; em contrapartida, os cristãos possuíam pouca mobilidade, em decorrência da cavalaria pesada e porque a maioria dos cavaleiros cristãos desconhecia as táticas militares dos turcos e a região onde iam lutar. Poucos eram os que haviam entrado em contato na Península Ibérica com as táticas militares muçulmanas, mas, de todo modo, não detinham os conhecimentos relacionados à região, ao clima, às distâncias, o que lhes dificultava administrar as provisões de água e de alimentos.

Devemos destacar que existe uma grande discussão historiográfica sobre a questão de se nomear como Cruzadas somente o deslocamento para a Terra Santa, e não para outras regiões, como a Península Ibérica.

Compartilhamos a ideia de que "a guerra contra o infiel era uma realidade quotidiana e não um distante horizonte", em um espaço longínquo,[86] e que, a partir do século XI, a Reconquista recebeu um caráter religioso, na medida em que era uma guerra travada para recuperar os territórios cristãos das mãos dos infiéis. Deixa, dessa forma, "de ser um simples empreendimento de conquista" para estar dentro do bojo de "uma guerra justa".[87] Afirmamos, porém, que a Reconquista vai muito além da guerra de conquista de território, ela traz também um discurso de expansão civilizatório, que é o resultado das experiências políticas e religiosas dos reinos europeus do Medievo.[88] Concordamos, assim, com Joseph Cummins, que afirma que a Reconquista deixou de ser uma simples guerra de conquista territorial para tornar-se uma guerra santa.[89] Nas palavras de Adeline Rucquoi, o poder político da Península – Aragão, Castela, Navarra e Portugal – tinha uma missão divina, que era reconquistar os territórios e os integrar à cristandade. Essa passou a ser a grande tarefa dos reis e príncipes e uma prova de sua submissão a Deus e aos seus desígnios.[90] Nessa discussão, Jonathan Riley-Smith esclarece que alguns historiadores açambarcam todos os movimentos de guerra entre cristãos e mouros, independentemente da região geográfica, em oposição a outros historiadores, que ele chama de tradicionalistas, que só consideram Cruzadas os movimentos que se deslocaram para o Oriente.[91] Assim sendo, defendemos a ideia de que todos os movimentos que se deslocaram nesse período para combater os muçulmanos, quer seja na Europa, quer não, inserem-se no que a história registra como Cruzadas. Essa nossa posição se baseia na concessão de indulgências pelo poder papal para todos aqueles cruzados que lutassem pela fé, tanto em Jerusalém quanto na Península Ibérica, em igualdade de condições.[92]

Verificamos que tanto a Reconquista como as Cruzadas foram movimentos levados a cabo pelos poderes laico e religioso, e que as fronteiras iam sendo construídas em um balé de avanços e recuos. A manutenção dessas dependia da fixação de população, do ordenamento da região, da construção de linhas de defesa e de igrejas. Muitas dessas tarefas foram executadas pela Ordem do Templo na região da Península Ibérica e nos reinos latinos, além de garantir os caminhos para os peregrinos.

A importância desses eventos na configuração de um imaginário social polarizado entre Ocidente e Oriente, que perdura até os nossos dias, faz com que o interesse pelo tema da guerra, pela Reconquista e principalmente pelas Cruzadas esteja sempre na agenda dos estudiosos das várias áreas do conhecimento, e temos obras que, hoje, são grandes clássicos da historiografia. Não é nosso objetivo esgotá-las, mas apontar algumas, como Régine Pernoud,[93] Zoé Oldenbourg,[94] Oliveira Marques,[95] Paul Rousset,[96] José Saraiva,[97] Philippe Contamine,[98] Amin Maalouf,[99] Cyro Rezende Filho,[100] Johannes Lehmann,[101] Franco Cardini,[102] Hilário Franco Júnior,[103] Jonathan Riley-Smith,[104] Steven Runciman,[105] Claudio Sanchez Albornoz,[106] Adeline Rucquoi,[107] Jonathan Riley-Smith,[108] René Grousset,[109] Bernard Reilly,[110] Miguel Quesada,[111] Miguel Rodrigues[112] e B. Kugler.[113]

Como a temática continua atual, verificamos que, a partir de 2000, vem sendo constantemente revisitada, pensada e discutida por autores como José Macedo,[114] Luigi Bonanate,[115] Franco Cardini,[116] W. B. Bartlett,[117] Joaquim Lavajo,[118] Maria Guadalupe Pedrero-Sánchez,[119] José Riveros,[120] Philippe Conrad,[121] António Hespanha,[122] Carlos Martínez,[123] Jérôme Baschet,[124] João Gouveia Monteiro,[125] Fátima Fernandes,[126] Christopher Tyerman,[127] Cécile Morrisson,[128] Joseph Cummins,[129] entre outros. De toda a produção recente, destacamos a obra de Jean Flori,[130] que, a partir de uma análise documental e de uma discussão historiográfica, trouxe um novo vigor aos estudos sobre a noção de guerra santa e as Cruzadas.

Podemos, também, trazer outros questionamentos para o fenômeno das Cruzadas. Seriam essas peregrinações expansão territorial ou migrações religiosas, militares e populacionais?[131] No nosso entendimento, as Cruzadas açambarcam todas essas questões e as ultrapassam. Mas como podemos conceituar as Cruzadas? Muitos têm sido os historiadores que se vêm debruçando sobre esse tema, procurando defini-lo. Não pretendemos aqui esgotar toda essa discussão, mas simplesmente levantar alguns conceitos.

Henri Pirenne, por exemplo, analisa as Cruzadas como uma ofensiva contra os muçulmanos. Mas, para esse historiador, não é uma guerra religiosa, mas sim uma guerra de conquista; só por isso, com base na perspectiva do autor,[132] poderíamos entender o ataque às comunidades bizantinas, que também são cristãs, apesar de não fazerem parte da cristandade ocidental.

Para James Powell, as Cruzadas englobaram diversos aspectos da História, ou seja, congregam desde a economia, a política, a religião, a cultura, a guerra.[133] A mesma ideia é compartilhada por Hilário Franco Júnior, que afirma que as Cruzadas abrangeram diversas motivações, e o autor se pauta no próprio discurso do papa para demonstrá-lo.[134] Para Grousset, as

Cruzadas representam a formação da consciência da Europa e a oposição ao Oriente, ou seja, uma questão cultural tornou-se religiosa. Ele continua, dizendo que as Cruzadas são uma contra-*jihad*.[135] Já Le Goff afirma que as Cruzadas estão dentro da construção do conceito de guerra, e que a construção dessa ideia vem na busca da constituição da paz e do conceito de guerra santa, que, de certa forma, é a autorização da violência por Deus e em conformidade com os desejos divinos.[136] Na opinião de Giles Constable, elas são todas as expedições que se fazem em nome de Cristo contra os mais diferentes inimigos e em diversas regiões,[137] enquanto Jean Flori reafirma que Cruzada é uma guerra santa que tem por objetivo recuperar para os cristãos os lugares santos de Jerusalém.[138] Porém, esse mesmo autor vai acrescentar que esta é mais que uma guerra santa, da qual tinha todas as características, mas se diferenciava porque tinha por objetivo a libertação do Santo Sepulcro em Jerusalém.[139] Continuando a desenvolver o seu pensamento, Flori afirma, ainda, que esse propósito central faz com que as Cruzadas se diferenciem de qualquer outra guerra santa. Ao estabelecer correlações entre a guerra santa e a Cruzada, diz que em ambas encontramos a ação do papado, as expectativas de recompensas materiais e/ou espirituais, a noção de xenofobia, de vingança, a demonização do outro, a intenção de conversão, entre outros.[140]

Para Paul Zumthor, as Cruzadas estão dentro do contexto da guerra santa, que é uma realidade geral da civilização.[141] Jonathan Riley-Smith, por sua vez, entende que elas foram guerras santas realizadas contra os inimigos da cristandade, quer estivessem dentro ou fora do continente europeu, e tinham como objetivo recuperar as terras e os lugares sagrados para os cristãos e que, agora, se encontravam nas mãos dos infiéis, como a Península Ibérica, o norte da África, a região báltica, o Leste Europeu e o Oriente Próximo, com destaque para Jerusalém.[142] Também Roberto de Mattei irá discutir essa questão e afirmar que a Cruzada é uma guerra santa e é uma guerra justa, porque foi convocada pelo papa, e porque reivindicava a Terra Santa e Jerusalém; esclarece ainda que ambas deveriam estar aptas a receber, em qualquer tempo, os peregrinos, cujo acesso a esses locais era dificultado pelos infiéis. Jerusalém era o epicentro do cristianismo e, assim, deveria ser recuperada. Dessa forma, podemos deduzir que os cruzados eram penitentes armados que, pela luta, expurgariam o pecado e alcançariam o céu como recompensa por sua peleja.[143]

Com base nos pesquisadores aqui citados, podemos afirmar que as Cruzadas são um fenômeno político-religioso e representam a culminância das reformas desenvolvidas pela Igreja,[144] que teve como palco de lançamento o Concílio de Clermont, em 1095, convocado pelo papa Urbano II, que reuniu religiosos de todo o Ocidente e onde foi gestado esse fenômeno completamente novo, e que provocaria mudanças estruturais em todo o Ocidente. Esse era um concílio que tinha como base uma política contra a investidura laica, a simonia e o casamento clerical, mas que foi muito além dessas ações no momento em que o papa convocou uma sessão pública para fazer uma declaração. Essa convocação foi prontamente respondida por uma grande multidão, composta de religiosos e laicos, que se reuniu para ouvir a explanação do papa.

Para que o papa pudesse ser visto e mais bem ouvido por todos, foi construída "uma plataforma em campo aberto do lado de fora da porta oriental da cidade";[145] dessa forma, ele iniciou o seu discurso fazendo um apelo para a multidão multifacetada e representada por todas as ordens[146] – religiosos (bispos, abades, freis, padres), guerreiros (reis, condes, duques, barões, cavaleiros) e o povo (peões, artífices, agricultores, pobres, mendigos, arruaceiros), ou seja, todos os cristãos que deveriam participar da religião e assumir a defesa dos seus territórios e de seus irmãos. Assim, era necessário socorrer e auxiliar a cristandade oriental, que, por intermédio do seu imperador, Aleixo I, havia pedido socorro.[147] Já havia, então, uma grande clareza quanto à gravidade da situação,[148] pois o Império Bizantino estava perdendo a maioria das províncias orientais para os turcos, incluindo Jerusalém, da qual os invasores estavam cada vez mais próximos.[149] Além desse perigo externo, o imperador enfrentava outros problemas internos, como a moeda desvalorizada, disputas internas pelo poder imperial e, principalmente, a situação do exército, que estava em crise e com um número menor do que as necessidades, em decorrência de crises internas e dos muitos anos de guerras contínuas nas diversas fronteiras do Império. Dessa forma, seria muito positivo receber os contingentes militares vindos do Ocidente, que iriam trazer um alívio para as dificuldades[150] e dar um arejamento na guerra contra os muçulmanos na Terra Santa.[151]

No seu discurso, o papa Urbano II assinala com cores fortes e negativas todo o caos que representava para a comunidade cristã esse avanço dos infiéis, que maltratavam os cristãos, provocavam muitas desgraças aos cristãos orientais, atacavam os locais sagrados, os edifícios religiosos; ressalta também os ataques de que os peregrinos eram alvos em seus deslocamentos para os lugares sagrados e todo o derramamento de sangue cristão.[152] O papa destaca, ainda, que era necessário garantir os caminhos e os lugares sagrados para a peregrinação. Essa era uma das formas de devoção religiosa, como também do pagamento de promessas e da remissão de pecados. Todos participavam das peregrinações, sendo que os peregrinos mais pobres necessitavam da caridade dos habitantes das regiões por onde passavam para receber alimentos, vestuário ou outros tipos de auxílio. A prática da caridade garantia àquele que doava a remissão dos seus pecados e, assim, ambos vivenciavam os ensinamentos de Cristo.[153] Durante a jornada, os homens entravam em contato com novas populações e culturas, o que não deixava de ser uma forma de alargar os conhecimentos, os horizontes e entrar em contato com realidades e costumes muito diferentes, o que levava ao crescimento da imaginação.[154]

A peregrinação, prática muito antiga, representava, para o peregrino, uma forma de abandono do seu lugar de origem, do trabalho que lhe garante a sobrevivência, dos seus laços familiares e de vizinhança para entrar em um espaço desconhecido e heterogêneo, sobre o qual não tem nenhum controle e, muitas vezes, possui informações errôneas. Ele percorre espaços diversos, como aldeias e florestas, estradas e desertos, mares e montanhas. É nesse percurso que cada passo é uma forma de purificação e de pagamento de seus pecados. Ele pretende, nesse processo, chegar como uma pessoa melhor e, assim, atingir o seu destino, que é, preferencialmente, Jerusalém, seguido por Santiago de Compostela e Roma, mas, ele poderia se deslocar a qualquer outro lugar sagrado. O importante é a catarse que é feita nesse trajeto, como peregrino e pobre. A peregrinação representa, portanto, a construção, no espaço e no tempo, da própria salvação, como também de noções como perto e longe, aqui e acolá, todas elas formas de dominar o espaço e de tornar conhecido o outro. O peregrino dos séculos VIII a IX sai em busca de um milagre e do sagrado, por isso, podemos entender a compra e o translado de relíquias dos santos. A peregrinação, já nos séculos XI a XII, é uma forma de penitência pública, e muitas vezes vem acompanhada de indulgências concedidas pela Igreja;[155] na caminhada o peregrino espera alcançar a salvação, e é com essa mesma ideia que os cruzados se dirigem a Jerusalém. A maioria dos peregrinos não portava armas e poucas são as guerras travadas entre esses e os muçulmanos, por isso, desenvolve-se a ideia das atrocidades e horrores infligidos pelos muçulmanos contra os peregrinos cristãos.

Verificamos que a peregrinação aumentou muito em direção à Terra Santa, coincidindo, a partir do século XI, com o aumento dos obstáculos enfrentados pelos peregrinos, como os ataques e proibições que eram lançados a todo momento sobre esse movimento de fé.[156] Toda essa realidade trazia perigo para a comunidade cristã, para a fé, além de destacar que Jerusalém – local extremamente sagrado para o cristianismo – estava nas mãos de inimigos de Cristo.[157] A crise do Império Bizantino, o avanço dos turcos e as demais dificuldades que eram impostas aos peregrinos pressionaram toda a comunidade cristã, e essa responderá com as Cruzadas. Consideramos que esse movimento tinha como objetivo libertar e recuperar a Terra Santa, que era, simultaneamente, um espaço e um tempo místico e redentor e unificador das realidades. Esse espaço comportava inúmeros signos, que irão fortalecer e privilegiar o movimento de peregrinação a Jerusalém. Aí convergem a Jerusalém celestial e a terrestre, um espaço e um tempo mítico de Deus.[158]

Podemos afirmar, assim, que é a partir da guerra que o espaço será retomado das mãos dos infiéis e reintegrado à cristandade e, portanto, à ordem, o que não deixa de ser a colonização do espaço.

O discurso da Igreja, quer do papa Urbano II, quer de São Bernardo, salienta que todo aquele cristão que abraçasse as Cruzadas e dela participasse, independentemente da sua posição dentro da sociedade – portanto podiam ser religiosos, cavaleiros, camponeses ou servos –, ganharia dois conjuntos de bens. O primeiro era composto pelos bens materiais, que podiam ser terras, riquezas, escravos, metais, entre outros; e o segundo, o espiritual, que era o bem maior, porque era a garantia da salvação e da conquista do céu, ou seja, temos a conjugação da Jerusalém celeste e terrestre.[159] Mas esse discurso também possibilitava o fortalecimento do poder do papa, como líder e guia espiritual da cristandade, além de favorecer o deslocamento da violência de dentro da cristandade para fora dela e, com isso, estabelecer a paz no Ocidente e tentar reunificar os cristãos, ocidentais e orientais, sob a tutela papal.[160] Além disso, a Igreja buscava canalizar o excedente populacional, que pressionava as estruturas feudais,[161] permitindo a solução para as dificuldades materiais. Havia, inicialmente, a ideia da conversão dos infiéis, mas essa mostrou imediatamente não ser viável.[162]

No Concílio de Clermont, a preleção de Urbano II provocou imediatamente a reação da multidão que, por diversas vezes, interrompeu o papa aos gritos de que era "a vontade de Deus",[163] ou seja, o discurso provocou imediatamente uma reação em cadeia, congregando religiosos e laicos a tomarem a Cruz para lutar contra os infiéis e defender a cristandade,[164] isto é, uma guerra santa para recuperar a Terra Santa.[165] A partir de Clermont, seguem delegados papais[166] para difundir a mensagem e o apelo de Urbano II, conclamando fiéis de todas as partes da Europa – ingleses, franceses, genoveses, castelhanos, bolonheses, escoceses, dinamarqueses, flamengos, alemães, entre outros – para lutarem na guerra santa e recuperar os lugares sagrados e os territórios antes cristãos.[167]

Esse discurso será continuado por outros papas durante o longo período das Cruzadas, como o papa Inocêncio III, que destacava que a Cruzada estava de acordo com os desígnios de Cristo e que os cristãos que estivessem ao lado dos infiéis ou os auxiliassem de alguma forma estavam contra Cristo e em desacordo com os objetivos da cristandade.[168]

Verificamos que um dos desdobramentos das Cruzadas foi a fundação de diversas ordens religiosas, como a do Hospital, que tinha como finalidade básica a assistência a peregrinos e cruzados; e a do Templo, que trazia simultaneamente a vocação religiosa e a militar, o que provocou diversas questões e críticas, que giravam em torno do choque entre a vocação religiosa, que requeria um afastamento do mundo e uma contemplação espiritual que eram opostas às atividades militares, que despertavam sentimentos como cobiça, ódio, vingança, entre outros, que poderiam afetar gravemente a função religiosa.[169] Muitos foram os defensores da Ordem do Templo, como São Bernardo e Hugo de Payens. O primeiro vai justificar a existência da referida Ordem ao afirmar que não havia antagonismo entre as duas funções, que a morte em combate levava à vida eterna e à salvação, e que era necessário proteger todos os peregrinos, assim como promover uma unidade dentro da heterogeneidade representada pelos diversos contingentes militares das mais diversas regiões, línguas, costumes e chefias.[170] E o segundo, que foi seu primeiro grão-mestre, vem defender a Ordem dos Cavaleiros Templários ao afirmar que ela lutava contra a iniquidade, e que a vivência cristã independia do lugar ou do hábito, e, ainda, que os bens conquistados eram recompensas de Deus para os cristãos, e, para os infiéis, a sua perda representava a punição por seus pecados.

O mesmo clamor da preleção de Clermont também sustenta a Reconquista, replicado, por exemplo, pelo bispo Pedro Pitões, de modo a incentivar os cruzados a lutarem na Península Ibérica, mais precisamente, a participar da retomada de Lisboa. Em seu discurso, ele destaca que a guerra é santa e o uso das armas é uma forma de neutralizar o mal, e que não é crueldade o ato de matar os maus.[171]

Constatamos que, seja na Reconquista, seja nas Cruzadas, foram utilizados diversos tipos de armas, tanto ofensivas como defensivas. As primeiras eram compostas por lança – normalmente um corpo de madeira e a ponta de ferro afiada dos dois lados, que podia ter uma variação que era essa ponta de ferro ser composta por dois ganchos curvos –; a espada – que podia ser grande com duplo fio, curta com fio duplo, ou curta de um só fio, nesse caso, podia ser utilizada na guerra ou nas tarefas do cotidiano –; e o arco e flechas, com ponta de ferro e as bestas. O segundo tipo era composto por escudo – que podia ter diversos formatos (redondos, elípticos, ovais) e materiais (normalmente de madeira recoberta de couro ou placas de metal); armadura – podia ser formada por anéis de metal, uma túnica de tecido ou couro recoberta de escamas de metal ou anéis de metal, malha metálica ou toda metálica.

A guerra consistia em um conjunto de escaramuças, devastações e alguns combates nas áreas rurais; já para a conquista das cidades e fortificações, o cerco era uma das táticas militares mais usadas e, para executar essa empreitada, muitas eram as máquinas empregadas,[172] como trabucos, catapultas, ouriços, escadas móveis, minas, contraminas e setas ardentes. Uma grande mudança nas táticas militares ocorre a partir do século XII, que é a perda da ritualização das batalhas em campo aberto, e as Cruzadas representam uma ruptura nas práticas guerreiras do Ocidente medieval. Não só porque ampliou o espaço da cristandade, como também temos a valorização da infantaria em relação à cavalaria e a utilização cada vez maior de profissionais assalariados.[173]

No período da Reconquista e das Cruzadas, notamos que a esfera do sagrado esteve presente na consolidação dos poderes e das atitudes. Essa realidade pode ser verificada a partir do desenvolvimento do culto ligado aos santos militares, como o Arcanjo Gabriel, São Miguel, São Jorge, São Sebastião, São Maurício e São Tiago. Os santos anteriores estão ligados ao combate do mal e à guerra, mas São Tiago estava ligado à evangelização e à peregrinação. Observamos, ainda, a alteração do culto desse santo na Península Ibérica, ou seja, ali ele combatia os muçulmanos não com palavras, mas com armas. Essa alteração era mais uma forma de ratificar a imagem do guerreiro cristão como vassalo de Deus, e permitiu a construção de uma unidade em torno da Reconquista,[174] consolidando esse movimento. Contudo, para o restante da Europa, a imagem de São Tiago continuou a ser a do peregrino e evangelizador.[175] Paralelamente à devoção aos santos guerreiros, temos um considerável aumento do culto a Maria, a que se tornou a grande intercessora dos homens. Essa expansão era feita principalmente pelas ordens militares, que construíam muitas igrejas em louvor à Nossa Senhora.

Era normal que os grupos militares carregassem consigo inúmeras imagens religiosas para protegê-los e é comum encontrarmos diversas citações sobre os milagres ocorridos nos campos de batalha. O homem acreditava no poder dos santos, na medida em que são exemplos de uma vida com "perseguições e tormentos por amor a Deus",[176] e a guerra não deixava de ser tormento e sofrimento, mas em nome de e por Deus.

Também o sagrado é vivificado a partir de signos distintivos pintados nos ornamentos que eram levados, como bandeiras ou outros objetos, e em todos os ritos religiosos que precediam os deslocamentos e as batalhas, como rezar, confessar e comungar. Esses ritos faziam com que os santos interviessem junto a Deus para que, assim, os cruzados saíssem vitoriosos, mas, também, garantia a salvação eterna para aqueles que morressem em combate, pois, ao fim das batalhas, uma área era benzida para tornar-se cemitério e ali sepultarem os mortos. Depois desse ato cristão, eram celebradas missas em ação de graças e, em muitos casos, um prédio religioso – oratório, capela, igreja, mosteiro – era erguido para perpetuar na memória aquela guerra. Desse modo, podemos afirmar que a guerra era, em parte, religiosa, e se dava em estreita ligação entre a terra e o céu.

Concluímos, então, afirmando que a guerra, no contexto medieval, com destaque para a Reconquista e as Cruzadas, possibilitou a dilatação das fronteiras da cristandade,[177] portanto, todo esse movimento se explica pela relação de choque com o outro, que, nesse caso, é o que professa o islamismo. É um estranhamento cultural, religioso e geopolítico que trouxe grandes mudanças na ideia de limite espacial, com avanços e recuos das fronteiras, e também a desorganização político-administrativa, que é reelaborada e alterada, mas o espaço dos acontecimentos é permanentemente vivificado e conservado na memória do vivido, estimulando o homem a romper esses limites ou a recuperar o espaço antes pertencente àquela sociedade.[178] Esse movimento permite a construção da ideia, no Ocidente, de uma história baseada em um sistema ancorado política e religiosamente no cristianismo, que forma uma unidade que poderíamos chamar unipolar. É a partir dessa unidade que se constituirá como um eixo civilizacional que transbordará do período medieval e continuará, até a atualidade, sendo relido e utilizado politicamente nos diversos discursos das nações, mesmo que essas não sejam mais uma unidade formada pelo cristianismo. Essa realidade construiu uma corrente historiográfica eurocêntrica que foi muito empregada para dar uma "unidade" à ausência de unidade medieval, e que continua a ser adotada por países que não estão geograficamente na Europa, mas que fazem parte do chamado bloco ocidental e partilham esses valores.

A divergência entre a cristandade e o Islã, na Idade Média, consolidará uma realidade bipolar, assentada entre Ocidente e Oriente, que, a partir das Cruzadas, tornam-se conflitantes e conflituosos. As diversas guerras travadas durante esse longo período tiveram múltiplas motivações, e a religiosa, entre o cristianismo e o islamismo, sempre esteve em evidência, mas, entre as muitas razões que levavam aos campos de batalha na complexidade do Medievo, também foram determinantes os motivos econômicos, a exemplo da mudança do eixo das Cruzadas provocado pelas cidades comerciais italianas, como Gênova e Veneza, que financiavam as viagens dos cruzados, mas porque queriam obter vantagens comerciais no Oriente, principalmente em Constantinopla, e no norte da África, e por isso a necessidade de se conquistar o Egito. A guerra, ontem como hoje, vem, assim, carreada de diversos motivos e consome muita energia, mas provoca grandes alterações, inclusive técnicas. Assinalamos, por exemplo, que a guerra medieval estava baseada na madeira e no ferro, e que esse modelo será alterado a partir do século XIV, com o barateamento da pólvora, que possibilitou a ruptura do que era considerado elemento essencial de defesa, as muralhas e o combate corpo a corpo. É evidente que essa realidade vai sendo transformada na medida em que o alvorecer dos tempos modernos traz a construção dos Estados, e, com esses, um novo tipo de guerra, em que o uso da tecnologia se faz cada vez mais presente e é cíclico, pois o uso de tecnologia provoca mudanças e novos usos, e, assim, novas tecnologias. Dessa forma, podemos afirmar que a guerra continua a se reinventar tecnologicamente. Da mesma forma, podemos afirmar que a paz e a guerra são duas faces de uma mesma realidade, e continuamos tentando construir a paz a partir de ações belicistas e violentas.

Notas

1. PARET, 1993, p. 210.
2. WEHLING, 2001, pp. 35-38.
3. LEENHARDT; PASAVENTO (Orgs.), 1998, p. 10.
4. CARPEAUX, 1999, pp. 199-200.
5. BLOCH, 1925, pp. 73-83.
6. LE GOFF, 1992, pp. 49-51.
7. *Ibidem*, p. 472.
8. SEIXAS. *In*: BRESCIANI; NAXARA (Orgs.), 2005, p. 61; SEIXAS (Org.), 2002.
9. DICIONÁRIO DE CIÊNCIAS SOCIAIS, 1987, p. 1.115.
10. CARDOSO, 1979, p. 397.
11. SORIA, 1993, p. 16.
12. RICOEUR, 1994, p. 142.
13. BOBBIO, 2015, p. 132.
14. CASTILLO, 2001, p. 7.
15. PARET, 1972, p. 385.
16. BINGUEMER (Org.), 2001.
17. ARMSTRONG, 2001.
18. HUNTINGTON, 1997.
19. CONTAMINI, 1984, p. 329ss.
20. Encontramos em Abraão, Moisés, Davi, entre outras passagens.
21. NICHOLAS, 1999, pp. 13-14.
22. CHARTIER, 1990, pp. 221-222.
23. RUSSELL, 1979, p. 7.
24. AGOSTINHO, 1995, pp. 1.863-1.968; MATTEI, 2002, pp. 17-22, 80.
25. BONANATE, 2001, p. 21.
26. *Ibidem*, p. 41.
27. MARCELLO. *In*: POSSAMAI (Org.), 2012, p. 16.
28. MONTAIGNE, 2001, p. 614.

29. CLAUSEWITZ, 1996.
30. *Ibidem*, p. 814.
31. *Ibidem*, p. 9.
32. BURKE, 2005, p. 139.
33. HUIZINGA, 1949, p. 119ss.
34. ZUMTHOR, 1994, p. 172.
35. DUBY, 1989, p. 88.
36. FRANCO JÚNIOR, 1996, p. 159.
37. BONANATE, 2001, pp. 44-45.
38. *Ibidem*, p. 123.
39. GAY, 1995, pp. 76-102.
40. ZUMTHOR, 1994, p. 271.
41. MATTEI, 2002, pp. 13-17.
42. AUERBACH, 2001, pp. 107ss.
43. HESPANHA. *In*: BARATA; TEIXEIRA (Coord.), 2003, pp. 20-24.
44. MARAVAL, 1989, p. 164.
45. HESPANHA, 2003.
46. CONTAMINE, 1984, p. 387.
47. PERROY, 1974, pp. 13ss.
48. DUBY, 1987, p. 103.
49. LE GOFF, 1985, p. 152.
50. DUBY, 1978, p. 98.
51. GIBBON, 2005, pp. 596-597.
52. BOBBIT, 2003, p. 79.
53. ELIAS, 1994.
54. BOBBIT, 2003, p. 79.
55. MARTÍNEZ, 1998; DUBY, 1978; 1989.
56. RAMOS, 1995, p. 16.
57. DUBY, 1980, pp. 136-137.
58. *Ibidem*, p. 183.
59. LECLERCQ. *In*: *Collectanea Cisterciensia*, 1974, pp. 195-225.
60. CONTAMINE, 1984, pp. 341ss.
61. *Ibidem*, pp. 340ss.
62. FLORI, 2013, p. 100.
63. *Ibidem*, p. 192.
64. SCHILLING, s.d..
65. RAMOS, 1995, pp. 48-74.

66. FLORI, 2013, p. 100.
67. LE GOFF, 2005, p. 66.
68. RAMOS, 1995, pp. 15-16.
69. *Ibidem*, pp. 32-33 e 48-74.
70. LE GOFF, 2005, p. 67.
71. *Idem*, 2008, p. 93.
72. *Idem*, 1995, p. 32; HALBWACHS, 1990, pp. 53-54.
73. SERRÃO; MARQUES (Dir.), 1986; especialmente: MARQUES, pp. 13-23; e MARQUES, pp. 23-37.
74. BENJAMIN, 1994, p. 232.
75. CARDINI. *In*: LE GOFF (Org.), 1989, pp. 56-60.
76. LE GOFF, 2005; COSTA *et al.*, 2001, p. 13.
77. RAMOS, 1995, pp. 20-36; MARQUES, 1990, pp. 12-24; FONSECA, 1984, p. 338.
78. RIVEROS, 2001/2002a, pp. 77-101.
79. WALZER, 2003, p. 34.
80. RAMOS, 1995, pp. 15-16.
81. MAALOUF, 1988, p. 14.
82. SAID, 2007, p. 13.
83. FEBVRE, 2004, p. 33.
84. BENJAMIN, 1994, p. 225.
85. ALVES. *In*: TEIXEIRA DA SILVA *et al.* (Org.), 2015, pp. 3-17.
86. BRANCO. *In*: NASCIMENTO (Org.), 2001, p. 15.
87. BASCHET, 2006, p. 92.
88. FOUCAULT, 1992, pp. 73-95.
89. CUMMINS, 2012, p. 59.
90. RUCQUOI, 1995, p. 215.
91. RILEY-SMITH (Dir.), 2002, pp. 9-14.
92. *Idem*, 1991, p. 23.
93. PERNOUD, 1960.
94. OLDENBOURG, 1968.
95. MARQUES, 1973.
96. ROUSSET, 1980.
97. SARAIVA, 1981.
98. CONTAMINE, 1984.
99. MAALOUF, 1988.
100. REZENDE FILHO, 1999.

101. LEHMANN, 1989.
102. CARDINI, 1989.
103. FRANCO JÚNIOR, 1991.
104. RILEY-SMITH, 1991.
105. RUNCIMAN, 2003.
106. ALBORNOZ, 1993.
107. RUCQUOI, 1995.
108. RILEY-SMITH (Ed.), 1995; 1996.
109. GROUSSET, 1998.
110. REILLY, 1998.
111. QUESADA. *In*: PIDAL (Dir.), 1998.
112. RODRIGUES, 1999.
113. KUGLER. *In*: ONCKEN, s.d.
114. MACEDO, 2000.
115. BONANATE, 2001.
116. CARDINI, 2001; ______. *In*: LE GOFF; SCHMITT (Orgs.), 2006, pp. 473-487.
117. BARTLETT, Ediouro, 2002.
118. LAVAJO. *In*: AZEVEDO (Coord.), 2000-2002, pp. 91-132.
119. PEDRERO-SÁNCHEZ, 2002.
120. RIVEROS, 2002b, pp. 131-150.
121. CONRAD, 2003.
122. HESPANHA, 2003.
123. MARTÍNEZ, 2004.
124. BASCHET, 2006.
125. MONTEIRO, 2006; 2011a, pp. 9-38.
126. FERNANDES. *In*: MAGNOLI (Org.), 2006, pp. 98-129.
127. TYERMAN, 2009.
128. MORRISSON, 2009.
129. CUMMINS, 2012.
130. FLORI, 2013.
131. SOT. *In*: LE GOFF; SCHMITT, p. 357.
132. PIRENNE, 1991, p. 150.
133. POWELL. *In*: MURRAY (Ed.), 2006, p. XLIII.
134. FRANCO JÚNIOR, 1991, pp. 26-27.
135. GROUSSET, 1965, pp. 9-22.
136. LE GOFF, 1971, pp. 122-123.
137. CONSTABLE. *In*: LAIOU; MOTTAHEDEH (Eds.), 2001, pp. 12-22.

138. FLORI, 2004, p. 349.
139. *Idem*, 2013, p. 360.
140. *Ibidem*, p. 22.
141. ZUMTHOR, 1994, p. 173.
142. RILEY-SMITH, 1991, p. 23.
143. MATTEI, 2002, pp. 80-84.
144. HOLMES; BICKERS, 2006, pp. 87-88; RAMOS, 1995, p. 36; GALLI, 1964, p. 127.
145. RUNCIMAN, 2003, p. 92.
146. DUBY, 1994.
147. FERNANDES, 2006, p. 100.
148. MAALOUF, 2008, pp. 18-19, 24-25; RAMOS, 1995, pp. 57-58.
149. HERRERA *et al.*, 2006, p. 60; RILEY-SMITH, 1991, p. 21; MAALOUF, 2008, p. 18.
150. MAALOUF, 2008, pp. 18-19.
151. Sobre essas questões, ver: RUNCIMAN, 2003.
152. *Ibidem*, pp. 92-95.
153. MARQUES, 1991, pp. 10-11.
154. *Idem*, 1974, pp. 151-157.
155. ZUMTHOR, 1994, pp. 178ss.
156. NICHOLAS, 1999, pp. 290-292.
157. RAMOS, 1995, pp. 52-53.
158. ZUMTHOR, 1994, pp. 189-190.
159. LE GOFF, 1971, p. 117.
160. *Ibidem*, pp. 126 e 127.
161. *Idem*, 2005, p. 65.
162. *Idem*, 1971, p. 124.
163. Toda esta ideia está bem desenvolvida em: RUNCIMAN, 2003, pp. 92-95.
164. NICHOLAS, 1999, p. 293.
165. RUNCIMAN, 2003, pp. 92-95.
166. HERRERA *et al.*, 2006, p. 60.
167. RUNCIMAN, 2003, pp. 92-95.
168. RILEY-SMITH, 1992, pp. 8, 24.
169. RAMOS, 1995, pp. 74-89, 116-124.
170. *Ibidem*, pp. 116-122, 298; e MONTEIRO, 2011b, p. 235.
171. NASCIMENTO (Ed.), 2001, pp. 61-73.
172. MONTEIRO, 2011b, pp. 203-246; MOURRE, 1978, p. 808.

173. ZUMTHOR, 1994, pp. 174-175.
174. BARUQUE, 2006.
175. VARAZZE, 2003, pp. 561-570.
176. VAUCHEZ. *In*: LE GOFF (Org.), 1989, p. 223.
177. LE GOFF, 2005, pp. 60-65.
178. CASTRO, 1999, pp. 213-226.

Referências

AGOSTINHO, Santo. *A cidade de Deus*. Vol. III, Livro XIX. Lisboa: Fundação Calouste Gulbenkian, 1995.

ALBORNOZ, Claudio Sanchez. *Santiago Hechura de España*. Salamanca: Fundación Sanchez Albornoz, 1993.

ALVES, Gracilda. Cinema, guerra, civilização e barbárie. *In*: SILVA, Francisco Carlos Teixeira da; *et al*. (Org.). *O cinema vai à guerra*. Rio de Janeiro: Elsevier, 2015.

ARMSTRONG, Karen. *Em nome de Deus. O fundamentalismo no judaísmo, no cristianismo e no islamismo*. São Paulo: Companhia das Letras, 2001.

AUERBACH, Eric. *Mimesis*. São Paulo: Perspectiva, 2001.

BARTLETT, W. B. *História ilustrada das Cruzadas*. São Paulo: Ediouro, 2002.

BARUQUE, Julio Valdeón. *La Reconquista el Concepto de España: Unidad y Diversidad*. Madri: Espasa-Calpe, 2006.

BASCHET, Jérôme. *A civilização feudal:* do ano mil à colonização da América. São Paulo: Globo, 2006.

BENJAMIN, Walter. *Magia e técnica, arte e política:* ensaios sobre literatura e história da cultura. São Paulo: Brasiliense, 1994.

BINGUEMER, Maria Clara (Org.). *Violência e religião:* Cristianismo, Islamismo, Judaísmo – três religiões em confronto e diálogo. São Paulo: Loyola, 2001.

BLOCH, Marc. Mémoire Collective, Tradition et Coutume: a propos d'un livre recent. *Revue de Synthèse Historique*. v. 12, 1925. Disponível em: <http://gallica.bnf.fr/ark:/12148/bpt6k101609q/f73.image>. Acesso em 1/9/2013.

BOBBIO, Norberto. *Política e cultura*. São Paulo: Unesp, 2015.

BOBBIT, Philip. *A guerra e a paz na história moderna*. Rio de Janeiro: Campus, 2003.

BONANATE, Luigi. *A guerra*. 2. ed. Trad. Maria Tereza Buonafina e Afonso Teixeira Filho. São Paulo: Estação Liberdade, 2001.

BURKE, Peter. *O que é história cultural?*. Rio de Janeiro: Zahar, 2005.

CARDINI, Franco. O guerreiro e o cavaleiro. *In*: LE GOFF, Jacques (Org.). *O homem medieval*. Lisboa: Presença, 1989.

______. Nas raízes do encontro-desencontro entre Europa e Islã. Um profeta e três continentes. *Signum. Revista da Associação Brasileira de Estudos Medievais*, n. 3, 2001.

______. Guerra e Cruzada. *In*: LE GOFF, Jacques; SCHMITT, Jean-Claude (Orgs.). *Dicionário temático do Ocidente medieval*. Bauru: Edusc, 2006.

CARDOSO, Ciro Flamarion S.; BRIGNOLI, Héctor Pérez. *Os métodos da História*. Rio de Janeiro: Graal, 1979.

CARPEAUX, Otto Maria. Tradição e tradicionalismo. In:______. *Ensaios reunidos – 1942-1978*. Rio de Janeiro: UniverCidade, 1999.

CASTILLO, Monique. *A paz:* razões de Estado e soberania das nações. Rio de Janeiro: Difel, 2001.

CASTRO, Armando López. Las Jarchas Romances: Consistencia y Apertura. *Estudios Humanísticos: Filología*, León, n. 21, 1999.

CHARTIER, Roger. *História cultural*: entre práticas e representações. Lisboa: DIFEL, 1990.

CLAUSEWITZ, Carl von. *Da guerra*. São Paulo: Martins Fontes, 1996.

CONRAD, Philippe. *História da Reconquista*. Lisboa: Europa-América, 2003.

CONSTABLE, Giles. The Historiography of the Crusades. *In*: LAIOU, Angeliki E; MOTTAHEDEH, Roy Parviz (Eds.). *The Crusades from the Perspective of Byzantium and the Muslim World*. Washington, DC: Dumbarton Oaks, 2001.

CONTAMINE, Philippe. *La Guerra en la Edad Media*. Madri: Labor, 1984.

COSTA, Paula Pinto *et al*. *Leça do Balio no tempo dos Cavaleiros do Hospital*. Lisboa: Edições Inapa, 2001.

CUMMINS, Joseph. *As maiores guerras da história*. Rio de Janeiro: Ediouro, 2012.

DICIONÁRIO DE CIÊNCIAS SOCIAIS. Rio de Janeiro: Editora da Fundação Getulio Vargas, 1987.

DUBY, Georges. *As três ordens ou o imaginário do feudalismo*. Lisboa: Estampa, 1978.

______. *Guerreiros e camponeses*. Lisboa: Estampa, 1980.

______. *Guilherme Marechal ou o maior cavaleiro do mundo*. Rio de Janeiro: Graal, 1987.

______. *A sociedade cavalheiresca*. São Paulo: Martins Fontes, 1989.

ELIAS, Norbert. *O processo civilizador:* formação do Estado moderno. Rio de Janeiro: Zahar, 1994.

FEBVRE, Lucien. *A Europa*: gênese de uma civilização. Bauru: Edusc, 2004.
FERNANDES, Fátima Regina. Cruzadas na Idade Média. *In*: MAGNOLI, Demétrio (Org.). *História das guerras*. São Paulo: Contexto, 2006.
FLORI, Jean. Pour une Redéfinition de la Croisade. *Cahiers de Civilisation Médiévale*, v. 47, 2004.
______. *Guerra santa*. Formação da ideia de Cruzada no Ocidente cristão. Campinas: Unicamp, 2013.
FONSECA, Luís Adão da. *La Cristiandad Medieval*. Pamplona: Universidad de Navarra, 1984.
FOUCAULT, Michel. *Genealogia del Racismo: de la guerra de las razas al racismo del Estado*. Madri: La Piqueta, 1992.
FRANCO JÚNIOR, Hilário. *As Cruzadas*. São Paulo: Brasiliense, 1991.
______. *A Eva barbada*. São Paulo: Edusp, 1996.
GALLI, A. *História da Igreja*. São Paulo: Paulistas, 1964.
GAY, Peter. *O cultivo do ódio*. Trad. Sergio Flaksman. São Paulo: Companhia das Letras, 1995. (Série A Experiência Burguesa: da Rainha Vitória a Freud, 3).
GIBBON, Edward. *Declínio e queda do Império Romano*. São Paulo: Companhia das Letras, 2005.
GROUSSET, René. *As Cruzadas*. São Paulo: Difusão Europeia do Livro, 1965.
______. *A epopeia das Cruzadas*. Lisboa: Europa-América, 1998.
HALBWACHS, Maurice. *Memória coletiva*. São Paulo: Vértice, 1990.
HERRERA, Mercedes *et al*. *Grande História Universal*. Vol. XI – A Idade Média (II). Alfragide: EDICLUBE, 2006.
HESPANHA, António Manuel. Introdução. *In*: BARATA, Manuel Themudo; TEIXEIRA, Nuno Severiano (Coord.). *Nova história militar de Portugal*. Vol. II. Lisboa: Círculo de Leitores, 2003, p. 20-24.
HOLMES, J. Derek; BICKERS, Bernard W. *História da Igreja Católica*. Lisboa: Edições 70, 2006.
HUIZINGA, Johan. *Homo Ludens*. Turim: Einaudi, 1949.
HUNTINGTON, Samuel P. *O choque de civilizações e a recomposição da ordem mundial*. Rio de Janeiro: Objetiva, 1997.
KUGLER, B. História das Cruzadas. *In*: ONCKEN, Guillermo. *História Universal*. Vol. IX. Rio de Janeiro: Livraria Francisco Alves, s/d.
LAVAJO, Joaquim Chorão. Islão e Cristianismo: entre a tolerância e a guerra santa. *In*: AZEVEDO, Carlos Moreira (Coord.). *História religiosa de Portugal*. Vol. 1. Lisboa: Círculo de Leitores, 2000-2002.
LE GOFF, Jacques. *La Baja Edad Media*. Madri: Siglo Ventiuno, 1971.

______. Esboço de análise de um romance cortês. *In*: ______. *O maravilhoso e o quotidiano no Ocidente medieval*. Lisboa: Edições 70, 1985.

______. *História e memória*. Trad. Bernardo Leitão *et al*. Campinas: Unicamp, 1992.

______. *Os intelectuais na Idade Média*. São Paulo: Brasiliense, 1995.

______. *A civilização do Ocidente medieval*. Bauru: Edusc, 2005.

______. *Uma longa Idade Média*. Rio de Janeiro: Civilização Brasileira, 2008.

LECLERCQ, Jean. L'Attitude spirituelle de S. Bernard devant la Guerre. *Collectanea Cisterciensia, Revue de Spiritualité Monastique*, Tomo 36, n. 3, 1974.

LEENHARDT, Jacques; PASAVENTO, Sandra Jatahy (Orgs.). *Discurso histórico e narrativa literária*. Campinas: Unicamp, 1998.

LEHMANN, Johannes. *Las Cruzadas*. Los Aventureros de Dios. Barcelona: Martínez Roca, 1989.

MAALOUF, Amin. *As Cruzadas vistas pelos árabes*. São Paulo: Brasiliense, 1988.

______. *As Cruzadas vistas pelos árabes*. Lisboa: Difel, 2008.

MACEDO, José Rivair. *Heresia, Cruzada e Inquisição na França medieval*. Porto Alegre: EDIPUCRS, 2000.

MARAVAL, José Antônio. *Poder, Honor y Élites en el Siglo XVII*. Madri: Siglo XXI, 1989.

MARCELLO, José G. A nova história militar e a América portuguesa: balanço historiográfico. *In*: POSSAMAI, Paulo (Org.). *Conquistar e defender:* Portugal, Países Baixos e Brasil. Estudos de História Militar na Idade Moderna. São Leopoldo: Oikos, 2012.

MARQUES, António Henrique Rodrigo de Oliveira. *História de Portugal*. Lisboa: Edições Agora, 1973.

______. *A sociedade medieval portuguesa:* aspectos de vida quotidiana. Lisboa: Sá da Costa, 1974.

MARQUES, José. A realidade da Igreja no tempo de S. Teotónio. *Revista da FLUP: História*. Porto: Universidade do Porto, 2ª série, vol. VII, 1990.

______. A assistência aos peregrinos no Norte de Portugal, na Idade Média. *Revista de História*. Vol. XI, 1991.

MARTÍNEZ, Carlos de Ayala. *Las Órdenes Militares en la Edad Media*. Madri: Arco / Libros, 1998.

______. *Las Cruzadas*. Madri: Sílex Ediciones, 2004.

MATTEI, Roberto de. *Guerra justa guerra santa. Ensaio sobre as Cruzadas, a jihad islâmica e a tolerância moderna*. Porto: Civilização, 2002.

MONTAIGNE, Michel de. *Os ensaios*. São Paulo: Martins Fontes, 2001.

MONTEIRO, João Gouveia. *Lições de História da Idade Média, sécs. XI-XV*. Coimbra: Faculdade de Letras, 2006.

______. A Regra do Templo ou o esplendor da arte militar medieval. *Revista de História da Sociedade e da Cultura*, Coimbra: n. 11, 2011a.

______. *Entre romanos, cruzados e ordens militares: ensaios de história militar antiga e medieval*. Lousã: Salamandra, 2011b.

MORRISSON, Cécile Franco. *Cruzadas*. Porto Alegre: L&PM, 2009.

MOURRE, Michel. *Dictionnaire Encyclopédique d'Histoire*. Vol. 2. Paris: Bordas, 1978.

NASCIMENTO, Aires Augusto (Ed.). *A conquista de Lisboa aos mouros. Relato de um cruzado*. Lisboa: Vega, 2001.

NICHOLAS, David. *A evolução do mundo medieval. Sociedade, governo e pensamento na Europa: 312-1500*. Lisboa: Publicações Europa-América, 1999.

OLDENBOURG, Zoé. *As Cruzadas*. Rio de Janeiro: Civilização Brasileira, 1968.

PARET, Peter. The History of War. *In*: ______. *Historical Studies Today*. Nova York: Felix Gilbert & Stephen Graubard, 1972.

______. The History of War and the New Military History. *In*: ______. *Understanding war: Essays on Clausewitz and the History of Military Power*. Princeton: Princeton University Press, 1993.

PEDRERO-SÁNCHEZ, Maria Guadalupe. *A Península Ibérica. Entre o Oriente e o Ocidente: cristãos, muçulmanos e judeus*. São Paulo: Atual, 2002.

PERNOUD, Régine. *Les Croisades*. Paris: René Julliard, 1960.

PERROY, Edouard Perroy. A nova primavera da Europa: séculos XI-XII. *In*: ______. *A Idade Média*. São Paulo: Difel, 1974.

PIRENNE, Henri. *Storia d'Europa dalle Invasioni al XVI Secolo*. Roma: Orsa Maggiore, 1991.

POWELL, James M. The Crusades: an Introduction. *In*: MURRAY, Alan V. (Ed.). *The Crusades: an Encyclopedia*. Vol. I. Santa Barbara: ABC-CLIO, 2006.

QUESADA, Miguel Ángel Ladero. La Reconquista y el Proceso de Diferenciación Política (1035-1217). *In*: PIDAL, Ramón Menéndez (Dir.). *Historia de España*. T. 9. Madri: Espasa/Calpe, 1998.

RAMOS, Luis García-Guijarro. *Papado, Cruzadas y Órdenes Militares, Siglos XI-XIII*. Madri: Cátedra, 1995.

REILLY, Bernard F. *Cristãos e muçulmanos:* a luta pela Península Ibérica. Lisboa: Teorema, 1998.

REZENDE FILHO, Cyro de Barros. *Guerra e guerreiros na Idade Média*. São Paulo: Contexto, 1989.

______. *Guerra e poder na sociedade feudal*. São Paulo: Ática, 1999.

RICOEUR, Paul. O eclipse da narrativa. *In*: ______. *Tempo e narrativa*. Campinas: Papirus, 1994.

RILEY-SMITH, Jonathan. *The Atlas of the Crusades*, Londres: Times Books, 1991.

______. *What Were the Crusades?* Londres: The MacMillan Press, 1992.

______. The Crusading Movement and Historians. *In*: ______ (Dir.). *The Oxford History of the Crusades*. Oxford: Oxford University, 2002.

RIVEROS, José Marín. Bizâncio, Cruzada y Guerra Santa. *Tiempo y Espacio*, Chillán, Universidade de Bío-Bío, n. 11/12, 2001/2002a.

______. La Cruzada como Guerra Justa. *Intus Legere*, Universidad Adolfo Ibañez, Instituto de Humanidades, n. 5, 2002b.

RODRIGUES, Miguel Urbano. *Nómades e sedentários na Ásia Central*. Porto: Campo das Letras, 1999.

ROUSSET, Paul. *História das Cruzadas*. Rio de Janeiro: Zahar, 1980.

RUCQUOI, Adeline. *História medieval da Península Ibérica*. Lisboa: Estampa, 1995.

RUNCIMAN, Steven. *História das Cruzadas*. 3 vol. Lisboa: Horizonte, 1992-1995.

______. *História das Cruzadas*: a primeira Cruzada e o Reino de Jerusalém. Vol. I. Rio de Janeiro: Imago, 2003.

RUSSELL, Bertrand. *O poder*: uma nova análise social. Rio de Janeiro: Jorge Zahar, 1979.

SAID, Edward W. *Orientalismo*: Oriente como invenção do Ocidente. São Paulo: Companhia das Letras, 2007.

SARAIVA, José Hermano. *História de Portugal*. Lisboa: Círculo de Leitores, 1981.

SCHILLING, Voltaire. A Paz de Deus. *In*: ______. *O ano mil: as preocupações do ano mil*, s.d. Disponível em: <http://educaterra.terra.com.br/voltaire/artigos/ano_mil2.htm>. Acesso em 11/12/2017.

SEIXAS, Jacy Alves. Os campos (in)elásticos da memória: reflexões sobre a memória histórica. *In*: ______ (Org.). *Razão e paixão na política*. Brasília: UnB, 2002.

______. Percursos de memórias em terras de história: problemáticas atuais. *In*: BRESCIANI, S.; NAXARA, M. *Memória e ressentimento*: indagações sobre uma questão sensível. Campinas: Unicamp, 2005.

SERRÃO, Joel; MARQUES, António Henrique Rodrigo de Oliveira (Dir.). *Nova História de Portugal*. Vol. III. Lisboa: Editorial Presença, 1986.

SORIA, Jose Manuel Nieto. *Ceremonias de la Realeza. Propaganda y Legitimación en la Castilla Trastámara*. Madri: Editorial Nerea, 1993.

TYERMAN, Christopher. *A guerra de Deus:* uma nova história das Cruzadas Lisboa: Alêtheia, 2009.

VARAZZE, Jacopo de. *Legenda Áurea. Vidas de santos*. São Paulo: Companhia das Letras, 2003.

VAUCHEZ, André. O santo. *In*: LE GOFF, Jacques (Org.). *O homem medieval*. Lisboa: Editorial Presença, 1989.

WALZER, Michael. *Guerras justas e injustas: uma argumentação moral com exemplos históricos*. São Paulo: Martins Fontes, 2003.

WEHLING, Arno. A pesquisa da história militar brasileira. *Revista da Cultura*. Rio de Janeiro: Exército Brasileiro, ano I, n. 1, jan./jul., 2001.

ZUMTHOR, Paul. *La Medida del Mundo*. Madri: Cátedra, 1994.

4. A *jihad* em nome de Deus

Francisco Carlos Teixeira da Silva

Desde 11 de setembro de 2001 que o mundo se deparou como uma forma nova, brutal, de guerra de todos contra todos: o "terrorismo de massas". Mesmo antes, os ataques contra as embaixadas americanas no Quênia e em Uganda ou contra o navio de guerra *USS Cole*, no Golfo de Áden, já provocavam uma nítida associação entre o Islã e o terrorismo de massas. Pouco se sabia no Ocidente – e ainda pouco se sabe – sobre o Islã, sua diversidade e riqueza de expressões. Contudo, a presença midiática – a necessidade de construir um "rosto" para o inimigo conveniente – fez de Osama Bin Laden e da Al-Qaeda a própria face do Islã.[1]

Trata-se, é claro, de um processo de construção de identidades injusto e, acima de tudo, errôneo. Mesmo assim, a longa – e ainda em curso – atuação da Al-Qaeda, e, para além, a emergência do autoproclamado "Califado Islâmico" ("Daesh" ou "ISIS"), na Síria e no Iraque, ultrapassando em ousadia e crueldade a ação da Al-Qaeda – da qual se torna dissidência e, em seguida, adversário fatal, com os brutais atentados terroristas em Paris, Istambul, Orlando, Bruxelas, Bagdá, Dacca, e sempre em Damasco ou Alepo, reforçaram o estereótipo de "outro conveniente", do "islâmico" como a negação dos princípios básicos da "civilização". Tal caracterização, muito presente na mídia, acaba por fomentar fortes sentimentos xenófobos principalmente na Alemanha, França e Inglaterra, com consequências que ainda não podemos avaliar em toda a sua extensão.

Na maioria das vezes, sem nenhuma avaliação crítica, a caracterização do "terrorista islâmico" espalha-se e contagia o próprio Islã, como religião, filosofia e modo de vida, em especial diante da "selvageria" – e a palavra terá seu sentido bélico, de teoria da guerra, explicado mais à frente – do Daesh, quase eclipsando a Al-Qaeda, como avatar do terrorismo islâmico global.

O Islã e a guerra

O Daesh se utiliza, com virtuosismo, da história e de valores identitários de uma civilização antiga e de passado glorioso, como a muçulmana, para responder aos desafios do mundo atual, o que denominamos de uma leitura simultaneamente "presenteísta" e fundamentalista do Islã. Para eles, a sociedade árabe-muçulmana seria uma dádiva divina, no mesmo patamar que o próprio Alcorão, e não o produto da ação de homens, em um tempo e um lugar, sendo, por isso mesmo, imutável e permanente através da história. Assim, a "Revelação do Profeta" é confundida com a história do mundo, regida por Alá, e tomada como Sua própria obra, de caráter imutável.[2] Com base nessa interpretação, o Daesh realiza uma apropriação única da história do Islã, não aceita a diversidade e as variedades dos debates filosóficos e religiosos que se realizaram, por exemplo, em Bagdá, Granada ou Córdoba, no apogeu da civilização árabe, entre os séculos X e XII, para, com isso, legitimar seu rigorismo fundamentalista atual. Além disso, trabalha com uma racionalidade política (e seu desdobramento em uma estratégia militar) absolutamente lógica e eficiente, identificando, na fragmentação da grande comunidade muçulmana, a chamada *Ummah* – um conceito religioso antigo, forjado pelo próprio Profeta para designar o conjunto dos crentes, e que substitui hoje quaisquer outras formas de unificação do mundo árabe, como o pan-arabismo e o socialismo árabe dos anos de 1950-1980. A reconstrução da *Ummah* enquanto um califado é posta como utopia a ser restaurada pela conquista (ou reconquista) militar. Por sua vez, a fragmentação da *Ummah* é dada como a origem da pobreza e da exploração das populações muçulmanas, em especial pelos infiéis do Ocidente. Para fundamentar suas razões de guerra, o Daesh propõe a reunificação do Islã diante de inimigos muito claramente estabelecidos no Livro Santo, conforme sua leitura peremptória.

Trata-se, mais uma vez, de uma leitura historicista do Islã: as duras lutas entre os primeiros crentes, os seguidores do "Mensageiro", exilado em Medina e os idólatras de Meca são revividos como significativos e em curso ainda nos nossos dias. O apelo, sem resposta, às comunidades monoteístas preexistentes na Arábia, tanto de judeus quanto de cristãos, na luta contra o idólatra é lembrado com pesar. Os povos do "Livro" teriam recebido, anteriormente, a "Mensagem", por meio de seus grandes profetas, em especial

Abraão, Moisés e Jesus, sob a forma da Torá e dos Evangelhos, ou seja, o Antigo e o Novo Testamento. Mas teriam traído a "Mensagem Revelada". Por isso, na sua imensa misericórdia, Alá teria enviado seu último "Mensageiro", o profeta Mohammed.[3] E esse, com seus companheiros, em uma luta pela sobrevivência física e espiritual para a Revelação da Mensagem, travaram terríveis batalhas contra os infiéis e idólatras de Meca. Nessas lutas, não encontraram o apoio que esperavam por parte dos "povos do Livro". Renova-se a traição, a descrença, a passividade, o comodismo e o apego aos bens materiais. Várias suratas do Alcorão, como "A vaca" ou "A mesa servida", comentam e condenam a passividade e o comodismo de alguns (inclusive de crentes), o apego aos bens materiais, de judeus e cristãos, em face da Revelação.[4] A mensagem é clara: "Encontrarás nos judeus e nos idólatras os inimigos mais duros dos crentes."[5] O juízo do Mensageiro sobre as relações entre os novos crentes e judeus e cristãos é, a essa época, severo, mas de forma alguma absoluto e generalizante, como podemos ver nessa mesma surata: "E se tivessem seguido a Torá e o Evangelho e o que Deus lhes revelou ter-lhe-íamos perdoado os pecados e tê-los-íamos introduzido no Jardim das delícias."[6] Mas o Profeta se decepciona e, insistimos, em uma situação de sobrevivência física e espiritual, condena severamente os prevaricadores e depravados. "Ó vós que credes, não tomais por aliados os judeus e os cristãos, que sejam aliados uns dos outros."[7] Mesmo entre os crentes, o Profeta adverte, ou admoesta – a palavra mais recorrente – aqueles que não se submetem ("Islã", a submissão, é uma palavra derivada do verbo "aslama", que poderia ser traduzido como "o que se resigna" ou "aquele que se submete") completamente à Revelação. Com as palavras de Alá contra o apego a tudo o que não seja o sagrado, aqueles, chamados de "omissos", são claramente condenados: "Fomos absorvidos por nossos bens e nossas famílias. Pede perdão por nós."[8]

Ou seja, uma situação histórica específica, um momento de grave crise e de risco de sobrevivência para o grupo de crentes exilados em Medina é tomado, hoje, como um desígnio divino, permanente, retirado de seu contexto histórico para tornar-se sabedoria divina.

Particularmente no ano de 619, quando Mohammed perde o apoio de sua poderosa tribo Qorachita – é, ainda, o ano da morte da sua primeira esposa, Khadija –, as perseguições, o escárnio e as agressões contra os crentes e sua religião se intensificam, é o "Ano da Tristeza". Muitos dos primeiros convertidos abandonaram suas casas e seus bens, outros serão torturados e mortos, o que acarretará a fuga dos crentes e de seu Mensageiro, de Meca, dominada pelos "idólatras", para a cidade de Medina. Muitos crentes são torturados cruelmente para renegar sua fé, criando, no interior do Islã nascente, a própria história de martírios. Tais fatos se espelham nas mensagens do Alcorão, sob a forma de intensa severidade contra os agressores e desapego aos bens terrenos, e condenação cabal aos poderosos que negam a fé e a humildade alheia. Tais eventos, lidos não como história, mas como provação divina, terão consequências muito fortes e persistentes, marcando as relações entre os crentes e as demais comunidades. De um lado, a perseguição e a tortura infligida pelos "idólatras"; por outro lado, a passividade e o escárnio das comunidades judia e cristã. Na Surata 2, "A vaca", a necessidade da luta, da guerra contra os "idólatras" é explicitada: "Combatei, pela causa de Deus, os que vos combatem [...] E matai-os onde quer que os encontreis. E expulsai-os de onde vos expulsaram. O erro é pior que a matança."[9] Contudo, mesmo aí, em meio a uma luta ferrenha, não provocada pelo Mensageiro-Profeta, o Livro assegura: "Não sejais os primeiros a agredir. Deus não ama os agressores",[10] para, então, afirmar: "Se desistirem [da guerra] lembrai-vos que Deus é clemente e misericordioso."[11] Assim, a ética divina, no próprio Alcorão, não sucumbe às vicissitudes da história. Mas, na leitura fundamentalista, ao contrário, a prática histórica se impõe à misericórdia divina.

A própria pregação da guerra, em um tempo de mortes e tristeza, é clara: "A guerra foi-nos prescrita, e vós a detestais. Mas quantas coisas detestais que acabam vos beneficiando, e quantas coisas amais que acabam vos prejudicando. Deus sabe, e vós não sabeis."[12]

O Mensageiro faz, ainda, um forte apelo à mobilização, em especial contra o luxo e o comodismo: "Que combatam pela causa de Deus os que trocam esta vida terrena pela vida futura! Pois quem combater pela causa de Deus, quer sucumba quer vença, conceder-lhes-emos grandes recompensas."[13] Assim, o comodismo e a passividade são condenados, como, ainda, o luxo, e a guerra em nome de Deus justificada – quando não de agressão, posto que os infiéis combaterão uns contra os outros e perderão por si mesmos. Mas, ao ser prescrita a guerra em nome de Deus, não há como recuar:

> Quando, porém, foi-lhes prescrita a guerra, eis que parte deles [os crentes] teve medo dos homens tanto quanto de Deus, ou mais ainda, e disseram: "Senhor nosso, por que nos prescrevestes a luta? Por que, ao menos, não nos concede um prazo?" Responde: "O gozo deste mundo é limitado, bem melhor é o da vida futura para quem teme a Deus. E não sereis prejudicados nem do valor de um caroço de tâmara."[14]

Entendemos, assim, nas suas origens, o Islã vítima de perseguições, de ofensas e de clara tentativa de extermínio (houve tentativas de assassinato do Profeta e mesmo uma pena de execução imputada pelas tribos de Meca), que explicam o caráter mobilizador, bélico e antipassividade das primeiras suratas, dentro de um contexto histórico específico. A expulsão da cidade, a perda das casas, do gado e dos camelos, as torturas físicas marcaram profundamente a formação da nova religião, bem como o apelo viril, forte, contra a passividade e a vida cômoda e luxuosa. Em sua origem, o Islã cultua uma martiriologia ativa, baseada plenamente na fé e desdenhosa dos bens materiais e do sucesso "neste mundo".

É fácil entender, dessa forma, a profunda atualidade da "Mensagem do Profeta" quando lida não através da espiritualidade maior do Islã, mas sim como uma leitura histórica imutável: a presença de "estrangeiros" e infiéis nas terras árabes, a exploração dos seus bens, a expulsão de suas terras – do que o *Nakba*,[15] na Palestina, é o grande símbolo –, o desdém e as humilhações no exílio e as perseguições sofridas, vistos, no tempo presente, como a própria imitação dos mártires dos primeiros dias do Islã. A Mensagem do Profeta, presentificada, é usada para arrancar jovens de guetos e da pobreza na Chechênia, no Curdistão, na Palestina ou no Egito – mas, também, das periferias empobrecidas de Paris, Londres e Bruxelas –, e assemelha-se, por esse caminho, inteiramente com as condições iniciais da pregação do Islã, como se, em nossos dias, vivêssemos a mesma mensagem que, desde 619, o "Ano da Tristeza", o Profeta revelou como as palavras de Deus:

> Breve sereis chamados para combater um povo de grande vigor. Devereis combatê-lo até que se submeta ao Islã. Se obedecerdes, Deus vos concederá uma recompensa. Se recuardes, como fizestes anteriormente, submeter-vos-á a um castigo doloroso.[16]

A imensa capacidade de alistamento, em especial de jovens, para o terrorismo (incluindo aqueles de segunda ou terceira geração "europeus", com nacionalidade europeia), fica muito bem expressa quando nos deparamos com as condições de "mal-estar" e de frustração que vigora entre essa população, na verdade, com a alienação moderna nas grandes sociedades de massa contemporâneas, e a mensagem corânica, que bate tão profundamente em vastos círculos de jovens:

> Não há igualdade entre crentes que permanecem em casa, sem serem inválidos, e os que combatem e arriscam bens e a vida a serviço de Deus. Deus eleva os que lutam por Ele com seus bens e sua vida um grau acima dos outros. A todos Deus promete excelente recompensa, mas conferirá aos combatentes paga superior à dos que permaneceram em casa.[17]

Claro, o que há de novo, de técnico, que não represente *bid'a*, ou seja, uma inovação doutrinária, mas tão somente um meio para realizar o "Chamado", pode e deve ser usado para combater os inimigos, incluindo armas e os novos meios digitais.

Nesse sentido, os manuais de combate jihadistas, mesmo que seus autores não saibam disso ou não citem isso, são relativamente próximos das teorias de guerrilha dos anos de 1960, em especial as de Võ Nguyên Giáp e de Carlos Marighella[18] – excluindo-se, é claro, a ideia de terror de massas contra as populações locais. Assim, um dos principais documentos do Daesh, disponível na internet – *Da administração da selvageria como a etapa mais crítica para a libertação dos crentes* –, nos fala das seguintes "etapas" de conquista do território e destruição das estruturas estatais dos estados muçulmanos moderados hoje existentes (todos tocados pelo *bid'a*, pela prevaricação, depravação e pelo luxo) e pró-ocidentais, logo, heréticos e corruptos:

FASE I: *Desmoralização e desmontagem* – ações de desmoralização e de terror que levem ao colapso das estruturas estatais existentes, o afastamento ou morte dos funcionários públicos, principalmente contra a administração pública laica e a polícia da ordem locais, estabelecendo uma situação "de caos e selvageria", que desmoralize o Estado "herético";

FASE II: *Administração da selvageria*: destruídas as estruturas estatais e estabelecido o caos, com a expulsão dos representantes do Estado legal (de direito ou não), emergem os jihadistas como a única alternativa ao caos, passando para o estágio de "administração da selvageria", impondo a ordem, com a *Sharia*,[19] e restabelecendo serviços públicos, utilizando-se das doações obrigatórias, como o *zakat*, para remontar serviços médico--assistenciais, por exemplo. Nesse processo de desmontagem dos Estados preexistentes, contaria, a contragosto e *malgré lui même*, a ação ocidental em Estados como o Iraque, Síria ou Líbia, onde a intervenção acabou por destruir as estruturas estatais precedentes, abrindo caminho para o estabelecimento de novas instituições rigoristas;

FASE III: *Propaganda e adesão* – aderindo ou não desde a primeira hora, as populações prefeririam o rigorismo religioso do que a fome e as mortes cotidianas, aderindo e conformando-se com as estruturas "islâmicas", abrindo espaço para a estruturação do "Estado islâmico", que passa então a ser apresentado como a única solução contra o caos e contra a intervenção estrangeira, apresentada como infiel, ímpia e espoliadora.[20]

Como já foi notado, a estratégia de "Administração da selvageria" praticada pelo Daesh é bem mais hobbesiana do que o esperado por um analista apressado, e o Estado (ou "quase Estado") que emerge das planícies de Raqqa almeja os objetivos de monopólio da violência e o exercício da soberania tipicamente "clássicos".[21]

Ao mesmo tempo, os dirigentes do Daesh buscariam internacionalizar o conflito, gerando profundos enfrentamentos geopolíticos e disputas por responsabilidades entre as partes envolvidas, como União Europeia e Estados Unidos; Estados Unidos e Federação Russa; Turquia e Irã; Irã e Arábia Saudita, alcançando, dessa maneira, seu objetivo de dividir e confundir os possíveis oponentes e impedindo a formação de uma frente única de enfrentamento ao califado, como é o caso da tensão entre o Irã e a Arábia Saudita, já sob a forma de uma "guerra por procuração" no Iêmen.[22]

A partir daí estaria aberta a via, em meio ao caos, para a construção de um amplo califado do Mar Mediterrâneo até o Golfo Pérsico, servindo de base para uma ação global de reconstrução do Grande Califado, como na Época Abássida, do Atlântico até o Índico. Assim, estaria completa a FASE III – com a plena construção de um "Estado" nas terras do Iraque, Síria e Curdistão, e com os "juramentos" de lealdade por parte das "províncias". Viver-se-ia uma situação inédita para as democracias ocidentais, desde o desembarque do "Afrika Korps" alemão na Líbia, em 1941: uma força inimiga, extremamente hostil aos interesses da Europa e da Otan, dominará e cercará todo o entorno do Mediterrâneo, da fronteira da Turquia até o Atlântico, com projeções sobre o espaço Atlântico, desde a Mauritânia até a Nigéria. Uma ampla faixa de países, conformada pelo Sahel – Chade, Mali, República Centro-Africana e Níger – estaria em risco iminente.

Hoje, mesmo ainda longe desse cenário ficcional, a guerra, as limpezas étnicas e a pobreza empurram milhares de pessoas em direção ao Mediterrâneo, com cenas cruéis de naufrágios, de desembarques furtivos, de acampamentos precários em fronteiras, e mesmo de humilhação e repúdio nos lugares de chegada. É de esperar que milhares de pessoas, antes do final da guerra, se lancem na travessia do Mediterrâneo, fugindo do confronto bélico – em 2015, foram cerca de 1 milhão de pessoas que entraram na Europa, fora as mortas nos naufrágios, e esse número já ultrapassava os 150 mil nos três primeiros meses de 2016, com algumas centenas de mortes em precários barcos no Mar Mediterrâneo –, e que, ao mesmo tempo, organizações, células dormentes e "lobos solitários" aumentem sua ação nos países europeus.

Este é, sem dúvida, o problema mais delicado em face dos seguidos golpes de terror na Europa: a possibilidade de que terroristas se infiltrem entre os refugiados e usem o direito de asilo para praticar atos brutalmente violentos nas grandes cidades europeias. Nos atentados múltiplos de Paris, na sexta-feira 13 (13/12/2015), a possibilidade de um dos perpetradores ter chegado recentemente ao país – via Bélgica – desencadeou uma forte polêmica sobre o direito de asilo. A reação conservadora na Alemanha, incluindo espancamentos e incêndios de moradias de refugiados, levou a chanceler Angela Merkel a deter sua política de "boas-vindas". A própria União Europeia acabaria por assinar, em abril de 2016, um acordo draconiano com a Turquia, literalmente "pagando" aos turcos para deterem os refugiados nas suas fronteiras orientais, malgrado o risco letal para tais pessoas.

A continuidade da guerra – assim como a conquista violenta de Raqqa (2016), Mossul (2017) e Fallujah (2016) –, mesmo sendo uma vitória da coligação anti-Daesh, poderá aumentar exponencialmente o número de mortes e de deslocados. Da mesma forma, o retorno do Daesh da situação de "Al-Dawla", Estado, para de "Al-Jamaat", organização islâmica, terá um imenso impacto de aceleração e intensificação de ações terroristas em todo o mundo. Evidentemente, os países muçulmanos ou multiétnicos, como

Líbano e Jordânia, serão tragados nessa maré, e a estabilidade das três potências regionais – Israel, Egito e Arábia Saudita – estará em alto risco, como demonstram os atentados do Daesh contra os sauditas, em junho de 2016.

O Islã e a questão do terrorismo

É destacável o fato de que a maioria dos jovens que atacaram Nova York, Paris, Londres, Madri, Bali, Basra, Jacarta ou Ramadi tenha em torno de 30 anos ou menos, e que nascera ou vivia, estudava e residia nessas mesmas cidades. Um bom número possuía uma cidadania formal europeia ou um *green card* válido. Todos formados nos anos do final da Guerra Fria e da tentativa de consolidação de uma nova ordem mundial atlântico-cêntrica, dominada por uma só potência, com a imposição de um modo de vida consumista, competitivo e marcado por "renascimentos" religiosos de uma "teologia do sucesso", em que a figura de Deus se confunde com o acúmulo de riquezas. Some-se a esse modelo a extrema competição individual, o culto a objetos pessoais e marcas comerciais de prestígio, a ausência de possibilidades reais de mobilidade social, tudo limitado por traços físicos e culturais que acabam por decidir quem ganha e quem perde no jogo social.

Uma civilização "empanturrada" com a ideia de sucesso e consumo, com pouquíssimos valores para além dos limites de um centro comercial, nas palavras do papa Francisco, surge claramente na condenação que Alá comunica ao seu Profeta: "Vós sois convidados a gastar pela causa de Deus. Entre nós, há os avaros. O avaro é avaro em detrimento de si próprio. Deus é autossuficiente e vós sois pobres."[23]

Pela condenação à riqueza e ao sucesso imediato, o Alcorão toca profundamente os grupos e camadas sociais subalternas e promove uma conversão emocionada e passional entre os "deserdados da terra". Muitos desses jovens – com passagens na polícia por pequenos crimes, posse ou tráfico de drogas, vandalismo etc. – buscaram outras respostas. Destruídos e afastados os grandes intelectuais "libertadores" do pós-Segunda Guerra Mundial e dos movimentos de "libertação nacional" que lhes serviam de guia, acharam, agora, em madraças e mesquitas, um novo caminho. Eliminadas as utopias progressistas e as promessas de libertação e autodeterminação, restaram respostas habilmente recontextualizadas por homens menos cultos e menos humanistas, mas dotados de grande raiva, que se apossaram da formação e ajuda de desajustados. Em madraças e mesquitas de Paris, Karachi, Jacarta, Bruxelas ou Cairo emergiram as antigas advertências: "Todos os homens provarão a morte. Mas só no dia da Ressurreição haverá plena retribuição... pois a vida terrena não é nada senão o gozo da ilusão!"[24] Quase espelhado nas perseguições aos primeiros crentes e sua fuga para Medina, abandonando casas e bens, ainda ao tempo do Profeta, o Alcorão, pela voz de Alá, afirma para todos aqueles que sofrem na própria terra ou em uma terra estranha: "Aqueles que deixaram suas terras e foram expulsos de suas casas e perseguidos por Minha causa e sofreram danos e combateram e foram mortos, absolvê-los-ei dos pecados e os conduzirei a jardins onde correm os rios: uma recompensa de Deus!"[25]

A escola corânica, algumas mesquitas, associações de mútuo socorro alçaram o Alcorão como a última resposta aos humilhados. Não aqueles do passado, mas do tempo presente.

A frustração é moderna, o sentimento de humilhação, como quer Fromkin e Badié, é antigo, pode ser creditado aos contextos históricos e às fraquezas inerentes às dinastias e aos déspotas nativos na região de então. A frustração, não. São jovens falantes de línguas europeias, aptos em informática, habilíssimos em mídia e semiótica (sempre autodidatas, estimulados pelas novas linguagens informacionais) e, claro, combatentes temíveis e cruéis, certos de que encontraram na condição de "crentes-combatentes", como os seus antepassados do século VII, uma razão de viver.

Pedir perdão pelos erros de um passado remoto e repeti-los no tempo presente não cura feridas, não alivia traumas emocionais e intelectuais de toda uma geração.

Acima de tudo, os contatos de civilizações, depois do fim dos colonialismos – de 1945 até a descolonização portuguesa, em 1975 (e, no caso russo, depois de 1991) –, geraram atritos e incompreensões, bem mais do que um determinista *clash of civilizations*, somando-se esse "choque de civilizações" à incapacidade das elites locais, herdeiras do poder colonial – de forma consentida ou revolucionária –, de resolver os dilemas de bem-estar das populações locais em um Oriente Médio potencialmente rico. Mas não esqueçamos também que os jovens dos atentados do *Charlie Hebdo*, da sexta-feira 13, em Paris ou em Bruxelas, eram "europeus" e viveram em sistemas – escolas, empresas, cafés, metrôs, casas aquecidas – europeus.

Há, aqui, muito claramente, um fracasso da própria Europa em realmente assimilar tais jovens e convencê-los, ao contrário de seus doutrinadores nas madraças e mesquitas fundamentalistas, que a vida vale ser vivida e que é um valor em si mesmo. Ou, como diria o Profeta, o Mensageiro de Alá, no Alcorão: "Não sejais agressivos! Deus não ama os agressores!"[26]

A análise para a compreensão de tanto ódio deve voltar-se para os sistemas de elites vigentes no Oriente Médio, apoiados pelo Ocidente e pela "invisibilidade" a que condenaram uma geração inteira de jovens na própria Europa. Tais elites – no Golfo Pérsico, no Norte da África ou na Ásia Central – não tinham opção a não ser voltar para seus colonizadores. Suplicar a intervenção ocidental (em nome da ordem, da proteção de minorias europeizadas, e bem mais na defesa de velhos privilégios), agora descobertos dos véus da Guerra Fria. Foram esses homens – técnicos, universitários, empresários, médicos, professores e militares treinados pelo próprio Ocidente, como Bin Laden, Al-Zawahiri, Mohammed Atta ou os coronéis do Daesh – que decidiram tomar a história nas próprias mãos para enfrentar as mesmas intrusões do passado, e buscando, talvez de forma vã, mas certamente cruel, faustos passados.

Os fatos passados e os mecanismos de exploração econômica, disfarçados em formas de geopolítica da Guerra Fria, como a destituição do governo nacionalista do Dr. Mohammed Mossadegh, no Irã, em 1951,[27] a invasão anglo-franco-israelense de Suez, em 1955, ou o apoio aos regimes cleptocratas da região (como o ditador Mobutu, em face do humanista e intelectual Lumumba, ou a família Mubarack, no Egito) e, acima de tudo, a paralisia do Ocidente em apoiar efetivamente a instauração de um Estado Palestino seguro e viável, com fronteiras definidas, são causas maiores do sentimento de frustração e ódio de milhares de jovens que se radicalizam no jihadismo, seja no coração das democracias ocidentais, seja nos guetos de seus países de origem.[28]

Ao contrário do Japão, da China ou da Índia, que ressurgiram de seus passados como grandes potências, o Mundo Árabe, esse Oriente tão "Próximo" da Europa, não consegue, minimamente, sucesso nas suas tentativas de reunificação e renascimento político e cultural. Nesse sentido, inverteram a prática dos vizinhos asiáticos: em vez de modernizar a tradição, procuraram tradicionalizar a modernidade. Não se recusam aos engenhos e artefatos modernos do Ocidente (não é *bid'a*), inclusive a mídia digital – como no caso do próprio Daesh –, mas procuram colocá-los exclusivamente a serviço da tradição e do impossível retorno à época dos "Califas Perfeitos".

Certo complexo de culpa, muito comum na esquerda humanista ocidental, busca facilmente as causas do terrorismo no passado colonial – já longínquo, portanto, mais fácil de culpabilizar! – do Ocidente no Oriente Médio e na reprodução de suas formas de pensar a diferença, como já nos explicou Edward Said.[29] Ora, uma leitura mais atenta dos textos e argumentos das organizações jihadistas explicita que a primeira e mais importante *jihad* – no entendimento de tais organizações fundamentalistas – é contra os próprios regimes. Mesmo sendo árabes e muçulmanos, são considerados pelos puristas pervertidos e depravados, por terem abandonado os ensinamentos verdadeiros do Alcorão – ou como tais *Jaama't* entendem o rigorismo corânico – e se colocaram em favor de acordos com os ocidentais e com seus representantes, traindo os crentes. Assim, as atuais sociedades muçulmanas saídas da descolonização, incluindo regimes nacionalistas, progressistas nas suas acepções, socialistas árabes – como o Partido Baath, em sua origem – e mesmo o pan-arabismo, são todos considerados "inovações", *bid'a*, e, portanto, estranhos ao Alcorão, à *Sharia*, ao *Hadiths* e à *Sunna*, as únicas fontes capazes de configurar o *al-Dawla* [Estado] verdadeiramente islâmico.

As formas ocidentais de organização do Estado – tão queridas e necessárias no Ocidente – como a democracia, a secularização, a noção de cidadania (acima do pertencimento à *Ummah*), o ensino laico e misto e a separação entre religião e Estado são, não só *bid'a*, como ainda heresia e profanação, transformando a *Ummah* em uma falsa sociedade muçulmana, a *Jahiliyya*, anterior à vinda do Profeta, que deveria ser destruída e substituída por uma *Ummah* baseada na *Sharia*, formada pelos verdadeiros crentes.

A mais antiga e uma das mais atuantes organizações islâmicas, a "Irmandade Muçulmana" do Egito, já na década de 1960, decretava o retorno ao verdadeiro Islã, pelo estudo do Alcorão, pondo frente ao nasserismo, combatendo e recusando o nacionalismo e o socialismo pan-árabe, base das utopias de Gamal Abel Nasser (chefe da Revolução Nacionalista no Egito, entre 1954 e 1970) – uma típica liderança anti-imperialista pan-arabista.[30] Assim, antes de os ataques terroristas atingirem o Ocidente – a *jihad* – devem ser dirigidos aos estrangeiros incréus, *kuffar*, aos representantes da sociedade depravada local – sejam ulemás ou líderes "inovadores", como Anuar El-Sadat (assassinado em 1981, no Cairo, por fundamentalistas), ou partidos laicos, como o Baath sírio e iraquiano, e, claro, os partidos comunistas locais. Todos foram vítimas do furor fundamentalista, que não hesitou em unir-se à tecnologia ocidental para destruir as vanguardas laicas nativas e depois voltar-se contra seus ex-aliados, como a Al-Qaeda. Assim, a *jihad* deveria ser declarada contra o *kaffir*, o incrédulo, falsamente muçulmano, e seus governos *kuffar*. Desse modo, desde sua criação, no Egito, a Jamiat al-Ikhwan al-Muslimun [Organização dos Irmãos Muçulmanos] optou pelo uso da violência contra indivíduos, líderes locais, partidos e organizações que pudessem ser representativos de uma forma de vida que ofendesse o que a Tradição, os *Haddiths*, a *Sharia* e, claro, o Alcorão, os textos que haviam sido estabelecidos como a "norma" pelos ancestrais, *al-salaf* [os antigos], as três gerações originais que conviveram com o Profeta.

Assim, tudo que fosse moderno, estranho aos tempos *al-salaf*, deveria ser banido, mesmo pela violência, para longe da *Ummah*. Um historiador costa-riquenho, como veremos mais à frente, descreveu em detalhes o processo de radicalização das organizações muçulmanas, que vão, aos poucos, se convertendo ao jihadismo, primeiro interno – contra os pervertidos – e depois contra os *kuffar*, os infiéis vindos do exterior.

Somente no momento, e nas condições, em que o Ocidente interfere nos assuntos internos da *Ummah*, seja por meio de seus processos de modernização ocidentalizantes, seja pela presença de grandes empresas exploradoras das riquezas do mundo árabe, ou de instalação de bases militares, a *jihad* voltar-se-á contra os *kuffar* – hoje, no bojo da inevitável globalização atual.[31] Essa presença não requisitada, malquista, que adultera hábitos e usos tradicionais, é vista como "agressão" e, portanto, autoriza o uso da violência contra aqueles que agridem o crente em sua própria terra, em suas casas e em seus costumes religiosos.

No cotidiano das sociedades muçulmanas, as organizações salafitas foram, a partir dos anos de 1920, extremamente violentas, atacando desde os "heréticos" xiitas até estabelecimentos "ocidentais", como salões de beleza, bares, *nightclubs*, videoclubes, restaurantes e casas de espetáculos, sempre em nome da pureza da *Ummah* e da pureza dos costumes. Lembremo-nos de que o Alcorão é um Livro bastante crítico ao luxo, às riquezas acumuladas e à omissão diante da pobreza, mas também devemos olhar para outros aspectos centrais na questão da emergência de uma leitura radical e fundamentalista do Islã.

Um lado da questão, debatido desde a chamada *Fitna Kubra* [Grande Discórdia], como os intelectuais muçulmanos nomearam o debate, foi acerca da própria capacidade interna das sociedades muçulmanas se reformarem.[32] Com poucas exceções, as Ciências Sociais ocidentais parecem desconhecer o debate (quase todo em árabe, mas com traduções importantes ou mesmo edições originais em francês e inglês). Contando com as honrosas exceções de Ernest Gellner, Jacques Berque, Marc Ferro e Maxime Rodinson,[33] a maior parte da historiografia ocidental contemporânea não conhece o largo debate travado no interior da própria sociedade muçulmana sobre o "bloqueio" imposto ao *aggiornamento* do Islã pela aliança entre amplas massas – humilhadas, exaustas, mal instruídas e formadas em ambientes dogmáticos – e a casta de *ulama* [sacerdotes, plural de ulemá], clérigos-juristas, prontos para justificar qualquer governo, em especial as ditaduras locais, em nome da imperfeição de qualquer governo depois de Mohammed e dos "Quatro Califas Perfeitos". Assim, se quisermos utilizar a noção de "humilhação", ela teria que ter uma mão dupla: de um lado, os atos e processos espoliadores do imperialismo, do colonialismo e neocolonialismo e, de outro, a dominação de classes e grupos sociais formadores de péssima educação pública, sonegadores de direitos públicos e prontos a legitimar tiranias no seio das próprias sociedades muçulmanas, isso ampliaria o entendimento da vastidão do "auditório" do fundamentalismo no interior do mundo muçulmano.

Islã e modernidade

Na verdade, os estudiosos muçulmanos conseguem, hoje, identificar quatro grandes vertentes no interior do Islã – todas oriundas da Grande Discórdia do final do século XIX e começo do século XX, a saber:

I. O Islã reformista, que produz seus melhores e mais importantes projetos no século XIX, com as tentativas turcas de autorreforma – sob impacto direto da presença invasiva e invasora do Ocidente –, passando pela experiência persa de 1906, até as publicações dos importantes textos de Ali Abderraziq e de Mohammed Ahmed

Khalafallah, quando se dá o impasse e a reação daqueles que veem na reforma e modernização do Islã o pecado/crime da apostasia;

II. O Islã dos ulamá [clérigos]: uma reação que se quer purista, de "volta às fontes" (assim considerada, além do Alcorão, a tradição da *Sharia* e dos *Hadditbs*, ambos negados, de formas e em graus variados, pela tradição anterior), e considera a *Sharia* uma garantia contra a ocidentalização, não se importando, na prática, com a natureza do poder político, já que as experiências históricas verdadeiramente muçulmanas – a comunidade do Profeta e o tempo dos "Quatro Califas Perfeitos" – não podem ser repetidas. Nesse sentido, a ampla *fiqh* [jurisprudência islâmica] é uma garantia contra Estados (mesmo árabes) ímpios, modernizantes e apóstatas (como no caso do socialismo árabe ou os nacionalismos);

III. O Islã fundamentalista: propõe, também, um "retorno às fontes", fazendo uma leitura literal do Alcorão, em especial do Alcorão "combativo", das suratas reveladas ao tempo que o Profeta e a comunidade dos crentes se refugiam em Medina, sob grave risco de extermínio, e assumem com vigor o combate aos idólatras e aos hereges. Não possui uma discussão ampla e culta, como as vertentes anteriores, assumindo a "volta às fontes" como se fosse possível voltar ao século VII, tendo a *Sharia* como chave única. Na maioria das vezes, se apropria de uma tradição anterior, chamada *al-salaf* [dos antigos], que se transforma em slogans e palavras de ordem, sem quaisquer reflexões teológicas, e se nutre largamente da falência das diversas experiências em construir um Estado árabe moderno e eficiente. Apega-se ao passadismo, à prática mecânica dos ritos, recebendo apoio de amplas camadas populares e de parte da elite, que apoia e financia suas ações;

IV. O Islã (chamado) "das Luzes": especialmente no Egito, na Síria, antes da Guerra Civil, e no Líbano, reunia grupos variados de estudiosos, intelectuais, profissionais técnicos e jornalistas – a expressão "Islã das Luzes" foi popularizada pela imprensa egípcia – que buscavam formas de conciliar a ética e a espiritualidade do Islã, especialmente aquela exposta no Alcorão, com as necessidades e exigências da vida moderna.[34]

No entanto, pela sua afirmação violenta e plena identificação com organizações como a Al-Qaeda, Al-Nuzra, Boko-Haram e o Daesh, é o Islã fundamentalista, de tipo salafita, que mais chama a atenção, levando, em especial no Ocidente, a uma identificação mecânica entre Islã e violência, mesmo entre intelectuais importantes na Europa e na América. Trata-se de uma verdadeira "fetichização" do Estado, quando adjetivado (como tudo o mais) de "islâmico", sem atentar para a ética profunda do Alcorão – ou, o que foi chamado, muito apropriadamente, de "modernidade mutilada", presa no passado e na forma exterior, sem compreender a espiritualidade do Islã.[35]

Trata-se, como já afirmamos antes, de uma aliança intensa e quase inquebrantável entre as amplas massas populares das diversas sociedades muçulmanas – tanto no Egito, quanto no Paquistão ou no Marrocos – que entendem todas as possibilidades de modernizar o Estado e a sociedade como uma afronta ao Islã, com os setores mais conservadores e menos cultos do debate da Grande Discórdia. Para esses homens, o Islã é maior que o próprio Alcorão, incluindo, reafirmamos, outras fontes da Revelação, como os *Haddiths*, a *Sharia* e a *Sunna*. Ante a pressão interna e externa (no mais das vezes, via imperialismo ocidental) para uma transformação ampla da sociedade (como o Japão Meiji ou a República do Dr. Sun Yat-sen, na China, buscaram fazer), incluindo não só a aquisição de tecnologia material do Ocidente, mas também de soluções no âmbito da educação, do direito público e do Estado que pudessem arrancar as sociedades árabe-muçulmanas de uma situação de pobreza e submissão – desafios vencidos pelo Japão, Índia e China, sem abrirem mão de uma intensa vida espiritual –, a "volta às origens", nas sociedades muçulmanas, insiste em soluções "históricas",[36] comparando-se às propostas dos últimos imperadores da dinastia Qing (Manchu) ou à tentativa de fechamento do Japão pelos últimos xoguns pré-Revolução Meiji. O retorno às fontes é, ele mesmo, imaginário, e as fontes não são realmente aquelas das quais emanam a ética e a espiritualidade muçulmana. Nesse processo, o Alcorão é muitas vezes superado pela *fiqh*, pela *Sharia* e a *Sunna*, explicitando que a questão do mal-estar e da anomia são muito fortes e a coalizão entre as massas e os teólogos-juristas não consegue aproximar-se da Mensagem do próprio Alcorão, voltando-se para "islamizar" (e não espiritualizar) a vida cotidiana a partir de um passado considerado glorioso. "O Islã é a solução", lema básico dos fundamentalistas, aponta para uma situação histórica, a época dos Califas Perfeitos, que não pode, exatamente por ser histórica, repetir-se, e, portanto, servir de solução para as questões colocadas pelo tempo presente. "O Islã é a solução" substitui, em verdade, a própria Revelação, pela qual Alá deveria ocupar o centro de toda a reflexão e buscar-se-iam em uma ética, não em uma prática histórica, respostas positivas sobre como construir um espaço público livre e generoso e um direito público realmente para todos.

Por essa via, dos teólogos-juristas, defensores de uma *fiqh* imutável, que presentifica as respostas dadas por homens aos problemas dos homens, ao longo de séculos, e sua expressão maior, e da *Sharia*, bloqueiam quaisquer possibilidades de uma renovação da própria espiritualidade muçulmana e da transformação social.

Entramos aqui em um território, para nós que estudamos o Islã "do lado de fora", novo e pouco conhecido: as respostas dadas pelos pensadores muçulmanos às sociedades árabe-muçulmanas às questões colocadas pela modernidade, e, em especial, neste momento, pela globalização. Nessa direção, desde as experiências do Tanzimat, na Turquia, passando pelo constitucionalismo iraniano, desde 1906, até o fim do califado, em 1924, e a explosão nacionalista com Nasser, no Egito, há um movimento de recuo, de substituição do pensar pela retórica, da reflexão pelo enciclopedismo, da dúvida pela ameaça de apostasia. Para os mais brilhantes pensadores muçulmanos – notem bem, aqui, a ênfase em "muçulmano", ou seja, não estamos buscando expoentes do liberalismo ou do marxismo no mundo árabe –, há essa premente confusão entre a Revelação e a *fiqh*, entre a fé e a política, entre o Estado e a religião. Já em 1925, no bojo da *Fitna Kubra* [Grande Discórdia], a elite conservadora dos ulemás, ameaçada pelas propostas modernizadoras, preferiu obstar, bloquear e impedir quaisquer avanços que não estivessem contidos na "legislação", o que é ir muito além do Alcorão.[37]

Assim, para homens com o brilho Ali Abderraziq, Muhammad Ahmad Khalaffalh ou Aziz Al-Azmeh, as sociedades árabe-muçulmanas não são vítimas nem humilhadas por uma conspiração externa e estrangeira. A linha contínua entre imperialismo-neocolonialismo-globalização – enfim, resolvida por grandes civilizações tradicionais, como Japão, Índia e China – não explica o "atraso" (termo utilizado em comum por tais pensadores muçulmanos) das sociedades muçulmanas. A questão estaria no bloqueio interno do próprio debate e na incapacidade de suas elites de avançar, ao lado das demais, incluindo os valores espirituais do Islã, em si mesmos universais, e deixando de lado a experiência histórica do Islã, claramente um momento no tempo e no espaço. Um passado que, por mais glorioso que seja – e aqui já temos um outro debate –, não pode ser a resposta, na sua replicação, para as questões de hoje.

O "Califado Islâmico", ao reproduzir, de forma historicista (como uma caricatura de uma época), nomes, linhagens, moedas, entidades e a "Lei" dos tempos dos primeiros califas comete uma fuga para o passado, aprofundando a incapacidade de avançar das sociedades muçulmanas. Na sua retórica repetitiva, construída por analogias com um tempo findo, acaba convertendo-se em um elemento de sofrimento e dor, já que não podemos restaurar o que já foi vivido. A história "grandiosa", instrumentalizada e, por vezes, adulterada, pode servir de elemento identitário, de fonte de orgulho e de prestígio, mas não pode se repetir.

Evidentemente, tal doutrina implica uma supressão impensável do conjunto atual das relações internacionais. A livre circulação de ideias, imagens, moda, bens culturais acaba sempre no nível de *haram* [pecado]. Trata-se, muitas vezes de forma utópica e regressiva, de fundamentalismo, o que torna a possibilidade de negociação com regimes desse tipo quase impossível. Da mesma maneira, deve ser registrado que tais grupos eram, até pouco tempo, minorias nos países muçulmanos. A surpresa, em dois deles, foi a vitória eleitoral dos rigoristas, em 2015, logo após as "Primaveras Árabes": no Egito, Mohammed Morsi venceu, em segundo turno, as eleições presidenciais, com 51% dos votos (sendo, em seguida, destituído, preso e condenado, bem como centenas de membros da Irmandade Muçulmana); e na Turquia, o Partido Justiça e Desenvolvimento, também de bases islâmicas e antilaicas, venceu as eleições legislativas com mais de 50% dos votos, consolidando o poder de Recep Tayyp Erdogan. Claro está que os rigoristas não são necessariamente favoráveis à violência na proteção da *Ummah*. Mas são, por outro lado, bastante contrários à emulação do modo de vida ocidental. Enquanto isso, os movimentos das "Primaveras Árabes" dividiram-se em várias posições, permitindo a união dos rigoristas, a partir da reapropriação de valores tradicionais, em uma leitura presenteísta e fundamentalista do próprio Alcorão.

Em tais condições, incluindo a segurança de Israel, não restará à Aliança Atlântica nenhuma alternativa que uma ampla e continuada guerra – incluindo *boots on the ground* – na região. A prática, antiga, usada hoje pelas monarquias do Golfo Pérsico e Arábia Saudita, de pagar um "resgate" para manter-se livre da atuação terrorista do Daesh – tal como o Império Bizantino pagou aos hunos e o Califado Abássida aos turcos – tem seus dias contados, e os resultados não serão diferentes daqueles que abateram seus antecessores.

Islã e mal-estar: o alistamento terrorista

Um papel fundamental na arregimentação de militantes jihadistas é a (re)conversão. Nesse processo, homens religiosos, clérigos ou pregadores aproximam-se de jovens de origem muçulmana (de famílias muçulmanas, religiosas ou não), nascidos já na Europa e nos Estados Unidos, com uma mensagem de "reconversão". Na maioria das vezes – ao contrário do recrutamento da Al-Qaeda ou de outras organizações terroristas –, trata-se de jovens com um passado de frustração e uma forte sensação de perda. Boa parte deles, como já afirmamos, possui uma ficha policial, quase sempre por pequenos furtos, tráfico, depredação e agressões, com passagens por prisões. A prisão, por sinal, é uma forma muito comum de recrutamento, e até de (re)conversão. Mesmo em prisões de alta segurança, com aparente segregação e isolamento de presos acusados de terrorismo – muitas vezes devido aos custos de tais instituições, outras, em razão de programas de recuperação e readaptação dos apenados –, ocorrem processos de recrutamento. É na prisão de Fléury-Mérogis (uma prisão francesa de alta segurança) que Ahmed Coulibaly (1982-2015) conhece os pregadores Chérif Kuachi e Djamel Benghal, que serão os responsáveis pela reconversão desse jovem ao Islã fundamentalista. Coulibaly abandonará a família – que, mesmo muçulmana, será chamada por ele de *kaffir* [descrente] –, e irá iniciar seu processo de incorporação ao grupo que levará aos atentados de janeiro de 2015, em Paris (contra o supermercado Hyper Cache e o jornal *Charlie Hebdo*, entre outras ações).

O interessante é que Coulibaly passou várias vezes pela prisão – inclusive por participar de ações de apoio a militantes do Daesh – e conseguiu convencer as autoridades francesas, normalmente muito atentas nesses casos, da sua religiosidade sem coloração política e militante. Uma das explicações para isso – que poderia muito bem aplicar-se aos demais casos de avaliação por organismos como FBI ou a RAID, nas suas investigações de "perfil" jihadista – reside no preceito de *taqiya*, que poderia ser traduzido como "prevenir" ou "premunir", originário na *Sharia*, que permite a um crente esconder sua fé, ou o seu grau de ligação e dedicação à fé, visando a evitar perseguições e maus-tratos. Aliás, o próprio Profeta assegura o direito do crente de ocultar seus sentimentos e crenças, por exemplo, na Surata 3, "A Tribo Omran", quando diz: "Quer oculteis, quer manifestais o que está em vossos corações, Deus o sabe!".[38] Assim, a *taqiya* é teologicamente sustentada.

Foi particularmente utilizada por xiitas no âmbito de comunidades dominantemente sunitas, e generalizou-se nos movimentos jihadistas, visando a evitar uma identificação imediata do fiel com sua militância, chamando a atenção dos órgãos de informação e de contraterrorismo. O pregador e responsável pela conversão de Coulibaly, Djamel Benghal, é um dos exemplos de clérigos que buscam denunciar os culpados de *takfir*,[39] de abandono do Islã, em especial, nos casos de famílias de segunda geração, nascidos nos Estados Unidos ou na Europa, e que consideram necessário afrouxar as regras do Islã como praticadas pelos fundamentalistas. Assim, o crente acusado de *takfir* torna-se *kaffir*, e pode ser acusado de apostasia e condenado. No próprio Alcorão, Deus adverte:

> Quem renegar Deus após O ter proclamado – exceto se for coagido, enquanto seu coração se mantém firme na fé [eis mais uma vez a formulação da *taqiya*] e quem abrir o coração à descrença, sobre todos esses recairá a cólera de Deus. E seu castigo será grande![40]

Tal versículo abriu caminho para que algumas organizações islâmicas coloquem em questão a fé de outros. Uma prática, a declaração de incredulidade de alguém que se diz muçulmano, que desperta forte polêmica, e muitas associações muçulmanas recusam tal prática por parte dos fundamentalistas, declarando-a uma espécie de "desencaminhamento" e *bid'a* [inovação]. Assim, mesmo muçulmanos salafitas tratam com muito cuidado a questão do *takfir*, ao afirmarem que:

> [...] eles [grupos fundamentalistas] se referem não a um simples kaffir (um incrédulo comum), mas alguém cuja adesão ao Islã é publicamente conhecida e que o manifesta e proclama abertamente. E ao mesmo tempo eles não

> são capazes de provar com certeza que tal pessoa se associou a algo que só pode ser classificado de kufr maior (incredulidade maior), e que todas as condições para takfir (declaração de incredulidade) foram verificadas.[41]

Os processos de (re)conversão se dão largamente, ante a possibilidade de acusação pública de *takfir*, e muitos são praticados em mesquitas e centros religiosos (ou prisões, orfanatos, asilos), onde indivíduos de origem muçulmana, mas não praticantes, encontram-se vulneráveis e frágeis, surgindo a (re)conversão como a resposta divina.

Talvez o caso mais importante de *taqiya* tenha sido de Mohammed Atta e seus companheiros, responsáveis pelos atentados de 11 de setembro de 2001. Buscando ocultar seus objetivos, e, para isso, importava dissimular sua crença fundamentalista, Atta e seus companheiros frequentaram, pouco antes dos atentados, bares e locais de *strippers*, bem como fizeram uso de álcool, visando a não chamar a atenção das autoridades e comportarem-se, como acontece com frequência, como ricos sauditas ou similares, que, fora de seus países, e longe da vigilância religiosa, comportam-se como incréus, *kuffar*. Não devemos, contudo, confundir a dissimulação *taqiya* com o relaxamento ou perda de contato com a fé, o estado de *takfir*.

Muitos dos futuros jihadistas viviam, antes de sua (re)conversão, em um claro estado de *takfir*, do qual se salvam pela completa submissão, agora sem volta – já que o relaxamento inicial seria produto da chegada ou do nascimento em uma terra de *kuffar*, ou da educação relaxada dada pelos pais, e agora, exposta em sua plenitude, a fé, não há como renegá-la – daí a fuga de casa, o repúdio dos pais, e mesmo, como aconteceu em Raqqa, o caso extremo do jovem que mata a própria mãe como *kaffir*.

A trajetória de Ahmed Coulibaly não é diferente da de seus companheiros na empreitada contra o *Charlie Hebdo*, em 2015, os irmãos Kuachi. Chérif Kuachi (1982-2015) e Said Kuachi (1980-2015), ambos, com outros dois irmãos, são órfãos, muito possivelmente submetidos a abusos – fato marcante para os dois irmãos, que até a vida adulta se valiam de fotos e filmes de pedofilia –, passam por orfanatos e instituições de formação para menores, e acabam retornando a Paris, onde exercem funções de baixa remuneração e integram a cena Rap da capital. Logo, uma vida completamente *takfir*, embora sem culpa própria, posto que as vicissitudes da vida de ambos os levaram ao desconhecimento da verdadeira fé. Aos poucos, por meio de conhecimentos comuns, passam a frequentar um centro de educação salafita denominado GSPC (Groupe Salafiste pour la Prédication et le Combat), no qual realizam sua (re)conversão ao Islã. O GSPC era um grupo de alistamento, mantido em segredo pela Al-Qaeda, para levar voluntários para a luta no Iraque, contra os ocupantes e o xiismo lá dominante.[42] Ambos praticam pequenas infrações, como contrabando, e acabam presos por ligações com o alistamento de terroristas e de apoio a grupos terroristas e vão parar na mesma prisão de Djamel Benghal, onde se radicalizam ainda mais, tornando-se companheiros de Coulibaly, com quem organizam os atentados de janeiro de 2015.

Tamerlan Tsarnaev (1986-2013), um dos irmãos responsáveis pelo atentado de Boston, de 2013, também havia perdido o contato com a religião, afastando-se das práticas obrigatórias, conforme a Tradição, sendo (re)convertido em 2008, possivelmente por intermédio da Islamic Society of Boston, um grupo de claras inclinações salafitas, o que o leva a parar de beber e fumar (e dedicar-se firmemente aos esportes marciais). Já seu irmão, Dzhokhar Tsarnaev (nascido em 1993 e condenado à morte em 2013 por uma corte americana), não se distinguia de colegas da Universidade de Massachusetts, onde estudava. Mas sua maior dedicação aos esportes e festas, com uso de marijuana, o havia feito colecionar várias notas ruins e abaixo do que necessitava para alcançar uma bolsa de estudos. Dzhokhar passou a vender ocasionalmente drogas para pagar suas contas e possuía já uma dívida de vinte mil dólares com a universidade, tendo, assim, uma forte limitação para prosseguir na carreira. Foi nesse momento que o irmão Tamerlan conseguiu convencê-lo a juntar-se a ele no ataque a Boston.

Omar Mateen, o "*hater* de Orlando", responsável pelo atentado do dia 12 de junho de 2016, na boate LGBT, é muito possivelmente um caso de viver em *takfir* e, de forma gradual, aceitar a (re)conversão. Ao contrário de outros exemplos, em especial dos irmãos Kuachi, Omar Mir Seddique Mateen (1987-2016), nascido nos Estados Unidos, teve acesso à educação formal, de tipo superior, e era inteiramente identificado com a cultura e vida americana. Nesse caso, ao contrário dos Kuachi ou de Coulibaly, seus pais eram religiosos integristas e praticantes e queriam um filho "crente". Foi a própria socialização, a "culpa do país *kaffir*", que leva Omar Seddique para uma vida *takfir*. As primeiras informações sobre o massacre, com clara interferência do pai – Seddique Mir Mateen –, apontavam para um distúrbio homofóbico, sem nenhuma relação direta com o Daesh ou qualquer outra questão religiosa. No entanto, os interrogatórios feitos em três ocasiões distintas pelo FBI, com Omar Seddique, mostram – bem como os comentários e expressões radical-fundamentalistas no local de trabalho – que havia, sim, um forte conteúdo religioso na ação de Omar. Não podemos esquecer que, entre tantos massacres e crueldades do Daesh nos territórios ocupados, uma constante foi (ainda o é) o assassinato de homossexuais, sempre de forma espetacular e cruel (lançados do alto de edifícios, queimados, empalados). Assim, a questão central na atuação do *hater* de Orlando reside em saber como e quando o processo de (re)conversão teve seu início. A alegação do pai, mais uma vez, de que um "beijo gay" teria sido o detonador da tragédia é simplista e mal oculta a pressa, sem compaixão, desse pai em afastar de si e da família qualquer relação com o massacre. As declarações de que o filho odiava o ISIS/Daesh são desmentidas pelos elogios feitos por Omar ao "Califado" e pelo telefonema, gravado pouco antes do ataque, quando o atirador relatou, ele mesmo, o juramento de lealdade ao Daesh, revelando a tentativa de Mir Mateen, pai, em encobrir o caráter "islâmico" fundamentalista dos assassinatos.[43] Devemos lembrar que esse senhor fazia, frequentemente, pronunciamentos, dava entrevistas e divulgava posts de caráter fundamentalista e em linha com a dominação talibã no Afeganistão, país de origem da família. Assim, a pregação radical estava em casa, e a contradição se expressava na vida aberta da sociedade americana e, muito possivelmente, na própria personalidade de Omar – que, só aos poucos e de forma incompleta, emerge dos fatos.

Omar era um *hater*. Nas suas conversas, negros e judeus eram frequentemente ofendidos e vilipendiados. Era agressivo e misógino, chegando a destruir seu primeiro casamento por agressão à esposa. Era compulsivamente narcisista, com um imenso arsenal de selfies, prática obsessiva de esportes e uso de esteroides. O momento mais marcante de mudança no comportamento de Omar é o ano de 2006, quando ele, por petição legal, muda seu nome, assumindo o nome "Mateen" ("o forte" ou "o firme", em árabe), como o nome próprio do pai, em um claro processo de espelhamento. Suas idas à mesquita tornam-se frequentes e ele mesmo se debruça fortemente sobre a religião. A partir daí, o ódio aos negros e judeus se estende à cena LGBT, da qual Omar era – conforme os agora bastante numerosos depoimentos – um frequentador constante, incluindo relacionamentos (não claros, todavia) com gays, trans e drag queens, além do uso de aplicativos homossexuais e do consumo de bebidas alcoólicas. Era comum ficar de madrugada em tais bares e mesmo na boate Pulse, onde realizaria o ataque, chegando em casa tarde e agredindo a esposa.

As investigações do FBI, sem dúvida, esbarraram na prática da *taqiya*, que conseguiu despistar os investigadores do próprio caráter de Omar (e foram incompletas, posto que a visita frequente a um bar gay deveria chamar a atenção de agentes do contraterrorismo ou, ao menos, se considerar que havia alguma contradição nisso). Essa "segunda vida" de Omar dificilmente poderia ser, ela também, *taqiya*, posto que as narrativas falam de bebedeiras e de descontrole.

Na verdade, Omar emerge de toda essa tragédia como uma personalidade dividida, reprimida e traumatizada – muito possivelmente em face do pai e de suas crenças.[44] Esse sim, parece praticar a *taqiya* constantemente, deixando muito raramente escapar suas verdadeiras convicções.

Um elemento, já visto antes, desempenha papel central na ação de Omar: o juramento de lealdade e submissão ao Daesh. No enfrentamento com a Al-Qaeda, o Daesh assumiu uma metodologia bastante diferenciada. Em lugar de ataques coordenados, planejados e de efeitos múltiplos, o Daesh não despreza os ataques isolados – não são exatamente, como diz a imprensa, "lobos solitários", indivíduos que assumem atos terroristas por moto próprio e sem contatos com uma organização terrorista. Nesses casos, o Daesh esteve por trás de todas as ações, exceto contra o *Charlie Hebdo*, que foi reivindicada pela Al-Qaeda. Nos demais casos, o Daesh incentiva, sugere e propõe ações em qualquer canto do planeta. Dá uma imensa publicidade aos atos e faz chamadas para que se multipliquem, sempre pelo site Amaq News. Assim, os "súditos" do "Califado" fazem o juramento de submissão constando "[...] em ouvir, seguir, obedecer, na prosperidade e na dor" o Khalifah rasúl Allah representado por Al-Baghdadi, em Raqqa.

Omar fez esse juramento pouco antes de ir para a Pulse, querendo tornar clara sua intenção, ligou para um serviço de emergência confirmando o juramento ao ISIS. Esses casos – como San Bernardino – são de "latência", não exatamente de tais "lobos solitários" (esses não fazem o juramento, não aceitam comandos ou reconhecem uma autoridade, e tomam iniciativas sem nenhum incentivo necessário). A latência – como foram os irmãos Tsarnaev, em Boston em 2013 – funciona como a das "células adormecidas", esperam um comando ou uma ordem direta, que vem através do site do ISIS. E, naquela semana, com o Daesh sendo batido em Alepo, Raqqa e Mossul, deu-se a chamada para o ataque aos Estados Unidos e seus aliados. Nessa última semana, o acompanhamento no Amaq News avisava: "Ações nos Estados Unidos e seus aliados", como uma senha. O Daesh não define, assim, alvos ou dia/local, apenas diz "façam". Muito possivelmente não precisa de contato ou pertença direta, basta o "juramento" de submissão, embora o *hater* de Orlando tenha feito o *hajj* [peregrinação] a Meca e ficado lá algum tempo, o que pode muito bem ter sido o tempo para os contatos. Mas verdadeiramente não é preciso, pois a internet, através dos sites mantidos pelo Daesh, cuida disso.

O perfil do *hater* de Orlando era racista, misógino, falocrata e agressivo, e, como vemos nas fotos postadas na internet, profundamente narcisista, o que nos diz muito da dificuldade de falar com o Outro; ao mesmo tempo, emula muito a "firmeza" ("Mateen") e vaidade exposta no calor da hora pelo pai e sua capacidade de exercitar a *taqiya*. No seu passado, havia, como vimos, relacionamentos e "amizades" com drag queens, incluindo a ida a espetáculos e saídas para beber (álcool, um muçulmano!), na própria boate Pulse. Depois que começa a frequentar a Mesquita de Port Saint-Lucie e muda o nome – emulando, o pai – em 2006, passa a odiar gays de forma explícita (embora não cessem as visitas noturnas à cena LGBT). A explicitação de seu horror homofóbico emerge como uma forma de perdão e de remissão de seu passado *takfir*. E, nesse processo, o pai desempenha um papel central, muito possivelmente identificado pela primeira esposa, vítima de agressões contínuas. O perfil bate diretamente com os atacantes do *Charlie Hebdo*, de Paris e de Bruxelas: ódio, pequenos delitos, álcool e maconha, uma "vida oculta", em pecado (lembremos o caráter dos sítios de pedofilia dos irmãos Kuachi) e, então, são atraídos para um centro islâmico para a "cura", a (re)conversão. Nessa cura, o martírio faz parte de modo figurado – a luta contra si mesmo e seus desejos – e de modo explícito – buscar na morte a completa redenção. Assim, a frustração e o mal-estar em "estar na vida", para retomar a análise sartre-freudiana já utilizada por Peter Gay, criam a condição de angústia e dor capaz de gestar a saída radical, homicida. Essa vem por meio da "cura": a oferta de uma saída na qual o indivíduo aniquila seu próprio "Eu", destruindo o seu passado – visto como *haram* [pecado] – e abrindo o caminho para a salvação. Esse passado – drogas, bebidas, cigarros, sexo, pequenos delitos – e, ainda, mesmo que seja ou não um passado vivido pelo "Eu" ou simplesmente um recalque, um presente que ofende a *Ummah*, ao contradizer o que é entendido por "Revelação" e "Verdade", gera o combustível para o ato homicida. O pecado de um só indivíduo ofende toda a *Ummah*, como o pai, tentando desviar a longa história de recalque e trauma de Omar, narra o impacto do filho em ter visto, em Miami, um casal gay se beijando – ora, quantos gays ele viu se beijando na Boate Pulse? O impacto seria, na verdade, ver em público, como ato de liberdade e de afeto, um beijo que estava guardado, como recalque, no escuro das noites na Pulse.

Como ele mesmo viveu o pecado, sua salvação é eliminar o pecado do Outro, não para salvar o Outro, mas para salvar a si mesmo. Esses indivíduos, com tais perfis, são, como vimos, os mais procurados pelo alistamento jihadista e para a (re)conversão – por sinal, por qualquer um dos fundamentalismos monoteístas que oferecem a "cura" divina para o alcoolismo, uso de drogas ou formas de expressão sexual. Não são exatamente "lobos solitários", posto que esses não aceitam lideranças e não fazem juramentos de lealdade. Nesse caso de Orlando, como San Bernardino, Paris e Bruxelas, tais indivíduos querem fazer parte de um grupo, de uma "brigada" com fins de salvação, e se alegram em ser liderados e receber instruções – muitas vezes, vagas e sem um objetivo certo, mas voltadas para o terror. Nesse caso, tal a profundidade do trauma, só o terror liberta.

O perfil dos jovens envolvidos nos ataques contra o *Charlie Hebdo*, dos atentados de Paris e Bruxelas e, antes disso, em Boston – os dois irmãos chechenos – encaixam-se perfeitamente nesse quadro, sendo que os terroristas de Mollenbeck, bairro periférico de Bruxelas, tinham histórico policial de pequenos delitos e uso de drogas. Muitos dos locais agenciadores funcionam exatamente com instituições religiosas de combate ao uso do álcool e de drogas pelos jovens de origem árabe, anômicos e desesperançados. Nesse sentido, as entrevistas e o material de propaganda do militante (comandante de uma brigada da Frente Al-Nuzra e chefe do recrutamento na França e Bélgica), Omar Diaby, são esclarecedoras. Para Diaby (nascido em 1975, na França, de pais senegaleses), ele mesmo um terrorista confesso, os militantes do Daesh são recrutados entre viciados e ladrões, não possuem cultura teológica, e, quando armados, ficam sem controle. Com o rigor teológico da Al-Nuzra/Al-Qaeda, Diaby se sente indignado, nas entrevistas concedidas, com a autodenominação de "islâmico" do Daesh.[45]

Notas

1. Para o conceito de "outro conveniente", ver GAY, 1998.
2. Para uma crítica "por dentro" do Islã contra o fundamentalismo, ver: AL--AZMEH, 1996.
3. Utilizamos para este trabalho duas versões do Alcorão: a edição *standard*, da Universidade de Oxford (THE KORON. Oxford: University Press, 1964); e a edição bilíngue (árabe-francês) da Associação Muçulmana da França (LE NOBLE Coran, 2002). Acesso em 11/12/2017. Todas as traduções citadas neste ensaio são nossas.
4. Há uma clara exceção para os cristãos chamados de "nazarenos", organizados em ordens religiosas ou mosteiros que abrigavam pobres, davam esmolas e viviam na simplicidade e na pureza moral; estes são considerados antecessores, sábios e verdadeiros "crentes". Ver Surata 5, dita "A mesa servida", os versículos 81-82: "E encontrarás nos que dizem: 'Somos nazarenos' os mais próximos em afeição dos crentes. Porque, entre estes, há monges e sacerdotes, e porque não se ensoberbecem." LE NOBLE Coran, op. cit.
5. Surata 5, "A mesa servida", versículo 81.
6. *Idem*, versículos 65-66.
7. *Idem*, versículo 51.
8. Surata 48, "A vitória", versículo 10.
9. Surata 2, "A vaca", versículos 190-191.
10. *Idem*, versículo 190.
11. *Idem*, versículo 192.
12. *Idem*, versículo 216.
13. Surata 4, "As mulheres", versículos 73-74.
14. *Idem*, versículos 76-77.
15. Traduzido por "catástrofe", referindo-se ao exílio imposto a mais de setecentos mil árabes palestinos, em 1948, quando da criação do Estado de Israel.
16. Surata 48, "A vitória", versículos 15-16.
17. Surata 4, "As mulheres", versículos 94-95.
18. Para esse assunto, ver TEIXEIRA DA SILVA; CHAVES, 2010, pp. 17ss.
19. Trata-se do conjunto de leis que rege o Islã na esfera da vida cotidiana, englobando desde as atividades públicas – política, economia, negócios, entre outros – à conduta privada, no âmbito da família, da sexualidade, vestimentas, higiene etc. Carrega, hoje, o sentido de "caminho para a fonte".
20. MOULINE. Acesso em 10/12/2015.

21. A estratégia aqui explicitada foi apresentada pelo pesquisador francês do CNRS, Nabil Mouline, a partir de um opúsculo de difusão na internet denominado *De l'Administration de la Sauvagerie: l'étape la plus critique que franchir à la communauté des croyants*, atribuído a um certo Abu Bakr Naji, com certeza um pseudônimo.
22. É interessante notar, nesse contexto, como veremos, a incapacidade da França, dos Estados Unidos e da Federação Russa em acordar uma frente única de enfrentamento do Daesh e como a Conferência de Viena – que deveria ser o fórum único sobre o conflito – é desafiada por iniciativas como a Conferência de Riad. Mesmo nos Estados Unidos, a elite militar, influenciada pela herança da Guerra Fria, insiste em apontar a Rússia como o maior risco aos Estados Unidos, não recuando perante a possibilidade de um califado ameaçador no flanco sul da Rússia. Ver sobre a permanência do "espírito" da Guerra Fria nos Estados Unidos: "General norte-americano: Rússia (e não o Daesh) é o inimigo nº 1 dos EUA." Agência Sputnik. Acesso em 2/11/2017.
23. Surata 47, "Mohamad", versículos 37-38.
24. Surata 3, "A Tribo de Omran", versículos 184-185.
25. *Idem*, versículos 194-195.
26. Surata 5, "A mesa servida", versículo 87.
27. KEDDIE, 2006.
28. Ver para esse debate: HABERMAS. Acesso em 10/12/2015.
29. Para o amplo debate das visões ocidentais sobre o Oriente, ver: SAID, 2011.
30. GUZMÁN, 2001, pp. 111-112.
31. Podemos, à guisa de exemplo, descrever os *barracks* norte-americanos estabelecidos na Arábia Saudita na Primeira Guerra do Golfo (pela restauração do Kuwait), quando as Forças Armadas dos Estados Unidos levaram para o "solo santo" do Profeta alimentos proibidos – bacon, por exemplo –, cinemas, sexshops, mulheres fardadas e dirigindo departamentos e mantendo relações livres com homens, além de música, cinema e jogos considerados altamente *haram* (proibidos, vedados ao crentes ou simplesmente pecaminosos).
32. Ver o trabalho fundamental de RAMADAN, 1998.
33. GELLNER, 1981; BERQUE, 1964; RODINSON, 1993.
34. Usamos aqui, neste esboço das correntes muçulmanas, as propostas do professor CHARFI, 1998.
35. Trata-se do pensador tunisiano Abdelmajid Charfi, comentado por FILALI-NASARY, 2003, p. 248.
36. AL-JABRI, 1986.

37. FAZLUR-RAHMAN, 1980.
38. Surata 3, "A Tribo Omran", versículo 29.
39. OXFORD ISLAMIC STUDIES On-line. Acesso em 3/12/2017.
40. Surata 16, "As abelhas", versículo 106.
41. Ver para esse debate: ISLAM Against Extremism. Acesso em 10/12/2015.
42. Ver: RAUFER (Org.), 2007.
43. SANDERS *et al.* Acesso em 13/6/2016.
44. MAZZETTI *et al.* Acesso em 13/6/2016.
45. SEELOW. Acesso em 29/5/2016.

Referências

AL-AZMEH, Aziz. *Muslim Kingship. Power and the Sacred in Muslim, Christian and Pagan Polities.* Londres: I. B. Tauris, 1996.

AL-JABRI, Mohammed A. *Critique de la Raison Arabe.* Vol. 2 – Structures de la Raison Arabe. Casablanca: Maison de la Culture, 1986.

BERQUE, Jacques. *Langages Arabes du Présent.* Paris: Seuil, 1964.

CHARFI, Mohammed. *Islam et Liberté: le Malentendu Historique.* Paris: Albin Michel, 1998.

SEELOW, Soren. Donné Pour Mort, le Djihadiste Omar Diaby Fait Son Retour Sur la Scène Médiatique. *Le Monde*, 29/5/2016. <http://www.lemonde.fr/police-justice/article/2016/05/29/donne-pour-mort-le-djihadiste-omar-diaby--fait-son-retour-sur-la-scene-mediatique_4928585_1653578.html>. Acesso em 29/5/2016.

FAZLUR-RAHMAN, Malik. *Muhammed: the Educator of Mankind.* Londres: Muslim Schools Trust, 1980.

FILALI-NASARY, Addou. *Réformer l'Islam?* Paris: La Découverte, 2003.

GAY, Peter. *O cultivo do ódio.* Trad. Sergio Flaksman. São Paulo: Companhia das Letras, 1998. (A Experiência Burguesa: da Rainha Vitória a Freud, 3).

GELLNER, Ernst. *Muslim Society.* Cambridge: Cambridge, University Press, 1981.

"General norte-americano: Rússia (e não o Daesh) é o inimigo nº 1 dos EUA." Agência Sputnik, 14/12/2015: Disponível em: <http://br.sputniknews.com/mundo/20151214/3064205/general-eua-russia-daesh-inimigo-numero-um.html#ixzz3uK3gn2CC>. Acesso em 2/11/2017.

GRANDMAISON, Olivier Le Cour. *Coloniser, Exterminer.* Paris: Fayard, 2005.

GUZMÁN, Roberto Marín. *El Fundamentalismo Islámico en el Medio Oriente Contemporáneo*. São José: Editorial Universitário da Costa Rica, 2001.

HABERMAS, Jürgen: Le Djihadisme, une forme moderne de réaction au déracinement. *Le Monde*, 21/11/2015. Disponível em: <http://www.lemonde.fr/idees/article/2015/11/21/jurgen-habermas-le-djihadisme-une-forme-moderne-de-reaction-au-deracinement_4814921_3232.html>. Acesso em 10/12/2015.

ISLAM AGAINST EXTREMISM. <http://www.islamagainstextremism.com/>. Acesso em 10/12/2015.

JAMES, Lawrence. *The Golden Warrior*. Londres: Abacus, 2005.

LE NOBLE CORAN. Complexe de Le Roi Fahd. Paris: Associação Muçulmana da França, 2002. Disponível em: <http://mosquee-montataire.fr/khotba-du-19062015-al-moujahada/>. Acesso em 11/12/2017.

MOULINE, Nabil. Daesh: Harcèlement, Violence, Propagande... Le Plan de conquête en 3 étapes de l'EI. *Nouvel Observateur*, 5/7/2015: Disponível em: <http://leplus.nouvelobs.com/contribution/1393632-daesh-harcelement-violence-propagande-le-plan-de-conquete-en-3-etapes-de-l-ei.html>. Acesso em 10/12/2015.

SANDERS, Kerry; RAHIM, Fazul; VINOGRAD, Cassandra. Omar Mateen's Father Apologizes After Orlando Pulse Massacre. *NBC News*, 13/6/2016. Disponível em: <http://www.nbcnews.com/storyline/orlando-nightclub-massacre/omar-mateen-s-father-apologizes-after-orlando-pulse-massacre-n590821>. Acesso em 13/6/2016.

MAZZETTI, Mark; LICHTBLAU, Eric; BLINDER, Alan. Omar Mateen, Twice Scrutinized by F.B.I., Shows Threat of Lone Terrorists. *New York Times*, 13/6/2016. Disponível em: <http://www.nytimes.com/2016/06/14/us/politics/orlando-shooting-omar-mateen.html?mwrsm=Facebook&_r=0>. Acesso em 13/6/2016.

OXFORD ISLAMIC STUDIES On-line, *In*: <http://www.oxfordislamicstudies.com/article/opr/t125/e2319>. Acesso em 3/12/2017.

RAMADAN, Tariq. *Aux Sources du Renouveau Musulman*. Paris, Bayard, 1998.

RAUFER, Xavier (Org.). *Atlas de l'Islam Radical*. Paris: CNRS Éditions, 2007.

RODINSON, Maxime. *L'Islam: Politique et Croyance*. Paris: Fayard, 1993.

THE KORON. Oxford: Oxford University Press, 1964.

5. A guerra dos povos sem Estado

Kalina Vanderlei

Sem Estado?

Discutir a guerra dos povos sem Estado é uma tarefa árdua, uma vez que "sem Estado" é uma construção discursiva que engloba uma vastidão de sociedades ao longo do tempo e do espaço, com muito pouco em comum umas com as outras, para além da ausência dessa estrutura sociopolítica. Uma ausência que, por si só, pouco explica sobre tais sociedades, mas que, da perspectiva ocidental – uma perspectiva tão centrada na "presença" do Estado –, é o elemento mais óbvio de diferenciação cultural.

Muito já foi dito sobre o problema de classificar culturas tão díspares e complexas como os maori, no século XIX, os khoisan pré-coloniais e os ianomâmi, no século XX, debaixo de uma mesma definição, mas o imaginário ocidental continua a fazer isso, apesar das vozes dissonantes de muitos especialistas, em geral, influenciadas pela Antropologia, que se preocupam em estudar cada sociedade a partir de suas dinâmicas internas e específicas. E, no entanto, as concepções dominantes entre os não especialistas ainda são aquelas que consideram tais sociedades "selvagens" ou "primitivas", ainda predominando a generalizante associação de "sem Estado" com "barbárie". Uma associação que chega mesmo a ultrapassar o senso comum, alcançando também a historiografia, que tem problemas com a forma pela qual aborda tais sociedades, ainda recorrendo a termos hoje obsoletos, como o conceito de "tribo".

Tal conceito integra a classificação evolucionista de estruturas sociais projetada por Elman Service, segundo a qual a tribo aparece como um patamar intermediário entre os "primitivos" bandos e os "evoluídos" Estados. Essa classificação, elaborada na segunda metade do século XX, exerceu grande influência na definição das sociedades sem Estado enquanto tribos. Claro está, entretanto, que, mais do que criar a generalização de tais sociedades perante este estereótipo comum, a classificação de Service apenas reproduziu o uso, já em voga no Ocidente, de uma terminologia comumente empregada para as culturas não estatais, desde os primeiros momentos da expansão ultramarina europeia.[1] Segundo essa tipologia, as sociedades podem ser organizadas em ordem ascendente, tendo na base de sua pirâmide aquelas consideradas mais "primitivas", ou seja, as mais distantes do modelo dos Estados ocidentais. Seriam os ditos bandos nômades. A evolução que Service imbuiu em sua classificação levaria, por sua vez, aqueles bandos mais bem-sucedidos a se tornarem tribos; e essas a se tornarem chefias, ou cacicados, até o ápice da evolução social, que seria o Estado.[2] Nessa categorização, qualitativa e hierarquizante, todas as sociedades deveriam evoluir da mesma maneira, até culminarem no Estado, ao modo das culturas europeias. Logo, aquelas que não possuíssem Estados eram consideradas atrasadas, primitivas, selvagens. Uma visão reducionista bem de acordo com o cientificismo e o evolucionismo das Ciências Sociais iniciados no século XIX, e que sofreu severas críticas a partir do último quartel do século XX.

Entre aqueles que se levantaram contra essas generalizações etnocêntricas estava o antropólogo Pierre Clastres, que, nas décadas de 1960 e 1970, começou a afirmar que um dos maiores problemas no estudo das sociedades ditas sem Estado é que, ao nos debruçarmos sobre elas, tentamos descrevê-las a partir de estruturas que lhes são estrangeiras. Um tipo de abordagem que, para ele, está centrado na análise pelo "critério da falta", ou seja, quando uma dada sociedade é estudada a partir de um elemento que não existe em sua cultura, em lugar de ser observada a partir das estruturas e fenômenos socioculturais e políticos que realmente a constituem. E o primeiro e o mais importante desses elementos estrangeiros a serem procurados na equação da "falta" seria o Estado. Afinal, tais sociedades não são apenas julgadas e classificadas pela ausência do Estado, mas chegam mesmo a ser definidas por essa ausência como sociedades "não estatais".[3] Nesse sentido, a própria definição de um conjunto de sociedades como sociedades "sem Estado" deixa à mostra a ainda grande inabilidade da historiografia e de outras Ciências Sociais em lidar com culturas nas quais essa construção sociopolítica não existe. Um problema que apenas é agravado pela constante referência historiográfica ao conceito de "civilização", outra das criações do progressismo oitocentista totalmente baseada na presença do Estado.

Outro problema clássico dos estudos das ditas sociedades não estatais, anteriormente chamadas de sociedades tribais, é a tendência a considerá-las a-históricas, ou seja, culturas congeladas no tempo. Nada mais longe da verdade, como já enfatizou a antropóloga Manuela Carneiro da Cunha, em sua busca por desmistificar a percepção de que as sociedades indígenas brasileiras, consideradas "simples", não teriam mudado ao longo do tempo, e por isso não teriam história.[4] A verdade é que "todas" as sociedades mudam ao longo do tempo, independentemente de possuírem ou não Estado, já que a mudança é uma das dinâmicas mais comuns da humanidade e uma das bases da história. E essas mudanças são muito visíveis em sociedades não estatais, no que diz respeito especificamente ao tema deste livro, a guerra. Durante os confrontos com o mundo europeu em expansão, muitos povos sem Estado demonstraram uma intensa adaptabilidade no que dizia respeito a armas e à criação de novas táticas de guerra; uma adaptabilidade que terminou por influenciar mudanças estruturais em suas próprias sociedades, assim como nas sociedades coloniais em formação. Um fenômeno muito visível, por exemplo, entre os indígenas das Grandes Planícies norte-americanas, cujo sucesso na resistência contra os avanços europeus, até finais do século XIX, esteve principalmente baseado na adaptação bem-sucedida que fizeram de cavalos e armas de fogo.[5]

Históricas, únicas e em constante mudança, as sociedades ditas sem Estado ainda costumam ser generalizadas e reduzidas. Caso exemplar dessa situação são as descrições dos povos indígenas brasileiros, comumente chamados de "índios"; um termo não apenas redutivo, mas historicamente problemático; um termo culpado, entre outras coisas, por impor a diferentes culturas os mesmos traços culturais simplistas: sob a nomenclatura de "índios" são jogados povos tão diferentes como os atuais guarani, fulni-ô e munduruku, junto com populações coloniais e pré-coloniais, como os tupi e os cacicado da bacia do Amazonas no século XVI. Assim, a terminologia "índio" faz muito mais do que reunir diferentes grupos em diferentes momentos históricos: ela os homogeneíza. Debaixo dessa palavra, o discurso hegemônico no Brasil tenta enquadrar, sem atenção para as muitas mudanças históricas sofridas por essas culturas, ao longo dos séculos, tanto grupos que hoje estão integrados à sociedade brasileira quanto todas as sociedades nativas americanas que habitavam o território da América portuguesa, entre os séculos XVI e XIX, e mesmo em séculos anteriores. Isso a despeito de que, hoje, não poucos são os especialistas que tentam estabelecer limites para as noções de "índio", "primitivo" e "tribal", estudando cada sociedade a partir de suas próprias construções sociais e identidades internas.

Dessa forma, para alcançarmos o objetivo deste capítulo, que é discorrer sobre a guerra nas sociedades não estatais, precisamos, em primeiro lugar, estabelecer que sociedades são essas que vamos estudar, uma vez que é impossível condensar aqui as estruturas militares de todas as sociedades não estatais ao longo da história da humanidade. De quais sociedades estamos falando, e, quando as estamos estudando, são duas perguntas fundamentais que precisam ser respondidas antes de adentrarmos o tema específico da guerra dos povos "sem Estado", uma vez que, assim como todos os outros elementos culturais e estruturas sociais, os significados da guerra, suas técnicas e formas variam bastante entre uma e outra sociedade não estatal. Além disso, também não podemos generalizar a natureza militarista de todas as sociedades ditas sem Estado, apesar de que, para o historiador militar John Keegan, diferentemente de como a guerra era compreendida no mundo ocidental da Idade Moderna – onde se esperava que ela assumisse uma determinada forma, em um determinado espaço e obedecendo a determinadas convenções, dentre as quais uma das mais importantes era que tivesse começo, meio e fim – para os povos sem Estado, a guerra seria sempre endêmica, sem começo ou fim.[6] Uma afirmação que é generalizante e deve ser observada com cuidado quando imposta a todas as sociedades não estatais, pois reflete bem a forma pela qual muitas dessas sociedades foram vistas durante muito tempo pelo imaginário ocidental. Entre elas, os tupinambá no século XVI.

A sociedade tupinambá, como registrada no momento dos primeiros contatos e confrontos com os europeus, era, sem dúvida, uma sociedade movida pela guerra, possuindo uma natureza belicista que não passou despercebida nem pelos cronistas coloniais nem pelos estudiosos no século XX: a própria tese de Pierre Clastres, segundo a qual o Estado não é um fenômeno inevitável na história, foi construída com base na observação dos tupinambá, no momento da conquista europeia, e das estratégias culturais que eles construíram para evitar o surgimento do Estado. Também Florestan Fernandes, autor paradigmático nas Ciências Sociais brasileiras, elaborou uma obra clássica em torno e acerca da guerra na sociedade tupinambá e de suas funções e significados. Mais recentemente, autores como Manuela Carneiro da Cunha, Eduardo Viveiros de Castro e Carlos Fausto voltaram ao tema, observando a guerra tupinambá em associação com elementos culturais, tais como as noções de vingança.[7]

No geral, as estruturas bélicas dos grupos indígenas durante o processo de colonização da América portuguesa estiveram entre os elementos socioculturais dos povos nativos que mais influíram em sua interação com os europeus: os flecheiros tupi, gês ou aruaques exerceram enorme influência na moldagem da colonização portuguesa, fosse a partir de seu lugar como inimigos ferrenhos ou de seu papel como aliados políticos ou vassalos recalcitrantes – posições contraditórias ocupadas por muitas sociedades indígenas em algum momento da colonização, às vezes, simultaneamente. Um protagonismo, esse dos flecheiros, que facilitou a disseminação da fama de "bárbaros" da maioria dos grupos indígenas em contato direto com a colonização. Uma fama já alimentada, é claro, pela ausência do Estado em suas sociedades, o que levava os portugueses a definirem-nos como povos "sem fé, lei ou rei".[8] E, entre a miríade de grupos indígenas cujos guerreiros foram altamente influentes no processo de colonização, talvez nenhum tenha sido tão bem registrado quanto os tupinambá, no século XVI, tornando-os, logo, uma das sociedades não estatais mais bem estudadas da história do Brasil, além de serem uma daquelas sociedades constantemente referidas como totalmente embebidas na cultura da guerra, fazendo com que representem bem a crença ocidental na tese da guerra endêmica entre os povos não estatais.

Essa tese da guerra endêmica instiga o estudo das estruturas militares nas definições antropológicas das sociedades não estatais como um todo, uma vez que essas sociedades foram, durante muito tempo, definidas basicamente a partir da guerra. Isso faz muito sentido quando lembramos, primeiro, que a maioria dessas culturas esteve em conflito aberto com o Ocidente, fazendo com que suas estruturas militares se tornassem óbvias para os observadores estrangeiros; e, em segundo lugar, que os conceitos evolucionistas oitocentistas associavam as sociedades não estatais, em geral ditas tribais, à barbárie, logo, tornando imprescindível sua associação com a guerra sem limites.

Antropologia da guerra tribal

Pelas razões apontadas anteriormente, a guerra dos povos sem Estado tem sido um dos objetos de estudo favoritos das Ciências Sociais, praticamente desde a constituição dessa área de conhecimento. Especificamente no que concerne à chamada guerra indígena dos povos nativos americanos, muitos são os antropólogos que se debruçam sobre a cultura bélica como uma forma de entender e interpretar tais povos, mas, de forma mais ampla, também como uma forma de classificar diferentes sociedades e o próprio funcionamento da relação entre cultura e estruturas sociais, com ou sem Estado. Trata-se de uma abordagem que considera a guerra promovida pelos povos sem Estado – a guerra "tribal", para usarmos uma expressão clássica[9] – um fenômeno que fala sobre a própria configuração da experiência humana, e não apenas sobre as sociedades específicas que a promovem. Essa metaimportância temática da guerra tribal para as Ciências Sociais pode vir, por um lado, da própria natureza tipificadora dessas ciências, mas, por outro, da origem etnocêntrica de tais ciências, segundo as quais, na observação das sociedades "simples", residem respostas para os fenômenos das sociedades complexas.

Existem correntes inteiras dentro da Antropologia preocupadas com a guerra nas sociedades sem Estado. E, entre essas correntes, aquelas dedicadas especificamente à antropologia da guerra indígena, interessadas no estudo das estruturas e dos significados bélicos nas sociedades nativas americanas, antes e durante a colonização das Américas. O antropólogo Diego Villar sintetiza algumas das principais abordagens antropológicas empenhadas em compreender a guerra indígena e seus muitos significados intrínsecos. Segundo ele, em primeiro lugar está a tese de Clastres, na qual a guerra surge como uma forma de impedir o surgimento do Estado e de estacar o crescimento demográfico de determinadas sociedades. Essa tese, segundo Villar, é antievolucionista por natureza, e apresenta a guerra como um elemento positivo, definitivo na composição da estrutura social indígena. Por outro lado, a nova antropologia franco-brasileira, representada por autores como Manuela Carneiro da Cunha, Carlos Fausto e Eduardo Viveiros de Castro, trata a guerra indígena a partir da tese da predação, na qual, diferentemente da visão de Clastres, os grupos sociais não preexistem à guerra, mas se formam a partir dela e da luta contra o inimigo, sendo essa luta o elemento principal a definir a própria identidade de cada grupo.[10]

Mas, apesar das diferenças, tanto Clastres quanto Cunha, Fausto e Castro pensam a guerra indígena a partir da cultura, procurando seus significados dentro das próprias sociedades estudadas. Ainda segundo Villar, no entanto, nem todas as abordagens antropológicas seguem essa linha: outras teses criticam essa visão culturalista, afirmando que, uma vez que as fontes para a guerra indígena são coloniais, mostrando uma realidade já diferenciada do que teria sido a guerra americana antes da chegada dos europeus, tais fontes não falariam das estruturas e significados da guerra indígena "pura", mas sim das formas que a cultura e as estruturas bélicas indígenas teriam tomado após a intervenção europeia. Para os defensores dessa abordagem, a guerra indígena não seria um objeto conceitual em si, mas deveria ser observada caso a caso, a partir de cada conjuntura específica. Villar cita como exemplo desses estudiosos Brian Ferguson e sua análise da guerra ianomâmi como um fenômeno gerado mais pela influência de missionários e outros estrangeiros do que pela própria cultura ianomâmi.[11] As teses de Ferguson, principalmente aquela que afirma que teria sido o contato com os europeus o principal responsável pelo aumento da incidência de conflitos entre os indígenas americanos,[12] foram tão discutidas pelos antropólogos especializados no assunto que quase teriam transformado, segundo Villar, a guerra ianomâmi em uma disciplina dentro da disciplina. Além de atribuir a guerra ianomâmi aos missionários, Ferguson também debate a origem da própria crença ocidental na selvageria tribal, voltando à afirmação de Thomas Hobbes, em seu *Leviatã* (1651), de que as populações indígenas americanas viveriam sempre em um estado de violência que seria indicativo da natureza selvagem, própria do homem quando não sujeito à autoridade do Estado (especificamente no que concernia a Hobbes, esse Estado seria o absolutista). Quanto a isso, Ferguson afirmou que "a violência selvagem observada por Hobbes não era uma expressão do 'homem em estado de natureza', mas uma reflexão do contato com o Leviatã de Hobbes – os estados da Europa Ocidental".[13] Ou seja, segundo ele, os povos indígenas em estado de guerra mencionados por Hobbes não "viveriam" em estado de guerra, como acreditara esse autor seiscentista, mas "estariam" em estado de guerra no momento do contato com os europeus; um estado de guerra gerado por esse mesmo contato.

Seja como for, esse grande interesse da Antropologia nos significados socioculturais da guerra nas sociedades americanas pré-coloniais termina por legitimar a crença na guerra indígena como um fenômeno endêmico das sociedades não estatais: enquanto antropólogos franceses e brasileiros estudam a importância da guerra para a cultura tupinambá, os norte-americanos discutem o endemismo da guerra entre os grupos nativos das planícies da América do Norte. Entre estes, insere-se Bamforth, que defende, entre outras coisas, que, diferentemente do que pensam aqueles que acreditam que teria sido o contato com os europeus a causa principal do crescimento da importância da guerra nas sociedades indígenas, a análise de dados arqueológicos sugere que, pelo menos no que diz respeito aos povos das Grandes Planícies, a guerra já era endêmica muito antes da conquista.[14]

Entretanto, é preciso considerar que toda essa discussão sobre a natureza endêmica da guerra entre os povos ditos "sem Estado" tem um fundo político. Como ressalta Carlos Fausto: "A imputação de violência aos povos nativos foi uma justificativa comum para sua redução, expulsão ou extermínio.[15] Por isso, importa muito se alguns defendem que a violência é uma característica básica dos grupos indígenas, como Thomas Hobbes, assim justificando a ação dos Estados da Europa Moderna sobre a América. O atual Ocidente, ainda segundo Fausto, categoriza os indígenas dentro de dois modelos: o do selvagem canibal, sempre em guerra, o modelo de Hobbes; ou o de Rousseau, o bom selvagem, em paz e em perfeita interação com a natureza. Essa categorização exige que todos os indígenas, hoje, se encaixem em uma dessas visões, sendo que a própria Antropologia teria se apropriado do estudo de suas sociedades como modelos padrões para o estudo do todo da humanidade.[16] Para esse autor, todas essas abordagens são reducionistas, e mesmo a grande importância que a Antropologia dá às sociedades indígenas como modelos de comportamento partiria da arraigada crença na existência de um modelo natural de comportamento humano e na possibilidade de se alcançar esse modelo observando as sociedades ditas mais primitivas.[17] Assim, todo nosso interesse na guerra indígena seria reducionista ou interesseiro, principalmente por ser ele derivado de cinco séculos de visões reducionistas e interesseiras do Ocidente sobre os povos sem Estado da América.

Viver a guerra: guerra e vingança tupinambá

Contudo, apesar de toda essa polêmica, os antropólogos continuam estudando a guerra indígena em diferentes momentos e em diferentes sociedades. No caso brasileiro, talvez nenhuma dessas histórias da guerra seja tão emblemática quanto a da sociedade tupinambá. Não que esse seja hoje o único tema de interesse nessa sociedade. João Azevedo Fernandes, por exemplo, escreveu um belo tratado sobre as mulheres tupinambá que foi muito além da guerra, apresentando uma visão feminina dessa sociedade, quase sempre enfocada pela ótica militar, a ótica masculina.[18] Antropólogos clássicos também se preocuparam com temáticas como a religião tupi, caso de Hélène Clastres.[19] Mas a guerra tupinambá continua a ser um tema central, principalmente devido à sua associação com o mais paradigmático entre todos os temas de estudo tupinambá, a antropofagia.

Os tupinambá ora são apresentados como sinônimo de todo o grupo linguístico tupi, ora, como é mais comum, como uma de suas "nações" específicas.[20] E, enquanto "nação" tupi, compartilhava língua e cultura com as outras "nações" tupi, apesar de, também como as outras, serem obstinadamente independentes entre si: as "nações" tupi, apesar de integrarem um universo cultural comum, eram ferrenhas inimigas umas das outras. Cada grupo tupi era composto por conjuntos de aldeias espalhadas por vastos territórios, cada um desses conjuntos compartilhando uma mesma identificação étnica, baseada em uma ancestralidade comum a todas as aldeias, mas sem possuírem chefias unificadas. Cada um desses grupos – aos quais os portugueses denominaram indistintamente de "nações" –, era frequentemente inimigo entre si, sendo que a memória de inimizades ancestrais, ao lado da memória de antepassados comuns, era um dos fatores principais na definição da identidade de cada grupo tupi.

Tupiniquim, tupinambá, caeté e potiguar foram os grupos tupi que mais interagiram com os colonos, e, por isso, os mais documentados. Nas primeiras décadas do século XVI, eles se espalhavam pela floresta atlântica desde o Paraguai – o território de seus parentes guarani – até o atual Ceará, em números que são hoje muito difíceis de estabelecer, mas sobre os quais talvez seja suficiente dizer que, onde quer que os europeus aportassem, encontravam os tupi. Não que eles fossem os únicos habitantes da região, pois, se suas aldeias se espalhavam pela costa, em diferentes trechos da mesma podiam ser encontrados grupos não tupi, a quem eles se referiam, de forma pejorativa, como "tapuia", ou seja, "bárbaros": caso dos goitacás, dos aimorés e dos tremembés.[21]

Apesar disso, no momento em que os primeiros exploradores europeus aportaram, os tupi estavam havia séculos engajados em um processo de migração que culminara com sua hegemonia sobre a floresta costeira atlântica, e que ainda continuava em franca expansão quando os primeiros choques coloniais tiveram início. Essas migrações os havia tirado de sua terra de origem, provavelmente no Amazonas, e os levado a colonizar a costa, inclusive expulsando outras populações que já habitavam a região havia mais tempo.[22] Migrações que estavam, além disso, em total sintonia com sua religião, que acreditava na existência de uma paradisíaca "Terra-Sem-Mal", que poderia ser alcançada em vida; e com sua estrutura política, elaborada, segundo antropólogos como Clastres, de forma a evitar o surgimento do Estado.

Nesse cenário, o cotidiano tupi se desenrolava em aldeias que poderiam alcançar até três mil habitantes cada uma. O que as unia, além de língua e cultura, era a crença em um parentesco original, que também as distanciava de outras "nações", sempre vistas como inimigas primordiais.[23] Em tal cenário, a base da cultura política tupi era a guerra e a vingança. Guerra *para* vingança, na verdade, em geral, feita contra os inimigos antepassados, definidos por uma cultura bélica que não se importava com a conquista de territórios ou de escravos. A guerra era feita para despejar sobre os inimigos – em geral a "nação" tupi mais próxima – uma vingança ancestral. Isso fazia com que vingança e guerra formassem a base cultural de toda a sociedade tupi, e produzissem uma prática que horrorizaria os europeus, o canibalismo. Um ritual que, no entanto, era apenas parte do complexo culto à vingança tupi, sua maior fonte de honra e que produziria a total dedicação dessa cultura à guerra.

Como reconheceu um dos cronistas a melhor registrar o cotidiano tupinambá, o artilheiro alemão Hans Staden – que passou nove meses como seu prisioneiro, no local onde hoje é Ubatuba, em São Paulo –, os europeus entendiam por que os tupi executavam os inimigos, mas não entendiam por que os cativos precisavam ser comidos. E esse porque é, de fato, uma questão central na compreensão da cultura tupi, assim como na de outros povos canibais pelas Américas e pelo mundo. No caso específico dos tupi, o canibalismo, assim como a guerra, fazia parte do complexo culto à vingança sobre o qual se fundamentavam suas tradições de honra e bravura. Em sua cultura, o valor, a honra e mesmo a possibilidade de adentrar uma terra paradisíaca estavam todos associados ao desempenho das funções sociais que cabiam a cada indivíduo, nada tendo a ver com qualquer divindade. E, no topo de sua hierarquia social, baseada no prestígio, estavam os guerreiros. Quanto melhor e mais hábil um guerreiro, mais prestígio ele teria, mais esposas poderia conseguir, e, com as esposas – que dominavam a agricultura –, mais possibilidades de garantir uma importante parcela da produção alimentícia que, distribuída, lhe conferiria ainda mais prestígio. Assim, quanto melhor o desempenho bélico de um homem, melhor sua condição social. Mas, se essa valorização extrema da força masculina justificava a importância absoluta da guerra na sociedade tupi, por si só não explicava o canibalismo. Esse estava associado a um outro elemento cultural: a crença de que as habilidades, a coragem e a força de um guerreiro eram transferíveis. Essa crença era compartilhada por todas as "nações" tupi, e, por isso, era uma honra ser devorado pelos adversários, um elogio. Como diziam os guerreiros, a melhor tumba era a barriga do inimigo. Por isso, o ritual antropofágico se apresentava como uma grande festa, quando todos comemoravam a apresentação daquele que seria executado e devorado, inclusive o próprio prisioneiro, que se excedia na bebida e nos juramentos de vingança a serem infringidos por sua "nação". Nesse grande teatro, se o papel principal era sem dúvida dos guerreiros, às mulheres cabia uma função não menos importante: a preparação do banquete e da festa que o precedia. Elas preparavam o cauim para a grande bebedeira que antecedia a execução, aprontavam o prisioneiro, incitavam, com palavras ensaiadas e ritualizadas, a execução, e, após essa, cozinhavam a vítima.[24]

Dentro desse contexto cultural, os tupinambá construíram sua cultura bélica. E a observação dessas estruturas militares pode ser feita a partir de duas perspectivas distintas: por um lado, ela pode se debruçar sobre a tradicional equação "guerra e vingança" característica dos tupi e, em geral, levada a cabo com outros grupos tupi; por outro lado, é possível observar a interação dos tupinambá, entre outros grupos indígenas, com os portugueses e os exércitos coloniais, tanto como aliados quanto como inimigos.

No primeiro caso, já foi notada a dificuldade de se estudar a guerra tupi em si própria, fora do contexto da colonização, visto que todas as fontes disponíveis são pós-contato. Mas tais fontes, principalmente os cronistas, podem se provar ricos acervos para aqueles estudiosos que se arriscam a se dedicar a esse tema.

As motivações dos tupinambá para a guerra provocaram grandes discussões na Antropologia brasileira, partindo das teses de Florestan Fernandes, em suas obras clássicas, e das críticas a essas feitas por Manuela Carneiro da Cunha e Eduardo Viveiros de Castro. Mas o foco dessa polêmica não era a guerra em si, ou as táticas bélicas dos tupinambá, mas os sentidos do ritual canibal que motivava as expedições bélicas e que estava no centro da cultura desse grupo. Mais especificamente, Fernandes defendia que o ritual antropofágico, ao invocar a vingança por familiares e integrantes da aldeia mortos pelos inimigos, entre os quais a vítima do sacrifício se incluía, era indicativo de um culto aos ancestrais ativo na cultura tupinambá. Castro discorda dessa tese veementemente, afirmando que não há nenhuma indicação nas fontes coloniais acerca de um culto aos ancestrais na cultura tupinambá.[25] Ele enfatiza, por sua vez, os significados da vingança em todo o processo que envolvia o ritual antropofágico, e a função da vingança enquanto produtora da memória do grupo. Tão importante era a vingança para eles, afirmam Castro e Cunha, que, durante o tumultuado processo de colonização, com a conversão de muitos tupinambá ao catolicismo, o ritual canibal teria sido abandonado mais facilmente do que a execução ritual dos cativos que antes precedia esse ritual.[26] Isso porque seria a vingança a manter viva não apenas a memória dos inimigos, mas a identidade mesma do grupo, e a vingança prescindia do canibalismo.

Contudo, para se chegar na vingança, era preciso fazer guerra, e tal era a importância desta na sociedade tupinambá, que sobre ela estavam depositadas todas as possibilidades de ascensão social e acumulação de prestígio e conforto.[27] A própria masculinidade era definida pelo *status* de guerreiro, e, para se tornar um homem adulto, todo jovem deveria antes vencer o mais importante entre os ritos de passagem: matar seu primeiro inimigo. E, para isso, ele precisaria ir à guerra.

Armas e táticas na guerra tupinambá

É provável que quem melhor tenha estudado tais táticas tenha sido Florestan Fernandes, em sua clássica obra *A função da guerra na sociedade tupinambá* (1952). E, para além dos significados intrínsecos e ideológicos que ele atribuiu à guerra tupinambá, e de toda a polêmica posteriormente gerada por suas teses, no que concerne às práticas, estratégias e armamentos empregados pelos tupinambá no início da Idade Moderna, sua obra ainda é referência, principalmente na descrição de táticas e armas. Nessas descrições, ele se baseia consistentemente nas informações fornecidas pelos cronistas coloniais, a maioria dos quais se refere constantemente a aspectos variados da cultura bélica tupi, sem que nenhum deles, no entanto, tenha se interessado por aprofundar o tema.

No que diz respeito às armas tupinambá, a lista de Fernandes é encabeçada pelos clássicos arco e flechas. Encontramos em cronistas como o padre Fernão Cardim rápidas pistas sobre a elaboração dos arcos como peças de boa madeira e tecido de palma.[28] Fernandes sintetiza a maioria dessas pistas em suas descrições, e lista os diferentes tipos de flechas usadas pelos tupinambá, inclusive projéteis incendiários e os de "gases nocivos".[29] Estes, compostos com fumaça de pimenta, e usados especialmente para desalojar os inimigos escondidos em paliçadas.[30]

Arco e flechas eram usados com extrema habilidade por guerreiros treinados desde a infância e extremamente especializados, a tal ponto que alguns cronistas se referiram a como a habilidade dos guerreiros tupinambá com o arco e flecha chegava a suplantar a dos arcabuzeiros coloniais.[31] Além disso, as fontes coloniais, principalmente documentos oficiais escritos por governadores, capitães e outras autoridades envolvidas com a estrutura militar portuguesa, costumam se referir aos muitos guerreiros indígenas, não apenas tupinambá, aliados dos portugueses, como flecheiro[32] – uma referência tanto a seu armamento, mas principalmente à sua habilidade com tais armas. E muitas são essas fontes, alusivas às muitas ocasiões nas quais esses flecheiros foram empregados.

Entretanto, apesar dessa habilidade com as armas de tiro, segundo Fernandes, não era o arco a arma de predileção dos flecheiros tupinambá, mas sim o tacape.[33] Única arma, inclusive, a ser empregada nos rituais antropofágicos, o tacape é uma arma contundente, o que Fernandes chama de arma de choque, e sua predileção provavelmente derivava do fato de que as expedições militares dos tupinambá tinham como um de seus objetivos mais básicos e práticos o aprisionamento de inimigos para os rituais antropofágicos, o que significa que os guerreiros queriam aprisionar, e não matar os inimigos. Pelo menos não todos os inimigos. Por isso, o caráter das armas tupinambá seria propositalmente limitado em seu poder de destruição.[34]

Já em termos de táticas, segundo Fernandes, os tupinambá dependiam muito mais das habilidades individuais de cada guerreiro do que de um conjunto de movimentos táticos empregados pelo todo do corpo de guerreiros.[35] Apesar dessa afirmação, no entanto, é notável que muitas estratégias indígenas, nesse caso, não restritas aos tupinambá, mas claramente associadas a outros grupos tupi, como os potiguar, foram bastante empregadas durante a colonização para formar o que os portugueses chamavam de "guerra de emboscadas", como veremos adiante.

Seja como for, fossem as táticas tupinambá mais individuais ou previamente elaboradas e culturalmente estabelecidas, suas expedições bélicas, sempre declaradamente em busca de vingança, seguiam uma organização que não deixava nada ao acaso e à individualidade. Fernandes sintetiza o processo de declaração de uma guerra tupinambá, começando quando o conselho de anciões de uma aldeia definia o momento oportuno para uma expedição bélica. As autoridades da aldeia, tanto as lideranças militares, os morubixabas, quanto as religiosas, os pajés, também participavam dessa decisão, após o que começavam as preparações práticas, voltadas para a fabricação de armamentos e mantimentos: enquanto as mulheres preparavam moquém e a farinha de guerra, alimentos secos típicos para o transporte, os homens preparavam canoas, flechas, arcos, tacapes, assim como ornamentos e insígnias. Ao mesmo tempo, ritos religiosos eram realizados para preparar emocionalmente os guerreiros para a batalha. Em alguns desses rituais, os adivinhos, que realizavam divinações com os maracás, afirmavam que os guerreiros deveriam partir para a batalha e capturar inimigos pois os espíritos tinham vontade de comer carne.[36]

Essas expedições não poucas vezes tomavam a forma de viagens fluviais ou mesmo marítimas. E o potencial que os tupinambá tinham para a guerra, inclusive seu aparato náutico, foi registrado por cronistas coloniais, como o artilheiro alemão naufragado Hans Staden.

Staden descreveu e ilustrou o grande contingente de guerreiros e canoas – dois elementos que aparecem nas gravuras de seu livro – que poderia ser arregimentado em suas batalhas. E que esses amplos contingentes e as pelejas em canoas eram fenômenos constantes e são fatos confirmados por outros cronistas, alguns dos quais descreveram combates com mais de quatro mil guerreiros de cada lado, e frotas de até duzentas canoas.[37] Esses elementos tornariam os guerreiros tupi muito requisitados pelos europeus e fariam com que suas técnicas de guerra fossem incorporadas pelas forças militares coloniais, ao longo dos séculos. Mas isso aconteceria de forma gradual, e, naquelas décadas iniciais da colonização, enquanto o catolicismo e o trabalho forçado ainda não haviam alterado as estruturas sociais tupi de forma irreversível, seu único objetivo na guerra era a busca de prisioneiros para os rituais de sacrifício, assim como a própria vingança contra os inimigos históricos, outras "nações" tupi, em batalha. Durante os primeiros séculos da colonização, todavia, talvez esses objetivos não tenham mudado tanto, pois muitas das alianças tupi com os europeus eram firmadas com base em alianças comuns contra inimigos novos e tradicionais.

Povos sem Estado em guerras estatais

Se existem aqueles antropólogos que defendem que não é possível o estudo da guerra nas sociedades sem Estado antes do contato com os europeus, devido à ausência de fontes – e que tudo que sabemos sobre a temática é influenciado pelo próprio confronto com os colonizadores, ou seja, que não é possível estudar a guerra indígena "pura" –, não poucos são os estudos que se debruçam sobre os indígenas em guerra após o início da colonização. Especificamente no que concerne às sociedades nativas americanas que estamos aqui observando, entre as quais os grupos tupi são exemplares, a interação indígena com as guerras estatais aparece na forma de confrontos diretos, mas também enquanto aliados. Uma posição, essa de aliados, que mudou consideravelmente durante o tempo: em um primeiro momento, com os guerreiros indígenas lutando ao lado das tropas coloniais, mas ainda sob sua organização tradicional; e, em um segundo momento, principalmente após o fim da colonização, quando seriam recrutados pelos exércitos estatais.

Os séculos XVI e XVII viram o crescimento e a consolidação da colonização portuguesa na América em diferentes regiões e em diferentes momentos. No século XVI, a costa vivenciou a formação da sociedade açucareira, enquanto o século XVII testemunhou o sucesso de diferentes empreitadas coloniais nos interiores continentais. Em todos os casos, os colonizadores foram confrontados com a resistência direta de vários grupos indígenas, e, em muitos desses casos, essa resistência só foi vencida graças às habilidades táticas e número dos flecheiros aliados aos colonizadores. Caso clássico foi a aliança dos colonos de Pernambuco com os potiguar, contra os caeté, ambos grupos tupi, no século XVI, que terminou com a extinção dos últimos.[38]

É preciso perceber que, da mesma forma que os colonizadores, fossem portugueses, franceses ou espanhóis, usavam os flecheiros indígenas, tupi ou não, em seus conflitos e por seus interesses específicos, também as diferentes "nações" indígenas usavam suas alianças com os colonizadores em suas próprias agendas políticas, contra seus inimigos tradicionais ou contra seus novos adversários europeus. Por exemplo, os tarairiu do sertão, no século XVII, se aliaram aos holandeses em uma tentativa de derrotar e expulsar seus inimigos portugueses do Rio Grande do Norte.[39]

Assim foi que, em todos os conflitos coloniais, fosse contra grupos indígenas, fosse contra outras nações europeias, os colonos portugueses contaram sempre com o apoio de "nações" indígenas, fossem tupi ou não. Esse foi o caso das guerras holandesas, nas quais os portugueses se apoiaram novamente nos potiguar, enquanto os holandeses se aliaram aos tarairiu. Também foi o caso da conquista final do quilombo de Palmares, quando os paulistas de Domingos Jorge Velho comandaram centenas de guerreiros indígenas contra os quilombolas; ou da conquista do Maranhão, no século XVII; ou, ainda, da dita "guerra dos bárbaros", vasto conjunto de conflitos nos quais os limites entre tropas estatais e não estatais muitas vezes se borrava. Em todas essas circunstâncias, os flecheiros foram fundamentais para a vitória colonial, assim como o uso de suas táticas de guerra.[40]

Muitos são os exemplos do envolvimento de grupos indígenas em conflitos de sociedades estatais, exemplos que chegam a incluir a participação dos navajo na Segunda Guerra Mundial, lutando no exército norte-americano. Mas, para além do recrutamento dos soldados indígenas, e da mesma forma que muitos grupos não estatais, a partir do contato com Estados, aqueles se apropriaram de ferramentas de guerra desses últimos. Caso emblemático é a apropriação de armas de fogo pelos tarairiu da América portuguesa, no século XVII, e de armas de fogo e cavalos pelos índios das Grandes Planícies norte-americanas no século XIX. Também não foi raro que os exércitos estatais se apropriassem de técnicas de povos indígenas. Talvez o principal exemplo dessa situação, sendo o desenvolvimento da guerra de emboscadas, ou guerra do mato, pelos luso-pernambucanos durante o conflito com os holandeses no século XVII, guerra essa que era nada mais que a adaptação das táticas de guerrilha indígena contra os adversários holandeses.[41]

Além das táticas, os colonizadores buscavam as próprias habilidades bélicas indígenas, assim como seu peso numérico. E, nesse caso, os exemplos são praticamente incontáveis e podem ser encontrados em todos os conflitos coloniais, tais como o fato de que as tropas dos sertanistas paulistas, durante os conflitos da "guerra dos bárbaros", no Rio Açu, eram compostas em 54% de flecheiros.[42] E esses números são apenas para as tropas paulistas, não contando as muitas companhias de flecheiros constantemente enviadas para o conflito pelas autoridades coloniais. Já as forças coloniais contra Palmares também foram massivamente compostas por guerreiros indígenas, recrutados de aldeias próximas,[43] padrão que se repetiu na conquista do Maranhão, com expedições constituídas, por exemplo, por trinta ou quarenta soldados portugueses e oitocentos flecheiros aliados, empregando mais de quarenta canoas.[44]

Com o passar do tempo, no entanto, e com a desestruturação das sociedades indígenas tradicionais e sua incorporação ao mundo colonial, os indígenas, agora não mais flecheiros, passaram a ser recrutados para o formato tradicional dos exércitos europeus. Isso aconteceu em várias ocasiões, como no recrutamento forçado dos xucuru para a guerra do Paraguai[45] ou na já muito discutida participação dos navajo no exército norte-americano na Segunda Guerra Mundial.[46] Nesses casos, porém, os elementos bélicos tradicionais de cada cultura, se não estavam perdidos, ao menos não eram mais requeridos pelos exércitos estatais. Mesmo no caso dos navajo, durante a Segunda Guerra, sua atuação como *codebreakers*, uma atuação vital, fundamentava-se no uso de sua língua como código desconhecido pelos alemães, e não em suas práticas militares tracionais.

Ou seja, a consolidação dos Estados nacionais americanos parece ter decretado o fim do recurso dos Estados a tropas não estatais, ainda que não necessariamente o fim dos conflitos entre um e outras, que continuariam por todo o século XIX (nos Estados Unidos e no sul do Chile, por exemplo), e, em alguns casos, mesmo no século XX. Isso faz com que a Idade Moderna – o período da colonização das Américas, mas também dos primeiros contatos europeus com a Oceania e da intensificação desses contatos com Ásia e África – se apresente como um momento privilegiado para o estudo da guerra nas sociedades sem Estado, por todas as razões a que nos referimos. Vital, no entanto, é enfatizarmos que nem todas as sociedades não estatais viviam em guerra endêmica, e que a guerra assumia diferentes significados, mais ou menos culturalmente centrais, de povo sem Estado para povo sem Estado. E ainda que o *status* de guerreiro fosse importante na maioria dessas sociedades – como também o era na maioria das sociedades estatais, nesse mesmo momento –, nem todas viviam para a guerra e pela guerra, como os tupinambá.

Notas

1. CLAESSEN. *In*: KRADIN; KOROTAYEV; BONDARENKO (eds.), 2000. pp. 9-26.
2. Para a classificação de Service, ver: SANDERS; MARINO, 1971; SERVICE, 1971.
3. CLASTRES, 2013.
4. CUNHA, 1992.
5. Ver, por exemplo, os comanches nos séculos XVIII e XIX, não poucas vezes referidos como "povo dos cavalos": NOYES, 1994; KAVANAGH, 1996.
6. KEEGAN, 1999, p. 21.
7. CLASTRES, 2013; FERNANDES, 2006; CUNHA; CASTRO, 1985, pp. 191-208.
8. GÂNDAVO, 1576, p. 33.
9. Ver FERGUSON. *In*: MARTEL (Ed.), 2012, pp. 2.232-2.244.
10. VILLAR, 2015.
11. *Ibidem*.
12. AMFORTH, 1994, p. 96.

13. "the wild violence noted by Hobbes was not an expression of 'man in the state of nature' but a reflection of the contact with Hobbe's Leviathan – the states of western Europe". FERGUSON *apud* BAMFORTH, 1994, p. 96.
14. *Ibidem*, p. 95.
15. FAUSTO, 2001, p. 18.
16. *Ibidem*, pp. 20-21.
17. *Ibidem*.
18. FERNANDES, 2003.
19. CLASTRES, 1978.
20. FAUSTO, 1992, pp. 381-396.
21. *Ibidem*, p. 383.
22. *Idem*, 2000, p. 72.
23. CUNHA; CASTRO, 1985.
24. PERRONE-MOISÉS, 2000, pp. 8-20.
25. VELDEN, 2014.
26. CUNHA; CASTRO, 1985, p. 193.
27. CASTRO, 1992, p. 44, pp. 21-74.
28. CARDIM, 2009, p. 189.
29. FERNANDES, 2006, p. 40.
30. *Ibidem*, p. 42.
31. *Ibidem*, p. 452.
32. SILVA, 2009, pp. 305-333.
33. FERNANDES, 2006, p. 46.
34. *Ibidem*, p. 109.
35. *Ibidem*, p. 47.
36. *Ibidem*, pp. 87-96.
37. FAUSTO, 2000, p. 78.
38. FERRAZ, 2008, p. 4.
39. SILVA, 2010.
40. *Ibidem*.
41. XAVIER, 2007, pp. 130-149
42. PUNTONI, 2002, pp. 170-171.
43. CARNEIRO, 1988.
44. LIMA, 2006, p. 219.
45. SILVA, 2005, pp. 51-58.
46. DURRETT, 2009.

Referências

BAMFORTH, Douglas B. Indigenous People, Indigenous Violence: Precontact Warfare in the North American Great Plains. *Man* (New Series), v. 29, issue 1, Mar, 1994.

CARDIM, Fernão. *Tratado da terra e da gente do Brasil*. São Paulo: Hedra, 2009.

CARNEIRO, Edison. *O Quilombo dos Palmares*. Rio de Janeiro: Civilização Brasileira, 1988.

CASTRO, Eduardo Viveiros de. O mármore e a murta: sobre a inconstância da alma selvagem. *Revista de Antropologia*. São Paulo, USP, v. 35, 1992.

CLAESSEN, H. J. M. Problems, Paradoxes, and Prospects of Evolutionism. *In*: KRADIN, N.; KOROTAYEV, A.; BONDARENKO, D. M. (Eds.). *Alternatives of Social Evolution*. Vladivostok: FEB RAS, 2000.

CLASTRES, Hélène. *Terra sem mal*. São Paulo: Editora Brasiliense, 1978.

CLASTRES, Pierre. *A sociedade contra o Estado*. São Paulo: Cosac Naify, 2013.

CUNHA, Manuela Carneiro da. Introdução a uma História indígena. *In*: ______ (Org.). *História dos índios no Brasil*. São Paulo: Companhia das Letras; Secretaria Municipal de Cultura: Fapesp, 1992.

______; CASTRO, Eduardo Viveiros. Vingança e temporalidade: os tupinambá. *Journal de la Société des Américanistes*. Tome 71, n. 1, 1985.

DURRETT, Deanne. *Unsung Heroes of World War II: the Story of the Navajo Code Talkers*. Lincoln; Londres: University of Nebraska Press, 2009.

FAUSTO, Carlos. Fragmentos de história e cultura tupinambá. Da etnologia como instrumento crítico de conhecimento etno-histórico. *In*: CUNHA, Manuela Carneiro da (Org.). *História dos índios no Brasil*. São Paulo: Companhia das Letras; Secretaria Municipal de Cultura: Fapesp, 1992.

______. *Os índios antes do Brasil*. Rio de Janeiro: Zahar, 2000.

______. *Inimigos fiéis*: história, guerra e xamanismo na Amazônia. São Paulo: Edusp, 2001.

FERGUSON, Brian R. Tribal Warfare. *In*: MARTEL, Gordon (Ed.). *Encyclopedia of War*. New Jersey: Wiley-Blackwell, 2012.

FERNANDES, Florestan. *A função da guerra na sociedade tupinambá*. 3ª ed. São Paulo: Globo, 2006.

FERNANDES, João Azevedo. *De cunhã a mameluca: a mulher tupinambá e o nascimento do Brasil*. João Pessoa: UFPB, 2003.

FERRAZ, Luiz. Resistência em Pernambuco nos séculos XVI e XVII: a visão dos cronistas. Anais do II Encontro Internacional de História Colonial. UFRN. Caicó, RN. *Mneme – Revista de Humanidades*, v. 9. n. 24, set./out. 2008.

GÂNDAVO, Pero de Magalhães de. *História da Província de Santa Cruz*. Lisboa: Antônio Gonçalves, 1576.

KAVANAGH, Thomas W. The Comanches: a History, 1706-1875. University of Nebraska Press, 1996.

KEEGAN, John. *Uma história da guerra*. São Paulo: Companhia das Letras, 1999.

LIMA, André da Silva. *A guerra pelas almas*: alianças, recrutamentos e escravidão indígena (do Maranhão ao Cabo do Norte, 1615-1647). Dissertação (mestrado em História Social da Amazônia) – Belém: DEHIS, UFPA, 2006.

NOYES, Stanley. *Los Comanches: the Horse People, 1751-1845*. New Mexico: University of New Mexico Press, 1994.

PERRONE-MOISÉS, Beatriz. A vida nas aldeias tupis da costa. Lisboa: *Oceanos*, v. 42, abr./jun. 2000.

PUNTONI, Pedro. *A Guerra dos Bárbaros:* povos indígenas e a colonização do sertão. Nordeste do Brasil, 1650-1720. São Paulo: Hucitec, 2002.

SANDERS, William; MARINO, Joseph. *Pré-história do Novo Mundo:* arqueologia do índio americano. Rio de Janeiro: Zahar, 1971.

SERVICE, Elman. *Os caçadores*. Rio de Janeiro: Zahar, 1971.

SILVA, Edson. Memórias Xucuru e Fulni-Ô da Guerra do Paraguai. São Luís: UFMA. *Ciências Humanas em Revista*, v. 3, n. 2, 2005.

SILVA, Kalina V. Flecheiros, paulistas, Henriques e os homens do litoral: estratégias militares da Coroa portuguesa na "Guerra dos Bárbaros" (século XVII). Recife: Edufpe. *Revista Clio – Série História do Nordeste*, v. 27-2, 2009.

______. *Nas solidões vastas e assustadoras:* a conquista do sertão de Pernambuco pelas vilas açucareiras nos séculos XVII e XVIII. Recife: Cepe, 2010.

VELDEN, Felipe Vander. O retorno dos ancestrais, ou alguma coisa que sei sobre o Florestan dos antropólogos. *Revista Florestan*, v. 1, 2014.

VILLAR, Diego. Cuatro destinos del guerrero: teorias de la guerra indígena em las tierras bajas sudamericanas. *Corpus*, v. 5, n. 1, jan./jun., 2015.

XAVIER, Rômulo. A flecha e o mosquete: índios e batavos no Brasil holandês. Recife: Edufpe. *Revista Clio – Série História do Nordeste*, n. 25.2, 2007.

6. A guerra e a filosofia chinesa*

Aline Tedeschi da Cunha

> [...] to be human in China, to a very large extent,
> is to be historical, which means to live
> up to the paradigmatic past.[1]
>
> Huang Chun-Chieh

Em diversos discursos, o governo da China mostra-se orgulhoso de seu suntuoso patrimônio cultural. Assim, é compreensível que haja uma continuidade entre as esferas de pensamento e ética militares pré-modernas e contemporâneas. A imprensa do Exército de Libertação Popular (ELP) publicou uma miríade de estudos sobre o pensamento militar pré-moderno chinês, para a leitura por seus pares e estudantes, a exemplo de *Uma história abrangente do pensamento militar chinês*.[2] Dado o fato de que o atual pensamento estratégico da China repousa sobre suas tradições estrategistas,[3] uma compreensão parcial dessa ética militar nos é disponível através do estudo de escritos antigos, filosoficamente relevantes por conterem a essência idiossincrática de muitos elementos civilizacionais chineses.

Como frisou o historiador Martin van Creveld, a Grécia Clássica produziu narrativas de guerra, tanto poemas, como os atribuídos a Homero, quanto prosas que cuidavam de comemorar batalhas particulares, como os escritos de Heródoto e Tucídides. Na China, segundo ele, um terceiro tipo originário de escrita sobre a guerra se desenvolveu e ganhou proemi-

* Na grafia dos nomes chineses, optou-se por utilizar o método Pinyin, pois é atualmente o sistema mais usual para a romanização (adequação à escrita ocidental) do mandarim padrão. Neste caso, nomes conhecidos da história chinesa como Mao Tsé-tung ou Lao-Tsé, romanizados pelo sistema Wade-Giles, passam a ser grafados Mao Zedong e Laozi. (*N. dos O.*)

nência: os tratados da *arte da guerra*, por sua vez entendidos como uma arte mental que dava ao estrategista a maestria do conflito. Nesse sentido, é na China que encontramos os registros da gênese do pensamento militar, "tentativas sistemáticas de entender a natureza da guerra e as maneiras como elas deveriam ser disputadas".[4] Por séculos, o acesso a tais textos, que eram escritos em tiras de bambu, vinha de exemplares preservados da dinastia Song (960-1126), que careciam de contexto histórico e eram, muitas vezes, descartados como falsificações.

Descobertas arqueológicas, a partir da década de 1970, na tumba de Yinqueshan, em Shandong, revelaram mais de quatro mil tiras de bambu e cinco tábuas de madeira, listando títulos dos "capítulos" de alguns dos trabalhos, que datam de 130 a.C. A descoberta desses textos permitiu a reconsideração completa da datação dos antigos textos, sua evolução, e a relação desses com demais trabalhos filosóficos do período, de forma a alocá-los em um cenário histórico determinado. Assim, esse sequenciamento permite criar um modelo de desenvolvimento do pensamento militar e filosófico antigo e relacionar esse desenvolvimento com seu papel social no panorama de alternância política e de guerras da China, sobretudo nos períodos Primavera e Outono (722-481 a.C.) e Estados Combatentes (403-221 a.C.).

Os *Sete clássicos militares* (*Wujingqishu* 武经七书) são os escritos representativos da tradição do pensamento filosófico militar chinês e formam o cânone da China imperial.[5] Quando tomados como um todo, nota-se que a diversidade dos textos, em vez de contraditória, é harmonizada e complementar, bem como cumulativa e consistente.[6] Alcança tamanha notabilidade por ser um *corpus* de escritos cujos autores ponderaram e incorporaram crenças definidas pelo confucionismo e pelo taoismo para ofertar medidas estratégicas e soluções táticas para uma ampla gama de problemas e situações.[7] Eles fornecem, concomitantemente, uma psicologia do comportamento humano, motivação e avaliação, formulam teorias e procedimentos para comando e controle, e discutem princípios para ações políticas.

O objetivo deste capítulo, contudo, não é descrever e discutir detalhadamente os princípios táticos do pensamento estratégico militar chinês contidos nos clássicos militares, e sim alocar a influência de um florescimento filosófico, do qual esses clássicos fazem parte, na dinâmica histórico-política e de formação civilizacional chinesa, de modo a investigar elementos que contribuam para entender a natureza da guerra na China antiga.

A era multiestatal chinesa: o sistema *zhongguo* e a diferenciação entre chinês e estrangeiro

Sob a perspectiva histórica predominante, a continuidade do que chamamos de China tem sido antes cultural que política. O território circunscrito hoje como pertencente à China conheceu inúmeras expansões e contrações, conforme as mudanças dinásticas até a unificação sob a dinastia Qing (1644-1911). No entanto, para além da hipótese nuclear de uma origem da civilização de cultura chinesa (*xia* 夏), que teria início na planície do Rio Amarelo e teria se desenvolvido linearmente por estágios sucessivos culturais, a perspectiva de uma identidade própria chinesa não pode negar a relevância de identificações múltiplas ou a natureza mutável da cultura dialética. Nesse sentido, o que consideramos a civilização chinesa acomodou uma diversidade regional significativa em suas práticas sociais, econômicas e bélicas, desde seus primórdios.[8]

A extensão dos impérios sofreu variações, e, por longos períodos, houve Estados que combatiam entre si, e cuja ascendência de seus governantes nem sequer estava ligada a uma origem "chinesa". Mas a partir de que momento se passou a considerar a existência de uma China (*Zhongguo* 国)?[9] O que determinava ser chinês (*zhongguo ren* 中国人) na era multiestatal daquela região e como a distinção entre chinês e estrangeiro (*yidi* 夷狄) influenciava na natureza da guerra?

A divisão da era multinacional chinesa em "Estados" (*guo* 国)[10] arremete ao período do que foi considerada a primeira dinastia da China. De acordo com a historiografia tradicional, a dinastia Xia foi fundada pelo Grande Yu, intitulado como visconde de Xia pelo imperador mítico Shun. A ele são creditados feitos como grandes canais que impediam as frequentes inundações da planície central do Rio Yangtz[11] e aperfeiçoavam o plantio. Durante seu serviço como visconde, Yu teria dividido seus domínios em nove províncias ou Estados – Ji (冀), Yan (兗), Qing (青), Xu (徐), Yang (揚), Jing (荊), Yu (豫), Liang (梁) e Yong (雍) –, de acordo com seus sistemas de rios e qualidade do solo, estabelecendo, ao mesmo tempo, os Tributos de Yu[12] que demarcavam qual natureza de tributo cada região seria capaz de entregar ao "Estado central" de Xia.

Estudos da historiografia e da arqueologia moderna permitem aferir que, diferentemente do que se acreditava ser uma sequência linear temporal de sucessões dinásticas, as dinastias Xia (2205-1766 a.C.), Shang (1766-1045 a.C.) e Zhou Ocidental (1045-770 a.C.) e Oriental (770-256 a.C.) foram Estados preponderantes em capacidades e influências político-econômicas e culturais, em diferentes períodos, em um sistema multiestatal que perdurou até a primeira centralização burocrática, sob a dinastia Qin (221-207 a.C.). O sistema tributário tinha, então, a função de assegurar os fluxos comerciais e as fontes de recursos entre os diversos Estados e entre esses e o Estado dominante na ocasião.

A centralização desse sistema burocrático e do núcleo político e cultural localizava-se nos Estados ao norte da planície norte da China, ao vale do Rio Wei, e encontravam-se imediatamente próximos da casa real de Xia (2205-1766 a.C.), Shang (1766-1045 a.C.) e Zhou (1045-256 a.C.), em seus respectivos períodos de preeminência. Era considerado o local central, onde a vida civilizada havia florescido (*hua* 花). O termo *zhongguo* (中国), então, se originou da distinção dicotômica entre os Estados (*guo* 国) centralizados (*zhong* 中)[13] – que compartilhavam de um sistema de costumes comuns de povos sedentários, e de onde se dissipava a influência cultural burocrática – e as populações nômades tribais e pastorais periféricas, chamadas de "bárbaras" (*yidi* 夷狄). Entre esses Estados selvagens (*ye* 野), estavam os Di (狄), ao norte; os Xu Yi (徐夷) e Huai Yi (淮夷), ao sudeste; a oeste, estavam os Quang Rong (犬戎), os Qiang (羌) e os Qin (秦); e ao sul, as tribos de Pu (濮), Yue (越), Man (蠻) e a tribo mais forte de Chu (楚), cujo governante se autointitulava "o rei de Chu".[14]

O uso do termo *yidi* para os povos considerados bárbaros, ou como orientação para diferenciar o "Outro beligerante"[15] guarda relação primordial com a sua diferenciação geográfica, pois é uma metonímia[16] do morfema *manyi-rongdi* (蠻夷戎狄), que indica quatro direções geográficas para além das fronteiras dos Estados Centrais: "As tribos do leste são chamadas Yi [...]. Aquelas do sul são chamadas Man [...]. Aquelas do oeste chamadas Rong [...] Aquelas do norte chamadas Di [...]. [17] Adicionalmente, em uma passagem escrita por Ye Shi (1150-1223), filósofo neoconfucionista que escrevia sobre o período dos Estados Combatentes, há a discussão sobre quais características distinguiam de fato os Estados Centrais (*zhongguo*) dos povos tribais (*yidi*):

> Deve-se manter um Estado (*guo*) com princípios, com regras apropriadas, e com a habilidade para mudar de acordo com as circunstâncias. Os Estados Centrais (*zhongguo*) não governarem os bárbaros [*yidi*] é o princípio. Estados Centrais serem Estados Centrais e bárbaros serem bárbaros é a regra apropriada. Nós estamos no controle de ambos. Portanto, se eles (*yidi*) vierem saquear, então guerrearemos com eles; se vierem se submeter, então os receberemos; dispô-los de acordo com a intenção com a qual vieram é a habilidade de mudar de acordo com as circunstâncias [...]. A razão pela qual os Estados Centrais são os Estados Centrais é simplesmente por estas três características. Se ignorarmos as ferramentas pelas quais seremos necessariamente vitoriosos e meramente invocarmos a fraude e a força então teremos nos transformado em bárbaros [...]. Entretanto, embora os bárbaros não tenham princípios, eles sempre esperam boas intenções e princípios dos Estados Centrais. Os Estados Centrais consideram os bárbaros como sem princípios e, portanto, respondem a eles sem empregar seus princípios e sem boas intenções. Não entendem que esta é a razão pela qual são os Estados Centrais. Basicamente não podem abandonar algo [princípios] pois falta aos bárbaros.[18]

É importante destacar, da passagem acima, que Ye Shi não apenas discorre sobre a distinção entre *zhongguo* e *yidi* em termos de ação política, como também traz a assunção de que, juntamente com a cultura e a civilidade dos Estados Centrais, surgem princípios *morais*. Por isso, ainda que o termo tenha sido empregado de distintas maneiras, variando entre "primitivos", "bárbaros" ou "estrangeiros", era geralmente embutido de conotação pejorativa e não aceito por aqueles povos aos quais se referia.

Assim, o termo é empregado para fazer tanto uma definição *espacial* – já que *zhongguo* se referia à planície central de Estados feudais leais à casa Zhou, relativa aos demais *guo*, assumindo-os, consequentemente, como periféricos –, quanto uma diferenciação por pertencimento *cultural* entre aqueles que compartilhavam dos rituais Zhou e aqueles que não compartilhavam, e que viviam em uma organização sociopolítica menos ordenada, como mostra esta passagem do filósofo Xunzi (314-217 a.C.):

> Desta maneira, todos os Estados de Xia têm obrigações serviçais idênticas para/com o rei e têm padrões idênticos de conduta. Os Estados bárbaros de Man, Yi, Rang e Di realizam os mesmos serviços obrigatórios para/com o rei, mas as regulações que os governam não são as mesmas.[19]

A partir desse princípio de mutabilidade em acordo com as circunstâncias nas quais os *yidi* se aproximavam dos Estados Centrais, igualmente se estabeleceu quando estes deveriam exercer a guerra contra aqueles: "Quando qualquer das tribos bárbaras do sul, leste, oeste ou norte [*mang-yi-rong-di*] não obedecer ao comando do rei, e por sua devassidão e embriaguez violarem todos os deveres da sociedade, o rei dá o comando para atacá-los."[20]

Ao tomar por princípio moral que, ao utilizarem de brutalidade e coerção para conquistar povos bárbaros, os Estados Centrais estariam eles mesmos se tornando bárbaros, o sistema multiestatal *zhongguo* manteve, em seu início, uma cultura estratégica defensiva, uma vez que primava pela não interferência no sistema sociopolítico dos povos *yidi*. É relevante destacar que tal preferência estratégica não era oriunda de um pressuposto de equidade entre os *guo*, mas sim de uma base organizacional hierárquica, na qual os *zhongguo* ofereciam um comportamento moral e social mais virtuoso do que aqueles exercidos pelos *yidi*, e, por conseguinte, deveriam assegurar a ordem interestatal. Os termos são, portanto, pares assimétricos.

Daí em diante, com o fim de organizar seus domínios e assegurar a defesa contra ataques bárbaros dos *yidi*, a nobreza de Zhou designou duques (*gong* 公), marqueses (*hou* 侯), condes (*bo* 伯) e barões (*nan* 男) em diferentes Estados vassalos do sistema *zhongguo*. Gradualmente, esses senhores aristocratas feudais (*zhuhou* 諸侯) tornaram-se independentes do suserano Zhou e passaram a competir por expansão de suas terras e por influência político-econômica. As mudanças políticas no interior dos Estados feudais levaram a uma substituição dos antigos postos feudais por novas configurações políticas. No Estado de Jin (晉), as casas de Zhao (趙), Han (韓) e Wei (魏) sobrepujaram a antiga casa dinástica. No Estado de Qi (齊), a nobreza de Tian (田) substituiu a dinastia antiga, e, no Estado de Lu (魯), a casa ducal assumiu o poder real, a exemplo de outras alterações. Tais mudanças tornaram-se eminentes no século V a.C., quando a administração dos Estados por nobres relacionados à casa reinante foi substituída por um funcionalismo burocrático, e marcaram o início do período dos Estados Combatentes (*Zhanguo* 战国) (403-221 a.C.).

A maior autonomia dos Estados diante do Estado preponderante de Zhou impulsionou uma perspectiva de diferenciação de capacidades político-econômicas entre eles, e, paulatinamente, cada governante adotou para si o título de "rei" (*wang* 王), antes reservado à dinastia Zhou. A partir daí, o poder político da casa Zhou entrou em declínio e os Estados passaram a desenvolver estratégias de autofortalecimento[21] para competição interestatal, sob reformas que empreendessem "Estado rico, exército forte" (*fuguo qiangbing* 富国强兵). Ademais, passaram a fomentar alianças horizontais (*heng* 橫), seguindo uma *rationale* de balanço de poder, ao clamar pela unidade de Estados mais fracos para resistir ao mais forte; e verticais (*zhong* 縱), quando o Estado mais forte intencionava quebrar as alianças *heng*, colocando-os uns contra os outros através de subornos e ameaças aos Estados mais fracos.[22]

A natureza anárquica do sistema *zhongguo* era caracterizada pela prevalência da diplomacia e da guerra. Os exércitos consistiam em enormes contingentes de recrutas, comandados por generais profissionais. A guerra era empregada não somente para derrotar um inimigo bárbaro em campanhas punitivas, mas para derrotar *guo* inteiros. Novas armas como alabardas (*ji* 戟) e bestas (*nu* 弩) surgiram; carroças (*zhanche* 戰車), cavalarias (*qibing* 騎兵) e arquearia apoiavam a infantaria, por sua vez protegida por armaduras e escudos de ferro. Os Estados de Han (韓) e Chu (楚) foram os primeiros a produzir armas de ferro e aço de alta qualidade. Os Estados Combatentes edificaram muralhas e fortificações (*changcheng* 長城) ao longo de suas fronteiras. O custo da guerra era alto e só poderia ser logrado em concordância com a prosperidade econômica dos *guo*. Assim, Estados menores, como os de Zhongshan (中山), Lu (魯), Song (宋) e Yue (越), que não possuíam os meios necessários para manter um exército forte, foram gradualmente anexados pelos Estados maiores.

Ao final do período, sete *guo* – os "sete fortes" (*qixiong* 七雄) – dominavam o Império Zhou: Qin (秦 – considerado *yidi*), Qi (齊), Yan (燕), Chu (楚 – considerado *yidi*), Zhao (趙), Wei (魏) e Han (韓 – considerado *yidi*), envolvidos entre eles em contenções de poder e guerras de anexação frequentes.

O Estado de Qin, em razão da massiva reforma empreendida pelo primeiro-ministro Shang Yang (390-338 a.C.), tornou-se abastado e com uma força militar inigualável. Shang Yang advogou a completa militarização do Estado, introduzindo pioneiramente um sistema de punições e recompensas nas expedições militares. Eventualmente, Qin se tornou o Estado mais poderoso entre os sete, e saiu vitorioso graças ao emprego de estratégias consideradas bárbaras pelos demais Estados. Ralph Sawyer aponta que o Estado de Qin conquistou a unificação, "em parte por subverter agressivamente governos através do estímulo da desavença e por fomentar disputas políticas entre os Estados remanescentes".[23]

A partir da unificação sob a dinastia Qin (221-207 a.C.), a questão sobre a diferenciação entre chineses/estrangeiros foi retomada e ganhou importância, uma vez que um *guoyidi* passou a ser o centro dinástico do território outrora reconhecido como *zhongguo*. Ainda que as unidades analíticas ("espaço" e "cultura") em que consistia *zhongguo* fossem interdependentes, uma poderia ser conquistada sem a outra. Se os Estados Centrais fossem definidos apenas pela cultura, qualquer localidade onde essa cultura existisse contemplaria seu espaço de pertencimento – não sendo necessário, portanto, estar na planície central para ser *zhongguo*. Se, contrariamente, os Estados Centrais fossem definidos por uma dada localidade histórica, como a planície central, então os conquistadores daquele espaço definiriam a cultura *zhongguo*.

Isso aponta para o fato de que, embora não tenham sido os Estados dinásticos – a iniciar pela dinastia Qin – os definidores em que consistiam os "Estados Centrais" (*zhongguo*), eles reivindicavam a legitimidade de serem reconhecidos como tal. Em seus escritos interpretativos dos *Anais de Primavera e Outono* de Confúcio (551-479 a.C.), Dong Zhongsh (179-104 a.C.)[24] argumenta que, com a unificação Qin e a posterior expansão da dinastia Han Ocidental, os juízos sobre geografia usados durante o período Zhou para marcar a distinção entre interior/exterior (*nei* 內/*wai* 外) e chinês/estrangeiro (*zhongguoren/yidi*) não mais poderiam ser aplicados no que passou a ser um império unificado; aqueles que outrora eram identificados geograficamente como estrangeiros passaram também a ser chineses.

Para eliminar a diferenciação étnica e promover a relativização entre interior e exterior, o discurso dinástico passou também a redefinir o significado do conceito *zhongguo*, vinculando-o somente ao compartilhamento de costumes e valores a partir de então: se o ritual se tornasse o fator mais importante para distinguir estrangeiros de chineses, isso implicaria a possibilidade de transformação – se um estrangeiro se submetesse aos rituais, logo, ele teria a possibilidade de se tornar um "chinês", ao passo que um "chinês", ao não se submeter aos rituais dinásticos, deixaria de ser um "chinês". Tal argumento revela que, a partir daí, e ao menos a um plano normativo, não era afiliação étnica, localização geográfica ou poder político, mas sim afinidades ritualísticas que serviram de medida de julgamento e comparação de identidade política.[25]

Por intermédio da discussão centrada nas conexões ritualísticas, a elite nobre dinástica relativizou as noções de estrangeiro/chinês e interior/exterior, para criticar relações étnicas dentro do próprio império, e trouxe à tona questões de legitimação do poder. Essa relativização acabou por expandir o sentido de *zhongguo*, ao prover uma estrutura identitária chinesa para além da filiação étnica, e guarda fundamental relação com o florescimento filosófico dos períodos de Primavera e Outono (722-481 a.C.) e dos Estados Combatentes (403-221 a.C.), já que, a partir de tais produções textuais, foram pensadas e definidas as bases morais, ritualísticas e estratégicas que deveriam ser seguidas.

Estabelecimento de valores comuns e a restauração da ordem: gênese filosófica

Durante o período caótico de batalhas e de rupturas sociais da Primavera e do Outono e dos Estados Combatentes, um vital movimento intelectual emergiu como uma maneira diagnóstica e prescritiva de restabelecer uma pressuposta ordem de "Tudo sob o Céu" (*Tianxia* 天下).[26] Diante do contexto de guerra entre todos os *guo* e da necessidade de administrar o emprego de recursos, os manuais e métodos de implementação de estratégias e táticas de guerra, bem como a atenção a intelectuais estrategistas, tornaram-se indispensáveis. Consequentemente, um extenso corpo de teoria estratégica e pensamento militar floresceu, estimulado não apenas pelas exigências do campo de batalha, mas também pelas novas teorias político-filosóficas.

Durante a Era de Ouro da filosofia chinesa surgiram as Cem Escolas de Pensamento (*baijia* 百家) – diversas ideias e conceituações eram debatidas e refinadas por filósofos itinerantes, muitas vezes elaboradas e empregadas pelos governantes dos *guo*. Eram ideias combatentes – e mutuamente influentes – em um período de Estados Combatentes. Em outras palavras, a gênese filosófica chinesa advinha do propósito de estabelecer, enquanto "princípios celestiais" (*Tianli* 天理), um "conjunto de valores" para uma comunidade política, conceitos-chave para a práxis ético-moral, a identidade cultural e a legitimidade política da mesma.

Comumente era alocado o tema da continuidade e da descontinuidade – ou seja, a problemática da ordem das coisas e seus desdobramentos naturais.[27] Dentro dessa perspectiva, as questões políticas e sociais eram consideradas formas históricas dessa ordem, que deveria ser ciclicamente restabelecida. Exemplo dessa elaboração filosófica – que é, ao mesmo tempo, uma pretensa narrativa histórica e uma diretriz política do período em que foi escrita – é a seguinte passagem do primeiro capítulo do *Livro dos documentos* (*Shujing* 书经), chamado "Cânone de Yao" (*Yaodian* 堯典):

> Averiguando na Antiguidade, descobrimos que o imperador Yao era chamado Fangxun. Ele era respeitoso, sábio, polido, franco e brando. Ele era atenciosamente cortês e apto à modéstia. Seu brilho envolveu as quatro extremidades do Império e se estendeu da Terra aos Céus. Ele foi capaz de radiar sua grande virtude e simpatizar os nove territórios. Quando os nove territórios se tornaram harmoniosos, ele afamou e honrou os [nobres oficiais] dos cem clãs. Quando os [nobres oficiais dos] cem clãs se tornaram renomados, ele harmonizou todas as nações. Os povos foram acalentados e prosperaram e se tornaram harmoniosos. Então ele respeitosamente encarregou [os clãs] Xi e He a seguir o Augusto Céu e calcular e delinear o sol, a lua, as estrelas e as constelações, e diferentemente dispor as atividades humanas de acordo com as estações adequadas... O imperador disse: "Ah, Xi e He, o ano tem 366 dias, e por meio do intercalar dos meses vocês devem ajustar as quatro estações e completar o ano. Se vocês seriamente regularem todos os trabalhos, as realizações serão todas gloriosas."[28]

Parte da vertente historiográfica exegética tradicional[29] considera esse capítulo um relato idealizado dos governantes da China antiga, sendo um deles o imperador Yao, altamente valorizado na ampla gama de textos imperiais do período dos Estados Combatentes. O *Livro dos documentos*, do qual o capítulo faz parte, não possui cronologia ou sequenciamento de datas, e, ainda assim, foi somente a partir de sua compilação que a civilização do sistema *zhongguo* passou a organizar sua história antiga com referência a uma era comum, iniciada com tais imperadores.

O trecho supracitado assenta uma narrativa poético-histórica de uma remota antiguidade, acessível por meio somente de uma "averiguação" (*ji* 稽). Como David Schaberg argumenta, *ji* 稽 "[...] denota especificamente uma citação de precedentes históricos e linguagem na construção de argumentos deliberativos e filosóficos".[30] Sendo assim, haveria mais nessa passagem do que somente a reconstrução de um discurso poético examinado atribuído a Yao. Conforme o discurso define o cenário do restante do capítulo, ele também cria uma estrutura ideológica: o clamor pela tradição.[31]

O termo ocidental "tradição" é derivado do substantivo em latim *tradere*: "transmitir". Refere-se ao contínuo ato de passar para a posteridade o que se acredita serem as características intrínsecas de uma cultura em particular; e, por conseguinte, essa cultura é mantida. A etimologia do termo moderno chinês para "tradição", *chuantong* (传统), é similar. *Chuang* 传 (傳 no mandarim tradicional), originalmente, significa transmitir ou entregar/passar, e é consistentemente usado com esse significado na literatura clássica. *Tong* 统 se refere ao principal fio de coser na tecelagem de seda, interpretado posteriormente como o substantivo "essencial" e como o verbo "unir" e correlatos ("unificar", "juntar"). Portanto, *chuantong* pode ser entendido como a "transmissão do que é essencial (em uma cultura) para a posteridade". Na perspectiva filosófica chinesa antiga, o essencial da tradição que deve ser transmitido consiste nas práticas.

A narrativa poética de parte do "Cânone de Yao" – e também de outros trechos do *Livro dos documentos* – é uma reflexão direta, exposta em uma estrutura linguística específica[32] de um referencial de boa governança que deve ser reproduzido: o imperador Yao é uma representação ritualística de perpetuação e reprodução. Em outras palavras, as próprias realizações delegadas a Yao são referentes a períodos ainda mais remotos, sendo ele próprio, concomitantemente, um referencial idealizado do passado para as vindouras dinastias.

Tal representação, a de um herói cultural antigo como um sucessor de uma ordem[33] existente – como atribuída a Yao, que, por sua vez, também atribui as mesmas realizações a seus antepassados –, é, em si mesma, tradicional. Pode-se notar que por intermédio dessa narrativa poética não há a busca de uma verdade inteligível ou de um princípio civilizacional, mas, sim, a compreensão de uma totalidade cíclica. Como pondera Giorgio Sinedino em seus comentários sobre os *Analectos*:

> [...] esse hábito mental condiciona as pessoas a considerar o novo a partir de seu significado mais óbvio, isto é, a ruptura. Portanto, há uma tendência a ver as inovações como violações do "todo" ou da "Ordem" herdada

> do passado. Nesse sentido, aquilo que surge aqui e agora somente pode fazer parte do bem absoluto (tradição) se for capaz de se legitimar, provando que não viola a tradição.[34]

Por conseguinte, na perspectiva confuciana, contanto que não haja uma ruptura drástica da tradição, é possível saber como será o futuro dos Estados do sistema *zhongguo* e de Tudo sob o Céu, já que a transmissão dos ritos serviria como o fio condutor da essência cultural nas sucessões dinásticas:

> Zizhang perguntou: "É possível saber como estará [Tudo sob o Céu] daqui a dez dinastias?" O Mestre disse: "A dinastia Yin herdou os Ritos da dinastia Xia; o que se perdeu e o que se acrescentou, é possível saber. A dinastia Zhou herdou os Ritos da dinastia Yin; o que se perdeu e o que se acrescentou, é possível saber. [Portanto,] se alguma dinastia receber o legado da Casa de Zhou, mesmo que se passem cem dinastias, [ainda] será possível saber."[35]

O que a tradição filosófica faz – particularmente a confucionista – é utilizar, a partir da compilação e de comentários (como o *Livro das poesias*, o *Livro dos documentos* e os *Analectos*), um recurso retórico para atingir o objetivo ideológico de sustentar uma identidade nacional[36] chinesa e uma tradição cultural. Essas narrativas, como as do imperador Yao, que relatam paradigmas concretos de governança, funcionam como um recurso-modelo de ajuizamento.[37] Os governantes deveriam buscar nas fontes históricas passadas referenciais de valores e práticas que, a depender das similaridades conjunturais, poderiam ser novamente aplicados. Os escritos filosóficos desse período correspondem a um fazer filosófico que busca dizer algo sobre os valores na vida comum que possam ser auxiliados por uma experiência prévia.[38]

A ideia de uma civilização contínua era apenas um plano conceptivo, e a narrativa histórica era um esforço no sentido de criar e sustentar uma proposição de que havia uma continuidade cultural entre os *zhongguo*, ainda que não houvesse consenso sobre o que isso seria. No entanto, o compartilhamento dessa ideia implicou consequências reais para o sistema anárquico daquele período.

Em contraste com as incertezas sobre a preponderância política do período Primavera e Outono, que se agravaram para o combate militar no tempo dos Estados Combatentes, a exegese do pensamento filosófico foi vinculada à necessidade de elaborar novos modelos de organização político-social que, de forma desejável, levassem os diferentes Estados do sistema *zhongguo* à paz duradoura[39] e os alocassem no espaço-tempo. Como afirmou o sinólogo escocês James Legge, "a cronologia de uma nação vem a ser cultivada como uma ciência somente depois de muito tempo de sua existência, e quando a necessidade de dispor os eventos históricos em uma série regular no curso de tempo é sentida".[40]

A paz é considerada, nessa perspectiva, um subproduto da harmonização dos povos. As designações do imperador Yao no trecho citado anteriormente, por exemplo, são baseadas em uma tradição de cosmologia correlativa, mapeando as atividades humanas de acordo com a movimentação celestial que determinaria uma ordem hemerológica, e que ajudaria a administrar as atividades humanas de uma determinada região. Fundamentalmente, Yao designa autoridade aos clãs Xi (羲) e He (和) para que esses o ajudem a administrar o território e, a partir da organização das atividades humanas, os povos sejam "harmonizados".[41]

Com base em uma perspectiva holística – essência do pensamento dialético *naïve* chinês –, nada está isolado ou é independente, mas está interconectado, e cada parte individual só é significativa em sua relação com o todo. Portanto, tal harmonização só poderia ser iniciada nas esferas mais particulares da vida humana, que seriam posteriormente alastradas para as esferas públicas, em uma concepção de círculos concêntricos. Para Confúcio, a harmonização necessita ser iniciada no autocultivo do eu,[42] estendendo-se, depois, às relações familiares (filialidade),[43] às relações entre pessoas do mesmo grupo social (povo), em seguida, entre os *guo*, e, em última instância, seria estabelecida a harmonização de Tudo sob o Céu.

É relevante destacar que o pivô das elaborações confucianas é a estrutura e a organização interna do sistema político chinês, que incorporaria a autoridade última do imperador. Se o imperador possui o Mandato do Céu (*Tianming* 天命), então, sua autoridade se estende para todos os povos que estão sob o Céu (*Tianxia*). Por esse motivo, ele era chamado de Filho do

Céu (*Tianzi* 天子). Assim, embora os *zhongguo* não pretendessem expandir até os territórios *yidi*, esses territórios ainda assim estariam sob a autoridade do imperador.

Confúcio enfatiza a organização interna governamental, pois a condição externa automaticamente já estaria vinculada a essa organização. O imperador que estabelecesse a ordem confuciana idealmente governaria "Tudo sob o Céu" (*Tianxia*). Segue-se que, a partir daí, as políticas doméstica e externa não eram separadas. As guerras internas (levantes civis) e externas não eram distinguidas: ambas coincidiam com tal entendimento de autoridade. Dada a ilimitada reivindicação de autoridade, faltava à tradição chinesa uma distinção mais clara entre os conflitos domésticos e internacionais; ambos eram primariamente considerados distúrbios da sociedade harmoniosa. A paz é, por conseguinte, a ausência de distúrbio. Nesse sentido, não era um conceito político[44] pois não poderia ser fundada ativamente pelo governante. Entretanto, se essa harmonia fosse desafiada, o governante tinha o dever de restaurar a ordem política – um ato que poderia incluir o emprego da força coercitiva.

Ainda assim, poder e autoridade não eram inculcados por meio de violência, mas baseados na percepção moral de poder. O bom governante confuciano ampliaria seu poder sem necessitar do uso da força, bem como suas relações externas e guerras seriam vencidas sem a necessidade da batalha direta. Desse ponto de vista, o bom governo seria aquele em que o governante, virtuoso e benevolente, não precisaria empreender nenhum esforço para tal, já que a ordem das coisas estaria preestabelecida e seria intrínseca a cada ser humano – a ideia do Dever (*yi* 義) é interiorizada.[45]

Essa é uma leitura confuciana do conceito taoista de "não ação" (*wuwei* 無為), que aconselhava ao governante "repousar com o povo" (*yumin xiuxi* 與民休息), em uma acepção passiva do que era o ato de governar. É necessário frisar, portanto, que a não ação, apesar do que sua tradução literal pode indicar, não é entendida como o não ato, mas agir a partir da não ação, ou agir sem esforços. A mútua influência entre os pensamentos confucionista e taoista,[46] no que diz respeito ao ato de governar, pode ser notada nos trechos seguintes:

> [...] graças a esse não fazer nada,
> Tudo é feito através dele.
> Destarte também um reino se constrói
> Pelo não fazer nada,
> Mas é destruído pelo fazer muito[47]
>
> O Mestre disse: "Usar a virtude para governar um país pode ser comparado com a Estrela do Norte, que ocupa seu lugar enquanto as outras estrelas giram ao seu redor."[48]

Em ambos, nota-se a aceitação da passividade dinâmica como o caminho, ou o "meio" (*Dao* 道), para a boa governança. É a resolução dialética para a contradição social: ao lidar com essa contradição social, não é suficiente que uma proposta seja logicamente correta ou verdadeira, é mais importante que seja razoável. Quanto mais virtuoso o governante, menor a necessidade de intervenção na vida social do *guo*. Confúcio ainda utiliza a metáfora da Estrela do Norte (Estrela Polar) para indicar o princípio da centralidade da ordem política e cultural: tudo o que ocorre no céu é perspectivado em relação à Estrela Polar que, por estar próxima ao eixo terrestre, praticamente não muda de lugar, enquanto as demais estrelas seguem seu curso. Através dessa metáfora, o pensamento confuciano também presume a centralidade política e cultural dos *zhongguo* diante dos *yidi*. Um dos elementos mais comuns para ilustrar a selvageria do Outro era propriamente a incompreensão das virtudes confucianas e dos conceitos que incorporavam rituais formais, comportamentais e uma compreensão geral de como interagir em uma sociedade hierarquicamente ordenada.

Nesse sentido, ao compreender que um sistema político também concebe um sistema social, a vertente filosófica confucionista elabora não somente uma diretriz administrativa, como também delineia um corpo moral[49] e de valores que deveriam ser seguidos pela sociedade. O uso da força coerciva, enquanto autoridade e meio de governar, resulta ineficaz, sendo plausível o reconhecimento de um "panteão ético[50] para tal. Logo, o pensamento filosófico também se torna um instrumento pragmático para guiar comportamentos sociais[51] e de diferenciação cultural (chinês/estrangeiro), já que, na visão confuciana, não há distinção entre o que está dentro e o que está fora dos limites territoriais do Mandato do Céu do imperador.

Eram consideradas "Cinco Virtudes Constantes" (*wuchang* 五常) – Humanidade (*ren* 仁), Retidão ou Dever (*yi* 義), Sabedoria (*zhi* 智), Confiabilidade (*xin* 信) e, principalmente, Adequação aos Ritos (*li* 理) – como o cerne da harmonização social. Os Ritos, sobretudo, não eram somente uma esfera de formalidades, mas tinham uma dimensão axiológica. Constituíam um conjunto de normas comportamentais sancionado ética e socialmente,[52] e, por meio de tais bases éticas, os *zhongguo* desempenhavam, segundo a visão confuciana, um papel de fonte de um modelo civilizado de organização social, e distinguiam-se moral e culturalmente dos *yidi*, como se nota na seguinte passagem dos *Analectos*: "O Mestre disse: '[Mesmo que] os bárbaros possuam um governante, não [podem] se comparar [conosco], os Xia, sem nenhum.'"[53]

Han Yu (768-824), precursor do neoconfucionismo na dinastia Tang (618-907), em "Sobre a origem do caminho" (*Yuandao* 原道), argumenta que Confúcio ressignificou a distinção *zhongguo/yidi* de uma perspectiva étnica, racial e/ou geográfica para uma acepção cultural. Embora alguns Estados feudais (*guo*) do período Zhou fossem considerados como sendo *yidi* e fora da localização dos Estados Centrais, a abordagem confuciana era a de que se deveria "tratar lordes feudais que utilizassem rituais *Yi* como *Yi*, mas se progredissem em direção [ao uso dos rituais] *zhongguo*, então deveriam ser considerados *zhongguo*".[54]

Essa relevante mudança na interpretação da dicotomia chinês/estrangeiro teve seus reflexos em todas as dinastias subsequentes. A partir daí, os *yidi* passaram a ser intencionalmente considerados e estereotipados transgressores de delimitações normativas sociais e culturais, ou seja, faltava-lhes a noção de limites, mais do que entendidos como definidores de seus próprios limites comportamentais. Por conseguinte, havia nesse viés de compreensão uma sinização conceitual: o comportamento dos povos estrangeiros era perspectivado com relação ao padrão político, social e cultural dos *zhongguo*.

Durante a dinastia Tang (618-907), por exemplo, a relação entre povos *yidi* e extravagâncias comportamentais era dada por sua suposta posição como provedores de luxúrias (materiais) e futilidades estrangeiras. Essas luxúrias eram usualmente objetos de condenação confuciana, pelo prejuízo que alegadamente traziam ao meio de vida da população e pela influência corruptiva sobre ela, e, particularmente, sobre o imperador. A corrupção vinculava-se a uma falta de autocontrole e moderação, e distanciava os povos das Cinco Virtudes Constantes propostas pelo panteão ético confuciano. Ademais, as elites consideradas chinesas utilizavam o discurso retórico da ameaça existencial de sua cultura e de sua identidade, representada pela figura dos estrangeiros/bárbaros/*yidi*, que, segundo consideravam, careciam de distinções apropriadas sobre ordem político-social e categorias sociais.

Bem como em dinastias anteriores, a dinastia Tang esperava e, muitas vezes, demandava a aquiescência dos *yidi* na observância das formas adequadas dos Ritos, com o fim de afirmar as relações hierárquicas presentes na cosmologia sinocêntrica e que designavam o imperador como o centro. O não cumprimento de tais expectativas, ou a falta de Adequação (*li*) a elas, poderia levar ao conflito. Ao mesmo tempo, as supostas provocações ou incursões bárbaras eram explicadas valendo-se de estereótipos de selvageria e ignorância, reduzindo de forma simplista questões complexas e prováveis motivações dos *yidi*. O oficialato da dinastia Tang debatia, regularmente, se seria benéfico ou não para o Império amortizar a alegada ignorância *yidi*. A intenção em atrair e "transformar através do ensinamento" (*jiaohua* 教化) – ou Doutrinação – era conflitada com o receio de que os bárbaros pudessem se tornar ainda mais hostis e ameaçadores ao deixarem seu estado de ignorância.

Essas mesmas elaborações dicotômicas demarcaram sobremaneira os primeiros contatos entre chineses e europeus na dinastia Qing (1644-1911). Naquele período, o comércio e as relações diplomáticas da dinastia eram concebidos como um "sistema de tributos" (*chaogong tixi* 朝貢體系) a serem oferecidos ao imperador, como reconhecimento da superioridade política e sociocultural daquele povo. Logo, tanto o comércio quanto as relações diplomáticas – entendidos como a habilidade do governante virtuoso em manter a ordem das coisas dentro de seus domínios – refletiam uma concepção hierárquica de organização.

A primazia militar e comercial chinesa (reconhecida pela Rota da Seda) atraiu a atenção das potências ocidentais e das companhias comerciais, até então virtualmente desconsideradas ou vistas, pelos chineses, com indiferença, como "bárbaros longínquos" ou "bárbaros do Mar Ocidental". Seria a primeira vez que a dinastia chinesa se defrontaria com "bárbaros" que não tinham interesse em usurpar o mandato dinástico de "Tudo sob o Céu" (*Tianxia*) para si, mas alvitravam substituir o sistema sinocêntrico hierárquico por uma nova ordem internacional, baseada na igualdade soberana dos Estados-Nação e no livre-comércio[55] – conceitos até então incógnitos para o pensamento político chinês.

Os primeiros contatos e trocas comerciais foram vistos pelos Qing como um envio de tributos, e foi apenas pela benevolência e virtude de seu imperador que os mercadores bárbaros puderam participar no comércio chinês de chá e seda, por exemplo. Os produtos manufaturados, dados como presente para o imperador como exemplares do desenvolvimento industrial ocidental, foram considerados, tal como acontecia na dinastia Tang, corruptores do meio de vida da sociedade chinesa e inferiores aos próprios produtos chineses. A primeira missão diplomática inglesa à China, em 1793, liderada pelo Lord George Macartney, e que tinha a intenção de ali instalar a representação diplomática inglesa e promover o livre-comércio, recebeu o seguinte decreto como resposta:

> Vós, ó Rei, viveis além dos confins de muitos oceanos, entretanto, impelido por vosso humilde desejo de compartilhar dos benefícios de nossa civilização, despachastes uma missão respeitosamente portando vosso memorial [...] Quanto a vossa solicitação de enviar um de seus conterrâneos para ser acolhido em minha Corte Celestial e ficar no controle do comércio de vosso país com a China, esse pedido é contrário a todos os costumes de minha dinastia e não pode de modo algum ser cogitado.[56]

Era da acepção chinesa da época que, ainda que povos *yidi* estabelecessem regimes políticos estáveis (governos), as nações bárbaras não possuíam os Ritos[57] dos *zhongguo*, que eram, por sua vez, reflexo da superioridade da civilização chinesa e de sua perpetuidade. Destarte, aceitar as imposições britânicas de costumes tão alheios à civilização chinesa representava, para os últimos, a admissão de uma cultura *yidi* como sua, o que representaria o declínio absoluto daquela dinastia – como já havia ocorrido com dinastias anteriores – e a ruptura e violação do todo e da ordem celestial.

A perspectiva chinesa era considerada particularmente ofensiva para os britânicos, pois, como já destacado anteriormente, o uso do termo *yidi* continha conotação pejorativa. Além disso, a Inglaterra despontava como potência naval e comercial, e não aceitava ser designada como inferior hierarquicamente, de acordo com a cosmologia chinesa, e ainda devendo prestar reverência ao imperador Qing. A partir de então, após diversas tentativas diplomáticas inglesas, os choques de perspectivas e intenções culminaram na tensão das relações entre os dois países, refletida, em sua última instância, na Guerra do Ópio (1839-1842).

As passagens acima ajudam a refletir sobre a decisiva – ainda que não suficiente – influência que o florescimento filosófico e seus postulados, maiormente os confucianos, tiveram não só na estruturação político-social chinesa e em sua base moral e de valores, como também na natureza dos conflitos empreendidos pelos chineses no período pré-moderno – como uma necessidade de manter a ordem sinocêntrica. O foco tradicional na manutenção da ordem política é central na compreensão chinesa sobre a natureza da guerra, já que, nessa perspectiva, considera-se a contínua desordem – provocada por *yidi* ou não – mais crítica que o uso da violência militar. Um *guo* desintegrado internamente é vulnerável a ataques externos, pois está indefensável pela falta de unidade. Segue-se que o uso do expediente militar e a guerra são justificáveis quando o imperador pretende eliminar a desordem interna.

O emprego da guerra: influência dos valores filosóficos nos escritos militares

Virtualmente, todos os teóricos militares da China pré-moderna – Tai Gong (1212-1073 a.C.), Sunzi (541-482 a.C.), Wuzi (440-381 a.C.), Wei Liaozi (?-318 a.C.), entre outros – advogam a necessidade de um governante benevolente e enfatizam o bem-estar da população, já que somente uma população bem ordenada, próspera e satisfeita poderia dar suporte físico e emocional ao seu governo. Para que, então, Tudo sob o Céu pudesse seguir de forma harmoniosa, também o governante virtuoso deveria criar e empregar certos princípios de guerra a serviço da população.

Por esse motivo, filósofos e estrategistas, como conselheiros do imperador, eram valorizados, e seus escritos analisados como métodos de governança e manutenção da ordem, pois administrar força humana e recursos em um período turbulento de combates exigia certa *expertise* e o florescer da profissionalização do exército. Com a exceção de *A arte da guerra*,[58] de Sunzi, os estrategistas militares primeiramente discutem em seus escritos a organização interna da ordem política para, então, enfatizar a necessidade das forças armadas como forma de garantir estabilidade dentro do *guo*.

Cientes dos prejuízos sociais, econômicos e políticos de uma guerra, um escopo fundamental notado pelos escritos desses estrategistas era o uso limitado da força coativa, ou seja, a guerra deveria ser deflagrada somente como último recurso do *guo* para manter a estabilidade, a ordem. Uma vez deflagrada, os escritos elaboram análises táticas que deveriam ser utilizadas no cenário de guerra pelo imperador ou general, e seu exército, definindo, assim, os meios de guerrar. Nesse sentido, o pensamento militar chinês considera a independência entre "justificação da guerra" (*jus ad bellum*) e o "expediente de guerra" (*jus in bello*).

Isso pode ser explicado por dois motes principais:

1) A abordagem mais abrasiva com relação ao emprego da guerra revela a provável origem escolástica dos escritos militares desse período.
2) A conjuntura era de sistemática exploração da força humana e de materiais, que havia tornado os combates mais letais e, consequentemente, mais custosos. Havia, nesse ínterim, uma necessidade de reavaliar os métodos militares empregados, já que as lutas políticas e militares, nos e entre diversos *guo*, eram constantes.

Com relação ao primeiro ponto, tem-se que o desenvolvimento do pensamento militar chinês aconteceu em paralelo à incorporação da cosmologia e da filosofia natural ao pensamento filosófico político-social. O texto *Tai Gong Liu Tao* 太公六韬, encontrado na tumba de Linyi, por exemplo, inclui discussões sobre o uso de presságios, da doutrina *yin/yang* (☯陰/陽), das "Cinco Fases" ou "Cinco Elementos" (*wuxing* 五行),[59] e das estações como forma de guiar combates. Os escritos filosóficos políticos e militares eram mutuamente influenciados. Naquele período, muitos intelectuais aplicavam as teorias sobre natureza e cosmologia para a esfera militar, como Confúcio também o fez.

Sunzi definiu, sem predecessores imediatos, questões e conceitos básicos do gênero militar, e exemplos subsequentes operaram dentro de seus termos. Significativamente, advogou uma estratégia que lograria a vitória sem batalhas e táticas que venceriam guerras através de manobras, engano, insídia, e do ataque a pontos fracos do inimigo. Seu público-alvo eram governantes que procuravam o máximo desempenho com o mínimo risco, portanto, visava a minimizar a violência e as baixas de batalha na conduta da guerra. Figurava, por conseguinte, como uma retórica que possibilitava a homens, com pouca ou nenhuma experiência de combate, propor uma panaceia garantindo a vitória. Textos posteriores incorporaram certos desenvolvimentos na esfera militar, como a introdução da cavalaria e do uso de bestas como novo armamento, mas não houve uma revisão das questões fundamentais sunzianas.

As inovações mais relevantes foram o maior detalhamento na discussão sobre recrutamento, regulações e treinamento, e a crescente incorporação de ideias da tradição cosmológica (*yin/yang*, Cinco Fases, almanaques, calêndricos). A ênfase dada às práticas administrativas da guerra e à divinação foi ampliada em relação à ênfase dada às teorias de estratagemas e manipulação. Além disso, os textos, que eram escritos em forma de máximas quase poéticas, passaram a ser escritos como "diálogos de batalha". Nesse gênero de escrita, um interlocutor descreve uma determinada circunstância que pode acontecer em campo, e um estrategista explica como lidaria com tal situação. Quase invariavelmente, aquele é um governante, e este, um comandante, exceto em *Sun Bin Binfa*, em que este é conselheiro e o interlocutor é o próprio comandante.

Os primeiros exemplos desse gênero de escrita aparecem nos capítulos de diálogo de *A arte da guerra*, de Sunzi, em *Sun Bin*, *Wuzi* e *Taigong Liutao*. Enquanto alguns dos primeiros exemplos são situações plausíveis, os demais passaram a descrever situações muito complexas que dificilmente seriam administradas no campo de batalha. Embora essa espécie de "estudo de casos hipotéticos" possa se assemelhar a uma doutrina militar moderna, eles pouco se relacionam com a batalha em campo. A prevalência desse tipo de representação da guerra, sobretudo nos últimos tratados militares, em contraste com os textos ocidentais sobre a guerra, pode ser explicada pelas diferentes procedências da escritura desses textos.

Enquanto o gênero de escrita ocidental sobre a guerra foi elaborado por autores que de fato comandaram exércitos em campo – dramatização de batalhas que eles mesmos haviam testemunhado ou lutado –, a tradição chinesa é baseada nos exercícios hipotéticos enquadrados em uma situação idealizada pelos autores do texto, que atuavam como conselheiros do governante. Assim como *Menzi*, *Xunzi*, *Livro do Lord Shang* e *Han Feizi* dramatizavam os debates de seus hipônimos na presença de um governante, também os tratados militares eram baseados em diálogos/debates encenados.

Esse gênero de escrita sugere que os clássicos militares foram elaborados por intelectuais em busca do oficialato imperial, e não propriamente por generais que estiveram em campo de batalha. Portanto, a origem escolástica dos escritos militares seria uma razão provável pela qual tais textos enfatizam as fundamentações políticas e os objetivos de guerra, e descentralizam o combate direto. Por conseguinte, a relação entre as esferas civil (*wen* 文) e militar (*wu* 武)[60] – mais precisamente o papel da esfera militar dentro da ordem social – é o tópico mais relevante dos clássicos militares.

Tal ciência militar tinha, bem como as demais fundamentações filosóficas do período, uma perspectiva holística sobre as estratégias de guerra. As condições materiais bélicas – avanço em termos de ciência e tecnologia, orçamento de defesa, localização de bases, localização geográfica etc. – eram consideradas, mas tendo por base as habilidades subjetivas das tropas e de seus líderes, que constituíam a maneira como utilizavam ideias criativas para manipular as condições objetivas em benefício do Estado ao qual serviam. De tal modo, a única maneira pela qual o Estado com menor poder bélico poderia sobrepujar o oponente de maior poder bélico seria revertendo a situação estratégica assimétrica por meio da destreza e da astúcia.

A transformação do conceito de potencial imperial para os campos da civilidade e não belicosidade foi pioneiramente articulada por Confúcio, nos *Analectos*. Entretanto, e em que pese a preferência pelas ações políticas pacifistas, a guerra também desempenha papel importante nos escritos confucianos:

> Zigong perguntou sobre [como] governar. O Mestre disse: "Alimentos bastantes. Armas bastantes. Fazer o povo acreditar em você." Zigong disse: "Se [o Mestre] tivesse de abrir mão de um deles, de qual dos três [desistiria] primeiro?" [O Mestre] respondeu: "Desistiria das armas."[61]

O trecho esclarece que, embora a esfera militar seja a primeira necessidade a ser dispensada, ela ainda é parte fundamental do bom governo. Em outras palavras, embora a guerra não seja o principal tópico para Confúcio, o uso da força coercitiva não é excluído *a priori*.

As considerações confucianas sobre o poder imperial eram intimamente vinculadas à "sabedoria" (*zhi*)[62] e à benevolência ou "humanidade" (*ren*)[63]. Alternativamente, a figura do general sábio emerge na literatura de *A arte da guerra*, de Sunzi, como a contraparte marcial do governante confuciano benevolente.[64] Assim, a divisão do campo político chinês em duas esferas complementares de civilidade (*wen*) e marcialidade (*wu*) refletem em duas diferentes, mas mutuamente influentes, interpretações sobre "sabedoria" (*zhi*) e seus cognatos.

Epitomar a concepção da guerra como essencialmente uma questão de sabedoria, mais que uma questão de recursos bélicos, é o principal destaque do capítulo de abertura de *A arte da guerra*: "O meio [*dao* 道] da guerra é a destreza [*gui* 詭]."[65] Embora essa não tenha sido a única compilação de escritos filosóficos e estratégicos do pensamento militar chinês, ela se destaca pela singularidade com que enfatiza o conhecimento e a sabedoria como recursos para uma estratégia militar, nos seus treze capítulos, com mais de seis mil caracteres. Essa concepção foi inovadora na tradição militar chinesa, e, posteriormente, ficou conhecida no contexto mundial do pensamento estratégico, o que a levou a ser considerada mais avançada em relação aos escritos de Antoine-Henri Jomini (1779-1869) e Carl von Clausewitz (1780-1831), apesar de sua formulação anterior às obras desses autores e do fato de os combates, naquele período, serem tecnicamente mais primitivos em termos de tecnologia, equipamentos e capacidades do que os combates contemporâneos.[66]

Na perspectiva de Sun Tzu, a destreza não é meramente um dos muitos instrumentos da guerra, mas o verdadeiro caminho (*dao*) para a vitória. Ao contemplar mais do que apenas truques e artifícios, a destreza deveria ser entendida de maneira ampla, de forma a incluir aspectos contrários às expectativas comuns. Assim, a astúcia depende da efetividade do "agir pelo não agir" em um contexto de combate: realizar algo eficaz, sem, entretanto, ser notado em seu processo de realização.

A não violência e o antimilitarismo se configuram, nesse sentido, não como uma finalidade virtuosa, mas sim um instrumento de uma estratégia sagaz: a batalha ganha da melhor maneira é aquela que nem sequer chega a ser disputada. E, no caso da inevitabilidade do conflito, o ataque deve ser direcionado para aspectos vulneráveis do inimigo, de forma a evitar o confronto direto de forças. Sun Tzu, nesse aspecto, também recebe influência dos aforismos contemporâneos de Laozi,[67] ao se utilizar da metáfora da água como estratégia tática: assim como a água fluida e sem forma procura o caminho mais fácil para chegar ao mar, evitando os obstáculos, também assim deve ser a forma de combate: "As tropas devem ser comparadas à água corrente. Da mesma forma que a água que corre evita as alturas e se precipita nas planícies, assim um exército evita a força e ataca a fraqueza."[68] Reciprocamente, Laozi, em *Daodejing* (道德經), faz alusão em vários de seus capítulos ao caráter do homem sábio e sua relação com o pensamento militar, como nestas passagens:

> [...] ao sábio não interessa a força,
> Ele não se arvora em dominador,
> Não usa de violência[69]
> [...] Prefira sempre recuar um metro
> A avançar um centímetro.
> Assim ele progride sem marchar.
> Assim pode reprimir sem ameaçar.
> Assim pode avançar sem lutar.
> Assim pode tomar posse
> Sem usar armas [...]
> Se dois exércitos forem iguais,
> Quem vence é o mais sensato.[70]

Assim, "ver o grande no pequeno" (*jian xiao yue ming* 見小曰明)[71] também influenciou na escrita dos aforismos de Sun Tzu. Essa concepção de "ver" significa saber como se utilizar das oportunidades que o "pequeno" pode oferecer. Esse tipo de sabedoria era valorizada, pois permitia a consagração cognitiva do homem sábio por intermédio da efetividade do "agir pelo não agir" (*wu wei* 無為).

O pensamento militar de Sun Tzu convergiu para a cultura estratégica em torno do *Dao*. Ainda na perspectiva do "ver o grande no pequeno", sua estratégia valorizava não a destruição do inimigo, mas sua subjugação sem a necessidade de batalha. Se bem que o defender-se da movimentação política ou da força inimiga era legítimo e valorizado, o objetivo da guerra não poderia ser a absoluta segurança, pois isso implicaria a destruição total da sociedade que o inimigo governa. Contrariamente, a sociedade vitoriosa deveria conviver com a outrora inimiga em uma "estável e controlada insegurança", resultando em uma espécie de vitória relativa.[72]

Num contexto em que havia a preferência pela formação de alianças entre os *guo*, e em que a anexação de territórios vencidos pressupunha a aniquilação da sociedade que vivia neles, como no período dos Estados Combatentes, fazia sentido a diretriz filosófica militar de Sun Tzu mais como um conselho do que um reflexo de seu tempo. O texto *Estratagemas dos Estados Combatentes* (*Zhanguoce* 张国策) revela a preferência Qin pela formação de alianças e o receio de que, ao anexar um território e não aniquilar sua população, os sobreviventes pudessem restaurar seu governo. Um conselheiro Qin adverte o governante com exemplos históricos: "[O *guo*] Wu não aniquilou [o *guo*] Yue, então Yue aniquilou Wu; Qi não aniquilou Yan, então Yan aniquilou Qi. Qi pereceu sob Yan. Wu pereceu sob Yue. Isso porque o mal não foi extraído pela raiz."[73]

É de suma importância contrapor que, embora os filósofos confucionistas, especialmente Mengzi, enfatizem que a guerra de conquista e por vantagens de recursos são condenadas, parece haver, para eles, relativa distinção entre guerra e punição. Por essa razão, uma "expedição punitiva" é estimada, diferentemente da guerra geral, e representa um tipo de guerra que é justificada moralmente. Uma guerra punitiva era distinta, pois a razão para a guerra remete ao declínio moral de uma ordem política. Isso significa que o ataque pode ser justificado quando a harmonia entre o imperador e o povo, ou entre os povos, é perturbada. A anexação de um *guo* por outro ou rebeliões contra um imperador imoral e desvirtuoso são legitimadas, pois são vistas como a punição para aquele que perturba a ordem.

Grande parte dos escritos filosóficos, seja no gênero da guerra, seja político-social, enfatiza o declínio moral dentro de uma comunidade política como a razão justa para deflagrar uma guerra. Assim, um crime que potencialmente afete o sistema político de outro *guo* é um motivo legitimado para enviar uma "expedição punitiva". Esse argumento alude a dois elementos importantes no exame da natureza da guerra na China imperial: 1) há um papel primordial da política doméstica na justificação da guerra, o que significa que uma ofensa moral ou a violação das tradições confucionistas poderiam legitimar um ataque a outro *guo*; 2) a guerra seria possível mesmo sem um ato prévio de agressão.

Tal entendimento sobre guerra revela uma complexidade básica que contribui para a compreensão dos motivos pelos quais o modelo confuciano de governo, apesar de passivo e convidativo, também foi diversas vezes belicoso. Se um determinado *guo* X era governado pelo modelo confuciano e outro *guo* Y não o era, então o *guo* X teria a possibilidade legítima de enviar uma "expedição punitiva" ao *guo* Y. Embora essa particular punição fosse entendida diferentemente do que era uma guerra, ela ainda implicava o uso da força coercitiva. Nesse sentido, o conceito de punição[74] – intrinsecamente relacionada à Adequação aos Ritos (*li*) – é ampliado para além da compreensão de guerra. A autoridade absoluta do imperador de "Tudo sob o Céu" (*Tianxia*) é a razão da subjugação do termo "guerra" para o pensamento político-filosófico daquele período, e que se manteve nas dinastias posteriores.

O entendimento sobre guerra defensiva na filosofia militar dessa época permite ampla interpretação, tornando-se invariavelmente complexa. Isso porque a defesa, como razão legítima para deflagrar uma guerra, não é consistentemente entendida apenas como uma reação a uma agressão prévia. De acordo com os clássicos militares, a defesa impede possíveis confrontações diretas, e permite ao *guo* lograr vitória antes que o próprio combate direto de forças ocorra. O que parece em um primeiro momento ser uma contradição tornou-se o núcleo do pensamento militar chinês. Vencer sem confrontar diretamente requer que medidas defensivas sejam empregadas antes mesmo do primeiro ataque do inimigo. Assim, a defesa também implica a ação direta. Como apontado em Sun Tzu: "[...] alcançar cem vitórias em cem batalhas não é o ápice da excelência. Subjugar o exército inimigo sem lutar é o verdadeiro ápice da excelência."[75]

Wuzi (440-381 a.C.), que era confucionista, mas acreditava que as forças marciais (*wu*) é que deviam assegurar os Ritos (*li*), em *A arte da guerra de Wuzi* (*Wuzi Binfa*), por sua vez, especifica cinco razões gerais para a guerra: proteger a reputação do imperador; ganhar benefícios; por ódio ou aversão; insatisfação civil; e guerras como resultado de escassez. Aponta, ainda, cinco tipos de guerra: a que resgata a humanidade do caos – distúrbio da ordem das coisas –; agressões exercidas com o consentimento do povo; guerras que mobilizam o exército fora de alcance; guerras que visam apenas ao benefício e à vantagem própria; e guerras deflagradas por *guo* em estado de emergência, em vista da escassez.

Em suma, para além da caracterização da guerra, sua natureza perpassava pelos seguintes elementos na China pré-moderna: 1) a legitimidade do governante, que tinha a autoridade para decidir quando usar da força coercitiva; 2) a distinção entre aqueles que compartilhavam do sistema de valores e costumes (*zhongguoren*) daqueles que não compartilhavam e que eram fonte de distúrbios (*yidi*); 3) a guerra teria de ser aproveitável, ao menos retoricamente, à população, já que ela era a fonte de garantia da autoridade do governante; 4) o uso da força coercitiva e do embate direto como último recurso; 5) somente deveria ser deflagrada se a vitória fosse certa – por isso, a questão da previsibilidade e do conhecimento na filosofia militar. Afinal, o propósito da guerra era – e continua sendo – a manutenção ou a restauração da paz ou, em sentido mais específico, da harmonia e da ordem em Tudo sob o Céu.

Considerações finais

A tradição cultural chinesa tem moldado suas escolhas estratégicas e tem profundamente influenciado a maneira pela qual a China interage com os demais países no cenário internacional. Como visto, o próprio conceito de "China" não pode ser concebido como uma essencialidade invariável, mas como algo que está constantemente sendo construído. Por trás de categorias como "chinês", "estrangeiro", "interior" e "exterior" estão significados e forças históricas diversos, intimamente relacionados com o florescimento filosófico da China pré-moderna.

Os clássicos filosóficos foram relevantes não só para estabelecer padrões idiossincráticos de valores e comportamentos, de formação social e de Estado, como também estabelecer modelos pelos quais as estratégias de guerra deveriam seguir – e contra quem. Em outras palavras, os escritos filosóficos serviram não só para delinear o porquê da guerra, como também para delinear como ela deveria ser conduzida, tendo por base que a *ordem* política e a *harmonia* de Tudo sob o Céu são as variáveis independentes que determinam o uso da força coativa.

A Guerra do Ópio trouxe a desintegração do sistema tributário sinocêntrico e o desmantelamento do Mandato do Céu, na medida em que a nova ordem política mundial passava a ser baseada na equidade soberana dos Estados-Nação e no colonialismo europeu. Por esse motivo, o contexto de autorreferência de superioridade política e cultural chinesa foi modificado, e a China não mais poderia medir capacidades somente contra seus vizinhos imediatos.

Depois de séculos de humilhações e o prolongado distúrbio da ordem das coisas, Mao Zedong logrou reabilitar a ordem política a partir da instauração da República Popular da China e, desde então, a integridade nacional passou a ser o primordial dever da política chinesa. Enquanto na China imperial o poder do imperador era ampliado regionalmente e à harmonia não eram impostos limites, a ênfase nas delimitações territoriais e na soberania passou a distingui-la da China moderna. No entanto, a relevância de uma ordem política estável ainda determina seu pensamento político e as determinações com relação ao uso da força coercitiva, seja no âmbito doméstico seja no âmbito internacional. A noção de harmonia foi estendida para o espectro internacional em bases de soberania estatal, e o conceito de "mundo harmonioso" passou a sublinhar os esforços chineses de influenciar ativamente a ordem regional e internacional.

Em adesão ao princípio de soberania, o Politburo chinês frisa a consideração pela não intervenção nos assuntos domésticos de outros países. O posicionamento chinês no Relatório da Comissão Internacional sobre Intervenção e Soberania Estatal – Responsabilidade em Proteger (*Responsability to Protect* – R2P) – deixa clara a orientação primordial da política do país pela estabilidade:

> É inadmissível fazer julgamentos precipitados de que o Estado concernente é incapaz de proteger seus próprios cidadãos e apressar a intervenção. Os princípios básicos da equidade soberana e não intervenção nos assuntos internos de outros Estados como dispostos na Carta devem ser estritamente respeitados.[76]

É possível argumentar, assim, que a primazia da estabilidade e da ordem das coisas da China tradicional converge, atualmente, para o paradigma clássico da soberania no nível internacional.

A investigação de pináculos filosóficos e da natureza da guerra tradicionais contribui para desmistificar a ambiguidade de diretrizes políticas da China atual. Esclarece por que as noções de desenvolvimento pacífico e/ou de sociedade harmoniosa/mundo harmonioso, usualmente empregadas nos discursos do Partido Comunista Chinês, são difíceis de classificar, e fomentam a generalizada separação analítica dicotômica da política externa chinesa como essencialmente maléfica ou benéfica para o cenário internacional. A importância do tradicional entendimento social e filosófico sobre o que determina categorias como "interior" e "exterior" e sobre "ordem" – e o distúrbio dela como a justificação para a natureza da guerra – foi brevemente abordada neste texto, e merece ser pesquisada em detalhes para uma compreensão mais ampla das intencionalidades políticas e militares da República Popular da China.

Notas

1. CHUN-CHIEH, 2007, pp. 180-188.
2. JIANG, 2006.
3. SCOBELL, 2003.
4. CREVELD, 1977, p. 20.
5. São eles: *A arte da guerra*, de Sun-Tzu (*Sunzi Binfa* 孫子兵法/ 770-476 a.C), *A arte da guerra*, de Wu-Tzu (*Wuzi Binfa* 吳子兵法/ 475-221 a.C.), *A arte da guerra*, de Sima (*Sima Fa* 司馬法/ 475-221 a.C.), Wei Liao-Tzu (*Weiliaozi* 尉繚子/ 475-221 a.C.), *Seis ensinamentos secretos*, de Taigong (*Taigong Liutao* 太公六韜/ 475-221 a.C.), *Três estratégias*, de Huang Shigong (*Huang Shigong Sanlue* 黃石公三略/ 100-220 d.C.) e *Questões e respostas entre Tang Taizong e Li Weigong* (*Tang Taizong Li Weigong Wendui* 唐太宗李衛公問對/ 618-906 d.C.).
6. SAWYER, 1993.
7. Faz-se necessário destacar que, embora a escrita dos textos possa ter-se iniciado durante as supostas vidas de seus hipônimos, datações mais rígidas apontam geralmente para gerações posteriores. Isso indica que os tratados militares, bem como demais textos filosóficos da China desse período provavelmente foram escritos não pelos homens para os quais eles foram nomeados, mas por grupos de intelectuais que ambicionavam uma posição política imperial, que emprestavam um nome de prestígio para dotar de autoridade certa doutrina. No capítulo "Avaliando o inimigo", de *A arte da guerra*, de Wu-tzu, o lorde do Estado de Wei pede a Wu Qi, autor putativo de tal tratado militar, que discuta a situação estratégica de seu Estado. Wu Qi responde com fatos que sugerem um evento que data, pelo menos, de quatro décadas depois de sua morte (381 a.C.). SAWYER, 1993.
8. A arqueologia moderna chinesa aponta para diferentes práticas de domesticação animal, plantio e uso de cerâmica que denotam diferentes culturas, desde o estágio chamado de Revolução Neolítica: cultura Yangshao 仰韶 (5000-3000 a.C.), no planalto do Rio Amarelo; as culturas Majiaban 馬家浜

e Hemudu 河姆渡 (5000-3500 a.C.), no baixo Yangtse; as culturas Daxi 大溪 e Qujialing 屈家岭 (5000-3000 a.C.), no médio Yangtse; as culturas Xinglongwa 興隆洼 (8500-7000 a.C.), Xinle 新樂 (7000-5000 a.C.) e Hongshan 紅山 (3000-2500 a.C.), nas bases do rio Liao, no norte da China, entre outras. A influência entre essas diferentes culturas do Período Neolítico era antes mútua que unidirecional.

9. O termo "China", que designa uma unidade espaçotemporal, tem sua origem no sânscrito *cīna*, e somente foi latinizado em meados do século XVI, a partir do topônimo persa *Chīnī*. É, portanto, o termo ocidental equivalente para o que os chineses chamam de *Zhongguo* (中国). O próprio termo *Zhongguo* somente passou a ser comumente utilizado pelos chineses como uma entidade histórica e espacial a partir do século XIX e do contexto de estabelecimento da equidade soberana dos Estados-Nação, ao estilo ocidental. A entidade física que antes a população chinesa chamava de O Grande Estado de Qing (*Da Qing Guo* 大清国), em referência à dinastia dominante naquela fase, passou a ser dotada de um cunho nacionalista, como forma de também identificá-la com uma cultura e uma continuidade histórica, privilegiando não somente uma dinastia, mas a região considerada local do florescimento cultural e do modelo civilizacional: os Estados Centrais (*Zhongguo*).
10. O termo "Estado" é usado como tradução para o termo chinês "*guo*", para conveniência e melhor compreensão do texto, mas não assume as mesmas caracterizações do tipo Estado-Nação soberano delineadas no Tratado de Westfália (1648).
11. Notar diferença mítica de origem da civilização entre Ocidente e Oriente.
12. Os "Tributos de Yu" (*Yu Gong* 禹贡) estão apontados sob forma de capítulo no *Livro de Xia* (*Xia Shu* 夏书), uma seção do *Livro dos documentos* (*Shujing* 书经). Esse é um dos cinco clássicos (*wujing* 五經) do cânone confuciano datado do século V a.C., uma coleção de discursos feitos por governantes e políticos imperiais, desde tempos míticos até meados do período Zhou Ocidental (1045-770 a.C.). Nele estão contidas informações relatadas da era dos Imperadores Sábios (antes de 2255 a.C.) e das três primeiras dinastias chinesas: Xia (2205-1766 a.C.), Shang (1766-1045 a.C.) e Zhou Ocidental (1045-770 a.C.).
13. O termo *zhong* (中) não tem apenas a conotação geográfica de "centro" ou "meio", mas considera algo valorado "adequadamente localizado". Eram eles: Zheng (鄭), Chen (陳), Cai (蔡), Song (宋), Lu (魯), Qi (齊), Jin (晉), Wei (衛), Cao (曹) e Yan (燕).

14. Também se autointitulava rei o governante da tribo Xu, o que revela que uma ideia conceitual de um "rei universal" (*wang* 王) sob o Mandato do Céu (*Tianming* 天命) ainda não havia surgido no início do período Zhou.
15. BERGETON, 2006.
16. Referente a comunidades políticas, povos e tribos, quando entendidas em um sentido étnico.
17. Liji Wangzhi 3.13 *apud* LEGGE, 1960, pp. 229-230.
18. "為國以義,以名,以權。中國不治夷狄,義也。中國為中國,夷狄為夷。名也。二者為我用。故其來寇也。斯與之戰。其來服也。斯與之接。視其所以來而治之者。權也... 中國之所以為中國。以其有是三者而已。苟捨其所以必勝之具。而獨以詐力為用。是既已化為夷狄矣。... 然則夷狄雖不義。常以信義望中國。中國以夷狄為不義。是以不用信義答之。不知此其所以為中國者。本不以夷狄之無而廢也" (tradução nossa). YE, Shi. Ye Shi Ji 葉適集. Beijing: Zhonghua shuju, Beiji 4.684-6, 1961.
19. Xunzi 18, Zhenglun 4 *apud* KNOBLOCK, 1994, p. 38.
20. Zuo, Cheng 3 *apud* LEGGE, 1960, p. 349.
21. Tais reformas envolviam esforços no sentido de aumentar as capacidades militares e econômicas ao melhorar também a capacidade administrativa do Estado. O Estado, com uma capacidade administrativa superior, mobilizaria melhor os recursos, resolveria problemas logísticos com facilidade, desenvolveria estratégias militares mais eficientes, consolidaria territórios conquistados e extrairia da melhor maneira recursos adicionais das populações subjugadas. Um exemplo bem-sucedido da reforma administrativa foi a divisão feita pelo primeiro-ministro Shang Yang, do *guo* Qin, entre prefeituras (*jun* 军), condados (*xian* 县), municípios (*xiang* 乡) e vilas (*li* 理). A partir dessa divisão administrativa, o governo de Qin pode sistematizar o recrutamento militar através do agrupamento das vilas em unidades de cinco, facilitando a mobilização militar. Ver: SAWYER, 1993.
22. LEWIS. *In*: SHAUGHNESSY; LOEWE, Michael (Eds.), 1999, pp. 587-650.
23. SAWYER, 1998, p. 116.
24. Dong Zhongshu (董仲舒 195 a.C.-115 a.C.) foi um filósofo da dinastia Han (208 a.C.-220 d.C.), tradicionalmente associado ao estabelecimento do confucionismo como ideologia oficial do Império, em 136 a.C.
25. ARBUCKLE, 1995, pp. 585-597.
26. Para uma noção mais pormenorizada do conceito de *Tianxia*, ver: QIN, 2007, pp. 313-340.
27. A fonte seminal de diversos conceitos cosmológicos e da filosofia natural é o *Livro das mutações* (易經 *Yijing* ou *I Ching*, na tradução Wide-Gilles), que

considera a realidade um fluxo constante de mudanças, ou continuidades e descontinuidades. Embora incorporado como um "clássico" confuciano durante a dinastia Han (208-220 a.C.), seus escritos expressam uma visão de mundo prévia às Cem Escolas de Pensamento do período dos Estados Combatentes, representando, portanto, algo como uma perspectiva cosmológica panchinesa. Tanto os textos taoistas quanto confucianos compartilham a filosofia do *Yijing* como uma espécie de fundamento cosmológico. Zhang Xianglong refere-se ao *Yijing* como o "'gene' da cultura chinesa [que] a moldou em todos os aspectos, desde calendário, medicina, artes militares, arquitetura, literatura e artes gráficas, até moralidade e pensamento político-social". Ver: ZHANG, 1999, p. 55; para uma das melhores traduções do *Yijing* para o inglês, ver: *The I Ching or Book of Changes*. Tradução de Richard Wilhelm e Cary F. Baynes. Nova Jersey: Princeton University Press, 1950.

28. "曰若稽古：帝堯曰放勳。欽、明、文、思、安安，允恭克讓，光被四表，格於上下。克明俊德，以親九族；九族既睦，平章百姓；百姓昭明，協和萬邦。黎民於變時雍。乃命羲和：欽若昊天；厤象日月星辰，敬授人時。……帝曰：咨！汝羲暨和。(朞)〔期〕三百有六旬有六日，以閏月定四時，成歲。允釐百工，庶績咸熙。" (tradução nossa). A tradução livre da autora acopla diferentes interpretações sobre os termos utilizados nesse trecho do "Cânone de Yao", já que a sua interpretação é debatida por diversos estudiosos. Ver: LEGGE, 1960, p. 242. Acesso em 20/1/2016; e KERN (Ed.), 2009.
29. CHEN, 1985; JIANG, Shanguo, 1988; LIU, 2007.
30. SCHABERG, 1996, p. 197.
31. KERN, 2009.
32. Uma estrutura de mimetismo (imitação). SCHABERG, 1996.
33. É interessante notar que o ideograma para o termo "política" (*zhenzhi* 政治) significa "ordem justificada" ou "assuntos governamentais ordenados", indicando uma ordem civilizada que determine a sorte comum de todos os povos. Tal ideograma define um conceito político não oposto, mas alternativo ao termo "política" como vida pública da *polis* grega.
34. CONFÚCIO, 2012, p. 83.
35. *Ibidem*, p. 62.

SMITH, Rupert. *The Utility of Force: the Art of War in Modern World*. Nova York: Knopf, 2007.

SCHUURMAN, Bart. Clausewitz e os estudiosos da nova guerra. <http://usacac.army.mil/CAC2/MilitaryReview/Archives/Portuguese/MilitaryReview_20111031_art009POR.pdf>. Acesso em 16/3/2016.

36. Destaca-se que a utilização do termo "nacional" não se vincula ao conceito europeu ocidental posterior de "Estado-Nação", mas, bem dizendo, o termo se refere a uma identidade vernácula daquela respectiva região.
37. Os filósofos Næss e Hannay caracterizam a filosofia chinesa como "convidativa" em seu método de persuasão, isto é, ela retrata um modo de vida de uma forma vívida a fim de predispor o público-alvo – os governantes dos *guo* –, a considerar sua adoção. Ver: NÆSS; HANNAY, 1972.
38. KUPPERMAN, 1999.
39. O pensamento confuciano prevê uma fase final do desenvolvimento humano chamado de "Grande União" (*Datong* 大同), como disposto no capítulo intitulado "A condução dos Rituais" (*LiYun* 禮運), no *Livro dos Rituais* (*Liji* 禮記). Na obra *Anais de Primavera e Outono* (*Chunqiu* 春秋), Confúcio também utiliza o termo "Estado de Eterna Paz" (*Taiping* 太平) como um estágio final desejável da sociedade ideal pensada por ele e por seus seguidores. Essa união ocorreria por meio da humanidade (*ren* 任) universal e da harmonia (*hexie* 和谐) entre os povos. Ver: The Li Ki, pp. 365-367. *In*: LEGGE, 1967a. Acesso em 2/12/2015.
40. LEGGE, 1960, p. 802. Acesso em 2/2/2016.
41. É interessante destacar que o conceito de harmonia essencial (*he* 和) leva a uma matriz filosófica também presente nas elaborações taoistas da obra *Dao De Jing* (道德经) – ou *Tao Te Ching*, como na romanização Wade-Giles –, de autoria designada ao hipônimo de Laozi (老子): a suposição do não conflito. Elaborados em um período coetâneo e datados aproximadamente do século V a.C., tanto os escritos confucionistas quanto os taoistas surgem de bases sedimentadas sob uma rústica dialética de dois opostos fundamentalmente complementares e interdependentes (Yin/Yang 陰陽). O conceito de harmonização tem sido utilizado como orientação valorativa e corpo teórico a partir da quarta geração de líderes do Partido Comunista Chinês, no sentido de criar uma "sociedade harmoniosa" (*hexie shehui* 和谐社会), embora os termos atuais para "harmonizar" sejam distintos dos tradicionais usos nos textos clássicos (*mu* 睦, *xiéhe* 协和 e *shiyong* 時雍). Ver: GUO; GUO (Eds.), 2008, 258 p.
42. A concepção de "pessoa", para Confúcio, não apela a categorias como "alma" ou "vontade", mas aloca o "eu" como a encarnação das atividades sociais do pensar e do sentir dentro do leque de relações que constituem família, comunidade e ambiente. O "eu" é, portanto, um evento complexo, um "processo de ser" mais que um "ser essencial" – um "ser" em constante transformação –, uma configuração de relações constituintes concretas e

dinâmicas. Para Confúcio, o "eu" como ser humano não pode ser analisado, descrito ou valorado moralmente (e politicamente) como sendo a parte de outros seres humanos com os quais ele interage. Por conseguinte, isso implica que a liberdade do indivíduo de moldar a própria vida não é autônoma: o indivíduo se torna completamente humano somente quando relacionado a seu contexto social. FINGARETTE, 1972.

43. No pensamento confuciano, a virtude da Filialidade pode ser entendida tanto como a obediência à vontade dos pais quanto o respeito aos que determinam os Ritos (*li* 禮), ou seja, o governante. Nesse sentido, somente alguém que saiba obedecer aos pais poderá ser um bom governante. Ao mesmo tempo, a obediência aos pais deve igualmente ser estendida ao governante, distinguido do restante do povo por ser mais virtuoso. Para Confúcio, é no núcleo familiar que a legitimidade da autoridade é aprendida. Conforme nota Giorgio Sinedino, "dessa perspectiva, toda a sociedade se beneficia do prolongamento da hierarquia existente na estrutura familiar, de modo que os que estão acima são como pais ou irmãos mais velhos". CONFÚCIO, 2012, p. 5.
44. A paz como um conceito político foi desenvolvida, por exemplo, por Thomas Hobbes, no *Leviatã*. HOBBES, 1984, p. 419.
45. De acordo com a perspectiva confuciana, o dever é entendido como uma resposta a um tipo de autoridade que não é baseada na força coativa, mas no respeito e na prudência.
46. Alguns filósofos e historiadores sugerem que, enquanto o confucionismo preside a vida "social" e pública da sociedade chinesa, o taoismo desempenha o mesmo papel em sua vida "mental" e particular. ZHANG; CHEN, 1991; ZHOU, 1990.
47. Poema 48, "Passividade dinâmica", p. 99. In: LAO-TSÉ, 2013.
48. Capítulo 2, "A arte do governo" (*Weizheng* 為政), 2.1, p. 28. *In*: CONFÚCIO, 2012.
49. Apesar de, neste texto, expressões como "moral" e "ética" serem utilizadas de uma maneira neutra, há um debate emergente nas análises filosóficas comparativas sobre se a noção de "moral" confuciana tem contraparte nas considerações ocidentais sobre o termo. Há uma tendência a confinar a "moral" a um conjunto relativamente restrito de características associadas à filosofia da moral kantiana – crença nas leis universais validadas pela razão pura e crença que a responsabilidade pelas ações individuais requerem a liberdade de determinações de causas externas. A partir dessa perspectiva, a noção da "ética das virtudes" confuciana contrasta com a moralidade

kantiana, na medida em que tal ética abrange questões sobre valores e modos "adequados" de vida não referentes a princípios gerais, mas em acordo com o jugo contextual e o que "deve ser feito" em determinadas situações. Ver: WONG. *In*: LIU, 2002.

50. CONFÚCIO, 2012.
51. HANSEN, 1992.
52. O termo *li* é comumente traduzido como "rito" ou "ritual", mas não há uma noção sucinta ocidental que expresse tudo o que o termo abrange. James Legge utiliza-se das palavras do intelectual do século XIX, J. M. Callery, para tentar apreender a abrangência semântica de *li*: "[...] é necessário convir que, a depender da circunstância em que é empregado, [o termo] pode significar cerimonial, cerimônias, práticas cerimoniais, etiqueta, polidez, cortesia, integridade, boas maneiras, deferência, boa educação, decência, as formas, as conveniências, saber-viver, decoro, pudor, dignidade pessoal, moral de conduta, categoria social, dever de sociedade, leis sociais, deveres, direitos, moral, leis hierárquicas, dádiva, usos, costumes", *apud* LEGGE, 1967b, p. 11.
53. Capítulo 3, "Ritos e Música" (*Bayi* 八佾), 3.5, p. 70. *In*: CONFÚCIO, 2012.
54. "孔子之作春秋也諸侯用夷禮則夷之進於中國則中國之" (Tradução nossa). *In*: YANG, 2014. Acesso em 2/2/2016.
55. O comércio com os países ocidentais, até então, era sazonal e feito pela cidade portuária de Guangzhou (Cantão), estritamente regulamentado, e requeria o pagamento de uma "taxa" aos mercadores chineses licenciados.
56. *Apud* KISSINGER, 2011, pp. 56-57.
57. Vale destacar que, nesse período, os postulados confucianos eram interpretados e repassados pela escola neoconfucionista, representada por filósofos discípulos, como Huang Zongxi (1610-1695), Gu Yanwu (1613-1682), Wang Fuzhi (1619-1692), Yan Yuan (1635-1704), entre outros.
58. O título *A arte da guerra* (*Bingfa* 兵法) é uma tradução imprecisa. *Bing* 兵 significa "exército", "força armada" ou "o que se refere à guerra". *Fa* 法 significa "método", "caminho", "maneira" e "lei". Portanto, em uma tradução mais estrita, *binfa* seria "o método de guerra". Além de Sun-Tzu, outros escritos da mesma época foram designados com tal título, como exemplo, *Sun Bin Binfa* 孫臏兵法 e *Wuzi Binfa* 吳子兵法. Este texto continuará usando a tradução *A arte da guerra* para a conveniência do leitor.
59. Os cinco elementos são madeira (*mu* 木), fogo (*huo* 火), terra (*tu* 土), metal (*jin* 金) e água (*shui* 水). São considerados elementos dinâmicos, interdependentes e direcionadores do processo de desenvolvimento e existência do

universo. São entendidos pelos chineses como forças materiais em constante transformação, e são tradicionalmente utilizados para explicar fenômenos naturais, eventos históricos, normas sociais, estruturas políticas, entre outras coisas. Moralidade, cosmologia e medicina são os campos mais influenciados pela escola de pensamento *wuxing*. É interessante notar o padrão "ímpar" do pensamento filosófico chinês, que revela a resistência em aceitar "absolutos" ou divisão em pares dicotômicos, havendo geralmente um "meio-termo", ou "caminho do meio". No símbolo taoista do yin/yang, o que aparentemente são pares opostos em verdade são partes complementares e formam um terceiro elemento uno – o *Dao*. Com relação aos elementos, tem-se o padrão cíclico de cinco elementos, em vez do padrão de quatro vértices, como na filosofia dos elementos gregos (terra, fogo, água e ar). Esse padrão também colabora na compreensão da diferenciação entre bárbaros e chineses: *man*, *yi*, *rong* e *di* são os quatro elementos em torno de um quinto, que seria o "centro", ou o "meio": os *zhongguo*. GE, 1950.

60. *Wen* (文) e *Wu* (武) também podem ser traduzidos como os binômios cultura/marcialidade.
61. Capítulo 12.7, "O Homem Nobre" (Yanyuan), p. 363. *In*: CONFÚCIO, 2012, p. 62.
62. Na interpretação confuciana, a sabedoria *zhi* é tipicamente discutida em complementar subordinação com *ren*, ou humanidade benevolente, considerada a mais relevante virtude do soberano confuciano. A sabedoria é, portanto, um importante aspecto no debate sobre o "bom governo".
63. A noção de *ren* é central para o papel da ética confuciana e não embute a dicotomia entre o agente da conduta e a conduta em si. E *ren* é cultivada correlacionando essa conduta (que é o agente em si) com modelos circunstanciais e cotidianos, e não baseada em conjunto de princípios morais abstratos.
64. A compreensão do valor da sabedoria *zhi* na filosofia militar, iniciada pelos escritos de *A arte da guerra*, identifica diversas dimensões nas quais ter o "conhecimento" mais aprofundado pode levar à vitória. Essa sabedoria é considerada antes uma característica, uma propensão a agir de determinada maneira, do que enquanto informações acumuladas. Nesse sentido, a sabedoria aproxima-se mais de *phronesis* (sabedoria prática) do que de *sophia* (conhecimento especulativo) na contraparte filosófica grega. O sábio, nesse contexto, possui a habilidade cognitiva de, a partir de análises do presente, prognosticar o futuro, sem passar por uma acepção mística ou divinatória. O sábio tem a habilidade de entender o futuro a partir de pequenos elementos do momento presente.

65. Há diversas traduções literais em português para o termo *gui*, como "engano", "fraude" e "astúcia". No entanto, neste texto, utiliza-se a tradução "destreza", pela proximidade conceitual com o termo em mandarim. Em inglês, foi traduzido para *deception*. Para efeito de pesquisa, foram usadas quatro versões de *Sunzi Binfa*: SUN TZU. *Master Sun's Art of War*. [Traduzido para o inglês por Philip J. Ivanhoe]. Indianapolis: Hackett, 2011; MAIR, Victor. *The Art of War: Sun Zi's Military Methods*. [Traduzido para o inglês por Victor H. Mair]. Nova York: Columbia University Press, 2007; SUN TZU. *A arte da guerra*. Trad. Sueli Barros Cassal. Porto Alegre: L&PM, 2006; 孙子兵法; 孙膑兵法 (*Sūnzi bīngfǎ; Sūnbìn bīngfǎ*). [Traduzido para o chinês simplificado por Wu Rusong e Wu Xianlin; traduzido para o inglês por Lin Wusun]. Beijing: Foreign Languages Press, 2005.
66. Embora os três pensadores considerem a guerra dentro de um enquadramento político, e, por isso, a veem tanto como uma arte quanto uma ciência, enquanto Jomini e Clausewitz focaram no "objetivo político" como o centro da conduta das operações militares, e na guerra como uma nova fase dessa política, Sun Tzu considerou a guerra uma parte integral de uma "ordem política" cíclica. Para Sun Tzu, o dirigente exerce um governo compassivo, e a ele a população é vinculada por meio de uma ritualística e quase obrigatória devoção filial (filialidade) – sob influência dos escritos confucianos. Para os autores ocidentais, a guerra é uma atividade própria, distinta e separada das demais atividades humanas, e, portanto, com características particulares. Assim, não se pode considerar o militar um cidadão comum, já que eles possuem o "espírito de corpo" (*esprit de corps*) que os diferenciam. Parte da virtude do exército provém, logo, da prática da própria guerra e do caráter que ela forja no exército.
67. Laozi [Lao-Tsé] (老子), assim como Sun Tzu, era o título de honra dado a Li Er, possível autor de *Daodejing* (ou *Tao Te Ching*, pelo formato de escrita Wade-Giles), em que pesem dúvidas sobre a possibilidade de tais escritos terem sido formulados por diversos autores e posteriormente compilados na forma de livro. *Lao* significa idoso, maduro, sábio. Dessa maneira, pode-se transliterar Laozi como "grande sábio".
68. SUN TZU, 2006, p. 35.
69. LAO-TSÉ, 2013, p. 67.
70. *Ibidem*, p. 133.
71. *Ibidem*, p. 122.
72. É interessante notar uma distinção entre as visões ocidental e chinesa acerca do pensamento filosófico da guerra, que se refletiu inclusive em demais

aspectos culturais, como em jogos de intelecto. Uma profícua contraposição pode ser feita entre o jogo de xadrez e o *weiqi* 围棋 (mais conhecido por seu nome em japonês, *go*). Seu significado literal é "jogo de peças circundantes", e implica um conceito de cerco estratégico. Apesar de ambos serem jogos de tabuleiro, enquanto no xadrez as peças são distribuídas em um espaço definido, para as peças do weiqi o espaço está por ser ocupado. Nesse jogo, o movimento não vai de um lado a outro do tabuleiro, mas as peças movimentam-se sem destino certo, e várias "batalhas" são travadas em diferentes pontos do tabuleiro. O xadrez é um jogo codificado, de Estado, no qual as peças têm seu valor particularizado e de um poder relativo; no *weiqi*, as peças não são definidas ou subjetivadas, todas possuem um mesmo valor, e sua diferenciação é apenas pela cor das peças de um e de outro jogador – o que reforça a perspectiva chinesa de tropas "sem rosto". Se a finalidade do jogo de xadrez é a vitória absoluta (xeque-mate), o *weiqi* é um jogo em que há vantagens relativas. Enquanto o xadrez reflete os conceitos clausewitzianos de "centro de gravidade" e "ponto decisivo", o *weiqi* exemplifica a arte do cerco estratégico e da análise minuciosa e sábia das condições de mobilização das peças.

73. *Apud* YAN. *In*: YAN (Ed.), 2011, pp. 21-69; p. 131.
74. O conceito de "punição" recebeu fundamental influência da escola de pensamento legalista, ainda que os confucionistas discordassem de suas proposições. O objetivo da lei positivista, de acordo com os legalistas, era assegurar a manutenção de Tudo sob o Céu, por meio de um sistema de punições e recompensas. Com a ajuda das leis sociais, cada indivíduo seria um ser moral autônomo, por isso, essas leis teriam efeito equitativo entre a população.
75. SUN TZU; SUN PIN, 2012, p. 64.
76. STATEMENT by Ambassador Wang Guangya on the Report of the High-level Panel, 27/1/ 2005. Acesso em 3/2/2016.

Referências

ARBUCKLE, Gary. Inevitable Treason: Dong Zhongshu's Theory of Historical Cycles and the Devalidation of the Han Mandate. *Journal of the American Oriental Society*. v. 115, n. 4, 1995.

BERGETON, Uffe. *The Evolving Vocabulary of Otherness in Pre-imperial China: From "Belligerent Others" to "Cultural Others"*. Thesis presented to the Faculty of the Graduate School University of Southern California. Califórnia: ProQuest Publisher, 2016.

CHUN-CHIEH, Huang. The Defining Character of Chinese Historical Thinking. *History and Theory*, v. 46, n. 2, 2007.

CONFÚCIO. *Os Analectos*. Tradução, comentários e notas de Giorgio Sinedino. São Paulo: Unesp, 2012.

CREVELD, Martin van. *Supplying War: Logistics from Wallenstein to Patton*. Cambridge: Cambridge University Press, 1977.

FINGARETTE, Herbert. *Confucius: The Secular as Sacred*. Nova York: Harper, 1972.

GE, Zhaoguang. *An Intellectual History of China*. Vol. I – Knowledge, Thought, and Belief Before the Seventh Century CE. Translated by Michael S. Duke and Josephine Chiu-Duke. Boston: Brill, 1950.

GUO, Sujian; GUO, Baogang (Eds.). *China in Search of a Harmonious Society*. Lanham, MD: Lexington Books, 2008.

HANSEN, Chad. *A Daoist Theory of Chinese Thought: A Philosophical Interpretation*. Nova York: Oxford University Press, 1992.

HOBBES, Thomas. *Leviatã – ou matéria, forma e poder de um Estado eclesiástico e civil*. São Paulo: Editora Abril Cultural, 1984. (Coleção Os Pensadores).

JIANG, Guozhu. *A Comprehensive History of Chinese Military Thought* (中國軍事思想歷史). 5 vols. Beijing: Chinese Social Sciences Press, 2006.

KERN, Martin (Ed.). Text and Ritual in Early China. *Religious Studies Review*, v. 35, n. 1, 2009.

KISSINGER, Henry. *Sobre a China*. Tradução de Cassio de Arantes Leite. Rio de Janeiro: Objetiva, 2011.

KNOBLOCK, John. *Xunzi: A Translation and Study of the Complete Works*. Vol. III. Stanford, CA: Stanford University Press, 1994.

KUPPERMAN, Joel J. *Learning from Asian Philosophy*. Nova York: Oxford University Press, 1999.

LAO-TSÉ. *Tao Te Ching: o livro que revela Deus*. 5. ed. Tradução e notas Huberto Rohden. São Paulo: Martin Claret, 2013.

LEGGE, James. *The Chinese Classics*. Vol. III – The Shoo King or the Book of Historical Documents. 1st published in 1865. Londres: Trubner; rpt. Hong Kong: Hong Kong University Press, 1960.

______. *Sacred Books of the East*. Vol. 28. Oxford: Clarendon Press, 1967a.

______. *Li Chi: Book of Rites*. Vol. 1. Nova York: University Books Inc., 1967b.

LEWIS, Mark E. Warring States Political History. *In*: SHAUGHNESSY, Edward L.; LOEWE, Michael (Eds.). *The Cambridge History of Ancient China: From the Origins of Civilization to 221 BC*. Cambridge, UK: Cambridge University Press, 1999.

MAIR, Victor. *The Art of War: Sun Zi's Military Methods*. Traduzido para o inglês por Victor H. Mair. Nova York: Columbia University Press, 2007.

NÆSS, Arne; HANNAY, Alastair. *Invitation to Chinese Philosophy*: Eight Studies. Oslo: Universitetsforlaget, 1972.

QIN, Yaoqing. Why There is no Chinese International Relations Theory? *International Relations of the Asia-Pacific*, v. 7, n. 3, 2007.

SAWYER, Ralph D. *The Seven Military Classics of Ancient China*. Boulder: Westview, 1993.

______. *The Tao of Spycraft: Intelligence Theory and Practice in Traditional China*. Oxford, UK: Westview Press, 1998.

SCHABERG, David. *Foundations of Chinese Historiography: Literary Representation in Zuo Zhuan and Guoyu*. Phd diss., Harvard University, 1996.

SCOBELL, Andrew. *China's Use of Military Force: Beyond the Great Wall and the Long March*. Nova York: Cambridge University Press, 2003.

STATEMENT by Ambassador Wang Guangya On the Report of the High-level Panel, 27 January 2005. Permanent Mission of the People's Republic of China to the UN. Disponível em: <http://www.china-un.org/eng/hyyfy/t181639.htm>. Acesso em 3/2/2016.

SUN TZU. *A arte da guerra*. Vol. 207. Traduzido do chinês para o francês pelo padre Amiot, em 1772. Traduzido do francês por Sueli Barros Cassal. Porto Alegre: L&PM, 2006.

______. *Master Sun's Art of War*. Traduzido para o inglês por Philip J. Ivanhoe. Indianapolis: Hackett, 2011.

______. *A arte da guerra*. Tradução para o inglês, introdução e comentário de Ralph D. Sawyer. Tradução para o português de Ana Aguiar Cotrim. São Paulo: WWF Martins Fontes, 2012.

THE I CHING or *Book of Changes*. Translation by Richard Wilhelm and Cary F. Baynes. Nova Jersey: Princeton University Press, 1950.

WONG, David. Reasons and Analogical Reasoning in Mengzi. *In*: LIU, Xiusheng; IVANHOE, Philip J. *Essays on the Moral Philosophy of Mengzi*. Indianapolis: Hackett Publishing Company, 2002.

YAN, Xuetong. A Comparative Study of Pre-Qin Interstate Political Philosophy. *In*: YAN, Xuetong (Ed.). *Ancient Chinese Thought, Modern Chinese Power*. Princeton, NJ: Princeton University Press, 2011.

YANG, Shao-yun. *Before We All Become Barbarians: Han Yu's Rhetoric of Barbarization and the (Accidental) Invention of "Culturalism"*. Paper for the Conference on Middle Period China, 800-1400. Califórnia: University of California, 2014.

ZHANG, D.; CHEN, Z. *A orientação do pensamento chinês* (*Zhongguo Siwei Pianxiang* 中国思维偏向). Beijing: Social Science Press, 1991.

ZHANG, Xianglong. The Time of Heaven in Chinese Ancient Philosophy. *Contemporary Chinese Thought*, v. 30, n. 4, 1999.

ZHOU, G. X. *Filosofia tradicional chinesa* (*Zhongguo zhexue* 中国哲学). Beijing: Beijing Normal University Press, 1990.

孙子兵法; 孙膑兵法 (*Sūnzi bīngfǎ; Sūnbìn bīngfǎ*). Traduzido para o chinês simplificado por Wu Rusong e Wu Xianlin; traduzido para o inglês por Lin Wusun. Beijing: Foreign Languages Press, 2005.

7. As guerras de reis e príncipes do século XV ao XVIII

Paulo Possamai

Steven Runciman, um dos principais especialistas em história bizantina, inicia seu livro intitulado *A queda de Constantinopla* com a seguinte frase: "No tempo em que os historiadores eram pessoas comuns, considerava-se que a queda de Constantinopla, em 1453, marcava o fim da Idade Média."[1] Ultimamente, novas datas, ou melhor, novos processos têm sido preferencialmente usados para marcar o fim da Idade Média: o Renascimento, a conquista da América ou a Reforma Religiosa. Parte dessas novas propostas de periodização levam em consideração a maior importância desses movimentos para o estudo da civilização ocidental. Porém, essas propostas também revelam um persistente preconceito contra a civilização bizantina, considerada, por muito tempo e por muitos autores, uma sobrevivência decadente do Império Romano.

O Império Bizantino ou, melhor dito, o Império Romano do Oriente, "constituiu, no plano militar um modelo excepcional de capacidade de sobrevivência, tendo em conta sua posição de encruzilhada".[2] Apesar da perda de importantes províncias como a Palestina, a Síria e o Egito, quando se iniciou a expansão árabe no século VII, Bizâncio serviu de muralha ao Ocidente até a expansão dos otomanos na Ásia Menor e Europa Oriental, no século XIV. Por isso, para o propósito de se escrever um ensaio sobre a guerra no mundo moderno, ainda a melhor data a ser considerada é a queda de Constantinopla.

Desde que Constantino transferiu a capital do Império Romano para a antiga cidade de Bizâncio, rebatizada com seu nome, ela resistiu a várias tentativas de invasão de russos, árabes e outros povos. Antes da conquista turca, Constantinopla só foi tomada uma vez, pelos cruzados, em 1204, a partir de um ataque que veio pelo porto e cujo sucesso foi facilitado pelas disputas internas.

A linha tríplice de muralhas de Constantinopla era forte demais para a artilharia da época. Por isso, o sultão Maomé II empregou um engenheiro húngaro chamado Urbano, que fundiu peças maiores. A maior delas tinha um cano de oito metros e vinte centímetros de espessura.[3] Essa peça disparava só um tiro ao dia, mas causava um medo maior que qualquer outra arma. O canhão pesava 19 toneladas e foi preciso um mês para colocá-lo em posição de tiro, com a força de sessenta bois.[4] Além dele, os otomanos utilizaram 69 canhões de diferentes calibres, em 15 baterias separadas. O bombardeio se estendeu por 55 dias.[5] Segundo Gérard Chéliand: "A era do canhão, procedente da Europa, começou verdadeiramente neste ano, 1453."[6]

A queda de Constantinopla espalhou o medo por toda a cristandade. Efetivamente, o avanço dos turcos rapidamente submeteu os Bálcãs ao seu domínio e, por duas vezes, suas tropas assediaram Viena, sem sucesso. O medo era particularmente grande na Itália, onde os turcos conquistaram a cidade de Otranto (no reino de Nápoles) e realizaram frequentes ataques aos territórios da República de Veneza. "O cavalo vermelho do Apocalipse, o símbolo bíblico da guerra devastadora, fez sua irrupção na paisagem mental europeia usando de preferência a roupa do turco", afirmou o historiador italiano Giovanni Ricci.[7]

Embora traumática, a conquista de Constantinopla era previsível, pois os turcos já tinham passado da Ásia Menor para a Europa no século XIV e a cidade se tornou praticamente um enclave dentro do Império Otomano no século seguinte. Embora fosse então uma cidade decadente, Constantinopla ainda representava muito, pois sua conquista pressupunha adquirir o título imperial. Jorge de Trebizonda, humanista bizantino refugiado na Itália, escreveu a Maomé II dizendo-lhe: "não há dúvida de que o senhor é o imperador dos romanos. Quem quer que disponha por direito do centro do Império é imperador e o centro do Império é Constantinopla".[8] De fato, o sultão estava decidido a restaurar a grandeza da cidade. Iniciou os reparos das construções danificadas durante a conquista, erigiu novas edificações e favoreceu o repovoamento da cidade não somente com turcos, mas também atraindo gregos, judeus e armênios.[9]

As guerras da Itália (1494-1529)

O papa tentou chamar a cristandade para responder à tomada da capital do Império Romano do Oriente, porém, em fins do século XIV, o Ocidente se encontrava envolvido em guerras, cujo principal teatro era a Itália.

Os maiores estados italianos eram, então, as repúblicas de Florença e de Veneza, o ducado de Milão, o reino de Nápoles e os Estados Pontifícios, que lutavam entre si pela hegemonia na Península Itálica e, cada vez mais, faziam uso de mercenários, abandonando o costume medieval de utilizar tropas recrutadas entre as milícias nas cidades e entre os vassalos no campo. Os guerreiros profissionalizavam-se, tornando-se soldados. "A guerra tornou--se um jogo caro. 'Para levar a cabo a guerra, três coisas são necessárias', previa o marechal milanês Trivulzio em 1499, 'dinheiro, dinheiro e mais dinheiro'."[10] O lema latino preferido na época do imperador Carlos V era *pecunia nervus belli* [o dinheiro é o nervo da guerra].[11]

A disciplina e a lealdade das tropas eram garantidas pelo pagamento em dia dos soldos. Essa guerra feita por profissionais foi desacreditada por Maquiavel, que defendia as milícias compostas pelos cidadãos. Ele exagerou muito ao dizer que as guerras do seu tempo não eram sangrentas e que as poucas mortes se davam por conta do enfrentamento de tropas conduzidas pelos *condottieri*, que, sob contrato com os Estados, comandavam as milícias, e, por isso mesmo, poupavam seus homens e podiam mudar de bandeira se lhes conviesse. Porém, segundo Michael Mallett, a origem da incompreensão e do exagero de Maquiavel estava na sua experiência no exército florentino, que não tinha acompanhado os avanços experimentados pelos melhores exércitos da Península.[12] Sua desilusão aumentou com a invasão da Itália pelos franceses.

Carlos VIII da França reivindicava o reino de Nápoles como herança da família Anjou, que havia governado esse reino do sul da Itália na Idade Média. Os historiadores ainda se dividem sobre o porquê dessa guerra: desejo de conquista, expectativa de lançar uma Cruzada contra os turcos a partir do sul da Itália, ou mesmo dirigir contra os italianos a belicosa nobreza francesa, antes que transformassem a própria França em um campo de batalha.[13] Todos os argumentos nos parecem válidos.

A invasão foi favorecida pelos conflitos internos na Península. O papa era hostil aos aragoneses que governavam Nápoles, onde alguns barões se revoltaram e pediram a intervenção dos franceses. O pregador Savonarola tomou o poder em Florença e pediu a intervenção francesa a fim de "purificar a Itália". Em Milão, Ludovico Sforza queria a ajuda de Carlos VIII para confirmar sua posição no ducado, onde governava em nome do sobrinho.

A rápida conquista de Nápoles pelos franceses, em 1495, levou os aliados do rei da França a mudar de campo, a fim de manter o equilíbrio de poder na Península. Porém, com a retirada dos franceses, a Itália retomou suas lutas internas. A morte de Carlos VIII não impediu os franceses de retomarem a ofensiva, sob o comando de seu sucessor, Luís XII. Dessa vez, o rei da França, além do reino de Nápoles, reivindicava também o ducado de Milão, sob o mesmo argumento de herança. Em 1550, os franceses conquistam Milão e logo se tornam a potência dominante no Ocidente, a tal ponto que se chegou a pensar em uma nova Cruzada quando uma frota francesa tentou desembarcar em uma ilha perto de Rodes. Apesar da tentativa de divisão do Reino de Nápoles por Luís XII e Fernando de Aragão, franceses e espanhóis entram em guerra e, em 1504, os franceses deixam o sul da Itália sob o controle dos ibéricos.

Em 1509, os franceses voltam a atravessar os Alpes, mas, devido à falta de apoio dos Estados italianos, retiraram-se em 1512. Um novo perigo ameaçou a França quando, por herança, Carlos de Gante herdou a Casa de Borgonha (Franco-Condado, Flandres e Países Baixos) de seu pai, e Castela e Aragão de sua mãe. De seu avô, recebeu os domínios hereditários da Casa de Habsburgo, na Alemanha, e foi eleito imperador do Sacro Império Romano Germânico em 1519.[14]

Iniciou-se, então, o embate entre Francisco I de França e Carlos I de Espanha (e V do Império), que haveria de levar os monarcas franceses a se opor à dinastia de Habsburgo até o século XVIII. Em 1521, os franceses voltaram a invadir a Península Itálica e a ocupar o ducado de Milão, do qual foram expulsos pelas tropas de Carlos V, com o apoio de Florença e do papado. Em 1525, na batalha de Pavia, Francisco I foi feito prisioneiro e levado à Espanha, onde foi obrigado a renunciar aos seus direitos na Itália e em Flandres, e a ceder Borgonha a Carlos V. Porém, regressando ao seu reino, Francisco descumpriu suas promessas e, proclamando-se protetor da liberdade dos italianos, firmou, em 1526, a Liga de Cognac, que uniu, contra Carlos V, a França, o papado, Veneza e Florença. No ano seguinte, as tropas imperiais, com seus soldos atrasados, tomaram e saquearam Roma em um episódio que consternou toda a Europa por sua violência. Os franceses foram derrotados e Francisco teve que assinar a Paz de Cambrai, em 1529, pela qual renunciava outra vez aos seus direitos dinásticos na Itália e em Flandres. Embora a paz não tenha durado muito, ela marcou o fim das guerras da Itália.[15]

Os novos confrontos entre franceses e espanhóis passaram da Itália para os Países Baixos. Piero del Negro dá como motivo principal da mudança o novo traçado das fortificações, desde então conhecido como *trace italienne*. Muros mais baixos, porém mais espessos, resistiam melhor ao fogo da artilharia. Os bastiões, construções triangulares que reforçavam a muralha, deixavam o inimigo sob o fogo cruzado da fortificação. A tomada das cidades que contavam com esse novo tipo de fortificação levava tempo, pois era necessário cercá-las até que se rendessem pela fome. Isso garantiu uma certa estabilização das fronteiras, pois facilitou a resistência dos pequenos Estados italianos diante dos grandes exércitos das potências estrangeiras.[16]

Além do novo tipo de fortificação, as guerras da Itália espalharam pela Europa a prática da diplomacia entre os Estados, que já era bastante desenvolvida na Península. A maior parte das cortes europeias passou a instituir embaixadores permanentes no exterior, como faziam os Estados italianos, especialmente a República de Veneza, que se destacava pelos relatos que seus embaixadores mandavam a seu governo e que, hoje, se constituem em fontes fundamentais para o estudo da política durante a Idade Moderna.

As guerras de religião

Se a cristandade retrocedia na Europa Oriental, com o avanço dos turcos, que, depois dos Bálcãs conquistaram a Hungria e só foram detidos às portas de Viena, em 1529, ela se expandia no Ocidente. Em 1492, os reis de Castela e Aragão, Isabel e Fernando, conquistaram o reino de Granada, o último Estado muçulmano da Península Ibérica. Segundo o historiador espanhol Francisco Andújar de Castilho, essa guerra "tem as características de transição que se observa na composição dos exércitos a princípios da Idade Moderna".[17] Isso porque as tropas eram compostas de uma mescla de soldados pagos pela Coroa e pelos vassalos dos nobres. Hugh Thomas também destaca esse conflito como uma guerra moderna, na qual a artilharia permitia que se tomasse a cidade sitiada com mais rapidez que na Idade Média. Outro signo de modernidade destacado pelo autor foi que os chefes militares cristãos sabiam ler e tinham livros, coisa rara no Medievo.[18]

Porém, pouco depois dessa vitória sobre o Islã, a cristandade dividia-se pela Reforma Protestante, dando origem às guerras de religião que marcaram a Europa nos séculos XVI e XVII. A partir de então, a justificativa religiosa para as guerras não era só a luta contra os muçulmanos, mas também entre católicos e protestantes.

As críticas de Lutero à Igreja Católica ameaçavam o poder do imperador do Sacro Império Germânico, Carlos V. Com o edito de Worms, em 1521, Lutero foi proscrito e suas ideias foram consideradas heréticas. Contudo, o Império era uma frágil junção de principados e cidades livres que, nominalmente, prestavam obediência a um imperador escolhido pelos príncipes eleitores. Alguns príncipes aderiram às ideias de Lutero e confiscaram os bens da Igreja em suas terras. Dentro em pouco, o Império estava dividido em duas facções: católicos e luteranos. A situação era ainda mais complicada porque o imperador enfrentava o avanço turco na Europa Oriental e as intrigas da França, interessada em fragilizar o poder de Carlos V.

Por conta das ameaças externas, só em 1529 o imperador pôde voltar sua atenção para a Alemanha e ordenou à Dieta (como se chamava a assembleia do Império) que o edito de Worms deveria ser mantido, e o culto católico, restaurado. Vários príncipes e cidades já haviam adotado o luteranismo e protestaram contra a atitude do imperador, passando, por isso, a ser chamados de "protestantes".

No ano seguinte, Carlos V convocou uma Dieta em Augsburgo, que terminou em uma proposta de um concílio geral da Igreja e na ordem de voltarem às práticas católicas. Os luteranos não obedeceram e, em 1531, selaram uma aliança defensiva em Schmalkalden. Apesar da vitória do imperador na batalha de Mülhberg, em 1547, a paz foi assinada em Augsburgo, em 1555, pois os turcos retomaram o avanço no Mediterrâneo e Henrique II da França aliou-se aos protestantes. No tratado de paz decidiu-se que todo príncipe e cidade livre tinham direito de dispor se o povo que ficava sob sua jurisdição seria católico ou luterano, princípio conhecido na historiografia pela sentença latina *cuius regio, eius religio* [de quem a região, dele a religião].

Enquanto a situação se acalmava na Alemanha, massacres se sucediam por toda a Europa em nome da fé, ou, mais precisamente, da fé defendida por cada príncipe. Na Espanha, em Portugal e na Itália, a violência e o extermínio dos dissidentes religiosos eram regulamentados pelo Santo Ofício da Inquisição, ao passo que na França e nos Países Baixos católicos matavam protestantes e vice-versa, sem processo e das maneiras mais cruéis que se pode imaginar. Os inimigos eram queimados ou enterrados vivos, presos até morrer de fome, desventrados em vida. Até mesmo crianças eram enfiadas em espetos e assadas em frente a seus pais.[19]

Na França, os calvinistas, chamados huguenotes, rebelaram-se após um massacre contra seus correligionários e levaram o reino a uma guerra civil sangrenta. Uma tentativa de restabelecer a paz por intermédio do casamento de Henrique de Navarra, chefe dos huguenotes, com a princesa Margarida de Valois, irmã do rei, foi frustrada pelos extremistas, resultando no massacre conhecido como Noite de São Bartolomeu (1572), quando os protestantes que foram ao casamento sofreram um massacre em Paris. A paz só voltou quando se extinguiu a dinastia dos Valois e Henrique de Navarra converteu-se ao catolicismo para ser coroado rei da França. Com o edito de Nantes, ele concedeu a liberdade religiosa aos protestantes e assegurou seu poder onde eles eram a maioria da população.

Na Inglaterra, o Ato de Supremacia pelo qual Henrique VIII se proclamou chefe da Igreja da Inglaterra foi aceito em todo o país, exceto no norte, onde houve uma rebelião logo sufocada pelo rei. No reinado de suas sucessoras, a violência foi ainda maior, pois Maria I era católica e ordenou a perseguição e morte dos protestantes, situação que se inverteu quando sua irmã protestante, Elisabete I, assumiu o trono e assegurou a hegemonia da Igreja Anglicana. No século seguinte, a tentativa de Carlos I de instalar a Igreja Anglicana na Escócia desencadeou uma guerra civil que teria fim com a decapitação do rei e a proclamação da república por Oliver Cromwell. A restauração da monarquia e da Igreja Anglicana se deu depois da morte de Cromwell, com a coroação de Carlos II. Porém, o irmão e sucessor de Carlos II, Jaime II, foi preterido em lugar de sua filha, por ela ser protestante, e ele, católico, em 1688, na chamada Revolução Gloriosa. Jaime II contratou muitos soldados e oficiais católicos, o que levou à saída do exército de boa parte da nobreza protestante. Depois da Revolução Gloriosa, o parlamento começou um processo de retirada do poder fiscal da monarquia, entre os anos de 1690 e 1697, o que impediu o rei de usar o exército como instrumento político.[20]

Nos Países Baixos, territórios sob o domínio do rei da Espanha, como parte da herança da Casa de Borgonha, a revolta religiosa se juntou à revolta contra o domínio espanhol. No norte, os calvinistas proclamaram a república das Províncias Unidas, cujo principal elemento formador era a Holanda, enquanto os espanhóis conseguiram assegurar seu domínio sobre o sul, na área que, aproximadamente, corresponde ao território da atual Bélgica.

Contudo, a maior guerra de religião ainda estava por acontecer, e se chamou Guerra dos Trinta Anos. Essa guerra devastou de tal modo a Alemanha que o número de mortos tem sido calculado entre a metade e um quinto da população alemã da época. O conflito dividiu os católicos e protestantes, mas também aliados do imperador e príncipes que temiam a hegemonia da Casa de Habsburgo, nas pessoas de Fernando II, imperador do Sacro Império, e Felipe III, rei de Espanha e suas possessões europeias e ultramarinas.

A guerra começou em 1618, quando os representantes do imperador foram defenestrados em Praga, por tentar fechar a assembleia dos Estados da Boêmia e as igrejas protestantes. O nativismo tcheco e o protestantismo galvanizaram a revolta, que recebeu o apoio do eleitor do Palatinado, Frederico V, declarado rei da Boêmia pelos revoltosos. De acordo com Carneiro, os conflitos se desenvolveram em cinco fases distintas: da Boêmia (1618 a 1621), do Palatinado (1621 a 1624), dinamarquesa (1625 a 1630), sueca (1630 a 1634) e francesa (1634 a 1648).

A primeira fase se iniciou com a revolta dos boêmios e com a coroação de Frederico V do Palatinado, conhecido como "o rei de um inverno", porque os rebeldes foram derrotados pelos imperiais e espanhóis na batalha da Montanha Branca, poucos dias após o primeiro aniversário de seu reinado. A fase do Palatinado ocorreu quando as tropas vitoriosas invadiram essa região, o que provocou a inquietude de franceses, holandeses e dos monarcas protestantes. A fase dinamarquesa foi marcada pela entrada em guerra do rei Cristiano IV, ao lado dos protestantes, que foram derrotados pelo general imperial Wallenstein. Na fase sueca, as tropas do rei Gustavo Adolfo bateram as forças católicas, porém, se concluiu com a morte do rei da Suécia no campo de batalha.

A França, que até então somente financiava os protestantes, resolveu intervir. A justificativa não era religiosa mas, sim, política, pois, no mesmo momento em que a Coroa francesa tomava as cidades fortificadas dos huguenotes, dentro do reino os franceses entravam na guerra para impedir a hegemonia dos Habsburgo na Europa. Nessa fase, a guerra alcançou o ápice da destruição. O novo imperador, Fernando III, recuava frente aos exércitos francês e sueco e começava a fazer concessões aos protestantes. Seu aliado,

Felipe IV, enfrentava rebeliões na Catalunha, em Portugal e Nápoles. A paz veio por meio da assinatura dos Tratados de Westfália, que consagraram uma política de equilíbrio de poder entre as potências europeias.[21]

A Guerra dos Trinta Anos repercutiu no Brasil, com a ocupação das capitanias do norte pelos holandeses, em sua guerra de conquista dos domínios ultramarinos da Casa de Habsburgo, que também reinava sobre Portugal.[22] De fato, com a morte do rei D. Sebastião, na batalha de Alcácer Quibir, em 1578, em uma tentativa de conquistar o Marrocos, a Coroa portuguesa passou para seu tio-avô, D. Henrique; e, com a morte deste, para Filipe II, rei de Castela e Aragão. Havia outros candidatos à Coroa, como o neto ilegítimo do rei D. Manuel I, conhecido como Prior do Crato, e a duquesa de Bragança, porém, o pretendente castelhano tinha em seu favor dinheiro e tropas, que ocuparam Portugal sob o comando do duque de Alba, chefe militar que ganhou fama na Itália e nas guerras de Flandres.[23]

A chamada União Ibérica se deu quando Filipe aceitou a Coroa portuguesa com o compromisso de preservar a identidade do reino de Portugal. Era uma união dinástica semelhante à que unia Castela e Aragão desde que foi iniciado o governo dos Reis Católicos, Isabel e Fernando. Porém, com o tempo, as tensões foram se acumulando e estouraram sob o governo do conde-duque de Olivares que, através da União de Armas, pretendia unificar os reinos ibéricos no esforço de guerra que recaía basicamente sobre Castela, e que se tornou mais difícil durante a Guerra dos Trinta Anos. A nobreza portuguesa se rebelou em 1640 e reconheceu o duque de Bragança como rei legítimo. Apoiado primeiro pela França e depois pela Inglaterra, D. João IV conseguiu consolidar a dinastia de Bragança e garantiu a independência portuguesa. A Catalunha, que se rebelou no mesmo ano, não teve a mesma sorte e foi reincorporada quando cessou a ajuda francesa, por causa da guerra civil conhecida como Fronda, que desestabilizou a França por um tempo.[24]

As guerras de Luís XIV, o Rei Sol

A obra clássica de Perry Anderson, *Linhagens do Estado absolutista*, aponta a importância fundamental das forças armadas no processo de centralização do poder durante a Idade Moderna, conhecido na historiografia como absolutismo. Embora em parte compostas por nacionais, as tropas ainda não formavam um exército nacional, uma vez que o recrutamento de mercenários no exterior (particularmente em regiões montanhosas, onde a pobreza era maior) era muito frequente e se fazia em nome do rei e não da nação, como atualmente.[25]

O símbolo desse processo de centralização foi o rei da França, Luís XIV. Para esse monarca, a guerra era um componente essencial de sua autoridade soberana. Ao assumir o reino, Luís XIV prosseguiu a obra dos ministros Richelieu e Mazzarino, no sentido de reforçar a autoridade régia no interior e buscar alianças no exterior contra a dinastia dos Habsburgo, cujos dois ramos governavam a Espanha e a Áustria.

A Guerra de Devolução (1667-1668) foi iniciada depois da morte de Felipe IV, quando Luís XIV reivindicou seus direitos aos Países Baixos espanhóis, por ter-se casado com a infanta de Espanha, filha do primeiro casamento de Felipe IV, que, pelas leis de Brabante, deveria ter preferência aos filhos do segundo casamento, como era o caso do novo rei da Espanha, Carlos II. A guerra foi rápida e a supremacia francesa resultou na anexação de algumas cidades dos Países Baixos espanhóis.

A guerra seguinte foi travada contra as Províncias Unidas e se estendeu de 1672 a 1679. O objetivo principal do rei era conquistar o mais destacado país mercante da época, que rivalizava com a França em riqueza. A abertura dos diques pelos holandeses impediu a invasão completa do seu país pelos franceses, e a intromissão de outras potências europeias na guerra obrigou o rei da França a retirar as suas tropas. Formou-se uma coalizão contra a França, encabeçada pela Holanda, e que juntava a Espanha, a Áustria e o principado alemão de Brandemburgo. No Tratado de Nimègue, o maior perdedor foi a Espanha, que teve que ceder o Franco-Condado e algumas cidades dos Países Baixos espanhóis, cuja anexação ajudou a consolidar a fronteira francesa ao norte.[26]

Para fazer a guerra era necessário dinheiro, como vimos, e, por isso, as companhias de comércio francesas foram descritas abertamente por Voltaire como exércitos destinados a combater os holandeses.[27] A conquista da Holanda era uma forma de dominar a principal potência econômica da época, por isso, essa empresa bélica recebeu o apoio do ministro das Finanças do Rei Sol, Colbert, que desenvolveu a marinha e as companhias francesas destinadas ao comércio e à colonização ultramarinos.

Porém, quem retirou o domínio marítimo dos holandeses foram os ingleses. As Províncias Unidas se enfrentaram contra a Inglaterra de Cromwell (1653-1655) e de Carlos II (1665-1667) pelo domínio dos mares, sendo derrotadas em ambas. Enfrentaram-se novamente quando a França se aliou à Inglaterra na Guerra da Holanda (1672-1674). A Inglaterra conquistou o predomínio sobre o mar, mas haveria uma reaproximação com as Províncias Unidas, com o casamento de Guilherme de Orange com a filha mais velha do duque de York, irmão do rei da Inglaterra e seu sucessor, Jaime II.

Entre 1679 e 1680, Luís XIV iniciou outro movimento expansionista, chamado de Política das Reuniões, quando, sob o pretexto de reivindicar áreas já pertencentes à Coroa francesa, como o condado de Borgonha e o bispado de Metz, o rei anexou várias localidades na fronteira norte, além da cidade de Estrasburgo, no Reno. A Europa reagiu formando a Liga de Augsburgo, com o objetivo de deter o expansionismo francês.

A falta de engajamento de Luís XIV na defesa da cristandade, quando do ataque turco a Viena, em 1683, e a não participação na Santa Liga, que uniu o papa, o imperador, a Polônia e Veneza contra os turcos, em 1684, indispôs o Rei Sol com as monarquias católicas. Por sua vez, a revogação do edito de Nantes, em 1685, que dava liberdade de culto aos protestantes franceses, criou um clima de hostilidade nos países protestantes. A França estava isolada, porém, Luís XIV saiu na ofensiva na nova guerra, que se estendeu de 1689 a 1714, com a invasão e destruição sistemática do Palatinado, o que valeu ao rei o apelido de "Átila francês", tamanha foi a devastação dessa região alemã. A tentativa de recolocar Jaime II no trono inglês levou a Coroa francesa a organizar um desembarque na Irlanda, que foi frustrado pela ação de Guilherme III, que reconquistou a ilha e obrigou Jaime II a voltar ao exílio na França. A guerra também se estendeu para fora do continente europeu. Em 1697, os franceses ocuparam Cartagena, na atual Colômbia, e enfrentaram os ingleses no Canadá e na Índia.

O congresso de Ryswick selou a paz entre os beligerantes. Guilherme de Orange foi reconhecido por Luís XIV como rei da Inglaterra, para cujo reino conseguiu melhores tarifas aduaneiras. A Espanha ganhou Luxemburgo, mas teve de aceitar que os holandeses guarnecessem 11 cidades fortificadas nos Países Baixos espanhóis, junto à fronteira francesa, além de ceder à França a parte ocidental da ilha de São Domingos (atual Haiti). Os franceses tiveram de abandonar as possessões que mantinham até então na margem direita do Reno, mas ficaram com a preponderância na Europa Ocidental, enquanto a Áustria se tornava hegemônica na Europa central, após o tratado de Carlowitz (1699), pelo qual conseguiu tomar dos turcos a Hungria e a Transilvânia.[28]

As guerras de sucessão do século XVIII

A Guerra de Sucessão Espanhola (1700-1714) foi a última guerra de Luís XIV e a primeira guerra de sucessão do século XVIII. Ela teve origem na crise dinástica do último monarca Habsburgo a reinar na Espanha, Carlos II. O rei tinha uma saúde frágil, o que o impediu de ter filhos, apesar de ter casado duas vezes. Os principais interessados em herdar os domínios de Carlos II eram Luís XIV, da França, e o imperador Leopoldo I, ambos filhos e esposos de princesas espanholas.[29] A fim de impedir o desmembramento do Império Espanhol, Carlos II legou a totalidade de seus domínios ao duque d'Anjou, neto de Luís XIV, pouco antes da sua morte, em 1700.[30]

Embora a Holanda e a Inglaterra também houvessem reconhecido a ascensão de Filipe V ao trono espanhol, a Áustria ainda se recusava a fazê-lo. Algumas atitudes de Luís XIV aumentaram a desconfiança de que o equilíbrio europeu estava em perigo: em 1º de fevereiro de 1701, o Rei Sol reconheceu oficialmente o direito de Filipe V à Coroa francesa e no dia 9 mandou seu exército ocupar os Países Baixos espanhóis. A concessão do contrato de *asiento*, que garantia o fornecimento de escravos às colônias espanholas, a uma companhia francesa revoltou os comerciantes ingleses e holandeses, que temiam que os franceses monopolizassem o tráfico negreiro com a América espanhola. Luís XIV teria mesmo declarado: "o principal objetivo da guerra presente é o comércio das Índias e das riquezas que produzem".[31]

A conjunção de interesses políticos e comerciais aproximou a Inglaterra e a Holanda da Áustria, levando à assinatura, em 7 de setembro de 1701, de um tratado pelo qual esses aliados ameaçavam ocupar os Países Baixos espanhóis se os franceses não se retirassem desse território dentro de dois meses. Em resposta, em 16 de novembro, Luís XIV reconheceu Jaime III, que se encontrava exilado na França, como o legítimo rei da Inglaterra. Essa atitude revoltou os ingleses, que levaram ao poder o partido Whig, anticatólico e hostil à França. Formou-se, então, a Grande Aliança de Haia, composta pela Áustria, Inglaterra, Holanda e Brandemburgo-Prússia que, em 15 de maio de 1702, declarou guerra à França.[32]

No verão de 1702, uma esquadra anglo-holandesa tentou tomar a cidade de Cádiz. Embora não conseguisse seu intento, seus soldados saquearam-lhe os arredores. Os desmandos e roubos nas igrejas e conventos foram convenientemente utilizados pela propaganda filipista contra os aliados, amparando-se na fama de hereges que tinham os ingleses e holandeses na Espanha. Esse acontecimento é a primeira referência ao caráter religioso da guerra, usado para mobilizar as massas.[33]

Para os inimigos de Luís XIV, era muito importante que Portugal aderisse à Grande Aliança, pois o uso de seus portos facilitaria as operações navais dos aliados junto à costa espanhola e no Mediterrâneo. A política de neutralidade apresentava grandes riscos à integridade das possessões portuguesas, pois, diante da decadência dos países ibéricos, nos séculos XVII e XVIII, só fora possível preservar a manutenção do Império Colonial por meio da inserção no sistema de alianças europeias, explorando os conflitos entre as potências emergentes através de concessões comerciais na metrópole e nas colônias. Por outro lado, a persistência na aliança com a Inglaterra, embora tivesse como consequência enfrentar a guerra no Portugal continental, visava a assegurar a preservação da economia atlântica.[34]

Contudo, apesar das pressões, a adesão portuguesa fez-se somente após longas negociações, sendo assinada em 16 de maio de 1703. Pelo acordo, em caso de vitória dos aliados, a França seria forçada a renunciar às suas pretensões sobre as terras situadas entre os rios Oiapoque e Amazonas e a Espanha cederia algumas cidades da Estremadura e da Galícia e reconheceria a soberania portuguesa sobre toda a margem norte do Rio da Prata, o qual passaria a servir de limite aos domínios de ambas as Coroas.[35] Entretanto, a entrada efetiva de Portugal na guerra só se daria no ano de 1704, quando o arquiduque Carlos, segundo filho de Leopoldo I e pretendente ao trono espanhol (em virtude da renúncia de seu pai aos direitos de sucessão) chegou a Lisboa, de onde os aliados prepararam a invasão do território espanhol rumo a Madri.[36]

Em 17 de abril de 1711, morria o imperador José I, que, em 1705, sucedera a seu pai, Leopoldo I. O fato modificou os rumos da guerra, pois, se o arquiduque Carlos assumisse a Coroa espanhola, reconstituir-se-ia o

Império de Carlos V, pela união da Áustria à Espanha. A Inglaterra não desejava tal união e, por isso, entrou em negociação direta com a França, sendo logo seguida pela Holanda. As negociações de paz se iniciaram, então, em 29 de janeiro de 1712, na cidade holandesa de Utrecht.[37]

Um historiador espanhol resumiu o resultado da guerra apontando sobre os ganhos dinásticos e as perdas para a França: "Finalmente a Casa de Borbón conseguiu seu objetivo de entronizar um da sua estirpe na Espanha, embora à custa de arruinar a França e deixar o Estado na bancarrota, como fez Luís XIV."[38] A grande vencedora foi a Grã-Bretanha, que garantiu a expansão ultramarina e o enfraquecimento dos seus inimigos no continente europeu. À conquista de parte das colônias francesas da América do Norte, somaram-se a obtenção de importantes vantagens nos impérios coloniais espanhol e português e a conquista dos mercados orientais, de onde, aos poucos, os ingleses iam expulsando os holandeses.[39] Cabe relembrar que a Guerra de Sucessão Espanhola também foi uma guerra de sucessão inglesa, ao fim da qual Luís XIV reconheceu Guilherme III como legítimo soberano da Inglaterra.[40]

Em decorrência dessa guerra, Portugal perdeu a Colônia do Sacramento, fortaleza implantada pelos portugueses na margem norte do Rio da Prata, quase em frente a Buenos Aires, em 1680. A população e os soldados foram evacuados para o Rio de Janeiro em 1705, diante das tropas comandadas pelo governador de Buenos Aires. Porém, ela foi devolvida ao rei português no tratado de paz entre Portugal e Espanha, assinado em 1715.[41] Por sua vez, o Rio de Janeiro foi atacado pelos corsários de Luís XIV. Em 1710, a expedição comandada por Jean-François Duclerc foi desbaratada pelos defensores luso-brasileiros, mas, a seguinte, comandada por René du Guay-Trouin, conquistou a cidade em 1711, de onde se retirou depois de receber um resgate.[42]

Enquanto a Europa Ocidental e central se batiam na Guerra da Sucessão Espanhola, no Mar Báltico, russos, suecos e seus aliados combatiam no que se chamou de Grande Guerra do Norte. Em 1700, Pedro I da Rússia aliou-se a Frederico IV da Dinamarca e Augusto II da Polônia contra Carlos XII da Suécia. Carlos XII derrotou os russos em Narva (1700) e invadiu a Polônia (1701), onde destronou Augusto II e coroou Estanislau Lezcynski. Para evitar que a Polônia se convertesse em um estado satélite da Suécia, Pedro I continuou a luta e derrotou os suecos em Poltava (1709). Com essa vitória, logrou ocupar as possessões suecas no Báltico (com exceção da Finlândia), garantindo assim a segurança da nova capital russa, São Petersburgo, fundada em 1703. A derrota dos suecos possibilitou a volta de Augusto II ao trono polonês.

Pedro I, denominando o Grande, também travou uma guerra contra os otomanos em 1710. A ideia de Moscou como a terceira Roma, depois da tomada de Constantinopla pelos turcos, levou os russos a se verem como os defensores da fé ortodoxa. Pedro I mandou emissários ao Império Otomano para buscar a adesão dos cristãos à sua luta e, imitando Constantino, mandou acrescentar uma cruz nos seus estandartes, com o lema: "Sob este símbolo venceremos." Contudo, ele não teve a mesma sorte que teve contra os suecos na luta contra os turcos. Depois de cruzar o Rio Danúbio com suas tropas, foi vencido pelos otomanos nas margens do Rio Pruth e, por isso, teve que devolver a cidade de Azov, conquistada por ele na guerra anterior. A guerra contra os turcos seria retomada mais tarde, por Catarina II, com maior sucesso. A conquista de Constantinopla foi um sonho acalentado pelos russos durante todo o século XVIII, pois os czares se consideravam os defensores da ortodoxia e herdeiros do Império Bizantino.[43]

A tentativa da Rússia de preservar sua influência na Polônia levou à Guerra de Sucessão Polonesa (1733-1738). Os russos e austríacos defendiam a candidatura de Augusto II contra Estanislau Lezcynski, sogro do rei Luís XV, apoiado pelos reis da Espanha, Sardenha e França. Holandeses, prussianos e ingleses abandonaram as promessas de ajuda que tinham feito à Áustria – que perdeu a maior parte dos domínios que tinha na Itália – para Felipe V, da Espanha, que entronizou na Península Itálica os filhos que teve no segundo casamento com uma italiana, Isabel Farnésio. No entanto, Augusto III da Saxônia foi reconhecido como rei da Polônia e Estanislau recebeu o ducado da Lorena, que passaria à Coroa francesa depois da sua morte, enquanto o duque da Lorena recebeu o grão-ducado da Toscana e casou-se com a herdeira do imperador.

Outra guerra de sucessão logo viria, a austríaca (1740-1748). Como Carlos VI não tinha descendentes masculinos, ele pretendeu, através da Pragmática Sanção, assegurar as possessões hereditárias dos Habsburgo para sua filha, Maria Teresa. Embora Carlos VI tenha conseguido o reconhecimento dos direitos dinásticos de sua filha junto às principais cortes europeias, com a sua morte, a questão voltou à tona, pois o título de imperador não podia ser dado a uma mulher. A França apoiou a pretensão do eleitor da Baviera à coroa imperial e o conflito teve início com a invasão da província austríaca da Silésia pelo rei da Prússia, Frederico II, em 1740. Ao lado da Áustria, alinharam-se a Inglaterra e as Províncias Unidas, enquanto os franceses e espanhóis apoiaram os prussianos. No Tratado de Aix-la-Chapelle (1748), a França devolveu os territórios que havia tomado nos Países Baixos em troca das colônias que perdeu no ultramar. A Prússia garantiu o domínio da Silésia e a Áustria, Sardenha e Espanha reconheceram os territórios ocupados na Itália em 1752. Durante a guerra, em 1745, o marido de Maria Teresa, Francisco I, foi eleito imperador.[44]

A Guerra dos Sete Anos (1756-1763) foi desencadeada pelo desejo da Áustria de retomar a Silésia, ocupada por Frederico II. Maria Teresa aliou-se aos monarcas da França, Rússia, Suécia e Saxônia para reaver a província perdida para os prussianos em 1740. Para manter o equilíbrio de forças na Europa, a Inglaterra (e Hanover, possessão hereditária da nova dinastia alemã, que então ocupava o trono inglês) aliou-se à Prússia. Em 1761, o rei da França, Luís XV, renovou o Pacto de Família com Carlos III, rei da Espanha, fazendo-o juntar-se à guerra. A pressão para que Portugal se aliasse aos reis da família Bourbon teve resultado contrário ao esperado, pois o mesmo estava preocupado com a manutenção do seu Império Ultramarino e, por isso, entrou na guerra ao lado da Inglaterra e da Prússia.[45]

Na América do Norte, essa guerra ficou conhecida como franco-indígena, pois opôs os colonos franceses aos ingleses e seus respectivos aliados indígenas. O resultado foi desastroso para as colônias francesas e espanholas. A Inglaterra conquistou o Canadá francês e ocupou Havana e Manila, os portos-chave do comércio espanhol no Caribe e no Pacífico. No tratado de Paris, que acabou com a guerra em 1763, a Grã-Bretanha ficou com o Canadá, mas devolveu as ilhas caribenhas de Guadalupe e Martinica à França, que cedeu a Louisiana à Espanha como compensação. Para recuperar Manila e Havana, os espanhóis tiveram que entregar aos britânicos a Flórida, abandonar suas reivindicações sobre os bancos pesqueiros da Terra Nova e fazer concessões para a extração de madeiras para tingir na costa centro-americana.[46] A guerra na América do Sul foi, porém, favorável à Espanha, que conquistou a Colônia do Sacramento e a vila do Rio Grande, embora tenha sido obrigada a devolver a primeira a Portugal na assinatura do tratado de paz.

Augusto III morreu em 1763 e, no ano seguinte, Catarina II assegurou a eleição de um ex-amante seu para a coroa eletiva da Polônia, Estanislau Poniatowski. Porém, ele não foi um instrumento dócil nas mãos da czarina e, por isso, os russos intervieram militarmente na Polônia e, posteriormente, acertaram a partilha desse reino com a Prússia e a Áustria. À primeira partilha, em 1772, seguiram-se a segunda, em 1793, e a última, em 1795, que acabou com o reino independente da Polônia.

A Guerra de Sucessão da Baviera (1778-1779), na qual José II da Áustria procurou anexar o país vizinho, foi breve, porque França e Rússia, respectivos aliados de Áustria e Prússia, resolveram não intervir no conflito. Os austríacos tentaram outra vez se apossar da Baviera em 1784-1785, na pretensão de trocá-la pelos Países Baixos austríacos, mas a resistência dos prussianos e a busca de um equilíbrio dentro do Sacro Império impediram mais uma vez a anexação do ducado. Os russos, por sua vez, continuaram a avançar ao sul e, depois de uma nova guerra contra os turcos (1788-1791), conquistaram o território localizado entre os rios Dniester e Bug, consolidando assim seu domínio sobre as costas setentrionais do Mar Negro.[47] No tratado de paz, os turcos também reconheceram a anexação da Crimeia à Rússia, o que ocorreu anteriormente, em 1783.

Os homens que faziam a guerra

Em começos do século IX, os Estados islâmicos do norte da África, Espanha e Egito começaram a usar escravos em sua defesa; em meados do mesmo século, os califas de Bagdá copiaram esse costume que, em breve, se estendeu por todo o mundo muçulmano. Os mamelucos do Egito eram recrutados na Crimeia, enquanto os janízaros do Império Otomano eram recrutados, sobretudo, nos Bálcãs.[48]

A tropa de elite dos turcos era composta pelos *yeniçeri* [janízaros ou tropa nova], que, inicialmente, eram recrutados entre os prisioneiros de guerra, como parte do butim reservado ao sultão depois de cada operação militar. Posteriormente, eles começaram a ser recrutados entre os filhos dos camponeses cristãos que seriam criados entre os turcos, que lhes ensinavam a sua língua e os convertiam ao Islã.[49] O recrutamento em terras cristãs efetuado no Império Otomano excluía os filhos das viúvas e os homens casados e não se devia recrutar mais que determinado número de jovens de uma determinada localidade. Os judeus e os ciganos não eram recrutados, pois eram desprezados. Podia-se recrutar os gregos, porém os mais apreciados eram os albaneses, montenegrinos, sérvios, croatas e búlgaros.[50]

Na Europa Ocidental, em princípios da Era Moderna, o recrutamento era feito de três formas: por comissão, por coação ou por assento.[51] Então, homens de todas as etnias podiam se alistar nos exércitos reais. Já no século XVIII, os súditos eram cada vez mais recrutados em detrimento dos estrangeiros.[52] Para os que se apresentavam como voluntários, a esperança de um soldo e de um possível butim podia tornar atraente a carreira militar diante de uma vida de muito trabalho e poucos recursos no campo ou na cidade. Alguns se alistavam por uma crise temporal em seu lar, como uma dívida ou as ameaças de um pai irritado.[53] Contudo, o que podia se designar como "voluntário pleno" seria aquele que acabaria por converter-se em um profissional da guerra.[54]

Por causa de sua condição social, os soldados eram normalmente desdenhados pelos oficiais, que eram, em sua maioria, membros da nobreza. Em 1532, durante o cerco a Metz, o imperador Carlos V expressou seu desprezo pelos soldados mortos, dizendo que "de ser homens de valia não se encontrariam em sua hoste pela [mísera quantia de] seis libras ao mês". Em 1620, Thomas Barnes dizia que o recrutamento era um modo de limpar a cidade e livrar a nação dos vagabundos e ladrões. Em 1780, o conde de Saint Germain, ministro de guerra da França, observou que "o exército deve conformar-se, de maneira inevitável, da escória do povo e de quantos não são de proveito para a sociedade".[55]

Entretanto, vale a pena verificar o que exatamente os nobres qualificavam como a escória da sociedade, pois, muitas vezes, os recrutas eram camponeses famintos ou presos que haviam infringido alguma norma religiosa. Em 1605, o governo escocês sentenciou 150 homens do clã Graham a partir para as guerras dos Países Baixos, a fim de se livrar deles. Em 1626, prisioneiros de Edimburgo foram embarcados como soldados e obrigados a jurar que nunca mais retornariam ao reino, sob pena de morte. Dois dos regimentos recrutados na Escócia para lutar na Inglaterra, em 1640, eram compostos por "adúlteros, fornicadores, ladrões, assassinos, bêbados e os que desrespeitavam o domingo".[56] Em 1631, converteu-se em norma obrigar os adversários capturados a integrarem os exércitos vencedores.[57] Deve-se ter sempre em conta que, em uma sociedade na qual a igualdade de direitos não era reconhecida, o recrutamento das camadas menos privilegiadas era considerado o mais justo.[58]

Marino Sanuto, um diarista veneziano de princípios do século XVI, via tanta diversidade étnica nas tropas da época que se referia a elas como uma Arca de Noé. Em um regimento bávaro de 1644, por exemplo, havia soldados de 16 etnias diferentes, incluídos 14 turcos. Por sua vez, Sir James Turner conta, em suas memórias, que muitos homens haviam aprendido uma máxima bastante perigosa durante a Guerra dos Trinta Anos, que era: "em tanto que sirvamos honradamente a nosso senhor não importa a que senhor sirvamos".[59] De fato, soldados da fortuna lutaram em ambos os lados da guerra civil inglesa, muitos dos quais adquiriram experiência militar na Guerra dos Trinta Anos. O soldado croata Carlo Fantom teria declarado: "Eu não me interesso pela sua causa, eu vim pela sua meia-coroa e suas belas mulheres."[60]

Talvez 20% dos exércitos de Luís XIII e Luís XIV tenham sido recrutados no exterior. Entre 1635 e 1664, uns trinta mil soldados irlandeses combateram pelo rei da França, junto com numerosos regimentos de alemães e suíços. A Holanda tinha brigadas francesas, inglesas, alemãs e escocesas.[61] Os escoceses, irlandeses e húngaros se engajavam como refugiados políticos ou religiosos, enquanto suíços, valões e alemães respondiam mais ao modelo de empresa privada comercial.[62]

Para Cardini, a geografia da guerra e a geografia da fome se sobrepunham, tal como a geografia da guerra e a geografia da violência. Enraivecidos pela violência e pelos saques dos soldados nas suas aldeias, os camponeses acabavam por se alistar e, por sua vez, tratar da mesma forma outros camponeses. Para as regiões miseráveis, o desastre não era a guerra que se desenrolava longe das suas fronteiras, mas sim a paz. Em 1698, quando terminou a guerra entre a França e a Holanda, a Suíça entrou em uma crise moral e econômica.[63] Com efeito, o serviço militar era uma das principais fontes econômicas da Suíça. As autoridades cantonais se encarregavam de recrutar homens e enviá-los a diversos países europeus. No século XVII, houve uma certa especialização dos cantões em função da religião. Os cantões católicos enviavam seus soldados para a França, enquanto os protestantes os mandavam para a Holanda.[64]

A maior parte dos estrangeiros nas tropas espanholas era constituída por irlandeses que, por vezes, podiam representar mais de 6% do efetivo.

Uma entrada massiva se deu durante o reinado de Filipe IV, quando desembarcaram cerca de trinta mil irlandeses, que durariam pouco como soldados, em parte pelas más condições e pela falta de pagamento, convertendo-se rapidamente em mendigos que, não raro, voltavam a alistar-se.[65]

Maurício de Saxe, marechal de França, considerava que um soldado recrutado no estrangeiro valia por três nacionais, pois ele servia no exército, poupava um francês de fazer o mesmo e ainda retirava um homem ao inimigo.[66] Outro fator era importante no momento em que se pensava em recorrer aos estrangeiros: os mercenários representavam um duplo aspecto de polícia, pois atuavam como instrumento de repressão das revoltas camponesas.[67] Na Guerra de Sucessão Espanhola, os franceses dispunham de oitenta mil mercenários, entre irlandeses, alemães, italianos e, sobretudo, suíços.

Alguns soberanos de Estados menores costumavam alugar suas tropas para as potências da época. No século XVII, os duques de Württemberg ofereceram seus soldados à França, Áustria e Holanda. As tropas de Hesse-Cassel serviram à Grã-Bretanha durante a Guerra de Independência Americana. Estados ainda menores criaram regimentos de mercenários cujos principais beneficiários eram os respectivos príncipes, que não tinham escrúpulos em alugar seus súditos como soldados no exterior.[68] A Inglaterra evitava enviar tropas ao continente; em vez disso, era comum que pagasse aos aliados a manutenção da parte que lhe correspondia. De um acordo entre a Inglaterra e a Prússia, em 1709, sabemos que a primeira pagava à segunda uma taxa de vinte táleres por homem morto e quarenta por um cavalo.[69]

Mesmo em Portugal se buscavam mercenários. Em 1737, o visconde de Vila Nova de Cerveira escrevia que poucos estrangeiros buscavam servir no exército do rei de Portugal, porque o pagamento era menor que em outros reinos. O conde de Lippe chegou, em 1762, com a missão de preparar o exército português para a Guerra dos Sete Anos. Com ele, vieram mercenários ingleses. Nesse ano, também foram contratados dois batalhões de suíços. Porém, o uso de estrangeiros tinha dois problemas: seu alto custo e o desrespeito à população local, que devia alojá-los.[70]

Agora que já vimos um quadro geral da contratação de mercenários na Europa, vamos nos deter um pouco no processo de recrutamento em cada país. Nos primeiros tempos modernos, a Espanha optou pela extensão de petições nos âmbitos tradicionais do Medievo. Nas décadas centrais do século XVII, as necessidades militares se traduziram em toda uma série de petições aos nobres, ao clero e, fundamentalmente, às cidades e territórios para conseguir mais dinheiro e homens. Essa colaboração não foi gratuita, pois foram dadas atribuições de carácter militar aos mediadores locais das cidades, os quais passaram a atuar como recrutadores diretos em troca do aumento de seu poder sobre a população.[71]

A condução dos homens ficava a cargo das autoridades provinciais até o ponto de entrega acordado. Guardas eram pagos para assegurar-se que os recrutas não fugissem e, algumas vezes, chegou-se a comprar mulheres para que os homens não desertassem antes de chegar ao local da entrega. Um dos melhores truques para conseguir voluntários era vestir uma parte da companhia e passeá-la pela cidade a fim de que o ar marcial dos soldados e o som dos tambores animassem os homens a se alistarem no exército. Por vezes, recorria-se ao engano, com o uso de bebidas alcoólicas ou por intermédio de mulheres. Com frequência, muitos homens foram recrutados por vinganças locais. A maior parte dos moços solteiros fugia quando chegavam os recrutadores.[72]

Durante o século XVIII, quando a nova dinastia implantou um sistema de sorteio, havia um comércio de homens dispostos a substituir os que deveriam servir. Em algumas localidades, as autoridades compravam forasteiros para que fossem recrutados em lugar dos moradores. Em geral, os recrutados eram os mais desfavorecidos, principalmente aqueles que não tinham meios para subornar os sorteios mediante a fraude. Durante esse século, o exército espanhol frequentemente era descrito como composto por soldados famintos e malvestidos que ocasionavam "o desprezo ao soldado e grande repugnância", segundo as palavras de um inspetor da infantaria, em 1766. Embora a ascensão dos Bourbons ao trono espanhol, em 1700, levasse a que muitas autonomias regionais da Coroa de Aragão fossem suprimidas, a Catalunha, o País Basco e Navarra conseguiram escapar das levas obrigatórias, apesar das tentativas de generalização do recrutamento em 1773.[73]

No exército espanhol, como nos demais, eram frequentes os casos de deserção. Entre 1608 e 1619, nada menos que 4.211 soldados da guarnição espanhola de Oran, no norte da África, optaram por desertar e entregar-se aos inimigos muçulmanos com a esperança de, depois, serem resgatados pelas organizações religiosas encarregadas de libertar os escravos cristãos. No exército da Estremadura, criado para defender Castela contra os rebeldes portugueses, em 1640, se observaram perdas de 90% dos soldados alistados. No assédio de Bergen-Op-Zoom pelo exército de Flandres, em 1622, quase 40% dos homens acampados ao redor da cidade desapareceram. Ao menos 2,5 mil deles chegaram ao desespero de fugir para a cidade sitiada em busca de "um pouco de pão e um pouco de dinheiro".[74]

Contudo, deve-se ter em conta que os cálculos sobre o número de desertores sempre devem ser tomados com precaução, pois era comum que os números escondessem o que era então conhecido como "praças supostas", ou seja, soldados que supostamente estavam engajados, mas que só existiam nas listas, sendo que o capitão se beneficiava dos soldos dos soldados fantasmas até que eles fossem declarados desertores.[75]

Na Áustria, havia muitas isenções ao recrutamento, o que fazia com que, na prática, só fosse recrutado o proletariado urbano e rural, junto com marginais sociais e religiosos, como os católicos que renegavam sua fé.[76] O príncipe Eugênio, o mais famoso general empregado pelos Habsburgo, era contra o recrutamento de delinquentes e vagabundos e evitava que os inábeis e estropiados ficassem no *front*, como em geral se fazia. Deixava-os somente com o serviço de guarnição nas fortificações.[77]

Ao fim da Guerra de Sucessão Austríaca, a imperatriz Maria Teresa iniciou uma série de reformas no exército austríaco que compreenderam a padronização e desenvolvimento da artilharia, que se tornou a melhor da Europa nessa época. Criou-se uma escola militar e se reformou a escola de engenharia já existente. Também foram introduzidas uma instituição de manobras gerais, um estado-maior e um regulamento de adestramento de tropas válido para todo o exército. O sistema de propriedade privada de regimentos entrou em crise, ao passo que aumentou a profissionalização dos oficiais, com admissão deles na corte, nobilitação dos que contassem com trinta anos de serviço e a criação de uma ordem militar, a fim de condecorar os oficiais que se destacassem no campo de batalha, independentemente da ordem social ou da religião dos mesmos.[78]

Na Suécia do tempo do rei Gustavo Adolfo, que se destacou na Guerra dos Trinta Anos, o serviço militar era obrigatório e durava vinte anos. Apenas um homem em cada dez tinha que servir, enquanto os outros eram taxados para fornecer o equipamento dos soldados. Estavam isentos os filhos de viúvas, homens cujos irmãos já estivessem engajados, mineiros e operários das indústrias de armamento, clérigos e nobres (que serviam como oficiais).[79] Os granjeiros com posses acolhiam miseráveis, dando-lhes trabalho, vestimenta e comida para, depois, entregá-los ao exército em lugar dos próprios filhos.[80]

Uma das principais realizações da dinastia Romanov, na Rússia, foi abandonar o sistema sociopolítico-militar de tipo otomano-feudal instaurado por Ivan IV. Mas foi com Pedro I (1672-1725) que se deu uma reforma militar de tipo ocidental. Em 1699, o czar suprimiu a tropa de elite, chamada *streltsy*, e introduziu um sistema de conscrição baseado no modelo sueco, que foi aperfeiçoado em 1705. Criou dois regimentos de guarda destinados a formar os cadetes e constituiu um corpo de oficiais aberto ao talento e aos estrangeiros.[81] As autoridades escolhiam um camponês a cada dez ou vinte famílias e incluíam, entre os candidatos, rapazes de 14 e 15 anos. Pedro I colocava grilhões nos recrutas, que tinham que marchar quilômetros acorrentados até chegar ao destino. Ele também mandou marcar os recrutas, a ferro quente, com uma cruz no braço esquerdo e esfregar a ferida com pólvora, a fim de identificar os desertores com mais facilidade.[82]

Na França, a conscrição foi instituída em 1688: um miliciano solteiro, por paróquia, era escolhido em um processo de dois tempos, eleição seguida de sorteio. Em 1703, as autoridades municipais se livraram dos elementos indesejáveis em suas cidades recrutando-os para o exército, mas, para esse processo ser eficiente, foi necessária a criação de uma rede de hospitais gerais encarregada de limitar a mobilidade dos desclassificados da sociedade, embora o edito de 1662, que previa a criação dessas instituições, só começou a se fazer valer por volta de 1680.[83] Um conscrito podia ser substituído por um voluntário.[84]

Embora as milícias servissem para fornecer homens ao exército, em tempos de guerra, era preciso usar de embuste e violência para recrutar homens. Segundo o ministro da Guerra de Luís XIV, Louvois: "No tempo em que o rei precisa de homens não é o momento de ver se eles são bem recrutados."[85] Para o serviço na marinha, o sistema criado por outro ministro do Rei Sol, Colbert, em 1669, consistia em fechar os portos e recrutar todos os marinheiros que lá se achassem. Dali em diante, os habitantes das paróquias litorâneas e os marinheiros dos cursos inferiores dos grandes rios eram obrigados a servir, segundo a ordem de inscrição, nos navios do rei.

Os desertores do exército francês podiam perder o nariz e as orelhas e ser marcados com a flor de lis real na bochecha, antes de ser mandados para remar nas galés. Pena menos severa era marcar o desertor capturado e obrigá-lo a retomar seu lugar no exército.[86] Entre 1684 e 1714, cerca de 17 mil desertores do exército francês foram levados acorrentados a Marselha, onde deveriam remar nas galeras do rei.[87]

Na Inglaterra, todos os recrutas deveriam ser voluntários, mas isso era verdadeiro somente para os regimentos de cavalaria. A infantaria era preenchida pelos recrutadores profissionais, que sequestravam homens na rua e os vendiam ao exército. Na Escócia, durante o inverno de 1693-1694 e de 1696-1697, cada cidade e condado recebeu uma cota de recrutas a efetuar. Para evitar a deserção, as tropas que deviam ser enviadas para Flandres eram presas na Torre de Londres, e as que iam para a América, na ilha de Wight.

Em tempo de paz, era mais fácil conseguir recrutas. Os oficiais funcionavam como agentes entre a Coroa e seu exército. O exército era uma carreira e um negócio, e as patentes militares podiam ser compradas. Eram mais caras em tempo de guerra.[88] A conscrição surgiu em 1704, como uma medida de polícia contra os vagabundos e mendicantes. Em 1709, a prática foi fixada no Conscription Act. Durante a Guerra de Independência americana, três regimentos do exército real eram compostos por antigos prisioneiros.[89]

Na Prússia, que tinha o modelo de exército no século XVIII, o *Kantonsystem* – em vigor de 1721 a 1806 – registrava todos os homens, a partir de 10 anos, como *obligats*. Aos 18 anos, eles realizavam um serviço de 18 meses e, depois, deveriam servir todo ano, durante seis a oito semanas. A nobreza local fornecia os oficiais. Frederico II cuidava para que o recrutamento não atrapalhasse a vida econômica e social do seu reino. Calcula-se que mais da metade das suas tropas eram recrutadas nos principados vizinhos, assim como entre desertores e prisioneiros feitos nas tropas inimigas.[90] Em 1760, Frederico II reconstruiu suas forças por meio do recrutamento dos prisioneiros saxões e austríacos.[91] O rei escreveu em suas memórias: "Os desertores inimigos serão alistados e distribuídos em pequenos grupos, de forma que não existam muitos em um mesmo regimento."[92] Por temor de que sua infantaria desertasse, Frederico II mandava rodear seus acampamentos de valas, evitava marchar através de bosques e nunca mandava patrulhas de reconhecimento a mais de duzentos metros da vanguarda do seu exército.[93] Escreveu, ainda: "De minha parte, devo dizer que jamais atacarei à noite porque a escuridão causa desordem demais e a maioria dos soldados só cumpre seus deveres quando estritamente observada por seus oficiais e quando teme punições."[94]

Os reis da Prússia tinham razão em temer as deserções, pois a férrea disciplina, acompanhada de severos castigos físicos, transformava a vida do soldado em um inferno. Frederico II pensava que os seus soldados deviam temer mais os seus oficiais que o inimigo: "A estima jamais induzirá o soldado comum a enfrentar tais perigos; ele só o fará se sentir medo", escreveu o monarca.[95] Não era à toa que, na Prússia, o recrutador era o homem mais temido da região. A fim de escapar ao exército, alguns fugiam de suas casas e outros se automutilavam.[96]

Depois da derrota francesa em Rossbach, em 1757, afirmou-se que a superioridade dos prussianos se devia ao monopólio dos nobres em se tornarem oficiais, o que levou a reforçar o papel da aristocracia nos exércitos que passaram a copiar o modelo prussiano.[97] Para Frederico II:

> Se os nobres são desonrados, para eles não há onde buscar refúgio, até mesmo nas mansões dos pais. Um homem de classe mais baixa, todavia, depois de inculpado por alguma falta básica, retorna ao convívio paterno, sem o menor pejo e sem se considerar desonrado.[98]

Além da honra, pode-se agregar que os nobres combatiam pelo seu bolso. Um general de Frederico II, após a Guerra dos Sete Anos, comprou uma propriedade na Pomerânia Oriental e logo viu-se confrontado com a aridez da terra. Ele costumava concluir as suas preces à noite com a seguinte oração: "Vê, Pai do Céu, as aflições do Teu servo Belling, envia-lhe, portanto, em breve, uma guerra branda, para que ele possa progredir e prosseguir louvando o Teu Nome. Amém."[99]

Em Portugal, em 1549, D. João III ordenou a possibilidade de recrutar todos os homens entre os 20 e os 65 anos, a fim de garantir a defesa das possessões norte-africanas em regimentos de ordenanças (milícias). Em 1569, D. Sebastião confirmou a lei de vinte anos atrás e uma nova lei, de 1570, estabelecia a formação de milícias locais integradas por todos os homens entre 18 e 60 anos, com exceção do clero e da nobreza, embora esta já tivesse obrigação de servir a cavalo e continuava a formar corpos em separado. No comando de cada milícia haveria um capitão-mor, que seria o senhor da terra ou alguém escolhido pela câmara municipal. Os recrutas deveriam formar companhias compostas por 250 homens, que se subdividiriam em dez esquadras de 25 soldados sob as ordens de um cabo. O treinamento deveria ser feito uma vez por semana, o que levou a escolher o domingo para que não interferisse no trabalho.[100]

Entretanto, a tropa paga e permanente foi uma exceção, antes do início de Guerra da Restauração, em 1640. A lei de 1650 deu aos governadores de armas o encargo de organizar três listas de potenciais soldados. O primeiro grupo estaria composto por homens cuja ausência não afetaria muito as suas famílias e a comunidade, formando a tropa paga; o segundo, pela "gente mais nobre e rica que possa servir nas fronteiras", formando as tropas auxiliares; o terceiro grupo corresponderia às milícias.[101] Apesar disso, nos inícios do século XVII, Rodrigues Silveira chamava "recrutar à portuguesa" o fato de que "iam os que não deviam ir e ficavam os que melhor pagavam".[102]

Apenas em 1708 publicou-se uma ordenança militar, justificada pela necessidade de tornar compatíveis as forças das várias nações reunidas na aliança que se opôs a Luís XIV, durante a Guerra de Sucessão de Espanha. O regimento de 1708 previa a pena de morte, que raramente foi usada, pois, em geral, os desertores capturados eram condenados ao serviço forçado (galés), depois do suplício da polé (um instrumento de tortura usado também pela Inquisição), quando não eram perdoados pelas autoridades, o que geralmente acontecia.[103] O conde de Lippe, contratado para preparar o exército português para a Guerra dos Sete Anos, tentou transformar a deserção em crime abominável, pois ele detestava a naturalidade com que era encarada a deserção dos soldados. A deserção tendia a ser tratada como uma ausência, justificada pela busca da sobrevivência da família, tendo em vista a falta de soldo.[104]

Se a deserção era a resposta individual ao recrutamento compulsório, o motim era a mostra da resistência coletiva. Os motivos podiam ser muitos, como: fadiga da guerra, falta de abrigo no inverno, humilhações por parte dos oficiais, e, principalmente, pela falta de pagamento.[105] Deserção mais fácil significava menos motins.[106] O exército espanhol de Flandres amotinou-se 45 vezes, entre 1572 e 1609, geralmente, depois da rendição de uma cidade em condições que os soldados julgavam demasiado generosas, o que impedia o livre saque das mesmas pelos soldados.[107] O exército sueco amotinou-se em 1635 e 1641, por falta de soldo. Em 1647, amotinaram-se os soldados do exército parlamentar da Inglaterra.[108]

A guerra não era uma atividade exclusivamente masculina. Embora poucas mulheres combatessem, muitas acompanhavam os exércitos, nos quais desempenhavam diferentes funções, como: cuidar dos feridos, lavar roupas, fabricar armamentos e cavar trincheiras.[109] A maior parte delas se dedicava à prostituição. Em 1684, iniciou-se uma campanha de moralização, pois a prostituição representava o perigo do alastramento de doenças venéreas entre os soldados.[110]

A presença de prostitutas nos exércitos se justificava pelas inúmeras proibições que impediam o casamento dos militares.[111] A maioria dos chefes concordava que eram necessárias entre quatro e oito prostitutas para cada companhia de duzentos homens. As prostitutas deveriam executar seu ofício de maneira discreta, "disfarçadas de lavadeiras ou algo similar".[112] Para Vauban, os homens casados eram menos propensos à guerra que os solteiros, porém, não concordava com a opinião de se impedir o casamento dos soldados, pois acreditava que os soldados casados tinham menos propensão a desertar, uma vez que suas esposas os ajudavam a sobreviver fazendo a comida e lavando as roupas. À medida que o aquartelamento progrediu e o reforço da logística permitiu aos soldados libertarem-se do trabalho doméstico, a presença feminina foi se tornando cada vez mais rara.[113]

O que levava algumas mulheres a seguir seus maridos na guerra era o medo de serem deixadas desprotegidas e despojadas de seus bens pelos vizinhos ou mesmo pelos próprios parentes.[114] Além das mulheres, os vivandeiros prestamistas seguiam os exércitos, pois eram necessários para a sobrevivência dos soldados, embora fossem vistos com ódio pelos mesmos, uma vez que vendiam a preços altos e compravam o produto do saque pelo preço mais baixo. Se os soldados os viam envoltos no caos da batalha, eram roubados e mortos.[115]

As guerras da Idade Moderna foram, sobretudo, guerras dinásticas, feitas por reis e príncipes para afirmar seu poder sobre povos e territórios que consideravam parte de sua herança. Como as uniões entre as famílias principescas da Europa eram muito comuns, elas geralmente levavam a que diferentes dinastias disputassem o mesmo território. Se já se falava em nação, a expressão primordial era a dinastia. O exército e a marinha eram propriedades do rei, que poderia contratar para seu serviço qualquer homem disposto a servir como soldado ou oficial, independentemente de onde tivesse nascido. O melhor general austríaco, o príncipe Eugênio de Savoia, era francês, e o general Maurício de Saxe, que lutou pelo rei da França, era alemão.

Nessa época, o que importava era salvar a dinastia, pois, mesmo exilada, ela poderia voltar a governar seu antigo reino, se tivesse sorte, como ocorreu com a família real portuguesa, que buscou refúgio no Brasil, assim como a família real da Savoia, que se refugiou na ilha da Sardenha, e os Bourbons de Nápoles, que se refugiaram na ilha da Sicília, durante as invasões napoleônicas. A frota britânica garantiu a permanência dessas três famílias reais, que foram restabelecidas em seus reinos depois da derrota de Napoleão. Todas tentaram reimplantar o Antigo Regime, mas, com a passagem dos franceses e suas ideias revolucionárias, somente o conseguiram por um tempo, através da repressão.

Essas guerras eram travadas pelos nobres, que serviam como oficiais, e pelos homens mais pobres e com menos proteção no campo e nas cidades, como soldados, uma vez que os nobres e burgueses procuravam evitar o recrutamento dos seus servidores. A violência era constante na vida dos homens forçados a servir ao rei no exército e ainda mais na marinha. Além da violência requerida pelo sistema de disciplina da época, que se intensificou no século XVIII, segundo o modelo prussiano, os soldados sofriam com os constantes atrasos de soldos, de alimentos e de fardamento, o que levava a motins ou, mais frequentemente, à deserção, principais formas de resistência dos soldados e marinheiros.

Notas

1. RUNCIMAN, 2002, p. 11.
2. CHALIAND, 2007, p. 44.
3. RUNCIMAN, 2002, p. 73.
4. GORI, 2007, p. 46.
5. CROSS, 2012, p. 87.
6. CHALIAND, 2007, p. 138.
7. RICCI, 2008, p. 7.
8. BROTTON, 2009, pp. 53-54.

9. MACLAGAN, 1972, p. 139.
10. CROWLEY, 2014, p. 269.
11. HOWARD, 1997, p. 40.
12. MALLET, 2006, p. 200.
13. GARRISSON, 1991, p. 97.
14. HALE, 1983, p. 47.
15. RADY, 1997, pp. 57-63.
16. DEL NEGRO, 2007, pp. 24-25.
17. CASTILLO, 1999, p. 99.
18. THOMAS, 2012, p. 72.
19. DELUMEAU, 1989, p. 163.
20. CHILDS. *In*: ______; BECKETT (Dir.), 2003, p. 57.
21. CARNEIRO. *In*: MAGNOLI (Org.), 2006, pp. 163-187.
22. MELLO, 1998.
23. VALLADARES, 2010.
24. *Idem*, 2006.
25. ANDERSON, 2004, pp. 29-33.
26. LEBRUN, 1997, pp. 123-157.
27. HOWARD, 1997, p. 68.
28. CORVISIER, 1979, pp. 306-322.
29. *Ibidem*, pp. 324-325.
30. ZELLER. *In*: RENOUVIN (Dir.), 1955, p. 83.
31. SALVADÓ, 2012.
32. O eleitor de Brandemburgo aceitou participar da guerra em troca do reconhecimento, pelo imperador, da elevação do seu ducado da Prússia a reino. CORVISIER, 1979, pp. 328-330.
33. CALVO, 1988, p. 29.
34. NOVAIS, 1995, pp. 8-19.
35. ALMEIDA, 1973, pp. 255-256.
36. ZELLER, 1955, p. 90.
37. CORVISIER, 1979, p. 338.
38. SALVADÓ, 2012, p. 484.
39. ZELLER, 1955, pp. 100-108.
40. SALVADÓ, 2012, p. 340.
41. POSSAMAI, 2006, pp. 66-75.
42. DU GUAY-TROUIN, 2002.
43. BLACK, 2001, pp. 344-349.

44. BLACK, 2001, pp. 352-355.
45. BARRENTO, 2006, p. 26.
46. ELLIOT, 2011, pp. 431-435.
47. BLACK, 2001, pp. 357-366.
48. PARKER, 2002, p. 167.
49. FAROQHI, 2010, pp. 21-22.
50. CHALIAND, 2007, p. 225.
51. PARKER (Ed.), 2010.
52. CORVISIER, 1999, p. 239.
53. PARKER, 2002, p. 78.
54. CASTILLO, 1999, p. 143.
55. MARTINES, 2013, pp. 40-41.
56. PARKER, pp. 81-84.
57. MARTINES, 2013, p. 149.
58. HERNÁNDEZ, 2011, p. 197.
59. PARKER, 2002, pp. 83-92.
60. ROY. *In*: CHANDLER; BECKETT (Dir.), 2003, p. 33.
61. PARKER, 2002, p. 80.
62. CASTILLO, 1999, p. 72.
63. CARDINI, 1992, pp. 110 e 191.
64. CASTILLO, 1999, p. 72.
65. HERNÁNDEZ, 2011, p. 318.
66. CORVISIER, 1983, p. 96.
67. CARDINI, 1992, p. 122.
68. CASTILLO, 1999, p. 147.
69. HENDERSON, 2005, p. 87.
70. COSTA, 2010, pp. 87, 106, 132.
71. HERNÁNDEZ, 2011, p. 53.
72. *Ibidem*, pp. 106, 168, 254, 304.
73. CASTILLO, 1999, pp. 152, 158-159.
74. PARKER, 2002, pp. 87, 90.
75. CASTILLO, 1999, p. 176.
76. *Ibidem*, p. 152.
77. HENDERSON, 2005, p. 112.
78. DEL NEGRO, 2007, p. 111.
79. HOWARD, 1997, p. 75.
80. MARTINES, 2013, p. 48.

81. DEL NEGRO, pp. 76-77, 102.
82. MARTINES, 2013, pp. 19, 46-47.
83. CORVISIER, 1983, p. 106.
84. CARDINI, 1992, p. 192.
85. CORVISIER, 1999, p. 202.
86. MARTINES, 2013, pp. 18-19.
87. PARKER, 2002, p. 90.
88. CHILDS, 2003. p. 63.
89. CARDINI, 1992, pp. 192-193.
90. *Ibidem*, pp. 197, 203.
91. BLED, 2008, p. 423.
92. LUVAAS, 2001, p. 89.
93. PARKER, 2002, p. 198.
94. LUVAAS, 2001, p. 180.
95. *Ibidem*, p. 37.
96. MARTINES, 2013, p. 51.
97. CARDINI, 1992, p. 399.
98. LUVAAS, 2001, p. 103.
99. KROCKOW, 2002, p. 28.
100. VALLADARES, 2010, pp. 194-195.
101. HESPANHA. *In*: BARATA; TEIXEIRA (Coord.), 2004, pp 173-176.
102. COSTA, 2010, p. 311.
103. *Ibidem*, pp. 27, 46.
104. COSTA, 2010, pp. 111, 321.
105. PARKER, 2002, p. 241.
106. *Ibidem*, p. 249.
107. PARKER, 2002, p. 92.
108. CASTILLO, 1999, p. 173.
109. KEEGAN, 1995, pp. 92-93.
110. CORVISIER, 1983, pp. 354-355.
111. CASTILLO, 1999, p. 172.
112. PARKER, 2002, p. 217.
113. DREVILLON. *In*: VIGARELLO (Dir.), 2013, p. 369.
114. LORIGA, 2007, p. 46.
115. MARTINES, 2013, p. 174.

Referências

ALMEIDA, Luís Ferrand de. *A Colônia do Sacramento na época da Guerra da Sucessão de Espanha*. Coimbra: Universidade de Coimbra, 1973.

ANDERSON, Perry. *Linhagens do Estado absolutista*. São Paulo: Brasiliense, 2004.

BARRENTO, António. *Guerra fantástica (1762)*: Portugal, o conde de Lippe e a Guerra dos Sete Anos. Lisboa: Tribuna, 2006.

BLACK, Jeremy. *La Europa del Siglo XVIII*. Madri: Akal, 2001.

BLED, Jean-Paul. *Frédéric le Grand*. Paris: Fayard, 2008.

BROTTON, Jerry. *O bazar do Renascimento*. São Paulo: Grua, 2009.

CALVO, José. *La Guerra de Sucesión*. Madri: Anaya, 1988.

CARDINI, Franco. *La Culture de la Guerre*. Paris: Gallimard, 1992.

CARNEIRO, Henrique. Guerra dos Trinta Anos. *In*: MAGNOLI, Demétrio (Org.). *História das guerras*. São Paulo: Contexto, 2006.

CASTILLO, Francisco Andújar. *Ejércitos y Militares en la Europa Moderna*. Madri: Síntesis, 1999.

CHALIAND, Gérard. *Guerras y Civilizaciones*. Barcelona: Paidós, 2007.

CHANDLER, David. The Great Capitain-general, 1702-1714. *In*: CHANDLER, David; BECKETT, Ian (Dirs.). *The Oxford History of the British Army*. Oxford: Oxford University Press, 2003.

CHILDS, John. The Restauration Army, 1660-1702. *In*: CHILDS, John; BECKETT, Ian (Dirs.). *The Oxford History of the British Army*. Oxford: Oxford University Press, 2003.

CORVISIER, André. *La France de Louis XIV*. Paris: S.E.D.E.S. 1979.

______. *Louvois*. Paris: Fayard, 1983.

______. *A guerra*. Rio de Janeiro: Biblioteca do Exército, 1999.

COSTA, Fernando Dores. *Insubmissão*: aversão ao serviço militar no Portugal do século XVIII. Lisboa: ISC, 2010.

CROSS, Robin. *50 Cosas que Hay que Saber Sobre la Guerra*. Buenos Aires: Paidós, 2012.

CROWLEY, Roger. *Impérios do mar*. São Paulo: Três Estrelas, 2014.

DEL NEGRO, Piero. *Guerra ed Eserciti da Machiavelli a Napoleone*. Roma. Bari: Laterza, 2007.

DELUMEAU, Jean. *Nascimento e afirmação da Reforma*. São Paulo: Pioneira, 1989.

DREVILLON, Hervé. Do guerreiro ao militar. *In*: VIGARELLO, Georges (Dir.). *História da virilidade*: a invenção da virilidade da Antiguidade às Luzes. Petrópolis: Vozes, 2013.

DU GUAY-TROUIN, René. *O corsário:* uma invasão francesa no Rio de Janeiro. Diário de Bordo. Rio de Janeiro: Bom Texto, 2002.

ELLIOT, John H. *Imperios del Mundo Atlántico. España y Gran Bretaña en America (1492-1830).* Madri: Taurus, 2011.

FAROQHI, Suraiya. *L'Impero Ottomano.* Bologna: Il Mulino, 2010.

GARRISSON, Janine. *Royauté, Renaissance et Réforme, 1483-1559.* Paris: Seuil, 1991.

GORI, Massimo. *Vauban e la Difesa dela Francia.* Milano: Mondadori, 2007.

HALE, John R. *A Europa durante o Renascimento.* Lisboa: Presença, 1983.

HENDERSON, Nicholas. *Eugenio di Savoia.* Milano: Corbaccio, 2005.

HERNÁNDEZ, Antonio José Rodríguez. *Los Tambores de Marte. El Reclutamiento en Castilla Durante la Segunda Mitad del Siglo XVII (1648-1700).* Valladolid: Castilla Ediciones, 2011.

HESPANHA, António Manuel. A administração militar. *In*: BARATA, Manuel Themudo; TEIXEIRA, Nuno Severiano (Coords.). *Nova história militar de Portugal.* Lisboa: Círculo de Leitores, 2004.

HOWARD, Michael. *A guerra na história da Europa.* Lisboa: Europa-América, 1997.

KEEGAN, John. *Uma história da guerra.* São Paulo: Companhia das Letras, 1995.

KROCKOW, Christian Graf von. *Prússia, um balanço.* São Paulo: Editora Mackenzie, 2002.

LEBRUN, François. *La Puissance et la Guerre (1661-1715).* Paris: Seuil, 1997.

LORIGA, Sabina. *Soltats. Un Laboratoire disciplinaire: l'Armée Piémontaise au XVIIIe siècle.* Paris: Les Belles Lettres, 2007.

LUVAAS, Jay. *Frederico o Grande e a arte da guerra.* Rio de Janeiro: Biblioteca do Exército, 2001.

MACLAGAN, Michael. *A cidade de Constantinopla.* Lisboa: Verbo, 1972.

MALLET, Michael. *Signori e Mercenari.* Bologna: Il Mulino, 2006.

MARTINES, Lauro. *Un Tiempo de Guerra. Una Historia Alternativa de Europa, 1450-1700.* Barcelona: Crítica, 2013.

MELLO, Evaldo Cabral de. *O negócio do Brasil:* Portugal, os Países Baixos e o Nordeste, 1641-1669. Rio de Janeiro: Topbooks, 1998.

NOVAIS, Fernando A. *Portugal e Brasil na crise do Antigo Sistema Colonial (1777-1808).* 6. ed. São Paulo: Hucitec, 1995.

PARKER, Geoffrey. *La Revolución Militar. Innovación Militar y Apogeo de Occidente, 1500-1800.* Madri: Alianza, 2002.

PEREZ, Stanis. Louis XIV ou a virilidade absoluta? *In*: VIGARELLO, Georges (Dir.). *História da virilidade:* a invenção da virilidade da Antiguidade às Luzes. Petrópolis: Vozes, 2013.

POSSAMAI, Paulo. *A vida quotidiana na Colónia do Sacramento.* Lisboa: Livros do Brasil, 2006.

RADY, Martyn. *Carlo V e il Suo Tempo.* Bologna: Il Mulino, 1997.

RICCI, Giovanni. *I Turchi alle Porte.* Bologna: Il Mulino, 2008.

ROY, Ian. Towards the Sanding Army, 1485-1660. *In*: CHANDLER, David G.; BECKETT, Ian (Dirs.). *The Oxford History of the British Army.* Oxford: Oxford University Press, 2003.

RUNCIMAN, Steven. *A queda de Constantinopla, 1453.* Rio de Janeiro: Imago, 2002.

SALVADÓ, Joaquim Albareda. *La Guerra de Suceción de España (1700-1714).* Barcelona: Crítica, 2012.

THOMAS, Hugh. *El Imperio Español. De Colón a Magallanes.* Barcelona: Planeta, 2012.

VALLADARES, Rafael. *A independência de Portugal. Guerra e restauração, 1640-1680.* Lisboa: A Esfera dos Livros, 2006.

VALLADARES, Rafael. *A conquista de Lisboa, 1578-1583.* Violência militar e comunidade política em Portugal. Lisboa: Texto, 2010.

WHITE, Jonathan R. *The Prussian Army, 1640-1871.* Lanham: University Press of America, 1984.

ZELLER, Gaston. Les Temps modernes II: De Louis XIV à 1789. *In*: RENOUVIN, Pierre (Dir.). *Histoire des relations internationales.* Tome III. Paris: Hachette, 1955.

8. Um estudo histórico sobre a guerra

Ricardo Pereira Cabral

Este ensaio tem por objetivo apresentar um panorama geral sobre a história militar do período contemporâneo. O nosso caminho se inicia com a abordagem de algumas concepções sobre a guerra, a conduta de batalha e as campanhas de Napoleão Bonaparte (1769-1821), impactadas pelos ventos da Revolução Francesa. Em seguida, exporemos as principais ideias e concepções sobre a guerra na concepção de Antoine-Henri Jomini e de Carl von Clausewitz, retiradas das suas observações das guerras napoleônicas, fruto da participação ativa nos conflitos do período. Ambos são os principais analistas bélicos do início do século XIX, exerceram e exercem, o primeiro em menor escala, uma grande influência sobre o pensamento militar contemporâneo.

Na sequência, abordaremos de forma sucinta o pensamento de Helmut von Moltke (1800-1891), a fim de apresentar o impacto das tecnologias advindas da Revolução Industrial. Nos termos que estavam sendo postos naquela conjuntura, um novo conflito de grandes proporções, envolvendo as principais potências da época, poderia tomar a sua forma absoluta (segundo Clausewitz), o que, de certa forma, apresentou sua face na Primeira Guerra Mundial, até ser contida pela política. Tal fato inspirou a concepção de "guerra total", de Ludendorff, que influenciou as várias formas de luta que ocorreram durante a Segunda Guerra Mundial.

O surgimento da arma nuclear, na fase final da Segunda Grande Guerra, não impediu a continuidade da deflagração de guerras convencionais e dos conflitos de baixa intensidade.[1] Além disso, o pensamento estratégico se acomodou à espiral de inovações tecnológicas em terra, na superfície do mar e sob esse, no ar, no espaço e no ciberespaço. No entanto, com a eclosão de uma série de conflitos de baixa intensidade, e, logo em seguida, o processo de globalização, avivaram-se os questionamentos acerca dos paradigmas clausewitzianos sobre a guerra.

A fim de expor as principais ideias e análises desse período, apresentaremos uma série de autores que, talvez, não sejam todos os mais relevantes, mas nos permitiram traçar um panorama bem amplo da produção sobre o tema, a começar por Lindell Hart, que defendia a estratégia de ação indireta, entre outros pontos. John Keegan postula a guerra como resultado da cultura, e Samuel Huntington investe nesse ponto para explicar os conflitos atuais. Já Martin van Creveld discute e contesta mais amplamente as principais concepções de Clausewitz. Na mesma linha vão os chineses Qiao Liang e Wang Xiangsui, ao defenderem a guerra irrestrita como novo paradigma. Pascal Boniface listou, logo após o 11 de setembro de 2001, uma série de causas de possíveis conflitos já na atual conjuntura. Com relação à natureza da guerra, William Lind apresenta uma visão de gerações baseada na estrutura tática/estratégica e no elemento tecnológico. Rupert Smith mostra, na sua visão, uma nova forma de guerra, enquanto Colin Gray resgata a herança e postula a validade de seus conceitos e definições. Finalmente, apresentaremos Mary Kaldor e sua análise sobre o impacto da globalização na guerra.

Napoleão Bonaparte

A história militar do século XIX foi dominada por Napoleão Bonaparte. Suas batalhas, repletas de manobras arrojadas, a conduta no combate, com toques de genialidade, na maioria das vezes, surpreendia o inimigo, o que lhe permitiu obter vitórias, mesmo em condições de inferioridade. Segundo Jomini e Clausewitz, Bonaparte possuía o que chamaram de *coup d'œil* [golpe de vista]: ao observar rapidamente o campo de batalha, vislumbrava as manobras necessárias para explorar seus pontos fortes e as fragilidades do adversário a fim de obter a vitória, muitas das vezes, desafiando a prudência e o *corpus* doutrinário da sua época.

Bonaparte não deixou escritos analíticos sobre suas campanhas e o que pensava sobre guerra, conceitos, definições, manobras, sua conduta em combate ou a explicação de suas ações, já que, para ele, "A arte da guerra é simples, tudo é uma questão de execução", e, frequentemente, fazia algo inesperado e contrário à "doutrina" predominante. O genial corso nos legou suas impressões e comentários em uma série de documentos, cartas, ordens que foram coletados durante suas campanhas e nas suas *Mémoires*.

Napoleão soube, como nenhum outro general em seu tempo, utilizar as inovações e os instrumentos disponíveis, como: a conscrição universal (a grande inovação da Revolução Francesa), que permitiu o aumento dos efetivos; as táticas de infantaria, o sistema misto de esclarecedores, a organização do exército em colunas de marcha e de ataque em linha (com uma passagem rápida de uma formação à outra), os quadrados de infantaria; a artilharia leve a cavalo, móvel a ponto de permitir o apoio de fogo durante a evolução do ataque no terreno; o amadurecimento da estrutura tática dos batalhões, dos regimentos, das brigadas, as divisões, o corpo de exército e o exército de campanha. A repartição deste em divisões e corpos combinando unidade de infantaria, cavalaria, artilharia, de apoio (como a engenharia) e de logística, dando flexibilidade para várias combinações, de acordo com as possibilidades de emprego e a capacidade de atuar isolado ou coordenado com outros exércitos.

A fim de conseguir comandar essa estrutura, o corso contava com o estado-maior, que se ocupava de funções de planejamento geral (deslocamento dos exércitos pelas estradas e caminhos disponíveis, suprimentos, organizar, recolher e processar as informações dos reconhecimentos do inimigo e do terreno, providenciar o recompletamento, registrar o histórico da campanha e planejar e coordenar o emprego das grandes unidades na batalha etc.). Esse sistema seria replicado nos escalões subordinados, mas não era como o conhecemos hoje, e se limitavam a cumprir as ordens de Bonaparte.

Ao se analisarem as campanhas ou batalhas de Napoleão, dentro dos limites deste capítulo, verificamos que ele se utilizava dos mesmos métodos e táticas dos generais do período, a diferença era como fazia suas manobras, sempre procurando tomar a iniciativa, com rápidos movimentos de envolvimento ou desbordamento, conjugado com pequenos lances táticos, mas concatenados, para concentrar a maior parte de suas tropas (mesmo que isso significasse fragilizar suas linhas de comunicação ou enfraquecer posições secundárias) e fazer o maior esforço sobre o "ponto de equilíbrio" (Jomini) ou o "centro de gravidade" (Clausewitz) do adversário, destruindo-o e conquistando a vitória que, muitas das vezes, parecia improvável, diante da superioridade numérica dos adversários.

Em termos estratégicos, procurava definir os principais objetivos da campanha, reunir os recursos necessários para atingi-los, colocar-se em uma posição central para poder manobrar com liberdade e tomar a iniciativa em movimentos rápidos, convergindo sobre um ponto do terreno e lançando-se à batalha, a fim de surpreender os seus inimigos – que, em várias ocasiões, estavam despreparados e dispersos – e destruir o seu exército. A diplomacia era auxiliar do exército, já que esse era o principal instrumento da política externa napoleônica. Um ponto interessante é que o corso não se prendia a princípios ou regras, servia-se deles de acordo com as circunstâncias e possibilidades, e, em várias ocasiões, os desprezou para obter o efeito que desejava ou se aproveitar de um erro do adversário ou uma oportunidade que surgiu.

Os dois maiores interpretadores das guerras napoleônicas foram o general suíço, membro do estado-maior do exército do marechal Ney, Antoine-Henri de Jomini, e o prussiano e também general Carl von Clausewitz.

Antoine-Henri Jomini (1779-1869)

Jomini dominou a história militar e a análise estratégica durante o seu período de vida. As suas principais obras – *Traité de grande tactique ou relation de la Guerre de Sept Ans, extraite de Tempelhof, commentée et comparée aux principales opérations de la dernière guerre; avec un recueil des maximes les plus importantes de l'art militaire, justifiées par ces différents événements* (1805); *Histoire critique et militaire des campagnes de la Révolution* (1806, 1819 e 1824); *Vie politique et militaire de Napoléon, racontée par lui-même, au Tribunal de César, d'Alexandre et de Frédéric* (1827); e *Précis de l'Art de la Guerre, ou Nouveau tableau analytique des principales combinaisons de la stratégie, de la grande tactique et de la politique militaire* (1838) – oferecem um amplo cenário sobre a guerra na primeira metade do século XIX.

Nessas obras, a partir da análise das campanhas daqueles que julgava serem os grandes generais da História (Alexandre, César, Frederico II, Napoleão...), apresentou seu pensamento militar, suas teorias e seu sistema de planejamento estratégico militar, sem levar em consideração o contexto social, econômico, cultural e político em que se desenrolava o conflito, enfatizando um sistema de análise com fórmulas para orientar a tomada de decisão de forma científica, o que fazia da guerra um jogo. O seu maior instrumento de análise histórica eram os relatos das campanhas militares, dos quais se utilizava "ajustando" de modo a confirmar suas hipóteses e teses preconcebidas, sem uma crítica história ou confrontação de fontes. Ao definir os princípios de guerra "imutáveis" e das linhas de operações, Jomini procurou reduzir a guerra a um conjunto de regras que deveriam ser seguidas para se obter a vitória, independentemente das inovações tecnológicas e das mudanças nas estruturas das organizações militares.

A arte da guerra, segundo Jomini, consistia em seis partes distintas: O estadista em suas relações com a guerra; Estratégia ou a arte de direcionar corretamente as massas sobre o teatro de guerra, tanto para a defesa como para a invasão; Grande Tática e batalhas; Logística, ou a arte de movimentar os exércitos; Engenharia, o ataque e a defesa de fortificações; e Pequenas Táticas. O conhecimento desses elementos era considerado fundamental para o general e seus oficiais do estado-maior.[2]

Em *Précis de l'Art de la Guerre*, na introdução, Jomini apresenta a definição dos ramos da arte da guerra e como esses foram desenvolvidos. A obra se divide em sete capítulos e dois apêndices, da qual faremos uma breve exposição.

No primeiro capítulo, Jomini explora as relações da dipomacia com a guerra, nas quais busca definir as causas que levam os Estados à guerra, e apresenta uma tipologia desse tipo de conflito.[3]

No capítulo seguinte, chamado "Política militar", o autor trata, na verdade, das estatísticas militares e sua relação com a geografia (topografia e dados numéricos do inimigo); as diversas causas que têm influência sobre o sucesso na guerra; as instituições militares dos Estados (como devem ser); o comando do exército e o supremo controle das operações; o espírito militar das nações e a moral dos exércitos, que tinha em elevada conta para a força combativa das tropas.

Com relação ao general, Jomini, inspirado em Napoleão, ressaltou a importância da escolha do general, descreve suas qualidades, suas capacidades de comando, de inspirar, do moral. Ressalta a questão da constituição de um estado-maior efetivo, com auxiliares dotados de habilidades e conhecimentos para que auxiliem o general no planejamento e que sejam capazes de fornecer informações precisas e outros elementos necessários para a tomada de decisão.

O terceiro capítulo trata de "Estratégia e a tática". É um capítulo doutrinário, apresentando o que chamou de "o princípio fundamental da guerra".

Jomini expõe todo o seu sistema de operações ofensivas e defensivas, a concepção, o conceito e as aplicações das linhas de combate e de pontos decisivos nos vários tipos de "teatros de operações e de guerra", a defesa e o ataque a fortes e posições defensivas, as manobras nas montanhas, o desenvolvimento de movimentos de invasão e expedições distantes, e, finalmente, um resumo da "Estratégia para campanhas militares".

O capítulo seguinte é dedicado à "Grande Tática e a batalha". A ordem de combate, as manobras ofensivas, as posições defensivas, os ataques às cidades, campos entrincheirados e ações com golpes de mão. A "Grande Tática" seria os atos de execução local, ou seja, as manobras antes, durante e depois da ação: a escolha das posições e as linhas defensivas de batalha; a ofensiva na batalha defensiva; a colisão de dois exércitos em marcha ou contendas inesperadas; as surpresas dos exércitos em campo aberto; os arranjos para conduzir a tropa para a batalha; o ataque às posições e campos entrincheirados.[4]

A fim de abordar a totalidade das ações no campo de batalha, Jomini expõe o que chamou de operações de carácter misto, que são, em parte, domínio da estratégia, e, em parte, da tática. Operações de travessias de rios, acampamentos de inverno, expedições marítimas etc.

No capítulo dedicado à "Logística ou a arte prática de movimentar exércitos", tratou dos reconhecimentos necessários sobre o inimigo, o terreno, a organização das marchas, as formações a serem utilizadas, a escolha de estradas e caminhos.

No capítulo 7, o general suíço aborda a formação e o emprego das frações das armas que compõem o exército na batalha. Aqui, ele trata das várias formações e do emprego de infantaria, cavalaria e artilharia, suas principais possibilidades, seja atuando isoladamente ou em conjunto.

No Suplemento e no Sumário de *Précis de l'Art de la Guerre*, Jomini expõe os meios para se construir uma boa estratégia e o golpe de vista. Defende o estudo profundo dos princípios estratégicos para se adquirir essa habilidade, as capacidades que o general deve ter do campo de batalha e do teatro de operações, a relação de tempo-espaço das várias unidades no terreno e suas possibilidades.

O Apêndice é dedicado a um estudo histórico sobre as expedições marítimas, sem muita profundidade, diga-se de passagem, mas isso é explicável já que, como o próprio autor definiu, trata-se de um esboço. Nesse

Apêndice, Jomini discorre sobre as expedições militares de persas, gregos, cartagineses, romanos, bizantinos, escadinavos, cruzados, dos impérios muçulmanos, entre outros, em suas operações no Mediterrâneo até o século XIX. O general deixa claro que se interessa apenas pelas operações militares realizadas a partir do mar para atacar e conquistar objetivos em terra, e não pelas batalhas navais. Além disso, ressaltou a importância do comércio marítimo e de uma frota mercantil; citou a estratégia inglesa que atribuía como missão primordial das suas esquadras a destruição da esquadra adversária; a dificuldade de transportar tropas e material por mar para atacar locais estratégicos em terra distante de suas estruturas de apoio; daí, defendeu a importância de bases marítimas localizadas estrategicamente para assegurar o controle das principais rotas marítimas, apesar de ressaltar que a tecnologia não afetava a estrégia; citou, ainda, a importância da transformação da guerra no mar, a partir do uso dos canhões e outras invenções que aperfeiçoaram a navegação.

Como verificamos nessa obra, o general suíço Antoine-Henri Jomini se preocupou com os aspectos da guerra e com as tarefas do estado-maior, ou seja, o planejamento feito antes, durante e depois do combate, a logística,[5] o estudo do terreno, a escolha das unidades a serem empregadas (no esforço principal e na reserva), as linhas de ação alternativas, as linhas de comunicação, suprimento, movimentação. Constatamos que suas principais preocupações eram voltadas para a batalha e para garantia da vitória, daí as preocupações com marchas de aproximação, as manobras, a organização e as possíveis combinações do exército no campo de batalha, ou seja, o posicionamento das armas (infantaria, cavalaria e artilharia) no terreno para combate. O resultado foi uma doutrina militar, com várias máximas reunidas em um sistema que, se aplicado corretamente, na visão do autor, levariam à vitória.

Segundo Jomini, a estratégia seria "a arte de fazer guerra pela carta, compreendendo o conjunto do teatro de operações".[6] Sob a influência do Iluminismo de fins do século XVIII e do cientificismo da primeira metade do século XIX, ele achava possível identificar "um princípio fundamental em todas as operações" que, se devidamente aplicado pelos generais, levaria à vitória, independentemente de quaisquer outras considerações.

A partir da leitura do *Précis*, verificamos que o general suíço definiu os princípios da guerra como: objetividade, ofensiva, manobra e concentração de forças, sistematizando a Estratégia em quatro máximas: concentrar as forças do exército, manobrar de modo a restringir a movimentação do inimigo, ameaçar as linhas de suprimento e comunicação do inimigo e, finalmente, atuar com o grosso das forças sobre seu ponto mais fraco, a fim de submetê-lo.[7]

Jomini elegeu 13 princípios estratégicos: a determinação do teatro de operações e dos vários planos factíveis; a determinação das zonas decisivas desses planos e a direção mais favorável para se operar; a escolha e o estabelecimento da base e da zona de operações; a determinação do objetivo, seja ofensivo ou defensivo; a determinação das frentes e das linhas de ação operacionais e estratégicas; a escolha das linhas de ação que levam ao objetivo e à posição ocupada pelo inimigo; a escolha das linhas de ação para a conquista dos objetivos e os vários planos de manobra e da ação necessários (principal e alternativos); as bases operacionais e as reservas estratégicas disponíveis; as manobras necessárias; os depósitos de suprimento e sua relação com o deslocamento e a manobra da tropa; os pontos fortificados, de refúgio e os obstáculos para a marcha das tropas, e o valor de cada um; pontos estratégicos que serão necessários guarnecer; movimentos de finta, visando a iludir o inimigo.[8]

Além disso, Jomini formulou 12 condições essenciais para a formação de um exército perfeito, afirmando a necessidade do cultivo do espírito guerreiro do povo, da existência de um bom sistema de recrutamento, da qualidade do armamento, da formação de oficiais e praças, da qualidade do comando e do estado-maior, além de fazer considerações sobre a administração, a logística e a saúde. Com isso, queria tornar o soldado um profissional técnico especializado e completamente desligado do mundo civil, pretendendo, assim, romper com as formas de recrutamento ainda remanescentes do Antigo Regime. Por isso mesmo, Jomini abordou sistematicamente os problemas de relacionamento entre os militares e o poder político, defendendo a especialização e a profissionalização da arte da guerra, assim como a necessária autonomia na definição da estratégia e no comando das operações militares.

Ao colocar a estratégia em um plano superior, sem levar em consideração os avanços tecnológicos e até mesmo considerações políticas, o sistema de guerra jominiano, apesar da persistência de alguns de seus elementos, foi largamente ultrapassado com a introdução de novos armamentos, meios de transporte, meios de comunicação, da aviação e de uma concepção de guerra mais abrangente e profunda, como a formulada por Clausewitz. Outra falha era defender a autonomia total do comando militar em relação às considerações políticas, algo que ainda em nossos dias encontramos com frequência.

Não obstante essas limitações, Jomini foi o analista militar mais influente do século XIX e várias guerras foram travadas observando-se seus princípios, por exemplo, a maioria dos generais, de ambos os lados, da Guerra de Secessão, que combatiam com seus livros nos seus alforjes e o consultavam com frequência, como Robert E. Lee, Thomas "Stonewall" Jackson, William H. Hallecek, George B. McClellan, Ulysses S. Grant e Willian T. Sherman. Podemos afirmar que seu alcance ultrapassou o escopo da guerra terrestre e influenciou nas formulações teóricas relativas ao poder e à estratégia naval de Alfred T. Mahan, e da aérea, com Giulio Douhet.

Carl von Clausewitz

Clausewitz era um autor pouco conhecido fora dos círculos eruditos e de estudiosos da estratégia e da história militar, até que o general Helmulth von Moltke, o Velho, citou que tudo que sabia sobre guerra se devia ao seu conterrâneo prussiano. Clausewitz buscava, em sua obra *Da guerra*, uma compreensão sobre a natureza da guerra vinculando-a diretamente à política, diferentemente de Jomini, que elaborou um sistema para vencer guerras (ou assim o suíço acreditava). A partir desse paradigma desenvolveu uma série de definições bastante originais sobre a guerra. Em sua análise, Clausewitz usou elementos e conceitos da filosofia alemã da sua época, matemática, física, economia, entre outros, que adaptou para a sua teoria sobre a guerra. Neste capítulo, pretendemos tão somente apresentar alguns dos pontos mais relevantes da sua obra e aguçar a curiosidade do leitor a nela aprofundar-se.

Clausewitz considera que a guerra nada mais é do que um duelo em grande escala. Inúmeros duelos fazem uma guerra, que formam uma imagem dela como um todo. Imaginando-se um par de lutadores, cada um deles tenta, por meio da força física, obrigar o outro a fazer a sua vontade. Assim o propósito imediato de um dos contendores é derrubar o seu oponente de modo a torná-lo incapaz de oferecer qualquer outra resistência. Conclui afirmando que guerra é, portanto, um ato de força para obrigar o nosso inimigo a fazer a nossa vontade.[9]

Continua afirmando que o propósito da guerra é desarmar o inimigo. A guerra é sempre o choque de duas forças vivas e deve-se empregar o máximo da força a fim de sobrepujar o adversário. A guerra nunca é um ato isolado, ou seja, não ocorre do nada, tampouco se resolve com um único golpe, pois toda guerra envolve uma série de avaliações, preparativos, análises dos próprios recursos e forças e também do inimigo.[10]

Clausewitz assegurava a natureza política da guerra, pois seu resultado final poderia ser alterado pela política. Justifica sua opinião ao afiançar que, "quando comunidades inteiras vão à guerra – nações inteiras e, principalmente, as nações civilizadas – o motivo é sempre alguma situação política, e seu acontecimento deve se sempre a algum propósito político". E continua: "A guerra é, portanto, um ato de política." Mais adiante, afirma que a guerra é "verdadeiro instrumento político, uma continuação das relações políticas realizada por outros meios".[11]

Um dos aspectos mais importantes levantados pelo prussiano é a correlação da guerra com o comércio e com outros aspectos da economia, como a troca de territórios, fortalezas, tempo por espaço, como expressou: "na guerra, a decisão através das armas é, para todas as operações de vulto e secundárias, o que o pagamento à vista é para o comércio."[12]

As guerras podem variar quanto à natureza das suas causas e às situações que lhe dão origem, já que a guerra é mais que um verdadeiro camaleão, que adapta as suas características a uma determinada situação. Aprofundando sua análise, o general prussiano afirma que, por causa de suas tendências dominantes, a guerra apresenta o que chamou de "trindade", composta da violência, do ódio e da inimizade primordial, e segue que os três elementos "devem ser vistos como uma força natural cega, do jogo do acaso e da probabilidade", e evolvem a razão, a criatividade e a subordinação como um instrumento da política.[13] Podemos deduzir de suas proposições a existência de uma trindade paradoxal (ou primária) constituída pelo acaso, pela violência e pelo propósito racional; e de uma secundária, constituída pelo governo, pelo general e seu exército militar e pelo povo.[14]

O general prussiano não tergiversa com relação ao propósito da guerra e à violência que faz parte dela, mesmo contida pelo propósito político.

Afirma que, em seu conceito puro, a finalidade da guerra é obrigar o inimigo a fazer a nossa vontade, para tanto, é necessário derrotá-lo, desarmá-lo, quebrar a vontade do povo de lutar e, se for o caso, ocupar o seu território. A partir disso, podemos concluir que, na guerra, os objetivos primários do general e do estadista são as forças armadas do inimigo, o seu país e a sua determinação em continuar a lutar, ainda que nem todos esses objetivos tenham que ser atingidos plenamente para se chegar à paz ou se atingir o propósito político, mas, tendo-os conquistado, podemos nos aproveitar da nossa posição de força para levar o inimigo às negociações.[15]

Definiu, muito apropriadamente, que o clima da guerra é composto de quatro elementos: perigo, esforço, incerteza e acaso; para fazer frente aos desafios desse ambiente, é necessária uma série de qualidades, tais como: energia, firmeza, constância, equilíbrio emocional, força de caráter, criatividade e confiança, sendo essas apenas uma parte dos atributos exigidos do general, mas que, em tese, deveriam estar presentes em todos os combatentes.

Inspirado em Napoleão, Clausewitz escreveu um capítulo para discorrer sobre o general. Tratou, assim, desses homens, dotados de capacidades extraordinárias – que iam das matemáticas, de um profundo conhecimento teórico e prático da guerra, da história, da política –, além das já citadas, que um comandante em chefe deveria possuir para dominar a arte da guerra, ou seja, todas as atividades ligadas à guerra, tais como a formação das forças combatentes, o seu recrutamento, equipamento e adestramento, além do planejamento, da coordenação e execução dos engajamentos (das batalhas) para se chegar ao propósito da guerra. Esse gênio da guerra se situava acima do saber comum e das regras da guerra.[16] A guerra, segundo Clausewitz, é o domínio da violência e do acaso; para lidar com isso, o gênio militar é um homem dotado de qualidades excepcionais, como coragem (moral), grande força de caráter, *courage d'esprit* (de assumir responsabilidades, em face de um perigo moral), alto grau intelectual, determinação, *coup d'œil*, presença de espírito (capacidade de lidar com o inesperado), senso de localização (em relação ao conhecimento do terreno, ao tempo e ao espaço), imaginação (no sentido da criatividade). Do comandante em chefe se espera a compreensão da alta política, aquele nível em que política e estratégia se misturam, ou seja, nesse nível, o general é simultaneamente um político.[17]

Clausewitz não levava muito em conta a inteligência de guerra por causa da dificuldade de se obterem informações de qualidade, confiáveis e no momento certo, devido às contradições, ao volume de informes que chegavam e às imprecisões.[18]

O acaso, a incerteza e a fricção eram elementos incontestáveis e permanentes da guerra, eram parte da sua natureza, podiam ser reduzidos ou minimizados pela estratégia, pelo planejamento e pelo emprego da doutrina, operacional e a tática correta, mas não completamente eliminados.

Um dos conceitos mais interessantes é o da "fricção", fruto da sua experiência no campo de batalha e do seu esforço de análise. Fricção seria a ocorrência daqueles inúmeros incidentes de pequena importância – do tipo que nunca se pode realmente prever – que, ao se combinarem, contribuem para reduzir o nível geral de desempenho, de modo que se fique sempre aquém da meta desejada, ou seja, tudo que é muito simples se torna difícil. Só uma força de vontade muito grande para superá-la. O conceito de fricção relaciona-se àquela força que torna difícil tudo aquilo que aparentemente é fácil. Podemos citar como exemplos da fricção: o esforço físico prolongado dos homens, a chuva que transformou o terreno em um lamaçal e, com isso, diminui o ritmo da marcha e retarda a chegada ao campo de batalha ou ao acampamento, o nevoeiro que não permitiu ver a aproximação do inimigo, as ordens desencontradas ou que chegam no momento errado etc.[19]

Para o general prussiano, a arte da guerra seria o emprego, em batalha, dos meios de combate que lhe foram atribuídos; sugere que o termo mais preciso seria a "condução da guerra", pois considera que essa compreende todas as atividades que existem por causa da guerra, que vão da formação do exército, o recrutamento, armamento, equipamento, adestramento, planejamento, a execução e coordenação do emprego na batalha. Já a tática é entendida como o emprego das forças na batalha, e a estratégia seria a utilização desses engajamentos para se atingir o propósito da guerra.[20]

Na guerra, um dos principais objetivos do general deve ser derrubar o centro de gravidade do adversário, o ponto central que emana todo o poder e todo movimento, do qual tudo depende, é contra esse ponto que todas as energias devem ser dirigidas. Os golpes devem ser desferidos sucessivamente no seu centro de gravidade, até que o inimigo não consiga mais se recuperar. Clausewitz considerava que os atos mais importantes para derrotar o inimigo seriam: a destruição do seu exército, se ele for importante; a tomada da capital, se ela for não só o centro da administração, mas também das atividades sociais, econômicas e políticas; a aplicação de um golpe no seu principal aliado, se esse for mais forte do que ele. Verificamos que, apesar da importância concedida ao exército, o general prussiano considerava outros fatores, como o econômico, o político e a liderança (militar e/ou política), como o fizeram Alexandre, Gustavo Adolfo e Frederico II, além de considerações de ordem moral, como o espírito da população.[21]

Em sua análise sobre o ataque, Clausewitz observou que, à medida que esse se desenvolve no tempo e no espaço, existe um desgaste natural, por uma série de razões, que vai fazendo com que perca sua eficiência até se exaurir completamente. Uma das maiores preocupações do estrategista é identificar o que chamou de "ponto culminante do ataque", ou seja, aquele ponto do desenrolar da ação, a partir do qual a força atacante consegue manter suas posições e conquistas, seja para recuperar suas forças e continuar no ataque, seja para forçar negociações de paz.[22]

A batalha, ou engajamento, é o combate entre as forças adversárias no campo. O propósito dessa pugna deve ser a destruição ou a derrota do inimigo, ou seja, é o meio para se atingir o propósito militar e/ou político da guerra. O prussiano definiu como a grande batalha (ou decisiva) o choque das principais forças de ambos os lados, e deve ser vista como o centro de gravidade de todo o conflito ou campanha, sendo a que produz uma decisão. As grandes batalhas travadas por Napoleão foram o paradigma desse conceito clausewitziano. O seu resultado, a sua decisão, provoca resultados fundamentais sobre o general e seu exército, sobre os Estados e sobre a própria guerra ou campanha. Derrotado o inimigo, o vencedor deve maximizar seus efeitos por intermédio da perseguição, com a maior força possível, a fim de explorar sua retirada, a desordem e a confusão da derrota e do abandono de suas posições. O general deve considerar a perseguição o segundo ato da vitória, e tão importante quanto esta.[23]

Em seguida, Clausewitz analisa o ponto culminante da vitória, que seria aquele momento depois de uma batalha em que o vitorioso amplia consideravelmente sua superioridade sobre o inimigo, pela perda de homens, armas, território, recursos, instalações, aliados etc., sem necessidade de destruí-lo completamente. Clausewitz aconselha que o vencedor deve ter o cuidado de não ultrapassar as suas próprias limitações, pois a cada passo dado à frente, estará se enfraquecendo, correndo o risco de se arruinar ao exceder as próprias capacidades, em vez de obter novas vantagens.[24]

O conceito de "defesa" está ligado a esperar e se defender do golpe do adversário, mas isso não significa uma atitude passiva, muito pelo contrário, a agressividade, os contra-ataques ou as ações ofensivas limitadas no tempo e no espaço (na nossa posição ou no teatro de operações) fazem parte de uma guerra defensiva. Clausewitz via superioridade da defesa em relação ao ataque, pelo fato de as tropas estarem em posições e em terreno preparados. Ao atacante cabe o maior esforço em homens e meios para realizar a conquista.[25]

A essência da defesa reside na estreita ligação da tropa com o terreno, obstáculos e fortificações (ou pontos fortificados), de modo que o exército e sua posição sejam uma coisa só. Outra questão é com relação aos suprimentos; o defensor está próximo de seus depósitos, fontes de abastecimento e das linhas interiores para reforçar as posições atacadas, enquanto o atacante, à medida que avança no território inimigo, distende suas linhas de comunicação e abastecimento, dificultando o provimento de suas necessidades. Na visão clausewitziana, a defesa era um estágio temporário para se reforçar, desgastar o inimigo e adquirir uma superioridade em relação a ele, enfim, o que permitisse tomar a ofensiva, obter vitórias e avançar em direção à realização do propósito da guerra.[26]

Para o general prussiano, existiam dois tipos de guerra, a absoluta e a real. A primeira é travada sem controle, em uma espiral de violência, de ambos os lados, o que levaria os Estados a empenharem cada vez mais recursos e que só terminaria com a derrota completa do inimigo. Clausewitz afirmou que foi Napoleão que levou a guerra a esse extremo. Por outro lado, na guerra real, o propósito militar é limitado pelo propósito político, que estabelecerá os objetivos, os meios e os esforços necessários para atingi-los, além de influenciar no planejamento, na escolha das linhas de ação, na conduta da guerra e em outros detalhes operativos.[27]

Clausewitz definiu a estratégia como o uso do engajamento (das batalhas) para se atingir o propósito da guerra. Assim, o estrategista deve, de acordo com o seu propósito, definir uma meta para todo o aspecto operativo da guerra. Na estratégia, tudo é simples, mas isso não significa que seja fácil. Para ele, a questão se colocava da seguinte maneira: a política define qual é o propósito da guerra e o que se pretende obter dela, cabendo ao estrategista planejar os modos de atingir esses objetivos. Os elementos componentes da estratégia que afetam os engajamentos são: morais, físicos, matemáticos, geográficos e estatísticos, que se desdobram em outros, como dentro dos fatores morais, a competência do comandante, a experiência e a coragem da tropa, o sentimento patriótico. Sem definir quais seriam os princípios de guerra, Clausewitz faz uma exposição sobre superioridade numérica, surpresa, dissimulação, concentração de forças no espaço, unificação de forças no tempo, reserva estratégica e economia de forças. A partir da análise da sua obra, deduzimos que os princípios da guerra seriam: manutenção do objetivo, segurança da ação, mobilidade, ofensividade, economia de forças, concentração e surpresa.[28]

O pensamento de Clausewitz passou a ser dominante depois das guerras para a formação do Estado nacional alemão, no século XIX, e seguiu sem grandes contestações até a Primeira Guerra Mundial. A influência do general prussiano está presente nas concepções estratégicas de Julian S. Corbett sobre a guerra no mar; de Ferdinand Foch, sobre a importância da ofensiva e a guerra absoluta; de Erich Ludendorff, sobre a guerra total; e na conduta estratégica na Segunda Guerra Mundial.

As transformações na guerra de 1830 a 1945

A Revolução Industrial vai provocar profundas transformações na maneira como se travariam as guerras a partir de meados de 1820: o advento da máquina a vapor nos transportes (ferrovia e navio a vapor), que ampliou as possibilidades de deslocamento das tropas e dos suprimentos, a adoção do cartucho metálico, o obus e o fuzil de repetição, ambos com a alma do cano raiada, o telégrafo, que ampliou as possibilidades de troca de informações, de coordenação e controle das tropas. Além da padronização de métodos e processos, na divisão de tarefas, o surgimento de especialistas em armas/máquinas complexas que impactaram e influenciaram as estruturas dos exércitos e das marinhas de modo geral.

Outras inovações importantes foram devidas ao nacionalismo e a modificações introduzidas na constituição dos exércitos e das marinhas, com o surgimento de novas especializações, na instrução militar, na logística,[29] na profissionalização da profissão, no alistamento, na formação de reservas (homens e material), na difusão das escolas militares (de oficiais e graduados), no formato de estado-maior segundo o modelo alemão, na crescente mobilização do Estado, da sociedade e da economia para suprir as necessidades da guerra e mesmo o nível de aprestamento em paz. A guerra ficou mais cara, em razão das tecnologias emergentes, e, a partir desse momento, abarcava todo o sistema social.

O impacto da Revolução Industrial, das estruturas de produção/organização social da produção pelo capitalismo financeiro-monopolista e pelo nacionalismo, entre outros, na arte da guerra foi enorme, tanto na estratégia, como na tática. No entanto, os generais e os estados-maiores demoraram um bom tempo para se adaptar a todas essas transformações, conforme ficou demonstrado nos embates da segunda metade do século XIX, como na Guerra da Crimeia (1853-1856), na Guerra de Secessão (1860-1865) e nas guerras da unificação alemã (contra a Dinamarca, em 1854; Áustria, 1866; e França, 1870). Aqui cabem dois comentários: o primeiro seria que, exceto o caso da guerra civil americana, quando ocorreu de tudo um pouco em um território imenso, todas essas guerras foram de movimento, em teatros de operações limitados e de curto tempo de duração em relação às campanhas da Revolução Francesa e das guerras napoleônicas, ou mesmo da maioria das ocorridas no período moderno. Nas guerras de unificação, verificamos que o estado-maior prussiano se esforçou para otimizar a utilização dos novos recursos que tinha à sua disposição, que as guerras foram limitadas e travadas para atingir um propósito político definido, além do planejamento muito mais complexo e detalhado, por causa das novas estruturas e dos meios de combate e do tamanho dos exércitos e das marinhas.

Helmuth von Moltke, o Velho, foi um dos primeiros generais a conseguir adaptar a estratégia e os planos de batalha do seu tempo às inovações tecnológicas da segunda metade do século XIX. Era discípulo de Clausewitz, um grande estudioso da história militar, e publicou vários trabalhos analisando campanhas militares e as manobras de Napoleão. Assim, soube reconhecer e usar as vantagens advindas do emprego das vias férreas na logística e no transporte para deslocar suas tropas, em ações combinadas, em amplos movimentos de envolvimento para atacar o flanco e ameaçar as linhas de comunicação do inimigo; concentrou suas forças no tempo e espaço, a fim de participarem da batalha; aproveitou o aumento do poder de fogo proporcionado pelos obuses, fuzis de repetição, evitando ataques frontais e manobrando no intuito de flanquear o inimigo para ampliar seus efeitos; adotou o telégrafo para coordenação e controle.

Inspirado em Napoleão, Moltke se utilizou das ferrovias para ampliar a mobilidade e a concentração de suas forças, mas, diferentemente do que fazia o grande corso, balanceou o estímulo à iniciativa em todos os escalões, com a divisão do exército em corpos, para dar flexibilidade e rapidez à manobra. A fim de tirar vantagem da descentralização, o general formulava diretivas declarando suas intenções, em vez de ordens detalhadas, e ele estava disposto a aceitar desvios de uma diretiva, desde que fosse dentro do quadro geral da missão, o que não quer dizer que os planos de batalha não fossem detalhados e que não envolvessem estudos, análises e preparativos minuciosos. Nessa conjuntura, a estratégia e a tática estavam em pleno processo de adaptação aos novos paradigmas da Revolução Industrial e do Estado-Nação.

A Primeira Guerra Mundial, caracterizada pelo morticínio, foi, em parte, fruto da falta de modernização da tática e da estratégia aos novos armamentos, além da insistência nos velhos métodos de combate. Nosso entendimento é de que, se foi assim, é porque a política assim o quis, com o objetivo de obter resultados mais rápidos, de um excesso de confiança nos seus meios e em uma avaliação muito ruim das possibilidades do adversário.

Assistimos à crescente mobilização de todos os setores do Estado e da comunidade nacional para derrotar o inimigo. Essa enorme tarefa foi possível devido a uma intervenção cada vez maior do governo na sociedade, ao uso da propaganda, ao nacionalismo, à militarização para mobilizar e disciplinar a coletividade em função do esforço de guerra. O país que falhasse em promover essa ação integradora estava fadado à derrota, que significaria o fim do Estado e da Nação; então, todos os recursos e meios eram necessários para garantir a sobrevivência e a soberania. Assim se promoveu a amálgama, em diferentes graus de adesão nos Estados, da identidade política, econômica, social e cultural, agenciada pelo nacionalismo e pela ideologia, em um todo conectado, conforme a lógica integradora dos processos industriais e da dita cientificidade contemporânea.

Além disso, em termos estratégicos e operacionais, foram implementados em graus variáveis de intensidade/adesão os conceitos de Clausewitz relativos ao centro de gravidade, à batalha decisiva e à guerra absoluta, com os de Jomini, relativos à necessidade de se conceder liberdade de ação dos militares no campo de batalha e à independência de ação em relação à política, como reivindicado pelos comandantes de todos os lados, ao longo do conflito. Se tais elementos não explicam, pelo menos ajudam a entender como os políticos e os chefes militares mandaram milhões à morte. Mas não devemos culpar Clausewitz pela falta de compreensão dos seus ensinamentos e até mesmo do conhecimento de sua obra.

Repetindo, em nosso entendimento, cabe à política estabelecer qual é o propósito da guerra, o nível de empenho dos recursos do Estado, a fim de dotar suas forças dos meios necessários para atingir o que foi estabelecido. Como já foi dito, a guerra depende da política, tirando daí suas características, e isso está ligado diretamente ao grau de violência aceitável durante o confronto. Além disso, o verdadeiro estadista sabe que a guerra não tem por objetivo apenas conquistar a vitória no campo de batalha, mas produzir uma paz estável e duradoura.

O general prussiano recomendava o ataque aos centros de gravidade do inimigo e sua redução a um único centro; lembramos que o principal objetivo militar é destruir o exército inimigo (que também é um centro de gravidade). Para tanto, Clausewitz sugere concentrar suas forças e derrotá-lo em uma batalha decisiva, de modo a não permitir sua recuperação. Outro ponto importante é quebrar a determinação e a vontade do povo de resistir, de continuar a lutar, para o que se deve empregar o máximo de força contra o inimigo. Nesse sentido, existe um claro perigo de a guerra escalar em uma espiral de brutalidade e ferocidade contra o oponente. Com o objetivo de evitar que isso aconteça e, apesar de a guerra ser o reino da violência, ela deve ser contida pela política, para que não se acentue, levando à guerra absoluta.

Ferdinad Foch (1851-1929), marechal francês, comandante das Forças Aliadas durante a Primeira Guerra Mundial, renovou o pensamento militar francês do período, ao desenvolver uma nova doutrina militar baseada na Teoria de Guerra de Clausewitz. Suas palestras, reunidas nas obras *Principes de la Guerre, Conférences Faites à l'École Supérieure de Guerre* (1903), e *De la Conduite de la Guerre* (1905), reintroduziram a estratégia ofensiva e renovaram a história militar.

Foch não descartava a existência de princípios gerais perenes, que se aplicam a determinadas situações, tais como economia de forças (que inclui a concentração), liberdade de ação, livre disposição das forças, segurança, ofensiva etc. Acreditava que, na guerra, tudo estava interligado e interativo. Defendia que a teoria da guerra deveria se preparar para a guerra absoluta, ou seja, um embate com altos níveis de violência, selvageria e crueldade.

Segundo o marechal, as tropas que lutariam naquela guerra não seriam de profissionais, mas de civis armados e com alto índice de participação da população nas tropas, no esforço de guerra e mobilizadas pelo nacionalismo. Devido a características da guerra nacional, o seu propósito específico só pode ser a destruição das forças organizadas do adversário, o que seria obtido pela busca da batalha ofensiva, visando a desorganizar o comando, a disciplina, as ligações táticas e as tropas como forças. A batalha é uma luta de duas vontades, na qual mais que a força física, são as forças morais e psicológicas que prevalecem. Concepções bem próximas à da guerra total, que veremos mais à frente.

Foch identificou dois tipos de batalha. Primeiro, a paralela, ou linha de batalha, quando se engaja o inimigo em toda a frente, mas que tem uma série de inconvenientes e não respeita o princípio da economia de forças; o segundo tipo seria a batalha de manobra, em que se busca identificar ou criar uma brecha no dispositivo adversário e, então, lançar o "golpe de aríete" (um forte ataque), que provoque a ruptura da defesa e a leve ao colapso.

O desenvolvimento tecnológico ocorrido com a Revolução Industrial realçou, segundo Foch, o papel da artilharia, a necessidade de coordenação das Armas no ataque, de manobras de envolvimento e flanqueamento, de formações flexíveis, preparação psicológica e moral das tropas.[30]

Em 1935, Erich Friedrich Wilhelm Ludendorff lançou *Der Totale Kriege*, quando fez uma análise da guerra a partir da sua experiência na Primeira Guerra Mundial e de como imaginava que deveria ser travada a próxima. O general alemão argumentou a favor da formação de um grande exército, doutrinado pelo nacionalismo e por ideologias políticas de direita e dotado de amplos recursos de destruição. Em sua visão, a mobilização e a doutrinação da população eram fundamentais para o sucesso da guerra; em consequência, o Estado deveria intervir em todo o espectro da vida do país, ou seja, no social, político, econômico e cultural, a fim de preparar a sociedade para a defesa da comunidade nacional.

Ludendorff afirmava que o ambiente internacional era caracterizado pela anarquia e pela busca egoísta e contínua dos Estados pelos seus interesses internacionais, e, em sendo assim, a melhor forma de competir nesse ambiente era a guerra e a destruição dos Estados inimigos. A partir desse ponto, definiu que a guerra não poderia ser limitada à destruição das forças armadas do inimigo, mas deveria ser dirigida contra o seu povo, tendo em vista que, mesmo derrotado e com seu território ocupado, o oponente poderia resistir com forças irregulares e com guerrilhas. Diante disso, defendeu que a mobilização de todos os recursos nacionais e da integração total da pátria era um requisito essencial para se travar uma guerra bem-sucedida.

Ludendorff ultrapassou definitivamente Clausewitz, ao argumentar que derrotar o exército inimigo não bastava para ganhar a guerra, era fundamental destruí-lo. Outro aspecto é a continuidade da guerra como instrumento da política, mas com uma diferença fundamental. Para o general do Império Alemão, a política tem como principal função a sobrevivência nacional e, por isso, deve tomar as medidas e prover-se dos meios necessários para cumprir esse objetivo.[31]

O conceito de guerra total também foi desenvolvido por outros países no período entreguerras, com ênfase em diferentes aspectos, sendo que, neste capítulo, nos limitaremos aos anglo-saxões, alemães e soviéticos.

No caso dos anglo-saxões, temos diferenças entre os britânicos e norte-americanos. No Reino Unido, foram várias as críticas à participação maciça das suas tropas no *front* ocidental durante a Primeira Guerra Mundial. A estratégia tradicional britânica era a de alianças com um poder continental (que possuísse um exército poderoso), bloqueio naval e operações militares de envergadura variável em teatros periféricos, mas que servissem para desgastar e levar o inimigo a dispersar suas forças. Essa estratégia contemplava ainda o envio de uma força terrestre (de médio porte) para apoiar os Aliados. O bloqueio naval era uma peça fundamental, pois permitia ao Reino Unido, por intermédio do domínio das rotas marítimas e, por fim, do controle do mar, promover uma guerra econômica e minar o esforço de guerra inimigo. A guerra total, para os britânicos, era uma questão de recursos, isto é, de sustentar da mobilização da população e dos meios acessíveis/disponíveis.[32]

A guerra total para os norte-americanos também tinha como ponto central a questão dos recursos, mas, para eles, tratava-se de uma guerra em que o potencial demográfico era muito importante e que envolvia o emprego de amplas capacidades econômicas (produção industrial em larga escala), de recursos naturais (de abundância e de acesso/disponibilidade) e de ciência e tecnologia (máquinas de guerra) que lhes permitissem rapidamente mobilizar e empregar seus recursos, a fim de obter o domínio e impor uma ampla superioridade sobre o inimigo, em todos os espectros do conflito. A estratégia de confronto era destruir, pelo emprego da sua esmagadora superioridade, os recursos do inimigo, incapacitando-o. O caso das bombas atômicas lançadas em Hiroshima e Nagasaki, os bombardeios estratégicos contra as cidades alemãs demonstram o estilo norte-americano de guerra total.[33]

A visão alemã de guerra total, como a dos anglo-saxões, envolvia os recursos (humanos, materiais e naturais), bem como ciência e tecnologia. À estratégia era acrescida a lógica industrial, do amplo emprego de máquinas de guerra, com o intuito de maximizar a utilização/produtividade dos recursos e os efeitos dos meios de combate. Assim assistimos à instrumentalização das massas e do material para os objetivos da guerra. Outro ponto é a tendência do regime nazista à destruição e ao extermínio do outro, do diferente, e, por isso, inferior, identificado como inimigo, e que, portanto, se tornou passível de aniquilação.

A política e a estratégia alemã aplicadas na Segunda Guerra Mundial mostram um alto nível de adesão às ideias que Ludendorff defendeu em sua obra. Esse aspecto, agregado ao *modus operandi* do nazismo (destruição e aniquilação), nos leva a considerar esse paradigma o mais próximo do ideal da guerra total.[34]

Os soviéticos enquadravam a guerra total como um reflexo da estrutura socioprodutiva, das contradições do sistema capitalista e da luta revolucionária mundial para a implementação do socialismo. A guerra, característica da sociedade industrial, se dava em três dimensões: a geográfica (a vastidão do espaço soviético), a humana (a mobilização das massas e das forças armadas) e a tecnológica (o armamento, os meios de combate). Como os anteriores, davam ênfase à mobilização dos recursos humanos, materiais e à ideologia. A estratégia de guerra era de concentração dos meios, da massa e do movimento em operações de grande profundidade estratégica visando a destruir o poderio adversário.[35]

A bomba atômica levou a guerra total ao estado da arte, nada mais definitivo e fatal do que um ataque nuclear, por causa do seu poder destrutivo e à permanência de seus efeitos não só no local, mas pelo globo. A arma definitiva, ou absoluta, segundo Bernard Brodie, equalizava qualquer tipo de superioridade, pois, com o desenvolvimento de contramedidas e alertas, sempre haveria a possibilidade de um contra-ataque, o que poderia provocar um holocausto nuclear. A fim de se evitar chegar a esse extremo, foi elaborada a estratégia da dissuasão nuclear, baseada na presunção da racionalidade dos atores políticos. Com relação às armas nucleares, com o tempo, foram desenvolvidas formas para dar usabilidade a esses artefatos, e seu emprego, dentro de determinadas circunstâncias e limites; mas nunca se poderia excluir a possibilidade de que uma crise se agudizasse de tal maneira que fugisse ao controle. Em resumo, a questão da utilização de armas nucleares, mesmo que de modo limitado e em condições muito específicas, sempre foi uma decisão do nível político e não mais saiu dali, ou seja, a guerra serve à política que a controla e impõe o seu propósito, não consentindo que progrida para a guerra absoluta ou total.

Acrescentamos que o uso de armas nucleares tira da guerra o seu significado e propósito político. Nesse caso, verificamos que, devido a todos os riscos, uma guerra nuclear é improvável, então, as guerras convencionais, em suas várias modalidades, continuarão ocorrendo.

Um breve panorama da historiografia atual

Em sua análise sobre a Primeira Guerra Mundial, Basil Henry Lindell Hart atacou a intromissão da direção da guerra e dos chefes militares na política, a estratégia de ação direta e a batalha decisiva, ao defender as concepções tradicionais britânicas de ação indireta, como registrado anteriormente. No que se refere à relação dos militares com a política, o capitão britânico não observou que Clausewitz escreveu justamente o contrário, e acrescentamos que um general deve ter consciência dos objetivos políticos da guerra. A questão da estratégia (e da tática) abordada pelo prussiano está diretamente associada à situação no teatro de operações e a como Napoleão defendia a mobilidade no ataque ao inimigo, a fim de maximizar seus efeitos e reduzir suas baixas. Outro ponto é a batalha; sim, Clausewitz afirmou que a guerra era regida pelas trindades paradoxal e secundária, o propósito militar é a destruição do exército inimigo e não tem como fazê-lo sem a batalha. Além disso, Lindell Hart se utilizou do mesmo expediente de Jomini, ou seja, dar a sua interpretação histórica de estratégias e manobras realizadas no passado, sem o compromisso formal com o ocorrido, por exemplo, nas obras *O outro lado da colina* e *As grandes guerras da História*.[36]

John Keagan também criticou Clausewitz por não ver a guerra como um fenômeno cultural, pois "a guerra abarca muito mais que a política, que é sempre uma expressão de cultura, com frequência um determinante de formas culturais e, em algumas sociedades, é a própria cultura".[37] Para Keagan, o ambiente cultural influencia de maneira determinante a forma do combate e da guerra, e exemplifica com os hoplitas na Antiguidade, com suas noções de obediência, coragem, autossacrifício e honra; e até mesmo com quem não seguia essa tradição, como highlanders, hussardos e cossacos, que fugiam quando o combate endurecia, e se perdiam muitos homens; outros exemplos são as formações de combate, com a falange grega e o regimento prussiano. A falha do prussiano, aponta o professor inglês, é não contextualizar a guerra ao seu tempo e ao ambiente cultural predominante, e alega que a guerra de que tratou pressupõe a existência de Estados, interesses estatais, cálculo racional, diplomacia, estratégia e afirma que a guerra precede a tudo isso em milênios.

Nesses termos, Keagan vê que Clausewitz era filho do seu tempo, do Iluminismo e do Romantismo alemão, e não tinha como ser diferente. Um bom exemplo da abordagem é a dicotomia entre a guerra real e a guerra verdadeira, sendo a primeira como um modelo de como deveria ser a guerra, necessária para a formulação da teoria, e que não havia se apresentado na realidade; já a guerra verdadeira era uma forma imperfeita da guerra real, limitada pela política. Keegan defende que a política é praticada para servir à cultura, que leva a uma forma particular de guerrear, como aconteceu na Ilha de Páscoa, com os zulus, os mamelucos, os samurais,[38] ou seja, "a cultura é uma força tão poderosa quanto a política na escolha dos meios militares e, com frequência, com maior probabilidade de prevalecer que a lógica política ou militar".[39]

Continuando na crítica ao general prussiano, Keegan afirma que a violência entre os seres humanos está presente desde o início, e, para demonstrá-lo, dedica todo um capítulo ao tema, apresentando um extenso debate historiográfico sobre o assunto, incluindo pesquisadores antropólogos, etnógrafos e psicólogos para comprovar seu ponto de vista.[40] Bem, não faltam provas arqueológicas sobre tal fato.[41]

Já Samuel Huntington elevou as diferenças e incompatibilidades culturais à principal justificativa para a guerra. Para ele, os choques civilizacionais ocorreriam com maior intensidade nas "linhas de cisão entre as civilizações", que seriam aquelas áreas de contato e disputas territoriais entre os diferentes povos. O aumento das tensões nesse campo teria as seguintes razões: a crescente interação entre as civilizações, promovida, em especial, pelo processo de globalização, pela imigração, o que estaria levando à intensificação da consciência, ao reforço das características, diferenças e à animosidade entre as civilizações; os processos de modernização e transformação social separando as pessoas das identidades locais, em especial com o Estado, além do renascimento da religião, que, fornecendo a base para a identidade e compromisso que transcende as fronteiras nacionais, une as civilizações e leva ao enfraquecimento do Estado-Nação.[42]

Agora, vamos abordar, rapidamente, a guerra nas Relações Internacionais, sob a perspectiva do Realismo. Hans Morgenthau afirmou que os interesses dos Estados são definidos em termos de cumulação de poder e seu principal objetivo seria o de assegurar sua soberania e segurança. John Herz seguiu caminho semelhante, ao afirmar que o conceito de "Dilema de Segurança" se configura quando um Estado busca garantir sua própria segurança, por exemplo, adquirindo novos e mais armamentos, o que acaba sendo percebido pelos outros Estados como uma ameaça, e estes irão buscar a igualdade, podendo levar a uma corrida armamentista e até mesmo à guerra. Raymond Aron, utilizando-se dos paradigmas clausewitzianos para definir a guerra como um ato social, quando um grupo se impõe a outro pelo uso da violência, afirma que os Estados são guiados por seus interesses e as motivações para a guerra seriam segurança, poder, glória, ideias, territórios e recursos. Keneth Waltz considera que a guerra reside na natureza e no comportamento do homem, já os Estados são levados a guerrear pelas condicionantes estruturais do próprio sistema internacional, a sobrevivência do Estado e a defesa dos seus interesses. John Mearsheimer coloca a questão de que os grandes Estados tendem a buscar a hegemonia, e o principal instrumento para alcançá-la continua sendo a guerra.

"Novas" perspectivas da guerra

Alguns autores, nas últimas décadas do século XX, colocaram em xeque a visão trinitária da guerra formulada por Clausewitz – violência, acaso e propósito racional –, e não a explicam mais devido a uma série de avanços tecnológicos[43] que deram a determinados Estados capacidades muito superiores a outros que eliminariam a incerteza, a fricção e o acaso; a violência ficaria restrita aos combatentes, eliminando ou reduzindo, consideravelmente, os "danos colaterais", graças à eficácia dos "ataques cirúrgicos".

Um segundo aspecto levantado foi que os conflitos do pós-Guerra Fria seriam, em sua maior parte, interestatais, de soldados regulares contra combatentes irregulares ou entre milícias ou grupos guerrilheiros rivais pelo controle de território ou os espólios/restos do governo. Podiam, ainda, ocorrer intervenções externas contra estruturas de poder nos Estados falidos ou contra grupos terroristas; resumindo, não se esperavam guerras convencionais (ou não) entre Estados. Nesse ponto, vários autores colocaram em dúvida as capacidades dos exércitos convencionais em lidar com as ameaças/os oponentes desse novo cenário e citavam o fracasso de várias expedições das potências na Somália, Ruanda, nos Bálcãs, no Iraque e no Afeganistão, argumentando a favor de que ocorrera uma mudança na natureza da guerra e que os Estados tinham que adaptar suas forças militares a esses novos paradigmas. A partir dessa perspectiva, apresentaram suas teorias para explicar a eclosão, o teatro de operações e o tipo de combate que se desenvolvia nas assim designadas "novas guerras".

Outro aspecto levantado por alguns autores seria que a natureza da guerra, inclusive a convencional, também havia se modificado a partir da exponenciação dos fundamentos da guerra total e do acréscimo de novas dimensões, como a cultural, o espaço e o ciberespaço.

Martin van Creveld, no capítulo 1 de *The Transfoming of War* (1991), questiona a validade, para os dias atuais, da ordem trinitária clausewitziana – governo, povo, general e seu exército –, as guerras que analisou, e a partir das quais desenvolveu sua teoria sobre a guerra, ocorreram dentro da estrutura do sistema europeu de Estados e entre exércitos regulares. No período contemporâneo, segundo o autor, estamos vendo o declínio do Estado-Nação sem um declínio da violência, muito pelo contrário. O autor aborda e analisa a possibilidade de uma guerra nuclear e as convencionais, com suas respectivas limitações e possibilidades, naquela conjuntura. Em seu entendimento, os conflitos pós-1945, em sua maior parte, são de baixa intensidade, caracterizados pela presença de atores não estatais, que os exércitos regulares têm dificuldade de enfrentar, devido ao seu treinamento voltado para a guerra convencional, típico dos Estados industriais. Tendo em vista esse novo cenário de emprego, o autor aconselhou reformas nos métodos de treinamento, na aquisição de armamento, na estratégia e na tática.

Para que compreendamos o tipo de guerra que enfrentamos contemporaneamente e a necessidade de se ultrapassarem os conceitos clausewitzianos, é necessário se estabelecer um novo paradigma; para tanto, van Creveld se propõe responder a cinco perguntas-chave apresentadas na forma de capítulos:

1ª) Por quem a guerra é travada? (capítulo 2) – discute a relação entre a guerra, os Estados e os exércitos, o universo clausewitziano e sua ordem trinitária (da guerra convencional do século XIX até 1914), a guerra total (a partir da visão de Ludendorff), e cita uma variedade de guerras e combates que não têm Estados ou exércitos regulares – o autor as denomina de guerras não trinitárias (durante os períodos históricos da Antiguidade, Idade Média e Moderna). Finaliza esse capítulo com uma série de considerações sobre os conflitos de baixa intensidade;

2ª) O que é tudo sobre a guerra? (capítulo 3) – começa com as afirmações de Clausewitz sobre a guerra napoleônica, a questão da violência e a conjuntura em que desenvolveu sua teoria (o nacionalismo, o cientificismo, a Revolução Industrial etc.). Examina os conflitos armados, do ponto de vista da interação das forças combatentes (guerra entre povos civilizados, contra os não civilizados, a barbárie), as relações entre os atores (inimigos, aliados, prisioneiros) e entre estes e os não combatentes com o direito; analisa a utilização e a legalidade de determinadas armas em combate e conclui com as convenções de guerra;

3ª) Como a guerra é travada? (capítulo 4) – analisa a estratégia ao longo da História, alguns dos conceitos da teoria, em especial, o de fricção, e os princípios de guerra de Clausewitz; relaciona as mudanças ocorridas ao longo do século XIX (a grande importância da logística, o estado-maior, mobilização, transportes, comunicações etc.) e no pós-1945, seu impacto na estratégia e na tática; o uso da força (faz considerações sobre o ataque); na parte sobre a lógica paradoxal da estratégia, analisa os objetivos estratégicos da guerra, sendo para aumentar o poder nacional, para a defesa ou como um fim em si;

4ª) Que guerra é travada? (capítulo 5) – nesse capítulo, o autor contesta dois postulados de Clausewitz: a necessidade do Estado e a guerra como um meio para se atingir um fim. Em sendo assim, procura demonstrar que a guerra não é a continuação da política, muito pelo contrário, é a interrupção da política e da vida civilizada; trata das questões ligadas à política, os fins para os quais as forças podem ser e têm sido usadas, se a guerra seria um instrumento do Estado, da sua soberania política, e afirma que a guerra é a continuação da justiça; aborda a questão religiosa e a guerra; afirma que na guerra se luta por algo, por interesses e objetivos; ao longo do capítulo, utiliza-se de exemplos históricos em que afirma que os conceitos clausewitzianos sobre a guerra e a estratégia estão superados, só se aplicam ao sistema de Estados europeus do período que vai do século XVII até a Primeira Guerra Mundial, e não à contemporaneidade;

5ª) Por que a guerra é travada? (capítulo 6) – a discussão aqui é sobre a afirmação de Clausewitz de que a guerra é um engajamento de violência mortal dos membros de uma comunidade contra outra, algo que o autor considera errado. Então pergunta: quais seriam as motivações individuais do soldado para ir à guerra? Religião, o rei, nacionalismo, a família, sobrevivência ou qualquer outro? Argumenta que o cidadão comum dificilmente sabe dos objetivos ou dos interesses do governo no conflito em que está engajado. No segmento relativo aos meios e aos fins, trata das lideranças e da motivação para o combate, citando exemplos históricos. Analisa o ambiente do combate, com seus perigos, a tensão que antecede a entrada em ação, a conduta dos combatentes durante a luta iminente, e o mundo contemporâneo, com suas armas de longa distância. Além disso, trata do papel e da participação da mulher na guerra.

Em seu capítulo final, van Creveld discorre sobre a guerra futura, refazendo as perguntas com base em uma análise da conjuntura e na elaboração de um cenário vindouro. Por quem a guerra será travada? Faz essa indagação considerando um mundo em que o Estado perdeu o monopólio da violência e tem de lidar com grupos não militares, sob diferentes motivações e objetivos, travando guerras convencionais assimétricas, conflitos de baixa intensidade ou expedições militares com objetivos limitados, a possibilidade de eclosão de uma guerra nuclear (mesmo que limitada). O que é tudo sobre a guerra? Com a decadência do Estado, as convenções tradicionais sobre a guerra e a conduta de combate terão que ser readaptadas às novas circunstâncias (da cultura local), nas quais a ocorrência de conflitos de baixa intensidade será intensificada, prevendo-se um aumento da violência, como ocorria no passado ou na periferia do "mundo civilizado". O campo de batalha e os combatentes serão indistinguíveis, santuários ou refúgios, "inexistentes", e todos os alvos serão válidos, desde que sejam politicamente significantes. Como a guerra será travada? Devido à perspectiva de um maior engajamento em conflitos de baixa intensidade, as Forças Armadas deverão se reorganizar, com o uso cada vez mais intenso de tropas regulares atuando, com táticas de guerrilha, como forças especiais, criando unidades combatentes com estruturas, equipamentos e armamentos ainda mais flexíveis, de grande mobilidade e adaptados ao ambiente em que irão atuar, à missão que terão de cumprir e aos objetivos a atingir. Van Creveld afirma que ocorrerão transformações na distinção entre o militar, o civil e o combatente (que não precisa ser militar, usar uniforme ou estar enquadrado em uma organização/estrutura para lutar...). O autor argumenta que o desenvolvimento tecnológico deu maior precisão e poder de destruição ao armamento e aos sistemas C4ISR; tudo isso gerou um alto custo para desenvolver, construir, empregar e repor. Tais armas e sistemas, extremamente úteis para guerras convencionais entre Estados, mas que em se mantendo a tendência de emprego em conflitos de baixa intensidade, e como o inimigo estará disperso no ambiente e/ou na multidão, tornarão o emprego desses sofisticados armamentos muito menos eficientes e até mesmo inúteis em determinadas circustâncias. Por outro lado, a maioria desses sistemas é dual, o que permite o emprego por combatentes não regulares, e não podemos descartar seu uso como arma de objetos não convencionais e a ampliação do emprego de mulheres e crianças nos combates. Que guerra será travada? O autor retoma questões sobre interesse (nem sempre compreensíveis ou razoáveis aos olhos da civilização ocidental), justiça, nacionalismo, papel do Estado, identidades comunitárias (mais culturais do que nacionais), soberania em uma abordagem atual realista. Com o enfraquecimento do Estado, a intensificação dos conflitos de baixa intensidade pode levar à fragmentação territorial e a mudanças nas configurações e estruturas das forças armadas, em novas definições de militares profissionais e combatentes que deverão assumir também outras funções, na ruptura das convenções de guerra provavelmente, voltando a padrões do passado, com combates mais violentos e sangrentos. Por que a guerra será travada? A guerra é apenas um dos meios para se atingirem determinados objetivos, mas o recurso à violência não é a primeira opção. Em seguida, van Creveld analisa a relação da natureza humana e o seu comportamento social com a guerra. Por fim, alerta para a necessidade de se preparar para as novas e emegentes formas de guerra.[44]

Em 1999, os chineses Qiao Liang e Wang Xiangsui, na obra *Guerra irrestrita*, propõem um novo princípio de guerra, em vez do "emprego da força armada para compelir um inimigo a submeter-se à nossa vontade", para "a utilização de todos os meios, incluindo Forças Armadas ou não, militares e não militares, meios letais e não letais, para compelir um inimigo a submeter-se aos nossos interesses". Segundo esses autores, isso representa uma mudança, tanto na guerra em si, quanto no modelo de guerra provocado por essa transformação.[45]

Os autores de *Guerra irrestrita* prescrevem a utilização de todos os meios disponíveis, a onipresença da informação e a generalização do campo de batalha. Isso significa a fusão de todas as armas com a tecnologia disponível, a eliminação de todas as fronteiras entre as duas ambiências, a da guerra e a da paz, dos meios militares e não militares, e, por fim, advogam uma mudança de todos os princípios e de todas as regras da guerra. Nesse sentido, Liang e Xiangsui estão se referindo à "guerra" em plena "paz", se estivermos preparados para ampliar o conceito de combate e entender como guerra distintas formas de ataques, como o de *hackers* contra sistemas informacionais os mais variados possíveis, como instalações energéticas, sistema contábil/financeiro, redes de comunicação e informacionais/telemática, contra armas tecnologicamente sofisticadas (mísseis, aviões, obuses, torpedos etc.), plataformas C4ISR, ataques econômicos especulativos (moedas, mercadorias, ativos, mercado futuro etc.), roubo de tecnologia, midiáticos (notícias, filmes, *games*, música etc.), ataques ao meio ambiente, por intermédio de atividades predatórias, controle de recursos naturais e, por fim, o choque estre as Forças Armadas regulares dos Estados.[46]

Liang e Xiangsui afirmam que existem na guerra três fatores básicos: o soldado, o armamento e o campo de batalha, mas que, no período atual, isso mudou, e formulam perguntas a fim de verificar o que mudou com o advento da guerra irrestrita: por que e por quem lutar? A primeira tem a ver com os motivos para a guerra, que, para os autores, podem ser de qualquer natureza. A decisão de se ir à guerra é o resultado dos interesses nacionais (definidos pela política), que são, na verdade, uma amálgama de conveniências, e cada Estado se posiciona a partir de uma série de interesses públicos e privados, com várias condicionantes internas e posicionamentos que buscam justificativas morais aceitáveis, daí os objetivos de guerra terem se tornado nebulosos. Afirmam que, nas guerras contemporâneas, os propósitos declarados são, frequentemente, diferentes dos propósitos ocultos. A questão do "por quem lutar?" é respondida pela fluidez das alianças, pois o aliado de hoje pode ser o inimigo de amanhã, e a guerra depende de enfrentamento; a definição de quem é o inimigo, em um ambiente de guerra irrestrita, é um problema difuso. A segunda: onde lutar? Na atualidade, o campo de batalha é indistinto como um todo e se sobrepõe, cada vez mais, às áreas de paz ou neutras, e as de combate se confundem e se influenciam; é também multidimensional, tendo em vista que a tecnologia o está expandindo de forma ilimitada, os autores afirmam ainda que se desenvolvem de uma maneira própria, mas que são mutuamente complementares, com alto grau de interação. Esse novo tipo de combate ocorre de forma paralela e simultânea com a tradicional guerra mecânica tridimensional. Quem são os guerreiros? Os autores sustentam que assistimos progressivamente ao esmaecimento da distinção entre a tecnologia militar e a civil, com reflexos na definição do militar em termos tradicionais e na do guerreiro, não tradicionais, com isso, podemos ter como "combatentes" um *hacker*, um financista/especulador, jornalistas que atuam em um ambiente interativo e sinérgico, que podem provocar grandes estragos e destruições, fora ONGs, grupos clandestinos e outros, muitas vezes engajados em uma causa específica ou com uma pauta difusa, lutando uma guerra não militar, pelo menos nos termos tradicionais. Concluem afirmando que, durante a década de 1990, concomitantemente a uma série de ações militares tradicionais, assistimos a ataques e ao desenrolar de um novo tipo de guerra não militar desencadeado por "guerreiros não profissionais" e ONGs.[47]

A partir dessa definição, verificamos que grupos de não militares, guerrilheiros, terroristas já se utilizavam dos meios descritos no parágrafo anterior para as suas agendas particulares, a fim de poder levar adiante a guerra, ainda que assimétrica e irregular, com relativa eficiência, pois lançavam mão de estruturas em rede e das tecnologias disponibilizadas pela globalização, além de não distinguir o teatro de operações nem se limitar ao campo de batalha tradicional. Ao fim e ao cabo, o que os dois analistas chineses estão propondo é, diante desse novo tipo de guerra, que as mesmas concepções técnicas, táticas e estratégias descritas anteriormente sejam utilizadas pelos Estados.

Já em 2001, Pascal Boniface, escrevendo logo depois dos atentados perpetrados pela al-Qaeda contra os Estados Unidos, em 11 de setembro daquele mesmo ano, lançou *Les Guerres demain*, em que afirma que as guerras não mais serão combatidas unicamente com meios militares ou tecnológicos, mas, acima de tudo, por meios políticos e com motivações bem diversas. Em seguida, elenca uma série de causas que podem gerar conflitos, tais como o terrorismo, as guerras de civilizações e de religião provocadas pelos fundamentalismos; a política intervencionista estadunidense contra o islamismo radical, os Estados-pária, que desestabilizam suas regiões, o que, muitas vezes, tem repercussão global; a guerra contra as drogas e seus cartéis, nas quais existem vários atores e até mesmo grupos terroristas e guerrilheiros envolvidos; por recursos como petróleo, proteínas (guerras da fome), água, demandas ambientais, devido aos fatores ligados à mudança climática e, principalmente, à escassez desses recursos em relação à demanda; as guerras entre o Norte e o Sul (reproduzindo, de certa forma, a Teoria do Limes, de Jean-Christophe Rufin), dos fluxos migratórios, da demografia e da diáspora, que podem provocar conflitos regionais e internos; as guerras econômicas (disputas por mercado, espionagem, sanções etc.), ataques especulativos que provocam instabilidade política, social e desastre econômico; de informação (mídia, telecomunicações e inteligência), que ocupam o espaço e difundem notícias segundo seus interesses; no espaço, destruição dos satélites das redes de comunicação e vigilância, instalação de armas, entre outros; urbanas (as megalópoles), conflitos entre grupos e o Estado, que pode perder o controle de determinadas áreas; de secessão, a fim de separar regiões que não estão devidamente assimiladas ou grupos étnicos que se sentem oprimidos; tipos de guerra como a nuclear, a química, a bacteriológica, devido à relativa acessibilidade, alta letalidade e fácil dissimulação; assimétricas e dissimétricas. Discorre sobre as rivalidades na forma de díades ou tríades: entre Estados Unidos-China; Estados Unidos-China-Rússia, China-Japão, Estados Unidos-Japão, Índia-Paquistão, Índia-China, as Coreias, Grécia-Turquia, entre os países do

Golfo Pérsico, França-Alemanha, e indaga se a Rússia pode voltar a ser uma ameaça. Levanta causas improváveis como o futebol (que já ocorreu e sobre o nacionalismo no futebol) e o turismo. Concluímos que muitos dos cenários e das especulações apresentadas se mostram bastante plausíveis e outros já estão ocorrendo.[48]

Em 2005, William Lind buscou compreender as transformações ocorridas na forma de se fazer a guerra a partir das inovações tecnológicas e formações táticas e estratégias que aconteceram a partir do Tratado de Westfália (1648), em quatro gerações sucessivas, que têm padrões bem característicos que lhes concedem um diferencial, uma em relação às outras. Vamos apresentar, de forma resumida, as quatro gerações:

Primeira geração (1648-1860): foi constituída por exércitos regulares organizados pelos Estados, com a formação tática em linha ou coluna, em um campo de batalha ordenado pela cultura militar formado no período. Esse sistema entrou em crise com as inovações tecnológicas (armas de retrocarga, raiadas e de repetição, metralhadoras, obuses etc.) que provocaram a desordem no campo de batalha, mas se preservaram elementos da cultura militar do período.

Segunda geração (Primeira Guerra Mundial): caracterizou-se pelo fogo concentrado e sincronizado de artilharia, o poder de choque dos carros de combate e ataques frontais de infantaria. Foi uma guerra de atrito por excelência. A cultura militar da ordem ganhou novos níveis de organização. Os exércitos deram ênfase a regras, processos e procedimentos, ou seja, à doutrina. Outro ponto, a disciplina, ganhou novo relevo em detrimento da iniciativa. Muitos elementos dessa geração, em essência, estão presentes nos dias atuais. Como Lind observa, esse é ainda o modo norte-americano de fazer a guerra.

Terceira geração: foi desenvolvida no final da Primeira Guerra Mundial e no período entreguerras pelo exército alemão – é a *blitzkriege* –, e se baseava na manobra, na velocidade e na surpresa. No ataque, os rápidos movimentos de envolvimento visavam à retaguarda, para desorganizar as linhas de comunicação, de suprimento e provocar o colapso das linhas inimigas. Na defesa, atrair o inimigo, fazendo com que esse estenda ao máximo suas linhas e, pela manobra, cortar sua retirada. O campo de batalha não é linear. Nessa conjuntura, houve uma mudança na cultura militar, privilegiando a iniciativa e a autodisciplina, em vez de uma obediência cega.

Quarta geração: a iniciativa e a descentralização foram os elementos que permaneceram da geração anterior. O Estado perdeu o monopólio sobre o exercício da violência e da guerra. As forças militares dos Estados enfrentam com frequência oponentes não estatais, como guerrilheiros, terroristas, insurgentes etc., e, segundo o autor, perdem em quase todas as campanhas.

Lind incorporou em suas teses a Teoria do Choque de Civilizações, de Huntington, ao afirmar que o Islã realiza uma ofensiva estratégica com uma expansão em todas as direções, e que uma invasão de imigrantes pode ser tão perigosa quanto uma invasão do exército inimigo. Afirma, ainda, que, na atual conjuntura internacional, o Estado nacional está em crise, o multiculturalismo e o sistema democrático são foco de contestação e são utilizados como justificativa para agressões e ataques terroristas.[49]

A fim de superar o desafio da guerra de 4ª geração, Lind propõe a reestruturação dos exércitos, com a organização de forças leves, de grande mobilidade e potencial de fogo, com soldados dotados de uma ampla capacidade de adaptação para atuar no exterior (inteligência cultural) e buscar um alto nível de integração com as forças locais. Conclui que, na verdade, em essência, nada mudou na natureza da guerra; a 4ª geração não é algo novo, mas "um retorno à maneira pela qual a guerra funcionava antes do surgimento do Estado", ou seja, sugere que uma reforma nas estruturas das forças regulares do Estado e atualização doutrinária de modo a torná-las mais adaptadas para combater guerrilheiros, insurgentes e terroristas.[50]

Em 2005, o tenente-general britânico Rupert A. Smith, a partir de suas experiências na Guerra do Golfo e na Bósnia, lançou *The Utility of Force: the Art of War in the Modern World*, publicação na qual advoga a tese de que a guerra industrial, convencional, estaria superada. Segundo o autor, no período atual, estamos assistindo ao estabelecimento de um novo paradigma, a guerra no meio do povo, que definiu como algo próximo às guerras de baixa intensidade e às operações de paz da ONU. Smith ainda comenta que os fins para os quais lutamos estão mudando: antes, eram objetivos rígidos que decidiam um resultado político a ser obtido; agora, os fins são aqueles que estabelecem as condições em que o resultado pode ser obtido. Além disso, os combates se dão entre a população e não no campo de batalha; os conflitos tendem a ser atemporais, estendem-se por longo tempo; as armas e as organizações da era industrial ainda são utilizadas e ganham novos usos; antes a luta era para preservar suas forças, em vez de arriscar tudo para conquistar um objetivo; os lados do conflito, muitas vezes, são compostos por atores não estatais, guerrilheiros ou coligações.

Smith afirma que os combatentes irregulares não usam uniforme, não são reconhecidos entre a população, seus objetivos são mais políticos do que militares, seus líderes priorizam a conquista de corações e mentes, em vez de territórios. Com isso, os combates não estão confinados em um determinado campo de batalha, e o teatro de operações é fluido, obrigando os soldados regulares a operarem em diversos ambientes.

O militar britânico afirma que os estadistas devem ter seus objetivos políticos e estratégicos bem definidos, sem o que o uso da força não é eficiente. Ao decidirem se engajar nesses conflitos, os Estados devem ter por finalidade influenciar os objetivos do adversário, alterar sua postura e vencê-lo no confronto de vontades. A explicação para esse *modus operandi* seria a dificuldade de se obter uma vitória decisiva pela aplicação da força militar e a necessidade de se adaptar a estratégia, a tática, as tropas, os métodos ao contexto local.[51]

Também em 2005, Colin Gray publicou *Another Bloody Century. Future Warfare*, obra em que apresentou um painel sobre a guerra no século XX e as prováveis mudanças que poderão ocorrer no século XXI, recusando-se a assumir que a guerra do futuro será parecida com a do passado, apenas com uma tecnologia diferente. Utiliza-se, assim, de Clausewitz para argumentar que a guerra possui duas naturezas, uma subjetiva e outra objetiva. A primeira procura mostrar que a guerra, enquanto processo, tem elementos novos (que não mudam sua natureza objetiva), como as armas nucleares, a guerra cibernética, espacial; a segunda se refere à permanência dos antigos elementos (muitas vezes, com "novas" funcionalidades), reafirmando que em todas as guerras que analisarmos encontraremos a trindade paradoxal (ou primordial), constituída de violência e ódio, acaso e probabilidade, razão ou a política. Adverte que a guerra não evolui de forma linear, tampouco se deve sobrevalorizar a tecnologia (e o determinismo nela embutido) e o armamento. Em sua visão, a guerra é uma característica constante da condição humana, e o emprego de seus instrumentos (armamento e tecnologia) é influenciado pela cultura local. Em sua análise, ressalta a importância de se contextualizar a guerra (histórico, político, social e culturalmente) e a reafirmar a atualidade na aplicação dos ensinamentos de Clausewitz.

A partir desse ponto, afirma que a guerra de 4ª geração não tem "novidades", pois já ocorreu na história na forma de guerrilha ou insurreição.[52]

Nessa obra, Gray faz uma série de considerações sobre a guerra: 1) a guerra sempre esteve conosco e é uma característica permanente da condição humana; 2) a guerra é duradoura, tem uma natureza imutável, mas um caráter altamente variável, e a história, ainda que incompleta, é nossa melhor guia para o futuro; 3) a guerra irregular entre os Estados e inimigos não estatais pode muito bem ser a forma dominante de beligerância durante alguns anos no futuro, mas a guerra entre Estados, incluindo grande conflitos de poder, está muito viva. Na verdade, hoje em dia, enquanto a maioria dos olhos está fixada nos tipos irregulares de conflito, como a suposta onda de futuro, a próxima rodada do ciclo da história estratégica de grande antagonismo já está tomando forma. Um possível eixo sino-russo emergente pode, com o tempo, representar um desafio formidável para uma ordem mundial unipolar americana; 4) o contexto político é o principal, mas longe de ser o único condutor da guerra e de seu caráter. A guerra, acima de tudo, é um comportamento político; 5) a guerra é um comportamento social e cultural, bem como político e estratégico, e, como tal, deve refletir as comunidades que as travam; 6) a guerra e sua conduta nem sempre seguem uma evolução linear. A supresa não é apenas possível ou até mesmo provável, é certa; e 7) os esforços para controlar, limitar e regular a guerra e, portanto, a conduta da guerra, através de medidas políticas, legais e ético-normativas internacionais, são bons e vale a pena persegui-los. No entanto, os benefícios de tais esforços sempre serão frágeis, vulneráveis, pela necessidade beligerante dos comandos.[53]

Em 2012, Mary Kaldor, publicou *New & Old Wars: Organized Violence in a Global Era*, em que trata do impacto da globalização, da decadência do Estado e do surgimento de novas formas de guerra pela superação dos paradigmas clausewitzianos. Assim, chama de "velhas guerras" as travadas até 1990, de acordo com o modelo europeu, entre Estados, de forma simétrica, e que eram solucionadas pela vitória de uma das partes ou pela negociação. As "novas guerras" refletem a realidade surgida antes mesmo do fim da Guerra Fria.

Kaldor afirma que a globalização é um conceito conveniente para descrever as várias mudanças que ocorreram no período contemporâneo. A autora ressalta três desenvolvimentos que estão inter-relacionados e que afetam profundamente os conflitos: em primeiro lugar, o aumento da precisão e do poder de destruição dos armamentos, o que torna cada vez mais difícil a lógica clausewitziana dos extremos de um conflito simétrico, com oponentes armados e organizados da mesma forma; em segundo lugar, as comunicações globais (tecnologia da informação, viagens internacionais mais baratas etc.) aumentaram a visibilidade da guerra e uma rede de solidariedade (simpatizantes, emigrados), fora o fato de que todas as formas de mídia e redes de relacionamento fazem parte do "jogo de guerra"; em terceiro lugar, a globalização está transformando o papel do Estado de várias maneiras, uma delas seria a quebra do monopólio da violência. Em sendo assim, as "novas guerras" estariam associadas à desintegração do Estado, à dificuldade de se identificarem atores estatais ou não, à diversidade de motivações/causas, à tradicional insurgência e a vários tipos de conflitos, com "tudo junto e misturado". Kaldor cita como exemplos a Guerra da Bósnia e o conflito Israel/Palestina, que são, ao mesmo tempo, um conflito interestatal e intercomunal.

Segundo a autora, as novas guerras podem ser definidas em termos de política de identidade, pois os grupos nelas engajados têm como objetivo controlar o Estado ou, pelo menos, parte dele para sua etnia, grupo religioso, tribo, superando ideologias tradicionais como o nacionalismo, o liberalismo ou o socialismo. Ressalta que a maioria dos conflitos atuais gira em torno de identidades, que têm funcionalidade, motivação, meios de comunicação próprios em um contexto de fracasso das ideologias tradicionais. Nesse caso, a religião, o nacionalismo e a etnia tomam o lugar desse sistema de ideias e constroem ou reconstroem a identidade do grupo, clã, tribo. A guerra, nesse caso, é também uma forma de mobilização política.

Um outro aspecto importante das "novas guerras" seria o aumento das baixas dos civis e o emprego deliberado da violência contra eles, independentemente da colaboração, simpatias políticas, afinidades culturais etc. Um dos objetivos é controlar o território politicamente, promover uma limpeza étnica e criar uma área homogênea sob todos os aspectos, então, a violência, o genocídio, massacres devem ser encarados também com uma forma de mobilização política.

Conclusão

Talvez a principal diferença entre ambos os autores, considerando Jomini e Clausewitz, seria que o primeiro oferecia leis, fórmulas e regras para se vencerem as batalhas e a guerra, além de uma visão histórica instrumentalizada segundo suas teses, teorias ou afirmações. Bem, seguir certo número de princípios e normas comumente significa violar outros(as) tão importantes quanto. Além disso, não se podem fazer guerras seguindo regras ou fórmulas.

Já Clausewitz se propôs a elaborar uma teoria da guerra, com conceitos, definições, fornecendo um instrumental analítico para compreender e explicar os seus objetivos, todas as suas fases, os meios utilizados e seus efeitos. A teoria deveria ser um guia para todos aqueles que quisessem compreender sobre o fenômeno da guerra a partir dos livros, evitando as armadilhas do senso comum. Além do mais, a guerra era um fenômeno extremamente complexo e mutável, não podendo ser objeto de leis, regras ou fórmulas infalíveis.

As guerras que eclodiram a partir de 1990 têm se caracterizado por ser, em sua maioria, intraestatais. Enquadradas dentro da tipologia indicada como as várias formas de guerra civil, de resistência, irregular ou insurrecional, todas assimétricas, ou seja, uma força Estatal regular combatendo guerrilheiros, por assim dizer. As causas desses conflitos estavam ligadas, na maior parte dos casos, ao controle de parcelas do território (a fim de formar um novo país) ou do governo. No que se refere a conflitos entre Estados, podemos relacionar as invasões realizadas pelos Estados Unidos ao Iraque e ao Afeganistão, no escopo da "guerra ao terror".

Tal fato levou os autores que utilizamos para abordar esse período a afirmarem que a natureza da guerra havia mudado e que a teoria da guerra clausewitziana estava largamente superada. Vamos responder recorrendo ao próprio Clausewitz, que nos ensinou que a natureza da guerra é imutável (violência, acaso e o propósito político), mas o seu caráter variável se adapta às circunstâncias, à conjuntura, às novas tecnologias, táticas etc., sem perder sua essência, como bem situou Collin Gray.

Segundo Bart Schuurman, os autores que tratam das novas guerras possuem duas importantes características gerais: a tendência de impor limites históricos definidos e a crença de que os avanços modernos refletem mudanças fundamentais na natureza da guerra.[54] Seguindo essa linha, apontamos para o fato de que as características citadas por tais autores, como genocídios, limpeza étnica, massacre de civis ou as lutas fundamentadas na religião ou rivalidades diversas, bem como a existência de grupos identitários étnicos, religiosos ou tribais que promovem a guerra contra cidades-Estados, impérios já existiram e existem até hoje, como eles mesmos comprovam.

A questão da utilização das tecnologias para aumentar o poder de combate ou enfraquecer o inimigo e o desdobramento dos combates em outras arenas, como a religiosa, cultural, econômica, o espaço e o ciberespaço, e mais aquelas que ainda virão, mesmo que sejam novas formas de luta, estão dentro da natureza da guerra como foi descrita pelo general prussiano. Na análise dos embates do passado não faltaram exemplos do uso, como instrumento de guerra, de meios materiais, recursos diversos, elementos da vida social que não estavam destinados, originalmente, à guerra. Resumindo, a conjuntura e o contexto cultural podem exercer sua influência sobre os objetivos e os métodos utilizados, mas isso não muda a natureza fundamental da guerra.

Finalizando, como nos diz Geoffrey Till, a História é um importante instrumento de análise dos assuntos estratégicos e dos confrontos bélicos do presente, não para oferecer lições, mas para isolar coisas nas quais devemos pensar. A História nos oferece uma visão, lampejos e perguntas, não respostas.

Notas

1. O conceito de conflitos de baixa intensidade tem sua origem no exército dos Estados Unidos e sua definição está no *Field Manual 100-20: Military Operations in Low Intensity Conflict*. Acesso em 15/3/2015.
2. JOMINI, 2005.
3. Os tipos de guerras, para Jomini: ofensivas para reclamar direitos; politicamente defensivas e ofensivas, na visão militar; de conveniência; com ou sem aliados; de intervenção; de invasão, desejo de conquista e outras causas; de opinião; nacionais; civis e religiosas; duplas, e o perigo de empreender em duas guerras ao mesmo tempo.
4. JOMINI, 2005, *location* 960.

5. O significado é sobre a movimentação das tropas, já o suprimento, Jomini achava que a guerra sustentava a guerra, ou seja, os exércitos deveriam retirar a maior parte de suas provisões no território por onde passavam ou ocupavam, por intermédio de compras, requisições e confisco.
6. JOMINI, 2005, *location* 952.
7. *Idem*, *location* 969.
8. *Idem*, *location* 936.
9. CLAUSEWITZ, 1984, p. 75.
10. *Ibidem*, pp. 77-88.
11. *Ibidem*, p. 88.
12. *Ibidem*, p. 97.
13. *Idem*, Livro I, pp. 88-89.
14. *Ibidem*, p. 89.
15. *Ibidem*, pp. 90-91.
16. *Idem*, Livro II, pp. 133-147.
17. *Idem*, Livro I, pp. 100-112.
18. *Ibidem*, pp. 117-118.
19. *Ibidem*, pp. 119-121.
20. *Idem*, Livro II, pp. 127-128; e Livro III, p. 177.
21. *Idem*, Livro VIII, pp. 601-602.
22. *Idem*, Livro VII, pp. 524-531.
23. *Idem*, Livro IV, pp. 256-312.
24. *Idem*, Livro II, p. 528.
25. *Idem*, Livro VI, pp. 357-366.
26. *Ibidem*, pp. 363-378.
27. *Idem*, Livro VIII, pp. 579-581.
28. *Idem*, Livro III, pp. 177-222.
29. Não era mais possível se sustentar dos territórios, segundo o velho modelo de requisições, compras ou saques. Os novos exércitos necessitavam de estoques muito maiores de fardamentos, armamentos, peças sobressalentes, munições, forragens, animais de reserva, sem falar na utilização, e daí a padronização, de estradas de ferro, estradas comuns, canais, portos etc.
30. MOTTE. Acesso em 11/3/2016.
31. HONIG. Acesso em 13/3/2016.
32. DUARTE. Acesso em 15/3/2016.
33. *Ibidem*.
34. HONIG, op. cit.
35. DUARTE, op. cit.

36. HART, 1982, pp. 403-443.
37. KEEGAN, 1996, p. 28.
38. *Ibidem*, pp. 19-64.
39. *Ibidem*, p. 57.
40. *Ibidem*, pp. 95-154.
41. GÓMEZ. Acesso em 6/2/2016.
42. HUNTINGTON, 1997.
43. Os grandes avanços são conhecidos como Revolução em Assuntos Militares (RAM) e se referem ao C4ISR (Command, Control, Communications, Computers, Intelligence, Surveillance and Reconnaissance), no uso de munições guiadas com precisão (Precision-guided Munition), de veículos guiados remotamente e de uma série de outros recursos que permitem obter o "controle" total do campo de batalha.
44. VAN CREVELD, 1991.
45. LIANG, 1999, pp. 7-11.
46. *Ibidem*, pp. 21-29.
47. *Ibidem*, pp. 59-79.
48. BONIFACE, 2001.
49. LIND, 2005, pp. 12-16. Acesso em 10/12/2017.
50. *Ibidem*, p. 17.
51. SMITH, 2007; SCHUURMAN. Acesso em 16/3/2016; GRAY, 2011, *location* 298 a 736.
52. GRAY, 2011, *location* 298 a 736.
53. *Idem*, *location* 273 a 286.
54. SCHUURMAN. Acesso em 16/3/2016.

Referências

BONIFACE, Pascal. *Les Guerres demain*. Paris: Éditions Seuil, 2001.

CLAUSEWITZ, Carl von. *On War*. Tradução e edição de Michael Howard e Peter Paret. Princeton: Princeton University Press, 1984.

COLSON, Bruno. *Sobre a guerra*: a arte da batalha e da estratégia. Rio de Janeiro: Civilização Brasileira, 2013.

CORVISIER, André. *A guerra*. Rio de Janeiro: Bibliex, 1999.

DUARTE, Antônio Paulo. *A visão de guerra total no pensamento militar*. Disponível em: <http://comum.rcaap.pt/bitstream/10400.26/1150/1/NeD112_AntonioPauloDuarte.pdf>. Acesso em 15/3/2016.

FULLER, John F. C. *A conduta da guerra*. Rio de Janeiro: Bibliex, 2002.

GÓMEZ, Noemí G. Guerras entre humanos podem ter começado há 10 mil anos. Agência EFE. *Exame.com*. Tecnologia. <http://exame.abril.com.br/tecnologia/noticias/guerras-entre-humanos-podem-ter-comecado-ha-10-mil-anos>. Acesso em 6/2/2016.

GRAY, Colin S. *Another Bloody Century. Future Warfare*. Ebook Kindle Edition, Weidenfel & Nicolson, 2011.

HART, Basil H. Lidell. *As grandes guerras da História*. São Paulo: Ibrasa, 1982.

HONIG, Jan Willen. *The Idea of Total War: from Clausewitz to Ludendorff*. Disponível em: <http://www.nids.go.jp/english/event/forum/pdf/2011/08.pdf>. Acesso em 13/3/2016.

HUNTINGTON, Samuel P. *O choque de civilizações e a recomposição da ordem mundial*. Rio de Janeiro: Objetiva, 1997.

JOMINI, Antoine-Henri. *The Art of War*. Originalmente publicado em 1862. E-book Kindle Edition, 2005.

KALDOR, Mary. *New & Old Wars: Organized Violence in a Global Era*. Stanford: Stanford University Press, 2007.

KEEGAN, John. *Uma história da guerra*. São Paulo: Companhia das Letras, 1996.

LIANG, Qiao; XIANGSUI, Wang. *Guerra irrestrita*. Beijing: PLA Literature and Arts Publishing House, 1999.

LIND, William S. Compreendendo a guerra de Quarta Geração. *Military Review – Combined Arms Center Military Review*, Jan./fev., 2005. Disponível em: <http://www.ecsbdefesa.com.br/defesa/arq/Art%20155.htm>. Acesso em 10/12/2017.

MOTTE, Martin. *Ferdinand Foch (1851-1929)*. Centre d'Etudes Strategiques de l'Armée de Terre. Disponível em: <http://penseemiliterre.fr/ferdinand-foch-1851-1929-_2012475.html>. Acesso em 11/3/2016.

PARET, Peter. *Construtores da estratégia moderna*. Tomos I e II. Rio de Janeiro: Bibliex, 2001.

SCHUURMAN, Bart. *Clausewitz e os estudiosos da nova guerra*. Disponível em: <http://usacac.army.mil/CAC2/MilitaryReview/Archives/Portuguese/MilitaryReview_20111031_art009POR.pdf>. Acesso em 16/3/2016.

SMITH, Rupert. *The Utility of Force: the Art of War in Modern World*. Nova York: Knopf, 2007.

VAN CREVELD, Martin L. *The Transformation of War. The Most Radical Reinterpretation of Armed Conflict Since Clausewitz*. Nova York: The Free Press, Division Simon & Schuster, 1991.

9. A natureza das guerras coloniais: imperialismo, racismo e guerras

Rafael Pinheiro de Araújo

Os debates em torno do imperialismo foram disseminados no início do século XX com o objetivo de analisar os impactos do desenvolvimento da economia mundial capitalista durante as últimas três décadas do século XIX. As lutas por mercados, áreas para investimento de capitais e colônias consistiram nas consequências centrais desse fenômeno, responsável pelo abandono da ordem mundial sustentada no livre-comércio e no arrefecimento das rivalidades entre as grandes potências.

O imperialismo se alastrou pelos continentes do globo. Sua ocorrência derivou da união de fatores políticos, estratégicos, ideológicos, culturais e, sobretudo, econômicos. O alcance do prestígio internacional, a exaltação nacionalista e a expansão dos modelos civilizacionais dos países colonialistas foram determinantes para a sua ocorrência.

Com esse fenômeno, quase não restou o que ser ocupado, desbravado pela força do capital e dos interesses político-econômicos das nações conquistadoras. Ao analisá-lo, Eric Hobsbawm realizou uma importante observação que norteará este ensaio. Ele afirmou: "onde não se deram ao trabalho de ocupar e dominar, os países do Ocidente estabeleceram uma superioridade ainda mais incontestável com seu sistema econômico e social, sua organização e sua tecnologia".[1]

Embora o imperialismo do século XIX não tenha se restringido aos europeus, em virtude da participação norte-americana e japonesa,[2] destacamos que, como ocorrido no Antigo Sistema Colonial,[3] novamente a Europa foi o centro da corrida colonialista. O continente se tornou pequeno demais para os interesses das burguesias europeias. Para garantir a expansão dos seus capitais, foi necessário assegurar o monopólio nas regiões produtoras de matérias-primas, mercados consumidores para as suas manufaturas e áreas para o investimento de capital financeiro.

Como em outros períodos de conquista e subjugação dos povos do além-mar, a elaboração das estratégias e as disputas diplomáticas foram decididas à revelia das nações ocupadas. Essa exclusão se fundamentou em um discurso civilizatório garantidor da conquista e da exploração do homem branco em terras de povos considerados "atrasados".

Defendemos que o imperialismo do século XIX se difere do colonialismo transcorrido entre os séculos XV e XIX, pois teve nos fatores econômicos a sua motivação. Por mais que os impactos culturais e sociais tenham sido devastadores, e não podemos deixá-los de lado em nenhuma hipótese, os mesmos não foram a causa fundante da natureza do processo de dominação que ultrapassou o século XIX e perdurou, em alguns casos, por quase todo o século XX.

Ao comparar o colonialismo e o imperialismo, Marc Ferro apontou distinções que também orientarão a nossa análise. Segundo ele, os dois processos se diferenciaram pelos seguintes elementos: 1) a colonização de tipo antigo se caracterizou pelo expansionismo europeu em um estágio de livre concorrência do desenvolvimento capitalista ocorrido a partir do século XVI e se extinguiu no início do século XIX; 2) a colonização de tipo novo (o imperialismo) se vinculou à Segunda Revolução Industrial e ao desenvolvimento do capitalismo financeiro. Expressou a maioria das conquistas perpetradas pelas potências europeias após 1871; e 3) existiu imperialismo sem domínio direto. Esse processo desenvolveu-se sem a utilização de colonos e foi notabilizado pela influência do grande capital, sobrevivendo depois dos processos de descolonização transcorridos na segunda metade do século XX.[4]

Debateremos neste ensaio a natureza e as razões centrais para a ocorrência do imperialismo. Abordaremos, ainda, a relevância do etnocentrismo, do racismo e da negação do outro para esse fenômeno. As distintas interpretações teóricas nos permitirão analisar os mecanismos que possibilitaram as ações imperialistas europeias e norte-americanas e, particularmente, nos facultarão responder às duas questões centrais deste capítulo, ou seja: qual foi a natureza das guerras coloniais? Quais foram os instrumentos utilizados para a dominação dos povos colonizados?

Dividiremos nosso ensaio em três partes. Na primeira, analisaremos a natureza das guerras colonialistas e os aspectos ideológicos impulsionadores do imperialismo. Na segunda, abordaremos as diversas interpretações teóricas sobre o imperialismo realizadas pela economia política. Por fim, na terceira parte, averiguaremos as ações imperialistas na América Latina, África e Ásia.

De início, destacamos nossa concordância com Marc Ferro,[5] quando fala da importância de assumirmos uma abordagem universalizante sobre o imperialismo, a fim de evitar o retorno à visão eurocêntrica do problema. Assim, rever a posição que considera a colonização um fenômeno impossível de se dissociar do imperialismo, isto é, de formas de dominação que terão assumido ou não a figura da colonização, seria o primeiro passo. O segundo, sem dúvida, estaria ligado a não uniformizar a história da colonização e tampouco dos processos de libertação nacional, dando a cada um deles seu caráter de singularidade, sem perder a ligação central que todos têm em comum: os princípios do imperialismo.

As relações internacionais e a natureza das guerras coloniais

O século XIX foi um século de paz entre as grandes potências. A turbulência e os custos dos conflitos no período ininterrupto de guerras entre 1792 e 1815[6] fizeram com que os grupos conservadores e liberais desejassem a paz e a estabilidade. Em razão disso, o sistema internacional, após o Congresso de Viena (1815), utilizou os tratados de livre-comércio e o "Concerto europeu", que uniu os vencedores das guerras napoleônicas (Áustria, Prússia, Rússia e Inglaterra) e a França, para manter a paz na ordem internacional.

Esse cenário, porém, não impediu confrontos entre os Estados. Presenciamos ações bélicas realizadas pelos europeus e norte-americanos pelas conquistas coloniais, além de guerras que tiverem um caráter local e/ou regional. Observamos, ainda, tensões decorrentes da emergência do nacionalismo e rápidos embates entre as potências mundiais por territórios. Foram exemplos desses conflitos as guerras da Crimeia (1851-1854) e as guerras pelas unificações da Itália e da Alemanha, na década de 1860.[7]

Destacamos também que, entre 1815 e o final da década de 1860, os aspectos econômicos e geopolíticos beneficiaram os ingleses. Eles conquistaram predomínio global depois das guerras napoleônicas, em razão do poder naval, do crédito financeiro, da ascendência comercial e das alianças diplomáticas. Essas vantagens foram intensificadas pelas características do sistema internacional daquele período, tais como: a expansão da produção industrial, o crescimento econômico mundial, o equilíbrio de poder nas relações internacionais decorrentes do "Concerto europeu", a modernização das tecnologias militar e naval e as guerras localizadas e de curta duração. Esses elementos sedimentaram a hegemonia inglesa e fizeram com que todos os países do sistema internacional fossem afetados de alguma forma por sua força relativa.[8]

Essa conjuntura se alterou no último quarto do século XIX. A difusão do industrialismo pela Segunda Revolução Industrial, que possibilitou a ascensão da Alemanha e dos Estados Unidos como potências econômicas mundiais, a depressão econômica entre 1873 e 1896 e a perda gradual pela Inglaterra da sua proeminência como centro dinâmico do capitalismo industrial[9] alteraram o equilíbrio das forças mundiais.

Tais aspectos aumentaram a competitividade entre os Estados-Nação. Foram recrudescidas as tensões políticas interestatais que transformaram a ordem internacional multipolar estabelecida em Viena. Essa nova fase se notabilizou pela universalização da hegemonia europeia, por alterações no equilíbrio de poder e por mudanças geopolíticas na Europa. Como foi afirmado por Christopher Clark, o sistema internacional entre 1887 e 1907 perdeu a sua configuração multipolar e assumiu um contorno bipolar, aspecto este que sofreou e escalou os conflitos nos anos anteriores à eclosão da Primeira Guerra Mundial.[10]

Observamos, também, que o "impacto do homem ocidental" foi um dos aspectos mais evidentes da dinâmica do poder mundial no último quarto do século XIX. Foi manifestado nas relações comerciais cada vez mais mundiais e na influência informal dos homens de negócios, dos aventureiros, dos missionários e dos exploradores nas áreas que foram ocupadas durante o imperialismo. Em razão disso, assistimos a um período de modernização e intenso progresso material, que se expressou no desenvolvimento de uma infraestrutura de transportes, como as ferrovias ou os portos. Com a colonização, tivemos o avanço do domínio mundial pelos europeus. Em 1800, eles controlavam 35% da superfície terrestre do globo. Em 1878, esse percentual aumentou para 67% e, em 1914, alcançou 84%.[11]

O colonialismo perpetrado pelos europeus no século XIX se dividiu em dois momentos. O primeiro durou até a década de 1880. Nessa fase, o expansionismo não desencadeou conflitos entre as potências. Muito pelo contrário. Ele contribuiu para o arrefecimento e para a administração das tensões políticas do continente, como no caso da rivalidade entre a Alemanha e a França.[12]

Os franceses, por exemplo, participaram ativamente da primeira fase da corrida imperialista sobre a África e não priorizaram o revanchismo contra os alemães em sua política externa. A expansão transoceânica também contribuiu para a recuperação nacional, pois resgatou o prestígio perdido e restaurou o *status* de potência internacional da França.[13]

Na segunda fase, a partir da década de 1880, foi elevada a competitividade europeia por espaços coloniais. A depressão econômica aumentou a concorrência por territórios e áreas de influência. O número de potências desejosas de obter colônias foi ampliado. Com isso, assistimos ao aumento da concorrência por territórios e a elevação das tensões entre os europeus pela aquisição de colônias.

A constituição dos impérios coloniais ocorreu por meio das ações militares e das iniciativas comerciais. Essas se fundamentaram nos discursos favoráveis realizados pelas lideranças políticas com o intuito de justificar a colonização. Dessa forma, foram essenciais as obras difusoras da ideologia imperial e a elaboração de trabalhos que defenderam tal constituição dos impérios coloniais. Como observou Henk Wesseling, a existência de um movimento colonial e de uma ideologia imperial ao longo das décadas de 1860 e 1890 na Europa foi crucial para o imperialismo.[14]

A junção de fatores políticos e econômicos foi também central para o imperialismo. Demandas internas, ligadas à maior influência política das massas e o consequente estreitamento entre Estado e sociedade civil, e as questões de política externa, derivadas do aumento das rivalidades entre as potências europeias e do uso sistemático das ações diplomáticas, foram relevantes para o desencadeamento do imperialismo.

O convencimento da opinião pública foi indispensável para a legitimação do imperialismo. Nesse sentido, Wesseling destacou um conjunto de obras e de autores que estiveram na base dessa legitimação. No caso francês, ele ressaltou a obra *De la Colonisation Chez les Peuples Modernes* (1874), de Paul Leroy-Beaulieu, os jornais *Journal des Débats* e o *Economiste Français* e as ações de destacados políticos, como Jules Ferry (1832-1893), Léon Gambetta (1838-1882) e Eugène Etienne (1844-1921). Na Inglaterra, o movimento colonial e a sua ideologia se materializaram nas seguintes obras e autores: *Great-Britain* (1868), de Charles Dilke, *The Expansion of England* (1884), de John Seeley, *Oceana* (1886), de James Froude, além dos trabalhos escritos por Rudyard Kipling. Notabilizaram-se, ainda, relevantes personalidades políticas, tais como Benjamin Disraeli (1804-1881), Joseph Chamberlain (1836-1914) e Lord Salisbury (1830-1903). Na Alemanha, além da criação da Liga Pangermânica, responsável por justificar a expansão imperialista com consignas racistas, imperialistas e nacionalistas, se afamaram as obras *Bedarf Deutschland der Colonien?* (1879), de Friedrich Fabri, e *Deutsche Kolonisation* (1881), de Wilhelm Hübbe-Schleiden. O jornal *Kolonialzeitung*, fundado em 1895, foi um dos principais vetores da mensagem colonial, e políticos como Heinrich von Kusserow (1844-1900) e Otto von Bismarck (1815-1898), embora este último não fosse um colonialista convicto, também foram relevantes para o desencadeamento das conquistas ultramarinas pelos alemães.[15]

Esses trabalhos respaldaram o imperialismo ao difundir a sua ideologia, que foi essencial para a mobilização da opinião pública. Com isso, foram propiciadas as condições para que a partilha da África pelos europeus estivesse praticamente concluída no início do século XX, com a ocupação de 17 milhões de quilômetros quadrados, quase o continente inteiro.[16]

As guerras coloniais e sua natureza

O exame conceitual das guerras consiste em uma tarefa complexa para os historiadores e demais cientistas sociais. Compreendê-las demanda uma análise das múltiplas manifestações nelas contidas. Essas perpassam por suas motivações e pelos objetivos a serem alcançados em sua ocorrência. Dessa forma, as avaliações sobre esse fenômeno contemplam diferentes perspectivas. Refletir sobre elas é importante para abordarmos o caráter das guerras coloniais.

Definimos a guerra como o confronto violento entre distintas unidades sociais. Para as guerras coloniais, concorreram dois grandes fatores, a saber: 1) as disputas entre as grandes potências pela conquista de territórios a serem explorados, em virtude do aumento da competitividade no sistema internacional, ao final do século XIX; e 2) a difusão do racismo e do darwinismo social entre segmentos da sociedade civil das grandes nações mundiais. Ambos alavancaram o nacionalismo e sedimentaram a imagem da superioridade do homem branco sobre negros, asiáticos e latino-americanos. Com isso, foram justificadas as violentas ações que visaram à dominação e à subjugação dos povos considerados atrasados.

As ponderações de Luigi Bonanate sobre as suas motivações para as guerras são fundamentais em nossa reflexão. Ele as analisou a partir de uma classificação versada nos seguintes aspectos: 1) tipos de guerra (internacional ou interna); 2) modos de se travar uma guerra (guerras regulares ou irregulares, por exemplo); 3) objetivos de guerra (em que devem ser analisadas as metas "na" guerra e, principalmente, os objetivos "da" guerra, estando estes últimos relacionados à utilização que será feita da vitória); e 4) dimensões da guerra (expressa na violência exercida contra os adversários ou na sua extensão geográfica).[17]

Quanto aos objetivos das guerras, cremos que, no caso dos conflitos coloniais, a ação imperialista derivou do desejo de aquisição de territórios a serem economicamente explorados pelas grandes potências. O colonialismo atendeu, assim, aos objetivos materiais dos Estados nacionais que desejavam expandir a sua produção industrial e o seu comércio externo em um cenário de ampliação da competitividade interestatal no sistema internacional.

As guerras coloniais também contribuíram para a unidade nacional, ao animar os impulsos nacionalistas da opinião pública. Esta foi convencida pelos agentes da conquista colonial (partidos, banqueiros e militares, por exemplo), que associaram as conquistas ultramarinas a metas da política interna de cada Estado, como o seu fortalecimento econômico ou a resolução de problemas sociais internos.

As iniciativas imperialistas decorreram das ações ativas e conscientes dos cidadãos das grandes potências. Amparados no progresso científico e na discriminação racial, os indivíduos envolvidos nas guerras de conquista e nos processos de colonização buscaram o enriquecimento. Para tal, justificaram suas atitudes na irradiação da cultura ocidental, na cristianização e na "civilização" dos povos considerados atrasados. Argumentos humanitários, supostamente legitimados na difundida imagem do "fardo do homem branco", guiaram a conquista e o domínio dos espaços coloniais.

No caso europeu, as guerras coloniais refletiram o desejo de expansão pela força, com o intuito de atender aos interesses nacionais e mobilizar o "orgulho nacional" dos seus cidadãos. Como ocorrido no caso francês, o ímpeto colonialista arrefeceu o sentimento de decadência nacional e, ao mesmo tempo, sedimentou o discurso de grandiosidade nacional. Ambos foram essenciais em uma fase de acirramento das disputas internacionais entre as potências mundiais.

Os benefícios do imperialismo foram associados ao triunfo da civilização e da cultura ocidentais. Com isso, os resistentes ao domínio e à exploração material pela civilização branca europeia, na África e Ásia, deveriam ser punidos. O uso da força contra esses grupos era considerado legítimo, como transcorreu na repressão aos maori, na Nova Guiné, nos anos de 1850, aos sipaio, na Índia, em 1857, e aos hereró do sudoeste africano, pelos alemães, em 1904-1907. As guerras contribuíram, assim, para que as barreiras ao avanço da conquista europeia fossem removidas.[18]

Ao analisar a ação imperialista inglesa do século XIX, Joseph Schumpeter afirmou que existia imperialismo quando um Estado manifestava uma disposição pela expansão territorial, por meio da utilização da força e sem qualquer limite definível.[19] Motivadas pelo atendimento dos interesses nacionais, as guerras coloniais consistiram em um mecanismo essencial para que o domínio imperialista se realizasse.

A corrida imperialista proveio da ação estatal no sistema internacional, com o intuito de satisfazer aos seus interesses nacionais. Como destacado por Hans Morgenthau, a "necessidade política" e o "dever moral" asseveraram que o único guia para a política externa deveria ser o atendimento dos objetivos de cada nação.[20]

As reflexões de Morgenthau contribuíram para a nossa análise sobre as características do sistema internacional no final do século XIX. Consideramos que as negociações diplomáticas e a utilização da força se constituíram em instrumentos utilizados pelas grandes potências para a ampliação e/ou a manutenção do seu poder na ordem internacional daquele período.

As guerras coloniais foram utilizadas pelos Estados nacionais para ampliar a sua capacidade de disputa por poder no sistema internacional. Elas permitiram o fortalecimento das suas potencialidades produtivas e comerciais ao possibilitar a aquisição de territórios a serem explorados. Em razão disso, observamos a ampliação da lucratividade das burguesias nacionais, com o aumento da acumulação de capital. Isso foi central no imperialismo, como abordaremos no tópico "Imperialismo e economia política", neste ensaio.

Destacamos, ainda, que o progresso tecnológico decorrente da Revolução Industrial teve impacto sobre a guerra terrestre e naval, facilitando a projeção de poder das potências mundiais em razão das vantagens militares que elas adquiriram. Os aperfeiçoamentos nos fuzis, com a melhoria no carregamento pela boca e o surgimento da alimentação pela culatra; a artilharia leve de campo; a utilização de metralhadoras e canhões de tiro rápido nos conflitos em campos abertos foram fatores fundamentais para o aumento do poder de fogo dos colonialistas. A utilização dos navios de guerra couraçados também possibilitou a navegação sobre os rios das áreas a serem conquistadas, ampliando a capacidade militar dos colonialistas, como ocorrido na Guerra do Ópio (1841-1842), na qual a mobilidade e a artilharia do encouraçado *Nemesis* foram decisivas para promover a vitória inglesa contra os chineses.[21]

O nacionalismo e os atributos culturais também fundamentaram as ações imperialistas e as guerras coloniais. Ambos instrumentalizaram as lutas por colônias, a pilhagem e a subjugação dos povos dominados. Como afirmamos anteriormente, as teorias raciais contribuíram para o discurso colonialista, na medida em que utilizaram as distinções entre as raças, as civilizações e as línguas, disseminadas pelo darwinismo social, para legitimar a missão civilizatória sobre as áreas consideradas "atrasadas".

Dois tipos de racismo intervieram na expansão colonialista europeia. O primeiro foi ancorado na afirmação da desigualdade e se sustentou em uma concepção evolucionista do progresso realizado pelos grupos "mais evoluídos" e na avaliação do grau de avanço das civilizações consideradas "inferiores". O segundo consistiu na asserção das distinções de natureza ou genealogia entre os grupos humanos. Segundo Marc Ferro, essas concepções racistas sustentaram o imperialismo em um momento no qual a Revolução Industrial e os progressos técnicos do Ocidente intensificaram as discrepâncias técnicas e militares entre os Estados conquistadores e os povos dominados, com a discriminação sendo o repertório principal da missão civilizatória.[22]

Já o darwinismo social foi a expressão ideológica do nacionalismo. Sua formulação adaptou a teoria evolucionista de Charles Darwin à ordem social. Seus teóricos, especialmente Herbert Spencer (1820-1903), afirmaram que as sociedades sofreram mudanças evolutivas que decorreram na sobrevivência dos mais aptos e no fenecimento dos mais débeis. Seus princípios científicos sustentaram o imperialismo ao afirmar que o progresso econômico não deveria ser estancado por populações atrasadas. Sua teoria propagou argumentos para as conquistas coloniais, justificando as guerras que ocorreram para a eliminação dos mais débeis. O darwinismo social auxiliou, assim, na legitimação do expansionismo territorial europeu e contribuiu para a estruturação de impérios coloniais pelas nações mais "avançadas" econômica e culturalmente.

A ação imperialista sobre África, Ásia e América Latina se sustentou, igualmente, em formações ideológicas que ensejaram a noção de que certos povos "desejavam" a dominação das grandes potências capitalistas, em nome da "obtenção" da civilização. A imagem do fardo do homem branco foi sistematicamente usada para validar o domínio sobre africanos e asiáticos, por exemplo. Nesse caso, a "missão civilizatória" realizada pelos europeus se fundamentou no argumento de que os povos dominados eram inferiores intelectualmente e representantes do atraso. Por isso, necessitavam de "auxílio" para alcançar o progresso material e intelectual.[23]

Edward Said demonstrou que os colonialistas atribuíram características pejorativas aos povos colonizados para justificar a colonização. A irracionalidade, a imprecisão, a inexistência do raciocínio lógico, a inferioridade intelectual e a infantilidade foram imagens construídas em relação aos negros, aos índios e aos asiáticos para validar a ação imperialista. Dessa forma, a missão dos europeus consistia em propiciar a modernidade e o progresso para as regiões marcadas pelo atraso.[24]

O nacionalismo e o patriotismo favoreceram as disputas por espaços coloniais e as guerras daí decorrentes por assegurar a aquiescência e o apoio da comunidade para essa tarefa. Ainda que a interferência da política interna nas ações externas dos países fosse pequena, a opinião pública foi fundamental em algumas democracias, ao final do século XIX. Com isso, tornou-se relevante o convencimento e o apoio dos cidadãos às ações imperialistas. A aquisição de novos territórios impressionou a cidadania e ela foi convencida dos logros materiais que poderiam ser aferidos pelos Estados nacionais.

Em relação ao nacionalismo, observamos que, nas últimas três décadas do século XIX, houve mudanças em sua concepção no interior das potências mundiais. Essas alterações advieram das modificações na conjuntura internacional e nas transformações socioeconômicas e políticas no interior dos Estados nacionais. Assim, de um conceito associado ao liberalismo e à esquerda, herdado da Revolução Francesa e do ciclo revolucionário liberal da primeira metade do século XIX, essa ideologia se aproximou do programa da direita xenófoba e chauvinista, sobretudo no Ocidente europeu. Como destacado por Joseph Schumpeter, o nacionalismo mobilizou o componente bélico, o ódio e o egoísmo em nome da realização de uma causa supranacional que possibilitasse a glória e o poder nacional. Por isso, foi um componente central para as ações imperialistas daquele período.[25]

Segundo René Rémond, a intensificação das disputas entre as potências mundiais, após 1871, possibilitou aquelas alterações no nacionalismo. Ampliaram-se as tensões internacionais, que derivaram na diluição dos seus traços democráticos e liberais. O nacionalismo direcionou-se, assim, à xenofobia, ao conservadorismo e ao exclusivismo. Como exemplo disso, Rémond cita a França, pois esse país alimentou um forte chauvinismo em relação aos alemães, em razão da sua derrota na Guerra Franco-Prussiana.[26]

Outra motivação indireta para o nacionalismo, de acordo com Rémond, foi o socialismo. O alastramento da consciência de classe e das ideias socialistas contribuiu para isso. Para combater o movimento operário, o sentimento nacional alterou o seu rumo e resvalou para a direita. Com isso, tornou-se suscetível às doutrinas reacionárias e contrarrevolucionárias, que colaboraram para a conservação da ordem política e social.[27]

As ponderações de Eric Hobsbawm sobre o nacionalismo complementam as argumentações de Rémond, e são relevantes para a nossa construção das mudanças presenciadas no nacionalismo após 1871. Segundo ele, a democratização da política e o surgimento de um Estado administrativo com capacidade de influência sobre os cidadãos em inúmeros países colaboraram para a recepção aos apelos nacionalistas nas sociedades urbanas das nações desenvolvidas,[28] e, como dissemos antes, o nacionalismo também foi fundamental para o imperialismo, pois contribuiu para a justificação da ação conquistadora europeia.

O fenômeno do imperialismo: um debate por intermédio da economia-política

Como abordado anteriormente, a segunda metade do século XIX foi marcada pela ampliação do mercado mundial. Contribuíram para isso os progressos tecnológicos daquele século. A expansão das estradas de ferro, principalmente na Europa e nos Estados Unidos, e o incremento das comunicações, por meio dos navios a vapor e do telégrafo, constituíram elementos essenciais para o aumento do comércio internacional. Na visão de Eric Hobsbawm, a formação dessa rede econômica fez com que áreas remotas tivessem relações diretas com o restante do mundo.[29]

O aumento da produtividade industrial e do comércio mundial, depois do período napoleônico, ocorreu sob a liderança inglesa. Seu incontestável predomínio, porém, começou a ruir entre as décadas de 1860 e 1890, em virtude de transformações no cenário mundial. Tais mudanças possibilitaram a desestruturação do equilíbrio de poder entre as potências mundiais e o advento do imperialismo. Esse fenômeno ganhou capilaridade no último quarto do século XIX, em decorrência da necessidade de aumento do mercado consumidor e da aquisição de áreas para o investimento de capital financeiro. Com isso, presenciamos a expansão do mercado mundial e a ampliação da competitividade entre as principais potências.

Em nossa análise, o imperialismo resultou da maturação das contradições da acumulação capitalista. Naquele período, os setores não capitalistas dos países centrais estavam se esgotando e o desenvolvimento do colonialismo foi uma necessidade desse modo de produção para garantir a sua reprodução. Com isso, vimos a influência política das potências capitalistas sobre o mundo e o triunfo desse modo de produção, em virtude da sua tendência expansiva e eliminadora de todas as outras formas econômicas.

O imperialismo, como um conceito de economia política, deve ser entendido como um conjunto de estruturas políticas e econômicas e de relações que propiciam um esquema de pensamento, ou um modelo, para nos auxiliar na compreensão do que os homens descreveram, ao longo da história, como impérios. No pensamento marxista, central em nossa abordagem, o imperialismo designa um estágio do desenvolvimento capitalista iniciado por volta do último quarto do século XIX.

John Hobson (1858-1940), no livro *Imperialism: a Study*, realizou a primeira definição mais sistemática do imperialismo. Impactado pelas disputas entre as principais potências por territórios na África e na Ásia, o jornalista inglês analisou esse fenômeno, que resultou na abertura dos mercados estrangeiros e em oportunidades de investimentos para os negócios privados no ultramar, pelas potências mundiais.[30]

Hobson associou o imperialismo à "expansão de um Estado além dos limites da sua nacionalidade". O fenômeno expressou a política implementada pelos grupos dominantes para alcançar os seus interesses econômicos. Sua conceituação vinculou esse fenômeno à colonização. Assim, ele não avaliou a possibilidade de sua ocorrência sem a existência da anexação territorial. A definição do fenômeno empreendida por Hobson não diferiu a ação imperialista do século XX da ocorrida em períodos históricos anteriores. Ao comparar o parasitismo da oligarquia romana com o dos grupos financistas do capitalismo moderno, por exemplo, ele conclui que ambos os processos possuíam características análogas.

Essa similaridade, entretanto, não inviabilizou o reconhecimento de substanciais diferenças por Hobson. A principal delas se referiu à identificação do novo colonialismo com as forças econômicas e sociais que dele se beneficiavam. O jornalista inglês apontou que as modernas sociedades capitalistas tiveram seu mercado consumidor caracterizado pelo "subconsumo". Esse resultou da defasagem entre as capacidades produtivas e consumidoras. Tais aspectos geraram excesso de bens e de capitais nas economias nacionais. A conquista de colônias no além-mar, realizada com o apoio estatal, sacramentou o desejo dos grupos financistas e industriais de ter acesso a mercados que absorvessem os seus capitais excedentes e os seus bens industriais.

Esse acontecimento propiciou oportunidades para o investimento de capital excedente, escoamento da produção industrial, beneficiamento de empresas envolvidas na produção de armamentos ou para aquelas implicadas nos setores de transportes e comunicações. Hobson destacou que os quadros militares, burocráticos e os profissionais liberais também se beneficiaram com o colonialismo, pois as aquisições territoriais permitiram oportunidades de ascensão nas respectivas carreiras em razão da exploração dessas áreas.

As análises sobre o imperialismo, cuja "palavra" fez parte do vocabulário político e acadêmico europeu na década de 1890, foram realizadas por diferentes tradições teóricas. Destacamos três correntes: a liberal, a keynesiana e a marxista. Os liberais defenderam que o surgimento do imperialismo esteve desconectado do desenvolvimento econômico capitalista. Segundo eles, seu surgimento derivou de um "atavismo subconsciente" de populações inflamadas pelos nacionalistas, que buscaram a ampliação do seu domínio e do seu poder por meio de "sentimentos irracionais" e competitivos sobreviventes do pré-capitalismo de raízes feudais.

Os liberais combateram, portanto, a associação das motivações econômicas e o imperialismo do final do século XIX. Segundo Joseph Schumpeter (1883-1950), no livro *Imperialismo e classes sociais*, o capitalismo, por sua natureza, era anti-imperialista. Por isso, o fenômeno não derivou da racionalidade dos fatores econômicos, mas de sentimentos irracionais de raízes feudais que impediram a realização do ideal de livre-comércio. De acordo com o economista e cientista político austríaco, o imperialismo constitui um "atavismo na estrutura social". Ou seja, um resquício proveniente das condições de vida, ou das próprias relações econômicas, do passado feudal.

Schumpeter destacou que o nacionalismo e o militarismo dos monarcas sobreviveram na era do capitalismo nas instituições e burocracia estatais. Igualmente, esteve presente nas atitudes mentais da burguesia, particularmente em relação aos povos não incorporados a suas fronteiras. Em sua teoria, o protecionismo econômico derivou da perpetuação de atributos mentais do Antigo Regime e não se vinculou à competitividade capitalista da segunda metade do século XIX.

De acordo com os keynesianos, o imperialismo consistiu em uma das formas de administração do capitalismo emanada da gerência das instituições estatais pelos grupos dominantes. Para essa corrente, a busca pelo poder e domínio entre as potências capitalistas não poderia ser explicada, apenas, pelas motivações econômicas.

Essa vertente destacou que o imperialismo derivou da necessidade de acúmulo de riquezas pelos Estados, pois expressou o caminho para a conquista de poder e de prestígio. Segundo os keynesianos, a predisposição dos homens para as guerras nasce do impulso ao comércio externo e do colonialismo. Assim, essa corrente desassociou o capitalismo industrial do imperialismo, pois relacionou a ação imperialista às transformações do capitalismo na Segunda Revolução Industrial.[31]

De acordo com os marxistas, a explicação para o imperialismo deve ser procurada no caráter expansionista do capitalismo. A acumulação de capital pelas potências mundiais, propiciada pelo acesso aos mercados consumidores, áreas para o investimento de capital financeiro e de exploração do trabalho, consistiria na principal motivação para o surgimento desse fenômeno.

A visão marxista contrastou com as visões liberal e keynesiana, pois a primeira corrente associou o imperialismo ao atavismo subconsciente de uma população inflamada pelos apelos nacionalistas de políticos sedentos de poder e o segundo grupo o relacionou às motivações por poder, prestígio ou razões nacionais do tipo mercantilista.

Os autores marxistas do início do século XX se destacaram nas formulações teóricas sobre o imperialismo. Segundo eles, esse fenômeno foi inevitável, pois resultou da necessidade de exportação de capitais e da ampliação do volume do comércio internacional decorrentes da força expansionista inerente à natureza capitalista.

Os autores marxistas destacaram que o imperialismo procedeu do domínio do capital financeiro e da formação dos grandes monopólios na segunda metade do século XIX. Acreditamos que Rudolf Hilferding (1877-1941), Nicolai Bukharin (1888-1938), Vladimir Lenin (1870-1924), Rosa Luxemburgo (1871-1919) e Karl Kautsky (1854-1938) foram os principais formuladores marxistas da teoria imperialista no início do século XX. Embora tivessem perspectivas diferenciadas, o que levou a polêmicas na avaliação do imperialismo, eles foram fundamentais na divulgação da interpretação marxista desse fenômeno nesse mesmo período.

No livro *O capital financeiro*, Rudolf Hilferding analisou as características do desenvolvimento capitalista na segunda metade do século XIX, a constituição do capital financeiro e o surgimento do imperialismo. Segundo ele, o capital financeiro uniu os capitais industrial, comercial e bancário sob a direção das altas finanças. Foi gerada uma situação na qual os mesmos magnatas dominavam acionariamente os monopólios bancários e industriais. Em razão disso, assistimos à supressão da livre concorrência pelos capitalistas individuais, que foi substituída pelas grandes corporações monopolistas, que, então, passaram a dominar as economias capitalistas.[32]

A monopolização e o acúmulo de capitais elevaram a competitividade econômica e desencadearam o protecionismo. Tais fatores fizeram com que as burguesias nacionais demandassem a internacionalização dos capitais para áreas que possibilitassem uma maior lucratividade. Dessa forma, os Estados nacionais tornaram as ações diplomáticas e militares centrais nas relações internacionais, pois a conquista de territórios coloniais e o acesso às áreas de influência para o recebimento de investimentos de capitais ganhou notoriedade.

Na visão de Hilferding, o imperialismo esteve vinculado a uma etapa de predomínio dos monopólios. Ele o definiu como a "política econômica do capital financeiro" e apontou três elementos centrais para a sua existência: I – o domínio e a influência sobre o maior território econômico possível pelas grandes potências; II – a disponibilidade de áreas de influência e de domínio direto para a exploração por associações monopolistas nacionais; e III – o protecionismo econômico.

Na visão de Hilferding, a competitividade entre as burguesias por mercados consumidores e áreas para o investimento de capital financeiro fortaleceu a atuação estatal no cenário internacional. A ação imperialista dos países mais desenvolvidos industrialmente expandiu o território econômico do capital. Essa atuação foi justificada na ideologia racial, na valorização do ideal de nação e na ação internacional sustentada no atendimento dos interesses nacionais.

No livro *A economia mundial e o imperialismo*, Nikolai Bukharin debateu o capitalismo na segunda metade do século XIX. Em sua visão, a economia mundial daquele período notabilizou-se pela exportação de capitais, pela formação dos grandes monopólios capitalistas e pela concorrência entre as grandes potências, que direcionaram suas ações para o atendimento dos seus interesses nacionais.[33]

Para Bukharin, a concorrência internacional formou um sistema de relações de produção e trocas comerciais competitivo, anárquico e mundial. O crescimento das forças produtivas multiplicou e consolidou as relações entre os capitalistas, que cada vez mais se confrontaram com o intuito de atender aos seus interesses nacionais. Foram elevadas as disputas entre os grupos burgueses por conta da internacionalização da vida econômica, o que contribuiu para a constituição de um mercado mundial caracterizado pela anarquia e por crises industriais. A guerra, segundo o autor, consistiu em um dos meios principais para a resolução da competitividade entre os capitalistas no sistema internacional, e a Primeira Guerra Mundial foi o exemplo utilizado para exemplificar a sua tese.

Por fim, destacamos que Bukharin afirmou que o imperialismo resultou da formação dos monopólios capitalistas e do surgimento do capital financeiro, após 1870. As conquistas imperialistas não derivaram exclusivamente dos interesses de raça ou da aquisição de poder político pelos países industrializados; antes, resultaram das tentativas do capital financeiro em subordinar o mundo ao seu domínio.

No livro *Imperialismo, fase superior do capitalismo*, Vladimir Lenin afirmou que o imperialismo foi a expressão da fase monopolista do capitalismo. Essa fase foi constituída pela existência de grandes monopólios comerciais e produtivos, além de ser marcada pela supremacia do capital financeiro. Este possuía, segundo o marxista russo, a capacidade de subordinar mesmo os Estados que gozavam de uma completa independência política. Segundo Lenin, a partilha das áreas coloniais e o domínio mundial por um restrito número de nações eram características essenciais do imperialismo.[34]

A formação dos grandes monopólios foi um dos fenômenos mais relevantes do capitalismo em fins do século XIX. A cartelização das atividades econômicas e a supremacia do capital financeiro consistiram em seus aspectos centrais. De acordo com Lenin, a ação desencadeada pelos banqueiros fez com que os capitais, os meios de produção e as fontes de matérias-primas das colônias fossem controlados pelo capital financeiro, que se tornou o grande agente do imperialismo.

Na perspectiva leninista, o imperialismo foi consequência da monopolização, do surgimento do capital financeiro e do seu predomínio sobre outras formas de capital. Ele afirmou que esse fenômeno tinha os seguintes aspectos:

I. concentração da produção e do capital, que foi levada a um grau tão elevado de desenvolvimento que criou os monopólios, que passaram a desempenhar um papel decisivo na vida econômica;
II. fusão do capital bancário com o capital industrial, criando, nessa base, o capital financeiro e uma oligarquia financeira;
III. a exportação de capitais, diferentemente da exportação de mercadorias, adquiriu uma importância central;
IV. formação de associações interacionais monopolistas de capitalistas que partilharam o mundo entre si; e
V. partilha territorial do mundo entre as principais potências capitalistas.

Existe em análise uma correspondência entre a exportação de capitais e a aquisição de territórios coloniais. Segundo a teoria leninista, os investimentos externos possibilitaram ganhos para o capital e reforçaram a necessidade de aquisição de áreas para a colonização. De acordo com Lenin, as colônias, como também as áreas de domínio indireto, facilitaram os investimentos no exterior e garantiram a reprodução do capital. Além disso, ele afirmou que o capital financeiro acentuou as disputas, entre as nações industrializadas, por mercados consumidores, colônias e áreas receptoras dos capitais exportados. Assim, a aquisição de espaços coloniais polarizou as nações e elevou a competitividade no sistema internacional ao final do século XIX.

Hilferding, Bukharin e Lenin afirmaram que a exportação de capitais foi uma reação à tendência de queda da taxa de lucro. Para que essa situação fosse evitada, ocorreu a exportação do capital excedente para os países mais atrasados, pois essas nações garantiam ganhos elevados em decorrência da escassez de capitais, baixo preço da terra, achatados salários e por possuírem matérias-primas baratas. Também foi relevante a expansão de capitais para o interior não industrializado das nações centrais do capitalismo, pois essa situação manifestou a luta entre os monopólios pela aquisição de lucro e o consequente acúmulo de capitais.

A marxista Rosa Luxemburgo, em sua principal obra sobre o tema, *A acumulação de capital: estudo sobre a interpretação econômica do imperialismo*, desassociou o imperialismo de uma nova fase do capitalismo. Segundo ela, esse fenômeno expressou uma etapa do desenvolvimento capitalista e decorreu das contradições da acumulação de capital. Sua teoria, diferentemente da formulada pelos autores marxistas anteriormente debatidos, não se fundamentou nas transformações do capitalismo concorrencial e nas mudanças no processo produtivo ao final do século XIX.

De acordo com Rosa Luxemburgo, o capital não se reproduz sem os mercados não capitalistas, pois esse modo de produção tem uma tendência natural ao subconsumo. Dessa maneira, há a necessidade de novos compradores para avolumar as transações comerciais, propiciar o acúmulo de capitais e o desenvolvimento produtivo. Por isso, ela destacou a internacionalização dos capitais, pois essa ocorrência foi uma condição vital para a elevação da taxa de lucro. Em razão disso, as guerras e as aquisições de colônias foram inevitáveis para o próprio funcionamento do sistema capitalista.[35]

Destacamos, da mesma forma, que Rosa Luxemburgo acreditou que o capitalismo alcançaria o seu limite quando ocupasse os territórios "não capitalistas". O estancamento do acesso a novos mercados faria com que a acumulação de capitais fosse paralisada e o capitalismo ingressaria em uma crise sem precedentes. Essas análises a levaram a afirmar que a Primeira

Guerra Mundial derivou das disputas interimperialistas por colônias e áreas para o investimento, pelas grandes potências, dos seus capitais excedentes.

O alemão Karl Kautsky, por outro lado, associou o imperialismo à montagem dos impérios coloniais na passagem do século XIX para o XX. Ele afirmou que esse fenômeno expressou uma política específica dos grupos dominantes e não foi uma fase econômica ou um estágio superior do capitalismo avançado. O dirigente do partido social-democrata argumentou que o militarismo e o colonialismo decorreram das análogas ações empreendidas pelas grandes potências capitalistas daquele período.[36]

Sua abordagem sobre o fenômeno procedeu de uma avaliação da distorção da indústria e da agricultura nas economias capitalistas. Kautsky considerou que a capacidade de produção industrial superava a agrícola e o mercado rural não conseguia absorver os produtos industriais, propiciando um quadro de superprodução. A expansão urbana também não foi acompanhada da elevação da produtividade agrícola, decorrendo na incapacidade de abastecimento dos seus gêneros no ritmo exigido pelas cidades.

Dessa forma, Kautsky considerou o imperialismo uma das políticas preferidas pelo capital industrial para enfrentar essa desproporção. Como também foi destacado por Rosa Luxemburgo, ele associou o fenômeno às necessidades comerciais e à conquista de áreas para o investimento de capitais. Por isso, o acesso a regiões pré-capitalistas ou dependentes era fundamental.

Em seu trabalho, o marxista alemão também elaborou o conceito de "ultraimperialismo". Segundo ele, os interesses econômicos dos capitalistas conduziriam a uma aliança entre as burguesias, o que apaziguaria as rivalidades bélicas em decorrência da construção de uma aliança em "nome da paz" entre as nações imperialistas. Kautsky afirmou que o surgimento de uma federação de potências seria a tendência, por finalizar a corrida armamentista e promover a paz mundial.

Essa formulação foi atacada por marxistas contemporâneos do alemão, sobretudo por Lenin. Entretanto, aferimos que há uma recente produção teórica que rediscute a perspectiva analítica de Kautsky. A inocorrência de conflitos entre as grandes potências depois da Segunda Guerra Mundial (1939-1945), por razões que não cabem nos limites deste ensaio, fez com que a percepção analítica contida na elaboração do conceito de ultraimperialismo ganhasse relevância. Sua teoria adquiriu notoriedade nas abordagens dos autores que avaliam a pertinência da utilização das definições de imperialismo para a análise das relações internacionais na Guerra Fria e na Nova Ordem Mundial, após 1991.

O imperialismo na África, na Ásia e na América Latina

O historiador burquinense Joseph Ki-Zerbo, quando estudou a dominação europeia na África negra, destacou a imagem de três figuras centrais para o processo imperialista: os missionários, os mercadores e os militares (o que chamou de os três M). Essas figuras, fundamentais no processo colonial, também podem ser encontradas em outras regiões onde a dominação europeia ocorreu. Tal aspecto amplia o uso da categoria dos três M.[37]

A África foi o último continente subjugado pelos europeus desde o início da ação colonialista no século XV. Apesar da presença nessa região desde o período das Grandes Navegações, não houve colonização até o século XIX. Durante essa fase, foram estabelecidas, principalmente, relações comerciais. Os mercadores europeus buscaram ouro, marfim e escravos por meio do comércio com os africanos.

Como afirmado por Godfrey Uzoigwe, a ação europeia no século XIX foi um fato único, pois ocorreu com rapidez e relativa facilidade. Segundo ele, a compreensão desse processo perpassou pela análise das teorias econômicas, psicológicas, diplomáticas e, sobretudo, pela apreensão da conquista pelos africanos. Os três primeiros argumentos estiveram presentes ao longo do nosso ensaio e fizeram parte da narrativa eurocêntrica.

Dessa forma, é necessário também avaliarmos o colonialismo a partir da percepção dos africanos. Uzoigwe rejeitou a concepção de que a divisão e a conquista foram inevitáveis. Ele as considera uma consequência histórica do "processo de devoração" daquele continente pelos europeus. Sua teoria afirmou que a superioridade econômica e tecnológica, o conhecimento do interior do continente pelos europeus e as divisões interestatais/intraestatais na África facilitaram a conquista militar e o desenvolvimento da colonização.[38]

O marco central da ação imperialista europeia na África foi a Conferência de Berlim, ocorrida entre 15 de novembro de 1884 e 26 de fevereiro de 1885. O encontro almejou o estabelecimento de normas para as novas ocupações na costa africana, em razão das reivindicações alemãs. Realizada "em nome da paz e da humanidade", como enfatizou o historiador Henk Wesseling, o encontro se justificou na avaliação dos assuntos comerciais, na preocupação dos dirigentes europeus com o "bem-estar" dos africanos e na análise da livre navegação comercial no Congo. O encontro também traçou os lineamentos para a ocupação do continente africano. Ela foi transformada em um símbolo da divisão daquele continente por ter definido as suas diretrizes centrais e por ter sido a única experiência multilateral entre os colonialistas, já que os atos posteriores derivaram das ações independentes dos Estados e da diplomacia bilateral.[39]

No caso asiático, diferentemente do ocorrido no continente africano, as ações europeias não se deram, exclusivamente, por meio da conquista e da ocupação territorial. Nessa região, os europeus se depararam com Estados que possuíam milenares organizações políticas, econômicas e culturais. Apesar disso, eles ficaram indefesos diante da capacidade tecnológica e dos recursos bélicos ocidentais.

A presença dos europeus não atentou, necessariamente, contra a independência política. Além da colonização, eles almejaram alcançar as metas do imperialismo por meio da influência econômica, comercial, industrial e financeira. A conjunção das pressões políticas e do "uso das baionetas" garantiu aos europeus o acesso aos mercados consumidores e a áreas para o investimento do seu capital financeiro.

A China foi um exemplo desse modelo. Ao longo da década de 1830, os mercadores estrangeiros buscaram a abertura dos seus portos para o comércio internacional. As tensões daí decorrentes se elevaram com o combate chinês ao tráfico do ópio, que tinha a destacada participação dos ingleses. Em razão disso, presenciamos a Primeira Guerra do Ópio (1839-1840). Esse embate terminou com a vitória da Inglaterra. Ela obteve vantagens comerciais e estratégicas com o conflito, em virtude da cessão da ilha de Hong Kong pelos chineses, conforme foi estabelecido pelo Tratado de Nanquim.

Depois desse conflito, a presença estrangeira na China se ampliou. Como exemplo disso, temos a união da Inglaterra e da França contra esse império durante a Segunda Guerra do Ópio (1856-1860). Esse episódio foi marcado pelo bombardeamento e saque de Pequim, mais uma vez, fortemente atingida. As ações externas, porém, tiveram o seu clímax entre 1895-1896. Na ocasião, assistimos ao *break up* da China, ou seja, a sua divisão em áreas de influência. Esse evento consolidou a penetração comercial da Alemanha, Inglaterra, França, Estados Unidos e Rússia naquele império. Em razão disso, presenciamos mais um capítulo da resistência chinesa, expressa na Guerra dos Boxers (1899-1901).

Destacamos, ainda, alguns casos de colonização na Ásia, como os da Birmânia, Malásia, Indochina e Indonésia. Os dois primeiros foram anexados pelos ingleses em 1866 e 1874, respectivamente. Com isso, a Inglaterra obteve o controle do acesso entre os oceanos Índico e Pacífico, por meio de Cingapura. Outro acontecimento relevante foi a anexação pelos franceses, entre 1862 e 1893, da Indochina (Laos, Camboja, Vietnã e Cochinchina). Por fim, destacamos a conquista da Indonésia pelos holandeses, que partiram dos enclaves mercantilistas que eles já detinham no arquipélago.

A afirmação da proeminência estadunidense no hemisfério americano e a sua projeção imperial no ultramar transcorreram entre as décadas de 1880 e, principalmente, 1890. O redirecionamento da sua política externa derivou das alterações em sua estrutura econômica, possibilitadas pela expansão industrial, pelo surgimento do capital monopolista e pela observação da possível incapacidade de absorção da crescente produção industrial pelo seu mercado interno, no final daquele século.[40]

O impulso ao imperialismo norte-americano aconteceu após o período de crescimento territorial transcorrido ao longo do século XIX. Esse acontecimento permitiu o controle do Oeste e a construção de um império continental, como foi defendido por George Washington, em seu testamento político. O aumento territorial foi sustentado na ocupação de terras indígenas e na incorporação das seguintes regiões: Louisiana (1803), Flórida (1819), Texas (1845), Oregon (1846), Califórnia, Arizona, Nevada, Utah e Novo México (1848), Alasca (1867) e Havaí (1898).[41]

A legitimação das anexações territoriais pelos norte-americanos foi fundamentada na teoria do destino manifesto. Essa expressão foi utilizada pela primeira vez, em 1845, por John L. O'Sullivan, editor da revista do Partido Democrata *The United States Magazine and Democratic Review*. Na ocasião, ele justificou a anexação do Texas, criticada por Inglaterra e França, com o argumento de que as aquisições territoriais se fundamentavam no legítimo direito dos norte-americanos, garantido pela providência divina, para a ocupação continental. A missão nacional norte-americana seria assegurar terras para a extensão das propriedades e para os amantes da liberdade. Em razão disso, o expansionismo territorial tornava-se, pelo menos na aparência, legítimo.[42]

As alterações na política externa em direção ao imperialismo foram iniciadas na 1ª Conferência Pan-Americana, ocorrida em Washington entre outubro de 1889 e abril de 1890. Na ocasião, duas propostas foram apresentadas pelos líderes norte-americanos para a sua supremacia no hemisfério americano: a união aduaneira e a indicação do país como o intermediário em negociações derivadas de conflitos regionais.

Ambas as sugestões foram rechaçadas pela maioria das nações reunidas em Washington. O receio em relação às pretensões hegemônicas estadunidenses e a identificação dos prováveis prejuízos às suas economias nacionais, em decorrência da união aduaneira, impeliram a repulsa às propostas apresentadas pelos Estados Unidos. Todavia, esse acontecimento não inviabilizou a continuidade dos encontros pan-americanos. Eles perduraram até 1954, ocasião do décimo encontro, ocorrido na cidade de Caracas. Essas reuniões estreitaram as relações políticas entre as nações do continente e funcionaram como um espaço de convivência e acordos diplomáticos. Com isso, contribuíram para dirimir as tensões e os conflitos entre os países continentais.

Defendemos que a ação dos Estados Unidos como potência imperialista foi desencadeada em 1898. Na ocasião, o país interveio no segundo ciclo de guerras pela emancipação realizadas pelos cubanos contra os espanhóis.[43] A explosão do navio *Maine*, na baía de Havana, em fevereiro daquele ano, foi o pretexto para os norte-americanos deflagrarem os conflitos com os espanhóis, iniciando a guerra hispano-americana.

Além de ser um acontecimento relevante para o acionamento do imperialismo, a guerra hispano-americana possuiu outros dois significados internos importantes para os norte-americanos: desencadeou um furor patriótico que restabeleceu a unidade nacional, após as divisões internas derivadas da Guerra Civil (1861-1865), e permitiu o apaziguamento dos conflitos sociais transcorridos durante a década de 1890.

A guerra hispano-americana levou à ocupação da ilha pelos estadunidenses. A independência cubana, "de fato", somente ocorreu em março de 1902, depois do fim da administração norte-americana e a transferência dos poderes para o recém-eleito presidente cubano Tomás Estrada Palma. Destacamos que a aprovação da Emenda Platt,[44] em

1901, pelo Congresso dos Estados Unidos, estabeleceu os fundamentos da relação futura entre os dois países.

Além do controle de Cuba, ressaltamos que Porto Rico e Guam foram cedidas pelos espanhóis aos Estados Unidos a título de indenização de guerra. Por fim, no marco do expansionismo pelo Pacífico, iniciado com a anexação do Havaí, o presidente norte-americano William McKinley, em nome da "educação, civilização e cristianização" dos filipinos,[45] angariou a compra do arquipélago junto aos espanhóis por US$ 20 milhões.[46]

Os acontecimentos ocorridos no ano de 1898 impulsionaram a construção do Império Norte-Americano no ultramar. O hemisfério ocidental e o Caribe foram os seus alvos centrais. Como observado por Pablo Casanova, as ações armadas foram fundamentais na política externa dos Estados Unidos. Na ocasião, a política do *Big Stick*, elaborada pelo presidente Theodore Roosevelt, fundamentou o uso da força contra a resistência às ações norte-americanas. Posteriormente, William Howard Taft formulou a "Diplomacia do Dólar". Com essa política, os norte-americanos utilizaram a influência econômica na sua política externa. O endividamento das nações e os investimentos produtivos foram instrumentos empregados para garantir o seu predomínio e controle do hemisfério ocidental.[47]

Na América Central e no Caribe, principalmente, os norte-americanos privilegiaram o apoio a ditadores e as ingerências armadas para garantir que os investimentos dos seus capitais fossem atendidos. Em razão disso, ocorreu um conjunto de intervenções em países da "zona de segurança norte-americana", a saber: Guatemala (1898), Panamá (1903), Nicarágua (1912 a 1915 e 1926-1933), Haiti (1915 a 1934) e República Dominicana (1916-1924).

Considerações finais

Edward Said expressou no livro *Cultura e imperialismo* que o contato imperial "nunca consistiu na relação de um ativo intruso ocidental contra um nativo não ocidental inerte ou passivo; *sempre* houve algum tipo de resistência ativa e, na maioria esmagadora dos casos, essa resistência acabou preponderando".[48]

Sua observação faz com que o tema da resistência se destaque na abordagem do imperialismo. Tentamos, neste ensaio, analisar esse fenômeno a partir da sua configuração teórica, seus marcos referenciais na economia-política e pela breve abordagem das ações imperialistas na África, Ásia e América Latina.

Concordamos com o historiador e internacionalista J. B. Duroselle, quando afirma que poucos temas foram tão debatidos, quase à sua exaustão, quanto a natureza do imperialismo do século XIX. Em razão disso, ele divide as suas teorias explicativas em dois grandes grupos: i) os que primam pelo fator econômico; ii) os que consideram os aspectos econômicos menos importantes que o político.

Cremos que os aspectos socioculturais são tão significativos quanto os aspectos anteriormente citados. Portanto, observamos que as guerras e a ação colonialista transcorridas entre o fim do século XIX e o início do século XX também consistem em temáticas das Relações Internacionais e da Sociologia, pois essas disciplinas se debruçam sobre o contato entre distintas civilizações e abordam os métodos adotados pelo colonizador. Assim, adotar apenas uma dessas vertentes em detrimento da outra, sem entender que todas caminham conjuntamente e estão interligadas, seria um equívoco ou, como nos alertou o mexicano Aguirre Rojas, um pecado capital do historiador.

Notas

1. HOBSBAWM, 1988, p. 198.
2. Analisaremos as ações imperialistas dos europeus e norte-americanos, pois consideramos esses casos mais relevantes para o nosso estudo. Debateremos a conquista e o domínio europeu sobre a África e a Ásia, além de demonstrar a influência dos Estados Unidos sobre a América Latina, destacadamente a América Central e o Caribe, bem como Filipinas e ilhas do Pacífico. Salientamos que as ações imperialistas do Japão na Ásia foram decorrentes do processo de modernização desencadeado pela Revolução Meiji, que possibilitou a modernização econômica e um contundente desenvolvimento militar dos japoneses. O caso nipônico apresenta algumas particularidades, o que o diferenciou dos outros mencionados anteriormente. Em 1854, os norte-americanos exigiram a sua abertura comercial, fato que marcou o início da cobiça imperialista sobre o Japão. Buscando evitar que o caminho chinês fosse seguido, em 1868,

depois de uma série de bombardeios anglo-franceses e norte-americanos, ocorreu a restauração do Império, por meio do imperador Mutsuhito. Com isso, iniciou-se a Revolução Meiji. Esse processo possibilitou a modernização do Japão, que teve por base os países ocidentais. Assim, presenciamos a abolição das relações feudais, a reforma agrária, a rápida industrialização, a reorganização financeira e o incremento do sistema ferroviário. Para mais informações, consultar DICKINSON. Acesso em 16/1/2016; e CHESNEAUX, 1976.

3. A produção téorica inglesa que avalia a expansão europeia dividiu a história dos impérios coloniais em duas épocas. A primeira, denominada de Antigo Sistema Colonial, está vinculada à Idade Moderna, portanto, ao Antigo Regime. Remete-se ao período anterior às revoluções burguesas do século XVIII. A segunda fase está associada ao desenvolvimento do capitalismo industrial no século XIX e ao expansionismo colonial iniciado naquele século, e que perdurou até a Primeira Guerra Mundial. Esse período foi definido como o Novo Sistema Colonial.
4. FERRO, 1996.
5. *Ibidem.*
6. O período de guerras vivido na Europa nesse momento decorreu da luta pela hegemonia no sistema internacional, aviltado pelo processo revolucionário francês e, sobretudo, pela Era Napoleônica.
7. HOBSBAWM, 1982.
8. KENNEDY, 1989.
9. A partir da década de 1870, a balança comercial inglesa modificou a sua estrutura interna. A venda de mercadorias decaiu e a exportação de capitais ganhou notoriedade. Londres, assim, se transformou no centro financeiro mundial naquele período, em razão da sua centralidade no sistema financeiro internacional. Para um aprofundamento desse debate, consultar os capítulos 1 e 3 de ARRIGHI, 1997.
10. CLARK, 2014.
11. KENNEDY, 1989.
12. O revanchismo da França em relação à Alemanha deveu-se à excisão da Alsácia-Lorena em 1871, em virtude da Guerra Franco-Prussiana. Essa "ferida" mobilizou o nacionalismo francês contra os alemães e a ideia de revanche se manteve viva entre os franceses até a eclosão da Primeira Guerra Mundial, em 1914.

13. DOPCKE. *In*: SARAIVA (Org.), 2007.
14. WESSELING, 2008.
15. *Ibidem*.
16. *Ibidem*.
17. BONANATE, 2001.
18. FERRO (Org.), 2004.
19. SCHUMPETER, 1986.
20. MORGENTHAU, 1951.
21. KENNEDY, 1989.
22. FERRO, 2004.
23. SAID, 2007.
24. *Idem*, 1990.
25. SCHUMPETER, 1986.
26. RÉMOND, 1997.
27. *Ibidem*.
28. HOBSBAWM, 2012.
29. *Idem*, 1982.
30. HOBSON, 2005.
31. BROWN, 1979.
32. HILFERDING, 1985.
33. BUKHARIN, 1984.
34. LENIN, 1983.
35. LUXEMBURGO, 1988.
36. KAUTSKY. Acesso em dezembro de 2012.
37. KI-ZERBO, 1972.
38. UZOIGWE. *In*: BOAHEN (Coord.), 2010.
39. WESSELING, 2008.
40. NEVINS; COMMAGER, 1996.
41. BOSCH, 2011.
42. KIERNAN, 2009.
43. A última guerra perpetrada pelos cubanos por sua independência ocorreu entre 1895 e 1898. Na ocasião, a opinião pública norte-americana e vários dos seus líderes políticos realizaram críticas ao domínio espanhol sobre a ilha, proclamando simpatias por sua emancipação.
44. O mais controvertido e simbólico artigo da Emenda Platt foi o terceiro. Este garantiu aos Estados Unidos o direito de intervir em Cuba, para assegurar a sua emancipação e a existência de um governo alinhado com a proteção

da vida, da propriedade e da liberdade individual. Os outros preâmbulos restringiam os poderes de Cuba para contrair dívidas, estabeleciam tratados com outras nações e permitiam aos norte-americanos comprar a base de Guantánamo.

45. Entre 1899-1902, a resistência filipina à colonização norte-americana derivou em um conflito que envolveu aproximadamente 50 mil soldados filipinos, liderados por Emilio Aguinaldo. O conflito mobilizou uma parcela da opinião pública estadunidense, que se colocou contrária à ação imperialista, pois isso feria os princípios democráticos e liberais por eles defendidos. Porém, esse grupo não conseguiu interferir nas ações do governo, que consolidou a ocupação do arquipélago em 1902.
46. BOSCH, 2011.
47. CASANOVA, 1987.
48. SAID, 1995, p. 12.

Referências

ARRIGHI, Giovanni. *O longo século XX:* dinheiro, poder e as origens de nosso tempo. 2ª ed. Rio de Janeiro: Contraponto; São Paulo: Unesp, 1997.

BONANATE, Luigi. *A guerra.* 2ª ed. Trad. Maria Tereza Buonafina e Afonso Teixeira Filho. São Paulo: Estação Liberdade, 2001.

BOSCH, Aurora. *Historia de los Estados Unidos (1776-1945).* Barcelona: Editorial Crítica, 2011.

BROWN, Michael. *A economia política do imperialismo.* Rio de Janeiro: Zahar, 1979.

BUKHARIN, Nikolai I. *A economia mundial e o imperialismo.* São Paulo: Editor Victor Civita, 1984.

CASANOVA, Pablo Gonzales. *História contemporânea da América Latina – imperialismo e libertação.* São Paulo, Vértice, 1987.

CHESNEAUX, Jean. *A Ásia Oriental nos séculos XIX e XX.* São Paulo: Pioneira, 1976.

CLARK, Christopher. *Os sonâmbulos:* como eclodiu a Primeira Grande Guerra Mundial. São Paulo: Companhia das Letras, 2014.

DICKINSON, Frederick. *Governments, Parliaments and Parties (Japan).* Disponível em: <http://encyclopedia.1914-1918-online.net/article/governments_parliaments_and_parties_japan>. Acesso em 16/1/2016.

DOPCKE, Wolfgang. Apogeu e colapso do sistema internacional europeu (1871-1918). *In*: SARAIVA, Flavio Sombra (Org.). *História das Relações Internacionais Contemporâneas – da sociedade internacional do século XIX à era da globalização*. São Paulo, Saraiva, 2007.

DUROSELLE, Jean-Baptiste. *A Europa de 1815 aos nossos dias:* vida política e relações internacionais. São Paulo: Pioneira, 1976.

FALCON, Francisco José Calazans. Os Impérios na época do imperialismo. *In*: SILVA, Francisco Carlos Teixeira da; CABRAL, Ricardo; MUNHOZ, Sidnei J. (Coords.). *Impérios na História*. Rio de Janeiro: Elsevier/Campus, 2009.

FERRO, Marc. *História das colonizações*. São Paulo: Companhia das Letras, 1996.

______(Org.). *O livro negro do colonialismo*. Rio de Janeiro: Ediouro, 2004.

HILFERDING, Rudolf. *O capital financeiro*. Rio de Janeiro: Nova Cultura, 1985.

HOBSBAWM, Eric. *A era do capital: 1848-1875*. São Paulo: Paz e Terra, 1982.

______. *A era dos impérios: 1874-1914*. São Paulo: Paz e Terra, 1988.

______. *A era dos extremos: o breve século XX – 1914-1991*. São Paulo: Companhia das Letras, 1995.

HOBSON, John. *Imperialism: a study*. Nova York, US: Cosimo Classics, 2005.

KAUTSKY, Karl. "Ultra-Imperialism". Disponível em: <https://www.marxists.org/archive/kautsky/1914/09/ultra-imp.htm>. Acesso em dezembro de 2012.

KIERNAN, Victor G. *Estados Unidos – O novo imperialismo*. Rio de Janeiro: Record. 2009.

KI-ZERBO, Joseph. *História da África negra*. Vol. II. Lisboa: Publicações Europa--América, 1972.

LENIN, Vladimir. *Imperialismo fase superior do capitalismo*. São Paulo: Alfa--Ômega, 1983.

LUXEMBURGO, Rosa. *Introdução à economia política*. São Paulo: Martins Fontes, 1988.

MORGENTHAU, Hans. *Politics Among Nations. The Struggle for Power and Peace*. Nova York: Alfred Knopf, 1951.

NEVINS, Allan; COMMAGER, Henry Steele. *Breve historia de los Estados Unidos*. Ciudad de México: Fondo de Cultura Económica, 1996.

POLANYI, Karl. *A grande transformação. As origens da nossa época*. São Paulo: Campus Elsevier, 2011.

RÉMOND, René. *O século XIX – 1815-1914*. São Paulo: Cultrix, 1997.

ROJAS, Carlos Antonio Aguirre. *Antimanual do mau historiador ou como se fazer uma boa história crítica?*. Londrina: Eduel, 2007.

SAID, Edward. *Orientalismo*. São Paulo: Companhia das Letras, 1990.

______. *Cultura e imperialismo*. Trad. Denise Bottman. São Paulo: Companhia das Letras, 1995.

______. *Cultura e política*. São Paulo: Boitempo, 2007.

SCHUMPETER, Joseph. *Imperialismo e classes sociais*. Rio de Janeiro: Zahar, 1986.

UZOIGWE, Godfrey. Partilha europeia e conquista da África: apanhado geral. *In*: BOAHEN, Albert Adu (Coord.). *História geral da África – Vol. 7*. Brasília: Unesco: 2010.

WESSELING, Henk. *Dividir para dominar – a partilha da África (1880-1914)*. 2ª ed. Rio de Janeiro: UFRJ; Revan, 2008.

10. O grande conflito se aproxima: inovações tecnológicas antes e durante a Primeira Guerra Mundial

Armando Bittencourt

A Primeira Guerra Mundial foi diferente das guerras anteriores e verdadeiramente uma catástrofe. Ela se caracterizou pelo emprego maciço de produtos do progresso tecnológico recente, resultantes de desenvolvimentos da Revolução Industrial. Nela ficou evidente a relevância da tecnologia para os grandes conflitos que ocorreram em seguida.

Os líderes que tornaram a guerra inevitável não foram capazes de imaginar o que poderia acontecer. Por que ocorreu, na época, esse desconhecimento da realidade?

Ian Morris, com *War, What is it Good for?*, afirma que os documentos escritos pelos líderes políticos da Europa, imediatamente antes do início da Primeira Guerra Mundial, revelam que eles avaliaram fria e racionalmente os acontecimentos e julgaram que a guerra era a melhor opção, entre as que podiam escolher. Comenta, também, que eram pessoas experientes, nem piores nem melhores do que os líderes atuais.

Constata-se, hoje, que poucas pessoas dessa época estavam preparadas para perceber o potencial dos novos armamentos que se encontravam disponíveis. Também faltou à maioria dos líderes a percepção de que, devido aos poderes militares que poderiam se confrontar, caso irrompesse uma guerra, ela seria longa, de grandes proporções e se prolongaria até a exaustão de um dos lados beligerantes.

Para o almirante John Arbuthnot Fisher[1] da Marinha Real britânica, contemporâneo desse conflito, "todas as nações desejam a paz, mas querem a paz que lhes convém".[2] Segundo ele, o emprego da violência na disputa de interesses com outras nações depende de um balanço entre o que elas podem perder ou ganhar. Quando a previsão do que podem perder é superior à do que podem ganhar, a paz é preservada.[3] Pensamentos semelhantes estão na essência das políticas de defesa nacionais do início do século XXI que, em geral, privilegiam as soluções diplomáticas, porém, sempre com o respaldo de Forças Armadas capazes de dissuadir o emprego da violência pelo oponente.

Essas Forças Armadas, cujo principal propósito é manter a paz desejada, devem estar permanentemente preparadas para defender os interesses de sua nação, inclusive sendo capazes de assessorar corretamente seus líderes políticos, porque são eles que declaram as guerras. Essa preparação também implica saber bem suas próprias vulnerabilidades e conhecer o potencial do armamento disponível, pois a avaliação do que se pode perder ou ganhar depende da capacidade de quem avalia. Isso falhou nos acontecimentos que antecederam a Primeira Guerra Mundial, pois as Forças Armadas poderosas da década de 1910 não dissuadiram o emprego de violência para a solução dos conflitos. Somente o desconhecimento do potencial da tecnologia que lhes era contemporânea, por parte dos líderes políticos e dos militares profissionais que tinham a obrigação de assessorá-los, pode explicar isso.

A Alemanha, unificada havia poucas décadas e situada geopoliticamente no centro da Europa, modificara a estrutura do equilíbrio de poder mundial. Em seu planejamento estratégico, avaliando os possíveis cenários que poderiam ocorrer no futuro, os alemães temiam que o poder da Rússia crescesse e ultrapassasse o seu, devido ao imenso potencial, em população e recursos naturais, do Império Russo. Desconfiavam, também, que um dia a França procuraria revanche pela humilhação da derrota sofrida em 1870. Os líderes alemães acreditavam, portanto, que a guerra seria inevitável, mais cedo ou mais tarde, e vinham se preparando para isso. Imaginavam, também, por precaução, que um dia poderiam enfrentar o Reino Unido. Se isso ocorresse, a guerra precisaria ser globalizada, para desviar recursos militares britânicos para longe da Europa.[4] Com o propósito de prejudicar o domínio britânico na Índia, centralizaram, então, seus esforços, desde o final do século XIX[5], para influenciar o Império Otomano, que dominava o Oriente Próximo.[6] Os turcos não só podiam ameaçar o Canal de Suez, essencial para a comunicação com a Índia, como também controlavam o Estreito de Dardanelos e, portanto, o acesso aos portos russos do Mar Negro. A Turquia poderia também incentivar uma *jihad* [guerra santa] muçulmana contra o domínio britânico no Oriente islamizado. O Império Otomano era, portanto, um importante aliado e, mais tarde, participaria da guerra ao lado da Alemanha.[7]

O início da Primeira Guerra Mundial se deu quando a Áustria decidiu aproveitar a oportunidade do incidente de Sarajevo (o assassinato de seu príncipe herdeiro) para submeter a Sérvia e reafirmar o poder do Império Austríaco, já decadente, apesar de haver o risco de iniciar um conflito de grandes proporções.

Os russos superestimaram seu poder militar e subestimaram seus problemas internos ao socorrer os sérvios, seus aliados eslavos.

A França, por sua vez, tinha uma aliança com a Rússia para equilibrar a ameaça alemã e não teve escolha: foi arrastada para essa guerra. Viu nela, porém, uma boa oportunidade para recuperar os territórios perdidos para a Alemanha em 1870, a Alsácia e a Lorena.

Para esses países, portanto, parecia uma boa oportunidade de resolver seus problemas presentes e futuros pelas armas, como se fazia em épocas anteriores, mas os produtos da tecnologia que se encontravam disponíveis fizeram com que suas decisões se tornassem, de acordo com Barbara Tuchman, insensatas.

O Reino Unido, aparentemente, nada tinha a ver com esse conflito distante, uma guerra continental, mas existia uma aliança com a França, que tinha uma aliança com a Rússia, que, por sua vez, se julgava na obrigação de proteger a Sérvia. Para os britânicos, a neutralidade da Bélgica, que era garantida por tratados com a Alemanha e a França, tinha que ser preservada, para sua própria defesa. A expansão da Alemanha no continente europeu, principalmente caso ocorresse em direção ao litoral marítimo, era inaceitável para eles.[8] Como a Áustria era aliada da Alemanha, que sinalizou que, se a Rússia, aliada da França, interferisse no conflito dos austríacos com os sérvios, entraria na guerra, convinha aos britânicos se precaverem.

Em 28 de julho de 1914, a Áustria declarou guerra à Sérvia e a Rússia reagiu imediatamente, anunciando seu envolvimento. A Primeira Esquadra britânica – que pouco depois seria denominada *Grand Fleet* [Grande Esquadra] – recebeu ordens secretas para sair de Portland, no dia seguinte, e seguir para um local mais seguro, Scapa Flow, nas Ilhas Orkney, no norte da Grã-Bretanha.

Movimentando-se para sua estação de guerra, ela estaria protegida de um ataque surpresa por torpedos autopropulsados, uma inovação tecnológica do século anterior. Isso poderia ocorrer quase em simultâneo a uma declaração de guerra com a Alemanha, cujo poder naval era inferior ao britânico e, portanto, se beneficiaria caso afundasse ou avariasse seriamente um dos navios dessa Primeira Esquadra. Da posição estratégica de Scapa Flow, ela teria a possibilidade de controlar o Mar do Norte. O domínio dos mares seria fundamental para a vitória nessa guerra, que realmente só acabou quando a Alemanha viu seus recursos exauridos, em grande parte pelo bloqueio naval que lhe foi imposto.

Nas estratégias dos países continentais à época, a ofensiva preponderava sobre a defensiva.[9] Alguns dos novos armamentos disponíveis, no entanto, eram muito mais vantajosos para defender posições ocupadas pelos exércitos do que para atacar. O general Helmuth von Moltke, chefe do estado-maior alemão, menos otimista que seus contemporâneos, disse, em 1906, que a guerra que se aproximava não seria ganha em uma "batalha decisiva", ou seja, a batalha que faria o inimigo perdê-la; seria "longa e cansativa, com um país que não será vencido até que todas as suas forças sejam derrotadas; uma guerra que deixará nosso povo inteiramente exaurido, mesmo se formos vitoriosos".[10] Esse presságio, porém, era uma heresia para o pensamento da época, influenciado pela obra de Clausewitz.[11] E Moltke não tinha força nem prestígio bastante para convencer os outros.

Os planos dos alemães previam que eles obteriam uma vitória rápida, por meio de uma "batalha decisiva."[12] Sabiam que teriam duas frentes, a ocidental e a oriental. Era importante, portanto, vencer primeiro a França, porque ela era capaz de se mobilizar em poucos dias, para depois enfrentar a Rússia, que era mais lenta, na outra frente. Para obter a esperada vitória rápida sobre a França, os alemães julgavam necessário passar pelo território belga, para atacar o exército francês por seu flanco esquerdo, o que violava a neutralidade da Bélgica, a que haviam se comprometido a respeitar.

Os planos franceses desprezavam a possibilidade de um ataque vindo da Bélgica, porque acreditavam que os alemães não tinham efetivos suficientes e supunham que estes não empregariam tropas não profissionais na linha de frente. Por otimismo excessivo, por suporem erradamente as intenções do inimigo e porque também adotavam uma estratégia ofensiva, deixaram seu flanco esquerdo vulnerável.

Os países que se envolveram inicialmente na Primeira Guerra Mundial não estavam preparados para um conflito de longa duração e preferiram ignorar essa possibilidade. Justificando esse raciocínio otimista, as guerras europeias mais recentes – como a de 1870, em que a Alemanha derrotou a França –, que foram de curta duração.

A tecnologia disponível para a guerra

A iniciativa da movimentação imediata da Primeira Esquadra britânica para Scapa Flow foi de Winston Churchill[13], então First Lord of the Admiralty (cargo que corresponderia, no Brasil, aproximadamente ao de ministro da Marinha). Seu First Sea Lord era o almirante John Arbuthnot Fisher, que ele trouxera da Reserva. Juntos, complementaram a modernização da marinha do Reino Unido, iniciada antes de Churchill ter assumido o cargo, inclusive no período em que Fisher também fora First Sea Lord, em 1904. Naquele momento da mobilização, os britânicos contavam com 24 navios encouraçados modernos, construídos nos oito anos anteriores a 1914, do tipo *dreadnought*, o que lhes dava uma boa vantagem em relação à Marinha Imperial da Alemanha, que, então, possuía 17 dessas embarcações.[14]

Dreadnought era o nome de um navio de guerra britânico, um encouraçado, lançado ao mar em 1906, que tinha características especificadas, sob a liderança de Fisher. O projeto serviria de paradigma para os encouraçados da Primeira Guerra Mundial e do início da Segunda Guerra. Seu nome passou a designar um tipo de navio de guerra projetado obedecendo a requisitos básicos semelhantes aos seus. Era um produto inovador, que exemplifica bem a aplicação prática de muitos dos conhecimentos tecnológicos e experiências acumuladas até então.

Churchill era um dos que não eram otimistas em relação ao conflito iminente, e sabia que as chances de haver uma guerra generalizada eram grandes.[15] Esse conhecimento estava atualizado por sua experiência recente, modernizando a Marinha Real, com a assessoria do almirante Fisher, seu subordinado. Obtendo e avaliando operativamente navios e armamentos, ele adquirira a capacidade de prever o que poderia ocorrer em um conflito armado. Por outro lado, a maioria dos outros líderes, que se mostrou insensata, muito provavelmente desconhecia o potencial tecnológico existente, que poderia ser utilizado em uma guerra.

O ataque por torpedos, que a iniciativa de Churchill ao movimentar a esquadra britânica queria evitar, juntava duas ameaças, cujo desenvolvimento tecnológico dos últimos anos tornara eficazes: o torpedo autopropulsado e o submarino. Ambos não eram novidades, pois foram produtos de uma longa evolução, mas, antes, não exigiam muita atenção.

Como poucos conheciam as verdadeiras potencialidades dos novos armamentos, mesmo na Marinha Real britânica, foi preciso muito esforço antes do início dessa guerra para treinar as pessoas no emprego e desenvolvimento de novas táticas que se tornaram necessárias. Para o tiro a longa distância, por exemplo, todos os canhões da bateria principal tinham de ser de igual calibre e atirar ao mesmo tempo, em salva, para observar o resultado e corrigir a próxima salva, para enquadrar o alvo.[16]

Tendo em vista que se precisava também calcular rapidamente o tiro a longa distância, para que os projéteis atingissem a posição futura do alvo, necessitava-se de um "diretor de tiro". Considerando os recursos tecnológicos da época, era preciso o desenvolvimento de um calculador analógico, composto de partes mecânicas, como engrenagens e planetários; alimentado por corrente elétrica, para determinar quais deveriam ser os ângulos de elevação e de conteira dos canhões do navio, a partir de parâmetros, medidos ou estimados, referentes ao próprio navio, ao alvo e à velocidade do vento. Chegou-se a um resultado satisfatório, por meio do trabalho de um almirante britânico, Sir Percy Scott, que não estava mais no serviço ativo. A inovação foi testada satisfatoriamente e ficou disponível em 1912.

Hábitos como continuar supervalorizando manobras dos "tempos da marinha a vela" e treinamentos de tiro a curta distância tiveram, portanto, que ser superados, algumas vezes "traumaticamente", por serem parte das tradições navais. Um esforço semelhante foi também necessário em todas as marinhas, que sentiram a necessidade de se manterem atualizadas nessa época.

Em pouco mais de cem anos, havia ocorrido grandes transformações tecnológicas. Cabe observar o progresso do navio de guerra como um bom exemplo do que acontecera. Em 1806, eram construídos em madeira, propulsionados pelo vento, armados com canhões carregados pela boca com balas sólidas, que permitiam combater a curtas distâncias. Não tinham propulsão a vapor nem eletricidade a bordo. Um século depois, em 1906, o *Dreadnought* foi construído em aço, com couraça capaz de resistir ao impacto de um projétil de 12 polegadas. Era propulsionado por turbinas a vapor e hélices, que o faziam navegar a 21 nós de velocidade. Foi armado com uma bateria principal de dez canhões de 12 polegadas, montados em torres duplas giratórias. Esses canhões eram carregados pela culatra com projéteis explosivos que pesavam aproximadamente 386 quilos e podiam atingir alvos a mais de 15 km de distância. Tinham energia elétrica gerada a bordo e comunicação por telégrafo sem fio.

Em terra, a artilharia possuía canhões semelhantes aos navais. A possibilidade de reconhecimento aéreo e o progresso das comunicações fizeram a artilharia ganhar muita importância tática, tornando-a, em muitas oportunidades, a arma decisiva em combate.

A infantaria, já equipada com armas portáteis de alma raiada, algumas de carregamento automático – inclusive metralhadoras –, que permitiam atirar com precisão em uma cadência de tiro muito superior à das guerras anteriores, aumentou seu poder defensivo e, portanto, ampliou a capacidade de manter sua posição no terreno. Tanto ela quanto a cavalaria, por outro lado, perderam sua eficácia em ataques frontais. As consequências de um ataque frontal contra metralhadoras já eram bem conhecidas pelos que se mantinham atualizados. A metralhadora fora exaustivamente utilizada em guerras coloniais.

A cavalaria continuou importante nos imensos campos de batalha dessa guerra, mas somente para certos empregos. Era inquestionável sua mobilidade e sua utilidade em reconhecimentos táticos. O emprego dos "dragões" – uma "infantaria montada", que apeava para combater – permitia reforçar qualquer ponto vulnerável da linha de frente com rapidez. Foi difícil, porém, para os cavalarianos compreenderem que haviam perdido a importância do passado e que somente eram eficazes em tarefas que julgavam secundárias.

Em 1914, porém, ainda havia diversos corpos de cavalaria, armados com lanças e sabres e treinados para carregar da forma tradicional. Dizem que uma alta patente militar, dirigindo-se aos pilotos de aviões de combate, recomendou-lhes que podiam se divertir sempre, desde que não assustassem os cavalos. Seja ou não verdade, mostra a falta de percepção do potencial dos produtos da tecnologia disponíveis; o reconhecimento aéreo demonstrava suas vantagens e o nobre emprego do cavalo em cargas, que fizeram da cavalaria a força de choque que decidia os combates, é que estava superado.

Todas essas novidades resultaram da Revolução Industrial, que se iniciara no século XVIII e passou por um processo de aceleração na segunda metade do século XIX. Impulsionados principalmente pela demanda crescente do transporte ferroviário, que exigia trilhos melhores, locomotivas mais velozes, possantes e confiáveis, vagões de melhor qualidade, maior conforto, pontualidade, eficiência e segurança.

Com o transporte ferroviário crescentemente disponível, não somente se tornou possível transportar rapidamente e concentrar grande quantidade de soldados nos locais estratégicos, evitando longas marchas, demoradas e exaustivas, como também suprir logisticamente, de maneira contínua, os exércitos em campanha, permitindo operar com números de militares nunca antes imaginados. As tropas ganharam efetivos numerosos, mobilidade e poder de permanência.[17] O trem revolucionou a logística dos exércitos.

O progresso tecnológico alcançado pela indústria mecânica e metalúrgica, que trabalharam para a indústria ferroviária, por sua vez, refletiu-se em outros produtos, criando novas demandas específicas e independentes. A indústria de material bélico foi uma das beneficiadas por esse progresso. Logo, suas inovações começaram a se suceder com mais frequência e se disseminaram pelo mundo, em um processo que persiste até os dias de hoje.

Inovações tecnológicas "ocorrem quando o conhecimento humano sobre como fazer as coisas (*know-how*) e sobre por que acontecem as coisas (*know-why*), com base em um método de raciocínio lógico e científico, atinge certos patamares de acumulação".[18] Existindo o patamar de conhecimento, indivíduos ou grupos de pessoas inventam ou inovam, independentemente de se conhecerem.[19] Cada inovação estimula novos patamares, porque o conhecimento é cumulativo.[20] Não é por acaso que as inovações ocorrem majoritariamente em países que estimulam e possibilitam o acesso ao conhecimento científico e tecnológico.[21]

As guerras ocorriam, até então, em dois ambientes: a terra e o mar. A aviação iniciou uma grande alteração, com a introdução de um terceiro ambiente ao teatro de operações, o ar, dando-lhe outra dimensão. O avião, uma inovação do início do século XX, não tinha, antes da Primeira Guerra Mundial, a relevância que passou a ter, pois ainda precisava de muitos aperfeiçoamentos. Sua principal utilidade militar, inicialmente, foi para reconhecimentos aéreos. É importante saber onde estão as tropas inimigas, e a posição privilegiada do ar logo superou a importância passada da cavalaria na maioria das missões de reconhecimento.

O submarino também não era inicialmente muito eficaz, mas, durante o conflito, afirmou-se como o meio capaz de negar o completo domínio do mar ao inimigo e se tornou uma séria ameaça ao transporte marítimo.

O progresso das comunicações, principalmente com o advento do telégrafo, com ou sem fio, e do telefone, causou outra grande mudança, que tornou potencialmente possível saber o que estava acontecendo, para tomar providências adequadas em cada caso. Apesar, no entanto, da importância disso, nessa época, a confiabilidade dos novos equipamentos – telégrafo e telefone – era baixa e eles nem sempre funcionavam a contento, sendo, além de tudo, que os fios telegráficos e telefônicos podiam ser cortados pelo inimigo. Nem sempre as comunicações funcionaram com eficácia. Raramente os generais, não informados a tempo, puderam aproveitar as oportunidades táticas que ocorreram durante os combates. As mensagens telegráficas eram passíveis de interceptação pelo inimigo e precisaram ser cifradas. Logo essas cifras começaram a ser decodificadas, e exemplos notáveis foram o dos britânicos, que interceptaram e decifraram, secretamente, as mensagens da marinha da Alemanha durante quase toda a guerra, conhecendo com antecedência seus movimentos e suas intenções, e o dos russos, que, no início da guerra, tiveram suas mensagens interceptadas pelos alemães. Além disso, o telégrafo sem fio estava sujeito a interferências, algumas criadas propositadamente pelo inimigo.

O progresso dos transportes terrestres (liderados pelo trem), o do avião, o do submarino e o das comunicações se destacaram entre os desenvolvimentos tecnológicos mais importantes dessa época. Foram utilizados na Primeira Guerra Mundial e em outras guerras posteriores. O avião muito se beneficiou do desenvolvimento acelerado que teve durante a guerra; depois se tornou também um importante meio de transporte.

Passados poucos meses desde o início do conflito, as ilusões de que o desfecho seria rápido, que tudo se resolveria com uma batalha decisiva, em que o entusiasmo seria fundamental para a vitória, desvaneceram. Os exércitos cavaram trincheiras e as frentes de combate terrestres estagnaram, em um impasse. Como poucos foram capazes de prever, foi uma guerra longa e maldita, em que se envolveram muitos países, lutando em quase todas as partes do mundo, e que somente terminou com a exaustão de um dos lados beligerantes.

O poder aéreo

A conquista do ar começou com balões, no século XVIII. O passo seguinte foi dar-lhes dirigibilidade, o que se iniciou em meados do século XIX. Em 1901, Alberto Santos Dumont ganhou o Prêmio Deutz, realizando o feito de contornar a Torre Eiffel com um balão dirigível, demonstrando o progresso notável já alcançado.

Desde o início se imaginou a possibilidade de emprego militar para o invento, inclusive porque balões foram utilizados com bom êxito como postos de observação em guerras do passado, como na Guerra Civil Americana (1861-1865), por exemplo. A dirigibilidade lhes dava um novo potencial. Alberto Santos Dumont, por exemplo, publicou, na edição de 15 de fevereiro de 1905 do periódico francês *Je Sais Tout*, um artigo intitulado "Ce que je ferai, ce que l'on fera" (O que farei, o que se fará)[22] em que ele comenta seus projetos e suas esperanças. Entre eles, prevê que existirão "cruzadores aéreos", balões dirigíveis militares com 200 m de comprimento e 28 m de diâmetro, que "realizarão ações sensacionais durante uma guerra".[23]

Nessa mesma época, um oficial aposentado do exército alemão, o conde Ferdinand von Zeppelin, passou a se dedicar a dirigíveis. Construiu o primeiro em 1900. Inicialmente pensava em grandes aeronaves cheias com hidrogênio para transportar passageiros e carga, mas seu passado militar o fez ver o potencial dessas aeronaves, já conhecidas pelo nome de zepelins, para a guerra. O exército alemão fez suas encomendas e, antes do início da Primeira Guerra Mundial, já possuía sete em serviço, destinadas principalmente a missões de reconhecimento.

A Marinha Imperial da Alemanha estava menos confiante na eficácia desse meio e mantinha os recursos que lhe eram disponíveis concentrados na obtenção de encouraçados. Considerando, porém, a falta de cruzadores ligeiros, tradicionalmente utilizados no mar para missões de reconhecimento, também iniciou suas aquisições de zepelins.[24]

Em seu artigo já citado, "Ce que je ferai, ce que l'on fera", Santos Dumont prevê também, como possível e provável, além dos dirigíveis, a existência futura de aviões, com motores potentes. No ano seguinte, 1906, ele decolou, na França, com o *14 Bis*, um aeroplano que saiu do solo por meio de seu próprio motor e hélice e voou a pequena distância do chão, na presença de muitas testemunhas. Utilizou um motor novo, potente e leve, que estava disponível na França, o Antoinette, fabricado pelo engenheiro Léon Levavasseur para motorizar barcos de corrida. Algum tempo depois, Levavasseur se associou a Louis Blériot, criando a empresa Antoinette, primeira a se dedicar à fabricação de motores de aviões, que foram empregados em quase todos os novos aviões fabricados na Europa.

Nos Estados Unidos da América, os dois irmãos Wright, Wilbur e Orville, também desenvolviam aviões e já haviam voado com planadores. Em seguida, experimentaram um avião motorizado, que decolou de uma rampa com trilhos, com o auxílio de um vento de 30 a 40 nós e do ar frio da praia de Kitty Hawk, nos EUA, no final de 1903, e fizeram um pequeno voo.[25] Mais tarde, repetiram o feito com novos modelos de aviões, sempre com o auxílio de rampa e trilhos para decolar.

Santos Dumont, por sua vez, contribuiu significativamente, em seguida, para o desenvolvimento do avião, com o projeto do monoplano *Demoiselle*,[26] que voou pela primeira vez em 1906.

Tanto ele quanto os irmãos Wright foram importantes pioneiros da aviação e logo outros se juntaram a eles. Destacaram-se, na Europa, os irmãos Gabriel Voisin, Henry Edgar Munford Farman e Ferdinand Ferber. Na América, enquanto os irmãos Wright garantiam suas patentes, um grupo de empreendedores, aviadores e engenheiros, liderados por Alexander Graham Bell,[27] fundou a Associação para Empreendimentos Aéreos. Fazia parte desse grupo Glenn Hammond Curtiss, que, incentivado por Bell, se tornou o diretor de empreendimentos; mais tarde, ficaria famoso por seus motores para aviação e projetos de aviões. Curtiss, em 1908, venceu o prêmio instituído pela revista americana *Scientific American*, juntando-se aos pioneiros aéreos prediletos da imprensa internacional: Santos Dumont, Voisin, Farman e, depois de sua apresentação na França, também em 1908, os irmãos Wright.

Blériot, em 1909, atravessou o Canal da Mancha com um avião monoplano, voando cerca de 35 km, entre Calais e Dover, a 80 m de altura, com uma velocidade de 60 km/h.[28] Foi um feito notável, que chamou muito a atenção do público na época e fez com que esse pioneiro recebesse encomendas de particulares para reproduzir seu protótipo exitoso. Criava-se, assim, o embrião de uma indústria: a Blériot Aeronautique.

Desde 1909, oficinas artesanais, que haviam fabricado protótipos de aviões, começaram a receber encomendas comerciais e a se converter em indústrias. Em poucos anos, a aviação se difundira por meio de associações e clubes esportivos, e voar deixou de ser exclusividade de pioneiros, disseminando-se pelo mundo. A Blériot Aeronautique, por exemplo, produziu mais de oitocentos aviões entre 1909 e 1914.[29]

O sucesso no desenvolvimento dos aviões se deve à existência de um patamar tecnológico. Sem esse patamar, não haveria materiais e conhecimentos adequados para desenvolver e obter paulatinamente o progresso do avião. Decididamente, ele não resultou de um invento fortuito, mas de um processo árduo de evolução científica e tecnológica, que ocorreu ao longo do tempo. Concorreu para esse avanço o resultado do trabalho dos cientistas que criaram as bases da aerodinâmica. Destacam-se: Lorde Rayleigh (1842-1919), que demonstrou a existência de uma força de sustentação, que aparece em um cilindro girando submetido ao fluxo de um fluido; Frederick Lanchester (1868-1946), que publicou sobre essa sustentação gerada pelo fluxo de ar em asas convexas; e outros, como Ludwig Prandtl (1875-1953) e, depois, Theodore von Kármán (1881-1963). Criaram-se, assim, as bases teóricas para formar engenheiros capazes de impulsionar o desenvolvimento tecnológico do avião, em suas primeiras décadas.

Inicialmente, o interesse militar por tais aeronaves não foi significativo. A única utilidade que viam nelas e nos balões dirigíveis, os zepelins, era a de reconhecimento; somente com a proximidade da Primeira Guerra Mundial ficaram evidentes outros empregos.

Em 1909, o Reino Unido construiu um dirigível rígido, que, ao se preparar para o voo inaugural, foi destruído pelo vento, o que fez arrefecer o interesse britânico nessas aeronaves.[30] Porém, o desenvolvimento de zepelins pelos alemães causou-lhes um grande receio. Perceberam que esse tipo de aeronave poderia bombardear seus centros industriais, estaleiros, portos, bases navais, depósitos de combustível. Houve certo sensacionalismo nos meios de comunicação do Reino Unido e, logo, alguns até foram "avistados" sobrevoando a Grã-Bretanha. Eram, então, superiores aos aeroplanos, em velocidade, raio de ação e capacidade de carga e de operações noturnas. Mesmo assim, alguns líderes, como Churchill, acreditavam que os aviões eram militarmente mais promissores, inclusive para combater zepelins, que eram muito vulneráveis, carregados de hidrogênio. Isso ainda não era inteiramente possível, pois os zepelins podiam operar à noite e alcançavam altitudes maiores. Mesmo assim, o esforço da Marinha Real britânica se concentrou em aviões para emprego em reconhecimentos e como arma defensiva. Logo, o exército do Reino Unido também passou a se interessar por eles.

Herbert G. Wells, jornalista, historiador e escritor famoso por suas obras de ficção científica, em um de seus livros, publicado em 1908, previu que, com o emprego de aviões, haveria uma alteração no caráter da guerra: "[...] nenhum lado fica imune aos mais graves prejuízos; e enquanto acontece um vasto aumento da capacidade destruidora da guerra, há também uma grande indecisão".[31] Enquanto não se eliminasse totalmente o poder aéreo do inimigo, ele poderia causar danos, que não se limitariam à frente de combate. A indecisão a que ele se refere seria causada pelas consequências do grande potencial de destruição em ambos os lados conflitantes, que, em sua opinião, poderia até levar a uma possível futura dissuasão do emprego da força para resolver conflitos entre países. Era uma previsão do que somente se supõe foi alcançado no final do século XX, com a ameaça das armas nucleares.

Desde 1910, os aviões estavam em desenvolvimento para emprego militar. Diversos exércitos começaram a explorar em manobras seu emprego em reconhecimentos aéreos. Com o bom resultado obtido, vários países os incorporaram às suas Forças Armadas.[32]

Em 1911, começaram, de fato, a realizar missões de guerra, durante um conflito ente a Itália e a Turquia, na Líbia. Os italianos os utilizaram para reconhecimentos e um dos aviões lançou granadas contra o inimigo, em um ato precursor do bombardeio aéreo. Daí para diante, aviões foram empregados em guerras, inclusive nos Bálcãs, onde a Turquia tinha 20 aviões, e a Bulgária, 25.[33]

O desempenho da aviação nesses episódios impressionou favoravelmente alguns líderes militares, que perceberam que o uso de aviões seria imprescindível nas guerras; mas outros ainda permaneceram céticos.

A partir de 1913, os navios de guerra da Marinha Real britânica começaram a ser adaptados para levar a bordo hidroaviões[34] com o propósito de realizarem reconhecimentos no mar, procurando navios inimigos. Depois da missão, pousariam na água e seriam recolhidos a bordo por um guindaste do seu navio. As vantagens de contar com aviões na guerra naval eram óbvias, e alguns dos navios adaptados foram os precursores dos porta-aviões.

Em 1914, vários países já possuíam aviões militares e dirigíveis em suas Forças Armadas. Quando se iniciou a Primeira Guerra Mundial, eles causaram muita preocupação, pela possibilidade de emprego para bombardeios aéreos de cidades, principalmente os zepelins, que foram utilizados pelos alemães contra alvos em terra, na Bélgica, logo nos primeiros dias do conflito.

Como destruir os zepelins no solo, em suas bases, utilizando aviões, era a solução óbvia para o problema, logo no início da guerra, em 1914, os britânicos atacaram a base de Nordholz, próxima de Cuxhaven, na Alemanha, sem alcançar bom êxito. A incursão que chegou mais próxima do sucesso ocorreu em dezembro, com sete hidroaviões da Marinha Real. Essa operação teve vários percalços, inclusive o ataque de um zepelim e aviões alemães à Força Naval britânica, que apoiava os sete hidroaviões – primeiro combate entre navios de superfície e meios aéreos da História. Esse ataque demonstrou que os zepelins não eram eficazes contra navios de guerra no mar, por falta de agilidade nas manobras. O navio, manobrando no momento correto, podia se esquivar deles.

Durante a Primeira Guerra Mundial, no entanto, ocorreram dezenas de ataques de zepelins a cidades dos países envolvidos no conflito, com mortes e destruição. Em 1916, um avião britânico derrubou um deles, provando que não eram invulneráveis. Mais tarde, a artilharia antiaérea progrediu e se mostrou eficaz, atingindo zepelins no ar e derrubando-os. Eram alvos grandes e pouco ágeis.

Os aviões foram empregados também para caça a outros aviões, combatendo no ar e derrubando inimigos. Para isso, foi preciso armá-los com uma metralhadora frontal, que atirasse entre as pás da hélice girante, sincronizando a cadência do tiro com a rotação do propulsor.

Com a aviação de caça, cultivou-se o culto do aviador herói, do ás dos combates entre aviões, como os franceses Adolphe Pégoud, Roland Garros e Georges-Marie Guynemer e os alemães Max Immelmann, Oswald Boelcke e Manfred von Richthofen, o famoso "Barão Vermelho". Com a guerra terrestre paralisada nas trincheiras e atolada nos lamaçais, a aviação se tornou uma atividade romântica, na qual os jovens candidatos a se tornarem heróis se alistavam, buscando aventuras. Muitos morreram em combate, em ambos os lados.

A indústria aeronáutica mundial se desenvolveu e produziu, durante a guerra, aproximadamente 230 mil aviões[35], mais da metade desse total pelos principais beligerantes. A indústria francesa enfatizou a padronização e a produção e fabricou 51,7 mil aviões; a alemã, a pesquisa e o desenvolvimento, com o apoio de suas universidades – Göttingen e Aachen –, produzindo cerca de 38 mil aeronaves. A britânica também se baseou em pesquisa e desenvolvimento, mas com menor capacidade de inovação do que a alemã, e produziu 55.092 aviões.[36]

A Alemanha conseguia, com seus modelos aperfeiçoados, estar tecnologicamente na frente dos franceses e ingleses, utilizando novos materiais e lançando inovações. Continuaram produzindo, mesmo quando o bloqueio inimigo fez com que não tivessem mais matérias-primas importadas, como a borracha, por exemplo. Destacaram-se tecnologicamente também em novas estruturas de avião, usando tubos de aço soldados, cobertura de alumínio e outras inovações, como os aviões inteiramente metálicos, desenvolvidos por Hugo Junkers (1859-1935), e o caça de estrutura de duralumínio, de Claudius Dornier (1884-1969).

Depois, a fábrica de Junkers se uniu à Fokker (uma indústria holandesa), que passou a produzir asas grossas, com secções retas de perfil de aerofólio, desenvolvidas por Hugo Junkers. O Fokker D. VII, de 1918, é considerado o melhor caça dessa guerra e foi utilizado durante anos depois dela, por vários países. Tinha as asas de Junkers e duas metralhadoras de tiro frontal. Fabricaram-se cerca de 3,3 mil desses aviões durante o conflito.

Esses fatos comprovam que a capacidade tecnológica produtiva e inovadora de um país já havia adquirido uma importância vital para a guerra. No futuro, a dependência militar em tecnologia aeronáutica seria crescente.

Giulio Douhe[37] (1869-1930), desde o início, percebeu o que ocorreria e disse, antes de 1914, que uma nova arma havia surgido: "O céu se tornou um novo campo de batalha." Mais tarde, ele se tornou um dos grandes estrategistas do emprego do poder aéreo e até acreditou que tudo se resolveria, no futuro, nesse novo ambiente. Caberiam às outras Forças Armadas tarefas defensivas, enquanto uma força aérea destruiria os centros vitais e abateria o moral do inimigo, inclusive atacando cidades e fazendo com que sua população perdesse a vontade de lutar. Foi um exagero, porém, muito próximo do que ocorreu de fato na Segunda Guerra Mundial. As reações humanas nem sempre são previsíveis, e o bombardeio de cidades pode não abater o ânimo das tropas que estão combatendo. As outras Forças Armadas continuaram sendo muito importantes, principalmente por sua maior capacidade de permanência em um local distante.

Inovações para o poder terrestre

A Primeira Guerra Mundial foi sobretudo uma guerra continental. O poder militar terrestre, portanto, deveria ser o decisivo, o que não ocorreu.

Cem anos antes, os canhões eram fabricados em ferro fundido ou em bronze. Atiravam, com pólvora negra, balas sólidas de ferro carregadas pela boca do canhão. Em 1914, eles eram de aço temperado, com seu interior (alma) raiado, e atiravam projéteis explosivos, com pólvoras "sem fumaça" muito mais potentes do que a pólvora negra das guerras do passado. Alguns dos projéteis tinham capacidade perfurante, para penetrar as blindagens dos alvos, antes de detonar.

As pólvoras "sem fumaça" foram desenvolvidas no final do século XIX. Tinham como base a nitrocelulose. Esse material era misturado com etanol e éter, e depois granulado de forma a criar, durante sua queima, uma pressão constante no interior do cano da arma, para que o projétil fosse lançado com velocidade maior. Já a cordite, desenvolvida no Reino Unido, era um propulsante de base dupla, em que se adicionava nitroglicerina à nitrocelulose.

Essas pólvoras "sem fumaça" não produzem, em sua queima, resíduos sólidos significativos, como a pólvora negra produz. Esses resíduos são danosos às partes móveis das armas. Portanto, as "sem fumaça" possibilitaram o desenvolvimento de armas de carregamento automático, com cadências de tiro muito maiores do que no passado.

A matéria-prima utilizada para fabricar o novo armamento, inclusive para as armas portáteis, resultou principalmente do progresso alcançado na produção de ligas metálicas de ferro e carbono (ligas Fe-C) – ferros e aços – durante as últimas décadas anteriores à Primeira Guerra. Conseguiu-se controlar a quantidade de carbono nas ligas, pois elas somente são maleáveis para ser trabalhadas por forjamento quando seu teor de carbono é inferior a 1,5%. São denominadas aços entre 0,2% e 1,5%. Abaixo de 0,2% se produz o que, depois de trabalhado, se chama ferro forjado. Acima de 1,5% de carbono, é o ferro fundido, não maleável.

Até meados do século XIX, o aço só era produzido artesanalmente, em pequena quantidade. O Processo de Bessemer, que foi patenteado em 1856, permitiu sua fabricação industrial. Na década de 1880, o uso do aço estava disseminado. Logo, começaram também a adicionar pequenas porcentagens de outros elementos, como níquel, cromo e manganês, à composição das ligas de aço, melhorando suas propriedades, quando necessário.

O aço forjado e tratado termicamente estava disponível para a indústria bélica e possibilitou a produção de canhões e armas portáteis de qualidade muito elevada em relação ao passado, e o alcance dos canhões passou a ser muito grande.

Os alemães, obedecendo a seu plano de guerra, iniciaram suas operações na Primeira Guerra Mundial invadindo a Bélgica, em 4 de agosto de 1914. A maior surpresa tecnológica em relação a guerras anteriores foi o emprego eficaz de grandes canhões pelo invasor, para destruir as fortalezas belgas. Eram os fabricados pela Krupp, de 420 mm, e os austríacos, da Skoda, de 305 mm; canhões terrestres comparáveis, em calibre, aos maiores canhões navais existentes nessa época. Os franceses e os britânicos não possuíam canhões de calibre equivalente, até pela dificuldade de transporte para o local onde seriam utilizados, pois precisavam ser desmontados e transportados em partes, por ser muito pesados.

Os franceses reagiram à invasão da Bélgica, porém, a contragosto, pois mantinham um plano de guerra ofensivo, que não previa a possibilidade de um ataque vindo do território belga. A realidade contrariava seus planos, mas preferiram ignorar o óbvio. Aliás, a alteração de planejamentos que eram resultado de estudos complexos e minuciosos, que previam movimentação de tropas e detalhes logísticos importantes, como horários de uso de transporte ferroviário, suprimentos a serem remetidos para a linha de frente e outros, encontrava, em geral e em todos os países, grande resistência por parte dos Estados maiores.

No primeiro mês – agosto de 1914 –, ocorreram vários combates e batalhas na frente ocidental, com surpresas causadas pelos novos produtos da tecnologia. Em muitos deles, houve ataques frontais, que eram dizimados pelas metralhadoras, fuzis, carabinas e canhões de campanha. Essa insistência em cargas frontais levou a grandes perdas humanas, em ambos os lados. Estimam-se cerca de trezentas mil baixas somente naquele mês.

Na frente oriental, os exércitos russos invadiram a Prússia Oriental. Com excesso de confiança e improvisação, encontraram muitas dificuldades. Duas delas se destacaram. A primeira foi logística, pois os grandes exércitos dependiam de transporte, principalmente ferroviário, para sua mobilidade e abastecimento, porém, a bitola das ferrovias da Rússia era diferente da bitola alemã, propositadamente para dificultar a logística de um invasor do território russo, mas, consequentemente, o material ferroviário deles não podia ser utilizado em território da Alemanha. A segunda, tecnológica, foi referente às comunicações, porque, como encontraram as linhas telegráficas alemãs destruídas, passaram a utilizar somente o telégrafo sem fio, porém, não cifravam ou usavam cifras muito simples em suas mensagens, permitindo que os alemães decifrassem todas as ordens e informações que transmitiam.

Com seus exércitos famintos, sem munição suficiente e com o inimigo sabendo dos movimentos, posições e ordens para suas tropas, os russos foram derrotados na Batalha de Tannenberg, e começaram a se retirar da Alemanha em direção ao seu próprio território.

Na frente ocidental, antes do fim de agosto, as tropas francesas e as da Força Expedicionária Britânica (BEF) que lutavam na Bélgica recuaram para o território da França e os alemães chegaram a ameaçar Paris.

Julgando que as tropas francesas, comandadas pelo general Joseph Joffre, estavam desmoralizadas e derrotadas, o inimigo se descuidou e criou condições para que houvesse um contra-ataque. Esse contra-ataque levou à vitória das tropas francesas e britânicas na Batalha do Marne (que ocorreu de 5 a 12 de setembro de 1914).

A Batalha do Marne afastou a derrota quase iminente da França, e a guerra, que todos esperavam fosse rápida, prosseguiu. Quando se aproximou o inverno, no final de 1914, as tropas dos dois lados cavaram trincheiras e iniciou-se uma longa fase defensiva. Já haviam morrido cerca de um milhão de soldados.

O comandante da BEF e a maioria dos generais franceses continuavam acreditando que era na frente ocidental que a guerra seria ganha; insistiam que, com ataques frontais, conseguiriam romper as linhas dos alemães,[38] embora, para muitos, era evidente que, nesse principal teatro de operações, chegara-se a um impasse que parecia interminável.

Inicialmente, procurou-se, de maneira infrutífera, romper a linha inimiga, com o emprego de mais canhões e maior quantidade de munição, aproveitando a capacidade industrial disponível. Precisava-se, também, de mais soldados, o que fez com que as mulheres tivessem que assumir os postos de trabalho nas cidades e nos campos para substituir os homens enviados para a guerra.

Como alternativa para romper o impasse das trincheiras na Europa, surgiu outra ideia, apoiada por Churchill, o desembarque de tropas em Galípoli, na Turquia; uma operação conjunta de grande porte da marinha e do exército. Primeiro, era necessário que a marinha forçasse os Dardanelos, para depois desembarcar e avançar para abrir, pelo Mar Negro, uma linha de suprimentos para o exército russo. Deveria, também, evitar que os turcos ameaçassem o Canal de Suez e, se possível, atacar os impérios austríaco e alemão em seu ponto mais fraco, reativando a frente oriental.

A primeira etapa da operação foi o ataque da marinha aos Dardanelos. Lembrando como grandes canhões haviam destruído, com facilidade, as fortalezas belgas, o Almirantado britânico esperava que os fortes turcos não resistissem ao impacto dos projéteis dos seus canhões navais. Os navios, porém, tinham que se manter em movimento constante, pois eram alvejados pelos canhões de terra, os fortes se situavam a longa distância dos navios e não havia como saber com precisão onde haviam caído os projéteis da salva anterior para corrigir a seguinte, como se fazia no mar.[39] Além de tudo isso, os estreitos estavam minados, o que, com os tiros das baterias de terra e torpedos lançados pelos turcos, causou perdas de navios.

A etapa seguinte foi o desembarque de tropas em Galípoli, que não progrediu como o esperado. Os turcos reagiram com vigor, e as tropas britânicas, durante oito meses após o desembarque, ficaram em uma posição difícil, em trincheiras próximas aos locais onde haviam desembarcado, sem grandes avanços.

A constatação do fracasso da operação, em 1916, custou a Churchill seu cargo.

Durante a guerra, também apareceram inovações tecnológicas para superar o impasse das trincheiras. Uma delas foi o uso de gases letais. A partir de janeiro de 1915, os alemães começaram a usar o cloro e o fosgênio. Os aliados contra a Alemanha também os utilizaram, em seguida. Percentualmente, os gases não causaram muitas baixas, menos de 2% do total das mortes e cerca de 1% do total de pensões[40], mas o efeito psicológico nas tropas foi notável, chegando, em alguns casos, a causar reações de pânico. Depois dessa guerra, os gases letais foram proibidos e seu emprego passou a ser considerado crime de guerra.

Os britânicos desenvolveram algo mais interessante, com o Projeto Tank, da Marinha Real britânica, também incentivado por Churchill, que resultou no carro blindado. O nome "tank" tinha o propósito de despistar a espionagem inimiga e mesmo algumas das pessoas envolvidas acreditavam trabalhar para o desenvolvimento de um tanque móvel, por lagartas, para transportar água na Mesopotâmia. O protótipo foi testado, com sucesso, em setembro de 1915. O modelo Mark 1 britânico foi empregado, pela primeira vez em combate, em setembro de 1916, na Batalha do Somme.

Mas, como sempre ocorre com as inovações, é necessário um período de desenvolvimento e, além disso, os motores de combustão interna utilizados ainda eram novidade nessa época. Dos quase cinquenta blindados, que seriam empregáveis nessa batalha, aproximadamente 25% deles estavam indisponíveis no início e ocorreram avarias mecânicas em muitos outros.[41]

Pouco depois, outros, inclusive os alemães, desenvolveram seus carros blindados, e, em novembro de 1917, na Batalha de Cambrai, ocorreu o primeiro emprego maciço de blindados, dos dois lados beligerantes.

Na frente oriental, a resistência dos russos acabou com a Revolução Comunista, em 1917. A Rússia saiu da guerra e os alemães puderam concentrar na frente ocidental seus esforços e armamentos, e foi a entrada dos Estados Unidos da América na guerra, enviando suas tropas, aviões e navios, que fez com que eles perdessem sua superioridade numérica na França.

Antes que fosse tarde demais, a Alemanha reagiu com uma ofensiva liderada pelo general Erich Ludendorff. O contra-ataque Aliado a essa ofensiva ocorreu em agosto de 1918, na Batalha de Amiens. Nela combateram mais de quinhentos blindados, fazendo uma boa parceria com as tropas de infantaria, apoiando-se mutuamente. Foi superada a fase das trincheiras e voltou a haver mobilidade no terreno. Os alemães, derrotados, foram forçados a recuar e, além disso, faltavam-lhes matérias-primas importantes e alimentos; haviam chegado à exaustão.

Inovações para o poder naval

A partir da década de 1870, começaram a aparecer as primeiras teorias estratégicas navais. Até então, os trabalhos publicados eram principalmente restritos às táticas.

Observando inovações tecnológicas que estavam se tornando disponíveis no final do século XIX, como torpedos autopropulsados e minas, por exemplo, um grupo de oficiais franceses, que se autodenominou Jeune École, criou uma teoria estratégica para marinhas de países que não tinham a pretensão de dominar os mares. Poderiam negar o completo domínio do mar a seus oponentes empregando meios relativamente modestos, mas eficazes, principalmente torpedeiros, pequenos navios armados com torpedos. Poderiam ter também cruzadores, vagando pelos mares para ameaçar o tráfego marítimo do oponente, obrigando-o a dispersar as grandes esquadras para combatê-los. Esses cruzadores podiam até ser velozes navios mercantes armados. Essa ação contra o tráfego marítimo reencenava o que, no passado, era realizado por corsários (já então proibidos pela legislação internacional) e, portanto, foi denominada de "guerra de corso".

A ênfase em utilizar o torpedo como arma incentivou não apenas o desenvolvimento dos torpedeiros velozes de superfície, que não se mostraram suficientemente eficazes, mas também de submarinos, que ganharam sua importância durante a Primeira Guerra Mundial.

Os franceses acreditavam que seu oponente seria a Marinha Real britânica, que, nessa época, dominava os mares de forma absoluta. O Reino Unido possuía a maior esquadra e a maior marinha mercante do mundo. Esse magnífico poder marítimo assegurava a existência de um império colonial que lhe garantia matérias-primas, riqueza e prestígio internacional.

O "porta-voz" da Jeune École foi o almirante Hyacinthe Laurent Théophile Aube (1826-1890), que publicou, em 1882, o livro *La Guerre maritime et les ports français*. Nessa obra, ele propôs que um país poderia estabelecer a própria estratégia naval, dentro de suas possibilidades. Criou-se, portanto, uma "escola pragmática" de pensamento naval.

Nos Estados Unidos da América, nas últimas décadas do século XIX, surgiu outro paradigma metodológico, que buscava estabelecer teoricamente as leis universais do poder naval e a busca do domínio do mar, por meio de uma batalha decisiva. Seu autor foi o capitão de mar e guerra da marinha dos Estados Unidos, Alfred Thayer Mahan (1840-1914). No livro que publicou em 1890, *The Influence of Sea Power Upon History – 1660-1783*, sua lógica se baseou na história e concluiu que quem dominava o mar mandava no mundo. Ele mostrou que o poder marítimo é muito importante para a prosperidade de uma nação. Formou-se, portanto, uma "escola histórica".

A Batalha de Tsushima, em 1904, em que a esquadra russa foi derrotada pela japonesa, na Guerra Russo-Japonesa, foi uma batalha decisiva e demonstrou para o mundo o acerto de Mahan. A "escola histórica" se afirmou como paradigma da preparação das marinhas que tinham a pretensão de disputar o domínio dos mares.

Mahan analisou fatos históricos do passado. Sua obra, no entanto, passou a influenciar o futuro. A preparação do poder naval que participou da Primeira Guerra Mundial se baseou em suas ideias. Influenciou, também, o progresso da tecnologia militar naval, a que ele não deu a devida importância em seu trabalho.

Foi na Alemanha que a obra de Mahan teve o maior impacto. Com o almirante Alfred Tirpitz à frente da marinha, iniciou-se a obtenção de uma forte esquadra, que garantisse ao Império Alemão uma projeção internacional, bem como a proteção de suas colônias e de seu transporte marítimo.

Nos Estados Unidos da América, liderados pelo presidente Theodore Roosevelt de 1901 a 1909, a adoção das ideias de Mahan foi um bom motivo para começar a formar uma esquadra para respaldar os interesses de conquista de mercados no mundo, contrariando a corrente isolacionista que existia no país.

Os britânicos, por sua vez, tiveram a certeza de que não apenas tinham decidido acertadamente sua estratégia militar, no passado, mas também que precisavam manter sua superioridade no mar.

Assumindo o cargo de First Sea Lord em 1904, o almirante Fisher designou a comissão que projetou o *Dreadnought*. A construção começou em outubro de 1905, o navio foi lançado ao mar em fevereiro de 1906 e iniciou suas provas de mar em outubro de 1906. Como vimos anteriormente, era o protótipo de um novo tipo de encouraçado, o mais poderoso do mundo, que praticamente tornou obsoletos todos os anteriores, que foram a partir de então classificados como pré-*dreadnoughts*.

Apesar de Fisher afirmar, em suas memórias,[42] que a ideia era dele, pois já pensava nesse projeto desde 1900, evidencia-se também nesse caso a existência de um patamar tecnológico que favoreceu o aparecimento dessa inovação, pois surgiram ideias semelhantes em outros países. Em 1903, um artigo publicado na edição anual do *Jane's Fighting Ships* e assinado pelo construtor-chefe da marinha da Itália, Vittorio Cuniberti, mostrava o projeto de um encouraçado de 17 mil toneladas de deslocamento, armado com 12 canhões de 12 polegadas em sua bateria principal, que grande parte dos historiadores considera a origem do *Dreadnought*. Quase simultaneamente a esses acontecimentos, os americanos e os japoneses também projetaram grandes encouraçados.

A comissão designada por Fisher produziu também os requisitos de projeto de outro *dreadnought*, o cruzador de batalha. Era tão grande ou maior do que os encouraçados e tão armado quanto eles, com canhões de

12,5 ou 13,5 polegadas de calibre, porém, capaz de atingir velocidades ainda maiores. Seu propósito principal era combater os cruzadores oponentes que resultassem da adoção das ideias da Jeune École. Poderiam também ser empregados para esclarecimentos e outras tarefas típicas de cruzadores, inclusive apoiando os encouraçados da Grande Esquadra. Para que fossem velozes, foi preciso, na fase de projeto, reduzir a couraça, o que os tornou vulneráveis ao impacto dos projéteis dos grandes canhões. Alguns deles explodiram em combate.

Para se contrapor à ameaça dos torpedeiros, os britânicos criaram um navio mais fortemente armado e maior do que eles, mas também capaz de lançar torpedos, o destroyer, que atualmente é denominado contratorpedeiro na marinha do Brasil. Foi um desenvolvimento muito importante, inclusive porque foi, depois, o navio que se tornou capaz de combater submarinos durante a guerra.

Em 1907, os alemães encomendaram três *dreadnoughts* a seus estaleiros. Em seguida, continuaram obtendo mais encouraçados desse tipo e aumentando sua esquadra.

Projetaram seus navios com ênfase na resistência às avarias, por isso, não reduziram a espessura das couraças para obter mais velocidade. Para o almirante Alfred Tirpitz, sobrevivência em combate era paradigma. A Alemanha, observando que o Reino Unido estava obtendo cruzadores de batalha, prontificou também o seu primeiro, o *SMS Von der Tann*.

Pode-se observar que houve um desenvolvimento tecnológico na Alemanha, que evoluiu ao longo dos anos anteriores ao início da guerra. As equipes de projetistas e dos que definiam os requisitos operativos acumularam conhecimento com a avaliação de engenharia e a avaliação operacional dos navios construídos, e progrediu continuamente, implementando a experiência adquirida nos projetos seguintes.

O Reino Unido continuou seu programa para não perder a superioridade naval, iniciando-se uma corrida armamentista. Coube a Churchill defender o elevado orçamento da marinha no parlamento britânico, para manter a liderança naval de sua nação.

As três primeiras classes de *dreadnoughts* britânicas possuíam canhões de 12 polegadas; as seguintes, de 13,5; e as duas últimas, de antes da guerra, a classe *Queen Elizabeth* e a *Royal Sovereign*, de 15 polegadas. Foi uma alteração notável, pois esse grande canhão ainda não existia. Precisou-se assumir riscos, iniciando a construção dos primeiros navios supondo que o desenvolvimento dos canhões de 15 polegadas teria resultado satisfatório, o que, de fato, ocorreu.

Um problema tecnológico importante foi a sobreposição de torres da bateria principal, que, no início, os britânicos evitaram, instalando todas as torres dos grandes canhões sobre o convés principal dos navios. O receio era que o *blast* [choque] causado pelo disparo dos canhões da torre posicionada em um convés superior afetasse as pessoas das guarnições da torre do convés inferior. Os americanos, no entanto, assumiram a hipótese que isso não aconteceria, aceitando o risco. Instalaram, com bom êxito e economia de espaço, torres sobrepostas nos novos encouraçados que começaram a construir, o *South Carolina* e o *Michigan*. Em curto espaço de tempo, essa inovação também foi adotada pelos europeus.

A exploração de petróleo que se iniciara nos Estados Unidos possibilitou que eles encomendassem a seus estaleiros os primeiros *dreadnoughts* a óleo. O óleo tinha muitas vantagens em relação ao carvão. Seu poder calorífico é maior; podia ser armazenado a bordo em tanques mais bem situados, segundo o projeto, e permitia um abastecimento muito mais fácil, por mangotes (tubos flexíveis). Acabava, portanto, com a necessidade das detestadas fainas de abastecimento de carvão e até podia ser transferido, sem grandes dificuldades, de um navio para outro, em alto-mar.

No caso do projeto de cruzadores de batalha, o emprego do óleo combustível evitaria a redução da espessura da couraça, para poupar peso e poder alcançar velocidades mais altas do que a dos encouraçados. Os europeus, no entanto, evitaram o óleo em seus projetos, pois não produziam petróleo e não quiseram ficar dependentes de um fornecimento externo, indesejável durante uma guerra.

No início da Primeira Guerra, os cruzadores de batalha britânicos mostraram sua utilidade, destruindo uma força naval alemã, com dois cruzadores pesados e navios menores, no Atlântico Sul, próximo às Ilhas Malvinas. Os dois cruzadores de batalha da Marinha Real britânica enviados para essa missão tinham mais velocidade e canhões de maior alcance do que os da força alemã.

O primeiro combate entre grandes navios, com grandes canhões, foi o de Dogger Bank, no início de 1915, em que participaram cruzadores de batalha e cruzadores menores e contratorpedeiros, das duas marinhas.

O combate terminou com a fuga da força alemã, que tinha menos navios. Uma das causas de os britânicos não a interceptarem foi o temor de que houvesse minas e submarinos naquela área.

Em Dogger Bank, no entanto, ocorreram algumas constatações que precisavam ser consideradas daí por diante. Os alemães obtiveram relativamente mais acertos do que os britânicos, mostrando que estavam bem mais treinados no emprego de sua artilharia. No tiro a longas distâncias, os grandes navios abriram fogo a 18 mil jardas (aproximadamente 16,5 km), o que fez com que os projéteis atingissem, ao cair, os conveses dos navios, onde a couraça era deficiente, e não nos costados, como se esperava nos projetos, supondo que os combates iriam ocorrer a menos de 10 mil jardas (aproximadamente 9,3 km). A ênfase de Tirptz na resistência às avarias fez com que os navios alemães, por sua compartimentagem estanque bem projetada e outros cuidados, fossem capazes de sobreviver a muitos impactos. O cruzador *Blücher*, antes de ser afundado em Dogger Bank, resistiu a um grande número de acertos. Outra constatação muito importante, observada exclusivamente pelos alemães, foi a propagação de chamas para os paióis de munição, quando as torres eram atingidas e penetradas por projéteis, que explodiam. O cruzador de batalha *Seydlitz* sofreu o impacto de um projétil de 13,5 polegadas, que perfurou a couraça da torre mais a ré. Dentro da torre, havia pólvora, em saquetes, e projéteis prontos para carregar os canhões que estavam atirando. A explosão atingiu esses saquetes de pólvora[43] iniciando sua queima. A chama se propagou para o paiol de munição, situado no convés inferior, pela abertura do elevador de municiamento. Algumas pessoas da guarnição dessa torre tentaram fugir do incêndio e da provável explosão do paiol, abrindo a porta estanque para a torre adjacente. Isso permitiu que o fogo também se propagasse para os saquetes de pólvora dessa outra torre. O navio somente foi salvo de uma terrível explosão porque três membros da tripulação conseguiram abrir imediatamente as válvulas que alagavam com água os paióis da popa. Ficou evidente para os alemães que era preciso instalar barreiras que não permitissem propagar chamas para esses paióis e outros compartimentos adjacentes, bem como não deixar portas abertas. Os britânicos, desconhecendo essa necessidade, mais tarde, sofreram grandes explosões em paióis de munição de seus navios. Somente depois de perderem navios, instalaram suas barreiras e portas giratórias, que não ficavam abertas.

A Esquadra de Alto-Mar alemã evitou, até 1916, um encontro com a Grande Esquadra britânica, o que poderia ser desfavoravelmente decisivo. Finalmente, o confronto ocorreu na Batalha Naval da Jutlândia, em que a Esquadra do Reino Unido, comandada pelo almirante John Jellicoe, com 28 *dreadnougts*, nove cruzadores pesados e vários navios de guerra menores, e a Esquadra de Alto-Mar da Alemanha, comandada pelo almirante Reinhard Scheer, com 16 *dreadnoughts*, cinco cruzadores pesados e outros navios menores, se encontraram em uma sucessão de combates, nos dias 31 de maio e 1º de abril. Ambas sofreram grandes perdas, inclusive com as explosões catastróficas de três cruzadores de batalha britânicos. Apesar da expectativa, essa batalha não teve resultado decisivo, mas, do ponto de vista estratégico, Jellicoe evitou uma vitória dos alemães e preservou o poder da esquadra britânica – que era seu propósito mais importante. A Esquadra de Alto-Mar conseguiu escapar e se refugiou em suas bases. A Marinha Real britânica continuou dominando os mares e impondo o bloqueio ao comércio marítimo da Alemanha. Esse bloqueio, que até então fora imposto pelos britânicos, não foi afetado pelo resultado da Jutlândia e continuaram faltando, para os alemães, matérias-primas importantes, como cobre, borracha e algodão, e, também, alguns alimentos.

As explosões dos três cruzadores de batalha da Grande Esquadra, a resistência dos navios alemães a muitos acertos e a má precisão da artilharia britânica na Jutlândia, no entanto, causaram grandes dúvidas no Reino Unido quanto à qualidade de seus navios e de sua artilharia.

As explosões em combate, com perdas enormes de tripulantes, foram causadas, muito provavelmente, pela propagação de chamas do interior das torres dos canhões atingidas para paióis de munição, o que só então foi percebido pelos britânicos, que tomaram providências para não mais ocorrer. Algum tempo depois da Jutlândia, a Marinha Real descobriu, por meio de um comentário de um oficial estrangeiro, que os alemães diziam que a espoleta de seus projéteis perfurantes era de má qualidade e fazia com que eles explodissem no impacto com a couraça e não com o retardo necessário, para detonar depois de penetrarem na chapa. Isso os tornava pouco eficazes quando empregados contra navios que foram projetados para sobreviver em combate e também explicava parcialmente a quantidade de acertos que causavam poucos danos, mas podia ser corrigido com novas espoletas de melhor qualidade. A precisão da artilharia alemã, por sua vez, resultava de excelente treinamento e disciplina, e não tinha mistérios.

A Esquadra de Alto-Mar empregou a tática de cobrir sua retirada, no final da Batalha da Jutlândia, por meio de um ataque com torpedos de seus destroyers à Grande Esquadra britânica. Jellicoe decidiu se evadir dos torpedos que poderiam danificar seriamente ou afundar seus *dreadnoughts*; mudou, assim, o rumo da esquadra para fugir deles, inclusive diminuiu a velocidade relativa entre eles e os navios, como era o procedimento aprovado pelo almirantado. Afastou-se, porém, da esquadra alemã, permitindo que ela se abrigasse em suas bases navais.

O almirante Jellicoe foi acusado de ter perdido a oportunidade de aniquilar o inimigo, por excesso de prudência. Mas, como o próprio Churchill disse, ele estava em uma posição em que "era o único homem, em ambos os lados, que poderia perder a guerra em uma tarde[44] se fosse derrotado. Jellicoe fez parte do grupo de oficiais selecionado pelo almirante Fisher, antes da guerra, para desenvolver táticas referentes aos novos armamentos que estavam disponíveis; conhecia-os bem e os respeitava.

Houve uma grande perda de navios em ambos os lados, com alguma vantagem tática para a Esquadra de Alto-Mar. Os alemães decidiram não mais arriscar um confronto que lhes trouxesse a derrota, mas a simples existência de sua ainda poderosa esquadra em seus portos, na defensiva, manteve, durante o restante da guerra, os britânicos em estado de alerta e sem poder ajudar eficazmente a Rússia. Caso a Grande Esquadra do Reino Unido tivesse alcançado uma vitória esmagadora na Jutlândia, o fim da Primeira Guerra Mundial provavelmente seria antecipado e os russos, talvez, teriam encontrado outro destino.

Muito a propósito, sobre o emprego defensivo do poder naval, outro importante pensador da estratégia dessa época foi o historiador naval britânico, professor e estrategista Julian S. Corbett (1854-1922). Corbett era amigo do almirante Fisher e também influiu na preparação da marinha britânica. Seu livro mais importante, *Some Principles of Maritime Strategy*, publicado em 1911, não propõe uma teoria geral, mas analisa as teorias estratégicas militares existentes com uma visão mais ampla. O importante, para ele, é manter o controle das comunicações, atacando o tráfego marítimo do inimigo, aplicando o bloqueio naval a seus portos, sempre que possível, e exercendo o controle de uma área marítima de importância estratégica. Nesse seu livro, dedicou um capítulo aos "métodos de exercer o controle", destacando em várias páginas, entre outras atividades, o ataque e a defesa ao transporte marítimo.[45] Favoreceu mais a defensiva do que a ofensiva em suas conclusões e ressaltou também serem fundamentais os fatores econômicos, políticos, financeiros e tecnológicos, a que Mahan não deu a devida importância.

Depois que as grandes perdas sofridas pela Esquadra de Alto-Mar na Batalha da Jutlândia se tornaram evidentes para os próprios alemães, o almirante Scheer disse ao kaiser Guilherme II que: "um final vitorioso para a guerra dentro de um tempo razoável somente pode ser alcançado por meio da derrota da vida econômica britânica, ou seja, empregando os submarinos (*U-boats*) contra o comércio britânico".[46] Essa já era também a opinião de vários almirantes da Marinha Imperial da Alemanha. Para que essa medida fosse eficaz, era preciso, porém, que não se limitasse aos navios mercantes dos países beligerantes, mas fosse também estendida aos neutros que levavam produtos e matérias-primas para o Reino Unido.

O almirante Tirpitz, antes da guerra, quando iniciou a construção dos encouraçados, considerava o submarino algo com o qual não se deveria perder tempo, tendo em vista seu propósito de obter uma esquadra poderosa. Em 1905, porém, encomendou a construção de um *Uterseeboot* (*U-boot*), o U-1, na empresa Krupp, como uma experiência. Depois de uma avaliação operacional, em que se obtiveram resultados satisfatórios para um emprego restrito a missões costeiras defensivas, seguiram-se novas encomendas. Desde 1910, os submarinos construídos na Alemanha eram equipados com motores a diesel,[47] para quando navegassem na superfície e para carregar suas baterias elétricas, que usavam como fonte de energia, quando submersos. Continuavam, no entanto, muito precários. Submersos, eles eram completamente cegos quando não estavam próximos à superfície para usar o periscópio, e se moviam em velocidades muito baixas. No início da guerra, a Alemanha possuía apenas 22 submarinos em serviço e 15 em construção.[48]

Os submarinos que já estavam disponíveis em 1916 eram o resultado, portanto, de um longo desenvolvimento, com suas raízes no século XIX, mas que fora acelerado por dois anos de guerra. A disponibilidade de aço, de torpedo, de agulha giroscópica e de outras inovações mais recentes o haviam tornado, potencialmente, o torpedeiro ideal. Os maiores estavam armados com um canhão de 4,1 polegadas de calibre e 16 torpedos que podiam ser lançados por seis tubos. Atingiam velocidades de aproximadamente 15 nós, na superfície, e, quando submersos, velocidades bem menores, por um tempo limitado pelas baterias. Quanto mais rápidos, em menos tempo as baterias se descarregavam. Sua grande vantagem era que, até o fim de 1916, não eram detectáveis nem havia uma arma para destruí-los quando estavam mergulhados.

Para cada desenvolvimento militar, no entanto, ocorre uma inovação para combatê-lo. Por volta do fim de 1916 e início de 1917, os hidrofones, que estavam em desenvolvimento para escutar os ruídos gerados pelos submarinos submersos, tornaram-se eficazes, e as cargas de profundidade, necessárias para destruí-los, atingiram o primeiro submarino alemão sob a superfície da água, ainda em 1916. Basicamente, essas cargas eram tonéis de aço cheios de explosivo, com detonadores sensíveis à pressão, que podiam ser regulados para causar a explosão a uma profundidade desejada.

Embora o submarino pudesse atacar navios de guerra, como o fez no início do conflito, arriscava-se muito quando o navio não estava sozinho, pois as forças navais são protegidas por escoltas de navios contratorpedeiros. Constatou-se, mais tarde, durante a Primeira Guerra, que o emprego mais eficaz do submarino era contra o tráfego mercante do inimigo, causando grandes danos ao abastecimento e à logística, mostrando sua eficácia na tarefa de negar o uso do mar ao inimigo que o domina. Mas o ataque a navios mercantes ocorria, então, com várias restrições, e os países que se mantinham neutros no conflito precisavam ser respeitados, suprindo os inimigos com matérias-primas essenciais para o esforço de guerra. Em um bloqueio com navios de superfície do país que controla as comunicações no mar, é possível revistar os navios neutros interceptados, verificando a carga que transportam. Para um submarino, isso é praticamente impossível, porque ele se expõe.

Na Alemanha, vários chefes militares defendiam a necessidade de atacar irrestritamente o transporte marítimo que supria o esforço de guerra de seus inimigos, com submarinos e sem restrições aos neutros. Isso encontrava a forte oposição do chanceler Bethmann-Hollweg, que, conhecendo melhor o panorama internacional, acreditava que possíveis ataques aos navios dos Estados Unidos da América, até então neutros nessa guerra, poderiam fazer com que esse país entrasse no conflito contra a Alemanha. No final de 1916, no entanto, já estava claro para toda a cúpula militar alemã que a guerra estaria perdida se não atacassem o comércio marítimo de países neutros, que supria o esforço de guerra de seus inimigos com matérias-primas, alimentos e outros produtos. Com o bloqueio britânico, esses materiais eram negados à indústria alemã e o país estava irremediavelmente caminhando, por escassez, inclusive de alimentos, para a exaustão.

Era preciso, no entanto, arriscar. Alguns acreditavam que os Estados Unidos não se envolveriam, mesmo se perdessem alguns de seus navios mercantes. O chanceler Bethmann-Hollweg sabia que estavam errados. Outros superestimavam a capacidade dos submarinos, supondo até que eles poderiam impedir que os americanos enviassem recursos humanos e materiais pelo Oceano Atlântico. Em janeiro de 1917, o kaiser aprovou o emprego irrestrito dos submarinos e só restou a Bethmann-Hollweg concordar. Cerca de seis meses depois, foi substituído por um novo chanceler.

Essa guerra, cujo desfecho deveria se resolver em terra e que não seria longa, na opinião inicial da maioria das pessoas, estava sendo decidida pelo bloqueio, no mar, por navios de superfície. O submarino era o único desenvolvimento tecnológico que poderia mudar o cenário de derrota que se configurava naquele momento para a Alemanha. O Reino Unido precisava, então, ser privado de recursos e alimentos. Os navios neutros que entrassem na zona considerada "de guerra" tinham de ser afundados. Se os submarinos afundassem por mês 600 mil toneladas, o Reino Unido seria obrigado a capitular, em poucos meses.

Em fevereiro, iniciou-se o ataque a navios, inclusive americanos. Em 6 de abril, os Estados Unidos declararam guerra à Alemanha.

A campanha de submarinos teve um resultado inicial muito satisfatório para os alemães, que, de fevereiro a abril de 1917, afundaram 1.944 toneladas. Para o Reino Unido, a situação se tornou desesperadora, até porque seus navios mais novos, inclusive os contratorpedeiros, foram projetados para utilizar óleo combustível, que era importado. A Marinha Real britânica também não possuía contratorpedeiros suficientes – tinha 260 destroyers disponíveis – para proteger a esquadra e o tráfego marítimo. A entrada dos Estados Unidos na guerra foi providencial, principalmente porque contribuiu com muitos contratorpedeiros, que tornaram a reação aos submarinos possível. Mesmo assim, a perda de navios mercantes que levavam suprimentos para a Europa atingiu 4,01 milhões de toneladas durante

1917, e somente foram construídos navios no Reino Unido que renovavam a marinha mercante em 1,163 milhão de toneladas.[49]

A solução para a guerra ao tráfego marítimo era bem conhecida, a mesma empregada em séculos anteriores contra a "guerra de corso": formar comboios com os navios mercantes, protegidos por escoltas de navios de guerra. Curiosamente, no entanto, houve muita relutância dos britânicos para formar os comboios. Além da falta inicial de contratorpedeiros, porque a esquadra não queria abrir mão de sua proteção, houve resistência dos próprios comandantes de navios mercantes. Mas foi o que resolveu, depois de adotado, principalmente empregando contratorpedeiros da marinha dos Estados Unidos.

No fim de 1917, mais de 90% do transporte marítimo para o Reino Unido estava ocorrendo em comboio. As perdas diminuíram e, nos primeiros meses de 1918, os estaleiros britânicos e americanos estavam construindo navios mercantes em quantidades maiores do que as perdas sofridas, e os alemães, perdendo mensalmente um número crescente de submarinos; por exemplo, de janeiro a abril de 1918, 24 submarinos foram destruídos. O mais importante, porém, era o fato de que as cargas estavam chegando, pois o propósito do comboio era levar o navio ao porto de destino e seu sucesso seria avaliado por esse resultado, e não pelo número de submarinos destruídos; dentro de limites, submarinos podem ser substituídos por novos.

Houve, também, alguns ataques de forças de navios de superfície alemães a comboios no Mar do Norte, o que mostrou a necessidade de não realizar pequenos comboios mal escoltados.

No início, as tropas americanas começaram a cruzar o Atlântico em números relativamente modestos. De abril ao início de novembro, apenas 87 mil americanos chegaram à França, mal treinados e pouco armados. No fim de 1917, já havia 175 mil. Com a utilização dos grandes navios de passageiros, originalmente alemães, que estavam internados nos portos americanos, esse número começou rapidamente a aumentar, chegando, em julho de 1918, a 1,3 milhão. No final da guerra, tinham sido transportados, dos Estados Unidos para a Europa, cerca de 2,3 milhões de americanos. As perdas nesse transporte, graças às escoltas com navios de guerra de superfície, foram relativamente pequenas. Somente um dos transportes foi afundado por torpedos, o *Tuscania*, com 2.179 soldados, na costa da Irlanda, com a perda de 210 homens, dos quais 166 americanos e 44 britânicos da tripulação. No regresso para os Estados Unidos, antes do fim da guerra, ocorreram outras baixas.

Percebendo que o ataque irrestrito de submarinos não estava trazendo o efeito desejado, os alemães também os utilizaram para posicionar minas navais nas rotas de comunicação e na entrada de portos britânicos e americanos, causando diversos naufrágios. Porém, já era tarde demais para a Alemanha, que pediu a paz. O armistício foi assinado em 8 de novembro de 1918, cessando a guerra.

Considerações finais

Depois do armistício, não se viveu um período de tranquilidade. Permaneceram muitos problemas mal resolvidos que causaram crises econômicas, conturbação social e duas décadas depois outra guerra mundial de enormes proporções.

As condições impostas aos derrotados na Primeira Guerra Mundial criaram novas tensões. A insatisfação se estendeu aos que participaram da guerra, que vivenciaram graves crises econômicas e desordens sociais e se sentiam desamparados. Muitos deles se juntaram a grupos paramilitares de caráter ideológico, em busca de companheirismo e de uma causa para apoiar. Configurou-se uma sociedade pronta para aceitar líderes que se diziam salvadores e para cultuar ideologias utópicas. As ditaduras proliferaram nesse ambiente pós-guerra.

Iniciaram-se, algum tempo depois, os outros grandes conflitos do século XX, inclusive uma nova guerra mundial e o que se chamou de Guerra Fria, cujo marco final pode ser considerado a queda do Muro de Berlim, em 1989. Nas guerras, morreram mais de 100 milhões de pessoas. Configurou-se, no entanto, uma nova época. Nesse novo mundo, onde vivemos no início do século XX,[50] e que foi gerado pelos acontecimentos anteriores, existem antibióticos para combater bactérias, melhor alimentação disponível, meios de transporte mais eficientes, mais intercâmbio de conhecimentos e melhor entendimento entre as nações. A expectativa de vida aumentou e há mais oportunidade para buscar a felicidade individual e a realização profissional, inclusive para as mulheres. Os conflitos do século XX contribuíram significativamente para acelerar a tecnologia que gerou todos esses benefícios.

Como no passado, todos desejam a paz que lhes convém, o que cria conflitos de interesses. Teria a dissuasão causada pelas armas nucleares de nossos dias acabado, por meio do equilíbrio de terror, com as guerras mundiais? O fato novo é que não existe mais a ignorância das consequências, como havia na Primeira Guerra Mundial. Países como a Índia e o Paquistão, que conflitaram no passado, causando milhares de mortes, depois que obtiveram a arma nuclear passaram a se respeitar, evitando novas guerras, apesar de pequenos conflitos frequentes.

Da Primeira Guerra Mundial restou, portanto, muito mais do que a triste lembrança de seu nome. Ela foi o início de uma sequência de conflitos de enorme violência, que moldaram a paz relativa em que vivemos. Mas, como em todo período de paz do passado, continua válido o provérbio romano *Si vis pacem, para bellum*[51] [se desejas a paz, prepare-se para a guerra].

Notas

1. O almirante Fisher foi o líder da adaptação da Marinha Real britânica aos novos desenvolvimentos tecnológicos disponíveis no início do século XX. Exerceu o cargo de *First Sea Lord* em duas oportunidades; na segunda, subordinado a Winston Churchill.
2. MASSIE, 2004a, p. 406.
3. *Idem*, 2004, p. 406.
4. Foram os alemães os primeiros a chamar o conflito de "guerra mundial", "der Weltkrieg" (FERGUSON, 2004, p. 300).
5. Destacam-se: a construção da ferrovia Berlim–Bagdá, com financiamento alemão, ampliando a linha existente Berlim–Constantinopla, via Ankara, até Bagdá, e estendendo-a até o porto de Basra; e a influência de assessores do exército da Alemanha sobre as Forças Armadas otomanas. O general (depois marechal) alemão Whilhelm Leopold Colmar, Freiherr von der Goltz (barão von der Goltz ou "Goltz Pacha", 1843-1916), por exemplo, entre 1883 e 1896, foi contratado pelo sultão, reorganizou o exército otomano, comandou as tropas otomanas na Mesopotâmia durante a guerra e foi professor de uma geração de oficiais.
6. FERGUSON, 2004, pp. 300-303.
7. Declarou guerra em novembro de 1914, fazendo com que o Reino Unido movimentasse tropas para a Mesopotâmia.

8. FERGUSON, 2004, pp. 313-314.
9. TUCHMAN, 1998, pp. 21-65.
10. *Ibidem*, p. 26.
11. CLAUSEWITZ, Carl Phillip Gottfried von (1780-1831), importante estrategista prussiano, cujas obras sobre a guerra influenciaram profunda e definitivamente o pensamento militar ocidental.
12. TUCHMAN, 1998, p. 24.
13. MASSIE, 2004b, p. 19.
14. *Idem*, 2004, p. 21.
15. *Ibidem*, p. 854.
16. No seu relatório de novembro de 1914 (publicado na *Revista Marítima Brasileira* de dezembro de 1914, p. 1.125), o almirante Joaquim Antonio Cordovil Maurity, chefe do estado-maior da marinha do Brasil, comenta que, nos quatro primeiros meses do início da Primeira Guerra Mundial, "como era de esperar, à vista da prática adoptada antes da guerra atual nos exercícios de marinhas de primeira classe, o systema de fogo por salva tem sido empregado em todos os combates, duelos e escaramuças, e diariamente nas duas grandes linhas de combate [...]." (ACONTECEU há cem anos, *Revista Marítima Brasileira*, Serviço de Documentação da Marinha, v. 135 n. 01/03, p. 256, jan./mar. 2015.)
17. HOWARD, 1997, pp. 116-117.
18. BITTENCOURT. *In*: TEIXEIRA DA SILVA; ALMEIDA; SCHURSTER, Karl (Orgs.), 2013, p. 294.
19. Assim, se pode pensar que o patamar é essencial e que o inventor é acidental. Havendo o patamar de conhecimento acumulado, surgirá, mais cedo ou mais tarde, o inventor. Isso não tira, no entanto, o mérito individual da iniciativa do inventor.
20. BITTENCOURT, 2013, p. 294.
21. Foi importante, por exemplo, que Santos Dumont fosse para a França, onde havia o ambiente que lhe permitiu absorver o conhecimento então existente em aeronáutica.
22. DUMONT, 2014, pp. 8-19.
23. O que permite questionar a versão de que a motivação de seu suicídio, bem mais tarde, resultou de uma depressão causada pelo emprego militar do avião. É mais provável que tenha sido uma das várias depressões a que esteve sujeito e que, sem uma atenção médica moderna e especializada, poderia levar ao suicídio.
24. MASSIE, 2004, pp. 361-362.

25. CROUCH, 2008, pp. 81-82 e 92.
26. O nome *Demoiselle* foi escolhido porque é o de uma espécie de libélula, em francês (e também em inglês). Esse avião de Santos Dumont muito se assemelha, em sua forma, a uma libélula.
27. Bell, também conhecido por ter desenvolvido o telefone e um aerobarco para águas tranquilas, tornara-se um próspero empresário que residia no Canadá.
28. CROUCH, 2008, p. 126.
29. *Ibidem*, p. 141.
30. MASSIE, 2004, p. 362.
31. WELLS, 1908.
32. CROUCH, 2008, p. 166.
33. *Ibidem*, p. 168.
34. MASSIE, 2004, pp. 362-363.
35. CROUCH, 2008, p. 191.
36. *Ibidem*.
37. General italiano e teórico aeronáutico, conhecido internacionalmente por sua estratégia de emprego do poder aéreo, em que ele afirma que a potência que conseguir dominar o ar, dominará o mundo.
38. MASSIE, 2004, p. 430.
39. *Ibidem*, p. 436.
40. MORRIS, 2015, p. 249.
41. *Ibidem*.
42. FISHER, 1920.
43. Nos canhões de grande calibre, o projétil é muito pesado, portanto, a pólvora é municiada ao canhão separada em saquetes.
44. CHURCHILL, 2004, p. 172.
45. CORBETT, 1972, pp. 237-255.
46. MASSIE, 2004, p. 659. Versão do autor da citação traduzida do alemão para o inglês na fonte utilizada.
47. Antes, utilizavam motores a querosene. Cabe observar que o motor diesel foi principalmente desenvolvido na Bélgica, e não na Alemanha.
48. BITTENCOURT, 2013, p. 319.
49. MASSIE, 2004, pp. 715-717.
50. MORRIS, 2015, p. 236.
51. VEGETIUS RENATUS, Publius Flavius, escritor do Império Romano, século IV.

Referências

ACONTECEU HÁ CEM ANOS. *Revista Marítima Brasileira*. Rio de Janeiro: Serviço de Documentação da Marinha, v. 135, n. 01/03, jan./mar. 2015.

BITTENCOURT, Armando. O Atlântico: ciência e tecnologia naval e oceânica nos séculos XIX e XX. *In*: SILVA, Francisco Carlos Teixeira da; ALMEIDA, Francisco Eduardo Alves de; SCHURSTER, Karl (Orgs.). *Atlântico:* a história de um oceano, Rio de Janeiro: Civilização Brasileira, 2013.

CHURCHILL, Winston S. *Grandes homens do meu tempo*. Rio de Janeiro: Nova Fronteira, UniverCidade, 2004.

CORBETT, Julian S. *Some Principles of Maritime Strategy*. Eastbourne, UK: Antony Rowe, 2009.

CROUCH, Tom D. *Asas*. Rio de Janeiro: Record, 2008.

FERGUSON, Niall. *Empire – How Britain Made the Modern World*. Londres: Penguin Books, 2004.

FISHER, John Arbuthnot. *Memoirs and Records*. Nova York: George Doran, 1920.

MASSIE, Robert K. *Dreadnought: Britain Germany and the Coming of the Great War*. Londres: Jonathan Cape, 2004a.

______. *Castles of Steel: Britain, Germany, and the Winning of the Great War at Sea*. Londres: Jonathan Cape, 2004b.

MORRIS, Ian. *War, What Is It Good for? – The Role of Conflict in Civilisation, from Primates to Robots*. Londres, Profile Books, 2015.

PESCE, Eduardo Italo. Primórdios do bombardeio estratégico na Primeira Guerra Mundial. *Revista Marítima Brasileira*. Rio de Janeiro: Serviço de Documentação da Marinha, v. 135, n. 07/09, jul./set., 2015.

TUCHMAN, Barbara. *A marcha da insensatez – de Troia ao Vietnã*. 3ª ed. Rio de Janeiro: José Olympio, 1989.

______. *Canhões de agosto*. Rio de Janeiro: Biblioteca do Exército, 1998.

11. A guerra no mar nos períodos moderno e contemporâneo

Francisco Eduardo Alves de Almeida

Em 1890, o mercado editorial norte-americano foi abalado pela edição do livro *The Influence of Sea Power Upon History 1660-1783*, escrito por Alfred Thayer Mahan. O que efetivamente diferenciava esse livro dos anteriores que abordaram a guerra no mar? De início, o livro discutia a importância do mar para o desenvolvimento das nações. Mahan, professor de Estratégia e História Naval da Escola de Guerra Naval dos Estados Unidos da América, procurou demonstrar a centralidade do mar nos destinos dos Estados europeus a partir da restauração Stuart na Inglaterra, em 1660, até o fim da chamada Revolução Americana, em 1783. Nesse período da história ocidental, o mar teve grande importância. Inglaterra, posteriormente Grã-Bretanha, França, Holanda e Espanha mantiveram uma luta constante para o controle das linhas de comunicações marítimas, o que não passou despercebido para Mahan. Esse controle, para ele, significou poder político e econômico.

Além da centralidade do mar, Mahan apresentou os seis elementos constitutivos do que chamou de *sea power* [poder marítimo], que deveriam ser aperfeiçoados para que um Estado se transformasse em um poderoso ator na cena internacional. Esses elementos eram a sua posição geográfica, a sua conformação física, sua extensão territorial, o tamanho de sua população, o caráter dessa população e, por fim, o caráter de governo. Seis elementos determinantes para a transformação de um Estado em *sea power*. Sugestivo é que Mahan dizia que tinha criado a expressão, o que até hoje é pouco contestado pela maioria dos historiadores navais que trabalham com esse tema.

Um fato curioso que deve ser avaliado é que ele colocava o mar como central nos destinos dos Estados, não abordando a guerra terrestre, pois este último tipo de guerra não lhe era familiar. Ele era um marinheiro por excelência, e como tal, só percebia a guerra no mar. Isso não queria dizer que a guerra terrestre fosse supérflua, apenas que, em seus escritos, o mar vinha sempre em primeiro lugar.

Alguns anos após o lançamento do *The Influence of Sea Power Upon History*, o mercado editorial inglês assistiu à publicação de outro livro que confrontava parte dos argumentos mahanianos quanto à centralidade do mar nos destinos das nações. O ano era 1911, e o autor, Sir Julian Stafford Corbett, professor de História Naval, com fortes ligações com o almirante Lorde John Fisher, reformador da Armada Real britânica naqueles anos anteriores à Grande Guerra e Primeiro Lorde do Mar entre 1904 e 1910. O nome do livro, *Some Principles of Maritime Strategy*. Esse livro tinha a característica de não ser especificamente um livro de História Naval, mas sim de Estratégia Naval. Livro denso, bem escrito e argumentado.

Corbett relativizou a importância da estratégia naval para a condução da guerra, embora nela acreditasse largamente. Para o autor, ela fazia parte de um conjunto de estratégias que compunham a estratégia nacional, bem mais ampla e decisiva. Além disso, criticava a importância que Mahan dava à chamada "batalha decisiva" no mar, na qual todos os esforços de uma nação seriam canalizados para destruir a esquadra adversária em um grande encontro naval. Corbett não afrontava diretamente Mahan, ao dizer que, se houvesse uma situação favorável, uma batalha decisiva poderia até ser procurada, no entanto, postulava que o mais importante era um Estado obter o que chamou de "comando do mar", mesmo que fosse por apenas alguns dias e horas. O importante do comando do mar era cumprir a missão determinada, que poderia ser a passagem de um comboio, ou o apoio a um desembarque anfíbio. Se dois dias de comando fossem necessários, que assim fossem. Isso contrariava formalmente o pensamento mahaniano, que via o controle do mar como permanente e duradouro, a ser obtido primariamente por um grande encontro naval.

Para Corbett, a decisão de uma guerra estaria em terra e não no mar. O importante para ele era a vitória na guerra terrestre, que certamente contaria com o importante apoio do poder marítimo. Duas visões bem distintas de como empregar a estratégia naval em um conflito.

O que se pretende discutir é a evolução do poder marítimo desde o período moderno, do fim do século XVI até o tempo presente, o início do século XXI, procurando apontar as motivações que levaram os Estados a se enfrentarem no mar, os confrontos e as estratégias navais perseguidas pelos contendores, a possível centralidade do mar no conflito apresentado e como os Estados combateram uns aos outros para o predomínio político mundial no intervalo analisado. Procurar-se-á sempre as motivações para esses conflitos e o papel que o poder marítimo desempenhou na campanha.

O poder marítimo ibérico contestado: a derrota da Armada em 1588

Em 1587, Maria Stuart da Escócia, que se encontrava prisioneira, foi executada por ordem da rainha Elizabeth I da Inglaterra. Católica e aliada de Felipe II da Espanha, Maria Stuart representava uma ameaça à continuação da dinastia Tudor, que teve como iniciador Henrique VII, avô de Elizabeth, depois da Guerra das Duas Rosas, ainda no século XV. A ascensão de uma nova rainha católica na Inglaterra fazia lembrar os tempos de Maria Tudor, irmã de Elizabeth, que perseguiu com violência os protestantes, a grande maioria da população inglesa. Elizabeth não permitiria que uma nova Maria se interpusesse entre ela e o seu povo. A eliminação de Maria Stuart, sua prima, era inevitável para a manutenção de seu reinado.

Elizabeth era uma rainha determinada e corajosa. Filha de Henrique VIII com Ana Bolena, ela encarnava uma ameaça a Felipe II, o rei católico mais poderoso da Europa naquele momento. O apoio que ela vinha prestando aos aliados holandeses em sua luta contra Felipe nos Países Baixos espanhóis era uma inconveniência. A dominação dos Flandres por Felipe era necessária e fundamental tanto em termos comerciais como estratégicos. Além disso, apesar de sua relativa tolerância religiosa, Elizabeth era protestante e, por isso, malvista por Felipe, que se considerava um ávido defensor da fé católica. Em 1571, já derrotara uma esquadra otomana que procurava se expandir no Mediterrâneo, em Lepanto; faria o mesmo com aqueles ingleses ousados. A execução de Maria Stuart e do conde de Essex, nobre católico inglês, veio a exacerbar o seu ódio a Elizabeth e a necessidade de eliminá-la.

Outro fator que vinha incomodando Felipe sobremaneira eram os ataques realizados por corsários ingleses e holandeses contra os galeões espanhóis e portugueses que vinham do Novo Mundo, abarrotados de ouro. Elizabeth apoiava implicitamente e, muitas vezes, explicitamente esses ataques e recompensava os seus corsários com títulos de cavaleiro e de nobreza. Essa era uma situação que Felipe II não poderia suportar. Elizabeth deveria ser deposta e estabelecido um reino católico na Inglaterra.

Dessa maneira, Felipe II determinou a preparação de uma grande esquadra para atacar a Inglaterra, imaginando contar como comandante em chefe Alvaro de Bazán, o marquês de Santa Cruz, nobre dotado de qualidades marinheiras reconhecidas. Entretanto, quis o destino pregar uma peça em Felipe. Em fevereiro de 1588, Santa Cruz veio a falecer, magoado com Felipe pelas seguidas recriminações pelo atraso na preparação da esquadra. Resolveu o rei, então, designar o duque de Medina Sidonia para substituí-lo. Embora valente e destemido, Medina Sidonia era um combatente de terra sem nenhuma prática de combate no mar. Apesar de reconhecer essa deficiência, Felipe II manteve Medina Sidonia como comandante em chefe, pois nele tinha ampla confiança.

A ideia de ataque à Inglaterra era bem simples. Formar uma grande esquadra em Portugal, que estava ligado à Espanha desde a morte de seu rei, Dom Sebastião, na batalha de Alcácer Quibir, em 1578, que, por não ter descendentes diretos, passou a seu parente mais próximo o trono português, exatamente o seu tio Felipe II.

Depois de navegar pelo Canal da Mancha, essa grande esquadra faria embarcar um exército de 30 mil homens que se encontravam em Flandres, sob o comando de Alejandro Farnesio, o duque de Parma, e, a partir dessa agregação, realizaria um desembarque próximo a Londres, procurando um combate terrestre contra as forças de Elizabeth, confiando na superioridade inconteste do soldado espanhol. Uma ideia simples, porém ousada, navegar em uma zona pouco conhecida e enfrentar inimigos decididos e valentes como os ingleses e seus aliados holandeses.

Foi assim que, depois de intensa preparação, partiu do Tejo, em Portugal, no dia 28 de maio de 1588, uma esquadra formada por 130 navios, sendo 30 portugueses, com cerca de 8 mil tripulantes e 18 mil soldados, com 2 mil canhões embarcados. Muitos portugueses não se sentiam à vontade sob o comando de espanhóis, depois da incorporação de seu país ao reino de Felipe.

A travessia de Portugal para a entrada do Canal da Mancha foi bem tumultuada, em razão, principalmente, do estado do mar, muitas vezes tempestuoso. No dia 29 de julho, essa grande esquadra já se aproximava de Fowey, no Canal da Mancha. E como estavam os ingleses para essa campanha naval que se aproximava?

Elizabeth designara o Lorde Howard of Effingham para ser o comandante-geral naval, responsável por não permitir o desembarque espanhol na Inglaterra. Ele era secundado por excelentes marinheiros, que haviam se distinguido em ações de corso contra os galeões luso-espanhóis, dentre os quais se destacavam Francis Drake, John Hawkins, Walter Raleigh e Martin Frobisher. Os ingleses sabiam da superioridade do soldado espanhol e não se arriscariam a sofrer abordagens que os tornassem vulneráveis. Foi, então, decidido não engajar os navios inimigos em um grande combate, mas sim provocar encontros de artilharia a distância e capturar os navios desgarrados da formatura inimiga. Por contarem com navios menores, com baixos calados e maiores velocidades que os do inimigo, a iniciativa coube aos ingleses. Para se contrapor aos espanhóis, Lorde Howard of Effingham contava com cerca de 180 navios, a maioria navios mercantes adaptados.

Inicialmente, os navios ingleses permaneceram fundeados em Plymouth, sem possibilidades de suspender, em razão de ventos contrários. Medina Sidonia foi instado por alguns de seus subordinados a atacar os ingleses nesse porto, o que permitiria ampla superioridade aos espanhóis, por terem a iniciativa das ações. No entanto, premido pelas ordens de Felipe, que dava maior prioridade ao transporte de tropas que ao combate naval, desistiu de tal intento e dirigiu-se para Calais, para embarcar as tropas do duque de Parma. Ocasião perdida que traria sérias consequências à expedição naval.

Ao chegar a Calais, os navios espanhóis e aliados fundearam aguardando as tropas de Parma, que haviam se atrasado para o embarque. A partir desse momento, a iniciativa das ações passou a ser dos ingleses, que iniciaram uma perseguição à esquadra inimiga, trocando tiros de canhão a longa e média distâncias, sempre mantendo o afastamento dos espanhóis.

Em frente a Calais, em 8 de agosto, os ingleses utilizaram oito navios incendiários, ou brulotes, que foram largados ao sabor da corrente em direção aos navios inimigos, o que provocou grande debandada nos vasos de guerra espanhóis, que se viram na contingência de serem incendiados ainda na posição de fundeio. A única solução possível foi suspender, em emergência, o que provocou uma confusão e a perda de coesão da força atacante. Toda a expectativa para o embarque das tropas de Parma foi perdida.

Medina Sidonia então compreendeu que a operação já estava fadada ao fracasso. Assim, determinou que seus navios regressassem à Espanha, navegando ao redor das ilhas britânicas, uma vez que o regresso pelo Canal da Mancha era impraticável, principalmente pelas difíceis condições de navegabilidade naquela época do ano, com ventos sempre contrários.

O regresso foi trágico para a Armada, que se viu atingida tanto no Mar do Norte como nas costas da Irlanda e da Escócia por fortes tempestades que provocaram a perda de diversos navios nas suas costas escarpadas. Muitos marinheiros e soldados espanhóis e aliados que conseguiram sobreviver aos encalhes e aos mares bravios e chegaram às costas escocesas e irlandesas foram mortos pelos diversos clãs e grupos que por lá vagueavam em busca de butim. Os comandantes ingleses, sabedores das dificuldades de navegação em torno das ilhas britânicas, não perseguiram os seus adversários, deixando a inclemência do mar fazer a sua parte.

Em setembro de 1588, grande parte dos 65 navios restantes da Armada chegaram a Santander, na costa cantábrica, no norte da Espanha. Felipe II perdera uma chance de subjugar Elizabeth e dominar a Inglaterra. Foi um duro golpe no prestígio espanhol. Foram perdidos por Felipe cerca de 65 navios com 20 mil mortos, entre soldados e tripulantes. A maioria dos navios perdidos o foi mais pelas condições de mar do que por combate direto contra os ingleses e holandeses.

O que se pode inferir dessa campanha naval fracassada por parte da Espanha? Em primeiro lugar, foi o início do fim da hegemonia ibérica no mar, dando lugar à ascensão de dois novos poderes marítimos, a Inglaterra e sua aliada, as Províncias Unidas. Em segundo, a flagrante vulnerabilidade das possessões luso-espanholas aos ataques de navios ingleses, holandeses e franceses, que procuraram incrementar a guerra de corso contra seus inimigos ibéricos. Em terceiro, a continuação do apoio de Elizabeth aos holandeses em sua luta contra os espanhóis nos Países Baixos. Em quarto lugar, a reafirmação do poder de Elizabeth e a sedimentação do protestantismo na Inglaterra. Por fim, o papel exercido pelo poder marítimo na campanha que encerrara tragicamente para a Espanha. Sem dúvida, o papel exercido pelo poder marítimo foi fundamental para a defesa da Inglaterra. Em terra, Felipe II por certo prevaleceria. No mar, ele foi derrotado, e seus sonhos de conquista, destroçados. O poder marítimo, nesse caso particular, teve ampla predominância sobre o poder terrestre.

Dois contendores saíram fortalecidos, a Inglaterra e as Províncias Unidas. Em breve, entrariam em choque.

A luta pelo comércio marítimo no século XVII

Ao se iniciar o século XVII, dois novos poderes marítimos se destacavam na cena internacional, as Províncias Unidas e a Inglaterra; no entanto, em razão da baixa prioridade orçamentária dada à Royal Navy pelos governos Stuart e da guerra civil inglesa, que culminou com a vitória de Oliver Cromwell, com a decapitação de Carlos I, os holandeses reafirmaram a sua posição de líderes no comércio marítimo ocidental. Inicialmente, conquistaram diversos entrepostos portugueses nas Índias Orientais, devido à fragilidade luso-espanhola a partir do início do século XVII, afastando inclusive os ingleses desse comércio. Ao se expandirem no comércio, os holandeses desenvolveram a sua marinha mercante, transportando bens de forma mais eficiente, rápida e mais barata. Ademais, a partir de 1648, pela Paz de Münster, obtiveram um acordo de paz com a Espanha, o que diminuiu as tensões com este Estado.

Os ingleses não ficaram satisfeitos com essa expansão. Cromwell, o Lorde Protetor republicano, tentou taxar em 30% os barcos holandeses que pescavam o arenque na costa leste da Inglaterra, provocando atritos com as Províncias Unidas. Além disso, os ingleses se ressentiam da ingratidão holandesa em relação à luta com a Espanha nos Países Baixos. Naquela oportunidade, os ingleses apoiaram decididamente os holandeses. Ademais, desde 1623, os ingleses não se conformavam com o chamado massacre de Amboyna, quando diversos ingleses foram mortos por holandeses.

Como forma de diminuir as tensões e obter o apoio holandês, Cromwell ainda tentou um acordo ao propor uma aliança com as Províncias Unidas para a divisão do butim do fragilizado Império Espanhol na América. Os holandeses, por questões de gerência de suas províncias, foram incapazes de responder, o que enfureceu mais ainda os ingleses.

Em 1651, Cromwell propõe ao Parlamento e é aprovado o Ato de Navegação. Esse ato estabelecia que todos os bens e produtos que saíssem e chegassem à Inglaterra deveriam ser transportados ou por navios ingleses ou por navios dos locais onde esses bens e produtos fossem produzidos. Com essa atitude, os navios holandeses ficavam afastados do comércio da Inglaterra. Não satisfeitos, os ingleses determinaram que todos os navios que trafegassem pelo chamado Canal Inglês, o Canal da Mancha, deveriam arriar suas bandeiras quando avistassem um navio inglês, como reconhecimento da soberania inglesa naquela região marítima. Isso seria uma grande humilhação para os holandeses, que transitavam com frequência naquelas paragens e propugnavam pelo comércio livre e sem barreiras. O ambiente estava propício para um conflito entre esses dois antagonistas.

Em 29 de maio de 1652, o almirante Maarten Tromp vinha escoltando um comboio de navios holandeses quando avistou navios ingleses próximo a Dover. Recusou-se a arriar o seu pavilhão e, com isso, praticamente iniciou a primeira guerra anglo-holandesa. Em 10 de julho, a Inglaterra declarou guerra às Províncias Unidas.

Em outubro de 1652, Robert Blake derrotou o almirante holandês Witte de With na batalha naval de Kentish Knoch. Depois dessa vitória, os ingleses relaxaram e dividiram as suas forças navais para manter um controle simultâneo a oeste e a leste do Canal Inglês. Essa atitude enfraqueceu as forças inglesas e o resultado não poderia ser outro. Vitórias navais holandesas em Dungeness, em dezembro, no Canal Inglês; e em março de 1653, em Leghorn, fazendo com que o controle do Canal e do Mediterrâneo ficasse em mãos batavas.

Como modo de remediar essa situação, os ingleses criaram as chamadas Fighting Instructions, que eram instruções táticas aos comandantes de força e de navios, estabelecendo que a melhor forma de se combater no mar seria utilizando-se a chamada linha de batalha, na qual os navios de combate mais poderosos estabeleceriam uma linha para aproveitar os seus canhões que se posicionavam nos seus bordos. Essa linha seria controlada por um almirante, no centro da formatura, secundado por outro almirante à vante, o chamado vice-almirante, e outro a ré, o contra-almirante. Essa forma de lutar iria prevalecer até o início do século XX, nessa oportunidade, já com os grandes navios de aço, os encouraçados.

Com essa ação, os ingleses passaram à primazia e venceram duas batalhas navais seguidas, a de Portland, na Mancha, e a de Gabbard, no Mar do Norte, imediatamente bloqueando as costas das Províncias Unidas.

Seguiu-se outro encontro naval importante, em agosto de 1653, em Scheveningen, quando o grande almirante Tromp morreu. O moral dos holandeses começou a declinar, no entanto, e os ingleses estavam chegando também à exaustão. Foi então proposto um acordo para terminar aquela guerra sangrenta. Em 5 de abril de 1653, estabeleceu-se o Tratado de Westminster, que foi desfavorável aos holandeses. Esse acordo não terminou as desavenças entre os dois antigos aliados. As disputas comerciais ainda existiam.

No Tratado de Westminster houve um anexo secreto chamado de Act of Seclusion, que determinava que o príncipe holandês Guilherme de Orange ficava proibido de ascender a *stadtholder* das Províncias Unidas, e a razão era simples, o seu apoio à casa Stuart na luta contra as forças de Cromwell. Por cerca de 11 anos, as tensões foram se avolumando, até 1665, quando uma nova guerra parecia inevitável.

Durante esse tempo, a República das Províncias Unidas conseguira restabelecer o seu poder marítimo, expandindo ainda mais o seu comércio, o que não vinha agradando aos ingleses. Desde 1660, a Inglaterra voltara a ser uma monarquia, com a Restauração Stuart, na pessoa do filho de Carlos I, Carlos II. Em 1664, os ingleses tomaram Nova Amsterdã dos holandeses na América, o que exacerbou ainda mais as tensões entre os dois antagonistas. Além disso, Carlos II contava com o apoio explícito de diversos comerciantes que queriam terminar com a hegemonia comercial batava, que ainda prevalecia. Retirando essa hegemonia, ele imaginava poder arrecadar mais impostos e assim engordar os seus próprios cofres. Ele tentou, desse modo, forçar as Províncias Unidas a aceitarem suas condições, o que não teve sucesso, e a guerra novamente foi declarada.

Foram dois anos, como a guerra anterior, com intensos combates no mar. Logo, em junho de 1665, os ingleses obtiveram importante vitória em Lowestoft. No ano seguinte, o almirante holandês De Ruyter obteve destacada vitória contra os ingleses na grande Batalha de Quatro Dias. De Ruyter foi o mais destacado almirante batavo das guerras anglo-holandesas. Ele foi responsável pelo reide em Medway, em 1667, o que acabou sendo a maior humilhação já sofrida pela Inglaterra naquelas guerras. Aproveitando as condições favoráveis de vento e mar e a fragilidade naval inglesa, motivada por ocorrências alheias à vontade do Almirantado, como o grande incêndio de Londres, que destruíra parte importante da cidade, assim como a epidemia de peste bubônica que a assolara no ano anterior, De Ruyter investiu com os seus navios no Rio Tâmisa, alcançando o importante estaleiro de Chatham, onde capturou o orgulho do poder naval inglês, a nau *Prince Royal*, que rebocou para as Províncias Unidas. Os ingleses não foram capazes de revidar esse ato em razão da exaustão de seus recursos financeiros. O poder naval holandês estava no seu auge. Os ingleses, assim, não tiveram outro remédio que solicitar um acordo de paz, em 1667, sendo então assinado o Tratado de Breda, que foi, ao contrário da guerra anterior, altamente favorável às Províncias Unidas. Continuaram assim as tensões entre esses dois Estados, que só seriam resolvidas com a Revolução Gloriosa de 1688, com a assunção de Guilherme de Orange ao trono inglês, no entanto, outra guerra ocorreria antes desse desfecho.

Em 1670, Carlos II assinou um acordo, o Tratado de Dover, com Luís XIV, rei da França, para apoiá-lo em sua luta contra os holandeses. Pode-se, nesse caso, afirmar que a terceira guerra anglo-holandesa se inseriu na grande guerra travada de 1672 a 1678, entre a França e as Províncias Unidas. Ao contrário das duas últimas guerras, a terceira teve grande participação de forças terrestres, principalmente francesas, na invasão do território holandês. Além de querer punir os holandeses pela humilhação na guerra anterior, Carlos II imaginava conquistar, com o auxílio francês, possessões importantes que pertenciam aos holandeses. O apoio inglês seria com a Royal Navy, que apoiaria a invasão das Províncias Unidas, no entanto, novamente lá estaria De Ruyter, que alcançaria importantes vitórias em Sole Bay e Kijkduin, evitando assim a invasão por mar de seu Estado. Os combates em terra foram desfavoráveis aos franceses, uma vez que os holandeses tiveram que abrir os seus diques para conter os exércitos de Luís XIV. Os holandeses estavam esgotados, tanto em terra como no mar. Um acordo em separado foi assinado entre a Inglaterra e as Províncias Unidas, o Segundo Tratado de Westminster, afastando os ingleses dos franceses, que já surgiam no horizonte como a nova ameaça à prevalência inglesa no mar. Como compensação, os holandeses reconheceram o domínio inglês em Nova York, aceitaram saudar os navios ingleses no Canal e pagaram uma indenização considerável a Carlos II. Pode-se considerar que o poder marítimo holandês, após essa guerra, deixou de existir. A Revolução Gloriosa só veio a reafirmar esse declínio naval.

Alguns historiadores ocidentais incluem uma quarta guerra anglo-holandesa, ocorrida em 1780, isto é, mais de cem anos depois da terceira guerra. A motivação para esse conflito foi o apoio holandês aos revolucionários norte-americanos que lutavam contra a Grã-Bretanha pela independência, que só ocorreria em 1783. As causas dessa guerra foram diferentes das causas comerciais das guerras do século XVII, e assim não deve ser considerada, segundo o ponto de vista deste ensaio, como uma guerra no bojo das outras três. Essa guerra foi pontual e justificada por desavenças políticas, e pouco tem a ver com as motivações das guerras anteriores, devendo ser analisada separadamente.

As três guerras anglo-holandesas foram movidas pelo predomínio comercial marítimo e pela disputa do controle do mar entre a Inglaterra e as Províncias Unidas. Essas três guerras foram essencialmente navais. Delas resultou um poder marítimo prevalente no final do século XVII, a Inglaterra, e depois a Grã-Bretanha, que iria perdurar até o início do século XX. No entanto, essa prevalência haveria de ser contestada pela emergência da França e pelo seu poderio na Europa. Pelos próximos 150 anos, a Europa assistiria a uma disputa acirrada pelo predomínio naval entre esses dois antagonistas.

A luta pelo domínio do mar nos séculos XVIII e XIX: a Grã-Bretanha contra a França

No início do século XVIII, a Inglaterra possuía o maior poder marítimo da Europa. As Províncias Unidas, que se bateram arduamente pelo comércio contra ela no século anterior, viam-se, naquele momento, fragilizadas e a ela aliadas em razão da Revolução Gloriosa, que trouxe Guilherme ao trono em Londres. No entanto, no outro lado do Canal da Mancha, o rei Luís XIV da França se expandia no continente europeu, fortalecendo o seu poder terrestre, criando o mais treinado exército da Europa.

Com a criação da Grã-Bretanha, em razão da união das Coroas inglesa e escocesa, em 1707, a única opção estratégica para as Ilhas foi patrocinar inimigos da França no continente, evitando, assim, comprometer forças terrestres britânicas em combates com os franceses. Entretanto, a Grã-Bretanha manteve o seu poder marítimo forte em apoio a seus interesses políticos e comerciais. A Grã-Bretanha envidou todos os esforços para manter a França preocupada em terra, fazendo com que fossem gastas grandes quantias em dinheiro no fortalecimento de seu poder terrestre, em detrimento de seu poder marítimo, uma ação inteligente e perspicaz das administrações britânicas. No mar, o controle deveria permanecer nas mãos britânicas, pois isso acarretava a sobrevivência do reino e a reafirmação de seus interesses no continente europeu e na América. Isso não impediu, no entanto, de transportar forças terrestres inglesas para combater Luís XIV no continente, na primeira grande guerra do século XVIII, a Guerra de Sucessão da Espanha, sob a firme liderança do duque de Marlborough. Assim, durante todo esse período, houve uma confrontação direta entre um grande poder terrestre, a França, contra um grande poder marítimo, a Grã-Bretanha.

O intervalo entre 1700 e 1815 assistiu a inúmeras guerras entre esses dois contendores, sendo as mais importantes a já mencionada Guerra de Sucessão da Espanha (1702-1714), a Guerra de Sucessão da Áustria (1740-1748), a Guerra dos Sete Anos (1756-1763), a Guerra de Independência Americana (1776-1783), as guerras da Revolução Francesa (1792-1802) e, por fim, as Guerras Napoleônicas (1803-1815), tendo por motivos questões dinásticas, comerciais e políticas.

As posturas de combate no mar entre a Grã-Bretanha e a França foram bem diferentes durante todo esse período. A Grã-Bretanha, em razão de sua superioridade numérica e de seu melhor treinamento, procurou sempre o combate decisivo, no qual sua intenção era a eliminação física de seu oponente. A artilharia naval tinha a tarefa de acertar os navios franceses em locais onde provocaria os maiores danos possíveis, como, por exemplo, a linha-d'água, de modo a contribuir para o seu afundamento ou mesmo na linha de canhões, para matar o maior número possível de combatentes inimigos. A ordem de combate era a aniquilação por meio da batalha decisiva. Em paralelo, distribuiu seus navios mais rápidos, como as fragatas, para atacar as linhas de comunicação francesas, que faziam o comércio das Índias Ocidentais, das colônias na África e das Índias Orientais. Os britânicos conquistaram importantes posições estratégicas ao redor do globo, assim, puderam expandir seu poderio naval nos diferentes quadrantes mundiais.

Essa dispersão geográfica de forças navais foi amplamente criticada por Alfred Mahan, que via a dispersão estratégica como uma falha operacional grave, uma vez que defendia o princípio da concentração estratégico-naval como a garantia do sucesso em um conflito. Por sua vez, Julian Corbett enalteceu essa suposta dispersão, alegando que foi exatamente essa característica que proporcionou à Grã-Bretanha ser forte no mar, ao dispersar, quando existiam períodos de paz, e concentrar em áreas estratégicas de interesse em períodos de crise, deixando forças navais leves nas demais áreas não afetadas pelo conflito. Essa política de dispersão e concentração, para Corbett, fez toda a diferença na luta pelo predomínio no mar naquele momento da história.

Por sua vez, os franceses utilizaram em larga escala a guerra de corso para contrabalançar a superioridade naval britânica. A guerra de corso se caracteriza pelo uso permanente de forças leves e rápidas, novamente com o uso de fragatas rápidas e brigues, para fustigar as linhas de comércio do adversário. Seu principal objetivo era apresar ou destruir os navios mercantes britânicos que traziam bens para as Ilhas. A concepção estratégico-naval da guerra de corso é até hoje utilizada, normalmente, por um poder naval menos poderoso, sendo o instrumento moderno para isso o submarino. Isso não significa dizer que os franceses abdicassem totalmente da batalha naval. Em determinadas situações, houve combates navais importantes e bem-sucedidos para eles, como a batalha naval de Toulon, em 22 de fevereiro de 1744, durante a Guerra de Sucessão da Espanha, quando uma força naval hispano-francesa bem constituída, sob o comando de Claude-Elisée de Court La Bruyére, lutou contra uma força naval britânica sob o comando do almirante Thomas Matthews. O resultado foi uma vitória estratégica para os espanhóis e franceses e um combate inconcluso taticamente. Para uma marinha como a britânica, que vinha conquistando importantes vitórias no mar, o resultado não poderia ser pior. Seu comandante, almirante Matthews, foi exonerado do serviço, após uma dolorosa corte marcial. Esse foi um caso não muito comum. Normalmente, os franceses em combate procuravam acertar com tiros os mastros dos navios britânicos, com o propósito de diminuir a velocidade desses navios, podendo, assim, se afastar do combate mais rapidamente. O que eles faziam era manter os navios para um próximo combate, em razão principalmente do menor número de unidades de combate disponíveis em relação aos britânicos.

No decorrer do século XVIII, a superioridade britânica foi constante, entretanto, com a chegada de Napoleão ao poder na França, a superioridade terrestre francesa se acentuou ainda mais. Não querendo ficar muito vulnerável no mar, Napoleão incentivou a construção de uma poderosa marinha que pudesse se contrapor aos interesses britânicos. Sendo superior em terra, em razão de um motivado exército, e tendo condições de ameaçar o poderio naval da Grã-Bretanha, Napoleão mostrava-se um adversário a ser realmente temido. Nesse momento, surgiram chefes navais britânicos que se contrapuseram aos desígnios de Napoleão no mar e justificaram o prestígio naval de seu país, conquistando vitórias navais importantes. Homens como Hood, Howe e Jervis foram fundamentais para a manutenção desse prestígio, no entanto, o maior almirante inglês das Guerras Napoleônicas certamente foi Horatio Nelson.

Nelson, nascido em 1758, foi o maior vencedor de batalhas navais contra Napoleão ao final do século XVIII e início do XIX. Dotado de extrema coragem e determinação, Nelson venceu em Aboukir, Copenhagen, contra os dinamarqueses, e Trafalgar, de modo inegável. Se existe um herói naval respeitado e incontestável na marinha britânica, esse homem é Nelson. Sua fama de combatente naval vitorioso extrapolou o universo da Grã-Bretanha e, em muitas marinhas do mundo, seu exemplo de pertinácia, espírito ofensivo e sacrifício pelo seu país e reino é reconhecido e respeitado. Nelson é a estrela maior da constelação na qual figuram os grandes chefes navais da época.

Depois da rendição definitiva de Napoleão, o mundo entrou na chamada Pax Britannica, na qual houve um período de poucas guerras e a predominância inconteste do Reino Unido, com a união da Irlanda à Grã-Bretanha, em 1801. Sua marinha desfilava em todo o globo, mostrando sua bandeira e apoiando seus interesses políticos no século XIX. Não havia oponentes no mar que pudessem se contrapor a seu poderio. Os franceses ainda tentaram uma corrida armamentista contra seus oponentes tradicionais, mas recuaram quando perceberam que não teriam fôlego para esse percurso. Assim, procuraram contrabalançar a superioridade britânica com a concepção estratégica naval da Jeune École, que preconizava o uso de forças navais ligeiras e mais baratas, como destroyers, navios mineiros e torpedeiros, para atacar a linha de batalha inimiga, formada por grandes navios de aço, tipo encouraçados. Essa concepção, imaginada ao final do século XIX, encontrou muitos adeptos no mundo, inclusive no Brasil, no entanto, continuou a ser uma estratégia do mais fraco contra o mais forte. Com o início do século XX, passou a ser mais questionada e foi esquecida na Grande Guerra de 1914.

Um fato é inquestionável, a propensão que os britânicos tinham para o domínio do mar e a superioridade naval, quando confrontados por qualquer oponente. Pode-se afirmar, sem dúvida, que os britânicos tiveram, durante esse longo período, uma estratégia naval consistente, com a estratégia nacional determinada pelo rei e seus assessores, um treinamento de primeira categoria, que fazia com que seus marinheiros fossem mais rápidos no uso da artilharia, no controle de avarias e na questão moral, e chefes navais que tinham o firme propósito de destruir os inimigos, levar a bandeira do Reino Unido a rincões afastados do reino e defender os interesses políticos do rei, sem hesitações. Esses foram os elementos-chave para o predomínio britânico no mar, no período moderno e contemporâneo.

A Grande Guerra e o poder marítimo: surge um oponente, a Alemanha

Em 1914, eclodiu uma guerra terrível, a pior de todas na história da humanidade, até então. Cerca de 70 milhões de homens e mulheres mobilizados e 9 milhões de combatentes mortos, sem falar nos 7 milhões de não combatentes também desaparecidos. Uma guerra que veio para acabar com todas as guerras, a Grande Guerra de 1914 a 1918.

Os motivos para tamanha catástrofe foram muitos. Pode-se mencionar, inicialmente, a emergência de um poder perturbador, o Império Alemão, que conseguira a sua unificação em 1870, sob a liderança de Otto von Bismarck. O surgimento desse grande contendor fez com que o Reino Unido se preocupasse verdadeiramente. As primeira e segunda crises do Marrocos, respectivamente, em 1905 e 1911, aproximaram mais os britânicos e seus centenários inimigos, os franceses, contra os alemães, ocasionando inclusive a assinatura de um acordo secreto entre a França e o Reino Unido, no qual a marinha britânica ficaria responsável pela defesa da costa norte francesa, em frente ao Canal da Mancha, no caso de um conflito com a Alemanha, ao mesmo tempo que a França ficaria responsável pela defesa do Mediterrâneo ocidental e apoiaria os interesses britânicos no Mediterrâneo oriental.

Além disso, a França já vinha ressentida com a perda da Alsácia Lorena para a Alemanha, na guerra travada em 1870. Era desejo de todos os franceses reaver aquele território histórico que lhes fora injustamente tirado, imaginavam. Era o revanchismo a assombrar os franceses naquele início do século XX. A emergência do Império Alemão na Europa modificava o tabuleiro estratégico local e desorganizava a balança de poderes perseguida pelos britânicos.

Além do mais, iniciou-se uma corrida armamentista naval de consequências imprevisíveis entre o Reino Unido e a Alemanha. O kaiser desejava criar uma marinha de guerra que pudesse se confrontar com a marinha britânica, até aquele momento a mais poderosa do mundo e motivo de orgulho para o seu povo. Cada vez mais se construíam navios mais poderosos, com enormes canhões e grandes couraças, de modo a aniquilar o adversário em um combate naval de linhas de batalha. Encouraçados e cruzadores de batalha eram agregados à panóplia do Reino Unido e da Alemanha, como forma de contenção mútua.

Sendo um Estado emergente e com grande poder econômico, a Alemanha, naturalmente, ambicionava territórios na Ásia e na África, acreditando que nações como Portugal não teriam capacidade política e militar para manter grandes extensões em terras africanas. O imperialismo alemão surgia com vigor, incentivado pelo kaiser Guilherme II, que se agregava à corrida colonial tanto na África como na Ásia.

Formou-se, também, um complexo de acordos político-militares na Europa que deixava pouca margem a acertos paralelos e acomodações necessárias, em caso de crise. De um lado, encontravam-se Reino Unido, França e Rússia, na chamada Tríplice Entente, e na outra extremidade, a Alemanha se unia à Áustria-Hungria, como Poderes Centrais. Temia-se que as atitudes de defesa e proteção mútuas ativassem um conjunto de ações de difícil controle por parte dos países envolvidos, impossibilitados de parar certas ações em razão da inflexibilidade desses próprios acordos militares. Temia-se que um simples incidente fizesse espocar uma guerra, e foi exatamente isso que ocorreu.

Nos Bálcãs, a situação era explosiva. A conquista da Bósnia-Herzegovina, em 1908, pelo Império Austro-Húngaro, aproveitando o espólio do decadente Império Otomano, fez emergir um estridente nacionalismo eslavo na região, incentivado pela vizinha Sérvia. A poderosa Rússia, recuperando-se da derrota para o Japão, em 1905, apoiava com ardor esse sentimento pan-eslavista na região. A Sérvia, em caso de ameaça austríaca, seria defendida pela Rússia. A morte do herdeiro do trono austríaco, arquiduque Francisco Ferdinando, em Sarajevo, em 28 de junho de 1914, nas mãos de bósnios, apoiados pela Sérvia, foi o incidente necessário para a eclosão do conflito. Em pouco tempo, estavam todos envolvidos em uma guerra de grandes dimensões.

Inicialmente, a marinha britânica, ainda mais poderosa que a alemã, estabeleceu um bloqueio da costa inimiga como forma de forçar o grande encontro naval esperado, como preconizara Mahan, vinte anos antes. O desejo de forçar uma batalha decisiva a seu inimigo alemão não encontrou eco em Berlim, que, consciente de sua inferioridade em números e em preparo, preferia a concepção de esquadra em potência, isto é, a reafirmação de que possuía uma força naval com credibilidade pronta para suspender quando a situação tática lhe favorecesse, forçando os ingleses a se preocuparem com ela, mantendo seus navios sempre em prontidão no mar ou atracados em situação de pronta resposta. Isso desgastava a prontidão operacional britânica, esgarçando seu esforço logístico e atingindo o moral. Além dessa concepção, os alemães também realizaram ações de desgaste no Mar do Norte, com pequenas forças navais que se aproximavam da costa oriental inglesa e bombardeavam cidades costeiras de surpresa, algumas até sem qualquer importância estratégica, apenas com o objetivo de fustigar ainda mais as já estendidas forças navais britânicas. Embora de pouco efeito militar, tais ações tiveram grande impacto no imaginário popular inglês, que não entendia como, possuindo o maior poder naval mundial na ocasião, pudesse se submeter àquela humilhação sem reagir ou reagindo com pouco vigor. Isso lembrava o ocorrido em 1667, quando De Ruyter avançou no Medway para atacar Chatham e humilhar Carlos II. Em realidade, era impossível para a Royal Navy estar em todos os locais ao mesmo tempo, no entanto, as críticas se avolumaram.

A escapada dos navios alemães *Goeben* e *Breslau* pelo Mediterrâneo, logo no início do conflito, apesar de perseguidos por forças navais franco-britânicas superiores, foi um desapontamento inicial para quem imaginava que o controle aliado no Mediterrâneo era real. O desfecho final foi a agregação dos dois navios à Armada turca e a posterior entrada da Turquia ao lado da Alemanha. Como resultado, dois almirantes britânicos viram suas reputações abaladas: Sir Archibald Berkeley Milne e Ernest Troubridge. O primeiro foi passado para a reserva, e o segundo, embora isentado de responsabilidade por uma corte marcial, nunca mais obteve um comando no mar.

O primeiro grande encontro no mar ocorreu no dia 28 de agosto de 1914, a chamada Batalha do Bight. Os alemães perderam três cruzadores ligeiros e um destroyer com três outros cruzadores avariados, enquanto os britânicos tiveram apenas um cruzador ligeiro e três destroyers avariados. Nesse combate, surgiu um personagem que alcançaria notoriedade na Marinha Real, o vice-almirante David Richard Beatty, comandante dos cruzadores de batalha do Reino Unido, responsável direto pela vitória sobre os alemães.

Os germânicos passaram a não se expor em demasia no Mar do Norte, continuando as suas estratégias de "esquadra em potência" e "guerra de desgaste", procurando, sempre que possível, obter uma superioridade local e temporal sobre a Armada britânica no Mar do Norte. A fuga de uma batalha decisiva era fundamental para os alemães, que tinham conhecimento claro da superioridade britânica no mar.

No entanto, uma arma foi utilizada com grande eficiência pelos germânicos, e que fazia o seu *début* naquele conflito, o submarino. Sua eficácia ficou provada logo no início da guerra, quando o comandante Otto Weddinger, do submarino U-9, obteve expressiva vitória, ainda em 1914, ao afundar três cruzadores couraçados britânicos em sucessão, tornando-se assim um herói em seu país. Já se percebia a potencialidade da arma submarina no conflito.

Um combate que iria marcar fortemente a Marinha Real foi a derrota nas costas do Chile, no Oceano Pacífico, de um esquadrão britânico sob o comando do contra-almirante Christopher Cradock, nas mãos de uma força naval germânica sob o comando do vice-almirante Maximilian von Spee, na chamada Batalha de Coronel. O resultado foi trágico, culminando no afundamento de alguns navios britânicos e na morte de Cradock. Um fato curioso foi que Cradock era conhecido na Armada brasileira, quando comandava um navio-patrulha no Mar Vermelho e recolheu, em 1893, a tripulação do cruzador-escola *Barroso*, que havia afundado nesse mar.

A sua morte teve imediata repercussão no Reino Unido. Winston Churchill, Primeiro Lorde do Almirantado, determinou o envio de poderosa força naval, sob o comando do vice-almirante Sturdee, para o Atlântico Sul, local onde se supunha que Spee se dirigiria para aniquilar o seu esquadrão. No dia 7 de dezembro de 1914, as duas forças se encontraram próximo às

Malvinas, e os britânicos conseguiram retumbante vitória contra Spee, que veio a falecer em combate. O orgulho inglês estava recuperado.

O ano de 1915 se iniciou no dia 25 de janeiro, com a Batalha de Dogger Bank, na qual se encontraram duas forças antagônicas, a alemã, sob o comando do almirante Franz von Hipper, composta de três cruzadores de batalha, um cruzador couraçado, quatro cruzadores ligeiros e 18 destroyers; e a britânica, sob a direção do almirante Beatty, com cinco cruzadores de batalha, sete cruzadores ligeiros e 35 destróieres. A missão de Hipper era realizar uma incursão no Mar do Norte, para fustigar as forças navais inimigas na região. O serviço de inteligência inglês já havia decifrado os códigos alemães, por meio de uma unidade chamada Room 40, e, imediatamente, alertou Beatty, que conseguiu interceptar a força alemã, e uma perseguição se seguiu; com Hipper recuando para as costas alemãs e Beatty em seu encalço. Na corrida para escapar, a força alemã perdeu o cruzador de batalha *Blucher*, que foi alcançado e destruído pela Royal Navy. O resultado pode ser considerado uma vitória britânica.

Ainda em 1915, ocorreu o maior fiasco naval aliado de toda a guerra. Ele se deu em Galípoli. A ideia inicial do Primeiro Lorde do Mar, Winston Churchill, parecia simples. A conquista da Península de Dardanelos para apoiar as pressionadas forças russas, que lutavam contra os alemães, estabelecendo um corredor logístico na região; e também desafogar a estagnada frente ocidental, paralisada em uma luta sem avanços. Muitos oficiais generais não concordaram com tal ideia de Churchill, no entanto, ele foi apoiado por Lorde Fisher, o Primeiro Lorde do Mar, e a operação foi adiante. Em princípio, os navios bombardearam os fortes turcos na região e avançaram no estreito, contudo, navios não ocupam posições em terra, e uma segunda fase teve que ser desencadeada, o desembarque de tropas australianas, neozelandesas e coloniais da França. A reação turca não se fez esperar e em pouco tempo essas tropas aliadas se viram cercadas e impedidas de progredir no terreno. As baixas foram se acumulando. Presume-se que o número de baixas aliadas tenha ficado em torno de 220 mil, com cerca de 60 mil mortos. No lado turco também se registrou cerca de 90 mil mortos, em 9 meses de campanha. A partir de outubro de 1915 até janeiro de 1916, as tropas aliadas foram evacuadas. Tratou-se, então, da maior derrota aliada na Grande Guerra. Churchill e Fisher tiveram que se afastar de seus postos, pois foram os principais responsáveis por essa derrota. Diversos navios foram perdidos, tanto para a artilharia inimiga como para as minas turcas que se encontravam plantadas no estreito. Muitos chefes no terreno foram substituídos na campanha.

Hoje em dia, comemora-se na Austrália, em 25 de abril, o Dia do ANZAC (Australian and New Zealand Army Corps), data do início da campanha. Em Galípoli, encontra-se um monumento em homenagem aos combatentes aliados e turcos que deram suas vidas nessa campanha. Erigido em 1934, por Mustafá Kemal Atatürk, ele próprio combatente em Dardanelos, o monumento apresenta um poema escrito pelo próprio Kemal em homenagem a todos que lá morreram, e que traduzimos aqui:

> Aqueles heróis que derramaram seu sangue e perderam suas vidas... Vocês agora estão deitados no solo de um país amigo. Portanto, descansem em paz. Não existe diferença entre os Johnnies e os Mehmets para nós onde eles repousam lado a lado. Aqui neste país nosso. Vocês, as mães, que enviaram seus filhos de países distantes... Enxuguem suas lágrimas. Seus filhos estão agora deitados em nosso seio. E estão em paz. Após terem perdido suas vidas nesta terra, eles se tornaram nossos filhos também.

Uma justa homenagem a uma campanha gloriosa, mas desastrosa.

O ano de 1916 assistiu a um encontro naval muito esperado pela marinha britânica. A batalha decisiva imaginada por Mahan estava por ocorrer. Uma grande força naval alemã estava realizando uma incursão no Mar do Norte, dentro da concepção de guerra de desgaste e esquadra em potência, utilizadas desde o início da campanha pelo estado-maior alemão. Essa grande força naval germânica era comandada pelo almirante Reinhard Scheer e tinha o almirante Hipper como comandante dos cruzadores de batalha. O propósito era atrair parte da esquadra britânica e obter uma superioridade local temporal e aniquilar essa força; para isso, Scheer dispunha de 99 navios, sendo 22 encouraçados e 5 cruzadores de batalha, além de muitos cruzadores ligeiros e destroyers. Os britânicos, porém, receberam informações da inteligência naval de que essa grande força inimiga estava próxima e suspenderam em força com nada mais nada menos que 155 navios, sendo 28 encouraçados e 9 cruzadores de batalha. Seus comandantes eram Jellicoe e Beatty. O encontro tão aguardado pelos britânicos se deu no dia 31 de maio e prosseguiu no dia 1º de junho de 1916.

Scheer, ao se ver surpreendido pela força naval britânica, determinou a retirada para a proteção de suas costas. Muitas chances foram perdidas por Jellicoe e por Beatty para aniquilar de vez a esquadra adversária. A chance da batalha decisiva escorregou pelas mãos dos almirantes ingleses e Scheer conseguiu se abrigar nos portos alemães. O resultado foi uma vitória tática para os alemães, já que conseguiram afundar 14 navios britânicos, sendo três deles cruzadores de batalha, provocando 6,8 mil mortos. Por sua vez, a Royal Navy afundou 11 navios alemães, sendo um cruzador de batalha e um encouraçado, infligindo 3 mil mortos aos adversários. Ao mesmo tempo que foi uma derrota tática dos ingleses, esses obtiveram uma vitória estratégica de vulto, uma vez que a Armada do kaiser não mais se aventurou no mar, preferindo, então, a guerra submarina como alternativa. A batalha naval decisiva, tal como imaginada por Mahan, era impraticável quando um dos lados se negava a combater. As ideias de Corbett pareciam fazer mais sentido para um estado-maior naval estupefato, ainda ligado às concepções mahanianas. Assim sendo, o ano de 1917 se iniciou com uma ampla campanha submarina irrestrita alemã, de modo a estrangular o Reino Unido.

Desde o início da guerra, os alemães já vinham atacando os navios mercantes aliados. A legislação vigente determinava que o submarino deveria, antes de afundar o seu alvo, permitir que a tripulação do navio saísse em barcos de salvamento e fornecer a seus integrantes informações sobre terra mais próxima e elementos mínimos de sobrevivência. Isso demandava tempo e expunha o submarino a ataques, tanto por navios mercantes artilhados quanto por navios de escolta que poderiam surpreendê-los no processo de retirada da tripulação. Os ataques furtivos só ocorreram depois de iniciada a campanha submarina. A partir de fevereiro de 1917, os navios neutros passaram a ser atacados sem aviso prévio, o que provocou, em abril, a entrada dos Estados Unidos da América na contenda e, em outubro, o Brasil. A substituição da estratégia de guerra de desgaste para a guerra de corso ou o ataque às linhas de comunicação passou a ser necessária, pois um encontro naval, como o ocorrido na Jutlândia, era incompreensível para o estado-maior alemão. O poder naval mais fraco normalmente utiliza a guerra de corso para atingir o tráfego marítimo do adversário, de modo a estrangular a economia de seu inimigo. Sempre é a estratégia do mais fraco. A guerra submarina passou a ser irrestrita em 1917. Com essa medida, os afundamentos aumentaram muito nesse ano, no entanto, a partir do estabelecimento dos comboios escoltados por navios ligeiros e do aperfeiçoamento de armas antissubmarinos, as perdas alemãs aumentaram exponencialmente em 1918. Ao final, os alemães perdiam mais submarinos do que afundavam navios mercantes. Até o final da guerra, perderam 178 submarinos, mas conseguiram afundar 5.861 navios mercantes, com mais de 100 toneladas, com cerca de 13,3 milhões de toneladas brutas de perdas. Ao término do conflito, o submarino surgiu como arma fundamental em qualquer marinha e o poderoso encouraçado começava a ser questionado pelos especialistas. A estratégia marítima despontava como um elemento importante da estratégia nacional, mas como parte dela, conforme previsto por Corbett, entretanto, era fundamental que a decisão se desse em terra, para constrangimento dos estados-maiores navais. Corbett parecia prevalecer sobre Mahan.

Com o surgimento de países totalitários, como a Alemanha renascida e a Itália, um novo conflito surgia no horizonte, e, a partir dos anos 1930, o mundo entrava em um perigoso caminho, e, certamente, muito mais mortal.

A catástrofe monumental: a Segunda Guerra Mundial

Os anos de 1930 assistiram à emergência de uma Alemanha revigorada após a sua derrota de 1918. A tomada do poder pelo Partido Nacional-Socialista trouxe à discussão antigas querelas com a França e o Reino Unido. O Tratado de Versalhes, que impôs pesadas sanções aos alemães, ao término daquele conflito, acabou sendo revogado por Adolf Hitler, permitindo um rearmamento acelerado por parte da Alemanha, em especial, de suas forças terrestres. O revanchismo alemão ganhou intensidade, uma vez que o povo alemão, em sua maioria, concordou com a política implementada pelos nazistas. Hitler avançou em territórios que considerava alemães, dentre os quais, os Sudetos, anexou a Áustria à Alemanha e, posteriormente, ocupou toda a Tchecoslováquia. Ao mesmo tempo que anexava esses territórios, a Alemanha se aproximou da Itália fascista liderada por Benito Mussolini, estabelecendo acordos políticos e militares. A incompatibilidade programática e ideológica com o comunismo da União Soviética, liderada por Josef Stalin, não impediu que fosse firmado um acordo, em 1939, entre este país e a Alemanha, o acordo Molotov × Ribbentrop, que permitiu a Hitler se virar contra a Polônia.

A política adotada pela França e pelo Reino Unido foi sempre de apaziguamento, procurando contemporizar e atender aos anseios de Hitler, tendo inclusive sacrificado a Tchecoslováquia em prol de uma paz cada vez mais distante. Hitler, inteligentemente, percebeu essa postura dos países aliados e procurou adotar uma estratégia em que, a cada passo dado, faria uma parada para reflexão e análise, aguardando o próximo passo do adversário, se tudo continuasse no impasse, ele avançaria sempre em direção ao objetivo determinado. Com essa estratégia, Hitler voltou os olhos para a Polônia, acreditando que os franceses e britânicos se conformariam com a conquista do território polonês, depois de alguns protestos diplomáticos e sanções econômicas menores. Em 1° de setembro de 1939, as tropas alemãs invadiram a Polônia, no entanto, para surpresa de Hitler, os Aliados reagiram e declararam guerra à Alemanha. Iniciava-se o maior conflito bélico do século XX, quando cerca de 100 milhões de combatentes foram mobilizados e acredita-se que entre 50 e 70 milhões de pessoas tenham perdido suas vidas.

Na Ásia, o Japão despontava com vigor. País dotado de um povo criativo e eficiente, o governo japonês, de cunho manifestamente militarista, iniciou uma política de expansão, de modo a obter matérias-primas necessárias ao seu desenvolvimento. Inicialmente, a atacada foi a China, ainda em 1937. Nessa guerra, os japoneses foram especialmente brutais contra os chineses, culminando no chamado massacre de Nanquim, que haveria de deixar marcas nos chineses até anos após o fim do conflito, em 1945. Essa expansão japonesa no Pacífico trouxe um grande mal-estar por parte de outro ator na região, os Estados Unidos da América (EUA). O conflito de interesses se manifestaria na invasão japonesa na China, quando os EUA se posicionaram contra o Japão, chegando a ponto de incentivar "voluntários" para se unirem às forças chinesas que combatiam os japoneses. A tensão entre o Japão e os EUA foi crescendo de intensidade e culminou no embargo de petróleo decretado pelos norte-americanos contra o Japão. Essa situação seria intolerável para os japoneses, uma vez que o petróleo era uma matéria-prima fundamental para o seu desenvolvimento. Dessa situação até o ataque a Pearl Harbour, em 7 de dezembro de 1941, foi um passo.

Na Europa, o início do conflito assistiu à marinha de guerra alemã despreparada, apesar de já ter iniciado um programa de construção naval ousado no ano de 1939, o Plano Z. Suas forças de superfície eram mais modestas que no conflito anterior. O almirante Erich Raeder, comandante da Kriegsmarine, foi contra o início do conflito, pois sabia das graves deficiências de sua marinha. Tinha total conhecimento de que uma batalha decisiva com os britânicos seria impossível e que a utilização da estratégia de desgaste também estaria fora de qualquer possibilidade. Preferiu, assim, a velha "esquadra em potência" limitada, uma vez que não possuía navios poderosos o suficiente para compor uma força naval com o mínimo de potência. Além disso, autorizou, desde o início do conflito, a guerra de corso contra o comércio aliado, aproveitando-se da vasta experiência acumulada na Grande Guerra.

Os britânicos possuíam ainda uma grande armada. Era a segunda do mundo em poderio, já que a marinha dos EUA surgiu no final dos anos de 1920 como a maior força naval ocidental. A Royal Navy era composta de inúmeros encouraçados, cruzadores pesados e de batalha, destroyers, submarinos e auxiliares. Alguns porta-aviões faziam também parte de seu inventário, no entanto, seus aviões eram mais antigos do que os seus contrapartes norte-americanos e japoneses. Os seus almirantes ainda acreditavam na batalha decisiva, todavia, tinham a perfeita percepção de que uma guerra de corso bem conduzida poderia trazer inúmeros prejuízos ao Reino Unido, daí privilegiarem a construção de destroyers e aceitarem o oferecimento de escoltas dos EUA para a guerra antissubmarino. Tinham, no entanto, a certeza de seu poder em relação ao inimigo alemão. Os franceses, por sua vez, tinham a segunda marinha europeia, ficando atrás do Reino Unido. Possuíam muitos navios de combate posicionados em duas grandes bases, Brest e Toulon, e ficaram responsáveis pelo Mediterrâneo, em um arranjo semelhante ao que ocorreu na Grande Guerra, embora os britânicos mantivessem forças navais em Gibraltar e em Alexandria. A marinha italiana pouco poderia oferecer em termos de domínio do mar. Seus navios eram bonitos, vistosos, mas faltavam equipamentos de detecção apropriados e primavam pela velocidade em detrimento da proteção blindada, o que se transformaria em grande vulnerabilidade. Além do mais, não possuíam porta-aviões, o que era uma grande fragilidade. Sua área de operações era o Mediterrâneo oriental.

Desde o início do conflito europeu, que depois extrapolou para todo o mundo, a Royal Navy adotou uma postura ofensiva, forçando os alemães a um encontro naval. A guerra submarina alemã ocorreu desde o dia 1º de setembro de 1939. Um ataque inesperado de um submarino alemão contra Scapa Flow, base britânica na Escócia, afundou o encouraçado *Royal Oak*, ainda no interior do porto. O comandante desse submarino, o jovem Gunther Prien, virou herói nacional. Para os britânicos, uma clara demonstração da vulnerabilidade dessa base e de insuficiência de suas medidas antissubmarino. A Batalha do Atlântico, como ficou conhecida a guerra submarina entre 1939 e 1945, iniciou-se com grandes resultados para os alemães. O propósito era estrangular o comércio dos aliados por meio de ataques aos seus navios mercantes. Se o número de afundamentos superasse as construções, a guerra submarina estaria tendo sucesso. Em muitos meses, ocorreram essas situações e os alemães encontraram-se perto de vencer essa batalha, no entanto, a entrada dos EUA na guerra, em dezembro de 1941, associada ao estabelecimento de comboios, uso intensivo de sensores submarinos e de superfície de melhor qualidade e de aviação antissubmarino, vinda de terra e de porta-aviões, fez pender a balança para o lado dos Aliados. Foi uma campanha dura, difícil, que durou mais de cinco anos e que teve como resultado 3,5 mil navios mercantes destruídos, 175 navios de combate aliados afundados e cerca de 72 mil mortos, tanto das marinhas mercantes como das marinhas de guerra aliadas. Do lado alemão, foram destruídos 783 submarinos, com cerca de 30 mil mortos. Para Churchill, a Batalha do Atlântico foi a principal batalha da Segunda Guerra Mundial. Essa luta demonstrou claramente a importância do submarino na guerra moderna. Em razão da fragilidade das forças navais alemãs, não ocorreram grandes combates navais no Ocidente, porém, alguns encontros tiveram lugar, principalmente na destruição de navios alemães importantes, como o *Bismarck*, o *Graf Spee* e o *Scharnhorst*. O encouraçado e o cruzador de batalha perdiam o seu lugar na esquadra. A batalha decisiva imaginada por Mahan era de difícil comprovação prática. No Mediterrâneo, as forças navais italianas foram subjugadas pelos britânicos e não tiveram grande participação no decorrer do conflito.

Na Ásia, dois poderes navais despontavam antes do conflito. De um lado, a poderosa marinha norte-americana, baseada no Havaí, com seus grandes encouraçados e porta-aviões, que protegiam os interesses desse país no Pacífico. De outro lado, o Império do Japão, que surgia como elemento perturbador, com seus adestrados porta-aviões e navios de superfície, estimulados por seu grande desenvolvimento nos últimos trinta anos e sua estonteante vitória sobre a Rússia, em 1905, colocando esse país como uma potência emergente a ser considerada.

No Pacífico, com o seu vasto espaço marítimo, deu-se uma guerra essencialmente naval entre o Japão e os EUA. Depois do bem-sucedido ataque a Pearl Harbour, em 7 de dezembro de 1941, os japoneses iniciaram uma série de ofensivas no Pacífico, com vistas a obter as matérias-primas necessárias à sua sobrevivência, tendo como eixos principais de avanço o Pacífico sudoeste, em direção à Malásia e à Indonésia, passando pelo sudeste asiático; o Pacífico sul, em direção às Filipinas; o Pacífico sudeste, em direção às Ilhas Salomão e à Austrália; o Pacífico central, rumo ao Midway; e o Pacífico nordeste, para as Aleutas, estendendo assim o seu perímetro defensivo. Em todos esses teatros de operação, o poder naval japonês se fez presente.

Depois dos sucessos iniciais, os nipônicos se viram em dificuldades em Coral Sea, e foram derrotados na batalha de Midway, quando houve um grande encontro de porta-aviões. A partir da derrota em Guadalcanal, em março de 1943, os japoneses só puderam prolongar o conflito contra um adversário muito mais poderoso, que contava com um parque industrial notável e que mantinha as forças navais sempre prontas para a ação.

O mais interessante dessa campanha naval do Pacífico foram as inovações introduzidas pelos norte-americanos para derrotarem o Japão. Inicialmente, desenvolveram sobremaneira a sua capacidade de operar aviões a partir de porta-aviões, trazendo esse meio de combate a substituir o encouraçado como navio capital das esquadras. Em segundo lugar, desenvolveram o chamado trem da esquadra, que eram navios auxiliares, como navios-tanques e navios de abastecimento, que mantinham as forças navais apoiadas com combustíveis, gêneros alimentícios e munição, evitando, assim, que essas forças tivessem de se afastar para as bases fixas, longe do teatro de operações. Em terceiro lugar, construíram bases avançadas menores, em ilhas conquistadas, que permitiram melhor apoio de reparos e de pontos de aviação, de onde podiam partir os grandes bombardeiros para atacar o Japão. Em quarto lugar, desenvolveram técnicas de desembarque anfíbio, que foram testadas e aprovadas nos inúmeros assaltos realizados nas ilhas do Pacífico dominadas pelos nipônicos, aumentando a importância das tropas de fuzileiros navais. Em quinto lugar aperfeiçoaram as técnicas de defesa antiaérea, antissuperfície e antissubmarino que iriam dar origem aos manuais utilizados pelas forças navais aliadas posteriormente à guerra, os chamados ATP (*Allied Tactical Procedures*).

Durante cerca de um pouco mais de três anos e meio, os EUA já estavam próximos de invadir o Japão, quando a bomba atômica surgiu. Atualmente ainda se discute a validade de seu uso por parte dos EUA contra um adversário que, para muitos, já estava derrotado. Foi uma decisão tomada no calor dos acontecimentos, quando o poder político norte-americano pesou o número estimado de baixas em uma possível invasão do Japão, a duração, que poderia ser longa em um ataque vindo do mar, a capacidade de resiliência e resistência do povo japonês na invasão de seu território natal, enfim, muitos fatores que levaram à decisão de utilizar a bomba atômica para derrotar o Japão de uma vez. Seja qual for a posição a que nos afiliarmos, a arma nuclear veio a mudar a arte da guerra. Seu enorme poder de destruição foi um fator a ser considerado em qualquer conflito futuro, e foi sem dúvida um elemento central na redução de uma guerra generalizada no período seguinte à Segunda Guerra Mundial.

No campo naval, como está sendo demonstrado, dois novos meios surgiram como capitais na formação das futuras esquadras nacionais, o submarino e o porta-aviões. O encouraçado e os cruzadores pesados perderam o seu lugar no inventário das forças navais. Dois novos atores viriam a surgir no cenário internacional, de um lado, os EUA, com um poder marítimo relevante, e de outro, a União das Repúblicas Socialistas Soviéticas (URSS), com um poder terrestre avassalador. Era a luta da baleia contra o urso. O Reino Unido, a Alemanha, o Japão e a França deixaram de ser poderes navais a serem considerados. Uma nova guerra surgiria ao final dos anos 1940. Uma guerra invisível e imprevisível que, algumas vezes, traria o mundo à beira de uma guerra nuclear, a chamada Guerra Fria.

O poder marítimo no século XXI

Logo depois do término da Segunda Guerra Mundial, os EUA tinham a maior esquadra do mundo, suplantando em muito seus aliados britânicos, soviéticos e franceses. Seus navios percorriam os mares do mundo como um instrumento político de excelência, mostrando a bandeira norte-americana em todos os oceanos e reafirmando o seu poderio econômico e militar.

Entretanto, ainda existiam temores a respeito do forte exército soviético, que estava estacionado nos países subjugados da Cortina de Ferro, como uma espada no coração dos seus aliados na Europa.

A partir dos anos de 1950, com o afastamento entre os EUA e a URSS, os soviéticos iniciaram uma grande remodelação de sua marinha de combate, dirigida por um almirante que faria nome nos meios navais e seria o responsável pela condução político-estratégica de sua marinha, o almirante Sergei Gorshkov. Com suas ideias, a marinha soviética cresceu em número e em qualidade. Novos navios vieram a compor os seus quadros e uma expansão se seguiu, ameaçando a marinha norte-americana nos mares. Nos EUA, soou o alarme e os oficiais norte-americanos começaram a perceber a real ameaça que surgia, um poder naval perturbador, da mesma forma que ocorrera antes entre a Grã-Bretanha e a Alemanha, no início do século XX. A preocupação se tornou tão aguda que a tradicional revista *Proceedings*, do Instituto Naval dos Estados Unidos, publicou os escritos de Gorshkov durante muitos números mensais e acabou publicando o seu livro, traduzido para o inglês em 1974.

Nos anos 1960 até início dos anos 1980, houve uma disputa velada entre as duas marinhas; quem teria primazia em um futuro conflito internacional? Muitas vezes, os antagonismos quase chegaram a confrontos abertos, o que impediu a deflagração de uma guerra foi certamente a possibilidade de utilização da arma atômica. Muitos acordos de desarmamento foram assinados, procurando manter dentro de certos limites a proliferação de armas nucleares.

Com o passar dos anos, e premida por circunstâncias econômicas, a URSS não conseguiu manter o ritmo de construção naval para confrontar os EUA. Seguiu-se, então, a queda do Muro de Berlim e a implosão do mundo soviético, no início dos anos 1990. Aquela bela esquadra soviética que impressionou o mundo e preocupou os EUA virava sucata e simplesmente desaparecia aos poucos. Por certo, a Guerra Fria foi vencida pelos EUA. O predomínio naval norte-americano passou a ser total. O poder de fogo de apenas um de seus porta-aviões era maior que muitas marinhas médias ocidentais reunidas. Como visto, os meios que se tornaram capitais ao fim da Segunda Guerra Mundial foram o porta-aviões, com sua ampla capacidade de projeção de poder e controle de área marítima, e o submarino, com sua ocultação possibilitando a negação do uso do mar ao inimigo. Se fosse um submarino nuclear balístico, com mais poderio, seria capaz de lançar diversas bombas atômicas em sítios distintos, além de contribuir sobremaneira para a dissuasão de qualquer oponente. Nada parecia afetar o predomínio norte-americano no mar, uma vez que possuía os dois tipos de navios capitais em grande quantidade.

Mas eis que, ao final dos anos 1990, a China começou a despontar economicamente e a defender com maior vigor os seus interesses políticos e econômicos. A cúpula chinesa percebeu que, sem uma marinha oceânica com credibilidade, muito dificilmente seria capaz de defender o seu território, uma preocupação constante dos dirigentes chineses, ou de proteger os seus interesses na Ásia e em outros rincões pelo mundo, em especial na África. Foi então iniciado um projeto de longo prazo para a China dispor de um poder marítimo condizente com o seu poderio econômico. Novos navios foram projetados, a maioria com projetos autóctones, e se iniciou a preparação de uma verdadeira marinha de alto-mar.

Como sempre acontece, o poder naval prevalente começa então a reagir, aumentando os seus números e aperfeiçoando a sua tecnologia e suas técnicas para fazer frente a esse novo poder naval perturbador que surge. Hoje se percebe uma grande preocupação dos EUA com a emergência da China como um poder marítimo de ponta. Novos navios vêm surgindo, novas técnicas estão em desenvolvimento e novas estratégias são disseminadas pelos EUA. Uma corrida que, de certa forma, mantendo as devidas proporções materiais e temporais, já se assistiu no tempo histórico recente, entre Grã-Bretanha e Alemanha, e EUA e URSS. Aonde essa disputa irá? Ainda é cedo para concluir.

O certo é que até agora permanece a rixa entre o poder marítimo e o poder terrestre, e que, quando se estabelece um poder naval com credibilidade, logo em seguida surge um poder naval desafiante, provocando, em muitos casos, uma corrida armamentista naval, não poucas vezes ocorrendo uma guerra para decidir quem prevalece.

Desde a disputa entre Inglaterra e Espanha, no século XVI, que permitiu a emergência de um poder naval relevante, que foi o inglês, passando pela luta pelo controle das linhas de comunicação entre a Inglaterra e Províncias Unidas, no século XVII, eliminando a última como um poder marítimo de expressão; pela disputa ferrenha entre a Grã-Bretanha e a França, durante cerca de 150 anos, até o século XIX; pela corrida armamentista entre o Reino Unido e a Alemanha, já no século XX, que acabou tendo seu desfecho em duas sangrentas guerras mundiais; pela concorrência entre os EUA e a URSS durante parte do século XX e, agora, em pleno século XXI, a corrida naval entre os EUA e a China, parece que há ciclos de disputa de poder entre dois poderosos contendores. Contudo, deve-se considerar que o poder marítimo foi e continua sendo extremamente relevante para os Estados, compondo assim uma parte de suas estratégias nacionais. Eles tiveram grande importância nas guerras e, de certa maneira, ajudaram a acelerar ou diminuir o tempo histórico dos conflitos.

Alfred Mahan e Julian Corbett continuam a ser discutidos hoje em dia. A primazia e independência da guerra naval em relação ao conflito maior talvez não seja mais possível com a tecnologia do século XXI, fazendo com que Mahan perca a sua força teórica quando comparado a Corbett. Talvez, porém, nada seja permanente em história. O certo é que o poder marítimo foi e continua sendo relevante quando se estudam as grandes guerras e conflitos mundiais.

Referências

CORBETT, Julian Stafford. *Some Principles Of Maritime Strategy*. Annapolis: USNI, 1972.

DELLINGER, Dieter. *Um século de guerra no mar*. Lisboa: Náutica Nacional, 2010.

ELIAS, Norbert. *The Genesis of the Naval Profession*. Dublin: University College Of Dublin, 2007.

GORSHKOV, Sergei. *Red Star Rising at Sea*. Annapolis: USNI, 1974.

GROVE, Eric. *The Future of Sea Power*. Annapolis: USNI, 1990.

JONES, Rees Jones. *The Anglo-Dutch Wars of the 17th Century*. Nova York: Longman, 1996.

KAMEN, Henry. *Felipe De España*. Madri: Siglo XXI De *España* Ed., 1997.

MAHAN, Alfred Thayer. *The Influence of Sea Power upon History – 1660-1783*. Nova York: Dover, 1987.

______. *The Life of Nelson: the Embodiment of the Sea Power of Great Britain*. 2 vol. Annapolis: USNI, 2001.

MASSIE, Robert K. *Castles of Steel: Britain, Germany, and the Winning of the Great War at Sea*. Nova York: Random House, 2003.

MATTINGLY, Garret. *The Armada*. Boston: Houghton Mifflin, 1959.

POTTER, Elmer Belmont. *Sea Power: a Naval History*. Annapolis: USNI, 1981.

REYNOLDS, Clark. *Command of the Sea*. Nova York: William Morrow, 1974.

12. A Grande Guerra: erros políticos e fracassos militares

Antônio Elíbio

Na manhã ensolarada do dia 28 de junho de 1914, na pitoresca cidade de Saravejo, um jovem sérvio-bósnio, de nome Gavrillo Princip, daria início a uma espiral de acontecimentos que culminaria na deflagração da Grande Guerra. Sob a cálida luz do sol que banhava os jardins das margens do Rio Miljacka, da capital da Bósnia, Princip desferiu um ataque que matou o casal real Francisco Ferdinando e sua mulher Sofia Maria Josefina Albina.[1] O herdeiro do trono austro-húngaro havia chegado de trem à cidade e logo embarcaria em um automóvel, para fazer o trajeto desfilando pelas avenidas apilhadas de uma multidão que o saudaria nas calçadas. Na comitiva estavam também o prefeito de Saravejo, Fehin Effendi, o comissário Edmund Gerde e o governador da Bósnia, general Oskar Potiorek. A paisagem apreciada pelo casal real de um cupê esportivo, com capota baixada, deveria ser deslumbrante. Encostas íngremes com até 1,5 mil metros de altura, vilas e pomares, minaretes das inúmeras mesquitas do passado otomano da cidade e, no centro da capital, um pitoresco comércio de verduras, tapetes, caldeiras.[2]

O Império Austro-Húngaro talvez não tenha sido perspicaz o suficiente por escolher uma data inoportuna para a visita do herdeiro real. Naquele dia, o dia de São Vito, no ano de 1389, as forças otomanas haviam destruído um exército sérvio no Campo dos Melros, atual Kosovo, findando o Império Sérvio nos Bálcãs e criando as condições para a posterior integração do que restava da Sérvia ao Império Otomano. Portanto, a chegada do herdeiro Francisco Ferdinando poderia ser considerada um agravo proposital às relações entre a Sérvia e o Império Austro-Húngaro, uma provocação simbólica. Por sua vez, o casal arquiducal seguia desprotegido pelas ruas de Saravejo, como se nenhuma ameaça à sua segurança pudesse acabar tragicamente naquele dia. O arquiduque não gostava de aparatos de segurança e, certamente, queria mostrar publicamente sua desenvoltura para a população local que o recebia. Descontraídos ao comemorar, naquele dia, seu aniversário de casamento, o casal seguia em júbilo, improvisando paradas e passeios pelo centro da cidade. Poucos soldados e policiais ladeavam o comboio, separando a multidão do carro aberto que conduzia o casal.

Gavrillo Princip, o jovem sérvio-bósnio, seguia os passos do casal desde a passagem do herdeiro do Império Austro-Húngaro pelo balneário de Ilidze. Mesmo alertado por autoridades bósnias, diante da iminente ameaça de um atentado contra a vida do casal, Francisco Ferdinando insistiu na programação previamente acordada com o governador da Bósnia. A tranquilidade e a insensatez do casal real em aparecimentos públicos criariam a ocasião propícia para uma emboscada fatal.

Sete terroristas organizados reuniram-se na cidade nos dias anteriores à visita. O plano arquitetado pelos ultranacionalistas bósnios era se posicionarem em intervalos ao longo do bulevar. Além de revólveres carregados nos bolsos, cada terrorista levava bombas amarradas na cintura. Caso falhassem, os homens acabariam com a própria vida ingerindo cianureto em pó.

O primeiro terrorista a agir foi o sérvo-bósnio Nedeljko Cabrinovic, que se posicionara na margem do rio por onde passaria o comboio arquiducal. Ele desembrulhou a bomba de uma trouxa e quebrou o detonador em um poste. Com o estalo da cápsula de percussão, o motorista viu a bomba chegando do alto e acelerou o carro. A bomba explodiu no automóvel que seguia atrás, ferindo vários oficiais. Mesmo com o incidente, inclusive ferindo com estilhaços o rosto da arquiduquesa Sofia, o arquiduque reagiu com tranquilidade. Os passageiros do carro atingido sofreram ferimentos graves, além dos civis que também foram feridos pela explosão. O assassino, porém, não obtivera êxito. Ingeriu o veneno e jogou-se no rio, tendo sido capturado vivo por um comerciante, um barbeiro armado e dois policiais. Mesmo depois do atentado, Francisco Ferdinando não arrefeceu os ânimos e ordenou o tratamento dos feridos, mandando em seguida que o comboio se dirigisse até a prefeitura e, na volta, passasse pelo Appel Quay para visitar os atingidos pelo ataque. Disse Francisco Ferdinando: "Ora vamos, o sujeito deve ser louco." A inexperiência dos jovens terroristas parecia ter dado uma momentânea trégua ao casal real. Porém, Gavrillo Princip improvisou seus planos iniciais e, de forma resoluta, não desistiu de assassinar o príncipe herdeiro. Uma nota havia anunciado todo o percurso do casal arquiducal e bastaria uma nova posição para desfraldar o tiro certeiro.

Ao chegar à prefeitura, Francisco Ferdinando fez um discurso agradecendo a cordialidade do prefeito e os efusivos aplausos da multidão. Nesse momento, já se sabia que o episódio se tratava de um atentado terrorista contra a vida do casal arquiducal. O fracasso das medidas de segurança dava provas cabais de que a visita deveria ser encurtada e que o casal, para sua proteção, precisava se refugiar em algum abrigo longe da multidão. O comboio, sem tomar as medidas necessárias de cautela para evitar um novo atentado, passou pelo distrito do bazar, sendo que o veículo à dianteira entrou na Rua Franz Joseph, e o carro que conduzia o casal real fez menção de ir logo atrás. O governador Oskar Potiorek repreendeu o motorista, dizendo que o caminho a seguir seria pelo Appel Quay. O motorista desligou o carro e, como não havia no veículo marcha a ré, tiveram de empurrá-lo de volta até a via principal. A emboscada estava criada. Gavrillo Princip estava de tocaia próximo a uma loja, do lado direito da Rua Franz Joseph, e logo alcançou o carro no qual estava o arquiduque. Certamente a tensão do momento o impediu de se desvencilhar da bomba que estava amarrada em sua cintura, restando sacar o revólver e desferir duas vezes contra o casal arquiducal.

No relato de Gavrillo Princip, ele afirma ter hesitado ao ver a arquiduquesa Sofia ao lado de Francisco Ferdinando. Porém, dessa vez, o ataque contra o casal real foi certeiro. O primeiro disparo acertou a duquesa e a segunda bala atingiu fatalmente a veia jugular do príncipe herdeiro. No final da manhã daquele dia 28 de junho de 1914, os sinos começaram a dobrar por toda a Saravejo.

Na capital do Império, em Viena, as notícias já estampavam as capas dos jornais na tarde daquele dia e se espraiavam pelos cafés e pelas ruas da cidade. Bandeiras de luto foram hasteadas em prédios oficiais, dando conta do assassinato do arquiduque imperial. Embora Francisco Ferdinando fosse uma figura bastante impopular entre os súditos, o impacto da notícia produziria muitas especulações e instabilidade. Seu ardor reformista e vontade férrea pelos assuntos de Estado poderiam salvaguardar a continuidade do Império Austro-Húngaro. O futuro da dinastia Habsburgo, personificada no herdeiro do trono, estava, a partir do assassinato de Francisco Ferdinando, ameaçada. Os minuciosos detalhes da fatalidade do atentado, em poucas horas, já eram conhecidos na capital. De Budapeste a Praga, os jornais divulgavam o momento histórico que o episódio representava.

O clima de consternação em algumas capitais era dividido pelas potenciais consequências do assassinato do herdeiro do trono austro-húngaro.

A reconstituição dos detalhes do planejamento para matar o arquiduque Francisco Ferdinando em Saravejo baseia-se nos relatos posteriores, realizados durante as investigações e o julgamento dos acusados. Não há registros documentais do plano e menos ainda provas que impliquem a relação entre o Estado sérvio e os terroristas. Ainda assim, os relatos e depoimentos dos envolvidos permitem traçar com plausibilidade os acontecimentos que antecederam aquela manhã de 28 de junho de 1914. Dragutin Dimitrijević, o "Ápis", e Rade Malobabic, ambos ligados à organização nacionalista "Mão Negra", foram os principais articuladores do atentado em Saravejo. Ápis, ao planejar o assassinato do arquiduque, desafiava a existência do próprio Império, visto que o imperador reinante à época do assassinato beirava 84 anos. O jovem e franzino Gavrillo Princip foi treinado na capital sérvia. Teve aulas de tiros na Academia dos Militantes e era um bom atirador. Os três jovens que perpetraram o ataque entraram na Bósnia com a assistência da rede Mão Negra, criada em 1911, em Belgrado, cujo nome oficial era "União ou Morte".[3]

O arquiduque não foi escolhido como alvo do ataque terrorista em razão de uma alegada hostilidade contra as minorias eslavas do Império Austro-Húngaro, mas, ao contrário, porque trazia a possibilidade das reformas e o impedimento da união pan-eslavista. Os radicais da organização Mão Negra acreditavam que, ao assumir o trono do Império, Francisco Ferdinando daria mais autonomia às terras eslavas, ameaçando o projeto de reunificação.

Ao assassinato do herdeiro do trono seguiu uma crise das relações entre Viena e Belgrado, capital da Sérvia. O ultimato partiu do Império Austro-Húngaro, no dia 23 de julho, e esperava-se que o governo de Belgrado respondesse até o dia 25 daquele mês. Viena anunciaria que a monarquia dual não estava travando uma guerra de conquista para anexar territórios sérvios. Todavia, deixaria, principalmente à Bulgária, essa possibilidade de se apossar de áreas do território controlado por Belgrado. O texto do ultimato foi escrito pelo barão Musulin von Gomirje e fazia o governo da Sérvia recordar que havia prometido manter uma boa relação de vizinhança com a Áustria-Hungria. A carta afirmava que o governo sérvio tinha sido condescendente com as conspirações terroristas de eslavos e tolerado as manifestações de ódio contra a monarquia e suas instituições. Nesse momento, já se sabia que as maquinações para assassinar o arquiduque haviam passado por Belgrado, facilitadas por funcionários do serviço de fronteira. A última parte da carta estipulava que o governo de Belgrado deveria divulgar uma nota pública, em todo o reino, repudiando o irredentismo pansérvio.[4] Cinco dias após o envio da carta de ultimato, a Áustria declarou guerra à Sérvia, mesmo que na carta nada constasse diretamente da relação entre o Estado sérvio e os atentados em Saravejo. A cautela em não acusar imediatamente o governo sérvio de ter se envolvido com os ataques em Saravejo justificava-se porque não havia nas investigações nenhuma prova cabal que informasse as autoridades austríacas de qualquer colaboracionismo com os terroristas.

Dez exigências perfaziam o ultimato à Sérvia. Os pontos cinco e seis traziam certamente as mais contundentes imposições, pois reclamavam a autonomia das autoridades nacionais, respectivamente, no que se refere ao controle dos "movimentos subversivos" que ameaçavam a integridade territorial da monarquia e no que tange às investigações do atentado em Saravejo. Nesse sentido, a soberania sérvia seria frontalmente questionada pelo Império, ocasionando a deflagração de um confronto que envolveria outras potências europeias. Pode-se ler o ultimato imposto à Sérvia como uma declaração intransigente da posição austríaca.

A "Crise de Julho", como ficou conhecido esse evento, foi o maior desafio enfrentado pelo moderno Estado sérvio. Internamente, a Sérvia estava em período de campanhas eleitorais e o primeiro-ministro Nikola Pasic, no momento em que Belgrado recebe o ultimato, encontrava-se no interior do país. Os ministros da Sérvia, liderados por Lazar Pacu, receberam o ultimato atônitos e a resposta dependeria de uma decisão de Pasic. Quando da chegada do primeiro-ministro a Belgrado, logo que soube do conteúdo da carta entregue pelo ministro das Relações Exteriores austríaco, barão Giesl, afirmara: "Se a guerra for inevitável, lutaremos."[5]

Os líderes políticos da Sérvia, incluindo o príncipe regente Alexandar, pareciam chegar a uma posição diante da ameaça austríaca, qual seja, que o apoio da Rússia seria imprescindível para a Sérvia deliberar uma posição diante do ultimato austríaco. Todavia, o governo de Belgrado não estaria disposto a um conflito com um império infinitamente superior em armas e homens, e estava disposto a transigir com a Áustria. Em telegrama enviado a Viena, Pasic declara a disposição da Sérvia em acatar o ultimato da Áustria, desde que se pudesse formar uma comissão de inquérito mista. As tratativas entre os governos sérvio e russo são fartamente documentadas por telegramas trocados entre os dias 23 e 25 de julho. A posição da Rússia enfatizava absoluto rechaço às imposições da Áustria e demonstrava preocupação com as medidas do Império dos Habsburgos. A mobilização militar russa elevava o já acirrado ânimo entre as duas potências, sobretudo porque o czar Nicolau II decidira promover todos os cadetes à patente de oficial, em uma clara demonstração de que não acataria quaisquer medidas tomadas contra a Sérvia. Por sua vez, os ministros sérvios procuraram dissuadir Viena, mesmo com o apoio russo, de que sua soberania deveria ser preservada. A nota de Belgrado, em resposta ao ultimato de Viena, afirmava que o governo e tampouco a população sérvia poderiam ser responsabilizados pelas ações dos jovens que maquinaram o atentado contra o herdeiro Francisco Ferdinando. As acusações de Viena deveriam ser cautelosamente dirimidas e, entre os pontos do acordo, Belgrado se comprometeria em retirar do ensino público sérvio propaganda antiaustríaca e aceitaria a colaboração do governo de Viena em relação ao procedimento criminal. O ponto em que as autoridades sérvias divergiram do Império Austro-húngaro era aquele tocante à denúncia judicial contra as pessoas implicadas no atentado, pois, conforme Belgrado, tal resolução era incompatível com a soberania e a constituição do país. O texto elaborado foi considerado pelas autoridades diplomáticas austríacas uma peça de direito internacional, contendo em seus dispositivos pouca anuência ao ultimato da Áustria. Não havia a admissão de Belgrado de que o governo estaria envolvido ou mesmo que teria tramado uma vingança conspiratória.

Claramente, Belgrado previa que Viena não aceitaria o documento e, desde aquele momento em que Pasic entrega pessoalmente a resposta ao embaixador Giesl, o país recebe a ordem de uma mobilização geral. Jovens em idade de servir são convocados, estrangeiros lotam as estações de trem em direção a outros países, guarnições militares são deslocadas para os arredores da cidade, arquivos e o Tesouro Nacional são removidos para o interior do país e o corpo diplomático e o governo são transferidos para a cidade de Nis. Por sua vez, os cidadãos austríacos e as propriedades austro-húngaras são confiados à legação alemã.[6]

O caminho para a guerra estava pavimentado, sobretudo porque a Sérvia não parecia, naquelas circunstâncias, tergiversar em conceder às demandas austríacas. Da parte do Império Austro-húngaro, na manhã do dia 28 de julho de 1914, o imperador Francisco José declara guerra à Sérvia, afirmando que "as intrigas de um adversário malévolo" o obrigavam a "pegar a espada depois de longos anos de paz".[7]

O envolvimento das potências europeias seria apenas uma questão de tempo, principalmente com possibilidade de a Rússia se posicionar em defesa da integridade da Sérvia. Com a crise intensificada, os russos precisavam acompanhar com cautela a posição da França, da Inglaterra e da forte Alemanha.

A simpatia russa pela Sérvia era presente nos círculos pan-eslavistas e nacionalistas russos. Do ponto de vista estratégico, para a Rússia, a Sérvia serviria tanto como pressão à monarquia austro-húngara, quanto como a posição geográfica do país como um futuro corredor para os estreitos turcos. Portanto, o interesse russo não estava fundamentado em defender "os pequenos irmãos" eslavos, mas, sobretudo, demonstrava a necessidade de manter a influência na Península Balcânica. O controle da Rússia sobre o estreito do Bósforo tornava inadiável a decisão em se posicionar contra o Império Austro-Húngaro em defesa da Sérvia.

A mobilização da Rússia para a guerra, concentrando tropas na fronteira ocidental e também nos distritos de Kiev, Odessa, Moscou e Kazan, confirmava a iminência de um conflito que poderia colocar fim ao "Concerto europeu", que preservava a paz desde o fim da "Era Napoleônica", em 1815. Da capital do Império, São Petersburgo, foram transmitidos telégrafos para todas as cidades, informando acerca da decisão do czar Nicolau II de preparar um ataque contra a Áustria-Hungria. A "Crise de Julho" chegava a níveis elevados de tensão. O ministro das Relações Exteriores da Rússia tinha conhecimento da solidez das relações entre a Alemanha e o Império Austro-Húngaro, e poderia prever que a deflagração da guerra contra os austríacos acarretaria a entrada dos alemães no confronto. Primos em terceiro grau, o czar Nicolau II e o kaiser da Alemanha, Guilherme II, tinham uma relação bastante próxima e cordial.

A correspondência dos imperadores, escrita em inglês, conhecida como "os telegramas Willy-Nicky", não foi suficiente para evitar a guerra.[8] Depois que o serviço de inteligência alemão informasse o kaiser da mobilização militar russa, em 29 de julho, só restaria a Berlim responder com providências do alto comando do exército. No dia 31 daquele mês, o kaiser alemão decretou o "Estado de Perigo de Guerra Iminente", sendo o último estágio de preparação antes de uma mobilização geral. Claro está que os alemães procuraram atribuir a escalada de tensões aos russos, responsabilizando-os por uma política agressiva e beligerante. As tratativas diplomáticas falharam quando o governo russo se recusou a rescindir a ordem de mobilização geral, fazendo com que a Alemanha declarasse guerra à Rússia, em primeiro de agosto de 1914. A guerra, portanto, deixava de ser uma questão dos Bálcãs para se configurar no maior conflito europeu e mundial até aquele momento.

Para Niall Ferguson, durante a maior parte do século XIX a Rússia foi a potência mais agressiva, e a Áustria, sua eterna rival, e a Grã-Bretanha e a França, por sua vez, seriam potências que tenderiam a se alinhar contra a Rússia.[9] Segundo Ferguson, a conflagração da guerra naqueles últimos dias de julho de 1914 evidenciava que as hostilidades não ficariam restritas a questões localizadas entre o furor nacionalista sérvio e o expansionismo austríaco. O autor interpreta que a ação da Alemanha estava associada com a estrutura das alianças europeias, que, desde a virada do século, estaria voltada contra Berlim. Ferguson afirma que a Rússia, a França e a Inglaterra encontravam assuntos com os quais podiam transigir, porém, em várias situações, a Alemanha teria sido incapaz de formar tais alianças. Para ele, os alemães viam a disputa pelos Bálcãs como um meio de preservar sua própria aliança frágil, "criando também, possivelmente, uma aliança balcânica antirrussa e talvez até mesmo dissolvendo a "Tríplice Entente".[10]

Do outro lado do Canal da Mancha, a posição de Londres era interpretada diferentemente por franceses e alemães. Para a França, havia a crença de que poderiam contar com os ingleses, enquanto os alemães acreditavam na neutralidade do governo britânico. Não surpreende que a posição da Grã-Bretanha criava uma grande expectativa no continente. As reservas do Império Britânico em mobilizar sua poderosa força naval para a guerra se pautava nas possíveis perdas econômicas que um conflito poderia lhe causar. Todavia, a crise que avançava nos primeiros dias de agosto de 1914 requeria alguma iniciativa da Grã-Bretanha quanto a uma possível intervenção continental. O comandante do Almirantado, Winston Churchill, com a aprovação do primeiro-ministro, desde o final de julho já mobilizava sua frota. A política de segurança interligada anglo-francesa, os acordos navais, as alianças diplomáticas entre os dois países, a pressão dos conservadores no Parlamento britânico tomavam cada vez mais força pró-intervenção. Para o ministro das Relações Exteriores da Grã-Bretanha, Edward Grey, o país deveria apoiar a França contra um iminente ataque alemão ao território francês. Essa posição era compartilhada pelo então primeiro-ministro Henry Asquith, que, na noite de 4 de agosto de 1914, envia um telegrama contendo ordens para que a Grã-Bretanha declarasse guerra à Alemanha, depois da invasão alemã da Bélgica neutra.[11]

A medida britânica pode ser interpretada como uma estratégia para conter o crescente poder alemão no continente e o possível comprometimento dos seus interesses marítimos e comerciais, sobretudo no Mar Mediterrâneo. O equilíbrio das forças continentais com uma Alemanha belicista e fortemente armada condicionava a posição da Grã-Bretanha em aplacar a ameaça alemã, convergindo sua decisão de apoiar as potências da Entente contra o Império Alemão e o Império Austro-Húngaro.

O tempo da diplomacia chegava ao fim, entravam em cena os soldados de coturnos. O colapso de uma era de concertações intraeuropeias, por meio da política, era superada por uma era de incertezas. A marcha soldadesca rumo ao *front*, arrastando milhões de jovens para as trincheiras, silenciava a música dos cafés e o burburinho das ruas das principais cidades da Europa. O espetáculo a seguir seria de um horror incomparável até a deflagração do conflito, quando os ruídos dos caminhões e o estrépito da artilharia cruzavam as avenidas em direção às fronteiras. Uma mistura de suspeição e entusiasmo patriótico deveria mover os marchantes, uma vez que o nacionalismo criava as condições favoráveis para se acreditar que a guerra era uma guerra de defesa. Ademais, longe dos centros urbanos, nas aldeias e cidades do interior da Europa, a consternação com o alarme da guerra deixaria a maior parte das populações locais sem ter uma compreensão mais precisa da matança que o conflito poderia causar.

A intrincada cadeia de acontecimentos que deflagrou a "Crise de Julho" e o subsequente envolvimento das potências europeias tiveram como fundamento uma estrutura política internacional em que os centros de poder gozavam de absoluta autonomia em um ambiente pesadamente militarizado. As ameaças fluíam de todos os lados e as alianças não representavam necessariamente comprometimentos inexoráveis. Realinhamentos contingenciais e de curta duração tornavam o sistema imprevisível e de desconfianças mútuas. O clima de instabilidade que antecedeu as declarações de guerra, percebido na intensa correspondência diplomática, produziu oscilações e ambiguidades quanto à tomada de decisões dos líderes europeus. Por sua vez, os formuladores de política externa e os aparatos burocráticos eram também acossados por pressões das elites nacionais, da opinião pública, da imprensa e dos opositores internos.

Embora o cenário nos Bálcãs tenha sido decisivo para o estopim da Primeira Grande Guerra, com o assassinato do arquiduque Francisco Ferdinando, a crise tem raízes mais profundas. Essa interpretação é coadunada com a análise de Christopher Clark, ao afirmar que, para a "Áustria-Hungria, cujos arranjos de segurança regional foram arruinados pelas guerras balcânicas, os assassinatos de Saravejo não eram o pretexto para uma política preexistente de invasão e guerra". Para o autor, esses seriam "acontecimentos transformadores, impregnados de ameaça real e simbólica".[12]

Também a versão da culpabilidade da Alemanha, arrolada no artigo 231 do Tratado de Versalhes e, posteriormente, nas teses de Fritz Fischer, dos anos de 1960, não pode ser observada como a única explicação plausível para a conflagração da guerra. O argumento de que os alemães estariam desde o século XIX preparados para a guerra e, com isso, se tornaram efetivamente uma potência mundial, encontrou nas teses de Fischer um importante debate para os motivos que deram início ao conflito. Porém, essa perspectiva abandona a ideia de que os processos multilaterais e as medidas beligerantes não partiram de uma única nação ou de iniciativas isoladas do líder alemão, ou russo, ou austro-húngaro. Claro está que não se deve minimizar a disposição belicosa e imperialista em um contexto de francas competições por poder, prestígio, mercados, matérias-primas e defesa por fundamentalismos nacionalistas. Havia, desde o "Concerto de Viena", de 1815, uma clara percepção de que a Pax Britannica não atendia aos conflitantes interesses das potências expansionistas. O cataclismo que se seguiu depois do fim da "Era dos Impérios" não era totalmente imprevisível diante de um contexto de profundas animosidades ancoradas na presunção das potências europeias em conquistar e dominar o mundo. A guerra estava no horizonte de perspectivas para a resolução de interesses antagônicos, e é mesmo possível supor que as lideranças imaginassem sua extensão e a matança de milhões, devido à tecnologia de armamentos desenvolvida desde o século XIX. Porém, os riscos detalhados eram incalculáveis. Para Clark, os "protagonistas de 1914 eram sonâmbulos, despertos, mas incapazes de enxergar, atormentados por sonhos, mas cegos para a realidade do horror que logo mais trariam para o mundo".[13]

Na linha de frente da guerra, foram mobilizados 65 milhões de soldados e registrou-se um saldo de mais de 20 milhões de militares e civis mortos. Os horrores desses anos de chumbo brotaram da insensatez de uma sucessão de crises e complexos sistemas de alianças. A tecnologia da morte, substantivamente capaz de matar aos milhões, dava passos largos desde 1880, com uma verdadeira revolução da produção industrial de armas pequenas, artilharia, navios de guerra, por meio de motores-turbina e de blindagem protetora mais eficaz e com maior capacidade de carregar munição.

As respostas do porquê do conflito sugerem o levantamento de inúmeras hipóteses, inclusive a depender das fontes consultadas pelo historiador. São memórias, relatórios oficiais e diplomáticos, periódicos, fotografias, correspondência entre governos e seus respectivos diplomatas, missivas entre soldados e familiares, autobiografias e biografias. Outrossim, a máquina inflexível que mobilizou a Europa no caminho da guerra pode ser compreendida a partir da situação internacional que lançou o continente em uma competição desenfreada por armas e expansão territorial.

A intrincada relação multilateral entre a Alemanha, Áustria-Hungria, França, Rússia, Itália e Grã-Bretanha e diversos Estados menores constituiu um clima de alta tensão e instabilidade política nos anos que precederam a eclosão da guerra. Portanto, é crível afirmar que os enredos produzidos sobre as causas da Primeira Grande Guerra estão suscetíveis a uma variedade de interpretações. Um levantamento recente, citado por Christopher Clark, dá conta de quase 30 mil livros e artigos acerca do tema.[14] Claro está que as múltiplas análises também foram fundamentadas em categorias metodológicas e conceituais no tocante aos estudos no campo da historiografia da guerra, das Relações Internacionais, da Ciência Política. Todavia, embora as matrizes interpretativas possam dar configurações distintas sobre o tema, ao se buscarem as causas da Primeira Grande Guerra, os autores encontram no imperialismo, no arrefecimento dos nacionalismos, na política de militarização e anexação territorial, no fortalecimento dos ideais patrióticos explicações convincentes que motivaram a deflagração do conflito. Como camadas empilhadas, acumulando-se e causando pressão, os tomadores de decisões (embaixadores, diplomatas, oficiais, burocratas, imperadores) tiveram suas ações moldadas por tais eventos e fenômenos internacionais.

Entremeada em combinações complexas, a crise internacional de julho de 1914 foi consequência de choques e interesses potencializados pela premissa da inevitabilidade de um confronto e pela noção da resolução das controvérsias por meio das armas. Para Eric Hobsbawm, a possibilidade de uma "guerra generalizada na Europa fora, é claro, prevista, e preocupava não apenas os governos e administrações, como também um público mais amplo".[15] O espectro sombrio de uma guerra e de uma destruição mútua rondava a Europa; não à toa que, na década de 1890, ocorreram o Congresso Mundial para a Paz e a primeira das Conferências de Paz de Haia, em 1899. Todavia, segundo Hobsbawm, uma guerra com proporções globais não era esperada. Não seria possível afirmar com certeza o momento da deflagração de uma guerra total, porém, com um arrazoado de plausibilidade, o conflito era iminente.[16] Ademais, para aqueles que haviam construído os mecanismos da guerra "e ligado os interruptores agora estavam vendo, com uma espécie de incredulidade estupefata, as engrenagens começarem a se pôr em movimento".[17]

À ideia de uma máquina, tal qual um relógio com seus mecanismos que colocam em movimento os ponteiros das horas e dos minutos, os estadistas lançaram o mundo em um "mergulho no desconhecido". A medonha hecatombe que dizimou grande parte da força produtiva europeia e que quebrou a política isolacionista dos Estados Unidos, que entraram no confronto em 1917, findou a hegemonia da Europa.

Para o historiador Lawrence Sondhaus, a Primeira Grande Guerra foi uma revolução global. O autor afirma que mais do que questões de "fronteiras e território, a guerra também viria para revolucionar as relações de poder dentro das sociedades europeias". Para ele, a Primeira Guerra Mundial "redefiniu o que as pessoas poderiam aceitar, suportar ou justificar, e por isso se destaca como um marco na experiência humana pelo que dessensibilizou a humanidade para a desumanidade da guerra moderna".[18]

Com o fim do conflito, em 1918, foram lançadas as sementes do movimento anticolonialista que irrompeu após a Segunda Guerra, "época em que a explosão populacional no mundo não ocidental reduziu ainda mais o peso relativo de uma Europa que nunca se recuperara do choque demográfico" causado pelos milhões que foram mortos durante o episódio.[19]

Os termos "Grande Guerra" e "Guerra Mundial" já eram utilizados no entreguerras, e a expressão "Primeira Guerra Mundial" seria usada com mais frequência desde 1939, embora, em 1920, o oficial britânico Charles Repington publicara, na revista *Time*, uma série de artigos com essa definição.[20]

A percepção de que a guerra de 1914 colocaria em xeque o longo período da Pax Britannica se tornaria visível logo nas primeiras batalhas. Além disso, as alianças estabelecidas desde 1882, quando foi acordada a criação dos tratados militares da Tríplice Aliança (Áustria-Hungria e Itália), e as convenções militares formando a Entente, entre 1892-1894 (França e Inglaterra), poderiam entrar em colapso com o crescimento do poderio militar e econômico da Alemanha.

Desde a unificação política com a liderança de Otto von Bismark, em 1871, a Alemanha proclamava para si um lugar no sistema europeu que fosse equivalente ao seu projeto de potência industrial e militar mundial. Em outras palavras, tais ambições alemãs significavam dizer que o país germânico reivindicava o direito de ter seu "lugar ao sol". No final do século XIX, a Alemanha aumentou sua população de 49 milhões para 67 milhões, além de registrar um forte crescimento das zonas urbanas e industriais, se tornando a maior potência industrial continental. Somente na indústria bélica de canhões da fábrica Krupp eram empregados 50 mil trabalhadores em 1900.

O dinamismo econômico da Alemanha potencializava a política imperialista germânica, obrigando o país a construir uma grande esquadra, capaz de rivalizar com a poderosa marinha britânica. Por sua vez, o poder global britânico estava, em grande medida, fundamentado na capacidade da Inglaterra de navegar os mares e proteger seus interesses ultramarinos coloniais. Águas vitais para o comércio britânico, como o Mediterrâneo, o Oceano Índico e a orla do Atlântico, deveriam ser mantidas a todo custo pela Inglaterra, sob pena de ver ameaçada sua própria existência enquanto Império, caso perdesse tais domínios. As rotas de comércio, os portos, a riqueza dos recursos naturais das colônias somente poderiam ser conquistados se a Alemanha tivesse uma marinha do porte da sua importância econômica.

Nessas circunstâncias de rivalidade, a Alemanha iria se revelar como a força militar dominante na Europa. Entretanto, às vésperas do confronto de 1914, os conflitos coloniais e os enfrentamentos decorrentes das ambições territoriais das potências europeias dificilmente seriam resolvidos com algum acordo diplomático dirimindo as hostilidades e a turbulência. Por sua vez, a neutralidade nesse contexto de exasperação das pulsões de revide e de furor nacionalista era uma possibilidade muito remota. O caminho rumo ao abismo não estava circunstanciado a um único agressor. Todas as grandes potências compartilhavam de um contexto internacional de deterioração progressiva da estabilidade política, então mantida por linhas tênues de demonstrações de paz. Para Eric Hobsbawm, a Europa foi se dividindo em dois blocos opostos de nações conflitantes. Esse sistema de blocos de países somente se tornou um perigo para a paz quando "as alianças opostas se consolidaram como permanentes, mas especialmente quando as disputas entre eles se transformaram em confrontos inadministráveis".[21]

Com as tensões aflorando, a Grã-Bretanha vai estabilizar sua relação com a França e a Rússia, a ponto de concordar com a ocupação, por esta, de Constantinopla. Ceder à Rússia não significaria necessariamente reduzir seu alcance imperial, mesmo porque a Grã-Bretanha fora, até então, o único país que poderia contar com objetivos políticos verdadeiramente mundiais. Para a Grã-Bretanha, exceto para os industriais do setor bélico, a paz, apesar do constante temor da concorrência alemã, seria a opção menos dramática para seus interesses. Contudo, o capitalismo industrial aos moldes do imperialismo econômico trazia consigo a gênese da guerra. Em outros termos, a Primeira Guerra Mundial foi travada na lógica da "Era dos Impérios", quando a competição supunha a eliminação do outro, tanto no caso dos conglomerados industriais ou financeiros ou ainda dos Estados nacionais.

A rivalidade entre os Estados, a expansão imperialista, o fim do monopólio britânico, o aumento da produção industrial entrelaçados com as ações políticas ou mesmo militares empurravam as nações para o desequilíbrio próprio do sistema capitalista. Logo, dentre as grandes potências europeias, a conquista por mercados mundiais, recursos naturais, controle de regiões animavam o ímpeto conquistador, somado, é claro, ao nacionalismo, ao darwinismo e à supervalorização da ofensiva. O fervor nacionalista cultuado na Europa do século XIX estava relacionado aos conceitos darwinistas de "evolução natural", presentes nas obras *A origem das espécies*, de 1859, e *A descendência do homem*, de 1871. Nessas obras, Charles Darwin, ao utilizar imagens e vocabulário bélico para designar a sobrevivência dos mais fortes, dos mais aptos e a luta pela sobrevivência, daria o esteio para as teses nacionalistas e para as noções de raças.

Nesse sentido, os alicerces que fundamentaram o espírito nacionalista eram manifestados no culto à ofensiva e no belicismo, considerados elementos essenciais para o desenvolvimento das nações. Segundo Peter Gay, os sentimentos nacionalistas vinham sendo uma força política considerável, por mais de um século antes de 1914, e, nesse momento, o amor à pátria foi igualado ao ódio pelo inimigo estrangeiro, e todas as nações tentaram se afirmar nessa luta ideológica.[22] Ademais, instadas pelas paixões nacionalistas, as nações eram contagiadas pelo "ódio ao inimigo" que se espalhava como um álibi irresistível para a agressão. Conforme apontou Peter Gay, o atentado que matou o arquiduque Francisco Ferdinando em Sarajevo "era uma ilustração chocante daquele anacronismo vacilante, o multinacional Império Austro-Húngaro, sobrevivendo desafiadoramente em uma era de nacionalismo febril".[23]

As conquistas por territórios, as descobertas científicas, o ânimo expansionista, as paixões patrióticas estavam presentes em todas as nações europeias, até mesmo na Grã-Bretanha, cuja postura era fundamentalmente defensiva. Essa conjuntura tornara o mundo mais perigoso e a equação tácita de crescimento econômico ilimitado e poder político romperiam as delicadas estruturas da paz. Para Hobsbawm, algumas questões de ordem interna devem ser consideradas explicações para a deflagração da guerra de 1914. Na Alemanha, por exemplo, a inquietação dos trabalhadores "e o avanço eleitoral da social-democracia fizeram com que as elites dirigentes se interessassem em desarmar o problema interno por meio do êxito externo". No Império Czarista de Nicolau II, após ser restaurado em 1905, com modestas concessões à liberalização política, ocorreu um forte apelo ao nacionalismo da Grande Rússia e "à glória da força militar, sua estratégia mais promissora, com vistas a renascer e se fortalecer".[24] Em resumo, para o autor, as crises internas e internacionais, antecedentes ao conflito de 1914, acabaram por se fundir, detonando o gatilho da guerra. Interpretação semelhante é possível encontrar na *Enciclopédia de guerra e revoluções*, no verbete "Primeira Guerra Mundial". Para os autores, Carlos Werneck Agostinho e Francisco Carlos Teixeira da Silva, as origens do conflito encontram-se "intrinsecamente relacionadas com o amplo leque de rivalidades nacionalistas e imperialistas que demarcaram as relações internacionais europeias a partir do século XIX". Corroborando a tese de Arno Mayer, os autores afirmam que havia uma forma "persistentemente aristocrática" dos governos europeus e das elites dirigentes ao conduzirem as relações internacionais.[25]

O apoio total da Alemanha à Áustria, optando em atear fogo no sistema internacional e no "Concerto europeu", que vigorava desde 1815, obteve extraordinária aprovação das massas, insufladas pelo entusiasmo patriótico. A "Era das catástrofes" seria o começo do fim da "Europa da Belle Époque" e de uma civilização capitalista na economia, liberal na estrutura legal e constitucional. O protagonismo do continente, a hegemonia da burguesia capitalista, exultante com o avanço da ciência, do conhecimento e da educação e também do progresso material, ruiriam em pó depois desse curto período de tempo. A fome e a doença, a destruição de cidades, bibliotecas, indústrias, monumentos, estradas e portos, e a matança sem precedentes mergulharia a Europa em uma atmosfera de sombras e incertezas.

A escala e a extensão dos massacres da Primeira Grande Guerra não eram conhecidas até então. Tendo sido travada em duas frentes – a ocidental, avançando sobre a França, e para o Oriente, tomando territórios da Rússia –, a Alemanha procurou liquidar com rapidez seus inimigos. Segundo Hobsbawm, na frente ocidental, o impasse foi sangrento. Conforme o autor, "atravessando a Bélgica neutra, o exército alemão avançou sobre a França, e só foi detido algumas dezenas de quilômetros de Paris, cinco ou seis semanas depois de declarada a guerra".[26] Essa guerra relâmpago do exército alemão tornou-se, na frente ocidental, uma máquina de massacres sem antecedentes na história moderna. Dos dois lados foram improvisadas linhas paralelas de trincheiras e fortificações defensivas que se estendiam do Canal da Mancha até a fronteira da Suíça. Segundo Jean Duroselle, foram 1.394 milhão de franceses e mais de 1,7 milhão de alemães mortos durante a guerra.[27] As ofensivas bélicas, já nos primeiros anos da guerra, eram orientadas em três direções, conforme Duroselle: a ruptura, o desgaste e a divisão da atenção inimiga. Todavia, os impasses nas linhas de combate tornavam o avanço de um lado ou de outro quase imóvel e extraordinariamente mortífero.

As batalhas de Marne, Ypres, Somme e Verdun mostrariam o espantoso desastre humano que a guerra poderia provocar. A guerra de artilharia deixou um saldo de um milhão de baixas entre alemães e franceses, em Verdun, no ano de 1916, e constituiu uma crescente degradação dos valores morais à qual os homens foram submetidos. Essas campanhas encarnam a lógica e a essência da Primeira Grande Guerra. Modris Eksteins, ao abordar esses episódios, descreve o cenário que os soldados inexperientes encontravam no *front* da seguinte forma:

> O conjunto clássico de imagens que temos da Grande Guerra – a ensurdecedora e enervante barragem de artilharia, os ataques em que longas filas de homens avançam como em câmera lenta por uma paisagem lunar de crateras e lama, só para se confrontarem com metralhadoras, arame farpado não cortado e granadas – provém mais destas batalhas do que daquelas do primeiro ou do último ano da guerra.[28]

A maior parte das baixas ocorridas durante a Primeira Grande Guerra aconteceu nessas batalhas, em que os atacantes eram sumariamente rechaçados com metralhadoras, abatidos em filas com a eficiência mecânica de uma ceifadeira. Nos relatos dos soldados que estiveram em Verdun, Somme ou Ypres, registrados em diários e memórias, a paisagem da guerra é descrita como "uma pele úmida de um sapo monstruoso".[29]

Além da artilharia nos campos de guerra, as inovações tecnológicas trazidas com a industrialização inauguravam uma era em que tudo seria possível para conquistar a vitória. Ainda conforme Modris Eksteins, a indústria foi mobilizada, reorganizou-se a força de trabalho, os impostos foram reajustados, a guerra, em suma, tornou-se um empreendimento exaustivo.[30] Para Eksteins, a questão dos objetivos da guerra nunca passou de um expediente político que refletia as vicissitudes do *front*. Ademais, para ele, era o *front* que ditava os objetivos da guerra, não o contrário.[31]

Para o historiador Max Hastings, ao priorizar a análise das experiências humanas durante a Primeira Grande Guerra, os primeiros anos do século não foram jamais uma época de tranquilidade, tampouco de contentamento. Para Hastings, havia neles um "fermento de paixões e frustrações, de novidades científicas e industriais, de ambições irreconciliáveis, que levou muitos de seus personagens a reconhecerem que a velha ordem não teria como se sustentar".[32] Os avanços espetaculares com a industrialização tornariam os submarinos reconhecidas armas de guerra, a metralhadora adquirira confiabilidade e eficiência, o arame farpado teria amplo uso nas trincheiras e o gás cloro e gás mostarda serviriam para sufocar e aterrorizar os soldados. As nuvens de gases venenosos cobriam as pradarias, tornando-se cada vez mais letais, na medida em que os químicos aperfeiçoavam as fórmulas mortais.

Tal maquinaria de guerra, usada na frente ocidental e na frente oriental, tornaria obsoletas as experiências das guerras travadas no século XIX. O impacto da bala do canhão alemão Grande Bertha, com calibre de 43 centímetros, poderia aniquilar edifícios em um raio de três quilômetros. Esses canhões fabricados pela indústria Krupp lançavam projéteis de uma tonelada que, ao explodirem, abriam crateras do tamanho de uma piscina. Essa espetacular capacidade de destruição rompia os tímpanos dos soldados e demolia as fortificações supostamente inexpugnáveis da Bélgica e da França. A barragem de fogo que cruzava o céu despedaçava corpos, em uma violência que poucos homens haviam vivenciado. Amontoando-se nas trincheiras, os soldados tinham que conviver com o cheiro que emanava dos cadáveres, com o lamaçal, com ratos e piolhos, com o frio intenso e o racionamento de alimentos. As trincheiras estavam infestadas de parasitas, moscas, ácaros, pulgas que se multiplicavam com as péssimas condições de higiene e que atormentavam os soldados.

Para a maioria dos soldados que sobreviveram à experiência da Primeira Grande Guerra, independentemente de que lado estivessem, os horrores das impiedosas batalhas jamais seriam superados. Se a Alemanha pode ser considerada o país que questionou os arranjos políticos e econômicos do Ocidente, colocando em ação todo seu poderio bélico e, com isso, provocando o colapso das antigas certezas de um mundo em desaparecimento, todos os demais envolvidos, em maior ou menor escala, foram também protagonistas para o advento dessa nova era que surgia. As partes em conflito não pouparam bibliotecas, bairros civis, igrejas medievais ou reféns. Negaram sistematicamente os padrões internacionais de civilização, considerados prejudiciais ao seu bem-estar e aos propósitos da guerra. A civilização deu lugar à barbárie. A Primeira Grande Guerra asfixiou o desenvolvimento social e científico. O século das grandes exposições universais, em que a burguesia liberal exibia exultante seus inventos, foi eclipsado por um período de extremos e sombras.

Notas

1. Seus respectivos nomes em língua alemã: Franz Ferdinand Karl Ludwig Joseph Maria von Österreich-Este; Sophie Maria Josephine Albina Gräfin Chotek von Chotkow und Wognin.
2. CLARK, 2014, p. 395.
3. *Ibidem*, p. 68.
4. *Ibidem*, p. 479.
5. *Ibidem*, p. 487.
6. *Ibidem*, p. 493.
7. *Ibidem*, p. 495.
8. CLARK, 2014, p. 539.
9. FERGUSON, 2014, p. 245.
10. *Ibidem*, p. 253.
11. MORROW JR., 2003, p. 49.
12. CLARK, 2014, p. 585.
13. *Ibidem*, p. 589.
14. *Ibidem*, p. 25.
15. HOBSBAWM, 2005, p. 419.
16. *Ibidem*, p. 420.
17. *Ibidem*, p. 421.
18. SONDHAUS, 2015, p. 15.
19. *Ibidem*, p. 12.
20. *Ibidem*, p. 15.
21. HOBSBAWM, 2005, p. 431.
22. GAY, 2001, p. 518.
23. *Ibidem*, p. 318.
24. HOBSBAWM, 2005, p. 445.
25. AGOSTINHO; SILVA. *In*: SILVA; MEDEIROS; VIANNA (Orgs.), 2014, p. 335.
26. HOBSBAWM, 1995, p. 25.
27. DUROSELLE, 1976, p. 71.
28. EKSTEINS, 1991, p. 189.
29. *Ibidem*, p. 193.
30. *Ibidem*, p. 187.
31. *Ibidem*, p. 203.
32. HASTINGS, 2014, p. 39.

Referências

CLARK, Christopher. *Os sonâmbulos:* como eclodiu a Primeira Grande Guerra Mundial. São Paulo: Companhia das Letras, 2014.

DUROSELLE, Jean-Baptiste. *A Europa de 1815 aos nossos dias:* vida política e relações internacionais. São Paulo: Pioneira, 1976.

EKSTEINS, Modris. *A sagração da primavera.* Rio de Janeiro: Rocco, 1991.

FERGUSON, Niall. *O horror da guerra:* uma provocativa análise da Primeira Guerra Mundial. São Paulo: Planeta, 2014.

GAY, Peter. *Freud:* uma vida para o nosso tempo. São Paulo: Companhia das Letras, 2001.

HASTINGS, Max. *Catástrofe – 1914:* a Europa vai à guerra. Rio de Janeiro: Intrínseca, 2014.

HOBSBAWM, Eric. *A era dos extremos:* o breve século XX – 1914-1991. São Paulo: Companhia das Letras, 1995.

______. *A era dos impérios:* 1874-1914. São Paulo: Paz e Terra, 2005.

MORROW JR., Jhon H. *The Great War: a Imperial History.* Londres: Routledge, 2003.

SILVA, Francisco Carlos Teixeira da; MEDEIROS, Sabrina; VIANNA, Alexander (Orgs.). *Enciclopédia de guerras e revoluções do século XX. 1901-1919.* Vol. I – A época dos imperialismos e da Grande Guerra (1914-1919). Rio de Janeiro: Elsevier, 2014.

SONDHAUS, Lawrence. *A Primeira Guerra Mundial:* história completa. São Paulo: Contexto, 2015.

13. A guerra de extermínio dos judeus na Europa (1941-1945)

Karl Schurster Sousa Leão

> O Holocausto é uma radicalização do genocídio: um ataque planificado para aniquilar fisicamente todos os membros de um grupo étnico, nacional ou racial.
>
> Yehuda Baue[1]

> Os mortos ficaram ali por um longo tempo. Já estavam começando a se decompor. No ar já se sentia o odor de cadáver em decomposição. Vermes rastejavam pelos infortunados corpos. [...] À noite, quando chegávamos nos barracões, cada um de nós começava a procurar seus conhecidos – em vão; não se podia encontrar, já não faziam parte dos vivos.
>
> Jankiel Wierni[2]

A expressão *never again* [nunca mais] é utilizada frequentemente pela mídia internacional e por grupos pacifistas que lutam ou lutaram contra a continuidade de diversos conflitos internacionais. Nunca mais! Sempre que tratamos de conflitos de tamanha capacidade destrutiva, como o conflito em Nanquim (1935), o Holocausto, a Guerra da Bósnia, Ruanda ou Kosovo, essa expressão retorna ganhando adeptos em diversos territórios, tornando a dor da guerra um sentimento transnacional.

Ao longo do tempo, ocorre um entrelaçamento transnacional das memórias de grandes conflitos ou guerras, constituindo uma "política de memória" que procura, em larga medida, cruzar os atos do passado de uma determinada localidade com outro, fazendo com que a existência de um esteja reciprocamente ligada à do outro.[3] O teórico alemão Andreas Huyssen afirma que a comparação entre esses "eventos traumáticos" pode ser utilizada de duas formas: para ampliar a vitimização em determinados casos e, em outros, para causar ressentimento, por intermédio da minimização de "lembranças traumáticas".[4] Concordamos amplamente com Huyssen, ao recordar que os usos do passado são sempre presentes e tardios. Com isso, as guerras de extermínio são utilizadas como uma ferramenta política para um presente que usa e abusa do passado, mas que, com frequência, só fez desse evento traumático uma lembrança, de forma tardia. Salientamos, assim, as indicativas de Henry Rousso sobre as guerras mundiais:

> Os limites de violência atingidos, a amplitude inaudita das perdas humanas, a monta das destruições materiais e a extensão dos territórios envolvidos marcaram permanentemente várias gerações e deixaram, por muito tempo, suas cicatrizes.[5]

Sendo assim, um texto sobre as guerras de extermínio acaba se transformando, ao estudar as cicatrizes e traumas estampados na memória, em um escrito sobre a história do tempo presente e suas categorias como um campo disciplinar.[6]

A guerra de extermínio perpetrada pelos nazistas contra a comunidade judaica da Europa foi a maior de que se tem notícia em todo o século XX. Muito já se discutiu sobre a singularidade e universidade do Holocausto[7] ou, mais corretamente, da Shoá.[8] Contudo, o fato é que esse processo histórico, de grandes e variadas proporções, foi responsável por obrigar todo um continente a refletir sobre suas práticas políticas e, acima de tudo, sobre onde cada indivíduo é capaz de chegar, a depender do ambiente em que convive e realiza suas práticas de sociabilidade. Por definição, a "guerra de extermínio", seja pelo Estado e suas instituições, seja por grupos organizados e militarizados, é uma tentativa de exterminar uma população, grupo social ou etnia. O conceito desse modelo de guerra, já visto em outros momentos da história, implicou severamente na elaboração jurídica do termo "genocídio", tão recente, mas comumente usado para entender variados tipos de extermínio ao longo da história da humanidade. A expressão genocídio[9], que viria a substituir gradativamente a expressão guerra de extermínio, aparece pela primeira vez na obra do jurista Raphael Lemkin, em 1944 (*Axis Rule in Ocupped Europe*), e, em 1948, seria considerada pela ONU um dos mais graves crimes contra a humanidade. Em verdade, esse conceito foi constituído para caracterizar crimes de guerra em massa, praticados contra minorias, fossem elas étnicas, culturais ou religiosas, especificamente durante a Segunda Guerra, mas acabou sendo utilizado historicamente para ler fenômenos do passado e juridicamente para implicar responsabilização sobre fenômenos históricos do passado recente e daqueles que ainda viessem a ocorrer. Este texto tem por objetivo um estudo sobre uma guerra de extermínio em particular, o Holocausto, implementada pelo Estado nazista entre os anos de 1941-1945, logo após a deflagração da Operação Barbarossa. Para estudar o fenômeno histórico do Holocausto, a organização deste texto foi pensada em eixos estruturantes da discussão sobre essa específica guerra de extermínio, através de uma apresentação e problematização de eventos-chave desse período sombrio do século XX. Assim, a escalada progressiva, as Leis de Nuremberg, os *pogroms*, a própria Operação Barbarossa e o fenômeno concentracionário serão os nossos focos para explicar, afinal, por que a guerra de extermínio?

Homogeneização ou o nazismo toma o poder (1933-1934)

Segundo a historiografia oficial, a *Machtergreifung* [tomada do poder] pelos nazi se deu em 30 de janeiro de 1933. Contudo, aquilo que os militantes e filiados ao Nationalsozialistische Deutsche Arbeiterpartei [NSDAP, Partido Nacional-Socialista dos Trabalhadores Alemães] entendiam como um ato revolucionário de tomada de poder não pode de fato ser entendido dessa forma se fizermos uma análise crítica sobre o contexto em que se deu a chegada de Hitler ao cargo de chanceler na Alemanha. A ressalva apresentada pelo professor Wolfgang Benz de que não é adequada a expressão "tomada de poder" para o período de 1933, até as leis de plenos poderes, em 1934, é pertinente para refletirmos sobre o percurso que levou um governo constitucionalmente legal para a consolidação de uma ditadura sem precedentes.[10] Não há dúvidas de que esse caso acabou se tornando um paradigma da consecução do domínio nazi. A velocidade com que se deu a tomada do poder procurou, ao máximo, apagar os vestígios da implementação de uma ditadura. Algumas características marcaram esse período de implantação da ditadura nazi, que, em muitos livros, ainda aparece como a tomada do poder:

I. falta de uma oposição forte por parte da sociedade civil;
II. supressão do Parlamento e outras instituições constitucionais;
III. dissolução de sindicatos e partidos;
IV. homogeneização dos *Länder* e das organizações do NSDAP;
V. estabelecimento de uma estrutura de poder à margem das normas legais, tais como a SS, a Gestapo e os campos de concentração.

Em seguida à morte de Hindenburg, em agosto de 1934, foi realizada, por Hitler, de forma ilegal, do ponto de vista da Constituição alemã em vigor, a união dos cargos de chanceler e presidente. A partir de então, Adolf Hitler ascenderia aos cargos de *Führer und Reichskanzler* [líder e chanceler do Reich], tendo o exército voluntariamente lhe jurado obediência.

"Dá-me quatro anos e não reconhecereis a Alemanha." Essas foram as palavras de Hitler quando fez formalmente uma petição solicitando os plenos poderes, sem limitações ou mesmo algum controle por parte do Parlamento. A chamada Lei para Defesa do Povo e Estado, como foi conhecida a lei de plenos poderes, foi aprovada antes mesmo da morte de Hindenburg. Essa lei, aprovada em março de 1933, permitia a Hitler que ditasse quaisquer leis sem a necessidade de aprovação do *Reichstag* e do *Reichsrat*, além de autorizá-lo a firmar acordos internacionais. Essa é considerada pelos especialistas na história do Terceiro Reich a lei fundamental para a escalada total ao poder do regime nazi.[11]

Há uma discussão bastante significativa entre os pesquisadores que se debruçam sobre a história do Holocausto: a tentativa de extermínio dos judeus da Europa se deu apenas depois da Operação Barbarossa e da Conferência de Wannsee ou seria possível considerar que os planos e a arquitetura do que viria a se configurar como o maior massacre contra a comunidade judaica na história teriam seus antecedentes mesmo antes da chegada de Hitler e seus correligionários ao poder. Se formos observar do ponto de vista da construção progressiva do ódio, que foi o apoio da tese do "outro conveniente",[12] não há dúvidas de que o próprio programa do NSDAP já continha um antissemitismo declarado e que estimulava ações de violência contra a comunidade judaica, antes mesmo da implementação do Terceiro Reich.

O *Zweites Buch* [Segundo livro], escrito por Hitler por volta de 1928, publicado em Stuttgart em 1961, continha várias descrições dos judeus como destruidores da cultura alemã e mostrava a todo o momento o judeu como um ser inferior, sempre utilizando terminologias da biologia, característica do discurso nazi:

> O povo judeu, ao não ter aptidões produtivas, não é capaz de realizar a construção de um Estado com caráter territorial, e para manter sua própria existência, necessita do trabalho e de atividades criativas de outras nações. Assim, a existência do judeu torna-se parasitária dentro de outros povos. O objetivo final da luta dos judeus pela existência é escravizar os povos ativamente produtivos.[13]

Não tardaria muito para que o discurso nazi se transformasse em legislação. Era o início da escalada progressiva que daria origem, posteriormente, à "Solução Final". Muitos livros, especialmente didáticos, mostram a violência contra os judeus a partir da *Kristallnacht* [Noite dos Cristais], em 1938. Contudo, já em 1933, logo após o convite para Hitler assumir a chancelaria, o discurso apresentado pelo futuro *Führer* em seus livros não seria nem de longe apenas verborragia. Em 29 de março de 1933, o periódico antissemita *Völkischer Beobachter* anuncia instruções para a condução do Partido Nacional-Socialista no que seria o primeiro boicote antijudaico, a começar em 1º de abril do mesmo ano.[14] No diário de Joseph Goebbels, há um relato contundente do ministro sobre o referido boicote contra a comunidade judaica:

> Todos os negócios dos judeus estão fechados. Homens da S.A. estão parados nas entradas. O público declarou por todas as partes solidariedade. A disciplina é exemplar. Um resultado imponente! Tudo se realiza em uma completa tranquilidade. [...] À tarde 150.000 trabalhadores de Berlim marcharam em direção a Lutsgarten, reunindo-se conosco para protestar contra as incitações do estrangeiro. Há uma indescritível excitação no ar. [...] A imprensa está agindo com total unanimidade. O boicote representa uma grande vitória moral para Alemanha. Mostramos ao mundo que po-

> demos mobilizar toda a nação sem causar o menor distúrbio. Um vez mais, o *Führer* logrou seus objetivos. À meia-noite, o boicote será interrompido por nossa própria iniciativa. Estamos agora esperando o eco que isto irá provocar na imprensa e na propaganda estrangeira.[15]

Essa fase da história do Nacional-Socialismo é considerada pela historiografia do Holocausto o momento de consolidação de políticas antijudias e, segundo o historiador israelense Israel Gutman,[16] pode ser dividido em três fases:

I. homogeneização ou o nazismo toma o poder – 1933-1934;
II. as Leis de Nuremberg – 1935-1936;
III. crescimento da violência antijudia (a política de expropriação dos bens dos judeus) – 1937-1938.

O primeiro período, que foi chamado por Gutman de "homogeneização", com o intuito de mostrar como os nazistas tentaram uniformizar a compreensão e as ações do povo alemão contra a comunidade judaica, é marcado não só pela ascensão de Hitler à chancelaria e depois ao cargo de *Führer*, mas também pelo boicote organizado pelo governo, com forte apoio do partido nazi e pela lei de Restabelecimento do Serviço Público Profissional, com o objetivo de expulsar os opositores do regime da administração pública, que historicamente possuía um grande poder sobre a sociedade civil. O governo do Reich decretou essa lei em 7 de abril de 1933, nos seguintes termos:

> Para restabelecer o serviço civil profissional e simplificar a administração, será permitido demitir funcionários em seus postos, referindo-se às regras seguintes [...].
>
> Serão aposentados os funcionários que não sejam de origem ariana. Se não forem funcionários temporários, serão demitidos [...].
>
> Serão consideradas não arianas pessoas que descendem de não arianos e muito particularmente quem for descendente de pais ou avós judeus. Será suficiente que um dos pais ou avós seja não ariano. [...]
>
> Os funcionários civis que ainda não estavam no posto de trabalho em 1º de agosto de 1914 deverão apresentar provas de que são de descendência ariana, ou de que combateram no front, ou que são filhos de um

soldado morto na guerra mundial. Tais provas devem ser justificadas pela apresentação de documentos (certidão de nascimento, casamento dos pais e documento militar).

Em caso de dúvida sobre a ascendência ariana, deve-se obter uma opinião de um especialista em investigação de assuntos raciais do Ministério do Interior [...].[17]

O ano de 1933 ainda guardou espaço para mais ações radicais dos nazistas. Segundo Martin Gilbert, em março de 1933, a SS enviou um número significativo de críticos do regime, incluindo muitos judeus, para Dachau, próximo à cidade de Munique – este entraria para a história como um dos mais conhecidos campos de concentração da Alemanha nazi. No mesmo mês, advogados e juízes teriam sido expulsos da corte de Breslau. Vários judeus, ainda em março, foram espancados, até o estado de semiconsciência, na saída do Café New York, em Berlim.[18] Seguindo a análise monumental de Raul Hilberg, ainda nos anos de 1860, a tentativa alemã de destruição dos judeus na Europa pode até ser vista, em alguns momentos, como um processo monolítico ou mesmo impenetrável. Contudo, ao ler com um pouco mais de profundidade, essa política nazista vai se revelando com um passo sequencial que perpassa inúmeros "tomadores de decisão em um maquinário burocrático de amplo alcance".[19] Saul Friedländer afirmou que a fase inicial do regime nazi foi moldada pela sua *weltanschauung* [visão de mundo] e por um forte impacto das pressões internas, do peso das limitações burocráticas, por vezes até mesmo da influência da opinião pública alemã e das reações dos governos estrangeiros.[20]

A política nazi foi caracterizada, desde seu início, como política de Estado, como uma tentativa sistemática de reestruturação da vida pública, da família e do indivíduo. Assim, todos os mecanismos de difusão de informação, através dos meios de comunicação disponíveis, ganharam novo contorno com os nazistas no poder, chegando mesmo a transcender o conceito de propaganda, transformando-a naquilo que George Mosse intitulou de "religião cívica".[21] Por isso, o processo chamado por Gutman de "homogeneização", implementado por Hitler, foi responsável por outorgar legitimação às ações de todos aqueles considerados alemães para defender o senso de uma nação, pátria ariana.

A grande onda de violência perpetrada através dos boicotes e outras leis, em 1933, teve como principal alvo os opositores do regime, recém-empossado, e, também, as propriedades e o comércio da comunidade judaica. Foi o início, ainda em menor escala, da expropriação dos bens dos judeus. De fato, no boicote em 1º de abril, exposto anteriormente, foi decretado feriado pelos alemães para não prejudicar ainda mais a economia que estava no início do processo de recuperação e dependia fortemente do comércio, das empresas, indústrias e dos bancos que tinham judeus dentre seus proprietários. Naquele momento, um boicote mais forte iria de encontro aos interesses de recuperação da economia alemã por parte de Hitler e dos dirigentes nazi.

O passo considerado mais estratégico, do ponto de vista da organização do Estado alemão, foi, sem dúvidas, a expulsão dos judeus da administração pública. A Lei para o Restabelecimento do Serviço Público Profissional, já citada aqui, não teve um efeito tão amplo quanto se esperava de início, pois apenas afastou do serviço público aqueles judeus que ingressaram nele depois do fim da Primeira Grande Guerra. O então presidente Hindenburg teria aceitado, na ocasião, a petição para retirar da Lei os veteranos de guerra. Esses seriam incluídos na lei de afastamento dos judeus da administração pública dois anos depois da morte de Hindenburg. Progressivamente, vários profissionais judeus, de carreiras distintas, foram sendo expulsos do serviço público, com a justificativa pessoal de Hitler de que os judeus não estavam aptos para decidir sobre a vida do povo alemão. Sendo assim, advogados e médicos encabeçaram essa lista, seguindo a proibição de que farmacêuticos judeus exercessem a profissão. Pouco a pouco, o acesso dos judeus aos ambientes educacionais foi sendo limitado e foi se consumando sua exclusão das atividades culturais, esportivas, das artes, da música (como das orquestras) e do cinema. Além de não poderem dirigir nenhum tipo de periódico, foram excluídos das atividades que envolviam meios de comunicação em geral. Em seguida, as universidades e os institutos de pesquisa também foram "purificados" da presença dos judeus, conforme pregava a doutrina nazi. Era o início de um caminho sem retorno e que tomaria proporções incomensuráveis. Se toda a guerra tende aos seus extremos, a guerra implementada pelos nazistas contra os judeus começaria, a partir de então, a tomar um rumo ainda mais radical. Quando se pensou que o ano de 1933 teria sido o mais aterrorizante para a comunidade judaica, e que 1934 foi de certa forma mais controlado, tendo em vista as leis em vigor, uma novidade surge na primavera de 1935: as Leis de Nuremberg – leis raciais que revogavam os direitos de qualquer judeu como cidadão do Estado alemão.

As leis de Nuremberg (1935)

Segundo Israel Gutman, as Leis de Nuremberg,[22] responsáveis por constituir o maior número de normativas antijudias de toda a história do Nacional-Socialismo, partiram, em sua base, da própria população alemã. Passado o período de homogeneização, as dinâmicas sociais tinham sido alteradas e os judeus, a cada dia, faziam menos parte da vida em sociedade. Passava a ser comum ir ao cinema, ao teatro ou a outros ambientes públicos com placas e cartazes que proibiam a entrada de judeus. No mesmo ano, é criada a lei que expulsa os judeus das Forças Armadas e diversas ordens foram dadas pelo Ministério da Educação para expulsar os alunos judeus das escolas, que seriam destinadas apenas aos arianos. Paralelamente a esses atos, o Estado alemão continuou a sistemática espoliação dos bens dos judeus.

Ocorre, então, um momento de grande contradição entre a liderança nazi e uma disputa no seio da burocracia alemã se instaura. Era a luta entre a ala mais conservadora do regime, que disputava espaço contra os responsáveis pela economia. Os mais conservadores pressionavam a alta burocracia por leis mais fortes contra a comunidade judaica, enquanto a administração econômica do Reich solicitava ao *Führer* conter a radicalização das leis antijudaicas, para não prejudicar as finanças alemãs, também em âmbito internacional. A repercussão da radicalização jurídica contra os judeus poderia ter um forte impacto sob a estabilidade e segurança nos investimentos estrangeiros que a Alemanha tentava angariar.

Quando falamos de nazismo, estamos falando de um Estado singular, pois teve como principal bandeira a guerra racial. Uma batalha permanente pela defesa de uma raça superior ariana, que deveria prevalecer sobre as demais e, para que o projeto alemão lograsse êxito, os judeus deveriam ser exterminados para não comprometer a pureza da raça, como defendiam os ideólogos do regime.

O dia é 15 de setembro de 1935, Nuremberg, Alemanha. Dia em que Hitler apresentou, na Assembleia Geral do Partido, um conjunto de leis raciais que entrariam para a história, depois da aprovação das mesmas pelo *Reichstag*, como "Leis de Nuremberg":

> O *Reichstag* decreta por unanimidade a seguinte lei que foi promulgada como se segue:
> § 1.º 1) um cidadão do Estado é uma pessoa que goza da proteção do Reich alemão e que, por conseguinte, tem obrigações específicas com respeito a ele.
> 2) O status de cidadão do Estado se adquire em conformidade com as disposições do Reich e da Lei de Cidadania do Estado.
> §2. 1) Um cidadão do Reich é um súdito do Estado, de sangue alemão, ou de parentesco, que demonstre, por sua conduta, sua boa vontade e sua disposição a servir com lealdade o povo alemão e ao Reich.
> 2) A cidadania do Reich fica adquirida através do outorgamento de um certificado de cidadania do Reich.
> 3) Em conformidade com a lei, são os cidadãos do Reich os únicos beneficiários de plenos direitos políticos.[23]

Essa legislação foi complementada por outras duas leis: A Lei de Cidadania do Reich e a Lei para a Defesa do Sangue e da Honra Alemã.

A Lei da Cidadania do Reich tinha como princípios fundamentais:

> [...] §4. 1) Um judeu não pode ser cidadão do Reich. Não possui nenhum direito a voto nos assuntos políticos; não pode ocupar nenhum cargo público.
> 2) Os funcionários judeus serão aposentados em 31 de dezembro de 1935.
> §5. 1) Um judeu é uma pessoa que descende de um mínimo de três avós plenamente judeus de raça [...]
> 2) Um *Mischling* é um cidadão do Estado, a quem, igualmente se consideram como judeu, quando, ademais, for descendente de dois avós, plenamente judeus:
> a) ser membro da comunidade religiosa judia no momento da promulgação dessa lei ou ter sido admitido nela posteriormente;
> b) estar casado com um judeu no ato de promulgação dessa lei ou ter casado com um judeu posteriormente;
> c) ter nascido de um casamento judaico, segundo o parágrafo 1 [...];
> d) ter nascido como resultado de uma relação extramatrimonial com um judeu, ou que tenha nascido ilegalmente depois de julho de 1936.[24]

A Lei para a Defesa do Sangue e da Honra Alemã preconizava em seus artigos:

> §1. 1) Ficam proibidos os casamentos entre judeus e cidadãos do Estado de sangue alemão ou de parentesco consanguíneo. Serão considerados inválidos os casamentos realizados no exterior com o intuito de eludir a lei.

> 2) Somente através do Procurador de Estado poderá ser iniciado o processo de validação.
>
> §2. Ficam proibidas as relações extraconjugais entre judeus e cidadãos de Estado, de sangue alemão ou de parentesco consanguíneo.
>
> §3. Os judeus não podem empregar em suas casas mulheres cidadãs do Estado, de sangue alemão, ou de parentesco consanguíneo, com menos de 45 anos.
>
> §4. 1) Os judeus não estão autorizados a arvorar a bandeira nacional do Reich nem tampouco a exibir as cores do Reich.
>
> 2) Lhes autoriza, em troca, expor as cores judias. O exercício desse direito fica protegido pelo Estado.
>
> §5. 1) Toda pessoa que transgredir a proibição referida no §1 será castigada com pena de prisão e trabalhos forçados.
>
> 2) Todo varão que transgredir a proibição referida no §2 será castigado com pena de prisão, com ou sem trabalhos forçados.
>
> 3) Toda pessoa que transgredir as disposições referidas no §3 ou 4 será castigada com pena de prisão até um ano, com uma multa ou com ambas as penas.[25]

Como se pode observar, as Leis de Nuremberg foram um duro golpe para os judeus e muitos deles começaram a pensar que, com a promulgação dessas leis, a radicalização progressiva de atos antissemitas teria um fim, e que, mesmo vivendo como um grupo isolado, seria possível manter suas vidas na Alemanha. Claramente, essas leis tornariam os judeus uma minoria nacional, como afirmou o historiador judeu David Bankier,[26] e, com isso, poderiam ter alguma "proteção do Estado" para ter uma vida cultural e nacional autônomas. Bankier, estudioso das leis raciais, apontou para o fato de que a ala mais conservadora do regime nazi ainda achou as leis demasiadamente brandas e mostrou-se insultada com a possibilidade de os judeus poderem exibir seus símbolos em público. O autor ainda apresenta as reações que ocorreram em detrimento da promulgação das leis, citando a fala dos comunistas alemães que protestaram contra elas, mas com um discurso invertido, para largamente legislar em causa própria. Cita que os comunistas, em algumas de suas propagandas, diziam que apenas "trabalhadores pobres eram presos por desonra racial, enquanto os judeus ricos permaneciam intocados pelos nazistas".[27]

A identificação da vasta maioria da população alemã com a legislação racial se dava por um entendimento de que essas leis colocariam ordenamento e limites nas atividades antissemitas. Friedländer afirma que a população alemã não gostava dos constantes atos de violência contra os judeus, mas não se absteve em nenhum momento à sua segregação e à supressão dos seus direitos.[28] Não se deve esquecer da questão da responsabilidade assumida pelo Estado alemão ao impor essas leis raciais. A grande aceitação por parte dos alemães também os libertou da pesada responsabilidade que pairava sobre eles, no que concerne ao destino dos judeus. Contudo, a culpa não poderia ser extinguida por uma legislação que não seria capaz de normatizar todos os atos da vida individual. Naquele momento o futuro dos judeus estava nas mãos do Estado alemão, mas ainda assim as ações individuais eram fundamentais para o entendimento do Holocausto. Tanto pela possibilidade dos indivíduos de mostrarem sua capacidade de resistência e de colaboração com aqueles que foram excluídos, transformados em párias pelo Estado, mesmo que, para isso, tenham colocado a vida em risco; como pela demonstração de adesão fanática ao regime, apresentando aquilo que ficaria conhecido pela psicanálise como a parte obscura de nós mesmos.

Raul Hilberg informa que, nos anos 1930, oriundo das legislações raciais da Alemanha nazi, surgiu uma nova profissão: a de *Sippenforscher* ou *Familienforscher* [pesquisador de família], licenciado pelo governo. Essa nova profissão era procurada por indivíduos que se candidatassem a cargos públicos e tinha como principal função auxiliar na busca por documentos que provassem a descendência, elaborando gráficos de ancestralidade, listando pais, avós e, em alguns casos, até bisavós.[29] Com as leis raciais que foram implementadas a partir de 1936, a exigência de documentos originais foi levada a extremos pela política nazi. Martin Gilbert cita em seu livro *Holocausto* um caso singular da aplicação dessas leis:

> Em 20 de outubro, vários jornais ocidentais relataram o caso de um médico judeu, Hans Serelman, enviado por sete meses a um campo de concentração por ter feito uma transfusão de seu próprio sangue para um não judeu, com o intuito de salvar-lhe a vida. A acusação contra ele foi de "poluição da raça".[30]

Pelos idos de 1922, o escritor austríaco Karl Kraus teria dito que a Áustria seria um laboratório para o fim do mundo. Contudo, podemos mesmo afirmar que, se o mundo realmente começou a mostrar vestígios de como seria o seu fim, parece que a Alemanha foi o laboratório padrão dessa experiência.

A escalada da violência contra os judeus: a brutalização da política

Medidas legislativas como as Leis de Nuremberg foram um passo decisivo para a segregação e a exclusão dos judeus da vida social na Alemanha. Seu ciclo de convivência pública tinha diminuído. Estavam proibidos até de possuir animais domésticos. Dez de maio de 1933: ocorreu a primeira queima de livros nas grandes cidades alemãs. No século XIX, o poeta alemão Heinrich Heine alertou para o fato de que, em uma sociedade onde se queimam livros, chegará o dia em que se queimarão pessoas.

Em 1936, Japão e Alemanha firmaram um acordo que tinha como base, mesmo que do ponto de vista simbólico, o combate ao comunismo. A Itália aderiu ao acordo um ano depois, era o chamado Pacto Anticomintern.

A cada dia que se passava, a conjuntura interna da Alemanha e seus acordos de política externa demonstravam uma forte inclinação para o radicalismo e a construção de inimigos comuns que justificassem a escalada da violência existente no país.

O ano de 1936 foi marcado pelos últimos preparativos para os Jogos Olímpicos de Berlim. Jogos que foram eternizados pela película da cineasta oficial do regime nazi, a polêmica e controversa Leni Riefensthal (*Olímpia*). Gutman aponta dois grandes objetivos do nazismo para com os Jogos Olímpicos: a) apresentar perante o mundo uma Alemanha em pleno desenvolvimento, unida e leal ao regime; b) destacar os logros de esportistas alemães e dar maior difusão aos esportes e à educação física na Alemanha.[31] Nesse momento, houve uma certa trégua na propaganda sistemática contra os judeus, para abrandar as críticas da opinião pública internacional.

O ano de 1938 foi o mais importante para a escalada progressiva dos nazi. Em 18 de março, foi promulgada a segunda regulamentação referente à lei sobre a reunificação da Áustria com a Alemanha. Foi determinado pelo ministro do Interior Wilhelm Frick, com base no Artigo III da lei de

Reunificação, que o *Reichsführer SS* e o chefe da polícia alemã deveriam tomar todas as medidas necessárias para manter a segurança e a ordem durante o processo de unificação.[32] Logo em seguida, foi promulgada a lei que cancelava o estatuto legal das comunidades judaicas, nos seguintes termos:

> §1. 1) As comunidades pertencentes à religião judaica, assim como suas organizações, recebem uma condição legal ao inscrever-se no regime de associações;
> 2) depois de 31 de março de 1938, as comunidades pertencentes à religião judaica, no mesmo passo que suas organizações, perderão seu status de corporação pública, na medida em que gozaram desse status até a presente data. A partir dessa data, serão transformadas em associações privadas, com status legal regulado pela lei civil.[33]

A situação da comunidade judaica ficaria cada vez mais difícil não só na Alemanha, mas também em Áustria. Em maio de 1938, Adolf Eichmann foi indicado para tomar conta de tudo que se referisse à vida dos judeus na Áustria. Ainda no mesmo ano é decretado o regulamento que obriga os judeus a mudarem seus nomes. Era a imposição de um dos maiores estigmas, parafraseando o antropólogo Erving Goffman, que a comunidade judaica teria que carregar durante os "anos sombrios":

> §1. 1) A partir de 1º de janeiro de 1939 serão obrigados a adicionar um nome suplementar os judeus que possuam nomes distintos dos que lhes é permitido ter, segundo o §1; os homens adotarão o nome de Israel e as mulheres de Sara [...].[34]

Essa lei, imposta pelo ministro da Justiça do Reich, Dr. Gürtner, deveria constar em todos os documentos de qualquer judeu. Por mais dura que fosse essa lei do ponto de vista social e da representação da concepção do que seria ser judeu naquele momento, a conjuntura viria a apresentar severas mudanças para um caminho ainda mais radical. Não bastava mais a legislação ou mesmo o discurso. Agora era chegada a vez da brutalização total da política, da negação dela para o exercício da violência.

No dia 7 de novembro de 1938, o secretário da embaixada alemã em Paris, Ernst von Rath, sofreu um atentado, com sete disparos de projétil desferidos pelo judeu-polaco Herschel Grynszpan – que cometeu o ato em protesto contra a deportação de 17 mil judeus na fronteira com a Polônia –, vindo a óbito alguns dias depois. Em razão desse atentado, o então *SS Gruppenführer*, H. Heydrich, envia um telegrama secreto e em caráter de urgência informando sobre as "manifestações" contra os judeus em todo o Reich, durante as noites dos dias 9 e 10 de novembro de 1938. Seu telegrama indicava as seguintes instruções:

I. Imediatamente, ao receber este telegrama, os chefes da Polícia do Estado e seus subcomandantes contatarão por telefone os dirigentes políticos de suas regiões – Gauleiter o Kreisleiter – competentes em seus distritos e organizarão uma reunião conjunta com o inspetor ou o comandante da polícia da ordem, para debater as medidas que requerem estas manifestações.
Durante os debates, os dirigentes políticos serão informados de que a polícia alemã recebeu do *Reichsführer SS* e do chefe da polícia alemã as instruções detalhadas que mais adiante serão expostas, devendo coordenar suas próprias medidas com as da polícia alemã:
As medidas serão tomadas somente se não colocarem em risco a vida e os bens dos alemães (por exemplo, *as sinagogas serão incendiadas somente quando não houver perigo de o fogo passar para os edifícios vizinhos*).
Os negócios e lojas pertencentes aos judeus serão destruídos, mas não saqueados. A polícia recebeu instruções para controlar a aplicação dessa ordem e punir os saqueadores.
Se tomará conta de um modo muito particular dos negócios não judaicos, nas ruas comerciais, para que sejam totalmente protegidos contra os danos.
Não serão incomodados os cidadãos estrangeiros, mesmo que sejam judeus.

II. A polícia não impedirá as manifestações, sempre e quando fiquem respeitadas as diretrizes detalhadas no parágrafo 1º.

III. Ao receber este telegrama, a polícia confiscará todos os arquivos que possa encontrar nas diversas sinagogas e oficinas das comunidades judaicas, impedindo assim sua destruição durante as manifestações. Isto se refere unicamente ao material com valor histórico e não a lista de taxas etc... [...]

IV. A menos que os inspetores da Polícia de Segurança tenham dado suas próprias instruções, as medidas relativas às manifestações contra

> os judeus serão controladas pelos órgãos da Polícia do Estado. [...]
>
> V. Tão logo os acontecimentos da noite permitam desmobilizar os funcionários solicitados, se procederá a prisão de tantos judeus – especialmente ricos – que possam ser instalados nas prisões existentes. Por esse momento, somente os homens judeus, que não sejam demasiado velhos, serão detidos.
>
> Imediatamente depois de ter efetuado essas detenções, será feito contato com os campos de concentração adequados, para ser instalados dentro deles os judeus. Se prestará particular atenção em não maltratar os judeus presos, conforme indicado nessas instruções [...].[35]

Esse ficou conhecido como o maior *pogrom* dos nazistas contra a comunidade judaica, ocorrido em toda a extensão territorial da Alemanha. O foco dessa violenta manifestação foram as sinagogas, os negócios e as casas particulares. Sinagogas foram queimadas e outras instituições judaicas foram destruídas e, em toda a Alemanha, ocorreu violência física e humilhações públicas contra os judeus. Nunca se conseguiu contar o número de mortos nesse *pogrom*, mas estima-se algo em torno de noventa pessoas. Pelas regras impostas pelo então *SS Gruppenführer*, H. Heydrich, o corpo de bombeiros apenas podia agir para apagar o fogo em prédios vizinhos aos dos judeus, e muitos soldados, descumprindo as ordens de Heydrich, saquearam as lojas e os comércios. A *Reichskristallnacht* [Noite dos cristais quebrados], termo de origem ainda desconhecida, foi um ponto-chave na política de extermínio dos judeus da Europa, pois marcou a transição de políticas administrativas e legislativas para o uso veemente de violência física aberta e em larga escala. Esse evento veio acompanhado pelo avanço da política de deportação e da continuidade, agora de forma ampliada, da expropriação dos bens dos judeus. Além do já citado número de mortos nesse *pogrom* nazi, calcula-se que 26 mil homens judeus tenham sido deportados para três campos de concentração: Sachsenhausen, Dachau e Buchenwald. Parte desses agora prisioneiros só teriam de volta sua liberdade se a família apresentasse uma possibilidade para migração ou se transferisse seus bens.

Saul Friedländer afirma que o golpe de misericórdia, responsável por destruir toda a vida econômica dos judeus na Alemanha, veio pouco depois da *Kristallnacht*, quando H. Goering decretou a interdição de toda a atividade comercial dos judeus no território do Reich.[36] Goering teria realizado uma reunião e emitido um comunicado oficial dizendo a seus subordinados e a outros burocratas do Estado nazi que teria recebido instruções do chefe de gabinete do *Führer*, Martin Bormann, vindas do próprio Hitler, sobre a questão judaica, declarando que esse tema deveria ser tratado de uma vez por todas. Hitler teria afirmado, através de contato telefônico a Goering, que era chegada a hora de elaborar os próximos passos para a questão judaica. Entendendo que essas medidas teriam grande impacto em diversas áreas, como propaganda e fundamentalmente a economia, o ministro solicitou uma ação coordenada de vários ministérios para cumprir as ordens do *Führer*. Era chegada a hora de arianizar a economia alemã, como desejavam os radicais do regime:

> §1. 1) A partir de 1º de janeiro de 1939 estará proibido aos judeus [...] possuir lojas de varejo, empresas de venda por correspondência, agência de vendas ou exercer uma [profissão] comercial de forma independente.
> 2) Ademais, a partir do mesmo dia, lhes ficará proibido oferecer a venda de produtos ou serviços, fazer publicidade referente a isso ou aceitar pedidos em toda a classe de mercados, feiras ou exposições.
> 3) As empresas de comércio judias [...] que transgredirem este decreto serão fechadas pela polícia.
> §2. 1) A partir de 1º de janeiro de 1939, um judeu já não poderá ser chefe de uma empresa segundo a lei de 20 de janeiro de 1934, segundo o Regulamento do Trabalho Nacional.
> 2) Quando um judeu empregado em uma empresa comercial ocupa um posto executivo, deverá ser avisado para abandonar o posto em seis semanas. Ao final do prazo de notificação, todas as reclamações ou queixas do empregado, baseadas em seus contratos de trabalho, especialmente os relativos a pensões ou direitos de indenizações, ficarão inválidos.
> §3. 1) Um judeu não pode ser membro de uma cooperativa.
> 2) A filiação de um judeu a uma cooperativa expira em 31 de dezembro de 1938.
> Não será possível requerer para isso nenhuma notificação especial.
> §4. O Ministro da Economia do Reich e os ministros envolvidos têm poderes para publicar os regulamentos para executar o presente decreto. Poderão permitir exceções à lei nos casos em que essas sejam necessárias, tais como a transferência de uma empresa judia a um proprietário não judeu, ou para o fechamento de uma empresa judia, ou em casos especiais, para assegurar o abastecimento de produtos de primeira necessidade.[37]

Essa onda de arianização de diversos aspectos da vida do povo alemão, incluindo a economia e o mundo dos negócios, foi responsável, em larga medida, pelo fim de um certo "comportamento moderado", tanto por parte das pessoas comuns, como por parte dos homens do mundo empresarial e industrial. Friedländer afirma que as empresas mais novas foram ainda mais agressivas em relação ao projeto de arianização da economia do que as mais antigas. Chega a citar que empresas como Flick, Otto Wolf e Mannesmann, relativamente novas no setor de indústrias pesadas, envolveram--se mais rapidamente com as políticas nazi do que as tradicionais Krupp ou mesmo a Vereinigte Stahlwerke.[38] Portanto, até 1937, ainda se podia ver empresas e indústrias de propriedade de judeus funcionando, mesmo com algumas restrições; depois desse momento, com as novas legislações, ficou impossível manter esses empreendimentos em posse de não arianos. Gutmam informa que, entre 1933 e 1939, aproximadamente 235 mil judeus deixaram a Alemanha, quase metade dos que moravam nesse território.[39] Tomando a área que era conhecida como Velho Reich, o censo de maio de 1939, resgatado pela obra de Raul Hilberg,[40] mostra um total de pouco mais de 330 mil judeus, mais de dois terços deles distribuídos da seguinte forma:

Tabela 13.1
Distribuição dos judeus no Velho Reich – censo de 1939

LOCAL	NÚMERO DE JUDEUS
Viena	91.480
Berlim	82.788
Frankfurt	14.461
Breslau	11.172
Hamburgo	10.131
Colônia	8.539
Munique	5.050
Leipzig	4.477
Mannheim	3.024
Nuremberg	2.688
Total	233.810

Fonte: El Holocausto en Documentos.

A escalada para a tentativa de extermínio da população judia da Europa pode ser representada através da seguinte cronologia:

Figura 13.1
Etapas da política nazista de extermínio da população judia

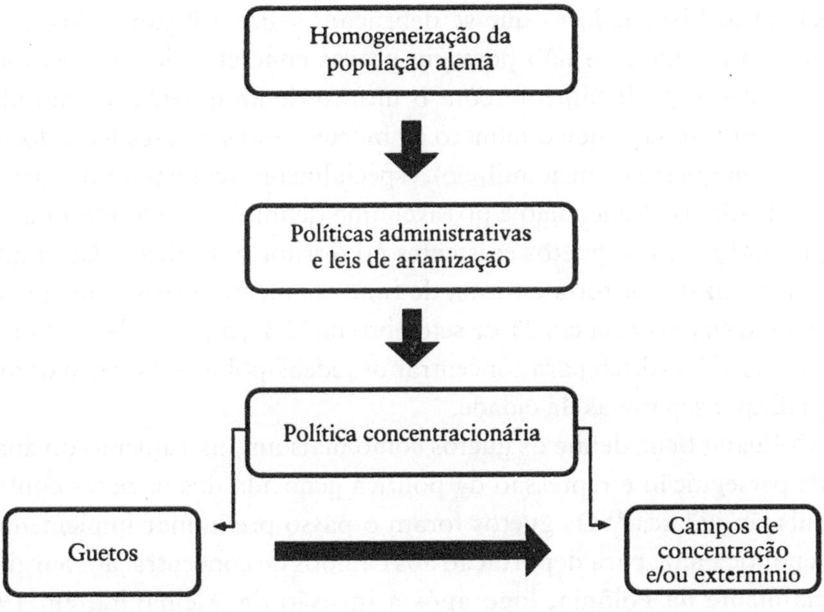

Fonte: Elaboração do autor.

O início da concentração da população judaica: os guetos

É possível dizer que o chamado fenômeno concentracionário teria seu início com a aglutinação da população judia nos inúmeros guetos organizados pelo regime nazi. Contudo, Nikolaus Wachsmann[41] afirma que esse fenômeno é anterior ao nazismo, tendo seu início ainda na República de Weimar, mas ganhando contornos do que seria com o nazismo quando foi criado, antes mesmo de Hitler possuir plenos poderes, o campo de Sachsenhausen, na cidade de Oranienburg, nas proximidades de Berlim (originalmente, esse foi um campo de concentração para prisão de comunistas e outros opositores do regime).

A *Enciclopédia do Holocausto*, organizada pelo Yad Vashem, define gueto como uma rua ou um setor de uma cidade onde viviam apenas judeus. A terminologia foi utilizada pela primeira vez em 1516, na cidade de Veneza, e fazia parte do termo Ghetto Nuovo, nome de um bairro judeu fechado.[42]

Até hoje os historiadores que se debruçam sobre a história dos guetos durante o regime nazi não possuem provas concretas de que eles foram construídos especificamente com o intuito de aniquilar a comunidade judaica, mas se sabe que o número de mortes nesses lugares fechados não foi pequeno (perto de meio milhão), especialmente acometidos de variadas enfermidades ou fome. Não é possível uma definição ou mesmo uma descrição uniforme dos guetos existentes no território do Reich. Cada gueto foi único em sua história e forma de funcionamento, mesmo que tenham começado sua história em 21 de setembro de 1939, a partir de uma ordem de Reinhard Heydrich para concentrar os judeus-poloneses dentro de áreas específicas e separadas da cidade.

Wolfgang Benz define os guetos como mais um instrumento do aparato de perseguição e repressão da política genocida dos nazistas contra a população judaica.[43] Os guetos foram o passo preliminar implementado pela política nazi para deportação aos campos de concentração. Surgiram inicialmente na Polônia, logo após a invasão da Alemanha, em 1939. Estima-se que apenas em território polonês existissem quatrocentos guetos, para onde foram transportados forçadamente os judeus. O primeiro gueto foi estabelecido na cidade de Piotrkow Trybunalsky, em outubro de 1939, seguido de Lódz, o último a ser desativado. Varsóvia, o maior e mais emblemático, pelo evento do levante de resistência contra os nazi, foi estabelecido em novembro de 1940 e, em apenas quatro meses de funcionamento, chegou a ter uma população de 445 mil habitantes. Cada gueto tinha seu próprio sistema de administração. Por mais que todo o ordenamento fosse estabelecido pelos nazistas, os judeus eram obrigados a prestar serviços e fazer as instituições do gueto funcionarem com seu próprio povo, apenas sob a supervisão dos alemães. Instituições como correios, forças policiais, serviço de coleta de lixo, tudo que uma cidade comum necessitava, passou a ser uma obrigação dos judeus, coordenados por sua liderança, o *Judenräte* [Conselho Judeu].

Hans Frank, burocrata nazi responsável pelos territórios ocupados na Polônia, foi quem instituiu, em 28 de novembro de 1939, o estabelecimento dos Conselhos Judeus. O regulamento continha as seguintes diretrizes:

I. Em cada comunidade se formará uma entidade representativa dos judeus.
II. Esta representação dos judeus – conhecida como *Judenräte* – incluirá 12 judeus nas comunidades com mais de 10 mil habitantes, todos pertencentes à população residente no local. Os judeus da comunidade elegerão o Conselho Judeu. Se um membro do Conselho Judeu se desliga, outro deve ser eleito imediatamente.
III. O Conselho Judeu nomeará, entre seus membros, um presidente e um suplente.
IV. a) Depois dessas eleições, que deverão ocorrer antes de 31 de dezembro de 1939, será emitida uma lista dos membros do Conselho Judeu que será entregue ao comandante responsável pelo *Kreishauptman* [subdistrito] e, nos distritos urbanos, ao *Stadthauptmann* [comandante da cidade];
b) O comandante do subdistrito ou o comandante da cidade decidirá pela aprovação da lista de membros do Conselho Judeu, podendo exigir mudança na lista enviada.
V. Por meio de seu presidente e de seu suplente, a função do Conselho Judeu será a de receber as ordens da administração alemã. Será responsável pelo meticuloso cumprimento de ordens em toda a sua extensão. Todos os judeus e judias deverão obedecer às diretivas publicadas para o cumprimento dos decretos alemães.[44]

Não há como negar a existência de controvérsias, pela própria historiografia, do funcionamento dos Conselhos Judeus. Essa foi, sem dúvida, uma das grandes polêmicas da carreira da filósofa alemã Hannah Arendt, quando se pronunciou sobre eles no texto da cobertura do julgamento do oficial nazi Adolf Eichmann.[45] A própria historiografia israelense tem se debruçado em demasia sobre essa questão, tendo em vista a complexidade do tema e a delicadeza de julgar ações e atitudes em situações-limite. Um caso bastante singular é o de Mordechai Chaim Rumkowski, líder do Conselho Judeu em Lódz. Rumkowski foi responsável por administrar a vida de aproximadamente 200 mil pessoas em um ambiente completamente adverso, sem condições de higiene, com problemas de abastecimento de gêneros de primeira necessidade, além dos ataques de violência constante por parte dos nazi contra a população do gueto.

O Conselho Judeu, em resumo, pelas condições impostas pelos alemães, era responsável pela administração da miséria humana. Rumkowski foi dirigente de Lódz desde 1939 e até as cerimônias de casamento eram controladas por ele. As cédulas que circulavam no gueto possuíam sua fotografia estampada. Ele foi encarregado pelos alemães de estabelecer fábricas, aproximadamente 120 existiram em Lódz. O líder de Lódz estava convencido de que, se os judeus se fizessem produtivos e vitais para o abastecimento dos nazi, esses não seriam capazes de destruir o gueto. Contudo, as controvérsias que envolvem Rumkovski apontam que, além de ser acusado de colaborador do regime nazi, ainda exercia seu poder de mando de forma autoritária, e muitas vezes ditatoriais, contra a sua própria comunidade. Ele cedia diretamente aos pedidos alemães, especialmente quanto às deportações, que levaram muitos do seu próprio povo para os campos de concentração e extermínio. Segundo os dados do Yad Vashem, apenas nos primeiros meses de 1942 foram enviados para a morte no campo de Chelmno 55 mil judeus de Lódz. Mesmo com as concessões realizadas por Rumkovski, que o fizeram entrar para a história do Holocausto como colaborador dos nazi, não escapou das deportações e foi, com sua família, enviado para Auschwitz, onde foi assassinado em 1944. Parece que a história dessa liderança judaica em Lódz levanta a hipótese de que, a depender da forma que se entendem as ações desses homens em tempos sombrios, eles tanto podem ser vistos como colaboracionistas quanto como indivíduos que, mesmo com atitudes fadadas ao fracasso, tentaram salvar o maior número de pessoas que era possível.[46] Na fala de Rumkowski sobre a deportação das crianças e idosos do gueto de Lódz, é possível perceber a complexidade do papel do Conselho Judeu perante as ações dos nazi:

> [...] Eles desferiram um duro golpe ao gueto. Nos pedem que entreguemos o que temos de mais querido – as crianças e os anciãos. [...] *Nunca imaginei que iam me obrigar, através de minhas próprias mãos, a levar esse sacrifício ao altar.* Já na velhice, me obrigam a estender as mãos e a pedir: "Irmãos e

> Irmãs, entreguem eles a mim! Pais e mães, dê-me seus filhos! [...]. Durante o dia de ontem fui notificado com a ordem de deportar do gueto 20.000 judeus, e se não o fizer, "o faremos nós mesmos". A pergunta que se fazia era: Devíamos aceitar fazer isso e realizar nós mesmos ou deixar que eles o fizessem? Naquele momento, o pensamento que nos guiava não era de quantos íamos perder, mas de quantos poderíamos salvar.[47]

Essa foi a fórmula encontrada pelos nazistas para desestabilizar toda a comunidade judaica, enfraquecendo sua liderança e fazendo o judeu ser o algoz do próprio judeu, confundindo a figura da vítima e do perpetrador.

Não é possível entender os guetos apenas como um lugar de vida passiva, de onde os judeus foram encaminhados também passivamente para os campos de concentração. Os guetos foram igualmente lugares de resistência, como foi o emblemático caso do levante de Varsóvia, em 1943, quando os alemães começaram a deportação de 60 mil judeus do gueto. Esse ato de resistência foi o mais emblemático da guerra, além do levante no campo de Sobibor. Os judeus resistiram por quase quatro semanas frente a um forte poder de fogo dos alemães.

É mister lembrar que os guetos localizados no território pertencente à URSS foram organizados de forma completamente distinta, sendo esses apenas um lugar de transição para o extermínio. De fato, não existia a mesma rede de sociabilidade dos guetos existentes na Polônia ou no protetorado da Boêmia-Morávia. Várias ordens foram dadas para começar a evacuação dos guetos. Era o início da *Endlösung* [Solução Final].

A guerra de extermínio chega ao ápice: da Conferência de Wannsee a Auschwitz

O termo "Solução Final", utilizado por toda a historiografia sobre o período, parece, desde a sua origem, bastante controverso. Essa denominação foi retirada dos planos da burocracia nazi de resolver de uma vez por todas a "questão judaica" no território europeu. Não é possível pensar que a Solução Final [SF] foi fruto apenas das decisões tomadas na Conferência da liderança nazi em Wannsee, ou das ordens de Himmler. De fato, a SF foi a culminância de um conjunto de políticas adotadas pelos nazi desde a chegada ao poder, com o objetivo de aniquilar a comunidade judaica. Podemos encontrar fontes documentais que atestam a existência do plano de uma "solução final" para exterminar os judeus muito antes dos nazistas tomarem o poder, através de vários discursos e dos escritos do próprio Hitler.

Durante algum tempo, a liderança nazi afirmou que a solução para a questão dos judeus seria uma forte política migratória, e toda a legislação imposta pelos burocratas do Estado era uma forma de forçá-los a abandonarem o território do Reich. Várias propostas foram estudadas para tentar resolver a questão dos judeus da Europa, entre elas, o famoso Plano Madagascar, que foi uma proposta de deportar todos eles para essa então colônia da França. Mas a ideia se tornou, em pouco tempo, impraticável, não só por uma questão de logística, como também pela derrota dos alemães na Batalha da Inglaterra.

Em 1941, foi proclamada a Operação Barbarossa, de invasão à URSS através das unidades de extermínio Einsatzgruppen, que, com as Forças Armadas e outras unidades de polícia, além dos colaboracionistas de cada localidade, deram início ao assassinato sistemático dos judeus que residiam dentro do grande território pertencente a URSS. A historiografia do período aponta que o assassinato massivo dos judeus do leste da Europa durante a invasão do território soviético foi a primeira vez que os alemães utilizaram o extermínio massivo e organizado como um método para resolver de vez a questão dos judeus.

Ainda em 1941, por intermédio de uma ordem de H. Goering, iniciaram-se os preparativos para a execução da Solução Final. Foi nesse ano que os nazistas estabeleceram os campos de extermínio e que as deportações dos guetos foram aceleradas, e, ainda, foi nesse momento que as técnicas de assassinato coletivo foram sendo aperfeiçoadas.

Os *konzentrationslager* eram os campos onde todos os opositores do regime nazi eram aprisionados, mesmo sem nenhum tipo de julgamento prévio. Não existia um único tipo e nem todos funcionavam da mesma forma. Em verdade, campo de concentração era apenas um entre vários outros existentes, a saber:

I. Campos de concentração;
II. Campos de trabalho e de trabalho forçado;
III. Campos de extermínio;

IV. Campos de trânsito;
V. Campos de prisioneiros de guerra.

Com o passar do tempo, a terminologia "campo de concentração" se confundiu com a de "campo de trabalho forçado", tendo em vista que nos campos de concentração passou a ser frequente o uso de trabalho forçado.

Utilizando a cronologia proposta pela *Enciclopedia del Holocausto*,[48] podemos dividir a história dos campos de concentração em três períodos: 1933-1936 – correspondendo à fase em que esses lugares foram estabelecidos para detenção de presos políticos, opositores do partido nazi e que, com o passar do tempo, foi servindo também para aprisionar outras categorias de pessoas, intituladas pelos alemães de "elementos associais" (vagabundos, doentes mentais, prostitutas, ladrões); 1936-1942 – período em que os campos foram reformulados e ampliados para receber um grande número de prisioneiros. Foi nesse intervalo que se estabeleceram os campos de trabalho e de trabalhos forçados para empresas alemãs que se aproveitaram dessa "mão de obra"; 1942-1945 – nessa etapa se estabeleceram os campos de extermínio, sendo o seu único objetivo a eliminação total da população judaica, por meio de técnicas de assassinato em massa.

Os *Vernichtungslager* [campos de extermínio] ficavam localizados em território polonês e em suas instalações foram assassinados aproximadamente 3,5 milhões judeus. Não eram muitos os campos de extermínio, se comparados ao alto número de campos de concentração, contudo, possuíam uma capacidade de assassinato elevada a níveis industriais. Eram eles: Birkenau, ou Auschwitz II, Chelmno, Belzec, Sobibor, Treblinka e Majdanek. Chelmno, localizado próximo a Lódz, foi o primeiro a entrar em operação, ainda no final de 1941. Grande parte das vítimas dessa unidade concentracionária foram exterminadas pelo uso de gás das caminhonetes alemãs. Auschwitz foi um campo que, ao mesmo tempo, estava configurado como de concentração e extermínio. Ciganos, soviéticos e essencialmente judeus foram duramente assassinatos nessa unidade de morte, através do uso sistemático do gás Zyklon B. Os outros, Belzec, Sobibor, Treblinka, com exceção de Majdanek, foram frutos da chamada *Aktion Reinhard*, utilizando como principal técnica de assassinato o gás de monóxido de carbono. Em todos os campos de extermínio, o único objetivo, desde a chegada do prisioneiro, era a sua execução. Como alertou Wolfgang Benz, em sua tipologia, esses campos de extermínio em nada diferiam dos lugares usados pelos *Einsatzgruppen* e de outras unidades da temida SS para essa mesma finalidade.[49] Ainda hoje impressiona como todo o projeto de tentativa de destruição dos judeus da Europa foi um processo sistemático e organizado. Todos os métodos empregados pelos nazistas estavam amparados pela legislação implementada e seguiam um ordenamento logístico e de eficácia. Lugares adequados eram escolhidos depois de muita análise técnica para abrigar os campos de morte. Era conveniente que fossem lugares pequenos para que se pudesse atuar de forma discreta, e deveriam ter um bom acesso para facilitar o transporte massivo de prisioneiros. A fase final da utilização desses espaços construídos para a morte foi a da racionalização burocrática. O sistema de transporte deveria ser otimizado para facilitar que o maior número de pessoas chegasse aos campos, o assassinato deveria ser otimizado, assim como a eliminação dos cadáveres e o reaproveitamento dos bens das vítimas.[50]

Vinte de janeiro de 1942, Am Gossen Wannsee N 56-58, Berlim. Data e endereço da Conferência sobre a Solução Final. A reunião foi aberta pelo *SS Obergruppenführer* Reinhard Heydrich, que anunciou publicamente sua nomeação como marechal do Reich e como plenipotenciário para a preparação da Solução Final da Questão Judaica na Europa. Sua função era organizar um rápido projeto para os aspectos práticos, econômicos e organizacionais para a efetiva Solução Final. Heydrich afirmou que os elementos mais importantes da Solução Final seriam:

I. Obrigar os judeus a saírem das distintas áreas de vida do povo alemão;
II. Obrigar os judeus a saírem do *Lebensraum* [espaço vital] do povo alemão.[51]

A ideia apresentada pelo *SS Obergruppenführer* era que a Solução Final desse conta de aproximadamente 11 milhões de judeus distribuídos em diversos países da Europa. As Leis de Nuremberg deveriam ser, segundo o oficial nazi, uma base para dar início à Solução Final, mas, ainda assim, seria necessário encontrar rápidas soluções para os casamentos mistos e de *Mischlinge*. Foi entendido por todos os presentes na reunião que a Solução Final deveria ser levada a cabo sem alarmar a população alemã. Quando a Conferência ocorreu, mais de meio milhão de judeus já haviam sido assassinados. É bastante equivocado pensar que essa Conferência foi a que definiu o extermínio dos judeus. A ata com os participantes dessa reunião mostra que os mesmos não possuíam competência administrativa para decidir a morte de milhões e milhões de pessoas. O assassinato coletivo dos judeus já vinha sendo orquestrado havia bastante tempo e ocorria de forma sistemática e rumo a uma escalada sem precedentes. A reunião só ocorreu de forma rápida, os documentos mostram que durou pouco mais de uma hora, porque os oficiais e burocratas ali reunidos já estavam colocando em prática o extermínio da população judaica, o que trataram ali foi uma forma de racionalizar ainda mais esse processo já em marcha há algum tempo.

Depois de um estudo minucioso, mesmo que breve, sobre a história do Holocausto, a pergunta que ainda travamos com os inúmeros documentos aqui apresentados e que estão fartamente disponíveis em arquivos alemães e israelenses é: afinal, por que a guerra de extermínio?

A tentativa dos alemães de exterminar os judeus da Europa só logrou êxito, em grande medida, porque a máquina nazista foi capaz de constituir uma certa homogeneização na população alemã sob a compreensão do que representava o "judeu". Götz Aly[52] defendeu a ideia de que toda a cumplicidade do povo alemão para com o Holocausto se deu em troca de segurança e bem-estar material. A espoliação, a retirada total dos direitos econômicos e sociais dos judeus, os saques contínuos aos seus bens e propriedades foram utilizados pela máquina nazi como uma forma de assegurar certo "bem-estar" ao povo alemão. Sendo assim, através desse sentimento de pertencimento a um movimento que se transformou em um regime, dando à população considerada alemã a sensação de participação na política que a democracia não conseguira outrora, os alemães acabaram aceitando o racismo, a negação do outro, o roubo, a espoliação e o assassinato como uma política de Estado. A guerra de extermínio contra a população judaica fazia parte da cosmovisão de mundo dos alemães antes mesmo de terem um Estado em suas mãos e se fez possível pelo consentimento e consenso que conseguiram constituir entre a maioria da população do território do Reich. Relembramos o historiador israelense Yehuda Bauer para afirmar que devemos fazer o possível para que o Holocausto seja uma advertência e não um precedente.[53] Este é o nosso dever.

Notas

1. BAUER, 2013.
2. WIERNIK, 1944.
3. HUYSSEN, 2015, pp. 180-181.
4. *Ibidem*, p. 181.
5. ROUSSO, 2016, p. 100.
6. A "História do Tempo Presente" solidifica-se como "campo disciplinar" primeiramente na França, com a criação do Institut d'Histoire du Temps Présent, em 1980, pelos professores François Bédarida e Henry Rousso (este último, parecerista e colaborador do *Boletim do Tempo Presente*, inclusive com publicação de artigos no mesmo). Como nos aponta J. P. Azema, a atualidade caminhava por toda parte um pouco rápida demais, pedia-se ao passado próximo que a decifrasse. Desde então, sua prerrogativa foi a pluralidade, dando ênfase à utilização de outras áreas do conhecimento como parte integrante de sua identidade. Nesse sentido, o tempo presente não seria o que "é", mas o que "está". Nas palavras de Pieter Lagrou: "o presente começa cada vez com a última catástrofe datada – ou, ao menos, com a última grande ruptura". É necessário, então, constatar que a História do Tempo Presente encontra-se em uma situação nova desde o fim da Guerra Fria. Trata-se de uma noção evolutiva, um processo em meio a conjunturas assimétricas, onde o olhar do pesquisador é construído em detrimento do contexto a ser analisado. Para mais referências, ver: AZEMA. *In*: BURGUIÈRE, 1993, pp. 738-740; LAGROU, 2009; SCHURSTER, 2009.
7. Para mais detalhes, ver: BAUER, 2013.
8. Ver: ROZETT; SPECTOR, 2000.
9. Para mais informações, ver: TEIXEIRA DA SILVA; MEDEIROS; VIANNA (Orgs.), 2014, pp. 354-356.
10. BENZ, 2009, p. 152.
11. Para mais informações, ver: BENZ; PEHLE, 2008; BENZ; GRAML; WEIß, 2007; BENZ, 2003; BENZ; GRAML (Orgs.), 1986.
12. GAY, 1995.
13. HILTER, 1961.
14. Para mais informações, ver: VÖLKISCHER, 1933.
15. GOEBELS, 1937, pp. 291-292.
16. GUTMAN, 2003, pp. 28-29.
17. REICHSGESETZBLATT, 1933, pp. 175-195.

18. GILBERT, 2010.
19. HILBERG, 2016, p. 52.
20. FRIEDLÄNDER, 2012, p. 30.
21. MOSSE, 2008.
22. GUTMAN, 2003, p. 31.
23. EL HOLOCAUSTO EN DOCUMENTOS, 1996, p. 83.
24. *Ibidem*, p. 90.
25. *Ibidem*, pp. 86-87.
26. BANKIER, 1992.
27. Bankier *apud* FRIEDLÄNDER, 2012, p. 224.
28. FRIEDLÄNDER, 2012, p. 226.
29. HILBERG, 2016, p. 73.
30. GILBERT, 2010, p. 52.
31. GUTMAN, 2003, p. 37.
32. REICHSGESETZBLATT, 1938, p. 262.
33. EL HOLOCAUSTO EN DOCUMENTOS, 1996, p. 102.
34. *Ibidem*, pp. 110-111.
35. *Ibidem*, pp. 115-117; grifo nosso.
36. FRIEDLÄNDER, 2012, p. 334.
37. EL HOLOCAUSTO EN DOCUMENTOS, 1996, pp. 129-130.
38. FRIEDLÄNDER, 2012, p. 336.
39. GUTMAN, 2003, p. 63.
40. HILBERG, 2016, p. 169.
41. Ver: WACHSMANN, 2016.
42. ZADOF (Org.), 2000, p. 272.
43. BENZ, 2009, pp. 105-106.
44. EL HOLOCAUSTO EN DOCUMENTOS, 1996, pp. 211-212.
45. Para mais informações, ver: ARENDT, 2002.
46. ZADOF, 2000, pp. 426-427.
47. TRUNK, 1962, pp. 311-312.
48. ZADOF (Org.), 2000, pp. 426-427.
49. BENZ, 2009, pp. 100-101.
50. Para uma análise mais significativa dessa questão, vale problematizar o filme do jovem cineasta húngaro László Nemes, *Filho de Saul*, 2015.
51. EL HOLOCAUSTO EN DOCUMENTOS, 1996, pp. 276-277.
52. ALY, 2009.
53. BAUER, 2013, p. 11.

Referências

ALY, Götz. *O Estado Popular de Hitler*. Roubo, guerra racial e Nacional-Socialismo. Coimbra, Portugal: Texto, 2009.

ARENDT, Hannah. *Eichmann em Jerusalém*. Um estudo sobre a banalidade do mal. Trad. José Rubens Siqueira. São Paulo: Companhia das Letras, 2002.

AZEMA, Jean-Pierre. Tempo presente. *In*: BURGUIÈRE, André. *Dicionário das Ciências Históricas*. Rio de Janeiro: Imago, 1993.

BANKIER, David. *The Germans and the Final Solution*. Londres: Oxford, 1992.

BAUER, Yehuda. *Reflexiones sobre el Holocausto*. Jerusalém: Yad Vashem, 2013.

BENZ, Wolfgang. *Geschichte des Dritten Reiches*. Berlin: DTV, 2003.

______. *El Tercer Reich. 101 Preguntas Fundamentales*. Madri: Alianza Editorial, 2009.

______; GRAML, Hermann (Orgs.). *El Siglo XX. Europa Después de la Segunda Guerra Mundial – 1945-1982*. Madri: Siglo XXI, 1986.

______; GRAML, Hermann; WEIß, Hermann. *Enzyklopädie des Nationalsozialismus*. Berlim: DTV, 2007.

______; PEHLE, Walter. *Lexikon des Deutschen Widerstandes*. Frankfurt: Fischer, 2008.

FRIEDLÄNDER, Saul. *A Alemanha nazista e os judeus*. Os anos de perseguição – 1933-1939. São Paulo: Perspectiva, 2012.

GAY, Peter. *O cultivo do ódio*. Trad. Sergio Flaksman. São Paulo: Companhia das Letras, 1995, p. 76-102. (A experiência burguesa: da Rainha Vitória a Freud, 3).

GILBERT, Martin. *Holocausto*. História dos judeus da Europa na Segunda Guerra Mundial. Trad. Roberto Lucena. São Paulo: Hucitec, 2010.

GUTMAN, Israel. *Holocausto y Memoria*. Jerusalém: Yad Vashem, 2003.

HILBERG, Raul. *A destruição dos judeus europeus*. Trad. Carolina Barcellos *et al.* São Paulo: Amarylis, 2016.

HUYSSEN, Andreas. *Culturas do passado-presente*. Modernismos, artes visuais, políticas da memória. Trad. Vera Ribeiro. Rio de Janeiro: Contraponto, 2015.

LAGROU, Pieter. A história do tempo presente na Europa depois de 1945: como se constituiu e se desenvolveu um novo campo disciplinar. Rio de Janeiro: *Boletim do Tempo Presente*, ano 4, n. 15, 2009.

MOSSE, George. *Les Raciness Intellectualles du Troisième Reich*. Paris: Histoire, 2008.

ROZETT, Robert; SPECTOR, Shmuel. *Enciclopedia del Holocausto*. Jerusalém: Yad Vashem, 2000.

SCHURSTER, Karl. Ver e não ver: por uma História do Tempo Presente. Rio de Janeiro: *Boletim do Tempo Presente*, ano 4, n. 9, 2009.

SEM-SANDBERG, Steve. *Os destituídos de Lódz*. Trad. Jaime Bernardes. São Paulo: Companhia das Letras, 2012.

SILVA, Francisco Carlos Teixeira da; MEDEIROS, Sabrina; VIANNA, Alexander (Orgs.). *Enciclopédia de guerras e revoluções do século XX. 1919-1945*. Vol. II – A época dos fascismos, das ditaduras e da Segunda Guerra Mundial (1939-1945). Rio de Janeiro: Campus-Elsevier, 2014.

WIERNIK, Yankel. *A Year in Treblinka*. Nova York: American Representation of the General Jewish Workers' Union of Poland, 1944.

ZADOF, Efraim (Org.). *Enciclopedia del Holocausto*. Jerusalém: Jerusalem Publishing House, 2000.

Fontes

El HOLOCAUSTO EN DOCUMENTOS. Jerusalém: Yad Vashem, 1996.

GOEBELS, Joseph. *Vom Kaiserhof zur Reichskanzlei*. Munique, 1937.

HITLER, Adolf. *Hitlers Zweites Buch*. Ein Dokument aus dem Jahr 1928. Stuttgart, 1961.

REICHSGESETZBLATT, I, 1933.

TRUNK, I. *Lodzsher Guetto*. Nova York: [s.n.], 1962.

VÖLKISCHER Beobachter (Süddeutsche Ausgabe), N 88, 29. März, 1933.

14. A guerra irregular

Marcelo Bastos de Souza

Desde os tempos mais remotos, os seres humanos buscam resolver os seus conflitos por meio da violência, constituindo, assim, o fenômeno da guerra. Percebe-se, então, que a guerra acompanha a humanidade ao longo de toda a sua história, apresentando-se sob as formas mais diversas. Uma delas é a guerra irregular, plenamente empregada desde a Antiguidade, sendo conhecida como a luta do "fraco" contra o "forte".

Vários exemplos, bem ou malsucedidos, de emprego da guerra irregular atestam a regularidade com que diversas sociedades, grupos ou até mesmo Estados recorreram a essa forma de enfrentamento: Resistência Chinesa contra o Japão, Resistência Francesa, Guerra da Indochina, Guerra do Vietnã, Revolução Argelina, Guerra do Afeganistão, entre outras.

Neste capítulo serão apresentados conceitos e características definidoras da guerra irregular, ilustrados com exemplos práticos que ajudarão a entender por que tal modalidade de conflito é tão recorrente.

O que é guerra irregular?

Podemos definir "guerra irregular" como um conflito em que uma das partes não possui uma organização militar nos moldes dos exércitos nacionais nem combate segundo uma doutrina formalizada. Além disso, não possui reconhecimento jurídico segundo as normas estabelecidas pelos organismos internacionais.

Conhecida também como "guerra de guerrilhas", a guerra irregular, apesar de se apresentar de maneira peculiar em cada caso histórico em que foi empregada, possui determinadas características definidoras, entre as quais podemos destacar: a participação popular, a condução política, o apoio externo, a propaganda, a negação do confronto direto.

Ao longo do tempo, esse conceito foi se tornando mais abrangente, sendo observado seu emprego por exércitos que, confrontando-se com inimigos de poder militar bastante superior, passaram a combater como forças de guerrilha, aproveitando-se, simultaneamente, de suas vantagens, como o conhecimento do ambiente de combate, por exemplo, e dos pontos fracos de seus oponentes. Veremos, a seguir, três casos históricos de emprego bem-sucedido da guerra irregular.

Guerra de resistência sino-japonesa

Antecedentes

A guerra de resistência da China contra o invasor japonês, ocorrida no período entre 1937 e 1945, marcou profundamente a milenar história chinesa, por ser uma ameaça direta à sua existência perante as intenções expansionistas do Japão. O conflito assume, ainda, importância fundamental, pois caracterizou a afirmação militar do Exército de Libertação Popular (ELP), a ascensão político-militar de Mao Zedong e a consolidação do Partido Comunista Chinês como a força política dominante naquele país. Antes, porém, de analisar o conflito, faz-se necessário entender a situação política anterior na China.

No início do século XX, o poder central da dinastia Manchu estava enfraquecido, devido à influência dos chamados "senhores da guerra", grandes latifundiários com exércitos particulares que exerciam o poder nas diversas províncias. Em 1911, é instaurada a República, com a ascensão ao poder do médico nacionalista Sun Yat-sen, que, sem Forças Armadas para garantir sua manutenção no governo e pressionado pelos senhores da guerra do norte do país, defensores da influência estrangeira, acaba por renunciar.

Em 1919, contudo, Sun Yat-sen retoma a ação revolucionária à frente do Kuomintang (Partido do Povo), integrado por novos atores sociais do cenário urbano chinês, como estudantes, artesãos, mulheres e operários, tendo como bandeiras de luta o nacionalismo, a democracia e o bem-estar social. No movimento de 4 de maio daquele ano, Sun Yat-sen toma a cidade de Cantão e instaura a República do Sul da China. O norte do país permanece sob o domínio dos senhores da guerra.

É nesse contexto que, em 1921, é fundado o Partido Comunista Chinês (PC), constituído, em sua maioria, por chineses que estudavam na França e no Japão, e que foram influenciados ideologicamente pela Revolução Russa de 1917. Surge, nesse momento, a figura de Mao Zedong, um dos fundadores do partido e ferrenho defensor do movimento camponês e da reforma agrária, mas que foi relegado a um segundo plano, já que o PC priorizou o movimento operário.

Sun Yat-sen se aproxima dos comunistas e organiza um exército conjunto para combater os senhores da guerra do norte. A partir de 1924, dirigentes do PC são eleitos para cargos de direção no Kuomintang.

Em 1925, com a morte de Sun Yat-sen, inicia-se o processo sucessório que levou o dirigente Chiang Kai-chek à liderança do Kuomintang. Em 30 de maio do mesmo ano, o assassinato de manifestantes pela polícia de Xangai precipitou as ações conjuntas do PC e Kuomintang contra os latifundiários do norte, dando origem à Primeira Guerra Civil. Nessa fase, o PC passou a admitir a importância do movimento camponês e instalou uma escola para a formação de quadros rurais, sob a direção de Mao Zedong. A atuação do campesinato foi fundamental para a vitória sobre os senhores da guerra, em 1927, com a destruição das Forças Armadas locais e do tríplice sistema de dominação feudal-patriarcal-estatal (autoridade política), de clã (autoridade familiar) e sobrenatural (autoridade religiosa).

Chiang Kai-chek, que sempre defendeu o afastamento do Kuomintang do PC, se associou à burguesia burocrática e estrangeira, aos latifundiários e a partidários da antiga monarquia para atacar os comunistas e centralizar o poder, em março de 1927. No mês de agosto, é desencadeada a reação comunista, com duas revoltas: uma em Hunan, sob a liderança de Mao Zedong, e outra em Nanchang, capitaneada por Zhou Enlai, ambas derrotadas. Os remanescentes, cerca de 30 mil homens, se reuniram nas montanhas Chingqang, formando o embrião do que viria a ser o Exército Vermelho.

No período entre 1928 e 1931, Mao Zedong desenvolveu suas teorias sobre a guerra irregular, todas elas alicerçadas na importância da doutrinação e do treinamento militar das massas camponesas. Com 80% de sua população habitando a zona rural e extenso território, a China possuía um grande histórico de revoltas no campo; bastava apenas liderar as massas sob uma forte ideologia e a vitória militar seria questão de tempo.

A partir de 1930, Chiang Kai-chek empreendeu uma ofensiva (Segunda Guerra Civil), visando ao cerco e aniquilamento do Exército Vermelho, em cinco campanhas. Pela primeira vez, Mao pôde empreender as táticas de guerrilha que desenvolveu: com o objetivo de manter suas forças intactas, atacava rapidamente o inimigo e se retraía para atacá-lo novamente quando a situação fosse vantajosa; quando o inimigo se dispersava, concentrava suas forças, a fim de derrotá-lo por partes. Apesar de bem-sucedida durante as quatro primeiras campanhas de Chiang Kai-chek, a tática de Mao não foi aceita pela cúpula dirigente do PC, que passou a adotar a defesa de posições fixas. Na quinta campanha de cerco e aniquilamento de 1934, o Exército Vermelho foi derrotado. A partir daí, já sob a liderança política e militar de Mao Zedong, que teve suas estratégias e táticas aceitas pela cúpula do PC, o Exército Vermelho empreendeu uma retirada de 9.650 quilômetros para a base guerrilheira de Shaanxi, ao norte do país, que ficou conhecida como a Grande Marcha. Ao final, dos cerca de 100 mil homens que constituíam o Exército Vermelho, restaram 30 mil, que ocuparam Yenan, a qual se tornou a nova base central dos comunistas.

A resistência contra o Japão

Ao invadir a Manchúria, no nordeste da China, em 1931, o Japão era a maior potência do Oriente, com Forças Armadas bem treinadas e equipadas, rivalizando com as potências ocidentais e a então União Soviética. Seu projeto expansionista era notório e visava ao controle do Oceano Pacífico, ameaçado pela presença dos Estados Unidos da América (EUA), além de obter colônias fornecedoras de matéria-prima, já que possuía reduzido território e escassos recursos naturais.

Essa invasão contrariou o Tratado de Washington, de 1922, firmado entre França, Inglaterra, EUA, Itália e Japão, o qual estabelecia que o território chinês seria área de domínio conjunto, levando as potências ocidentais a apoiarem a China.

Até a invasão definitiva do território chinês, em 1937, Chiang Kai-chek, apesar de alertado por seus chefes militares, ignorou as intenções japonesas e preferiu combater as bases comunistas. Em 1936, ao tentar reprimir manifestações antijaponesas, seus generais o prenderam.

Atentos quanto ao perigo da iminente invasão nipônica, os comunistas intermediaram um acordo entre Chiang Kai-chek e as lideranças militares. Chiang foi libertado, concordando em suspender os ataques às bases comunistas, expulsar os grupos pró-japoneses, anistiar os prisioneiros comunistas, cooperar com as potências ocidentais e aliar-se ao Exército Vermelho contra os japoneses. Os comunistas, por sua vez, transformariam o Exército Vermelho em Exército Revolucionário Nacional.

Em 13 de agosto de 1937, o Japão invadiu as regiões central e norte da China, além da costa meridional. Depois do ataque a Xangai, a sede do governo foi transferida para Chongqing. O comando militar japonês planejou uma guerra rápida, empregando 12 divisões, pois carecia de recursos humanos e materiais para manter uma guerra prolongada.

Os chineses combateram de maneiras distintas: de um lado, os nacionalistas estavam divididos entre a colaboração com o Japão e a resistência; dessa forma, Chiang Kai-chek adotou uma tríplice postura: negociar com os japoneses, fustigar as tropas comunistas em algumas oportunidades e estabelecer uma resistência passiva contra as tropas nipônicas. Por outro lado, os comunistas constituíram o 4º e o 8º Exércitos e impuseram forte resistência aos japoneses, com suas táticas de guerrilha e ataques de flanco (laterais) e à retaguarda, provocando fortes baixas entre os invasores.

Diante dessa tenaz resistência, o exército japonês aumentou para trinta o número de suas divisões e passou a atacar as tropas comunistas, adotando a política de "queimar tudo, matar tudo, pilhar tudo". Apesar de produzirem muitas baixas e neutralizar vários quadros do PC, não conseguiram uma vitória decisiva nem o isolamento dos comunistas. Além disso, estabeleceram acordo com membros pró-nipônicos do Kuomintang, criando governos títeres em diversas regiões da China.

Após essa ofensiva japonesa, em 1942, o PC resolveu unificar a política da Guerra de Resistência, lançando a Campanha da Retificação, no intuito de corrigir os erros anteriores. A partir de então, foram empregados os princípios postulados por Mao, consubstanciados nas Três Principais Regras de Disciplina (obedecer às ordens em todas as ações, não tomar uma simples agulha ou linha de coser das massas e entregar tudo o que foi capturado) e nos Oito Pontos de Atenção (falar polidamente, pagar estritamente tudo que comprar, devolver tudo que tomar de empréstimo, pagar por tudo que danificar, não agredir ou golpear as pessoas, não danificar as plantações, não tomar liberdades com as mulheres e não tratar mal os prisioneiros). Tais princípios funcionavam como orientação de comportamento e serviram não apenas para angariar o apoio dos camponeses à causa da resistência, mas também estimular que pegassem em armas para expulsar o invasor.

Mao teve a percepção de que a Guerra de Resistência deveria ser prolongada, devido à escassez japonesa de recursos humanos e naturais, e empreendeu uma guerra de longa duração em três fases: a primeira, defensiva, a fim de retardar e dispersar o inimigo; a segunda, executando ações guerrilheiras fortuitas, particularmente à retaguarda das linhas inimigas, a fim de desestabilizá-lo; e a terceira, a contraofensiva final, a fim de derrotar o inimigo e expulsá-lo. Foi de grande importância, também, a coordenação entre a guerra regular, com as tropas nacionalistas antijaponesas realizando a defensiva estratégica, e a guerrilha, executando as ações de movimento.

A partir de 1943, com a ofensiva norte-americana no Pacífico, já no contexto da Segunda Guerra Mundial, a situação do Japão começou a se deteriorar, e, em 1944, os comunistas, já bastante fortalecidos com um efetivo de 470 mil soldados e 2,27 milhões de homens nas milícias populares, intensificaram os contra-ataques contra as cidades ocupadas pelos japoneses, fomentando, também, as insurreições em áreas urbanas.

Em agosto de 1945, após a invasão da Manchúria pelos soviéticos e o lançamento das bombas atômicas de Hiroshima e Nagasaki pelos EUA, o Japão finalmente capitulou, pondo fim não só à Segunda Guerra Mundial, mas também à Guerra Sino-Japonesa.

Guerra da Indochina/Vietnã

Antecedentes

O Vietnã, principal país da Península da Indochina, integrada, ainda, por Laos e Camboja, possui um longo histórico de resistência contra invasões externas: chineses, mongóis, japoneses, franceses e estadunidenses já dominaram aquele território.

A partir de 1862, a França, em seu processo de expansão colonialista, ocupa a parte oriental da Península da Indochina, no eixo do Rio Mekong, provocando uma série de revoltas nos campos e nas cidades, que se mantiveram até o século XX. Porém, o movimento de resistência só tomou corpo com a fundação, em 1925, do Partido Comunista da Indochina (PCI), por Ho Chi Minh, composto por intelectuais, operários e camponeses. Na década de 1930, o PCI organizou uma série de agitações políticas, fortemente reprimidas pelo governo colonialista francês.

Em 1940, com a derrota francesa pelas forças alemãs, no início da Segunda Guerra Mundial, a região passou a ser ocupada militarmente pelos japoneses, sob a anuência do governo francês local, orientado por Vichy (governo títere pró-nazista na França). No ano seguinte, o líder político Ho Chi Minh funda a Liga Revolucionária para a Independência do Vietnã (Vietminh), alinhando-se aos EUA e à China no combate à ocupação japonesa.

No final de 1944, com a reconquista da França e o declínio japonês provocado pela ofensiva norte-americana, o Vietminh passou a empreender ações de guerra irregular na região montanhosa ao norte do Vietnã. Tais manobras foram lideradas por Vo Nguyen Giap, professor de História e profundo conhecedor da obra de Mao Zedong, que viria a se tornar o mentor da guerra irregular vietnamita nas futuras campanhas vitoriosas da Guerra da Indochina contra os franceses e da Guerra do Vietnã contra os EUA.

Após a Conferência de Potsdam, em julho de 1945, o Vietnã é dividido por meio do paralelo 17° N, sendo prevista uma zona de ocupação chinesa ao norte e uma britânica ao sul. Porém, com a capitulação japonesa na Segunda Guerra Mundial, um mês depois, o Vietminh instala um governo republicano em Hanói (parte norte) e os britânicos se comprometem a devolver a parte sul à França.

No ano seguinte, as forças francesas desembarcam em Saigon (ao sul) e seguem para o norte pelo litoral, ocupando Hanói, o que caracteriza o retorno de seu domínio colonial no Vietnã. O Vietminh, então, abandona as cidades do norte e se retira para as florestas e regiões pantanosas, onde passa a planejar a retomada de seus territórios e a expulsão do invasor francês.

Guerra de resistência contra a França (Guerra da Indochina)

Esse conflito, ocorrido entre 1946 e 1954, marcou não só o início da destruição do Império Colonial Francês, mas, principalmente, a comprovação da eficiência da guerra irregular como uma arma poderosa de um exército materialmente inferior contra uma potência militar, desde que empregada sob certas condições que minimizam a assimetria tecnológica entre os contendores.

Após a reocupação do Vietnã pela França, o Vietminh concentrou suas forças nas montanhas da região norte do país, fronteira com a China, conhecida como Viet Bac. A partir dali, Giap conduziu uma guerra de resistência, de inspiração maoista, em três fases: a primeira, defensiva, por meio de combates de retardamento de curta duração e sem engajamento decisivo; a segunda, uma guerra de movimento, com a atuação de guerrilhas na retaguarda das posições francesas; a terceira, uma contraofensiva geral, já contando com o apoio diplomático externo da China e da então União Soviética, além da própria opinião pública francesa, cuja elite intelectual tinha forte influência socialista.

A postura defensiva francesa, controlando apenas as áreas urbanas, conferiu grande liberdade ao Vietminh, que, ao longo do conflito, manteve quase sempre a iniciativa das ações. O apoio chinês também foi fundamental, principalmente a partir de 1949, com a vitória definitiva dos comunistas sobre o Kuomintang. Esse apoio não se limitou às ações diplomáticas, mas também ao fornecimento de assessores militares, armamento e equipamento.

Em 1950, Giap passa à ofensiva (terceira fase) e vence os franceses na Batalha de Cao Bang, causando severas baixas aos invasores. A França, então, entrega o comando de suas tropas ao general Jean de Lattre de Tassigny, célebre estrategista, que reorganiza as forças e, seguindo a tradição defensiva francesa, estabelece uma moderna linha fortificada (Linha de Lattre) em torno do delta do Rio Vermelho, isolando a principal zona produtora de arroz do país. Em 1951, mantendo a ofensiva, Giap lança três ataques contra a Linha de Lattre em Vinh Yen, Mao Khe e Phat Diem, sendo derrotado em todos, devido à grande superioridade de fogo da artilharia francesa. O Vietminh, então, recua e decide retornar à segunda fase da guerra de resistência maoista.

A partir de 1953, o Vetminh passa a realizar ações no Laos, em conjunto com a guerrilha do Pathet Lao, e no Camboja, com apoio do grupo guerrilheiro Khmer-Issarak. Apesar do sucesso inicial, Giap sente a necessidade de ampliar os eixos de suprimento e comunicações, abrindo diversas estradas nas montanhas, ligando as bases guerrilheiras do Viet Bac ao Laos.

Na tentativa de cortar as ligações dos guerrilheiros com o Laos, os franceses iniciam a Operação Castor, que consistiu no lançamento de tropas paraquedistas sobre a vila de Dien Bien Phu, ocupando-a. Essa região, localizada próximo à fronteira do Laos, era um vale descampado e cercado por elevações; desse ponto, o exército colonial poderia lançar ataques contra as bases do Vietminh e atrair as tropas de Giap para uma batalha decisiva, em que se acreditava que sua superioridade bélica levaria a uma rápida e definitiva vitória. Contudo, essa estratégia mostrou-se desastrosa.

A famigerada batalha de Dien Bien Phu ocorreu entre março e maio de 1954. Iniciou com o cerco das posições francesas, e Giap realizou o impensável: com o uso de bicicletas reforçadas, os vietnamitas transportaram peças desmontadas de canhões pelas trilhas montanhosas da região e os posicionaram, com metralhadoras, em áreas cobertas pela vegetação, a salvo da observação da artilharia e da aviação francesas. O ataque foi planejado para coincidir com o início das monções de verão, fazendo com que a chuva torrencial e a neblina dificultassem sobremaneira as operações aéreas francesas, que ainda tinham que enfrentar a eficiente artilharia antiaérea vietnamita.

O cerco durou por 57 dias de ataques em ondas sucessivas que desorientavam as defesas francesas. Algumas tentativas de contra-ataque ocorreram, mas foram dificultadas pelos lodaçais provocados pela chuva intensa, tirando a mobilidade das tropas. No dia 7 de maio de 1954, após intenso combate corpo a corpo, Dien Bien Phu cai, caracterizando o término do domínio colonial francês sobre o Vietnã, ratificado pela Conferência de Genebra, em 20 de julho do mesmo ano, que dividiu provisoriamente o território vietnamita, a partir do paralelo 17, em duas regiões: a República Democrática do Vietnã (RDV) – ou Vietnã do Norte – sob domínio do Vietminh, com sede em Hanói; e o Vietnã do Sul, com um regime autônomo pró-ocidental, sediado em Saigon.

Guerra de resistência contra os EUA (Guerra do Vietnã)

Finda a Guerra da Indochina, a influência francesa na região é substituída pela dos EUA, um dos vencedores da Segunda Guerra Mundial, que passa a disputar o poder com a União Soviética. A intenção norte-americana é conter a expansão comunista no Oriente, e, para isso, patrocina um governo capitalista no Vietnã do Sul, liderado pelo católico Ngo Dinh Diem, que começa a receber assistência financeira e treinamento militar para seu exército, e estabelece uma ditadura familiar marcada pela corrupção política.

A partir de 1957, um novo conflito começa a se delinear: o Vietminh promove uma intensa campanha de terror contra os oficiais do Vietnã do Sul, cria um centro de comando no delta do Rio Mekong e exige a reunificação do país. Em 1960, Ho Chi Minh funda a Frente Nacional de Libertação (FNL), mais conhecida como Vietcong, a guerrilha de resistência sul-vietnamita.

Os EUA, inicialmente, evitam o envolvimento direto no Vietnã, limitando-se ao fornecimento de armas, assessores militares e treinamento ao exército sul-vietnamita. Aos poucos, o apoio foi aumentando, com o envio de helicópteros tripulados e tropas de forças especiais, que passaram a executar várias ações de contrainsurgência (ou contraguerrilha).

Em 1963, o presidente Ngo Dinh Diem é deposto por um golpe militar e executado, ao mesmo tempo que uma junta militar assume o poder no Vietnã do Sul. O país entra em crise e o Vietcong controla cerca de 75% do território sul-vietnamita, fazendo com que os EUA passem à ação direta.

Em 1964, surge o pretexto para a invasão: o destroyer norte-americano *USS Maddox*, que operava no Golfo de Tonquim, é alvejado por barcos de patrulha norte-vietnamitas, o que leva o presidente Lyndon Johnson a ordenar um ataque aéreo, resultando na derrubada de dois caças dos EUA. Perante a comoção da opinião pública norte-americana, o Congresso aprova a Resolução do Golfo de Tonquim, abrindo caminho para o desencadeamento da guerra.

Os EUA iniciam os combates com o apoio de tropas sul-coreanas, filipinas, australianas e neozelandesas, já que as potências capitalistas ocidentais apoiaram apenas diplomaticamente. O objetivo norte-americano era travar uma guerra clássica, geograficamente limitada, rápida e intensa, amparada por seu imenso poderio bélico e tecnológico, que lhe proporcionava ampla mobilidade. A invasão do território norte-vietnamita estava descartada, a fim de evitar o envolvimento da China, bem como o emprego de armas nucleares, devido ao temor de uma retaliação soviética. Ressalta-se, porém, a falta de habilidade norte-americana em relação à contrainsurgência, a qual foi delegada ao exército sul-vietnamita.

Por outro lado, os norte-vietnamitas estabeleceram uma resistência baseada na guerra popular, em que todos eram combatentes, amparados na defesa da causa de nação invadida, a fim de obter legitimidade perante a opinião pública internacional. No nível tático, concentravam seus ataques com pequenos efetivos na retaguarda inimiga, fazendo com que a frente de combate fosse indefinida. O grande objetivo era o desgaste psicológico das tropas estadunidenses, aproveitando-se do terreno e clima hostis, e levando ao adversário a certeza de que o combate seria prolongado.

Em fevereiro de 1965, é desencadeada pelos EUA a operação Rolling Thunder, com bombardeios aéreos sobre fábricas e bases militares norte-vietnamitas e a lendária trilha Ho Chi Minh, por onde passava boa parte do fluxo logístico comunista. Ao mesmo tempo, foram realizados desembarques de fuzileiros navais (os marines) em Da Nang, escoltados por carros de combate e helicópteros.

No mês de novembro do mesmo ano, ocorre a Batalha do Vale de Ia Drang, o primeiro grande embate entre forças regulares. Nesse combate, a ofensiva norte-vietnamita fracassou diante do poder militar dos EUA: a minuciosa coordenação de fogos entre artilharia, helicópteros, caças e bombardeiros B-52 desequilibrou o combate em favor dos Estados Unidos. Cabe ressaltar que, apesar da derrota, os comunistas, com suas emboscadas, provocaram fortes baixas nos adversários, além de um grande número de deserções, particularmente no exército sul-vietnamita.

Entre fevereiro e maio de 1967, ocorre a maior ofensiva norte-americana da guerra, a operação Junction City, na qual tropas estadunidenses e sul-vietnamitas atacam os vietcongues a oeste do delta do Rio Mekong, provocando fortes baixas nas forças guerrilheiras e obrigando a transferência do quartel-general do Vietcong para o Camboja.

Porém, uma das características mais marcantes da guerrilha sul-vietnamita é suportar as baixas que lhe foram infligidas e retomar a atitude ofensiva. Essa característica ficou plenamente comprovada no episódio que ficou conhecido como a Ofensiva do Tet (Ano Novo Lunar): em 30 de janeiro de 1968, enquanto vigorava uma trégua em comemoração ao principal feriado vietnamita, vários ataques simultâneos foram desencadeados pelos vietcongues contra mais de cem cidades, entre elas, 36 capitais de província e a própria capital do país, Saigon. Os ataques a alvos táticos e objetivos psicológicos, como a embaixada norte-americana e o palácio presidencial, foram televisionados para todo o mundo, causando forte impacto perante a opinião pública dos EUA e mundial. Simultaneamente, o exército norte-vietnamita realizou ataques às cidades de Hue e Ke Sanh, esta última guarnecida por fuzileiros navais, que enfrentaram um cerco de 11 semanas. A reação estadunidense foi imediata, recuperando todos os territórios e infligindo mais de 20 mil baixas às forças vietcongues, levando-as praticamente ao colapso. Contudo, apesar da vitória tática dos EUA, a Ofensiva do Tet produziu um efeito moral e psicológico devastador para os invasores: as imagens do ataque vietcongue contrariavam definitivamente o discurso dos chefes militares norte-americanos de que a situação estava sob controle e a vitória seria breve.

Além desses acontecimentos, diversas ações brutais contra civis vietnamitas se tornam frequentes, como o tristemente célebre massacre de My Lai, em que soldados de infantaria invadiram um povoado à procura de guerrilheiros infiltrados e executaram cerca de quinhentos camponeses.

Em virtude de todos esses fatos, protestos recrudesceram nos EUA, exigindo a retirada das tropas. O comandante das forças norte-americanas, general Westmoreland, foi substituído pelo general Abrams, e o presidente Lyndon Johnson desistiu de concorrer à reeleição.

Em 1969, com a eleição de Richard Nixon à presidência dos EUA, ocorre um processo de "vietnamização" do conflito, com a gradual retirada de tropas, ao mesmo tempo que o exército sul-vietnamita assumia as ações militares, contando com o apoio aéreo norte-americano.

No dia 30 de março de 1972, Giap ataca o Vietnã do Sul em quatro frentes, no episódio que ficou conhecido como Ofensiva da Páscoa; porém, a ação foi detida pelos bombardeios aéreos norte-americanos, tanto no território do Vietnã do Sul quanto no do Norte.

Os Acordos de Paris, assinados em 27 de janeiro de 1973, determinaram o cessar-fogo imediato (que não foi acatado), a retirada das tropas norte-americanas em sessenta dias, o reconhecimento de dois governos no Vietnã do Sul (o de Saigon e o Governo Revolucionário Provisório) e a realização de eleições gerais.

Após a retirada dos EUA, a situação se tornou amplamente favorável ao Vietnã do Norte, que, com o apoio da China e da União Soviética, realizou uma grande ofensiva em 1975, provocando o colapso das forças sul-vietnamitas e invadindo Saigon, o que ocasionou a desesperada fuga de civis e remanescentes militares norte-americanos, além de vietnamitas partidários dos EUA.

Em 1976, é oficializada a reunificação do Vietnã e a capital, Saigon, é rebatizada com o nome de Ho Chi Minh, o líder da resistência vietnamita contra diversas invasões estrangeiras, morto em 1969, antes do término do conflito.

Revolução Argelina

Antecedentes

A Argélia, país localizado no norte da África, possui a maior parte do seu território abrangido pelo deserto do Saara, destacando-se, ao norte, a cadeia montanhosa do Atlas. A maioria de sua população é formada por árabes e berberes. A colonização francesa na região teve início na primeira metade do século XIX, com a ocupação das terras expropriadas aos nativos argelinos pelos colonos, também conhecidos como *pieds-noirs* [pés negros] ou *colons*.

Surge, então, a primeira tentativa de resistência à ocupação francesa no interior do país, liderada pelo emir Abdel Kader, que, à frente de uma federação de tribos, conseguiu manter a independência da região oeste da Argélia por sete anos, sendo derrotado pelas tropas francesas em 1847. O movimento, apesar de não apresentar, ainda, um caráter nacionalista, serviu como inspiração para muitos outros que se sucederam.

No ano de 1865, foi oficializada a anexação do território argelino à França. Segue-se, então, um intenso movimento migratório de franceses para a Argélia, o que trouxe um desenvolvimento econômico e social para a colônia, devido aos investimentos metropolitanos. A crescente presença de franceses na região fez nascer uma elite local de ascendência francesa, que passou a gozar de privilégios políticos e sociais; além disso, um decreto francês estabelecia que os argelinos que renegassem o código religioso islâmico obteriam a cidadania francesa. A situação agravou-se com o advento do Código dos Indígenas, de 1880, que punia com severidade os nativos que desrespeitassem as leis coloniais; essa medida era uma forma de controlar e submeter a população local.

Tal situação gerou um quadro de forte desigualdade social: no campo, as principais propriedades, voltadas à exportação, pertenciam aos *colons*, enquanto os nativos praticavam a agricultura de subsistência ou migravam para as cidades, onde eram marginalizados. Nos centros urbanos, os franceses ocupavam posição de destaque, enquanto os argelinos exerciam as atividades artesanais ou profissões de menor remuneração, sem perspectiva alguma de ascensão social. A produção industrial era toda voltada ao abastecimento da França, em detrimento da economia local. A participação política dos nativos era praticamente nula: nos conselhos municipais, a maioria era francesa; os nativos pagavam impostos mais altos que os *colons*, que dominavam também o sistema judiciário local.

Em virtude dessa exploração, começou a surgir um arraigado sentimento nacionalista entre os argelinos, aliado à repulsa ao colonizador francês. Em 1926, estudantes do Magreb (região noroeste da África, que engloba Marrocos, Saara Ocidental, Argélia e Tunísia) fundam, em Paris, a Estrela Norte-Africana (ENA), primeiro movimento de cunho nacionalista, cujo líder era o socialista argelino Messali Hadj. Após a dissolução da ENA pela repressão francesa, Hadj cria, em 1937, o Partido do Povo Argelino (PPA), que propõe a emancipação da Argélia pela via política e se torna o partido mais importante do país. Porém, após uma grande manifestação política em Argel, em 1939, o PPA é fechado pelas autoridades coloniais francesas.

Em virtude da forte influência islâmica, é fundada, ao final da década de 1920, a Federação dos Muçulmanos Eleitos, sob a liderança de Ferhat Abbas, que se tornaria um nome fundamental no processo de emancipação da Argélia. Essa organização reivindicava maiores direitos aos muçulmanos dentro do sistema francês e propunha a adoção de uma república argelina associada à França.

No início da década de 1930, é fundado o Partido Comunista Argelino (PCA), fortemente associado ao Partido Comunista Francês, que, embora de menor importância que o PPA, conta com o apoio da intelectualidade francesa, a qual passa a fazer intensa propaganda pró-emancipacionista. Contudo, o partido é posto na ilegalidade em 1937.

Durante a Segunda Guerra Mundial, apesar da ocupação do território francês pelas forças nazistas, os argelinos lutam ao lado dos aliados, particularmente no teatro de operações italiano. Em 1943, o líder da França Livre (governo francês no exílio), general Charles de Gaulle, constitui o

Comitê Francês para a Libertação Nacional (CFLN) em Argel, visando a constituir um governo provisório francês, após a libertação do território. De Gaulle assina, ainda, uma lei permitindo aos muçulmanos argelinos o acesso a todos os postos de trabalho civis e militares, e também ampliando a representação nativa nas assembleias locais, o que causou forte descontentamento aos *colons*.

Depois da Segunda Guerra, os argelinos esperavam ser recompensados com maiores direitos políticos por sua participação no conflito, o que não ocorreu. Essa situação levou a uma manifestação pela emancipação da Argélia, durante as comemorações pela libertação francesa, em 8 de maio de 1945, nas cidades de Sétif e Guelma. O movimento foi duramente reprimido pelo exército francês, que abriu fogo, matando vários manifestantes. Os argelinos revidaram, provocando fortes distúrbios em várias cidades, com execuções, mutilações e estupros contra *colons*.

A partir desses acontecimentos, os partidos mais moderados adotaram as causas da libertação argelina e da expulsão dos franceses da região, preparando a estrutura política e militar para o desenvolvimento da luta armada.

A fim de amenizar a situação, o governo francês estabeleceu, em 1947, o Estatuto da Argélia, instaurando um governo local autônomo, com representação parlamentar na metrópole, que continuaria a tomar as decisões. O documento desagradou tanto aos *colons*, que não admitiam concessões aos argelinos, quanto aos nativos, que, a essa altura, já reivindicavam a emancipação total.

Em 1954, as principais forças de oposição ao domínio colonial francês se uniram na criação da Frente de Libertação Nacional (FLN), cujo braço armado era o Exército de Libertação Nacional (ELN). A fundação se deu no Egito, com o apoio do líder da Liga Árabe e presidente do Egito, Gamal Abder Nasser, e representou o início das ações efetivas para a guerra de resistência argelina.

Guerra de resistência contra a França (Revolução Argelina)

Inicialmente, o movimento de resistência argelino se limitou às áreas rurais, porém, a partir de 1956, estendeu-se às cidades. O ELN era constituído por três tipos de combatentes: os *mudjahidin*, que realizavam as ações convencionais (regulares) e atuavam uniformizados; os *mussebilin*, que eram encarregados das ações de terrorismo e sabotagem, visando a prejudicar as comunicações e a logística inimigas, além de realizar missões de apoio logístico e de inteligência; e os temidos *fedayin*, responsáveis pelos atentados terroristas em áreas urbanas.

Para organizar suas ações, a FLN dividiu o país em seis áreas, denominadas *wilayas*, cada uma delas com uma força de guerrilha de cerca de 150 homens, chamada *katiba*. Essa organização tornou-se, após a expulsão dos franceses, o embrião da administração política argelina que substituiria a colonial.

A principal vantagem da guerrilha argelina era sua simbiótica ligação com a população nativa, o que tornou o ELN um verdadeiro exército popular, nos moldes do vitorioso ELP chinês. Além do grande conhecimento do terreno, os guerrilheiros eram impregnados de forte nacionalismo, o que lhes aumentava a motivação para o combate, acrescido da fé islâmica, que lhes dava inigualável espírito de sacrifício pela causa.

Por outro lado, a repressão francesa foi intensa e brutal: tropas de elite, como os paraquedistas liderados pelo general Jacques Massu, realizavam massacres e torturas sistemáticas, o que só aumentava a agressividade dos guerrilheiros, além de lhes dar legitimidade perante a opinião pública internacional. Ressalta-se que a França não tinha interesse em perder mais uma de suas colônias, já que recentemente havia ocorrido a emancipação da Tunísia e do Marrocos, além da fragorosa derrota na Indochina.

Várias ações da FLN marcaram o início da resistência: a primeira delas foi o ataque à base militar francesa, na região montanhosa de Aurés, em outubro de 1954; a essa ação seguiu-se uma brutal reação do exército francês, provocando vários embates com as forças de guerrilha e a ocorrência de atentados no país.

Em 1955, a FLN participa da Conferência de Bandung, organizada por países do Terceiro Mundo, com o objetivo de unir forças entre os países asiáticos e africanos, em prol da soberania nacional e da autodeterminação de seus povos, combatendo, desse modo, o processo de exploração colonial. Essa participação serviu não só para divulgar a causa argelina em âmbito global, mas também para angariar o apoio internacional, fundamental para o sucesso da guerra de resistência.

Sem dúvida, o episódio mais marcante da Revolução Argelina ocorreu entre janeiro e setembro de 1957, e ficou celebremente conhecido como

Batalha de Argel: após uma escalada de atentados terroristas na capital argelina, o general Massu, comandante da 10ª Divisão Colonial de Paraquedistas, recebeu plenos poderes para normalizar a situação. Seguiu-se, então, um intenso confronto urbano, particularmente no bairro árabe de Casbah, base de apoio dos insurgentes. Nesse combate, o exército francês notabilizou-se pela extrema truculência, realizando torturas, espancamentos, prisões arbitrárias, execuções sumárias, entre outras ações. Com isso, a rede terrorista da FLN foi liquidada, sendo muitos de seus principais líderes presos ou mortos. Porém, a aparente vitória na Batalha de Argel mostrou-se contraproducente: a FLN ampliou suas ações de guerrilha na zona rural e nas montanhas; devido à forte repressão francesa contra civis, aumentou o número de adesões ao recrutamento guerrilheiro. No campo internacional, cada vez mais a perda de legitimidade da França acarretava o seu isolamento moral.

Em 1958, o general De Gaulle é eleito presidente da França e se mostra disposto a negociar um acordo com a FLN, propondo a devolução de terras confiscadas aos nativos, melhores condições sociais e maior autonomia legislativa e administrativa. Contudo, a FLN é irredutível quanto ao objetivo da emancipação total, amparada pelo apoio dos países do bloco socialista e por muitos do Terceiro Mundo.

A inclinação do presidente De Gaulle pela negociação e concessão aos argelinos provocou o descontentamento dos *colons* e de vários chefes militares franceses, temorosos por mais uma perda colonial. Contrariando a política do presidente francês, continuavam os bombardeios a povoados que pudessem abrigar guerrilheiros, além da realização do chamado "reagrupamento": moradores das zonas rurais e montanhosas eram realocados para áreas cercadas, com o objetivo de evitar que tivessem contato com guerrilheiros, aumentando o controle da população.

A fim de impor sua autoridade sobre os militares e o governo colonial, De Gaulle destitui o general Massu de seu cargo, o que provoca, em janeiro de 1960, a Semana das Barricadas, uma série de protestos nas ruas de Argel por parte dos *colons*.

Em 1961, De Gaulle, amparado por um referendo que confirmou a inclinação do eleitorado francês pela emancipação argelina, abre negociações com a FLN, visando à retirada definitiva. No mesmo ano, ocorre uma tentativa de golpe militar contra o presidente francês, a partir de Argel, com o apoio de forças paramilitares e paraquedistas, que fracassa devido à não adesão da maior parte das Forças Armadas francesas.

Os golpistas fundam, então, de forma clandestina, a Organização do Exército Secreto (OES), visando a prejudicar as negociações entre o governo francês e a FLN. Realizam uma série de atentados não só na Argélia, como também em Paris, como as duas tentativas de assassinar o presidente Charles de Gaulle.

Todavia, as negociações são levadas a efeito, mesmo com a manutenção da violência entre *colons* e guerrilheiros: em março de 1962, são firmados os Acordos de Evian, instaurando o imediato cessar-fogo, institucionalizando a emancipação da Argélia e concretizando a vitória final da guerra de resistência empreendida pela FLN.

Principais características da guerra irregular

A guerra irregular apresenta algumas características definidoras, que a diferenciam da guerra convencional e estão presentes nos três casos históricos apresentados: a participação popular, a ênfase na condução política da guerra, o apoio externo, a propaganda e a negação do confronto direto.

Participação popular

A participação popular representa as formas de envolvimento da população civil com a guerra irregular. Abrange, ainda, os meios empregados no recrutamento dos civis pela liderança político-militar, bem como as características das populações que as levaram a aderir à causa evocada pelo movimento de guerrilha.

A adoção da guerra irregular como alternativa de luta é motivada pelo fato de se enfrentar um inimigo de maior poder militar/econômico. As dificuldades causadas pela assimetria entre os contendores podem ser minimizadas com a intensa participação popular, garantindo aos integrantes das forças irregulares a conveniente dissimulação entre a população civil, o apoio em suprimentos, além da força de combate obtida por meio do recrutamento de civis.

Um dos primeiros condutores da guerra irregular que percebeu a importância da participação popular foi Mao Zedong. O princípio fundamental da doutrina de resistência maoísta foi a ampla participação do campesinato chinês, tanto nas revoluções internas quanto na guerra contra o invasor japonês. Ao estudar a História de seu país, Mao constatou que a grande força de combate na China sempre foi a população camponesa, e que o Japão se aproveitou da falta de organização das massas populares chinesas para invadir o país.

Para enfrentar a maior potência oriental da época, era necessário estabelecer uma união indissociável entre exército e povo, de forma tal que todo cidadão comum se tornasse um combatente, exercendo diversas funções, não só de combate, como de apoio ao combate; da mesma forma, a população deveria ver no exército o grande realizador de sua aspiração maior: a expulsão do invasor. Os princípios sob os quais Mao havia começado a trabalhar estabeleciam que o exército deveria se envolver com as tarefas políticas de criar organizações de massa, governos populares locais e as condições políticas para a transformação social; e, inversamente, as organizações de massa deveriam estar envolvidas em tarefas militares, como suprimento, inteligência (busca de informações), serviços médicos, segurança de retaguarda e inquietação das unidades inimigas.

Importante, também, foi a mobilização da população no sentido de valorizar os aspectos culturais chineses e renegar aqueles ligados ao Japão, promovendo, particularmente com os estudantes, um espírito de orgulho nacional. Tal política, na prática, fundamentava-se na ação dos chamados "trabalhadores culturais", quadros do Partido Comunista que faziam a divulgação da cultura popular chinesa para as massas populares.

Condução política

Na guerra irregular, os aspectos políticos se sobressaem em relação aos militares. Isso ocorre devido à incapacidade das forças irregulares de se confrontarem diretamente com exércitos de maior poder militar. Daí o ponto forte da guerra irregular estar na doutrinação política dos combatentes, o que lhes dá motivação para lutar uma guerra difícil e prolongada. O fator político é de fundamental importância na busca pela legitimidade perante a comunidade internacional.

A legitimidade reside no fato de se "rotular" a guerra irregular como uma "guerra justa", que pode ser motivada por uma invasão estrangeira, espoliação da população por um grupo político dominante etc. Dessa forma, a causa tem uma chance maior de vitória, apesar do poderio bélico do oponente.

Um exemplo da importância da condução política da guerra irregular se deu na resistência vietnamita contra os franceses (1946-1954) e contra os norte-americanos (1964-1975), em que as tropas eram conduzidas pelo general Vo Nguyen Giap e a liderança política era exercida por Ho Chi Minh. Buscou-se angariar o apoio da população ao norte, com a participação do exército em trabalhos de interesse social, e ao sul, por meio do Vietcong, que provia aos camponeses, abandonados pelos governos títeres, educação, saúde e demais serviços sociais, exercendo o verdadeiro papel do Estado na região.

Apoio externo

O apoio externo é de fundamental importância para qualquer movimento de guerra irregular, pois, ao combater um inimigo superior, o fluxo de suprimentos (alimentos, armamentos, munições, combustíveis etc.) se torna extremamente difícil, já que o controle das principais vias fica, normalmente, em mãos inimigas. O apoio externo permite viabilizar, então, a passagem de suprimentos pelas fronteiras, particularmente pelas áreas menos controladas. O apoio de outros países permite, ainda, difundir a causa da guerra irregular, favorecendo o estabelecimento de uma aura de legitimidade para suas ações.

Um exemplo da importância do apoio externo se deu no caso da Revolução Argelina contra a colonização francesa: com a ajuda de seus vizinhos, Marrocos e Tunísia, recém-independentes do domínio colonial francês, a Argélia obteve, além de refúgio e apoio político, vários tipos de suprimentos que passavam constantemente por suas fronteiras. O apoio dos países árabes também teve grande importância, principalmente do presidente egípcio Gamal Abdel Nasser; esse apoio, ratificado na Conferência de Bandung, em 1950, possibilitou uma maior divulgação da causa argelina, além da formação de uma rede de oposição aos métodos repressivos franceses, o que favoreceu a propaganda de legitimidade da causa argelina.

Propaganda

A propaganda constitui, em uma situação de guerra irregular, um instrumento poderoso de divulgação de sua causa, tanto para o público interno, de forma a convocar a população às armas, quanto no exterior, a fim de atrair o apoio da opinião pública internacional e pressionar politicamente o país adversário, tirando a legitimidade de suas ações.

Essa propaganda pode utilizar os mais diversos meios de comunicação, como jornais, rádios, programas de televisão, filmes, entre outros. A resistência argelina contra a França procurava diversificar as formas de propaganda da sua causa: o jornal *El Moudjahid* (*O Combatente*) apoiava a doutrinação da população, exaltando o sacrifício pessoal pela pátria, de forma a estimular o recrutamento de civis para o Exército de Libertação Nacional (ELN). A emissora de rádio A Voz dos Árabes, patrocinada por Nasser, transmitia mensagens de apoio à causa argelina, exaltando os valores comuns aos árabes e exortando-os à luta. O cinema também foi utilizado como veículo de propaganda: o filme *A Batalha de Argel* retrata de maneira bastante realista o cenário dos combates travados entre o ELN e as forças coloniais, enfocando as arbitrariedades cometidas pelo exército francês contra a população civil, como torturas, sequestros e execuções; o impacto produzido pelo filme foi crucial para a divulgação da resistência argelina, motivando uma pressão política internacional sobre a França para que admitisse a emancipação da Argélia.

Negação do confronto direto

Uma das principais características definidoras da guerra irregular é a negação do confronto direto, pois representa, em uma situação de assimetria em relação ao poder militar, a melhor forma de preservar as forças de combate do oponente mais fraco. A busca de se estabelecer uma guerra de resistência prolongada representa uma consequência da negação do confronto direto: tendo em vista a necessidade de preservar as forças irregulares, de mobilizar meios para minimizar a superioridade do oponente, de conduzir ações de desgaste e inquietação, e de prejudicar a imagem do inimigo perante a opinião pública internacional, torna-se necessário que a resistência dure o maior tempo possível.

Dentro desse contexto, os combatentes irregulares adotam ações militares fugazes, como emboscadas, incursões e golpes de mão, de modo a desgastar e/ou inquietar as tropas inimigas, seguidas de retiradas planejadas, de forma a não se engajar definitivamente em combate e, dessa forma, preservar suas forças para combates posteriores.

A concepção estratégica de Mao Zedong baseava-se em três fases: defensiva, estabilização e ofensiva. Particularmente as duas primeiras se fundamentavam na negação do confronto direto. Na etapa defensiva, predominavam os ataques rápidos de surpresa, com retiradas planejadas; essas operações garantiam duas vantagens aos chineses: a manutenção da iniciativa, deixando as tropas invasoras em constante estado de inquietação, e a preservação dos efetivos, garantindo poder de combate para ações posteriores; na fase de estabilização, ocorria uma diminuição dos confrontos, com a finalidade de mobilizar meios para a resistência, realizando a transição de força de guerrilha para exército regular, a fim de passar à ofensiva em melhores condições. Mesmo na terceira fase (ofensiva), o princípio da negação do confronto direto não foi completamente abandonado, visto que o exército chinês empregou, muitas vezes, os chamados "ataques em ondas", com sucessivos avanços e recuos, concentrações e dispersões de tropas, tudo visando ao mínimo de desgaste e de perdas para suas tropas.

Conclusão

Os três casos históricos apresentados ilustram a opção de povos que, para se libertarem do jugo de forças militares invasoras, se valeram da guerra irregular, uma forma de conduzir o combate que, apesar de milenar, foi metodizada por Mao Zedong, e que, principalmente a partir da segunda metade do século XX, passou a ser bastante recorrente, particularmente nos casos em que a assimetria militar, econômica e tecnológica dava poucas perspectivas de vitória aos mais fracos.

Os exemplos de seu emprego não param por aí: Revolução Cubana, Resistência Afegã contra a União Soviética, Revolução Sandinista, e até as recentes ações militares desenvolvidas pelo Estado Islâmico mostram que a guerra irregular, renovando-se doutrinariamente, perpetua-se em nossa contemporaneidade, atestando a frase de Luís Mendes de Vasconcelos: "A guerra não se há de fazer com estas ou aquelas armas, senão com as que forem necessárias para vencer."

Referências

ABBAS, F. *Autopsie d'une Guerre*. Paris: Garnier, 1980.

BONANATE, Luigi. *A guerra*. 2. ed. Trad. Maria Tereza Buonafina e Afonso Teixeira Filho. São Paulo: Estação Liberdade, 2001.

CLAUSEWITZ, Carl von. *Da guerra*. Trad. Maria Teresa Ramos. 3. ed. São Paulo: Martins Fontes, 2010.

CLUTTERBUCK, Richard. *Guerrilheiros e terroristas*. 2. ed. Rio de Janeiro: Bibliex, 1980.

CURREY, Cecil B. *Victory at Any Cost*. 3. ed. Washington, DC: Potomac Books, 2005.

FERRO, Marc. *História das colonizações*. São Paulo: Companhia das Letras, 1996.

GAIDUK, Ilya V. The Soviet Union and Vietnam, 1954-75. *In*: LOWE, Peter (Org.). *The Vietnam War*. Hampshire, UK: Macmillan Press, 1998.

GALULA, David. *Teoria e prática da contrarrebelião*. Rio de Janeiro: GRD, 1966.

GARCIA, Francisco Proença. Estudo introdutório. *In*: GIAP, Vo Nguyen. *Manual de estratégia subversiva*. Lisboa: Edições Silabo, 2005.

GIAP, Vo Nguyen. *O Vietnam segundo Giap*. Rio de Janeiro: Saga, 1968.

HOURANI, Albert. *Uma história dos povos árabes*. 3. ed. São Paulo: Companhia das Letras, 1994.

JIAN, Chen. China and the Vietnam Wars. *In*: LOWE, Peter (Org.). *The Vietnam War*. Hampshire: Macmillan Press, 1998.

LOWE, Peter. Introduction. *In*: LOWE, Peter (Org.). *The Vietnam War*. Hampshire: Macmillan Press, 1998.

MAGNOLI, Demetrio. Guerras da Indochina. *In*: MAGNOLI, Demetrio (Org.). *História das guerras*. São Paulo: Contexto, 2006.

MEROLLE, S.; PONTECORVO, G. La Battaglia di Algeri. [Filme-vídeo]. Produção de Sergio Merolle, direção de Gillo Pontecorvo. Roma: Igor Videocine Produzioni, 1966. 1 arquivo digital, son., 1h56min.

MESSEL, Major John A. Van. *Unrestricted Warfare: a Chinese Doctrine for Future Warfare?* Quantico: Mariners Corps University, 2005.

POMAR, Wladimir. *A Revolução Chinesa*. 2. ed. São Paulo: Unesp, 2012.

TABER, Robert. *Teoria e prática da guerrilha*. 2. ed. Lisboa: Iniciativas Editoriais, 1976.

TRINQUIER, R. *La Guerre Moderne*. 4. ed. Paris: Economica, 2008.

TSÉ-TUNG, Mao. *Obras Escogidas*. 2. ed. Buenos Aires: Editorial Platina, 1959.

______. *Problemas Estrategicos de la Guerra de Guerrillas Antijaponesa*. 3. ed. Pekin, CHN: Ediciones en Lenguas Extranjeras, 1961.

______. *Sobre la Guerra Prolongada*. 2. ed. Pekin, CHN: Ediciones en Lenguas Extranjeras, 1963.

______. *O livro vermelho*. 2. ed. São Paulo: Martin Claret, 2006.

VISACRO, Alessandro. *Guerra irregular*. São Paulo: Contexto, 2009.

VISENTINI, Paulo Fagundes. *A Revolução Vietnamita*. São Paulo: Unesp, 2008.

WELLS, Tom. The Anti-Vietnam War Movement in the United States. *In*: LOWE, Peter (Org.). *The Vietnam War*. Hampshire: Macmillan Press, 1998.

YAZBEK, Mustafa. *A Revolução Argelina*. São Paulo: Unesp, 2010.

ZUMOTO, Motosada. *Contiendas Chino-japonesas*. Trad. do inglês por José Muñoz Peñalver. Tóquio: Herald Press, 1932.

15. Considerações sobre a ciberguerra

Dilton Maynard

O ataque ao alcance de um clique

Abril de 1982. Necessitando de um software para controlar um importante gasoduto, o governo da União das Repúblicas Socialistas Soviéticas acionou os serviços do Komitet Gosudarstvennoy Bezopasnosti, a KGB, o seu temido e eficiente órgão de inteligência. O projeto envolvia o transporte de gás por via transiberiana. Mas, na falta de um programa que se mostrasse viável em território soviético, os russos resolveram enviar um agente secreto ao Canadá, com a missão de roubar um software que permitisse o gerenciamento dos poços de petróleo. O serviço foi realizado. Todavia, quando instalado, o programa provocou a explosão do gasoduto construído nas imediações de Tobolsk, na região de Tuymen.

O que teria ocorrido? Uma das hipóteses levantadas aponta para o fato de que, tendo descoberto as pretensões da KGB, a Central Inteligence Agency (CIA) dos Estados Unidos inseriu um "Trojan", um "cavalo de Troia", no software canadense e encaminhou a destruição da planta soviética. O caso, ainda que imerso em polêmicas sobre a sua veracidade, pois há sérias dúvidas sobre as condições técnicas para a sua realização,[1] é possivelmente um dos primeiros registros de um confronto que ampliaria a sua projeção ao final do século XX. O nome ainda não estava claro no caso do gasoduto russo, mas as práticas do conflito definido como *cyberwar* [ciberguerra] já se mostravam presentes.

Anos depois, em 2003, em meio aos preparativos para a invasão do Iraque, um e-mail foi enviado aos militares daquele país. O objetivo era desmobilizar as tropas de Saddam Hussein. Como explica Richard Clarke, autor do livro *Cyberwar: the Next Threat to National Security and What to do About it* (Ciberguerra: como lidar com a próxima ameaça à Segurança

Nacional), de 2010, o texto exato da mensagem nunca foi publicado, mas estava próximo ao que se pode ler abaixo:

> This message is from United States Central Command. As you know, we may be instructed to invade Iraq in the near future. If we do so, we will overwhelm forces that oppose us, as we did several years ago. We do not want to harm you or your troops. Our goal would be displace Saddam and his two sons. If you wish to remain unharmed, place your tanks and other armored vehicles in formation and abandon them. Walk away. You and your troops should go home. You and other Iraqi forces will be reconstituted after the regime is changed in Baghdad.[2]

A ameaça só foi possível após a invasão da rede de computadores do governo iraquiano. Por conta disso, o e-mail partiu, ao menos oficialmente, do próprio Ministério da Defesa do Iraque. Consequentemente, não foi surpresa para o alto-comando norte-americano encontrar sinais de obediência às instruções contidas depois das ameaças no e-mail. Segundo Clarke, "many Iraqi officers obeyed the instructions CENTCOM had e-mailed them, on the secret Iraqi network. U.S troops found many units had neatly parked their tanks in rows outside their bases, thus allowing U.S. aircraft to neatly blow them up".[3]

Ambos os casos acima descritos, pelas táticas utilizadas e tipo de forças acionadas, mas também pela imensa névoa de incertezas e negativas que se abate sobre tais investidas, evidenciam o campo de possibilidades para análises sobre a guerra travada com recursos cibernéticos. Conflitos de sombras, a ciberguerra atravessou os últimos anos do século XX e ingressou no nos anos 2000 com força crescente. O avanço nos usos dos computadores e de outros recursos das novas tecnologias de informação e comunicação obrigou governos a pensarem sobre o assunto com mais cuidado.

De acordo com Richard Clarke, podemos entender por ciberguerra as iniciativas empreendidas por um Estado-Nação para invadir computadores ou redes de informação de um congênere, com o propósito de causar danos ou distúrbios. Trata-se, portanto, de um conceito mais restrito a atividades envolvendo instituições reconhecidas e a possíveis choques entre dois ou mais países. Evidentemente, as observações de Clarke precisam ser pensadas a partir de uma reformulação na própria concepção de Estado soberano que emerge a partir da Paz de Westfália (1648).[4]

Diante disso, neste texto, apresentamos algumas observações sobre a ciberguerra, a guerra cibernética. Para tanto, realizamos um esforço em, inicialmente, delimitar um conceito – ainda que cientes da transitoriedade do termo e dos debates cada vez mais acirrados em torno da ideia que ele põe em evidência –, e oferecemos quatro casos clássicos na historiografia sobre o assunto. Apesar das tentações, procuramos nos afastar de uma leitura demasiadamente conjuntural do problema, considerando o tempo presente um processo histórico e, assim, buscamos observar os conflitos cibernéticos em aspecto mais amplo. Também por isso, evitaremos a preocupação com a produção de "cenários para o futuro". Não é esta a pretensão do texto. Ao colocar o problema da guerra cibernética como um conceito possível na história da guerra, este texto arrasta para o campo o debate sobre as relações que o século XXI promove entre o universo técnico e o político.

Diferentemente dos dias da Guerra Fria, neste início do século XXI – quando as novas tecnologias da informação transformaram a guerra cibernética em um expediente mais comum –, vivemos em um mundo não apenas multipolar, mas também não polar, como nos lembra Joseph Nye Jr. Consequentemente, um ataque cibernético pode afetar seriamente um território, promovendo a interrupção, por um longo ou curto período, do fornecimento de informações. Os prejuízos tendem a ser grandes e de diversos tipos, se considerarmos as várias dificuldades geradas, como a suspensão de serviços de pagamentos via cartões de crédito, comunicação via celulares, coordenação de serviços logísticos ou médicos, fornecimento de gás, energia elétrica e transportes. Nas palavras de Joseph Nye Jr.: "se um *hacker* ou governo fecha a provisão de eletricidade de uma cidade do norte como Chicago ou Moscou em meados de fevereiro, a devastação pode ser bem maior do que se houvessem sido lançadas bombas".[5] As palavras de Nye Jr. alimentam um vívido debate e inspiram a busca por uma conceituação mais precisa para o fenômeno.

Pensar a ciberguerra

A ideia de ciberguerra tem sido questionada por alguns estudiosos, tanto militares quanto civis. Para Thomas Rid, por exemplo, não houve até o momento qualquer ciberataque que se possa enquadrar na clássica definição de Clausewitz para "ato de guerra". Para o pensador prussiano, basicamente se pode classificar como ato de guerra algo relacionado a ações violentas. Além disso, o ato de guerra é sempre "instrumental", isto é, através da violência física ou da ameaça do uso da força é possível impelir o inimigo a realizar aquilo que o atacante deseja.[6] E ainda não se deve esquecer uma terceira característica do ato de guerra: o ataque deve ser algum tipo de ideia-noção ou intenção de meta política.[7] Um dos problemas apresentados aqui é pensar aquilo que se entende por "violência". Nesse caso, conforme Jarno Limnéll, estamos lidando com um conceito ambíguo, que agrega mais do que causas físicas ou a morte: "in its widest sense, then, violence can be found in almost any coercive situation – and the various attacks and activities associated with cyberwar, from stealing data to disrupting others governments computer systems, clearly fall within this broad category".[8]

Para Jarno Limnéll, "cyberwar, in fact, is part of the evolution of conventional warfare, which itself is linked to broader social and political charge".[9] A ciberguerra compõe parte daquilo que alguns chamam de "guerra não convencional". A ocorrência de um incidente envolvendo ataques à rede de um determinado país logo desperta comparações com a vasta filmografia sobre "revoltas de computadores", sobre os indomáveis *hackers*. Mas, ao contrário, talvez fosse interessante diminuir os excessos sobre o assunto e trazê-lo cuidadosamente para o lugar da história.

O texto "Cyberwar is coming!", de John Arquilla e David Ronfeldt, foi um dos primeiros a apontar a singularidade de novos modos de conflito. Publicado pela Rand Corporation, agência reconhecida por subsidiar o Departamento de Defesa norte-americano, o trabalho da dupla repercutiu ao apresentar a necessidade de pensar as tecnologias da informação como aspecto central nas novas estratégias militares. Arquilla e Ronfeldt destacam a necessidade de conhecer o campo do inimigo, revelam inspiração nos mongóis do século XIII, afirmam a importância de considerar a relação histórica entre mudanças tecnológicas e novas formulações para as doutrinas militares.[10]

Anos depois, a mesma dupla de pesquisadores publicaria outro trabalho, procurando delimitar aquilo a que chamaram de *netwar*, a guerra em rede. Para eles, esse modo de conflito ganharia preponderância, haja vista que, para levar adiante uma ciberguerra, seria necessário uma quantidade maior de recursos financeiros e um repertório menor de artefatos a serem utilizados. A *netwar* seria típica de conflitos de baixa intensidade, sendo perceptível com maior nitidez nas ações de grupos como o Hamas e os zapatistas.[11]

Provavelmente a diferença mais visível entre os dois tipos de conflito, ciberguerra e guerra em rede, possa ser observada no fato de que o primeiro exige o uso de ambientes cibernéticos, enquanto o segundo não. Sendo assim, as ciberguerras apresentam um maior potencial para serem empreendidas por agentes estatais, embora isso não seja uma regra. Os formatos em torno da ciberguerra também evidenciam a necessidade do uso das redes de computadores para que os resultados esperados sejam atingidos.

Desse modo, nos combates cibernéticos, são acionados diversos expedientes, podendo a ofensiva ir desde a confecção de vírus até tentativas de "derrubar" sites por meio de ações coordenadas – os chamados ataques tipo DoS ou Denial of Service [Negação de Serviço] ou DDoS ou Distributed Denial of Service [Negação Distribuída de Serviço]. Na primeira versão, utiliza-se apenas um computador; na segunda, um grupo deles investe contra um servidor.

Nye Jr. chama a atenção para a força que os conflitos cibernéticos ganharam neste século. O fato de possibilitarem a participação de agentes não estatais e a inserção cada vez mais profunda dos computadores e softwares na vida cotidiana somente reforça a necessidade de considerarmos os influxos desse tipo de ação. Evidentemente, acompanhar a ideia de que existe ciberguerra envolve a compreensão das semelhanças e diferenças em relação ao que classicamente consideramos uma guerra.

Numa guerra do tipo clássico, o aspecto físico exerce papel fundamental. Deve-se levar em conta o preparo de tropas fisicamente saudáveis, habilidosas no manejo de armamentos e com possibilidade de movimentação em diferentes terrenos. Em tal modalidade de guerra, os combates tendem a cessar a partir da exaustão das tropas ou por seu desgaste. Por um lado, os governos dispõem de um quase monopólio do uso da força em larga escala, e os defensores precisam conhecer muito bem o terreno de movimentação. Além disso, é preciso considerar que um combate desse tipo requer consideráveis recursos de manutenção, mobilidade e investimentos financeiros. Afinal de contas, deslocar tropas do Atlântico

Norte para o Pacífico ou da América do Sul para a África exige tempo e considerável gasto com combustíveis, entre outros.

Toda essa situação ganha contornos diferentes na ciberguerra. Nela podem atuar diversos atores, estatais e não estatais, identificados e anônimos. A distância física é quase irrelevante, o ataque se sobrepõe à defesa, já que, como nos lembra Nye Jr., a rede mundial de computadores não foi pensada como algo a ser necessariamente defendido. Outra característica está no fato de que a parte maior, e oficialmente mais poderosa, tem capacidade limitada para desarmar ou destruir o inimigo, ocupar o território ou usar efetivamente estratégias de força contrária.[12]

Justamente por suas características, trata-se de um conflito que mais frequentemente se desenvolve nas sombras, com certa discrição. Se há cibercomandos, eles são anunciados sempre como unidades de função defensiva, não de ataque. Ao mesmo tempo, é importante pensar que as intervenções cibernéticas podem servir como ato de abertura de uma guerra mais convencional. Dito de outro modo, um ataque cibernético pode ser o primeiro passo em uma ação maior.

Em 2014, por exemplo, nos confrontos entre a Rússia e a Ucrânia, o sistema de comunicações via telefone celular ucraniano foi atacado. A companhia Ukrtelecom teve suas instalações invadidas por homens armados que danificaram cabos de fibra ótica, comprometendo seriamente o fornecimento do serviço. Por outro lado, grupos de *hackers* ucranianos, a exemplo do Cyber-Berkut, atacaram páginas russas. O site da agência de comunicação estatal *Russia Today* foi invadido e nele a palavra "russos" foi substituída por "nazistas".[13]

E, desse modo, imersa em contradições e incertezas, ainda tocada discretamente, a ciberguerra é, para alguns, a guerra do futuro, mas alguns confrontos já foram registrados e classificados pela imprensa mundial como "ciberguerras" ou "ciberataques". Nesse sentido, a seguir, apresentamos quatro casos clássicos daquilo que se convencionou chamar ciberguerra. Cada um deles apontou um traço desse tipo de conflito que merece ser destacado. Trataremos dos ataques impetrados pela Rússia à Estônia, em 2007, e à Geórgia, em 2009; mas também de ações como as movidas contra a França e outros países, também em 2009, e do poderoso ataque sofrido pelo Irã, em 2010.

Estônia, 2007: as pretensões imperialistas russas vão ao ciberespaço

O Parlamento estoniano aprovou a inclusão do acesso à internet como um direito humano desde o ano 2000. A Estônia foi também o primeiro país do mundo a realizar eleições on-line. O uso da internet para serviços bancários, de transportes, agendamentos diversos acabou tomando o cotidiano estoniano de forma bastante sólida. O uso de computadores e celulares entre os seus habitantes também já era alto nos primeiros anos do século XXI. Essas características, acreditamos, evidenciam o influxo que o uso da rede mundial de computadores possui no país vizinho da Rússia e ex-satélite da extinta URSS. Desde o fim do bloco socialista, as relações entre os dois países passaram por atritos, mas, em 2007, a retirada da estátua do Soldado de Bronze, monumento idealizado em homenagem aos combatentes do Exército Vermelho que lutaram na Segunda Guerra Mundial, acabou gerando uma série de distúrbios e conflitos que chamaram a atenção do mundo. O memorial, construído pelo Estado soviético em 1947, localizava-se no centro de Tallinn, capital da Estônia, e dedicava-se a lembrar os combatentes da antiga potência que venceram os nazistas e teriam libertado a Europa da opressão. Ocorre que, em uma intensa batalha de memórias, para o governo da Estônia e parte daquela sociedade, a presença de um soldado soviético fazia lembrar o imperialismo, o autoritarismo e a opressão imposta ao país por décadas. O "soldado de bronze" era, para alguns, o único soldado soviético que não havia estuprado ou roubado ninguém.

Em lado oposto ao do governo decidido a retirar o monumento, estavam grupos de descendentes russos radicados na Estônia e o próprio Vladimir V. Putin, que fez duras críticas à decisão de mexer em tão estratégico lugar de memória. Como consequência, distúrbios irromperam em Tallinn, em 27 de abril, e foram seguidos daquele que foi considerado o primeiro caso explícito de ciberguerra.

Foram três ondas de ataques que atingiram não menos do que 85 mil computadores e 58 sites importantes,[14] em um processo envolvendo ao menos um milhão de computadores em 15 países. A primeira onda ocorreu entre 27 de abril e 3 de maio, acompanhando os protestos pró e anti-Rússia. Na noite de 27 para 28 de abril, diversas pessoas acabaram feridas nos confrontos entre os manifestantes das diferentes tendências políticas e uma pessoa acabou morta. Depois, entre os dias 8 e 9 de maio, novos ataques foram realizados, na sequência das celebrações pelo Dia da Vitória comemorado na Rússia e do discurso enfurecido de Putin. Por fim, foram registradas ofensivas cibernéticas entre 15 e 17 de maio, em plena cúpula da Rússia com a Estônia.[15]

Observou-se uma poderosa investida lançada de computadores espalhados pelo mundo – utilizados como "zumbis" cibernéticos –, muito possivelmente comandada pela Rússia. Em meio ao conflito, os estonianos chegaram a identificar IPs (Protocolos de Internet, isto é, o endereço do computador utilizado) do Vietnã, Brasil, Canadá e endereços oficiais do governo russo, estando, entre eles, inclusive um link pertencente a um oficial que trabalhava na administração de Vladimir Putin, então em seu segundo mandato como presidente da Rússia. O governo russo negou qualquer envolvimento nos ataques, que praticamente paralisaram a infraestrutura digital do país, obstruindo sites na web, do presidente, do primeiro-ministro, do Parlamento e outros órgãos governamentais, desestabilizando as operações do maior banco da Estônia e atingindo seriamente os sites de inúmeros jornais diários.[16] A ofensiva se estendeu por quase um mês e exigiu providências urgentes das autoridades estonianas para retirar o país do colapso.

Os ataques digitais à Estônia abriram, ao menos para a imprensa internacional, o repertório de ações ofensivas no ciberespaço envolvendo Estados-Nação. Da avalanche de *spams*, passando pela paralisação de serviços e chegando a ponto de a própria Otan (Organização do Tratado do Atlântico Norte) se manifestar e afirmar que os ataques não poderiam ter origens em um ou dois indivíduos.[17] Como observou o ministro da Defesa da Estônia, Maddis Miko, em entrevista ao NYT: "If you have a missile attack against, let's say, an airport, it is an act of war [...] If the same result is caused by computers, then how else do you describe that kind of attack?"[18]

Mesmo com as recusas do Kremlin em admitir a coordenação dos ataques, o episódio da Estônia colocou a necessidade de reflexão sobre a segurança em um mundo cada vez mais conectado, cada vez mais dependente de computadores, celulares, tablets e outros *gadgets* para atividades cotidianas.[19] Os ataques tornaram evidente a fragilidade na segurança cibernética, mesmo em um país altamente dependente da internet. Eles expuseram a necessidade de elaborar políticas de defesa e delimitaram de uma vez o ciberespaço como campo possível de batalha. A primeira guerra cibernética deixava claro que o conflito não estava mais restrito às películas hollywoodianas.

A Rússia novamente – o ataque à Geórgia (2009)

Dois anos depois da agressão cibernética à Estônia, uma nova ofensiva russa, agora contra a Geórgia, voltou a colocar o novo tipo de guerra em evidência. Aparentemente, as disputas por influência regional, as tensões em torno da manutenção do poder e a hegemonia ameaçada motivaram os ruídos diplomáticos entre as duas nações.

Há um histórico de desencontros entre os dois países, desde os tempos em que formavam a extinta União das Repúblicas Socialistas Soviéticas (URSS). A partir de 1991, com o desmonte da URSS, emergiram discursos de diferentes grupos étnicos em busca de autonomia para certas regiões. Os ex-satélites pretendiam se tornar nações independentes de Moscou e foi nesse contexto que a Geórgia se estabeleceu como país. Desde então, vinha enfrentando problemas com grupos étnicos e lidando com um separatismo violento em regiões como a da Ossétia do Sul (sobretudo com o conflito osseto-georgiano, entre 1991-1992) e da Abcásia, regiões que também tinham pretensões de independência e encontraram na Rússia o grande aliado para lutar por isso.

Ainda em 1992, a Rússia garantiu a todos os cidadãos de ex-satélites da URSS o direito de terem a cidadania russa, estratégia que ajudou a manter a influência daquele país como um vetor central nas relações regionais de poder. Apesar do Parlamento georgiano não reconhecer a independência da Ossétia do Sul, a atitude da Rússia caminhou no sentido oposto. Em agosto de 2008, em supostos exercícios militares, tropas da Federação Russa posicionaram 8 mil soldados nas fronteiras entre a Ossétia do Sul e a Geórgia, na chamada operação Kavkaz-2008, com o objetivo oficial de preparar os seus soldados para proteger os cidadãos russos onde quer que eles estivessem. A provocação rendeu uma invasão militar da Ossétia pela Geórgia e uma consequente resposta de Moscou.

Em paralelo aos confrontos em terra, o ataque cibernético à Geórgia começou em julho de 2009, quando ataques DDoS derrubaram diversos servidores do país.[20] O apoio para as ações se originava de sites de ativistas pró-Rússia, a exemplo do http://stopreorgia.ru. Nele era possível baixar o software DoSHTTP, além de encontrar uma lista de sites que deveriam ser alvos de ataques. Dessa maneira, navegando pelo ciberespaço, diversos grupos nacionalistas russos encontraram um meio de tomar parte nos conflitos.

Entre os sites atingidos estava a página da Presidência, posta abaixo e depois apresentada com fotografias que comparavam o presidente Mikheil Saakashvili a Adolf Hitler. Conforme autoridades da Geórgia, alguns dos servidores utilizados para os ataques estavam baseados nos Estados Unidos.

Apesar disso, ao que tudo indica a ofensiva foi coordenada não apenas pelo Kremlin, mas contou com o apoio da Russian Business Network (RBN), grupo sediado em São Petersburgo e definido por alguns como uma gangue relacionada a pornografia infantil, *phishing*, *spams*, roubo de identidades na net, *malwares* e outras coisas do tipo. É sempre bom lembrar que a Rússia possui uma grande comunidade de *hackers* e de escritores de vírus. Portanto, recursos humanos para o serviço estavam à disposição em quantidade significativa.

Ao final, os danos à Geórgia foram menores do que aqueles registrados quando do ataque à Estônia. Mas é preciso considerar que a Geórgia ocupa a posição número 74 em um ranking de 234 países com acesso à rede, estando atrás de nações como El Salvador, Bolívia e Bangladesh.[21] Ora, os ataques cibernéticos tendem a ser mais fortes quando a nação atingida tem um uso potencial intenso da internet, a exemplo dos Estados Unidos, de Israel e da Estônia.

Mesmo assim, a ofensiva cibernética contra a Geórgia colocou ainda mais em evidência as vantagens de se utilizar a ciberguerra como um recurso para abrir caminho a combates convencionais. Como já observado, assim como com os tanques russos, as ações no ciberespaço tiveram papel importante na desestabilização do inimigo. E, nos anos seguintes, o mundo conheceria outros procedimentos de uso das novas tecnologias da informação com fins militares.

O Conficker e o ataque à França (2009)

Em 12 de janeiro de 2009, o vírus Conficker[22] invadiu a rede interna da marinha francesa,[23] a Intramar, e, pouco depois, os sistemas comprometidos impossibilitavam atividades seguras aos caças Rafale, já que não era possível realizar os downloads dos planos de voos, e isso implicava a permanência deles nos porta-aviões. Apesar dos danos que estava provocando, o vírus somente foi detectado em 20 de janeiro, quando já havia se espalhado pela rede.

Embora houvessem isolado a Intramar de outras redes militares, as forças de defesa francesas perceberam que os computadores da Base Aérea de Villacoublay e do 8º Regimento de Transmissões também foram atingidos pelo vírus. Em fevereiro, a situação não estava normalizada.

A Microsoft identificou o Conficker por volta de outubro de 2008 e comunicou aos seus usuários sobre a necessidade de atualizar suas defesas. Todavia, segundo relatório do site *Intelligence Online*, o estado-maior francês teria sido negligente com o assunto e somente três meses depois iniciou o processo para prevenir ataques. Já era tarde demais. A demora tornou os sistemas franceses ainda mais vulneráveis e o desconhecimento sobre o problema que se instalava acabou impedindo uma resposta eficiente.[24]

A necessidade de impedir o avanço do vírus, que provavelmente foi inserido via USB, exigiu que os militares franceses evitassem o uso dos computadores e recorressem a meios de comunicações como telefones e faxes. A ideia por trás do uso de portas USB parece ser atingir máquinas que, por razões de segurança, evitavam a conexão com a internet.

O Conficker, também chamado Conflicker, Kido e Downadup, infectou mais de 15 milhões de computadores com o sistema Windows (computadores com sistemas operacionais Linux ou máquinas como Macintosh não foram invadidas).[25] A combinação de diferentes estratégias utilizadas em diversos outros *malwares* tornava o vírus difícil de ser combatido. Não bastasse isso, seus criadores ainda lançaram variantes do programa, o que dificultava ações para detectá-lo e eliminá-lo.[26] Ao menos cinco versões identificadas (A, B, C, D e E) foram ativadas nos dias 21 de novembro de 2008, 29 de dezembro de 2008, 20 de fevereiro de 2009, 4 de março de 2009 e 7 de abril de 2009, respectivamente.[27] Diante do caos produzido pelo software, a Microsoft ofereceu 250 mil dólares de recompensa a quem identificasse os autores.[28]

Mas não apenas os franceses foram atingidos. O Ministério da Defesa da Inglaterra também relatou ter sido invadido. Seus navios de guerra e submarinos ficaram parcialmente comprometidos.[29] Por sua vez, as Bundeswehr [Forças Armadas da Alemanha] também registraram pelo menos cem computadores infectados, em outra demonstração de que o ciberespaço estava se transformando em alvo militar. Todavia, apesar da força do Conficker, poucos exemplos de ciberguerra são tão emblemáticos quanto aquele envolvendo o Irã e o ataque do vírus Stuxnet.

O Irã e o caso Stuxnet (2010)

O Irã apresentava um programa nuclear bastante ambicioso sob a presidência de Mahmoud Ahmadinejad (2005-2013). As afirmações do presidente iraniano de que seu país poderia enriquecer urânio a até 80% na usina de Natanz insinuava um possível domínio da tecnologia necessária à produção de bombas nucleares, já que os iranianos se mostravam a apenas 10% do percentual de enriquecimento necessário para tanto. Evidentemente, a possibilidade de o Irã dispor de um artefato bélico atômico preocupava seus rivais históricos mais conhecidos, Estados Unidos e Israel.

Numa operação que provavelmente envolveu atividade de cooperação entre os dois países, um poderoso software foi desenvolvido com o objetivo fundamental de inviabilizar as pretensões atômicas do Irã. O programa de computador deveria garantir a inutilização das plantas de usinas iranianas, de forma a impedir a continuidade do processo de enriquecimento de urânio. O objetivo do *malware* era atacar os computadores que gerenciavam as centrífugas do inimigo. O tal software, chamado Stuxnet, foi concebido para atacar especificamente o sistema operacional SCADA, desenvolvido pela Siemens com a finalidade de gerenciar as centrífugas de enriquecimento de urânio iranianas.

A partir da infecção das máquinas, as centrífugas giravam mais rápido, muito além do normal, experimentavam mudanças bruscas, mas os técnicos recebiam relatórios que indicavam normalidade no funcionamento. Ou seja, o maquinário era destruído diante dos próprios usuários sem que eles percebessem a tempo. Como explicou Kim Zetter, da revista *Wired*, "an early version of the attack weapon manipulated valves on the centrifuges to increase the pressure inside them and damage the devices as well as the enrichment process".[30] Diante de um ataque meticuloso como esse, é possível compreender as palavras de Mahmud Liayí, do Conselho de Tecnologia da Informação do Ministério da Indústria iraniano, que afirmava ser o Stuxnet "parte da ciberguerra do Ocidente contra o Irã".[31]

A complexidade do Stuxnet foi a principal razão para o descarte da hipótese de que um *hacker* isolado e com poucos recursos fosse o responsável pelo "verme" cibernético. Tudo indicava que havia um Estado por trás da criação e dos alvos privilegiados do programa, e, nesse caso, Estados Unidos e Israel apareceram como os mais prováveis criadores. Ao mesmo tempo, a imprensa afirmava que um ato de beligerância cibernética havia sido claramente realizado.

Ainda para Kim Zetter, o Stuxnet pode ser considerado a primeira arma digital, pois "rather than simply hijacking targeted computers or stealing information from them, it escaped the digital realm to wreak physical destruction on equipment the computers controlled".[32] O software foi desenhado para ser, a exemplo do Conficker, espalhado via USB. O trabalho começou com companhias que estavam ligadas ao programa nuclear iraniano. Apesar da preocupação com o sigilo, pelo menos quatro companhias envolvidas foram identificadas, e tudo indica que elas foram contaminadas pelo Stuxnet. Tais empresas seriam: Foolad Technic (23 de junho); Neda Industrial Group (7 de julho), Behpajooh e Control Gostar Jahed (GGJ), sendo que estas duas últimas não tiveram as datas de infecção publicamente informadas.

O Stuxnet atingiu cerca de 60 mil computadores no território iraniano. Também contaminou máquinas no Paquistão, Indonésia, Índia, Malásia, Inglaterra e mesmo nos Estados Unidos. Tudo isso realizado sem o uso da internet, mas, provavelmente, com a viagem de dispositivos USB entre os países mencionados. Os danos ao programa iraniano – que possuía previsões otimistas para 2010 – foram consideráveis: "by August that year, only 4,592 centrifuges were enriching at the plant, a decrease of 328 centrifuges since June. By November, that number had dropped even further to 3,936, a difference of 984 in five months",[33] tendo, portanto, o programa nuclear iraniano registrado uma queda de 20% em cinco meses em seu ritmo de trabalho.

Algumas particularidades sugerem o trabalho de programadores habilidosos, de alto nível e experientes, e os rastros deixados informam sobre os seus possíveis autores. Um arquivo contido no programa se chamava Myrtus.[34] Segundo um *expert* em controle de sistemas industriais, isso poderia ser uma referência ao texto do Velho Testamento em que os judeus, por intermédio de Ester, se antecipam aos persas e os destroem. Tal qual Ester, o Stuxnet deveria cumprir a missão de defender Israel dos seus algozes. Por outro lado, pesquisadores da Symantec identificaram uma linha de números com a sequência 19790509, em referência a 9 de maio de 1979, dia em que o empresário judeu-iraniano Habib Elghanian foi executado no Irã depois de ser condenado por espionar para Israel.

Além dos danos causados ao programa nuclear iraniano, o caso Stuxnet pode ter, inclusive, catapultado a decisão do Irã de estabelecer uma força dedicada à ciberguerra com um ímpeto maior do que o usual. A agressão comandada por Israel e pelos Estados Unidos teve como subproduto a pretensão iraniana de controlar ao máximo o ciberespaço e produzir dispositivos que pudessem interferir na vida cotidiana dos seus inimigos preferenciais.

Como explica Martin Libicki, a vingança pode ser um elemento para a compreensão do problema. Na verdade, o desejo de vingar-se se juntou a outras pretensões do governo do Irã: "part of the impetus may have been Iran's reaction to having been deeply embarassed by Stuxnet, a hack that not only exposed Iran's inadequate approach to cybersecurity, but also to its fecklessness in running industrial enterprises".[35]

Shutdown: todos negam, todos se protegem

Nos casos aqui discutidos, temos realmente atos de guerra? Na realidade, a ciberguerra nos coloca diante de uma inegável imprecisão conceitual. Ainda há muitas zonas cinzas nesse campo e resta saber se a persistência delas não deve ser considerada até mesmo uma espécie de característica básica do conflito cibernético. De todo modo, os exemplos de ciberataques já registrados, além dos casos aqui destacados, põem em relevo os impactos consideráveis dessa nova forma de guerra.

Vários países se movimentaram para a criação de "cibercomandos". Nações como Rússia e China já têm seus ciberguerreiros há certo tempo. A Coreia do Norte, pelo que se sabe, possui um conjunto de grupos envolvendo centenas de soldados, recrutados em escolas secundárias e universidades. Nos Estados Unidos, por outro lado, entre outros procedimentos a National Security Agency (NSA, Agência Nacional de Segurança) – notabilizada na imprensa mundial graças às denúncias de Edward Snowden – sabidamente possui um consistente núcleo de *experts* no ciberespaço. Outras providências sinalizam para a relevância do tema: a Otan estabeleceu um Centro de Ciberdefesa ainda em 2008, enquanto o Pentágono anunciou a pretensão de empreender – via empresas como Lockheed Martin e Arpa (as mesmas envolvidas nos primeiros momentos de criação da internet) – a construção do National Cyber Rangers, uma versão da rede destinada a ser "campo de testes" para simular ciberguerras.

Entre diferentes nações, a contínua militarização da web, como já observou Julian Assange, por exemplo, coloca em relevo a posição estratégica que o universo das redes de computadores ocupa.[36] Por outro lado, é possível assistir a uma repetida negação do influxo da ciberguerra. Curiosamente, esse discurso de negação caminha em paralelo com o surgimento ou crescimento de setores especializados em segurança cibernética nas agências de inteligência e de divisões militares dedicadas ao assunto. Ou seja, apesar das negativas sobre a existência do perigo, todos parecem preocupados em se proteger dele. Entretanto, e apesar disso, não há informações precisas sobre orçamentos e até mesmo as páginas da inteligência são vagas quando, por acaso, mencionam ações na internet.

Por conseguinte, a emergência da ciberguerra colocou líderes mundiais diante do dilema de como tratar esse tipo de ação. De um lado, o avanço da chamada revolução da informação é inegável. Se uma rede social como o Facebook abarca hoje uma quantidade de usuários que a posicionaria, caso fosse um país, entre os mais populosos do mundo, o que pode ocorrer se um ambiente como esse for usado para fins militares?

Também é importante salientar que, em comparação com conflitos bélicos clássicos, a ciberguerra é barata. Com pouco dinheiro é possível fazer muito no ciberespaço. Basta comparar o preço de um caça ao de um computador, por exemplo. Ao mesmo tempo, os "rastros" deixados após os ataques são poucos. O problema se torna maior quando consideramos a ampla inserção do ciberespaço – e do poder cibernético – em nosso cotidiano. Nye Jr. esforça-se para circunscrever a singularidade nas intervenções nesse campo de ação: "o domínio cibernético é único, pois é feito pelo homem, é recente e está sujeito a mudanças tecnológicas ainda mais rápidas do que estes outros domínios".[37]

Todavia, o reconhecimento do poder oriundo das novas tecnologias da informação implica entender o novo repertório de opções acessíveis não apenas a governos, mas também a grupos não estatais. E essa situação passa a exigir que, mesmo recorrentemente negada, a ciberguerra seja problematizada e que se estabeleçam normas para a sua realização. E isso é bastante significativo. Afinal de contas, a falta de controle total em torno de determinado recurso ou tipo de armamento e seus efeitos exige que acordos sejam produzidos entre as nações. Dessa maneira, o aparecimento de documentos como o *Manual Tallinn*,[38] em uma primeira manifestação dos Estados-Nação sobre normas de conduta em ciberguerras, demonstra a necessidade de disciplinar a nova modalidade de combate. Ora, a tentativa de um documento nessa perspectiva para a ciberguerra é evidência da relevância que o conflito tomou no tempo presente.[39] E, quando países concordam sobre regras de um conflito, é porque ele é demasiadamente perigoso para ser deixado livre, sob os riscos de ser mais bem aproveitado por um determinado lado.

É preciso considerar que os exemplos aqui apontados indiciam também o complexo processo de regionalização das guerras, mesmo em tempos de globalização. Podemos dizer que esse caráter dos conflitos acabou mantido e, ao mesmo tempo, amplificado graças à emergência das redes de comunicação baseadas nas novas tecnologias. Conflitos entre chineses e japoneses, árabes e israelenses ou entre russos e ucranianos ganharam um novo e promissor terreno.

Ao que assistimos nos primeiros anos do século XXI lembra, em certa medida, as produções clássicas da ficção científica. Se, por um lado, os prognósticos pessimistas dos livros de W. Gibson não foram confirmados, por outro, as possibilidades apontadas pelo cinema em produções como *Die Hard 4.0* e *Terminator*, por exemplo, se mostraram realizáveis. Afinal de contas, cabe lembrar que, de semáforos a aeroportos, de terminais de autoatendimento a comportas de hidrelétricas e usinas nucleares, vivemos sob o controle de redes de computadores. Ao mesmo tempo, deve-se observar a centralidade que as guerras não convencionais assumiram nos primeiros conflitos do século XXI. A reunião de alta e baixa tecnologia passou a ser mais recorrente.

Desde o princípio do século XXI, a lista só cresceu nos registros de ciberataques. Podemos citar como casos de beligerância cibernética as ofensivas de julho de 2009 contra páginas dos EUA e da Coreia do Sul, inclusive a sites governamentais, com forte suspeita de que a ação tenha a Coreia do Norte como autora. Meses antes, em janeiro, *hackers*, utilizando possivelmente cinco milhões de computadores, investiram contra páginas do governo e contra a infraestrutura da internet de Israel, durante a ofensiva militar daquele país à Faixa de Gaza. As suspeitas são de que a ação foi executada por criminosos treinados na antiga União Soviética, mas financiada pelo Hamas ou Hezbollah.

Entre maio de 2006 e outubro de 2010, foram registrados mais de sessenta "incidentes" considerados significantes como ciberataques. Entre tais situações, além das ocorrências destacadas anteriormente, podem ser citados casos como a invasão e o download de algo entre 10 e 20 terabytes de dados da NIPRNET – rede militar "não classificada" dos EUA (agosto de 2006); uma possível invasão chinesa nas redes de serviço de segurança britânico, no gabinete do primeiro-ministro francês (agosto de 2007); ou ações do ciberexército do Irã contra o buscador Baidu (janeiro de 2010) e a rede social Twitter (dezembro de 2009).

Todavia, reforçamos: pelo que se observa, apesar de tudo, a ciberguerra ainda é uma modalidade das sombras. Mas como se pode perceber, o passado da guerra do futuro já é farto em memórias. Seja como expediente de "abertura de caminhos" para exércitos convencionais, seja em forma de operações pontuais ou como meio para grupos desprovidos dos arsenais tradicionais e sem os recursos financeiros necessários para empreender ofensivas, a ciberguerra tem sido levada adiante. Cabe aos historiadores do tempo presente investigar esse fenômeno, desmontá-lo, decodificá-lo e, entre bites de violência eletronicamente concebida, buscar estabelecer sentidos, colaborando, assim, para o entendimento dessa impressionante nova modalidade de guerra.

Notas

1. MEDELSKY, 2004.
2. Em português: "Esta mensagem é do Comando Central dos Estados Unidos. Como você sabe, nós podemos ser instruídos a invadir o Iraque em um futuro próximo. Se fizermos isso, vamos suplantar as forças que se opuserem a nós, como fizemos há vários anos. Nós não queremos ferir você ou suas tropas. Nosso objetivo seria deslocar Saddam e seus dois filhos. Se você deseja permanecer ileso, coloque seus tanques e outros veículos blindados em formação e abandone-os. Vá embora. Você e suas tropas devem ir para casa. Vocês e outras forças iraquianas serão reconduzidos após a mudança de regime em Bagdá." Tradução nossa. CLARKE, 2010, p. 10.
3. Em português: "[...] muitos oficiais iraquianos obedeceram às instruções que o CENTCOM havia enviado para eles, na rede secreta iraquiana. As tropas dos EUA encontraram muitas unidades que tinham estacionado seus tanques em

filas fora das suas bases, permitindo assim que aeronaves dos EUA pudessem explodi-los do alto". Tradução nossa. *Ibidem*.

4. CLARKE, 2010; MAYNARD. *In*: TEIXEIRA DA SILVA; MEDEIROS; VIANNA (Orgs.). 2014.
5. NYE JR. In:______, 2012, p. 168.
6. Para uma conceituação clássica sobre a guerra, ver: CLAUSEWITZ, 2003; GONÇALVES; SILVA, 2010, p. 108.
7. RID, 2013.
8. Em português: "em seu sentido mais amplo, então, a violência pode ser encontrada em quase qualquer situação coercitiva – e os vários ataques e atividades associados à ciberguerra, de roubar dados para interromper sistemas de computadores de outros governos, inserem-se claramente dentro dessa ampla categoria". Tradução nossa. LIMNÉLL; RID, 2014.
9. Em português: "Ciberguerra, na verdade, é parte da evolução da guerra convencional, que está ligada a uma ordem social e política mais ampla." Tradução nossa. *Ibidem*.
10. ARQUILLA; RONFELDT, pp. 141-165, 1993. Também disponível via: ARQUILLA; RONFELDT, 1993.
11. ARQUILLA, 1996.
12. NYE JR., 2012.
13. LEE, 2014.
14. "Governo da Estônia é alvo de hackers". *Folha de S.Paulo*. 18/5/2007.
15. CONLEY; GERBER, 2011.
16. Cf.: MAYNARD, 2014.
17. "Marching off to Cyberwar". *The Economist*. 4/12/2008.
18. Em português: "Se você tem um ataque de mísseis contra, digamos, um aeroporto, isto é um ato de guerra [...] Se o mesmo resultado é causado por computadores, de que outra forma você descreve esse tipo de ataque?" Tradução nossa. MYERS, 2007. Ver ainda: STEFANO, 2007.
19. "Cyberwarfare 101: Case Study of a Textbook Attack". *Stratfor*. 18/4/2018.
20. HART, 2009.
21. MARKOFF, 2008.
22. O nome pode ser uma combinação entre o inglês *configure* e o alemão *fiker*, próximo do *fucker* inglês. Há outra explicação possível.
23. MERCHET, 2009.
24. WILLSHER, 2009.

25. MARKOFF, 2009. Ver ainda: "Virus Conficker catastrophe ou poisson d'avril?". *Le Monde*. 31/3/2009.
26. ALANDETE, 2009.
27. HERVAUD, 2009.
28. "Le virus 'Conficker' aurait infecté près de 9 millions d'ordinateurs". *Le Monde*. 19/1/2009. (atualizado em 14/3/2012).
29. ZETTER, 2014.
30. Em português: "numa primeira versão do ataque, a 'arma' manipulou as válvulas das centrífugas para aumentar a pressão no seu interior e danificar os dispositivos, bem como o processo de enriquecimento". Tradução nossa. ZETTER, 2014.
31. ESPINOSA, 2010.
32. Em português: "Em vez de simplesmente sequestrar computadores ou roubar informações deles, ele saiu do reino digital para causar destruição física em equipamentos controlados por esses computadores." Tradução nossa. ZETTER, 2014.
33. Em português: "Em agosto daquele ano, apenas 4.592 centrífugas estavam enriquecendo na fábrica, um decréscimo de 328 centrífugas desde junho. Em novembro, esse número caiu ainda mais, para 3.936, uma diferença de 984 em cinco meses." Tradução nossa. *Ibidem*.
34. Sobre isso, ver: BROAD; SANGER, 2010.
35. "Parte do impulso pode ter sido a reação do Irã de ter sido profundamente envergonhado pelo Stuxnet, um golpe que não só expôs a abordagem inadequada do Irã de segurança cibernética, mas também a sua ineficiência na execução de empreendimentos industriais." Tradução nossa. LIBICKI, 2015.
36. ASSANGE, 2013.
37. NYE JR., 2012, p. 164.
38. SCHMITT, 2013.
39. O já mencionado Joseph Nye Jr. atenta para o fato de que "whenever countries confront a disruptive new technology that cannot control, they eventually seek arms control agreements" ["sempre que os países enfrentam uma nova tecnologia disruptiva que não podem controlar, eles finalmente procuram acordos de controle de armas"]. NYE JR., 2015. Ver também: NYE JR., 2012.

Referências

ALANDETE, David. El Temido Virus "Conficker" Ataca de Nuevo. *El País*. Disponível em: <http://elpais.com/diario/2009/03/21/radiotv/1237590003_850215.html>. Acesso em 20/1/2016.

ANTOUN, Henrique. Democracia, multidão e guerra no ciberespaço. *In*: PARENTE, André (Org.). *Tramas da rede*. Novas dimensões filosóficas, estéticas e políticas da comunicação. Porto Alegre: Sulina, 2004.

ARQUILLA, John; RONFELDT, David. *Cyberwar is Coming! Comparative Strategy*, v. 12, n. 2, 1993.

______. *The Advent of Netwar*. Santa Monica, CA: Rand Corporation, 1996. Disponível em: <http://www.rand.org/pubs/monograph_reports/MR789.html>. Acesso em 12/11/2017.

ASSANGE, Julian. *Cypherpunks:* liberdade e futuro da internet. São Paulo: Boitempo, 2013.

BROAD, William; SANGER, David E. Worm Was Perfect for Sabotaging Centrifuges. *The New York Times*. 18/11/ 2010. Disponível em: <http://www.nytimes.com/2010/11/19/world/middleeast/19stuxnet.html>. Acesso em 2/4/2016.

CLARKE, Richard. *Cyberwar: the Next Threat to National Security and What to do About it*. Nova York: Harper-Collins Publishers, 2010.

CLAUSEWITZ, Carl von. *Da guerra*. Trad. Maria Teresa Ramos. São Paulo: Martins Fontes, 2003.

CONLEY, Heather A.; GERBER, Theodore P. *Russian Soft Power in 21st Century: an Examination of Russian Compatriot Policy in Estonia*. Washington: CSIS, 2011.

CYBER War in Perspective: Russian Aggression Against Ukraine. CCDCOE, 2015.

CYBERWAR: a guerra das sombras. Disponível em: <http://www.guiaglobal.com.br/noticia-cyberwar_a_guerra_das_sombras-6495>. Acesso em 2/4/2016.

CYBERWARFARE 101: Case Study of a Textbook Attack. 18/4/2008. *Stratfor*. <https://worldview.stratfor.com/article/cyberwarfare-101-case-study-textbook-attack>. Acesso em 12/12/2015.

GONÇALVES, Williams; SILVA, Guilherme. *Dicionário de Relações Internacionais*. 2. ed. Barueri, SP: Manole. 2010.

GOVERNO DA ESTÔNIA É ALVO DE HACKERS. *Folha de S.Paulo*. 18/5/2007.

HART, Kim. Longtime Battle Lines are Recast in Russia and Georgia's Cyberwar. *The Washington Post*. 14/8/ 2009. Disponível em: <http://www.washingtonpost.com/wp-dyn/content/article/2008/08/13/AR2008081303623.html>. Acesso em 27/2/2016.

HERVAUD, Alexandre. Virus Conficker: en Ver et Contre Tous. *Libération*. 31/3/2009. Disponível em: <http://www.liberation.fr/auteur/5631-alexandre--hervaud>. Acesso em 2/3/2016.

LE VIRUS "Conficker" Aurait Infecté Près de 9 Millions d'Ordinateurs. *Le Monde*. 19/1/2009 (atualizado em 14/3/2012). Disponível em: <http://www.lemonde.fr/technologies/article/2009/01/19/le-virus-conficker-aurait-infecte-pres-de-9--millions-d-ordinateurs_1143935_651865.html#bW3cpxEjqGt23yP7.99>. Acesso em 20/1/2016.

LEE, Dave. Rússia e Ucrânia travam "duelo cibernético". *BBC Brasil*. 7/3/2014. Disponível em: <http://www.bbc.com/portuguese/noticias/2014/03/140307_russia_ucrania_bg>. Acesso em 12/11/2017.

LIBICKI, Martin. Iran: a Rising Cyber Power?. *The Cipher*, 15/15/2015. Disponível em: <https://www.thecipherbrief.com/article/iran-rising-cyber-power> ou <http://www.rand.org/blog/2015/12/iran-a-rising-cyber-power.html>. Acesso em 27/2/2016.

LIMNÉLL, Jarno; RID, Thomas. Is Cyberwar Real? Gauging the Threats. *Foreign Affairs*. mar./abr. 2014. Disponível em: <https://www.foreignaffairs.com/articles/global-commons/2014-02-12/cyberwar-real> Acesso em 8/12/2017.

MARKOFF, John. Before the Gunfire, Cyberattacks. *The New York Times*. 12/8/2008. Disponível em: <http://www.nytimes.com/2008/08/13/technology/13cyber.html>. Acesso em 27/2/2016.

______. Old Tricks Threatens the Newest Weapons. *The New York Times*. 26/10/2009. Disponível em: <http://www.nytimes.com/2009/10/27/science/27trojan.html?_r=2&ref=science&pagewanted=all>. Acesso em 10/3/2016.

MAYNARD, Dilton. *Escritos sobre história e internet*. Rio de Janeiro: Multifoco, 2011.

______. Ciberguerra. *In*: SILVA, Francisco Carlos Teixeira da; MEDEIROS, Sabrina; VIANNA, Alexander (Orgs.). *Enciclopédia de guerras e revoluções do século XX. 1945-2014*. Vol. III – A época da Guerra Fria (1945-1991) e da Nova Ordem Mundial. Rio de Janeiro: Campus-Elsevier, 2014.

MEDELSKY, Anatoly. KGB Veteran Denies CIA Caused '82 Blast. *The Moscow Times*. 18/3/2004. Disponível em: <http://oldtmt.vedomosti.ru/sitemap/free/2004/3/article/kgb-veteran-denies-cia-caused-82-blast/232261.html>. Acesso em 27/2/2016.

MERCHET, JeanDominique. Les Armées Attaquées par um Vírus Informatique. *Libération*. Secret Défense. 5/2/2009 (atualizado em 28/1/2015). Disponível em: <http://secretdefense.blogs.liberation.fr/2009/02/05/les-armes-attaq/>. Acesso em 27/2/2016.

MYERS, Steven Lee. 'E-stonia' Accuses Russia of Computer Attacks. *The New York Times*, 17/5/2007. Disponível em: <http://www.nytimes.com/2007/05/18/world/europe/18cnd-russia.html?_r=0>. Acesso em 12/12/2015.

NYE JR., Joseph. Difusão e poder cibernético. *In*: ______. *O futuro do poder*. Trad. Magda Lopes. São Paulo: Benvirá, 2012.

______. The World Needs New Norms on Cyberwarfare. *The Washington Post*. 1/10/2015.

______. *Cyber War and Peace*. Disponível em: <http://globalpublicsquare.blogs.cnn.com/2012/04/10/nye-cyber-war-and-peace/>. Acesso em 3/5/2016.

PENTÁGONO AUMENTA EM 15 POR CENTO ORÇAMENTO PARA GUERRA INFORMÁTICA. Disponível em: <http://www.defesanet.com.br/cyberwar/noticia/21683/Pentagono-aumenta-em-15-por-cento-orcamento-para-guerra-informatica/>. Acesso em 27/2/2016.

PERLROTH, Nicole; SANGER, David E. Iran is Raising Sophistication and Frequency of Cyberattacks, Study Says. *The New York Times*. 15/4/2015. Disponível em: <http://www.nytimes.com/2015/04/16/world/middleeast/iran-is-raising-sophistication-and-frequency-of-cyberattacks-studysays.html?rref=collection%2Ftimestopic%2FStuxnet&action=click&contentCollection=timestopics&region=stream&module=stream_unit&version=latest&contentPlacement=10&pgtype=collection>. Acesso em 12/2/2016.

RID, Thomas. Cyberwar and Peace: Hacking can Reduce Real-world Violence. *Foreign Affairs*. Nov.-Dec., 2013. Academic OneFile. <http://go.galegroup.com/ps/i.do?id=GALE%7CA351788688&v=2.1&u=capes&it=r&p=AONE&sw=w&asid=582b3f81d901258f91be5b7bb64c826d>. Acesso em 11/5/2016.

SCHMITT, Michael N. *Tallinn Manual on the International Law Applicable to Cyber Warfare*. Nova York: Cambridge University Press, 2013.

WILLSHER, KIM. French Fighter Planes Grounded by Computer. *The Telegraph*. 7/2/2009. Disponível em: <viru.http://www.telegraph.co.uk/news/worldnews/europe/france/4547649/Frenchfighterplanesgroundedbycomputervirus.html>. Acesso em 27/2/2016.

ZETTER, Kim. An Unprecedented Look at Stuxnet, the World's First Digital Weapon. *Wired*. 11/3/2014. Disponível em: <https://www.wired.com/2014/11/countdown-to-zero-day-stuxnet/>. Acesso em 2/4/2016.

16. A guerra do futuro

José Maria Gomes de Souza Neto

E saiu outro cavalo vermelho.
E foi dado poder ao que estava montado sobre ele
para que tirasse a paz de cima da terra,
e que se matassem uns aos outros,
e foi-lhe dada uma grande espada.

Apocalipse de São João Apóstolo, Ap. 6:4[1]

Referindo-se ao livro bíblico do Apocalipse, o teatrólogo George Bernard Shaw chamou-o de "um registro curioso das visões de um viciado em drogas".[2] É, de fato, um dos textos mais abstrusos da Bíblia, recheado de significados propositalmente ocultos, emanados, reza a tradição, por São João, prisioneiro em uma ilha do Egeu, em meio a grandes perseguições que atingiam a incipiente comunidade cristã. Sua estrutura, conquanto hermética, efetua um eixo no qual se encontram o plano humano, ou histórico, e o divino, remetente às revelações celestiais – é, pois, a projeção de uma ação transcendente no plano da existência temporal: o futuro. Essa natureza dúplice fez com que séculos buscassem compreender os segredos escondidos dentro desse "pesadelo disforme e insano", encontrando nele indícios para a interpretação do seu próprio porvir, garimpando uma exegese lógica "de um texto visionário, cuja coerência interna e verdadeira finalidade" ignoravam.[3]

Mito e história "tornam-se inextricavelmente entrelaçados, na medida em que a 'velha história' do mito e a 'nova história' da história recente se enriqueciam e se transformavam mutuamente, como duas vozes em uma linha de polifonia".[4] O autor do Livro da Revelação lia seu tempo presente, seu tempo de vida, à luz de referências mitológicas milenares, expressava nesses símbolos enigmáticos a certeza de que a contemporaneidade seria transformada, que o Império que o oprimia seria, em um tempo histórico não exatamente determinado, mas próximo, arrastado ao pó pelas forças que ele conhecia: a cavalaria vinda do Oriente, uma forma de guerra contra a qual as legiões romanas tinham tido pouco sucesso. Em uma das costumeiras referências numerológicas do texto, esses guerreiros foram contados em quatro, e portavam os símbolos da destruição que realizariam. Apenas um, o do cavalo cinzento, possuía nome: *Θάνατος* [morte]; outro montava uma cavalgadura negra e trazia uma balança, calculando os valores de medidas de cevada e trigo – interpretado, tradicionalmente, como a fome. Ao terceiro, armado do arco e ostentando a coroa da conquista e da vitória, sustentava um cavalo branco; por fim chegava o do cavalo vermelho, que vinha tirar a paz da Terra.

O futuro revelado prometia desgraças – a guerra, a fome, as pestilências, a conquista estrangeira, a morte –, embora esses instantes de angústia fossem uma etapa necessária até a chegada, em um momento melhor, de vitória do Cristo sobre os perseguidores de sua gente. É provável que a palavra-chave para entendermos como esse livro surgiu seja: inquietação. Um grupo subjugado via seu presente maculado por sinais de violência, de perseguição, e projetava um futuro no qual esses poderes que os oprimiam fossem destroçados, e uma nova ordem se estabelecesse. Chega a ser um lugar comum da análise política quando, em momentos de particular agitação, é dito que a antiga ordem terminou, mas a nova ainda não começou – algo particularmente bem expresso por Bóris Yeltsin, primeiro presidente da Rússia pós-soviética, quando afirmou: "precisamos transformar a sopa de peixe em aquário". Dizer que "o velho se foi e o novo ainda não chegou" é dizer nada, é tão somente reconhecer a natureza transitória das atividades humanas, e nossa fundamental incapacidade de prever o futuro, um tempo que, por definição, ainda não chegou, mas que precisamos afirmar saber, para nos tranquilizarmos, nos convencermos "de que não somos um joguete de um acaso cego, mas fazemos parte de um plano coerente".[5]

Inúmeros são os momentos, todavia, nos quais o futuro é particularmente de difícil leitura. Iludimo-nos, voltamo-nos ao passado, lá encontramos momentos da calmaria e pensamos: naquele tempo, sabia-se o que esperar do futuro, ao contrário de agora. Tolice. *What a difference a day makes!* Em pouco mais de duas décadas, ao Século de Augusto seguiu-se o banho de sangue promovido por Calígula; à Pax Britannica e à Belle Époque, a Primeira Guerra Mundial; à Détente russo-americana, a corrida armamentista e o fim da União Soviética. Nesses três casos (poderiam ser muitos outros), a pecha de "período áureo" foi conferida *a posteriori*, por arquitetos de obras prontas que, vivendo suas próprias agonias, acorreram ao passado em busca de conforto, de um tempo diverso do seu, mas "o futuro é como o passado", diz uma tabuinha de um oráculo de Ishtar:[6] por mais que observemos, atentos, o mundo que nos cerca, necessariamente o interpretamos à vista daquilo que sabemos sobre o que já passou, e carregamos essas visões e expectativas para as perspectivas que traçamos das coisas que ainda não sucederam. Sem enxergar direito sequer o presente, dispomo-nos a prospectar o futuro, e "é fácil perder-se nesse mundo que nos ultrapassa de todos os lados".[7]

Enquanto nossas prospecções parecem ser bem-sucedidas, acreditamo-nos seguros, levando "uma existência bem-comportada, confortável", mas que recusa "toda alteridade, todo risco, toda novidade, em suma, uma vida absolutamente autárquica – uma vida que se assemelha terrivelmente à morte",[8] mas que, em sendo vida, não tem como não se transformar, despedaçando as esperanças e expectativas, dilacerando com presas afiadas suas tenras carnes. Nessas ocasiões, o mito apocalíptico volta à baila, produto de momentos de insegurança e incerteza de um povo, de um período, nos quais a revelação de verdades ocultas parecem se manifestar em sinais que podem ser interpretados apenas por alguns poucos, e que precisam ser explicados para grandes audiências.

Para muitos, jamais houve momento de futuro tão misterioso e insondável quanto as primeiras décadas do século XXI. Comentaristas conservadores e revolucionários, uns bons, outros nem tanto, se pudessem chegar a um consenso, seria, justamente, o medo do futuro, e as palavras de George Minois, proferidas na ultrapassagem do milênio, parecem ter sido escritas antes de ontem:

> O futuro nunca foi tão misterioso quanto neste fim de século XX. Todas as máquinas de predizer estão desreguladas, e nenhuma consegue dar conta da complexidade do mundo atual, onde tudo se sustenta, tudo se confunde, onde não se desenreda mais o espetáculo da realidade, o virtual do real. O todo dá a impressão de uma loucura coletiva, de uma esquizofrenia em escala mundial. Os valores morais e as ideologias desmoronaram; não apenas o mundo está desencantado, como não há mais objetivo, não há mais sentido, barco ébrio, perdido sem bússola no oceano do espaço-tempo.[9]

Talvez por isso mesmo, o "registro curioso das visões de um viciado em drogas" venha ganhando tanto espaço na grande arte popular de nossa era, o cinema. Sempre houve fantasias distópicas – a sétima arte é pródiga em apresentá-las –, mas, dos anos 1980 em diante, talvez fruto do desengano e do cinismo que a mídia experimentara na década anterior, multiplicaram-se visões de um futuro profundamente marcado pela selvageria, pela anarquia, pela desagregação social. Não estamos diante dos prédios cinzentos e macacões cinzentos e cozidos cinzentos de *1984*, tampouco das casas imaculadamente limpas e dos sentimentos asseпticamente controlados de *Fahrenheit 451*,[10] mas, antes, de pesadelos hobbesianos, nos quais grupos humanos se devoram mutuamente, em uma busca incessante pela sobrevivência, frequentemente arrodeados por um cenário de natureza arrasada, destruídos pelas próprias mãos ou pelas mãos das gerações que os precederam.

Um caso de notável apelo foi o telefilme dirigido por Nicholas Meyer, *O dia seguinte* (1983), que apresentou, primeiro, às plateias norte-americanas, e depois, às mundiais, gráfica e realisticamente, qual seria o cenário em um mundo pós-confrontação nuclear. Incorporando imagens de testes nucleares verdadeiros e recriando, em território dos Estados Unidos, o terror conhecido em Hiroshima e Nagasaki, essa produção expôs a um imenso público, em um momento de crescente tensão nuclear, o que o futuro reservaria para os povos que não fossem aptos à convivência, que permitiram à insânia cavalgar livre, até o ponto de não haver mais retorno. Alguns personagens seriam feitos sombras em questão de minutos, mas não seriam sequer os maiores: invocando as palavras do presidente John Kennedy, "numa guerra nuclear os vivos invejarão os mortos", certas figuras centrais foram dragadas pelo deserto nuclear, cabelos caindo em tufos, úlceras cancerígenas espalhando-se por todo o corpo... no rastro do cavalo vermelho, que ferira a Terra inteira, viriam o cinzento e o negro, e sob a marca de suas patas, os sobreviventes mourejariam em uma morte quase certa.

Há nesse filme uma construção interessante do futuro da guerra: ele não tratava de algum porvir distante, fora do tempo de vida de sua assistência, mas de algo que poderia ser iminente, caso a insanidade vencesse, e, ao final da projeção, um texto explicava:

> Os eventos catastróficos que vocês acabaram de testemunhar são, muito provavelmente, menos severos que a destruição que verdadeiramente ocorreria na eventualidade de um ataque nuclear contra os Estados Unidos. Espera-se que as imagens deste filme inspirem as nações desta Terra, seus povos e líderes, a encontrar os meios para evitar este dia fatídico.

Ora bem, uma das perspectivas mais inadmissíveis para um cidadão norte-americano padrão é a falência do seu sistema de governo. Especialmente nas grandes produções do cinemão hollywoodiano, mesmo às maiores tragédias segue-se o soerguimento do Estado, a presença reconfortante do presidente que comanda a reconstrução. É notável que um dos aspectos atacados pelos artistas de *O dia seguinte* tenha sido, precisamente, essa capacidade de reinvenção da política. Após dias de silêncio, os sobreviventes do holocausto nuclear ouvem a voz de seu líder, e ele se pronuncia em termos banais:

> Caros cidadãos americanos. A extensão completa dos danos ao nosso país ainda é incerta, e deve permanecer assim ainda durante algum tempo. Relatórios preliminares indicam que os principais pontos de impacto das armas incluíram alvos militares e industriais na maioria dos setores dos EUA. Há, no presente momento, um acordo de cessar-fogo com a União Soviética, a qual suportou danos igualmente catastróficos. Muitos de vocês que me escutam agora sofreram ferimentos, separação dos entes queridos, e trágicas perdas em suas famílias. Eu compartilho da sua dor, pois também experimentei perdas pessoais. Vocês estão nesse momento de pesar, e quero assegurá-los de que a América sobreviveu a essa tribulação. Não houve rendição, não houve retirada dos princípios de liberdade e democracia [...] O Governo funciona segundo medidas emergenciais extraordinárias, preparado para envidar esforços para coordenar programas de socorro e recuperação, tanto em nível estatal quanto local. [...] Contamos com vocês, sua força e paciência, sua determinação e coragem, para reconstruir esta nossa grande nação. Deus abençoe a todos.

Dos quatro cavalos do Apocalipse, apenas um não cavalgara após a guerra: o cavalo branco da conquista. O conflito nuclear iminente seria uma disputa sem vencedores, conceito não exatamente novo (se sabia disso desde o final dos anos de 1950), mas certamente jamais visto em toda a sua crueza nos lares americanos. Em sendo um telefilme, *O dia seguinte* foi visto na intimidade das famílias, sem a jactância da nação predestinada à vitória, do povo que liderava o mundo livre contra o império do mal. Muito pelo contrário, no único momento em que são pronunciadas tais palavras, foram acompanhadas de imagens desoladoras, da mais absoluta destruição; prédios destruídos, homens e mulheres mortos ou carcomidos pelo câncer, fumaça e entulhos. A voz do presidente é um nada, promete auxílios governamentais genéricos que, se sabe, serão insuficientes – se é que um dia efetivamente chegarão.

"Só isso? Só isso que ele tem a dizer?", pergunta um personagem. Essa questão é fundamental para se compreender esse filme. Suas falas, suas cenas, sua busca pelo realismo intentaram produzir nos cidadãos norte-americanos um impacto emocional "persuasivo e argumentativo através de seu componente emocional",[11] uma forma de compreensão que não se limitava ao raciocínio, mas também ao sentir; não apenas passar um determinado conjunto de dados informativos, mas também abri-los "a certo tipo de experiência" que os afetasse tal qual uma "experiência vivida".[12]

A guerra do futuro não seria um novo Vietnã, com milhares de mortos, mas com a estrutura de vida dentro dos Estados Unidos mantida quase que sem modificação. Notavelmente, diretor e roteiristas não situaram o cenário do caos pós-nuclear em uma grande cidade como Nova York, mas na *deep America*, em comunidades agrícolas e urbanas do Kansas, como que mostrando que o flagelo da guerra não seria limitado às megalópoles, mas afetaria cada cidadão, cada rincão daquele país. Traduzido de forma simples, quando panfletos jogados pelo governo orientam a descontaminação da terra, os fazendeiros fazem as contas: como tirar uma faixa de 12 centímetros de solo (justamente a faixa mais produtiva) por extensões de oitocentos mil metros quadrados por fazenda? O que fazer com essa terra contaminada? Não haveria respostas.

O impacto social de *O dia seguinte* não deve ser subestimado. Se a mecânica, representada pelas imagens filmadas, transformou o mundo, o cinema, seu fruto, colocou-lhe questões morais: "É um fruto reflexivo, filosófico, que coloca questões à árvore que o carrega. Um fruto metafísico que interroga suas raízes."[13] A todos quantos o viram, o filme apresentou situações-limite, abstrações *ad absurdum* daquilo que poderia ser, ou ter sido; muitos desses expectadores reavaliaram suas vidas, seu lugar no mundo, a partir dessa projeção, e não por acaso o movimento antinuclear ganhou imensa força daí em diante. Não que o cinema tenha, sozinho, mudado a realidade, mas a reflexão que proporcionou ensejou o debate – e a guerra tornou-se um objetivo mais distante.

Nem sempre o galope dos quatro cavaleiros profetizara desgraças no cinema; pelo contrário, na primeira obra-prima dessa arte, *A viagem à Lua* (1902), de George Méliès, a guerra do futuro vinha debruada com as promessas de conquistas fantásticas. Em uma época anterior à Primeira Grande Guerra, que havia registrado o sucesso das armas modernas e da moderna tecnologia europeia sobre artes e ofícios de todos os demais grupos humanos, um punhado de sábios reúne-se (em Paris?) para preparar uma jornada ao satélite natural do planeta, plano realizado com sucesso no decorrer de pouco mais de 12 minutos de projeção. É preciso, porém, prestar atenção aos conceitos que tal aventura nos coloca.

É bastante perceptível que *A viagem à Lua* não é uma obra de arte complexa, daquelas que surgirão apenas algumas décadas depois, nomeadamente na Alemanha; era, antes de qualquer coisa, entretenimento para massas, um Odeon de centavos que enchia os olhos e provocava risos na assistência. Não obstante, como bem observou Julio Cabrera, o cinema "não é apenas lazer, ou uma 'experiência estética', mas uma dimensão compreensiva do mundo",[14] e, nesse aspecto, o curta-metragem fantástico fala, e muito, da realidade que o produziu.

Em um dos frames de *A viagem à Lua*, os cientistas já embarcaram em uma cápsula e estão prestes a ser lançados pelo imenso canhão que se vê; ora, este é um artefato militar dos mais poderosos, e em que pese o cômico do embarque (essas meninas, figuras comuns nas obras de Méliès, graciosamente empurram o bólido cano adentro), a relevância da indústria militar europeia (ou, mais particularmente, francesa) é francamente reconhecida. Ou seja, não se trata de exploradores aventureiros, como os muitos europeus que percorreram o mundo em começos do século XIX, animados pelo impulso ao conhecimento do planeta, e sim de conquistadores que seguem rumo a um território a ser incorporado. Montados no cavalo branco da técnica, empunhavam seus arcos modernos e anelavam a coroa da conquista e da vitória.

Num dos frames dessa película, é possível observar um grupo de selenitas, os habitantes da lua: eles são grosseiramente caracterizados, homens-caranguejo que portam lanças, fazem movimentos exóticos, e habitam uma floresta de cogumelos gigantes que existe no interior da Lua. Como bem percebeu Marcos José de Melo, "'a superioridade branca não é afirmada, ela é simplesmente presumida', muito embora em alguns casos particulares [...] é declarada abertamente";[15] e esse momento da película é, precisamente, uma dessas oportunidades: a representação dos selenitas é grosseira, não difere nisso dos nativos africanos, asiáticos ou americanos, senão por sua aparência estranha; tornam-se pó no momento em que o recém-chegado conquistador europeu lhes atinge, e seu monarca, regiamente sentado em um trono, é simplesmente arrancado do seu assento, jogado no chão e pulverizado.

Shohat e Stam situam com precisão esse pecado original do cinema europeu, o qual, já em "sua infância, herdou o discurso racista e colonialista"[16] e prometeu apresentar à sua audiência as

> [...] culturas desconhecidas, aquelas que viviam do "lado de fora" da história. O cinema tornou-se, assim, um mediador epistemológico entre o espaço cultural do espectador ocidental e o espaço das culturas representadas na tela, relacionando temporalidades e lugares separados em um único momento de exposição.[17]

É essencial percebermos o local de fala desses discursos fílmicos, pois, como bem situou Martin Bernal,[18] interesses ideológicos (ele cita nomeadamente o racismo e o antissemitismo) historicamente constituídos no século XIX subjaziam à fabricação e a persistência do modelo civilizacional ocidental como padrão supremo, e que, precisamente nessa época, tinha sob o jugo de sua bota todos os demais conjuntos civilizacionais. Edward Said, por sua vez, afirma, em *Cultura e imperialismo*,[19] que os romances de aventura produzidos no século XIX eram, a um só tempo, reflexo de uma mentalidade e elemento partícipe no condicionamento dessa mesma mentalidade, definição que serve como luva aos filmes: em seu retrato, frequentemente inferior, do outro, ecoam as crenças daquela população e contribui para a aceitação do seu lugar de sujeito da agressão imperialista.

Uma última sequência mostra claramente a natureza da tal viagem à Lua: regressando à Terra, os exploradores são recebidos com festa, desfile com honras militares, fanfarras e condecorações. A última cena mostra o descerramento de uma estátua do líder da expedição com o pé sobre a Lua, insuspeita pose de conquista. Acompanha a cerimônia um selenita, levado à celebração do triunfo com uma corda amarrada ao pescoço, fazendo macaquices enquanto seu condutor o puxa – em uma época na qual os zoológicos humanos eram uma moda, essa cena muda fala horrores sobre a percepção de mundo tanto dos realizadores do filme quanto de suas plateias. Vem a calhar, então, uma frase do grande conquistador britânico Cecil Rhodes, citada por Hannah Arendt, "se eu pudesse, anexaria os planetas" – o filme externa o mesmo desejo, apenas dizendo-o em outra linguagem.

Ao apresentar a primeira viagem à Lua em termos militares, o gênio Méliès antecipou duplamente a guerra futura: no campo ficcional, herdeiro da tradição de Jules Verne, situava a aventura estelar como algo iminente, prestes a tornar-se verdade, sacramentando assim a crença na ciência, tão característica dos homens ocidentais dessa transição de séculos; por outro lado, a corrida espacial acontecida em plena Guerra Fria, décadas depois, foi efetivamente fruto dos complexos industrial-militares dos Estados Unidos e da União Soviética, que viam nessa competição a chance de divulgar seus respectivos modos de vida. O filme foi o retrato de um tempo, não predisse exatamente o futuro (nem teria como fazê-lo), mas refletiu o presente de então, revelou "a mentalidade, a cultura de uma sociedade e de uma civilização",[20] registrou suas crenças e preconceitos, amalgamou uma interessante mistura da expectativa do porvir com o passado recente do imperialismo. A guerra do futuro repetirá a do passado, e sem ter mais para onde avançar, depois de repartidas as massas continentais habitadas entre as potências europeias e, em menor escala, os EUA e o Japão, subirá em direção às estrelas, carregando o mesmo padrão de submissão das populações nativas. Uma década depois, Méliès realizou outro filme, com temática semelhante, *À la conquete du pôle*, menos voltado para o conflito entre as nações (seus representantes estão todos unidos no mesmo projeto), mas com o mesmo propósito de supremacia: chegando ao Polo Norte, a expedição ocidental encontra o Gigante de Gelo, derrotado pelo poder das armas modernas.

Méliès desenhou sua guerra de conquista em um horizonte relativamente próximo; não há referências textuais ou visuais que sugiram uma temporalidade muito distante daquela na qual o filme fora produzido. Pouco mais de duas décadas depois, o cineasta Fritz Lang ergueria sua *Metrópolis* (1927) a partir de um conjunto estético sensivelmente diverso daquele visto em torno. Agora, *A viagem à Lua* leva para o futuro subsequente a realidade imperialista então vivida, ecoando aquilo que Hannah Arendt caracterizaria, anos mais tarde, como uma expansão "não motivada pelo apetite específico por um país específico, mas sim concebida como um processo infindável no qual cada país serviria de degrau para expansões futuras",[21] algo que a filósofa alemã chamou de "o Grande Jogo". Outrossim, a frase imodesta de Rhodes torna-se ainda mais enfática: o expansionista britânico morreu em 26 de março de 1902, sem jamais ter realizado seu devaneio mais ambicioso, seguir do Cabo ao Cairo sem sair do território britânico, mas, poucos meses depois, em 1º de setembro, o filme de Méliès estreou em Paris dando seguimento ao desejo de façanha, e, em um planeta onde os espaços a conquistar estavam cada vez mais exíguos, o espaço sideral tornou-se a nova fronteira imperial.

É fundamental sublinhar a tensão que havia entre esses dois planos, o presente e o futuro; a tônica da reflexão, da criação artística, era o porvir, e, como bem colocou Carl E. Schorske, os inovadores intelectuais dessa época "romperam, todos eles, e de modo mais ou menos deliberado, seus laços com a perspectiva histórica essencial para a cultura liberal novecentista em que foram gerados".[22] A virada dos séculos viu proliferar as

> [...] profecias contraditórias, trazendo as esperanças das diferentes classes. Os novos profetas do liberalismo anunciam um progresso econômico infinito, fonte infalível de enriquecimento; os socialistas preveem mundos igualitários; os neocatólicos predizem uma cristianização do mundo; os filósofos profetizam a era positiva, e todos concordam que o futuro está na ciência, cantada pelos primeiros autores de ficção científica.[23]

O futuro, porém, "é como o passado" e, tal e qual Moby Dick, se escondia em profundezas abissais para, de quando em vez, arremeter violentamente contra o barco arpoador da Modernidade: Freud inspirava-se em mitos gregos; Picasso, em máscaras tribais africanas. Todavia, mais do que tudo isso, a transição dos séculos XIX e XX foi um momento de projeção futurista do presente contínuo de cerca de duas décadas, da imposição da superioridade cultural e tecnológica ocidental sobre toda e qualquer forma de vida – humana, animal, vegetal ou até interestelar –, e o cinema foi um importantíssimo campo de educação moral dos cidadãos, pois, como afirmou Ollivier Purriol, "o filme é um bom meio para treinar a perceber":

> [...] simulador que permitia aprender a perceber de maneira distraída e indireta movimentos mecânicos cada vez mais rápidos, o que combinava com a agressividade do modo de vida moderno, urbano e industrializado. Aquele

> que não é capaz de perceber muitos movimentos rápidos ao mesmo tempo, por assim dizer, com o rabo do olho, arrisca a vida em cada esquina na hora de atravessar a rua... O ritmo médio da montagem dos filmes aumentou imensamente desde a criação do cinema. Da montagem histérica de alguns filmes de ação às imagens quase subliminares de alguns clipes, passando pelas elipses cada vez mais numerosas no interior mesmo da narração dos filmes, o espectador moderno mudou de estilo de percepção. [...] Treinar para perceber é ser capaz de desprender-se do que percebemos. É permitir ao espírito depender menos do corpo, aprender a governar-se, tornar-se senhor de si mesmo. O cinema é uma escola de atenção. Uma escola de vadiagem, mas uma escola.[24]

O filme é um aprendizado... "do bem e do mal", diriam alguns, mas pedagogia, não obstante. Robert Rosenstone pontuou bem o debate quando afirmou: "filmes históricos, mesmo quando sabemos que são representações fantasiosas ou ideológicas, afetam a maneira como vemos o passado";[25] nessa perspectiva, o cinema torna-se um discurso sobre a História, e como tal pode ser estudado. Contudo, como o tempo presente e o passado se somam para construir prospectivas futuristas, entender como essas culturas expectavam o porvir é entender como elas viam a si mesmas, quais impulsos as moviam e modificavam.

No começo do século XX, milhões de pessoas viviam em centros urbanos; havia gerações, e multidões continuavam a abandonar os campos e aldeias para habitá-los. O cinema foi o polo educativo do olhar dessas populações; seu ritmo era mais dinâmico que qualquer outra forma artística, condizente com as necessidades criadas pelas constantes revoluções técnicas. Em larga medida, coube-lhe o papel de narrador e criador da memória oficial, dando caras, movimentos e sentidos ao passado conhecido, e prospectando o porvir, ancorando-o nas perspectivas mais tangíveis daquele momento.

No início dessa experiência, os fazedores de filmes (a rigor, cineastas surgiriam depois) estavam crescentemente conscientes desse seu poder propedêutico, criador de História, reunindo todas as temporalidades em um todo indissociável, pois se é possível "agir no presente, é porque nos lembramos do passado e entrevemos o futuro".[26] Uma das definições mais significativas a respeito dessa relação foi cunhada, em 1915, por um dos criadores do gênero épico, o polêmico diretor norte-americano D. W. Griffith, para quem o cinema não era, tão somente, um

> [...] instrumento frio para o registro da realidade, como nos filmes documentários, mas também, e acima de tudo, uma poderosa forma de escrita histórica, que pode transmitir uma consciência histórica para o público muito melhor que meses de estudo.[27]

É significativo que justamente esse artista tenha proferido tal assertiva: dos mais importantes realizadores desse período formativo, era um declarado revisionista, e, em sua filmografia, destaca-se a perversa reconstrução da formação dos Estados Unidos pós-Guerra de Secessão, O *nascimento de uma nação* (1915), no qual exibe os negros como selvagens violentos, e os membros da Ku Klux Klan como galantes e corajosos cavaleiros; embora tais teses não mereçam credibilidade, sua afirmação diz muito sobre o que os filmadores do início do século pensavam a respeito de sua nova mídia, pois, em uma era de exacerbado avanço técnico, colocavam-se como uma nova forma de construção da História, que atingia um nível de precisão e envolvimento jamais conseguido pelas formas tradicionais de narrativa historiográfica.

Entretenimento acessível, filmes como esses exerceram, também, relevante papel político, pois, como bem colocou Glaydson José da Silva, ajudaram a construir pertencimentos, identidades, nacionalidades, um "universo de empréstimos simbólicos, sentidos construídos e interpretações falseadas, em muitas tentativas das nações europeias de estabelecer 'passados apropriados'",[28] um debate que Eric Hobsbawm situa muito bem, ao afirmar que os elementos antigos são utilizados para a elaboração de novas tradições, uma vez que sempre há "no passado de qualquer sociedade um amplo repertório desses elementos; e sempre há uma linguagem elaborada, composta de práticas e comunicações simbólicas",[29] processo que faz uso da história como legitimadora de ações e cimento de coesão social. E não raras potências ocidentais subiram na cavalgadura branca da conquista que o cinema lhes fornecia, e criaram suas próprias versões das "visões de um viciado em drogas".

Em 1924, os cinemas soviéticos receberam uma obra fascinante: *Aelita – A rainha de Marte*, dirigido por Yakov Protazanov. Baseado em recentemente publicada novela de ficção científica de mesmo nome, do escritor Aleksey Tolstoy, partia de uma premissa inusitada: os devaneios de Los, um engenheiro moscovita que sonha viajar a Marte para estabelecer contato com uma civilização lá existente, que havia acabado de enviar uma mensagem; acompanhavam-no Gussev, um jovem ex-soldado do Exército Vermelho, entediado porque já havia dado sua contribuição à Revolução Comunista, e Kratsov, um policial mau-caráter, ex-oficial czarista aproveitado pelo novo regime.

A sociedade encontrada em Marte lembrava, notavelmente, a terráquea: havia uma rainha, Aelita, sem poder efetivo, pois que exercido, em verdade, por um aristocrático conselho de anciãos. Viviam em seus palácios, lindamente modernos e angulosos, aproveitando-se dos verdadeiros produtores da riqueza, o proletariado escravizado nos subterrâneos marcianos. O trio de alienígenas soviéticos age segundo os padrões de suas personalidades estereotipadas: Los se apaixona pela bela e sedutora rainha; Kratsov se alia aos aristocratas e persegue seus conterrâneos; Gussev não se deixa encantar pelas aparências, e vai ao encontro dos operários marcianos.

Ele age como um novo Lenin, reunindo em congresso os trabalhadores, convocando-os a se revoltarem, derrubar a aristocracia e instaurar a República Soviética de Marte.

Seguem-se imagens notavelmente terráqueas, embora situadas em Marte: a câmera foca nas mãos e no torso de um operário agrilhoado, que rompe as correntes de sua opressão e, em seguida, toma um martelo e malha metal em uma bigorna, formando uma foice; unidos, os dois instrumentos formam o símbolo da nova ordem política instaurada no Planeta Vermelho.

Há um dado interessante: inicialmente, a rainha Aelita vai à reunião dos trabalhadores, alia-se ao movimento e se coloca como sua líder, gerando suspeitas em Gussev, mas não no apaixonado Los. A malta toma o palácio, destrói os aristocratas, mas, em seguida, a monarca volta-se para o exército e diz: "Já posso governar sozinha, acabem com esses revoltosos." A luta de classes era uma lei literalmente universal, válida para qualquer local onde houvesse seres inteligentes. Aelita é desmascarada e morta pelo engenheiro, que reconhece seu erro e retorna à verdadeira revolução, e, após a implantação do novo regime, os soviéticos retornam à pátria, felizes por a terem transformado em um fato interplanetário.

Os personagens desse filme eram bem característicos da arte *agit-prop*, típica da fase de implantação da Rússia Soviética: não havia "conflitos mentais e psíquicos", antes, apenas "antagonismos primitivos entre personagens 'bons' e 'maus', que agiam exclusivamente conforme seus interesses de classe."[30] Aelita era bela e atraente, mas intrinsecamente má, porque representante de regime monárquico, como o que havia sido defenestrado recentemente; seu antípoda é o jovem revolucionário, idealista, mas prático, que se dispõe a abandonar seus interesses privados mais caros (a mulher que amava) para cumprir o papel de fomentador da revolução nos destinos mais distantes – mesmo fora do planeta.

Como se vê, também os soviéticos projetavam um futuro notavelmente semelhante ao presente de então; a guerra seria, lá como agora, uma etapa necessária para a criação de heróis, a destruição dos oligarcas exploradores e a implantação do socialismo. *Aelita – A rainha de Marte* é uma produção interessantíssima, que incorpora cenas do mundo moderno (as vistas aéreas de Moscou são grandiosas) e assinatura visual arrojada (a arquitetura e as roupas marcianas são notavelmente futuristas, e em um momento anterior aos efeitos especiais, os lasers são feitos com lanternas atadas aos pulsos) na criação "de um mundo de ficção, paralelamente e em flagrante contradição à experiência do dia a dia."[31] A Revolução Russa contava, então, com menos de uma década de vida, e gerações precisavam ser educadas nas novas consciências e posturas esperadas em um país socialista. Havia pressa, sem dúvida, mas igualmente uma percepção de que

> dimensões fundamentais da realidade [...] não podem ser simplesmente ditas e articuladas logicamente para que sejam plenamente entendidas, mas devem ser apresentadas sensivelmente, por meio de uma compreensão "logopática", racional e afetiva ao mesmo tempo.[32]

Não surpreende, portanto, que os realizadores soviéticos tenham se inspirado justamente em D. W. Griffith, "copiando suas técnicas de close e montagem, capazes de despertar grandes emoções nas plateias".[33] Ora bem, se, como vimos, para o americano o cinema era capaz de criar uma "consciência histórica para o público muito melhor que meses de estudo", era essa trilha que a cinematografia revolucionária percorreria, ensejando uma nova escrita da realidade, na qual se realinhava a memória pretérita (lida sob novas luzes marxistas) e prospectando novos futuros, cerzidos a partir dessas construções fílmicas. Méliès e Protazanov especularam futuros muito semelhantes entre si, embora com os sinais trocados: para aquele, a Lua seria um espaço de conquista imperial, porque a França era uma nação imperialista, enquanto para este, Marte se caracterizou como campo da luta revolucionária – de uma forma ou de outra, esperavam que, no futuro, modos de vida presentes arrombassem os limites terrenos e incorporassem novos satélites e planetas. A guerra do futuro seria combatida entre as estrelas.

No moderno cinema hollywoodiano, existem dois grandes conjuntos épicos, reunião de inúmeros filmes que giram em torno de um mesmo cerne dramático: *Star Trek* e *Star Wars*. Ambos exploram o fascínio com a técnica que marcou a humanidade desde fins do século XIX, as possibilidades de expansão interplanetárias e as perspectivas de um futuro sensivelmente diverso do presente, vivido não apenas na frágil crosta de terra habitável do planeta, mas dentre a multitude de mundos e a infinitude de galáxias.

A série *Star Wars* é, hoje, uma complexa tessitura das mais diversas formas de artes visuais, cujo início situa-se em 1977, com o longa-metragem homônimo, ao qual se seguiram duas continuações (*O império contra-ataca*, 1980, e *O retorno de Jedi*, 1983) que formam a trilogia original e fundadora, e contou, como diretor, roteirista e/ou produtor, com seu criador, o norte-americano George Lucas. Mais de dez anos se passaram, e o avanço exponencial das tecnologias de informação, das revistas e fanzines, dos encontros de aficionados e, finalmente, da internet geraram toda uma mitologia paralela à concepção original, que explorava personagens secundários ou mesmo chegava a criar universos independentes, embora orbitando à volta da ideia central, uma recriação que muitos enxergam como uma mitologia contemporânea, que se retroalimenta e se fortalece da criatividade e da devoção de fãs ao redor do mundo e rompe as fronteiras do cinema, espalhando-se em jogos de computador, curtas-metragens animados, histórias em quadrinhos (ou arte sequencial, mais apropriadamente).

Entre 1999 e 2005, foi lançada a segunda trilogia dirigida por George Lucas, que buscava explorar os fatos anteriores ao primeiro filme de 1977, sendo por isso chamada de *prequels* [prequência]: *Star Wars: Episódio I – A ameaça fantasma*; *Star Wars: Episódio II – Ataque dos clones*; e *Star Wars: Episódio III – A vingança dos Sith*. Embora tenham sido campeãs absolutas de bilheteria, essas três produções granjearam muitas críticas – personagens insípidos, ritmo excessivamente lento em alguns momentos e superficial noutros que efetivamente mereciam mais espaço – talvez indicando as limitações que Lucas teria para dar seguimento ao universo que havia desenhado décadas antes, e que se tornara muito maior que ele mesmo.

O bastão foi passado em 2015, quando os Estúdios Disney compraram os direitos sobre a saga e apresentaram seu primeiro produto: *Star Wars: Episódio VII – O despertar da força*. É notável que o diretor e corroteirista desse filme seja J. J. Abrams, um daqueles ex-jovens que cresceram sonhando com o universo criado por Lucas. Abrams soube conferir uma assinatura própria ao filme sem burlar as regras internas que regem a série – coisa que, diga-se de passagem, os fãs faziam havia anos com suas recriações. A esse novo filme – que abre as portas a uma trilogia situável após *O retorno de Jedi* – podemos ainda acrescentar outro, *Rogue One: uma história Star Wars* (2016), uma narrativa paralela aos tríduos centrais. Em conjunto, são esperados lançamentos anuais de *Star Wars* ao menos pelos próximos dez anos.

Obviamente, a análise dessa saga em sua completude ultrapassaria os limites do presente texto; assim sendo, observaremos o primeiro filme, *Star Wars*, de 1977, identificando nele os aspectos que falam das guerras do futuro e que serão, de alguma forma, posteriormente retomados – seja no cinema, nos jogos ou na arte sequencial.

Um primeiro elemento importante que precisamos abordar é o tempo. Em todos os filmes que vimos até agora, a guerra se desenvolve em um futuro propriamente dito – iminente, é verdade, mas ainda porvir. Todos são visões passadiças de expectativas, futuros do pretérito, por assim dizer. *Star Wars* traz em sua abertura uma frase que se tornou icônica, a tal ponto que a mantemos no original inglês: “A long time ago in a galaxy far, far away...” [há muito tempo, em uma galáxia muito, muito distante...]. A opção por esse introito é notável em termos de cinema, pois, a rigor, o filme não se propõe a representar aquilo que ainda vai acontecer, e sim o que já ocorrera, só que o faz apresentando veículos, armas, criaturas que não são próprias sequer do presente, que dirá do passado! Considerando que o filme é composto por diversas camadas discursivas, algumas verbais (o texto), outras não (como o cenário, a estrutura das imagens etc.), estamos lidando com uma aporia: a apresentação situa o espectador no futuro em relação à narrativa, mas também no passado, no que tange ao visual, um deslocamento temporal inédito, no qual, com o perdão do pleonasmo, uma ficção científica futurista coloca seus fatos em um tempo remotamente anterior, quebrando a percepção sacramentada no cinema. Como bem colocou

G. J. Whitrow, nossa percepção do tempo "envolve alguma consciência da duração e também das diferenças entre passado, presente e futuro [...] nosso sentido dessas distinções é uma das mais importantes faculdades mentais a distinguir o homem de outras criaturas vivas".[34] Essa faculdade tão importante é, assim, posta à prova já nos primeiros momentos de *Star Wars*.

Essa sensação de desconforto temporal só aumentará com as diversas continuações da saga: os dois filmes seguintes, da trilogia original, seguiram cronologicamente o primeiro; a segunda trilogia a precedeu, e a terceira retoma o fio da meada deixado pela primeira. Da mesma forma, o avanço acelerado das técnicas de efeitos visuais ensejou um paradoxo crescente: os filmes que retratam acontecimentos mais antigos são visualmente mais complexos, a tal ponto que assistir ao filme de 1977 chega a ser um tanto constrangedor, embora tais elementos só acresçam à mística que envolve essa epopeia fílmica.

"Ao planejar para o mundo de amanhã, temos extrema dificuldade em nos libertar de um passado", porque tomamos por base "o que acreditamos serem os aspectos relevantes do conhecimento atual".[35] Essa situação pode ser claramente percebida na construção de *Star Wars*: o passado futurístico criado deve muito à imagética herdada da Segunda Guerra Mundial, com seus lutadores da liberdade batalhando na resistência contra um imenso império do mal, povoado por figuras endurecidas, evocando claramente (em sua ética e sua estética) a Alemanha nazista. Um elemento em particular, as lutas entre naves espaciais, remonta a um conflito ainda mais recuado, a Primeira Grande Guerra e as justas aéreas combatidas entre pilotos audazes, especialmente o "ás dos ases", Manfred von Richthofen, o Barão Vermelho. Há presença dos duelos entre samurais do cinema japonês, perceptível claramente na "arma elegante" empunhada pelos cavaleiros Jedi, o sabre de luz. Isso tudo somado, tem-se uma verdadeira enciclopédia das conflagrações humanas na sétima arte.

Politicamente, sabemos que há um Império, que substituiu uma República tida por decadente. Essa força imperial será mais bem definida nos filmes seguintes, mas a sua figura central já está brilhantemente desenhada: Darth Vader, um ex-Jedi renegado, que abandonou a crença benigna na Força, traiu e matou seus antigos companheiros, e se entregou ao Lado Negro, tornando-se seu mais importante líder militar. A única figura que parece ter algum controle sobre ele é o Grand Moff Tarkin, um oficial imperial, comandante da Estrela da Morte, a célebre base espacial militar do Império.

O Império (sabemos detalhes graças aos demais filmes) submeteu a República condenando a política e advogando soluções de força, que imporiam a ordem a qualquer preço – incluindo armas de poder destrutivo jamais visto, como a própria Estrela da Morte, capaz de pulverizar planetas inteiros, um frenesi de morte generalizada que trucida intensamente populações civis – e, nesse particular, a guerra estelar se parece muito com aquelas combatidas no século XX, fora das telas do cinema.[36] A Estrela da Morte parece uma metáfora ampliada da bomba nuclear, do perigo que rondava o presente que engendrava a história.

A oposição ao regime é formada pela Rebelião, amontoado de ex-políticos do Senado republicano; a destruição da instituição abriu caminhos para o exercício amoral do poder, cujos recursos parecem ser infinitamente maiores – no filme de 1977, sabemos que os antigos postos republicanos haviam sido transformados em províncias comandadas por militares, como o próprio Grand Moff Tarkin. Os rebeldes são revigorados por um antigo culto religioso, a Força e seus Cavaleiros Jedi, avalistas da antiga ordem parlamentar. Os Jedi, porém, haviam sido massacrados na esteira da ascensão imperial; à sua visão moral, impôs-se a superioridade armada – uma vez mais, volta-se ao tema da ética *versus* a técnica, o que pode e o que deve ser feito. O subtítulo de *Star Wars* (conferido posteriormente) é "Uma nova esperança", e uma das explicações para esse epíteto é o aparecimento de um novo Jedi, o jovem Luke Skywalker, uma figura descoberta nas fímbrias de um deserto seco, e que será treinado por um antigo mestre de sua ordem, Obi-Wan Kenobi. Nas mãos desse jovem repousa a futura restauração da democracia espacial.

Não há como a Rebelião enfrentar de igual para igual o Império – a força deste é incontrastável; assim sendo, diversas formas de guerras assimétricas, tentativas de "organização de um conjunto de formas de enfrentamento não convencionais visando confrontar um poder militar, técnico e econômico superior[37] foram adotadas: a Insurreição, ou Subversão, contra o poder hostil, ilegítimo, opressivo ou injusto – nesse particular, ganha destaque a princesa Leia, antiga senadora pelo planeta Alderaan, que faz clara oposição ao poder estabelecido. Interessante perceber como essa figura é construída na saga: embora seja uma princesa, ela não está ali para ser salva, e sim para participar da ação (algo inusitado em personagens desse tipo); seus cabelos, duas tranças que se enrolam sobre as orelhas, foram inspirados nos das mulheres guerrilheiras do México, que, na virada dos século XIX e

XX, lutaram ao lado de Pancho Villa e Emiliano Zapata contra a ditadura do general Porfírio. Outrossim, enquanto os heróis são figuras bem características do cinema de ação, a heroína é verdadeiramente uma inovação, um sinal dos tempos que se transformavam.

Contra a guerra de guerrilhas ou guerra irregular, o Império opôs a guerra antiguerrilhas, um misto de "operações bélicas, policiais e de inteligência".[38] Há toda uma rede de espiões imperiais à cata de informações sobre a Rebelião; como fica claro quando da prisão da princesa Leia, a utilização da tortura física e psicológica é prática recorrente. Não há a menor distinção entre populações civis e os exércitos propriamente ditos – para quebrantar o espírito da princesa e dar uma lição ao universo, Grand Moff Tarkin manda destruir Alderaan, não obstante o fato de esse planeta não possuir nenhuma arma ou defesa. Não há, nesse aspecto, como não vincular a resistência armada da Rebelião ao grande trauma que assolava os Estados Unidos naquela época, a Guerra do Vietnã. Recentemente terminada, com a efetiva derrota dos norte-americanos, tinha sido vencida com armas não convencionais, "guerra de guerrilha, sabotagem e a guerra de propaganda de base nacionalista e/ou subversiva",[39] todos artifícios também usados pelos rebeldes para derrotar um inimigo tecnologicamente muito superior.

Star Wars é, como vimos, um somatório de referências, colcha de retalhos dos mais diversos tempos, que, a partir dos paradoxos referentes ao presente e ao futuro, construiu uma moderna mitologia. Esse presente

> [...] fagocitou o passado e o futuro; a história, de tanto ser refeita, reescrita, reencenada e reatualizada, perdeu o sentido; o futuro, de tanto ser falsamente predito, desmentido pelos fatos e antecipado, perdeu toda a credibilidade. Por espírito de lucro, o presente explora ao mesmo tempo o passado e o futuro, e faz com que percam o papel de referência.[40]

Esses três filmes jogaram luzes sobre as expectativas bélicas nutridas no século XX: dos quatro Cavaleiros do Apocalipse, apenas um, o da Conquista, teve real espaço. Nenhum deles mostrou a Praga. A Morte não choca... é um alívio cômico em Méliès, a justa punição em Protazanov, e o resultado de lasers distantes em Lucas. Quanto à guerra, é uma ação normal da humanidade, algo natural, feito para divertir. No cinema de entretenimento, popular no mundo todo, havia pouco espaço para a carnificina, a crueldade, o pesar da cavalgada. Não que esses filmes não falem das épocas em que foram construídos: são, indubitavelmente, "verdades metafóricas que funcionam, em grande medida, como uma espécie de comentário, e desafio, em relação ao discurso histórico tradicional",[41] fazem-nos pensar historicamente, mas, a rigor, escamoteiam a face perversa do conflito, algo que *O dia seguinte* trouxe para os televisores do mundo, mas que permanecia relativamente inexplorado pelo grande cinema.

Nesse mesmo contexto, aparece *Mad Max*. Essa série australiana tem em George Miller seu diretor, roteirista e idealizador, e começou com o filme homônimo, de 1979, uma produção relativamente barata, com muitas explosões e cenas de ação, nada muito promissor, mas que já traz em seu bojo um elemento presente em todos os filmes: a distopia. A sociedade dessa primeira película já possui claros indícios de fragilidade, a imposição da lei parece não funcionar bem no interior da Austrália, e os laços sociais são rompidos, por bem ou por mal.

Mad Max 2: A caçada continua (1981) e *Mad Max – Além da cúpula do trovão* (1985) aprofundam essa sensação de destruição: a catástrofe nuclear transformou as cidades em ruínas, e o protagonista do primeiro filme se vê transformado em anti-herói, sobrevivendo nas vastidões áridas do mundo pós-bomba. A máquina era um elemento presente já em 1979: os carros eram tunados pelos policiais para torná-los mais rápidos; agora, as oficinas, os postos de gasolina, a estrutura urbana estão erradicados, e o domínio da mecânica, aliada à dureza do corpo, significa sobrevivência. Ao fim e ao cabo, todos estão em guerra contra todos, os seres humanos foram reduzidos ao mero tribalismo e ao roubo. Isso é particularmente interessante de ser visto com um personagem do filme de 1985, Jedediah Jr.: seu pai é dono de um avião, e, embora seja apenas um garoto, ele toma o carro de um homem adulto e sai dirigindo, deixando o dono do veículo roubado para morrer no deserto.

Mad Max parecia fadado a ser uma trilogia, embora jogos para computador tivessem sido produzidos nos anos de 1990. Qual não foi a surpresa quando o mesmo George Miller retomou sua antiga criação e produziu *Mad Max – Fury Road* (2015), um imenso sucesso de bilheteria, indicado a dez Oscars (venceu seis) além de vários outros prêmios importantes, como Golden Globe e Bafta. É bem verdade que a maior parte das premiações deveu-se à sua técnica impecável, mas há outras perspectivas de compreensão: fica bastante claro que seu visual espetacular, as grandes explosões, as gigantescas tempestades de areia arrastaram multidões ao cinema, mas, como bem colocou o filósofo Julio Cabrera, o cinema é uma linguagem instauradora, e, "mesmo quando um filme apresenta monstros ou situações absolutamente impossíveis [...] apresenta, mediante tudo isso, problemas relacionados com o homem, o mundo, os valores etc.".[42] Essa é uma das questões fundamentais à análise de *Mad Max*, da possibilidade de futuro (e de guerra) que traz em si: ele nos apresenta (e é como um todo) um conceito-imagem, construído não pela leitura, como a conceituação convencional, mas a partir da vivência de uma experiência, do somatório da compreensão lógica daquilo que foi visto mais o impacto emocional que aquela experiência deixou, uma ideia transmitida pelo conjunto de fala e imagem em movimento. E qual a expectativa de futuro que nos traz *Mad Max*?

"Enquanto o mundo entrava em colapso, cada um de nós, do nosso próprio jeito, se quebrava. Foi difícil saber quem era mais louco: eu ou o resto do mundo." Em um cenário pós-apocalíptico (nos filmes dos anos 1980, sabemos que houve uma guerra atômica), a catástrofe ecológica provocou a desagregação total da sociedade. As batalhas mais duras são lutadas por dois líquidos: a *guzzolene* [gasolina] e, principalmente, a *aqua cola* [água], bem escassa, rara e cara.

"O homem foi reduzido a um único instinto: sobreviver." Em larga medida, não existe mais humanidade, apenas bandos agregados à volta de chefes mais ou menos poderosos, de acordo com o acesso aos produtos valiosos. A norma é a selvageria, gentes-formiga que mourejam em ambientes insalubres para produzir menos que o mínimo necessário à sobrevivência, mendigando por goles de água. Esse tribalismo se escora em soldados-fantasma fanatizados: suas identidades reduzidas ao traço, focados exclusivamente no culto à morte instilado pelo líder supremo, Immortan Joe. Há uma crítica declarada à civilização de consumo, a qual, inferimos, esgotou o planeta; a *aqua cola* precisa ser exportada da Fortaleza, um dos poucos lugares onde ainda jorra, para outra cidade, Gas Town, que detém o controle dos poços de petróleo. Entre esses dois centros e um terceiro (Bullet Farm, produtor de armas) ocorre uma aliança teoricamente familiar: os três chefes dizem-se irmãos entre si, e são igualmente grotescos, cada um ao seu modo. A partir dos restos da civilização industrial, as cidades pós-apocalípticas estruturaram uma cultura da violência, da exploração máxima da vida humana.

Retomando o tema da tunagem de veículos, os mecânicos práticos das três urbanidades adaptaram veículos velhos, transformando-os em máquinas de guerra: jipes, escavadeiras, motos... todos servem ao combate.

Esse universo criado em *Mad Max – Fury Road* é a promessa de um futuro no qual as tentativas de salvar o planeta falharam; não há prados, somente areia; o lagarto que aparece na primeira cena é um mutante com duas cabeças, devorado cru pelo protagonista; a despeito da intensa insolação, não há nem sinal de alguma técnica que aproveite os raios solares para gerar energia, apenas o músculo humano e as velhas máquinas adaptadas ao novo uso. Percebam, há uma tensão narrativa nesse filme: o cenário apresentado é claramente diverso daquele no qual nós vivemos, mas o cinema trabalha com a "impressão de realidade", a "perturbadora capacidade de apresentar qualquer coisa (até a mais fantástica e inverossímil) com aparência de realidade, de maneira retórica e impositiva",[43] ou seja: embora a plateia saiba que o mundo não seja, ou não se tornará, necessariamente, daquele jeito retratado, ele é um futuro possível, dadas certas condições. Nesse sentido, funciona como uma previsão, e, como tal, sua exatidão não é a questão principal, mas, antes, "seu papel de terapia social ou individual. O que importa não é que aconteça aquilo que foi previsto, mas que a previsão cure, alivie e estimule a ação".[44] É um convite à reflexão das audiências, ao exame de suas consciências.

À margem dessa civilização insulo-urbana, sobrevivem tribos não afiliadas, mas que a desafiam. Elas remetem à imagem multimilenar do bárbaro nômade, um dos elementos mais problemáticos para qualquer grande império ao longo da história. Seu combate não tem quartel, tampouco tem cidades para defender; é como uma nuvem de mosquitos que açoita as caravanas. Não à toa, o deserto entre as cidades é chamado de *hostile territory* [território hostil], e às frotas dá-se o nome de *war rig* [aparelho de guerra], em traduções livres. A viagem em si já é um ato de combate, dados os perigos que envolvem o deslocamento; só há alguma segurança nas estradas, e ainda assim a comunicação via sinais luminosos é utilizada e as caravanas são pesadamente guardadas. Cânions, ravinas e desfiladeiros são controlados por outro tipo de gente, os *buzzards* [abutres], cuja língua tem sonoridade eslava. Eles não se atrevem a frequentar a autoestrada, mas cobiçam a *guzzolene* e os veículos de combate, de tal maneira que os habitantes das cidades evitam se embrenhar em seu território acidentado.

Immortan Joe aparenta ser um líder que soube evitar, muito tempo atrás, a morte do seu povo, e acabou impondo o regime autoritário que aparece no filme. Mas há uma fraqueza: ele envelheceu, tem sérios problemas de saúde, mas não pode perder a aparência magnífica que marcou a imaginação dos habitantes da Fortaleza, e, para tanto, usa armaduras e respiradouros artificiais. Ele mantém um harém de mulheres jovens e belas, alimentadas com o melhor que os aquíferos subterrâneos podem fazer crescer, na esperança de que uma delas produza um herdeiro saudável, uma tarefa inglória: todos os seus filhos possuem algum tipo de problema, físico ou mental.

A força militar desse estado primitivo se baseia em dois grupos: os jovens *war boys*, basicamente "bucha de canhão", e guerreiros mais experimentados e poderosos, em especial os *Imperators*. Os primeiros são jovens fanatizados, a quem Immortan Joe prometeu uma vida pós-morte, o Valhalla, caso morram em honra no exercício bélico, o *Fury Road*, um sacrifício que precisa ser testemunhado por outros cães de guerra para que sejam recebidos no banquete supremo. São, porém, débeis, enfermos, quiçá, graças à consanguinidade, sendo conhecidos como *half-life* [meia vida], e parecem não passar da casa dos 20 anos. Para manterem-se vivos, ordenham o sangue dos chamados *full-life*, prisioneiros de guerra, através de fístulas instaladas em seus pescoços. Nenhum deles tem aparência saudável, todos apresentam sintomas de terríveis doenças: Nux, um dos personagens principais, possui dois enormes tumores no pescoço, e sabe que sua vida será breve – as enfermidades, aliás, aparentemente, estão relacionadas à exposição à radiação nuclear, algo apropriado para um mundo sobrevivente da bomba.

Os *half-life* não têm rigorosamente nada a perder; não há expectativas de vida longa, de relacionamentos sociais ou sexuais. Seu único modo de expressão é o combate, é pilotar os veículos tunados e transformados em carros mortíferos. Em caso de emergência, esses fanáticos montam em seus transportes e partem para o tudo ou nada, para a batalha sem quartel nem retirada. Toda a estrutura evoca o caos: tambores rufam e controlam o passo agitado e apocalíptico; participa do *Fury Road* a figura inesquecível de um guitarrista, massacrando seu instrumento em meio às chamas e invocando os instintos militaristas dos garotos-soldados.

A guerra voltou a ser uma coleção de combates individuais, de exibição do valor militar de cada um dos *war boys*, que arremessam lanças de fogo contra carros armados com espinhos de ferro, fazem malabarismos para defender o *war rig* e atiram-se furiosamente para cima dos veículos, são atropelados e destruídos pelos pneus. As cidades possuem formações militares diversas: o exército vindo de Gas Town, por exemplo, é caracterizado pelos *polecats*, guerreiros que se exibem como em um *Cirque du Soleil* bélico, oscilando em suas imensas varas e atacando o caminhão de batalha, sequestrando e matando seus passageiros.

O conceito-imagem desses jovens rapazes entregues à insanidade guerreira é um dos mais fortes de todo o filme – em verdade, podemos dizer que o filme todo o trabalha especificamente, uma vez que a guerra "é inseparável de sua ressonância afetiva; não se pode entender a guerra simplesmente por meio de uma caracterização objetiva".[45] Nux, em particular, é um personagem pelo qual a empatia do público cresce exponencialmente: no começo, em que pese a perversidade dos seus atos, há um quê de infantil, de inocente em sua personalidade, como se lutar fosse, além de passagem para Valhalla, um ato de alegria. Esse fanatismo se desenvolve no primeiro terço da projeção, e depois começa a ceder, quando ele se reúne ao *war rig* comandado pela *Imperator* Furiosa, e se apaixona por uma das moças que a acompanha – daí em diante, suas limitações físicas e fragilidades psicológicas tornam-se cada vez mais perceptíveis, e ele se converte em metáfora de todos os rapazes barbarizados pela guerra.

O contraponto aos *half-life*, adoentados e fanatizados, são as patentes mais altas da força de guerra, chamadas de *Imperator* na Fortaleza. E ninguém sumariza tão bem essa figura quanto Furiosa: ao contrário dos frágeis cães de guerra, ela é uma sobrevivente, sequestrada da mãe ainda criança, falta-lhe um braço, indício do sofrimento por que passou. O filme não nos narra exatamente o que ocorreu, mas nos dá fortes indícios, uma característica da arte cinematográfica, que constrói histórias não apenas com o que expõe, mas também com o que deixa implícito. "A guerra", diz Julio Cabrera, "pode ser estudada de forma completamente abstrata, sem que as propriedades empíricas da guerra sejam mostradas [...] deve-se refletir, portanto, a essência da guerra".[46] Furiosa não perdeu apenas um braço, ela é uma máquina bélica, uma guerreira extremamente sólida e poderosa, a ponto de ser-lhe confiado o *war rig* mais importante, que vai levar *aqua cola* e leite de mãe para Gas Town em troca de *guzzolene*. Seguindo a cultura tribal que a criou, ao entrar no caminhão, ela usa uma pintura de guerra: feita com graxa do volante.

Conclusão

Como vimos, os filmes que tratam da guerra futura funcionam como oráculos que auscultam as ansiedades presentes e as memórias pretéritas para construir modelos possíveis, embora não necessários, das batalhas que ainda estão por vir, ou, usando a metáfora de Carl E. Schorske,[47] nesse pano tecido os fios da urdidura são diacrônicos (ou a compreensão de um fato ou de um conjunto de fatos em sua evolução no tempo), enquanto os da trama são sincrônicos (estudam os fenômenos através de um recorte, em determinada fase ou época). A tensão gerada por esses fios trançados, vertical e horizontalmente, é o produto da História. Para a historiadora Marnie Hughes-Warrington[48] não se trata somente de eventos, mas também da relação entre esses eventos, da ordem na qual eles são apresentados, a seleção das ênfases. Logo, historiadores e cineastas que retratam a história são, ambos, estetas, que moldam seus trabalhos de acordo com os modelos tradicionais de enredo. Nesse processo, vários tempos históricos se desdobram, divergindo e reagrupando-se, mas nunca de forma inconsútil: os remendos, as costuras aparecem, e denunciam as origens das narrativas. Os caminhos trilhados pelos filmes históricos terminam por fragmentar a História em histórias menores, as quais reconhecem suas funções, ora convergentes, ora divergentes. Em sendo o filme poderoso catalisador de discursos políticos, sua influência extrapola em muito os limites das salas de exibição, pois, em sua popularidade e dinâmica, estabelecem o foco de discussão para populações inteiras. Naquilo que tange especificamente à guerra do futuro, o profeta fílmico solta os quatro cavaleiros do Juízo Final, especialmente aquele que vem tirar a paz da Terra, e traduz em imagens os marcos de sua cavalgada – ou pelo menos aqueles marcos que espera ferirem o chão e as carnes dos homens.

Notas

1. BÍBLIA SAGRADA, 1967.
2. *Apud* McGINN. *In*: ALTER; KERMODE (Orgs.). 1997, p. 563.
3. MINOIS, 2016, p. 144.
4. *Ibidem*, p. 568.
5. MINOIS, 2016, p. 2.
6. *Apud ibidem*, p. 19.

7. POURRIOL, 2009, p. 14.
8. *Ibidem*.
9. MINOIS, 2016, p. 679.
10. O primeiro, dirigido de Michael Radford, e lançado em 1984, sobre a clássica narrativa de George Orwell, publicada em 1949; o segundo, dirigido por François Truffaut (1966), também uma adaptação, no caso, do romance homônimo de Ray Bradbury (1953).
11. CABRERA, 2006, p. 22.
12. *Ibidem*, p. 20.
13. POURRIOL, 2009, p. 57.
14. CABRERA, 2006, p. 21.
15. MELO, 2012, p. 4.
16. SHOHAT; STAM, 2006.
17. *Ibidem*, p. 139.
18. BERNAL, 2005.
19. SAID, 1995.
20. MINOIS, 2016, p. 3.
21. ARENDT, 1989, p. 246.
22. SCHORSKE, 1988, p. 14.
23. MINOIS, 2016, p. 678.
24. POURRIOL, 2009, p. 86.
25. ROSENSTONE, 2010, p. 18.
26. MINOIS, 2016, p. 1.
27. *Apud* WYKE, 1997, p. 9.
28. SILVA, 2007, p. 36.
29. HOBSBAWM; RANGER, 1997, p. 14.
30. PIPES, 1997, p. 306.
31. *Ibidem*, p. 301.
32. CABRERA, 2006, p. 20.
33. PIPES, 1997, p. 307.
34. WHITROW, 1993, p. 19.
35. *Ibidem*, p. 19.
36. TEIXEIRA DA SILVA; MEDEIROS; VIANNA (Orgs.), 2014, p. 3.
37. SILVA; MEDEIROS; VIANNA, 2014, p. 7.
38. *Ibidem*.
39. *Ibidem*, p. 5.
40. MINOIS, 2016, p. 679.

41. ROSENSTONE, 2010, p. 24.
42. CABRERA, 2006, p. 26.
43. *Ibidem*, p. 37.
44. MINOIS, 2016, p. 3.
45. CABRERA, 2006, p. 55.
46. *Ibidem*, p. 54.
47. SCHORSKE, 1988, p. 17.
48. HUGHES-WARRINGTON, 2007.

Referências

ARENDT, Hannah. *Origens do totalitarismo*. São Paulo: Companhia das Letras, 1989.

BERNAL, Martin *et al*. *Repensando o mundo antigo*. Campinas: IFCH/Unicamp, 2005.

BÍBLIA SAGRADA. Apocalipse de São João Apóstolo. Edição Barsa para a Família Católica. Rio de Janeiro: Barsa, 1967.

CABRERA, Julio. *O cinema pensa:* uma introdução à Filosofia através dos filmes. Rio de Janeiro: Rocco, 2006.

HOBSBAWM, Eric; RANGER, Terence. *A invenção das tradições*. São Paulo: Paz e Terra, 1997.

HUGHES-WARRINGTON, Marnie. *History Goes to the Movies: Studying History on Film*. Taylor Print on Demand, 2007.

McGINN, Bernard. Apocalipse (ou Revelação). *In*: ALTER, Robert; KERMODE, Frank (Orgs.). *Guia literário da Bíblia*. São Paulo: Unesp, 1997.

MELO, Marcos José de. *"Como se fossem insetos"*: África e política no cinema contemporâneo. João Pessoa: Programa de Pós-Graduação em História do Centro de Ciências Humanas, Letras e Artes da Universidade Federal da Paraíba, 2012.

MINOIS, George. *História do futuro:* dos profetas à prospectiva. São Paulo: Unesp, 2016.

MOURÃO, Ronaldo Rogério de Freitas. *Astronáutica*: do sonho à realidade. Rio de Janeiro: Bertrand Brasil, 1999.

PIPES, Richard. *História concisa da Revolução Russa*. Rio de Janeiro: Record, 1997.

POURRIOL, Ollivier. *CineFilô:* as mais belas questões da filosofia no cinema. Rio de Janeiro: Zahar, 2009.

ROSENSTONE, Robert A. *A história nos filmes, os filmes na História*. São Paulo: Paz e Terra, 2010.

SAID, Edward W. *Cultura e imperialismo*. Trad. Denise Bottman. São Paulo: Companhia das Letras, 1995.

SCHORSKE, CARL E. *Viena Fin-de-siècle*. São Paulo: Companhia das Letras, 1988.

SHOHAT, Ella; STAM, Robert. *Crítica da imagem eurocêntrica:* multiculturalismo e representação. São Paulo: Cosac Naify, 2006.

SILVA, Glaydson José da. *História antiga e usos do passado*. São Paulo: Annablume; Fapesp, 2007.

SOUZA, Ana Maria de. Blade Runner: devires e metamorfoses do contemporâneo. *In*: SOUZA NETO, José Maria Gomes de; LEÃO, Karl Schurster de Sousa; RICON, Leandro Couto Carreira (Orgs.). *Imagens em movimento:* ensaios sobre cinema e história. Rio de Janeiro: Autografia/Edupe, 201

SILVA, Francisco Carlos Teixeira da; MEDEIROS, Sabrina; VIANNA, Alexander (Orgs.). *Enciclopédia de guerra e revoluções do século XX. 1901-1919*. Vol. I – A época dos imperialismos e da Grande Guerra (1914-1919). Rio de Janeiro: Elsevier, 2014.

VIEIRA, Antônio. *As lágrimas de Heráclito*. São Paulo: Ed. 34, 2001.

WHITROW, Gerald James. *O tempo na História*. Rio de Janeiro: Zahar, 1993.

WYKE, Maria. *Projecting the Past: Ancient Rome, History and Cinema*. Nova York: Routledge, 1997.

Fontes fílmicas

AELITA – A Rainha de Marte (*Aelita*). Direção: Yakov Protazanov. União Soviética, 1924.

MAD Max – *Fury Road*. Direção: George Miller. Austrália/Estados Unidos, 2015.

O DIA SEGUINTE (*The Day After*) – Direção: Nicholas Meyer. Estados Unidos, 1983.

STAR WARS – Direção: George Lucas. Estados Unidos, 1977.

VIAGEM À LUA (*Le Voyage Dans la Lune*) – Direção: George Méliès. França, 1902.

17. A guerra tem futuro? Tratados internacionais e segurança pós-Guerra Fria podem evitar a guerra?

Ángel Pablo Tello

A queda do Muro de Berlim e o fim da Guerra Fria fizeram com que muitos pensassem no consenso do fim dos conflitos armados e na chegada definitiva de um mundo pacífico, dedicado ao progresso ilimitado das ciências, da técnica e dos seres humanos. Não é a primeira vez que situações similares de mudança de um sistema dão espaço a ideias repletas de bons augúrios carregadas de voluntarismo.

Platão, em sua época, acreditou na educação dos homens como o instrumento adequado para conter seu instinto agressivo. Não sem uma certa dose de pessimismo em relação ao futuro da humanidade, no que se refere à eventual extinção das guerras, sonhou com uma educação que guiasse uma espécie desorientada.

Os antigos registros de conflitos armados entre grupos mais ou menos organizados datam de 12 mil anos antes da era cristã. Desde então, nossos dias não param de repetir esse fenômeno tão inerente ao desenvolvimento da condição humana – como em seu tempo Sigmund Freud analisou magistralmente.

As grandes religiões monoteístas, por exemplo, não sustentam um pacifismo absoluto, ainda que, em todas elas, a paz e a divina harmonia universal constituam o fim último de todas as coisas. Em todos os casos, as religiões têm tentado conter os impulsos agressivos humanos que, em tempos remotos, acabavam em festas orgiásticas de sociedades agropecuárias.

Immanuel Kant, no século XVIII, também propôs a formação de uma espécie de federação de Estados para acabar com as guerras, as quais considerava uma expressão da infantilidade que habita nos humanos. Bastante acético, esse grande filósofo do que hoje se denomina "idealismo kantiano", susteve um conjunto de princípios que, com o tempo, podia ser identificado na base doutrinária do Direito Internacional público contemporâneo e na estruturação da Organização das Nações Unidas (ONU).

Esse brevíssimo *racconto* tem por finalidade demonstrar que a guerra é uma atividade humana que tem atravessado as sociedades ao longo de toda a história e que não se trata – como alguns consideram – de uma patologia que aparece ocasionalmente e poderia ser tratada com a medicação adequada. Trata-se de algo muito característico da condição humana, tal como Freud pensava. Se observarmos as instituições ou atividades que subsistem, desde o Neolítico até nossos dias, veremos que os exércitos e as Igrejas estão muito presentes, ao mesmo tempo que foram evoluindo e mudando as formas de organização política, econômica e social.

A guerra, então, é parte dos fenômenos que acompanham a humanidade desde as suas origens. Esta construiu e destruiu impérios, arruinou e enriqueceu reinados, inspirou a construção e abolição de normas jurídicas, morais e religiosas. Também tem contribuído para o desenvolvimento das artes e das técnicas, em alguns casos para melhor e, mais frequentemente, para pior.

É impossível pensar que a natureza humana é intrinsecamente belicosa como foi mencionado *ut supra*; também é difícil negar que a guerra constitui um grande feito na história de todas as sociedades; nenhum campo da atuação humana parece estranho para ela, e a partir desse ponto de vista pode ser considerada um "feito social total". Essa expressão foi forjada por Marcel Mauss para definir certos fenômenos sociais, como o dom e o suicídio: "a partir do qual se expressam simultaneamente de maneira abrupta todas as instituições".[1] Para esse sociólogo francês é possível, partindo de um estudo sobre o dom, construir uma teoria geral das sociedades. Antes dele, Émile Durkheim havia adotado uma via similar na análise sobre o suicídio.

Guerra do Golfo Pérsico de 1990-1991, ex-Iugoslávia, Afeganistão, Iraque, Israel-palestinos, Ucrânia, Crimeia, Geórgia, Colômbia, Peru-Equador, 11 de setembro de 2001, Síria, conflitos China-Japão e China-nações do sudeste asiático, guerras assimétricas, Estado Islâmico, continente africano: trata-se, em todos os casos, de situações que mostram, a partir de diferentes formas, tal como se expõe o *camaleão de* Clausewitz, de uma realidade na qual as guerras internas ou externas não somente não desapareceram como também estão longe disso.

O contexto global

O contexto global aparece marcado pela *mundialização* – termo que adotamos diante do *outro* da globalização, "próprio de cartógrafos e navegantes", como assinala Giacomo Marramao.

O atual cenário mundial se encontra impregnado de uma economia global com forte presença da especulação financeira, pelo poder crescente das corporações transnacionais e pela desterritorialização de suas fábricas. A eles deve se juntar o discurso único, a partir do qual o mercado se constitui uma espécie de deus todo-poderoso que desceu à Terra, e, a todos aqueles que não se submetam a seu desígnio misterioso, estarão reservadas as piores calamidades no mais profundo dos infernos.

Nesse marco, o Estado e a Nação aparecem desvalorizados; são tratados como um problema e não como a solução. "Menos Estado" e "mais mercado" aparecem como valores absolutos com finanças e empresas que superam aquele em capacidade e poder. Alguns autores relacionam essa realidade à Alta Idade Média, assinalando que nesta, ao menos, a autoridade papal aparecia como árbitro nas disputas, algo que não acontece agora, apesar dos bons propósitos da ONU e das normas do Direito Internacional.

Estamos diante de uma realidade multidimensional e complexa, que apresenta elementos de conflito que devem ser devidamente considerados em análises futuras. Os lemas do pensamento único têm sido e continuam sendo "salve-se quem puder" e "individualismo ou morte". Ele é a consequência quase natural de um sistema no qual aqueles que possuem legitimidade de origem veem seu poder reduzido, e outros, que dispõem de um enorme poder econômico – o que lhes permite modificar, para melhor ou pior, a vida de milhares de seres humanos –, carecem da legitimidade necessária para impor seu ponto de vista e representar seus interesses. Poder sem legitimidade, então, é o mesmo que legitimidade sem poder.

Interesse geral, bem comum, ação coletiva, segurança e defesa, enfim, Estado e política aparecem nesse contexto como antiguidades confinadas ao museu da história para os países em desenvolvimento – em muitos casos também para os países centrais – segundo os preceitos inquestionáveis da *doxa* neoliberal. O mesmo não ocorre com os centros do poder mundializado, nos quais o Estado e a política ocupam um lugar destacado nas grandes decisões que se relacionam, justamente, aos atos soberanos negados aos demais. Exemplo disso foi a intervenção da Reserva Federal dos Estados Unidos para salvar a Bolsa e a indústria automotiva depois da crise de 2008, mediante a injeção de milhares de dólares. Nesses casos, o Estado, a partir de decisões eminentemente políticas, agiu fortemente sobre a economia de um país que se apresentava diante do mundo como o porta--estandarte virtuoso do dogma neoliberal.

Esse processo, que se caracteriza por uma forte concentração econômica, choca, e provoca uma crescente fragmentação no político com a ascensão de particularismos de diversos tipos. Dessa maneira, conformam-se cenários de profundas desigualdades na divisão das riquezas e nos conhecimentos em escala global, justamente quando hoje a humanidade, como um todo, produz bens em quantidades sem antecedentes na história. O problema, então, não tem relação com a ausência de crescimento – que, muito ou pouco, aumenta ano após ano –, mas com a distribuição desigual dos benefícios gerados por ele.

A globalização não é um processo linear que pode ser traduzido em integração e uniformização econômica. Nela aparecem três elementos que se justapõem sem se confundirem: o desenvolvimento do intercâmbio, a transnacionalização das empresas e a regionalização. Ele gera mudanças em cascata, às vezes abruptas, que acarretam sentimento crescente de insegurança econômica, no Norte desenvolvido, e de insegurança econômica e cultural, no Sul e no Leste.

Grande parte desse sentimento de insegurança tem relação com a incapacidade de as nações intervirem de forma eficaz nos assuntos e decisões que lhes concernem. Ele explica o auge de nacionalismos, particularismos e fundamentalismos no mundo – fenômenos que, para muitos, são expressões de arcaísmos, constituem manifestações muito modernas nesse sistema--mundo e hoje emergem revigoradas em contextos de recessão e crise; grande parte deles obedecem a situações particulares de povos que vêm, nos novos padrões de crescimento, imposições externas sem relação com a própria história econômica e social. Adaptação que, no caso das potências que hoje são dominantes, foi a consequência de um sem-número de guerras exteriores, civis e revolucionárias.

As exigências da mundialização e os condicionamentos financeiros assinalados provocam, tanto nos países desenvolvidos como naqueles em desenvolvimento, a desestruturação das sociedades e o enfraquecimento do político como expressão do bem comum e do interesse geral. Os níveis de fragmentação social que esse processo acarreta estão na base estrutural da corrupção, da qual muito se fala mas pouco se combate na prática. O individualismo e o "salve-se quem puder" agravam esses comportamentos, tão antigos quanto a humanidade, em outros tempos contidos pelo império da lei e pela condenação social.

A economia, então, não é uma ciência exata, mas uma ciência humana, social. Isso porque seu objeto de estudo compreende o comportamento dos homens com tudo o que ele significa – com suas luzes e sombras – e para o qual deve adotar como base epistemológica o estudo da condição humana. Em se tratando de humanos, é mais apropriado falar de possibilidades e probabilidades, de incertezas, no marco teórico realista das relações internacionais.

Durante boa parte do século XIX, o fenômeno coletivo da violência entre grupos armados organizados se identificou com alguma forma de "barbárie". Muitos se apressaram a anunciar a paz eterna, quando esta se tornou a consequência natural do progresso da civilização. O paradoxo é que as explosões mais violentas da história em relação ao fenômeno da guerra se originaram das nações mais cultas, se assim podem ser consideradas. Por conseguinte, torna-se impossível, nesse marco, compartilhar da hipótese dos positivistas, que atestavam, em um mundo em constante progresso, a substituição do "espírito guerreiro" pelo "espírito industrial", devendo ter consciência, desde 1914, da incidência histórica do "espírito militar" – da mistura requintada entre ambas as coisas, como observou Ortega y Gasset –, com o qual as nações mais civilizadas entraram na modernidade para resolver seus conflitos. No quadro que a dialética nos oferece, a guerra é talvez a manifestação mais elevada a que chega um conflito entre opostos, é sua resolução por meio da violência, é uma expressão e afirmação da existência da contradição e do movimento.

Carl von Clausewitz apresentou, em seu tempo, uma verdadeira mudança de paradigma. A teoria, a partir desse ponto de vista, define seu lugar central como atividade que permite capturar e explicar as essencialidades, desde que isso não implique perder de vista a prática.

Clausewitz inovou ao sustentar que a guerra era a política por outros meios. Isso não foi devidamente considerado pelos estudiosos da época, quando afirmaram que a guerra não depende da política. A política, a ação coletiva, a luta pelo poder são consubstanciais à condição humana, razão pela qual podem mudar a natureza dos conflitos armados, mas não sua relação de dependência com a política. Um aspecto extremamente importante que se deve ter em conta na obra desse autor prussiano, de enorme relevância atualmente, é o lugar destacado atribuído aos valores morais no combate. Os valores morais, o temor, a coragem, as convicções profundas a respeito de uma causa pela qual se arrisca a vida ocupam um lugar central no desenvolvimento teórico, e não podem ser deixados de lado por aqueles que se lançam seriamente a estudar essa transcendente atividade humana. Desde a mais remota antiguidade até os cenários atuais de conflitos armados, a moral do combatente tem sido um elemento-chave de triunfo ou de derrota.

A dependência da política e os valores morais configuram uma contribuição teórica transcendente ao estudo da guerra; são o legado mais importante projetado através do tempo e oferecem uma validade renovada. São os elementos que, por sua vez, agem decisivamente sobre a tática e a estratégia – a primeira, concebida como a teoria referente ao uso das forças armadas no combate, e a segunda, como a teoria referente ao uso dos combates a serviço da política, ao fim da guerra, cujo objetivo último é a paz, ainda que cada beligerante possa ter uma visão diferente dela, conforme os interesses em jogo. Para a teoria da guerra, então, o político parte de uma pressuposição de unidade do múltiplo, ou de uma totalidade ideal diante de outras totalidades, tratando-se de um autêntico constructo epistemológico: a inteligência personificada do Estado.

Guerra e política não são termos excludentes, como se postulava – e às vezes se postula – em concepções jurídicas modernas. A eclosão de uma guerra não consagra o fim da política; pelo contrário, é a política que se manifesta de forma diferente. As guerras mudam seu caráter de acordo com a época; cada período histórico tem as suas próprias guerras, com suas particularidades; mas, em todos os casos, estão subordinadas à política. O que então determina o sucesso ou fracasso em uma guerra, entendida em sua totalidade, e não em seus aspectos parciais ou circunstanciais, táticos, é a aplicação ou não de uma política adequada, compatível com o conjunto da situação e com os objetivos de um Estado e/ou de uma comunidade ou grupo.

As guerras não são iguais umas em relação às outras, e aquelas conduzidas por políticas "absolutas", cujo propósito final é aniquilar o adversário, diferenciam-se das guerras denominadas reais, que apresentam fins políticos circunscritos, determinados e limitados, mas não implicam a desaparição do Outro. O Direito Internacional contemporâneo, cuja base doutrinária é a Carta da ONU, refere-se e regula as eventuais guerras entre Estados, ainda que estas se encontrem expressa e taxativamente proibidas. O problema aparece quando a maioria dos atuais conflitos armados se aproxima mais dos "absolutos", protagonizados por atores que nem sempre se referem a um Estado. O Direito Internacional Público se refere a Estados constituídos, mas não informa o que acontece quando estes estão enfraquecidos ou superados.

A essência ou a natureza da guerra conduz de maneira imediata ao conceito, até a guerra absoluta ou ao absoluto da guerra (noção que não se deve confundir com as guerras totais do século XX e que se vincula com os meios empregados em um conflito armado). Filosoficamente, esse conceito implica aquele que Clausewitz denominava "subida aos extremos" de todas as potencialidades ou potências, ou seja, o exercício da violência em seu estado mais puro. O conceito puro da violência desencadeada é o extermínio, o aniquilamento do oponente. Mas o aniquilamento do adversário não pode constituir uma negação lógica simples, é uma negação dialética, pelo contrário, que engendra o conflito e da que ele mesmo deriva. Uma vez que o conflito se desenvolve quando revela seu potencial, ele se manifesta como uma força que não se encontra subitamente liberada em si mesma, mas que existe e torna-se real e mediatizada por intermédio de antagonismos reais. A teoria da guerra não foi elaborada para indicar o que deve ser feito em cada caso – o que a converteria em uma doutrina –, mas para indicar o resultado inevitável a partir do fato de que cada um dos beligerantes adotou suas decisões e disposições.

Não se deve perder de vista o puro conceito da guerra, por dois motivos: primeiro, porque ele nos remete, quando a situação exige, à consideração de uma estrutura completa, global, da dialética dos conflitos; segundo, porque isso implica uma essência que não deve ser esquecida, a tendência para os extremos dos conflitos armados, ou seja, a expansão absoluta da violência. A importância desses dois aspectos do conceito da guerra se relaciona com o fato de que se trata de uma atividade humana, essencialmente humana, e portanto política, na qual somente o ser humano é sujeito e objeto, fim e meio; o conflito em questão não ocorre entre dois (ou mais) corpos quaisquer, senão entre dois grupos de pessoas; as vontades de extermínio mútuo são humanas e; a guerra, no fim das contas, como assunto humano, é mais uma atividade social do que uma arte ou uma ciência, mostrando, consequentemente, tanto uma ascensão até o conceito puro quanto o jogo empírico da ciência aplicada.

Bem argumentou Raymond Aron quando disse: "as máquinas não fazem a história, ajudam a que os homens a façam". E em relação ao exposto *ut supra*, esse destacado pensador francês perguntava-se:

> Por que a guerra, segundo uma consideração abstrata, leva necessariamente aos extremos? Por que essa validade vem da lógica, ou da essência, do combate ou da luta? A razão última é a ação recíproca das forças e das vontades enfrentadas, cada uma tentando impor sua vontade sobre a outra.[2]

Quando os objetivos de uma guerra põem em risco a sobrevivência de uma unidade política ou de um grupo humano, a guerra tenderá à sua forma abstrata ou absoluta, como se pode observar em quase todas as guerras civis. A guerra, então, aparece não tanto como resultado da política por outros meios, mas, ao contrário, a política está a serviço da guerra, operando uma verdadeira inversão da *fórmula*. Assim tem acontecido durante boa parte das guerras civis na América Latina, Ásia e África, e atualmente ocorre em boa parte do mundo, em que motivos de ordem religiosa sustentam múltiplos conflitos armados.

De acordo com Carl Schmitt, a Revolução Francesa ideologizou a guerra, apagando a distinção entre combatentes e não combatentes, tal como tempos depois mostrariam as guerras coloniais e as civis. A "tirania de todos os valores", segundo José Fernández Vega, "torna a guerra um assunto ideológico e aguça seus objetivos. O inimigo deixa de ser reconhecido como adversário justo, como *justus hostis*, e se radicaliza como inimigo absoluto que deve ser aniquilado; o abstrato torna-se real, e pode-se verificar a *absolutização* dos conflitos armados".[3]

No entanto, a distância entre guerra real e guerra absoluta é válida na medida em que as guerras "reais" de nosso tempo apresentam uma tendência mais acentuada de manifestar sua essência, realizando-se como guerras "absolutas", colocando em jogo a totalidade do equilíbrio social. Isso ocorre por razões fundamentais: a primeira se vincula com a extensão planetária dos conflitos e das características do sistema-mundo;

a segunda é seu caráter social. Esses dois aspectos devem ser tomados como tendências; o teatro global da guerra se fragmenta em cenas particulares; os conflitos nacionais, aparecendo, em muitas ocasiões, como interesses particulares atrelados a valores contraditórios. Mais uma vez, na solidariedade de cada uma das partes com a totalidade dos conflitos globais reside a chave das decisões futuras, e, se a teoria da guerra deve progredir, é a partir daí.

Valores e interesses

No que diz respeito à mudança de interesses por valores, o surgimento de religiões ou éticas religiosas como meio privilegiado de identificação político-simbólica determina em linhas gerais uma quebra de paradigma da opção racional tão cara ao Ocidente. A primazia da razão ocidental tem procurado submeter outras civilizações a suas categorias de análise ou desqualificá-las, identificando-as como irracionais. Dessa forma, o Ocidente poderia qualificar-se como uma singularidade que se universaliza: partindo da exposição de sua antítese ao Oriente, incapaz tanto de compreender o fundamentalismo islâmico quanto os denominados *valores asiáticos*.

Na estrutura assimétrica da mundialização, marcada por legitimidade sem poder e poder sem legitimidade de origem, os conflitos de identidade representam o indicador que coloca em xeque, de maneira simultânea, a tese "isométrica" do Estado-Nação configurado a partir dos conflitos de interesses da Westfália e o paradigma utilitarista de racionalidade – este último organizado em torno do postulado de "conduta racional *standard*". É a partir da generalização dessa forma de conflito moderna – na qual o fundamentalismo constitui o caso mais notório, mas não necessariamente o mais relevante – que o problema da representação e recuperação de identidade se transforma no núcleo propulsor da própria estratégia política.

Valores e interesses, então, têm predominado de maneira alternativa ao longo da história, sem que desapareçam totalmente. O que se pode constatar nesse período é a vigência das disputas de interesses e das classes sociais encapsuladas, em muitos pontos de sua ocorrência, na dinâmica dos conflitos identitários, mantendo, ao mesmo tempo, sua relação com a afirmação de valores.

A respeito, o filósofo italiano Giacomo Marramao observa: "O surgimento das religiões ou das éticas de base religiosa como *médium* privilegiado de identificação político-simbólica determina uma quebra do postulado subjacente no paradigma da *racional choice*."[4]

O desafio que religiões, como o Islã e outras, propõem hoje para o Ocidente deve se inscrever em um contexto mais amplo do predomínio dos valores sobre os interesses; valores que questionam a racionalidade ocidental herdada do Iluminismo, no qual o Direito Internacional aparece como um de seus filhos diletos e carente de uma mensagem capaz de oferecer uma perspectiva transcendente à existência humana. Nem o mercado autorregulado, o individualismo ou a acumulação desenfreada de bens conformam uma saída adequada para a angústia existencial básica exposta por Hegel em sua dialética finito-infinito, que contempla e dá *sentido* à vida de homens e mulheres. Nesse contexto, pode se interpretar melhor uma realidade caracterizada pela debilitação do Estado-Nação, o que gera sérios inconvenientes sobre a ordem mundial e sobre o arcabouço jurídico que o sustém. A pergunta apropriada é se é ou não útil a metáfora cíclica e a análise comparada com a Alta Idade Média, período anterior à Nação, para explicar os cenários contemporâneos caracterizados por se encontrarem submersos em um oceano de desordem, sem finalidades implícitas de ordem, e no qual os conflitos armados tendem a se manifestar em sua forma absoluta.

Como aconteceu durante a Alta Idade Média, a atual também apresenta buracos negros, incoerências, solidariedades e alinhamentos imprevistos. A bipolaridade se caracterizou por uma grande ameaça e poucos riscos, ao menos para os países desenvolvidos; hoje nos encontramos em um mundo no qual a grande ameaça do holocausto nuclear se encontra parcialmente enfraquecida, mas surgem em cena diversas modalidades de risco, inumeráveis elementos de desordem que não se efetivam todos ao mesmo tempo nem se encontram necessariamente vinculados, mas sobrevoam uma realidade mundial hipercomplexa.

No período que se seguiu ao Renascimento, reinou a ordem, em muitos casos devido ao colonialismo e ao imperialismo; para isso, a organização jurídica do Estado e a imposição das regras do Direito, sendo possível apreciar na atualidade um retorno à "lei da selva", que se manifesta por meio do privilégio, quase exaustivo, das relações de forças. A vitória do mercado nesse cenário caminha paralelamente à ascensão das "zonas cinzentas".

No mundo anglo-saxão, mercado e Direito são as duas caras da mesma moeda, com regras jurídicas que enquadram o mercado. É sempre pertinente se perguntar a que se assemelha um mercado sem Estado e sem normas do Direito, atravessado por um verdadeiro cassino financeiro global? Uma das respostas possíveis é: assemelha-se à selva, de forma que uma das organizações que emerge dessa situação seja a máfia, a partir do instante preciso no qual a linha de separação entre economia legal e ilegal desaparece por não existirem regras, hábitos de comportamento e normas nos negócios. Assim, respeitabilíssimas instituições bancárias e financeiras dos países desenvolvidos foram denunciadas por lavarem dinheiro de grupos de narcotraficantes e de organizações terroristas. O sistema então se torna "cinzento" por si mesmo e por seus participantes; tudo é permitido, e o único freio é a força. Isso coloca em questão um novo esquema na disputa pelo poder, em escala global, do qual a violência não só desapareceu, mas se potencializou como mecanismo de resolução de conflitos.

O exercício do poder não é incompatível com a luta de classes, mas estabelece os limites. Porém, tanto o contrato social como o consenso ou a proteção correm sérios riscos de desaparecer diante da implosão ou fragmentação das sociedades. Isso configura um cenário possível de ocorrer na atualidade, possível de fortalecer o reinado fora de controle das finanças e uma certa universalidade artificial do mercado autorregulado.

O Estado é a única forma histórica de proteção? Caso contrário, por quais motivos deveria ser a única forma de proteção agora? Quais instituições, organizações ou agrupamentos substituem atualmente essa construção moderna – para muitos, antiga – que data do século XVIII? Ou então devemos prever um retorno de nacionalismos e fundamentalismos que tanto a "razão ocidental" quanto as boas almas do mundo globalizado acreditam estarem superados? Além disso, existe um substituto do Estado moderno que garanta a ordem mundial? Podemos pensar na emergência de um *Leviatã global* dos países desenvolvidos, com o centro dos Estados Unidos e o braço armado da Otan?

Tudo isso nos coloca diante de uma série de questões com várias respostas possíveis, por enquanto. Em termos gerais, podemos constatar o declínio de um período da história que se susteve a partir da imposição de princípios de ordem e de racionalidade, para ser substituído por outro, no qual emergem a anomia, a marginalidade e a exclusão, gerando, por sua vez, uma considerável quantidade de conflitos, sendo grande parte deles conflitos armados.

Guerras da mundialização. Mais humanas, mais individualizadas

Um risco maior para a paz e a estabilidade no mundo advém do enfraquecimento dos Estados-Nação como atores centrais das relações internacionais e sujeitos dos Tratados. A hipercomplexidade que o sistema mundial exibe hoje constitui a base sobre a qual acontecerão os futuros conflitos armados.

Não há dúvidas sobre a rápida e surpreendente evolução que a tecnologia militar experimentou em anos recentes, de modo particular desde que esta se tornou beneficiária dos avanços da informática, da informação e das armas de precisão.

Os sistemas de armas modernos oferecem novas alternativas às possibilidades de matar e de destruir bens e seres humanos. A espada ou o machado, que em tempos passados agiam como um prolongamento do braço humano, hoje aparecem substituídos por engenhos mecânicos que não guardam qualquer relação com o corpo, rompendo o vínculo emocional entre um ato violento e seu autor, feito que amplia consideravelmente a esfera da perversidade impessoal. Por outro lado, as comunicações eletrônicas, que apartam os encontros cara a cara, habilitam o acesso aos campos abstratos da estratégia pura, os quais implicam poucos riscos psicológicos. O mundo real, com suas vítimas e sua dor, transforma-se em um jogo eletrônico para Estados-Maiores que conduzem as operações militares instalados em centros de controle confortáveis e protegidos, como é o caso dos *drones*. Dessa maneira, mais uma vez aparece a inclinação a estudar teoricamente a guerra a partir de um determinado sistema de armas, algo que, na sua época, Clausewitz havia desejado.

As novas tecnologias deram uma capacidade de proteção de forças aos Estados Unidos, comparável à do Império Romano, em seu tempo, salvaguardadas as distâncias. Portanto, é imprescindível que um estrito controle político sobre o instrumento militar seja exercido na primeira potência mundial, dessa maneira, poderão ser evitadas ações descontroladas que prejudiquem tanto os próprios interesses estadunidenses como o de seus aliados. O neoconservador Robert D. Kaplan observa a respeito: "Todos os passos diplomáticos também serão militares, à medida que a separação artificial entre as estruturas civis e os comandos militares, que têm sido uma característica da democracia contemporânea, continue se desfazendo."[5]

Em outro parágrafo, e perto de observar que o presidente da Junta de Chefes de estado-maior das Forças Armadas é um verdadeiro membro do gabinete presidencial dos Estados Unidos, Kaplan afirma:

> As guerras curtas e limitadas e as operações de resgate nas quais os Estados Unidos participaram não deverão ser sancionadas pelo Congresso nem pelos cidadãos; o mesmo pode ser dito dos ataques com direito de preferência contra as redes de informação dos adversários, e de outras medidas relacionadas com a defesa, que, em muitos casos, serão mantidas em segredo.[6]

E completa, em outra parte de seu livro:

> Em uma época na qual levavam-se semanas para mobilizar e transportar divisas armadas pelos mares, era possível que os presidentes consultassem o povo e o Congresso a respeito. No futuro, quando as brigadas de combate podem adentrar em qualquer parte do mundo em 96 horas e divisões inteiras em 120, e quando a maioria das ações militares é de ataques aéreos e informáticos-relâmpagos, a decisão de utilizar a força acontecerá autocraticamente por grupos reduzidos de civis e de oficiais, e a diferença entre eles desaparecerá com o tempo. Já agora a diferença entre generais que atuam como políticos e especialistas civis em política de defesa é muitas vezes insignificantes.

Esse ponto de vista, que causa impacto pelo seu realismo e que reflete o pensamento dominante da administração republicana concluída em 2009, não experimentou mudanças consideráveis durante a gestão democrata, se considerarmos o peso crescente do poder corporativo nos Estados Unidos durante as últimas décadas.

Os Estados Unidos, com sua enorme capacidade de implantar forças em todo o planeta, transformaram-se, voluntariamente ou não, em um grande perturbador da ordem internacional, com a curiosa tendência de seus dirigentes políticos e de *think tanks* acadêmicas confiarem excessivamente no emprego *urbi et orbe* do instrumento militar para "ordenar" o mundo em benefício de seus interesses. Além das autocríticas, oportunamente expostas, em relação ao Vietnã, às quais podem se somar as dos ingleses e dos franceses na Líbia, não parecem ter reconhecido os ensinamentos daquele fracasso nos anos 1970.

Os conflitos de interesses encapsulados em conflitos de valores, em muitos casos religiosos, somados à política ocidental destinada a "domesticar" determinadas áreas do mundo refratárias à adoção de formas e conteúdos de organização política e social, geram reações de muitos indivíduos e grupos que veem suas crenças e tradições serem agredidas. Essa realidade prenuncia conflitos armados com todas as características de *absolutos*, ou seja, aqueles nos quais se busca impor a qualquer preço um sistema de valores ao adversário ou ao bem que ele extingue. Por sua natureza, são confrontações que tendem a ascender aos extremos, conforme Clausewitz detalhou em sua época.

Dada a assimetria existente, contudo, as guerras serão mais *humanas* do que tecnológicas, assim tal como pode ser observado na atualidade nos cenários do Iraque, Síria, Líbia, Afeganistão, Iêmen, Israel-Palestina, Líbano, Sahel, Ucrânia etc., às quais podemos adicionar os conflitos chamados de "quarta geração", ligados às condições precárias de vida de uma importante porcentagem da população mundial e ao surgimento ou ao novo empoderamento de narcotraficantes e/ou terroristas.

O analista de segurança internacional norte-americano Ralph Peters observa que os soldados estadunidenses

> estão muito bem preparados para derrotar outros soldados. Infelizmente, os inimigos que provavelmente enfrentaremos não serão soldados, dotados da disciplina e do profissionalismo que essa palavra implica no Ocidente, mas *guerreiros* primitivos erráticos de lealdade volúvel, acostumados à violência e sem interesse na ordem civil.[8]

Hoje é possível constatar a importância crescente do gerenciamento de informação em um conjunto variado de atividades humanas, e particularmente naquelas vinculadas à guerra. Tão importante quanto gerenciar a informação é contar com uma estrutura semântica que permita o processamento adequado dessa estrutura e a aplicação das decisões correspondentes.

Na Guerra do Golfo de 1990-1991, a informação tocou e ultrapassou os elementos do planejamento, e, em alguns casos, complicou a tomada de decisões. Essa guerra, que foi ganha com relativa facilidade pela coalizão ordenada pela ONU e dirigida pelos Estados Unidos, instalou o debate sobre os futuros cenários dos conflitos armados e as respostas mais adequadas para fazer frente a eles, considerando o surgimento de contextos políticos não tradicionais e campos operacionais inovadores e inéditos.

As ações nos Bálcãs suscitariam, tempos depois, intensos debates sobre a carência de meios adequados para intervir em combates urbanos com características irregulares.

O então chefe do estado-maior do exército norte-americano, general Eric K. Shinseki, observava, em 1999, que seu país não podia seguir alistando uma força para intervir nas guerras que desejava, como no passado, mas que devia estar em condições para participar da defesa da Nação. Criticou a ausência de forças terrestres no Kosovo (que denominou "a última guerra sem exército") assim como as dimensões e o peso dos blindados médios que "não seriam capazes de dobrar uma esquina em uma cidade da Bósnia". A proposta desse alto oficial apontava para a criação de uma força interina (de transição entre a anterior e uma nova), cujo princípio de configuração seria: maior letalidade ao custo de menor proteção, menos *cauda* logística para maior rapidez na desocupação e forças organizadas em brigadas, menores que as grandes divisões.

Em 2003, o general Shoeniker, especialista em forças especiais, substituiu Shinseki na Objective Force Warrior Vision. O então novo chefe do Estado-Maior sustentava que a organização havia se tornado "soldadocêntrica" e "centrada no trabalho integrado ou em redes", em oposição ao critério focado em plataformas móveis.

O modelo "soldadocêntrico" se inspira no sistema de treinamento dos *marines*, os fuzileiros navais, que ressalta a exigência pela qualidade dos combatentes individuais e busca dotá-los de valores superiores, ainda que haja uma contradição entre este e a sociedade individualista e hedonista norte-americana. Há em tudo isso uma exaltação do que as unidades menores podem conseguir, uma vez que são mais rápidas e adaptáveis ao tipo de combate que hoje se concebe: urbano ou semiurbano, irregular, de focos isolados, de grande mobilidade e, entre outros aspectos, com alvos reduzidos para armas pesadas.

Por exemplo, Ramón Lobo, jornalista do *El País*, de Madri, em sua nota "La incierta papeleta de Afganistán" [A incerta votação no Afeganistão], publicada em 16 de agosto de 2009, destaca: "Pela segunda vez desde os atentados de 11 de setembro, o exército mais poderoso do mundo, desenhado para vencer em qualquer guerra convencional ou com armas de destruição massiva, enfrenta um inimigo invisível, que precisa de bandeira e uniforme e que não se comporta como um exército rival deveria se comportar."

Segundo as Nações Unidas, existem quatro tipos genéricos de conflitos no mundo, tal como expôs a especialista Swadesh Rana, referindo-se aos de quarta geração, que são caracterizados pelo uso esporádico da violência por um número indeterminado de pessoas, situação que pode se transformar em um conflito que alcança um elevado nível de violência em um curto período de tempo ao adquirir dimensões étnicas ou comunais; enfrentamentos de baixa intensidade no decurso de um grande período de tempo; um conflito latente, não ativo, no qual grupos marginais e criminais comuns podem recorrer esporadicamente à violência. O primeiro e segundo casos de Conflito de Quarta Geração podem ser observados na África e no Oriente Próximo. Por outro lado, vários países da América Latina poderiam estar na terceira categoria.

Em um conflito armado tradicional, cada adversário tem como objetivo submeter o outro. No caso dos de Quarta Geração, o dilema a que se propõe o Estado, quando este existe, é que não pode destruir sua própria sociedade civil. Esses conflitos são, pode-se dizer, naturais à globalização, a partir do enfraquecimento crescente dos Estados e de outras instâncias de convivência coletivas. O surgimento de atores não estatais, que pretendem conquistar espaços de poder – desde as empresas transnacionais e operadores financeiros até terroristas, narcotraficantes, máfias etc. – e novas configurações das relações de forças no poder que se fazem e desfazem continuamente.

Robert D. Kaplan propõe:

> Os guerreiros de hoje em dia procedem frequentemente das centenas de milhares de jovens desempregados do mundo em desenvolvimento, enraivecidos pelas diferenças de renda que acompanham uma globalização darwiniana que considera a sobrevivência econômica dos mais fortes, aqueles grupos

> e indivíduos que sejam disciplinados, dinâmicos e engenhosos chegarão ao topo, enquanto as culturas que não sejam capazes de competir tecnologicamente gerarão um número desmesurado de guerreiros.[9]

Esse autor apresenta um viés subestimado dos conflitos baseados em valores contraditórios que têm tanta validade nestes tempos, como indicado *ut supra*. Ainda assim, o ponto de vista desse neoconservador norte-americano, ainda que parcial, reflete uma parte importante do que ocorre na atualidade.

Em termos gerais, tal como indicado, podemos afirmar que, nos conflitos armados contemporâneos, os interesses aparecem cada vez mais atrelados a disputas de valores. Isso torna o sistema mais complexo e instável, emoldurado em uma realidade na qual a perda de poder dos Estados-Nação, como atores centrais das relações internacionais, e a conseguinte subsidiariedade do Direito Internacional implicam o enfraquecimento do político como expressão do bem comum e o bem-estar geral, assim como a separação entre o dentro e o fora, entre a segurança interior e a defesa nacional. Hoje, as disputas de valores dão às guerras características de *absolutas*, nos termos de Clausewitz, ou seja, guerras que são resolvidas mediante o aniquilamento do oponente e a tomada do poder. Diante do enorme maquinário bélico que os países desenvolvidos dispõem em defesa de seus interesses e visões, o recurso à consolidação de valores religiosos ou seculares constitui uma ferramenta para muitas comunidades enfrentarem aquela e obterem, dessa maneira, um certo grau de relevância.

Tudo isso nos leva a uma forte crise do poder ante a difícil adaptação dos exércitos ocidentais aos novos desafios e cenários. Poderíamos dizer que na era da hiperinformação há uma situação pior do que a derrota: a não vitória. Aparece então uma divergência cada vez mais destacada entre o poder militar teórico das nações ocidentais desenvolvidas e sua capacidade para demonstrar eficácia técnica, em particular, política.

Como bem indica Vincent Desportes:

> O poder militar das nações ocidentais por muito tempo foi sua vantagem comparativa; elas se apoiavam em sua capacidade de destruição baseada em uma superioridade tecnológica cuidadosamente mantida. As vulnerabilidades políticas se transformaram em um dos fatores essenciais do

> enfraquecimento dos fortes. As restrições para o emprego de nosso poder de destruição são cada vez maiores; esse poder hoje não pode ir além de certos limites de intensidade ou duração sem que signifique pagar um preço proibitivo para aquele que o emprega.

E adiciona, em outro parágrafo: "Quando a sobrevivência não está em jogo, o compromisso é menos absoluto e menos durável. Quando os interesses do forte são mais limitados, é mais frágil, de um ponto de vista político."[10] Aparece então uma variedade de busca da vitória permanente de guerras sem fim e à margem das normas estabelecidas no Direito Internacional. René Girard, conhecido antropólogo e filósofo francês, sustenta em seus trabalhos que um erro da comunidade internacional foi proibir a guerra, pois, segundo ele, quando ela não estava proscrita, era sujeitada a certas formas de comportamento que eram mais ou menos respeitadas. Em vez disso, hoje a guerra acontece em suas formas mais cruéis, na maioria dos casos, e sem contenções de qualquer natureza.

O valor dos fins políticos se encontra facilmente limitado para os que interveem do exterior. Estes adotam uma aproximação "limitada" do problema. Pelo contrário, o poderio dos nativos, a amplitude dos fins, seu valor absoluto: religião instrumentalizada ou simples sobrevivência na guerra de pobres levam o adversário a uma lógica de guerra total, ou seja, marcada pela radicalidade, pela ausência de limite entre aquilo que é guerra e o que não é. Ausência de limite nos objetivos, porque estes se expressam em termos absolutos, ausência de limites nos meios, e *in fine*, no tempo.

Nos contextos apresentados nesta apresentação, muito provavelmente tanto o Direito Internacional quanto os tratados desempenhariam um papel mais modesto na contenção ou na direção das guerras, considerando que estas tendem a ser cada vez menos convencionais e declaradas, com maiores probabilidades que tenham lugar dentro dos Estados e muito raramente entre eles. Kaplan disse a respeito: "O conceito de *Direito Internacional* promulgado por Hugo Grocio na Holanda do século XVII, segundo o qual todos os Estados soberanos são tratados como iguais e a guerra se justifica somente em defesa da soberania, é essencialmente utópico."[11] Esse autor, parafraseando Raymond Aron, observa que os limites entre paz e guerra costumam ser confusos, e os acordos internacionais são respeitados somente se a força e o interesse próprio estão ali para mantê-los – adicionando que no futuro a justiça em tempo de guerra dependerá mais do caráter moral dos próprios chefes militares que das normas estabelecidas pelo Direito Internacional. Tudo isso é coerente com a recusa por parte dos Estados Unidos – e outros países – a que a jurisdição do Tribunal Penal Internacional os comprometa e reduza sua liberdade de ação.

Interesses encapsulados em valores, em muitos casos religiosos, além da política das potências ocidentais destinada a "domesticar" determinadas áreas do mundo refratárias à adoção de *suas* formas e conteúdos de organização política e social, geram a reação de muitos habitantes deste planeta, que veem suas crenças e tradições serem agredidas. Essa realidade prenuncia conflitos armados com todas as condições para tornarem-se *absolutos*, ou seja, conflitos diante dos quais se trata de impor um sistema de valores a qualquer preço ao oponente ou fazê-lo desaparecer.

Merecem um parágrafo à parte os conflitos armados limitados, aqueles que podem se associar às guerras *reais* de Clausewitz, pois atualmente são mais a exceção do que a regra, constituindo o caso israelense – ainda parcialmente – um de seus principais exemplos. As guerras *limitadas*, para que sejam compreendidas como tais, precisam de um sólido poder político que controle o aparato do Estado; uma condução política firme sobre as forças armadas; uma efetiva ação da diplomacia; e que a guerra em questão não coloque em jogo os interesses vitais da parte adversária.

Por outro lado, e considerando as assimetrias existentes nos conflitos armados atuais, as guerras tendem a ser mais humanas e menos tecnológicas, tal como pode ser observado no Líbano, na Síria, no Afeganistão, na Líbia, na Nigéria, no Chade, na República Centro-Africana etc.

As duas guerras mundiais do século XX tiveram como resultado, entre outros, o estabelecimento de normas de comportamento de caráter universal, cujo objetivo foi e continua sendo a busca da paz e a conformação das controvérsias que possam ser suscitadas entre unidades políticas através de meios não violentos. Já em sua época, o Comité Politis, nos anos 1930, definiu a agressão, antecedente da Resolução 3.314 (XXIX) de mesmo teor da Assembleia Geral da ONU.

A vigência plena de normas em nível nacional contribui para um porvir mais pacífico no qual o risco de guerra seja removido para sempre, constituindo, ao mesmo tempo, uma referência ordenada e previsível para aqueles povos ou Estados que precisam da força e do poder necessários para projetar seus interesses diante de outros que os têm e que apelam ocasionalmente à lei, tal como ficou demonstrado durante a invasão do Iraque, em 2013.

O Direito Internacional, herdeiro do Iluminismo e da filosofia kantiana do século XVII, apresenta uma série de lacunas que se relacionam com a configuração das relações de força em nível global, tanto com a homogeneidade ou a heterogeneidade do sistema internacional. O positivismo na teoria política e jurídica consiste, entre outros aspectos, em pressupor como dadas as estruturas institucionais que devem ser submetidas a uma avaliação normativa, explicando de forma causal os fenômenos mediante leis gerais e universais.

No âmbito específico das relações internacionais, o realismo aparece como uma forma de positivismo, pois tem como base uma variedade de dicotomias entre feitos e valores, atribuindo primazia dos primeiros sobre os segundos. Isso leva a dois corolários: o primeiro se relaciona com a compreensão da política internacional como luta política de poder, reduzindo todas as expressões intelectuais do sistema a procedimentos pragmáticos para ver o mundo "tal como é"; o segundo corolário é consequência do primeiro – toda regulação ou autorregulação do sistema internacional não daria lugar a um consistente Direito Internacional, negando, em consequência, o caráter eminentemente jurídico das normas internacionais.

Porém, na situação atual do mundo, os valores desempenham papel central na evolução dos conflitos armados. Dizemos *valores* a partir de uma perspectiva realista – porque a busca de valores transcendentes constitui uma realidade incontestável – que vai além do que é eminentemente jurídico, ainda que esses valores se enquadrem em um conteúdo idelista, devendo, nesses casos, incluir crenças, tradições, sentidos de pertencimento etc. Não se limitando de maneira única e excludente a procedimentos pragmáticos.

Desde 1946, os Estados procuram estabelecer um equilíbrio entre sua soberania e a submissão de todos eles a princípios universais. O sistema jurídico mundial organiza muitas atividades da comunidade internacional, mas, no que se refere à segurança, pretende organizar a paz e gerenciar os conflitos armados. Dessa forma, a ambição dos organismos internacionais em matéria de segurança é assumir uma função de referência moral que pretende evoluir até a autoridade política.

Por isso é imprescindível voltar a Hegel quando, na última parte de seus *Princípios da Filosofia do Direito*, determina: "O Direito Internacional é o resultado das relações entre Estados independentes. O seu conteúdo em si e para si tem a forma do dever ser porque a sua realização depende de vontades soberanas diferentes."

Uma paz estável e universal só pode ser obtida mediante um ordenamento jurídico global capaz de transcender o particularismo das soberanias estatais e centralizar o emprego legítimo da força nas mãos de uma autoridade supranacional – um "Estado Universal" – desvinculado do respeito da jurisdição doméstica dos Estados e capaz de afirmar o predomínio jurídico do ordenamento internacional como *civitas maxima*, que inclui como sujeitos ativos todos os membros da comunidade humana. A igualdade dos Estados com um fundo comum de regras políticas e jurídicas constitui a estrutura fundamental de um sistema baseado no respeito da lei. Mas a realidade mostra uma grande heterogeneidade de situações e grandes desigualdades na posse de instrumentos de poder e influência, o que dificulta a continuação dos objetivos planejados.

Aquilo que Danilo Zolo denomina de "indústria da morte coletiva" está mais próspero do que nunca, graças ao empenho – louvável, em muitos casos – de diversos movimentos pacifistas. Tanto a produção como o tráfico de armas de guerra, incluídas as armas nucleares, como a proliferação de exércitos privados e *drones* se encontram fora do controle da chamada "comunidade internacional". O emprego das armas depende de decisões que as grandes potências adotam segundo seus próprios interesses estratégicos. Uma sentença de morte coletiva é feita com a impunidade absoluta contra centenas de milhares de pessoas que não cometeram qualquer ato ilícito ou não têm culpa alguma (Iraque, Afeganistão, Síria, Líbia, Chechênia, Darfur, Gaza, África Central etc.).

Nos cenários mencionados até aqui, a única função que as instituições internacionais parecem capazes de cumprir é de caráter adaptativo e legitimante. A partir de uma concentração que assume de maneira crescente a forma de uma constituição imperial do mundo, as instituições internacionais, e as normas ditadas por elas, mostram uma vez mais sua incapacidade para evitar um conflito, para controlar as estruturas de poder existentes. Tal como o expressa Alessandro Colombo, em uma situação histórica como a atual, na qual a distribuição de poder e de riqueza é a mais desigual que alguém pode imaginar, incluindo os princípios fundamentais que durante séculos regularam a sociedade internacional – a soberania dos Estados, sua igualdade jurídica, a não interferência nos assuntos internos, a regulação da guerra –, tendem a cair em mãos dos mais fortes.[12]

Enquanto não existir um órgão político único capaz de produzir e executar regras jurídicas que se apoiem em uma coesão ideológica aceitável, o Direito Internacional dependerá de relações de forças conjunturais, tanto em sua elaboração como em sua aplicação. O resultado dessa coesão ideológica hoje se encontra suspenso tanto pela confrontação indicada no sistema-mundo – entre valores opostos sustentados pelo neoliberalismo dos anos 1990 –, como pela "repotencialização" de atores e perturbadores dentro do sistema que interpretam a seu próprio modo as normas estabelecidas.

As normas, então, não são fruto de forças impessoais; pelo contrário, constituem o efeito dos condicionamentos resultantes do jogo da mundialização. As normas devem considerar essa realidade, mais ainda se estas têm como objetivo enquadrar as forças da mundialização e/ou liberá-las. A produção de normas pode transformar-se assim em um instrumento direto do poder sobre outros Estados e sociedades humanas, mesmo se seu objetivo inicial é de outra natureza.

Finalmente, nenhuma reforma institucional poderá impor ou substituir o processo de legitimação que a Carta das Nações Unidades, tão maltratada nestes tempos, procurava e procura estimular. O Direito Internacional é acima de tudo uma linguagem comum do que se espera, mediante um debate político constante, sua contribuição para evitar as guerras e os desígnios das grandes potências de impor seus interesses e valores por meio do emprego da força.

Notas

1. MAUSS, 2012.
2. ARON, 1978, p. 110.
3. Vega, 2005, p. 270.
4. MARRAMAO, 2006, p. 60.
5. D. KAPLAN, 2002, p. 177.
6. *Ibidem*, p. 178.
7. *Ibidem*, p. 179.
8. PETERS *apud* D. KAPLAN, 2002, p. 180.

9. D. KAPLAN, 2002, p. 179.
10. DESPORTES, 2013, p. 14.
11. D. Kaplan, 2002, p. 179.
12. COLOMBO *apud* ZOLO, 2007, p. 37.

Referências

ARON, Raymond. *Penser la guerre. Clausewitz.* Paris: Gallimard, 1978.

DESPORTES, Vincent. *Gagner Une guerre aujourd'hui?* Paris: Economica, 2013.

KAPLAN, Robert D. *El retorno de la antigüedad.* Barcelona: Ediciones B., 2002.

MARRAMAO, Giacomo. *Pasaje e Occidente.* Buenos Aires: Katz, 2006.

MAUSS, Marcel. *In*: La Guerre des origines à nos jours. *Sciences Humaines: Histoire*, nº 1, nov.-dez. Auxerre: 2012. (Les Grands Dossiers)

VEGA, José Fernández. *Las guerras de la política.* Buenos Aires: Edhasa, 2005.

ZOLO, Danilo. *La justicia de los vencedores.* Buenos Aires: Edhasa, 2007.

Sobre os autores

Aline Tedeschi da Cunha é professora na Universidade de Hubei, em Wuhan, China. Pesquisadora do Núcleo de Estudos e Análises Internacionais, vinculado ao Instituto de Políticas Públicas e Relações Internacionais da Universidade Estadual Paulista Júlio de Mesquita Filho (Unesp). Doutoranda em Ciências Sociais pelo Programa de Pós-Graduação em Ciências Sociais da Faculdade de Filosofia e Ciências da UNESP e bacharel em Relações Internacionais também pela Unesp.

Ángel Pablo Tello é doutor em Relações Internacionais pela Universidade Nacional de La Plata e professor titular do Instituto de Relaciones Internacionales da mesma instituição. Graduado em Ciências Políticas e pós-graduado na École des Hautes Études en Sciences Sociales de Paris. É um dos mais destacados especialistas em segurança e defesa nacional da Argentina, onde ocupou cargos no Ministério da Defesa.

Antônio Elíbio é graduado em História pela Universidade do Estado de Santa Catarina (Udesc), mestre em História pela Universidade Federal de Santa Catarina (UFSC), doutor em História Social pela Universidade Estadual de Campinas (Unicamp) e pós-doutor em Ciência Política pela Universidade Federal de Pernambuco (UFPE). Atualmente, é professor adjunto 1 do Departamento de História da Universidade Federal do Rio Grande do Norte (UFRN) e coordenador do curso de História dessa mesma instituição. É pesquisador do Instituto de Estudo da Ásia da UFPE, onde investiga as teorias pós-colonialistas.

Armando Bittencourt é vice-almirante engenheiro naval reformado. Graduado em Ciências Navais pela Escola Naval e em Engenharia Naval pela Universidade de São Paulo (USP). É mestre em Arquitetura Naval pela Universidade de Londres. Possui o curso de Política e Estratégia Marítima da Escola de Guerra Naval (EGN). É sócio efetivo do Instituto Histórico e Geográfico Brasileiro (IHGB) e de diversas outras instituições congêneres no país e no exterior. É membro da Academia de Marinha de Portugal. Foi diretor do

Patrimônio Histórico e Documentação da Marinha por quase treze anos, diretor de Engenharia Naval da Marinha por quase oito anos e presidente da Sociedade Brasileira de Engenharia Naval por quatro anos.

DILTON MAYNARD é doutor em História pela Universidade Federal de Pernambuco (UFPE) e pós-doutor em História pela Universidade Federal do Rio de Janeiro (UFRJ). Professor do Departamento de História, do Mestrado Profissional em Ensino de História e do Programa de Pós-Graduação em História da Universidade Federal de Sergipe (UFS). É professor do Programa de Pós-Graduação em História Comparada da UFRJ e coordena o Grupo de Estudos do Tempo Presente.

FRANCISCO CARLOS TEIXEIRA DA SILVA é professor titular de História Moderna e Contemporânea da Universidade Federal do Rio de Janeiro (UFRJ), professor emérito da Escola de Comando e Estado-Maior do Exército Brasileiro e professor conferencista do Curso de Inteligência Estratégica da Escola Superior de Guerra (ESG). Fundador do Laboratório de Estudos do Tempo Presente e autor, entre outros títulos, de *Terrorismo na América do Sul* (2011) e *Atlântico, a história de um oceano* (2014), que ficou em 2º lugar no Prêmio Jabuti na categoria Ciências Humanas.

FRANCISCO EDUARDO ALVES DE ALMEIDA é professor do Programa de Pós-Graduação em Estudos Marítimos da Escola de Guerra Naval (EGN). Graduado, mestre e doutor em História pela Universidade Federal do Rio de Janeiro (UFRJ), com pós-doutoramento na Universidade de Lisboa. Pesquisador associado do Instituto Superior de Ciências Sociais e Políticas da Universidade de Lisboa na área de Estratégia.

GRACILDA ALVES é professora de História Medieval do Instituto de História da Universidade Federal do Rio de Janeiro (UFRJ). Possui diversas publicações nas áreas de História Medieval e Ensino de História. Foi coordenadora do Programa de Pós-Graduação em História Comparada da UFRJ.

GUILHERME MOERBECK foi pesquisador de pós-doutorado em Ensino e Teoria da História pelo Programa de Pós-Graduação em História Política e Bens Culturais da Fundação Getulio Vargas (FGV-Rio). Doutor e mestre em História Antiga pelo Programa de Pós-Graduação em História da Universidade Federal Fluminense (UFF). *Visiting Research Fellow* – Brown University (2012). Atualmente, é professor de História da Antiguidade Clássica no Centro de Pesquisa e Documentação de História Contemporânea do Brasil da FGV e professor adjunto no Departamento de Arquitetura e Urbanismo da Escola Superior de Desenho Industrial da Universidade do Estado do Rio de Janeiro (Uerj). Na FGV, coordena o Grupo de Estudos em História Antiga e Medieval. Participa também de atividades no Núcleo de Estudos de História e Filosofia da UFRJ e no Leitorado Antiguo da UPE. Publicou pela Paco Editorial o livro *Guerra, política e tragédia na Grécia Antiga* (2014), além de diversos artigos.

José Maria Gomes De Souza Neto é pós-doutor em Educação pela Universidade Federal de Sergipe (UFS) e doutor em História pela Universidade Federal de Pernambuco (UFPE). É professor adjunto de História Antiga da Universidade de Pernambuco (UPE) e coordenador do Leitorado Antiguo da UPE e organizador da coleção Antigas Leituras, pela Editora da UPE.

Kalina Vanderlei é professora associada da Universidade Federal de Pernambuco (UFPE), titular de História da América Indígena e professora colaboradora do Programa de Pós-Graduação em História da Universidade Federal Rural de Pernambuco (UFRPE). É doutora em História pela UFPE, coordenadora do Grupo de Estudos em História Sociocultural da América Latina e autora de diversas publicações na área de história colonial.

Karl Schurster Sousa Leão é professor do Programa de Pós-Graduação em Educação da Universidade de Pernambuco (UPE) e livre-docente em História do Tempo Presente da mesma instituição, com a tese *Para além da condição humana:* história e ensino do Holocausto. É professor colaborador do Programa de Pós-Graduação em Relações Internacionais da Universidade Nacional de La Plata e do Mestrado Profissional em História da Universidade Federal de Sergipe (UFS). Foi bolsista do Yad Vashem em Israel, em 2014, e concluiu o segundo estágio de pós-doutorado na Universidade Livre de Berlim.

Marcelo Bastos de Souza é major do exército brasileiro. Formou-se oficial de Infantaria na Academia Militar das Agulhas Negras (Aman), em 1996. É especialista em operações militares em ambiente operacional de montanha e de selva. É pós-graduado em História Militar pela Universidade do Sul de Santa Catarina (Unisul). Possui o curso de Altos Estudos Militares pela Escola de Comando e Estado-Maior do Exército (Eceme) e é mestre em Ciências Militares pela mesma instituição. Atualmente, realiza o curso Diplomado de Estado-Maior no exército da Nicarágua.

Norma Musco Mendes é graduada em História pela Universidade Federal do Rio de Janeiro (UFRJ), mestre em História Social pela mesma instituição e doutora em História pela Universidade Federal Fluminense (UFF). Atualmente, é professora associada 4 da UFRJ. Tem experiência na área de História, com ênfase em História Antiga, atuando principalmente no tema Império Romano, identidade/alteridade, relações de poder e processos de romanização.

Paulo Possamai é licenciado em História pelo Centro Universitário La Salle (1995) e doutorado em História Social pela Universidade de São Paulo (USP). Foi bolsista Fapesp com período de estudos na Universidade Nova de Lisboa. Possui pós-doutorado pela Universidad Nacional de la Plata, financiado pela Capes. Foi professor adjunto da Universidade Federal do Rio Grande do Norte (UFRN). Atualmente, é professor associado III da Universidade Federal de Pelotas (UFPEL).

Rafael Pinheiro de Araújo é pós-doutorado em Educação pelo Programa de Pós-Graduação em Educação da Universidade Federal de Sergipe (UFES). Doutor em História pelo Programa de Pós-Graduação em História Comparada da Universidade Federal do Rio de Janeiro (UFRJ). É pesquisador dos seguintes grupos de pesquisa: Laboratório de Estudos do Tempo Presente da Universidade de Pernambuco (UPE), Grupo de Estudos do Tempo Presente (GET) da Universidade Federal de Sergipe (UFS) e Núcleo de Estudos de História Política da América Latina da Universidade Federal Rural do Rio de Janeiro (UFRRJ). Atualmente é professor do Instituto Federal de Sergipe (Ifes).

Ricardo Pereira Cabral possui graduação em História pela Universidade Gama Filho (UGF), mestrado em História Comparada pela Universidade Federal do Rio de Janeiro (UFRJ) e doutorado pelo Programa de Pós-Graduação em História Comparada da Universidade Federal do Rio de Janeiro. Atualmente, é professor da Universidade do Estado do Rio de Janeiro (Uerj), professor adjunto do Centro Universitário da Cidade (UniverCidade) e professor da Escola de Guerra Naval (EGN).

O texto deste livro foi composto em Sabon, desenho tipográfico de Jan Tschichold de 1964 baseado nos estudos de Claude Garamond e Jacques Sabon no século XVI, em corpo 10,5/14,5. Para títulos e destaques, foi utilizada a tipografia Frutiger, desenhada por Adrian Frutiger em 1975.

A impressão se deu sobre papel off-white pelo Sistema Cameron da Divisão Gráfica da Distribuidora Record.